BIOGRAPHIEN ZUR FRANZÖSISCHEN REVOLUTION

HERAUSGEGEBEN VON PETER SCHÖTTLER

DANTON

FRÉDÉRIC
BLUCHE

KLETT-COTTA

Verlagsgemeinschaft Ernst Klett Verlag –
J. G. Cotta'sche Buchhandlung
Aus dem Französischen übersetzt von
Inge Baxmann
Die Originalausgabe erschien unter dem Titel
»Danton« bei Librairie Académique Perrin

Printed in Germany
Umschlag: Klett-Cotta-Design
Gesetzt aus der 10 Punkt Bodoni und gedruckt auf
säurefreiem und holzfreiem Werkdruckpapier von
Ludwig Auer GmbH in Donauwörth
Die Bindearbeiten besorgte die Buchbinderei
G. Lachenmaier in Reutlingen

CIP-Titelaufnahme der Deutschen Bibliothek
Bluche, Frédéric:
Danton / Frédéric Bluche.
[Aus d. Franz. übers. von Inge Baxmann]. –
Stuttgart : Klett-Cotta, 1988
(Biographien zur Französischen Revolution)
Einheitssacht.: Danton <dt.>
ISBN 3-608-93105-8 Lin.
ISBN 3-608-93146-5 Hld.

INHALT

Für Florence

PROLOG

Wenn die Ereignisse mit jedem Tag an Größe verlieren, schrumpft auch die Geschichtsschreibung und geht zur Biographie über. Hier findet man letzte Zuflucht. Man betrachtet jeden Menschen durch eine Lupe, um ihn größer und bedeutsamer zu machen.

Barbey d'Aurevilly

»Wir Minister melden einem freien Volk mit großer Genugtuung, meine Herren: Das Vaterland wird gerettet! Alles ist aufgewühlt, alles setzt sich in Bewegung, alles brennt auf den Kampf! Sie wissen, Verdun ist noch keineswegs in der Gewalt unserer Feinde. Sie wissen, die Garnison hat geschworen, den ersten, der eine Übergabe vorschlägt, hinzurichten. Ein Teil des Volkes kämpft an den Grenzen, ein anderer baut Schanzen, ein dritter verteidigt mit seinen Piken das Innere der Städte. Paris wird diese großartige Anstrengung unterstützen!«

Die Piken der Pariser Sansculotten dienten jedoch an diesem Sonntag, dem 2. September 1792, einem ganz anderen Zweck als der Verteidigung der heiligen Erde des Vaterlands. Der da mit Urgewalt und Leidenschaft redet und vor einer verängstigten Legislative zur Verteidigung aufruft, ein donnernder Koloß mit pockennarbigem, »braunrotem wilden« Gesicht, ist der Justizminister des 10. August, Georges-Jacques Danton. Am Nachmittag des 2. September beginnen die Massaker in den Gefängnissen. Den Anlaß lieferte ein von der aufständischen Kommune verbreitetes Gerücht, nach dem die Aristokraten, unterstützt von den in den Gefängnissen festgehaltenen Kriminellen, sich anschickten, den wackeren Patrioten den Hals umzudrehen, während die Freiwilligen zur Verteidigung der Grenzen eilten. In den Gefängnissen Carmes, Abbaye, Bicêtres Bernardins sowie im Châtelet, in La Force und in der Salpêtrière werden daraufhin vier Tage lang andere »Freiwillige« unter den Rufen

»Es lebe die Nation!« und »Es lebe der Tod!« die Furcht des Volkes in Strömen von Blut ertränken. Vierzehnhundert Tote: einige Aristokraten, und die Verteidiger der Tuilerien, die am 10. August mit dem Leben davongekommen waren, vor allem aber Priester, die den Eid auf die Verfassung verweigerten sowie gewöhnliche Strafgefangene werden niedergemacht. Der Feind marschiert auf Paris, Verdun ist von den Preußen eingeschlossen. – Eins erklärt das andere...

Aber es ist noch nicht Mittag, noch haben die Septembermorde nicht begonnen. Im Augenblick versucht der Redner des Exekutivrates, die Furcht zu bannen und den Patriotismus anzustacheln. Er schließt mit donnernder Stimme: »Wenn die Sturmglocke läutet, heißt das nicht Angst und Schrecken, sondern es bedeutet den Angriff auf die Feinde des Vaterlands! (Beifall) Zum Sieg, meine Herren, bedarf es der Kühnheit, der Kühnheit und abermals der Kühnheit. Dann wird Frankreich gerettet!«

Durch diese einfachen Worte, kraftvoll hervorgestoßen, im hämmernden Rhythmus der Gesten – Worte, deren Fanfarenklänge eine unruhige und gereizte Versammlung leichter überzeugen als jede abgelesene Rede – wird ein Mann von 32 Jahren noch zu Lebzeiten zur Legende. 1789 ein unbekannter Advokat, wird er in nur drei Jahren zum Mirabeau des Pöbels. Mit der Macht seiner Stimme und Gebärden, dazu seiner massigen Gestalt und seiner unvorstellbaren Häßlichkeit, erstürmt Danton in wenigen Monaten den Gipfel des Ruhms. Man mag ihn korrupt, unentschlossen, »nachsichtig«, ja sogar einen Verräter nennen, für viele bleibt er trotz allem der Mann der Stunde, in der das Vaterland in Gefahr war – der Mann des nationalen Aufbruchs.

1. VON DER SCHOLLE ZUR ROBE

Ich blieb vom Unglück verschont, Abkömmling jener Rasse zu sein, die in unseren alten Institutionen privilegiert wurde und gerade darum fast immer verweichlicht ist. Ich habe mir meine bürgerliche Existenz selbst geschaffen und so all meine natürliche Energie bewahrt.

Danton, 20. Januar 1792

»Die Champagne macht auf den ersten Blick den Eindruck eines armseligen Landstrichs, und sie ist auch nur ein armes Land. Sie gewährt im allgemeinen einen traurigen Anblick, das Land ist dort ganz flach. Wenn man die Dörfer und selbst die Städte durchwandert, bemerkt man nur elende Bauwerke aus Holz oder Lehm; die reichsten sind aus Ziegeln. Sandstein wird kaum für die öffentlichen Gebäude verwendet. Das Schloß, der Justizpalast von Arcis und die Kirche sind die einzigen aus Stein errichteten Gebäude. [...]

... die Kleinstadt Arcis, die keinen Reise- oder Handelsverkehr hat, ist ein Städtchen, in dem sich nie und nichts verändert... [...] Die Brücke von Arcis ist aus Holz. Ungefähr hundert Meter von dieser Brücke die Aube aufwärts, ist das Ufer durch eine andere Brücke abgeriegelt, auf der sich die hohen Holzbauten einer Mühle mit mehreren Gängen erheben. [...] Das Geräusch der Aube, die vom Brückendamm über ein Wehr hinabstürzt, die Musik der Räder, auf die das gepeitschte Wasser fällt und im Becken Kaskaden bildet, beleben die Rue du Pont und kontrastieren mit der Ruhe des Ufers... [...] Nichts erklärt besser das Provinzleben als das tiefe Schweigen, in dem diese Kleinstadt begraben ist... [...] Das Leben ist dort so klösterlich, daß mit Ausnahme der Sonn- und Feiertage ein Fremder auf den Boulevards oder in der Seufzerallee niemanden antrifft, auch auf den Straßen nicht.«[1]

Als Balzac diese Zeilen schrieb, hatte sich die Stadt Arcis-sur-Aube seit dem achtzehnten Jahrhundert kaum verändert, obwohl sich die Zahl ihrer Bevölkerung – der Sitz der Unterpräfektur und die Industrie bringen das mit sich – verdoppelt hatte. Der »Dictionnaire géographique portatif« von Vosgien faßt sich in seiner Ausgabe von 1783 bedeutend kürzer: »Hübscher französischer Marktflecken in der Champagne, mit einer Strumpfmanufaktur. Er liegt über der Aube, sechs Meilen nördlich von Troyes, acht Meilen südlich von Sézanne.« 1759 zählte dieser Marktflecken weniger als fünfzehnhundert Einwohner, die, weit ab von den großen Verkehrsverbindungen, auf einem kreidigen, schwach hügeligen und zerzausten Land lebten, das der Fluß mit einem schmalen, grünlichen Band durchzieht. Seit ungefähr acht Jahren war so etwas wie eine Industrie aufgekommen: man strickte Mützen in Heimarbeit. Dieses Gewerbe war jedoch kaum dazu angetan, die kleine Stadt aus ihrer Apathie zu erwecken.

War der Boden auch karg, so waren die Bauern der ärmlichen Champagne, diese rauhen Männer der östlichen Grenzgebiete, doch schlau genug, einen gewissen Wohlstand vorzutäuschen. Das Steuersystem des Ancien Régime drängte sie sogar dazu. Der Boden vermochte seinen Besitzer gegen allen Anschein durchaus zu ernähren, wenn man genug davon besaß und seine Bearbeitung nicht scheute. So hatte Jacques Danton, einer der Söhne eines Bauern aus Champfleury, der in das vier Meilen flußabwärts von Arcis liegende Dorf Plancy gezogen war, den Schritt von der Scholle zur Robe gewagt. 1722 geboren, ließ sich Danton in Arcis nieder, wo er einen Posten als Gerichtsvollzieher kaufte (1750). Als er kurz darauf auch noch das Amt eines Steuerbevollmächtigten erwirbt, gehört Danton zur niederen Amtsbourgeoisie, die im begrenzten Rahmen von Arcis durchaus ein gewisses Ansehen besitzt. Der Tod seines Vaters und dann der seiner Mutter, die beide weiter in ihrem Dorf geblieben waren, machten ihn endgültig zum Bourgeois. In seiner engeren und weiteren Verwandtschaft gibt es viele, die den gleichen Weg gingen und kleine Gerichtsämter erwarben, wieder andere wurden Priester, nur wenige bestellten weiterhin den Boden. Ein schönes Haus in der Rue de Villette und eine vorteilhafte zweite Heirat im Juni 1755 mit der fünfundzwanzigjährigen Marie-Madeleine Camut, der Tochter eines vermögenden Zimmermanns, der mit dem Bau der königlichen Brücken betraut ist: So fehlte nur noch ein männlicher Nachkomme, um die folgende Generation bürgerlich zu etablieren. Am 26. Oktober 1759 ist es soweit, denn es ist der Geburtstag des berühmten Mannes: »26. Oktober 1759. Georges Jacques, Sohn des Jacques Danton, Steuerbevollmächtigter dieser Gemeinde und seiner ebenfalls aus dieser Gemeinde gebürtigen Ehefrau Madeleine Camut, wurde an diesem Tage von mir, dem unterzeichnenden Vikar, getauft und hat als Paten den mitunterzeichnenden George Camut, Zimmermann[2], und als Patin, Marie, Tochter von Charles Papillion, vereidigter Chirurg.«[3]

Die wenigen Zeugnisse aus jener Zeit lassen darauf schließen, daß Danton seit frühester Jugend sich selbst überlassen war. Man denke, der Vater starb schon im Februar 1762. Er hinterließ eine schwangere Witwe und fünf lebende Kinder; Georges-Jacques war gerade erst 28 Monate alt. Dieser Tod erklärt aber nicht alles. Dem einfallsreichen Biographen Rousselin zufolge wurde das Baby am Euter einer Kuh gestillt. Wenn diese Anekdote der Wahrheit entspricht, würde eine gewisse ländliche Derbheit wohl auch Dantons sozialen Aufstieg überdauert haben. Der kleine Georges verbringt seine Kindheit an der freien Luft, auf den Feldern und an den Ufern der Aube, inmitten von Schweinen und Kühen. Das Leben mit den Herden bringt auch zwei körperliche Verunstaltungen mit sich. Ein Stier reißt mit dem Horn dem Kleinen die Oberlippe auf, die mehr schlecht als recht verheilt. Danton wird diesen häßlichen und unsymmetrischen Wulst, den die Porträtisten des Tribuns nur mit großer Mühe mildern können, stets behalten. Später versetzt ihm ein anderes Rind noch einen weiteren Stoß. Der junge Draufgänger erholt sich auch davon wieder, allerdings mit einer für immer plattgedrückten Nase. Einige Zeit darauf – so behauptet Rousselin – wird er von einer Schweineherde überrannt, die auf seinen Genitalien herumtrampelt. Wie sich später zeigt, bleibt diese Verletzung ohne Folgen. Dieser kräftige, aber schon sehr häßliche Knabe entgeht außerdem nicht einer Geißel seiner Zeit, der schon Ludwig XV. erlag: den Pocken. Dantons Erkrankung ist besonders schlimm und von Nesselfieber begleitet; wie viele seiner Zeitgenossen behält er davon ein pockennarbiges Gesicht zurück.

Schon vor Erreichen des Mannesalters trägt er »diese Fratze eines schrecklichen Löwen, die die Welt beeindrucken wird« (L. Madelin). Allerdings verursacht dies bei ihm offenbar keinerlei Minderwertigkeitskomplex. Schon von Kindheit an zeichnet sich Danton also durch eine außergewöhnliche Gesundheit aus. In seiner väter- wie mütterlicherseits sehr kinderreichen Familie sind alle überlebenden Kinder robust und werden meist auch sehr alt.

Die Mutter des Jungen wartet bis Juli 1770, bevor sie mit dem Besitzer einer Baumwollspinnerei eine neue Ehe eingeht. Jean Recordain gelingt es zwar, die Zuneigung seines Stiefsohns zu gewinnen, aber er hat ebensowenig wie die Mutter die notwendige Autorität, um diese junge Naturgewalt zu bändigen. Wird die Schule ihn fügsamer machen? Die beiden Volksschullehrer, die ihm Lesen, Schreiben und dann – dem Achtjährigen, wie, sicher übertrieben, behauptet wird – die ersten Anfänge des Lateinischen beibringen, hatten offenbar große Mühe, Zufriedenstellendes zu erreichen. Es sieht so aus, als habe der kleine Georges, ebenso rebellisch gegen den Stock wie gegen die Lektionen, den besten, um nicht zu sagen, den größten Teil seiner Zeit damit verbracht, die Schule zu schwänzen. Das Baden in der Aube und das Kartenspiel waren reizvoller als die dritte Deklination. Seine Mutter drückt ein Auge zu – aus Liebe oder Gleichgültigkeit, aus Eigensinn oder Schlamperei, wer weiß das? Die schmeichelhaften Urteile über sie widersprechen dem äußeren Eindruck. Madame Recordain, verwitwete Danton, gibt ihr Geheimnis nicht preis. Ihr Sohn jedenfalls wird ihr dankbar gewesen sein für das, was auf den ersten Blick wie ein Versäumen mütterlicher Pflichten aussieht.

Hätte man ihn aber weiter herumstrolchen und seine Disziplinlosigkeit durchgehen lassen, hätte der junge Bursche, der Sohn eines kleinen Beamten und Mitglied einer aufsteigenden Familie, die Hoffnungen seines verstorbenen Vaters enttäuscht. Daher beschließt die Familie, ihm zu einer richtigen Schulpflicht zu verhelfen. Vemutlich nach einem Besuch des Collège von Sézanne, wo er vielleicht seinen späteren Freund, den sechs Jahre älteren Thuriot, traf[4], tritt Danton im Oktober 1772, im Alter von dreizehn Jahren, in das kleine Priesterseminar von Troyes ein. Es war zwar offensichtlich, daß dieses schlechte Korn nicht dazu geschaffen war, auf geistlichem Boden zu wachsen – die Einschreibung in das Seminar war jedoch oft nur eine Übergangslösung: Die Kinder waren damit keineswegs auf den Priesterberuf festgelegt. Der junge Danton verbringt in diesem Seminar zwei Jahre und besucht gleichzeitig den geisteswissenschaftlichen Unterricht am Collège der Oratorianer (1773–1774). Er kann sich nur schwer an die Disziplin des Seminars gewöhnen. Während seines Rhetorikjahrs, das er ebenfalls bei den Oratorianern absolviert, wird er bei einem gewissen Herrn Richard untergebracht, der in Troyes eine Laien-Pension unterhält und ihm freie Unterkunft und Verpflegung gewährt (1774–1775). In der Provinzhauptstadt der Champagne, die zwanzigmal mehr Einwohner zählt als Arcis, entdeckt Danton die Reize des Stadtlebens, auf dem Kolleg die Naturwissenschaften. In der Reihe der *inter bonos* steht er (hinter seinem Freund

Jules Paré, dessen Karriere später untrennbar mit der seinen verbunden ist) ziemlich am Ende; er ist also ein recht mittelmäßiger Schüler. Danton, der wie viele Faulpelze brillant sein kann, wenn er sich einmal etwas mehr Mühe gibt, erhält sehr unterschiedliche Noten. Bei den Patres, die sehr moderne Erziehungsmethoden praktizieren, lernt er Latein und Griechisch, Geschichte und Französisch, aber auch Mathematik, Physik, Mechanik und Anatomie. Ein sehr aufgeschlossener Unterricht und eine liberale Disziplin – zumindest für die Externen wie Danton – kommen dem Temperament des Jungen sehr entgegen.

Das Leben im Kolleg hat ihm zwar Schliff gegeben, aber es vermochte keineswegs, den jungen Stier zu bändigen. Immer wenn er Ausgang hat, erfährt er herzlichen Empfang von seinen zahlreichen in Troyes wohnenden Cousins und lernt auch alle Attraktionen der Stadt kennen, wenn er mit seinen Pensionskameraden herumstreift: die vom Reglement des Kollegs verbotenen Bäder in der Seine, die kleinen Schlägereien, bei denen sich die Jugend formt und ihren natürlichen Kräften freien Lauf läßt, sicher auch die Cafés und das Kartenspiel, vielleicht auch schon der Wein und die Mädchen. In den Ferien kehrt Danton zur Mutter nach Arcis zurück, in seine Heimat, der er sein ganzes Leben lang besonders verbunden bleibt. Und dann kommt der Tag, da ihm die Luft von Troyes zu stickig wird und seine Neugier die Furcht vor Strafe überwindet. Im Juni 1775 unternimmt er seine berühmte Reise nach Reims: Dreißig Meilen soll der Fünfzehnjährige bis zur Stadt der Könige allein zurückgelegt haben, um am 11. Juli der Königsweihe Ludwigs XVI. beizuwohnen – des damals allgemein Verehrten. So habe Georges sein Rhetoriklehrjahr mit einem Disziplinverstoß gekrönt. Der Vorfall hat im Grunde keine weitere Bedeutung, und es ist absurd, dieses Erlebnis für den Beginn einer vermeintlichen Oppostion des Heranwachsenden gegen Monarchie, Privilegien und religöse Intoleranz zu bemühen. – Hat Danton seine Englisch- und Italienischkenntnisse auf dem Kolleg erworben, oder hat er sich diese für einen Jungen seines Alters und seines Standes recht erstaunlichen Fähigkeiten selbst beigebracht? Man weiß es nicht. Immerhin hatte er eine schnelle Auffassungsgabe, und man kann vermuten, daß er diese auch nach seinem Rhetorikjahr ganz eigenständig weiterentwickelte. Er verläßt die Oratorianer im Laufe des Sommers 1775. Wann er aus der Pension Richard auszog, läßt sich nicht genauer bestimmen. Auch die nächsten fünf Jahre seines Lebens (1775–1780) liegen im Dunkeln – ein enormes Loch in einer Biographie. Vermutlich verbrachte er sie teils in Troyes, teils in Arcis, und zwar, wie es seinen natürlichen Neigungen am meisten entgegenkam: mit einer Mischung aus Müßiggang und jäh aufblitzender intellektueller Neugier mit verschiedenen Arbeiten bei Verwandeten in Troyes; da gab es einen Gerichtsdiener und zwei Staatsanwälte. Die meiste Zeit wird er jedoch an der frischen Luft, mit ungeregelter Lektüre und körperlicher Arbeit verbracht haben. Mit zwanzig Jahren war Danton ein kräftiger, unverfrorener Bursche, der sich – in unbewußter Anwendung der aristotelischen Doktrin vom überlegenen Menschen – sein eigenes Gesetz geschaffen hatte.

Es wird Zeit, für den Heranwachsenden eine Stellung zu besorgen. Seine Onkel Nicolas, Pfarrer von Barberey, und Pierre Danton, Domherr in Troyes, hatten trotz der wenig überzeugenden Erfahrung mit dem kleinen Priesterseminar die Idee nicht aufgegeben, ihren ungestümen Neffen in den geistlichen Stand eintreten zu lassen. Danton als Priester? Im Nachhinein mutet dies wie ein Witz an – aber man hat unter künftigen Revolutionären noch weit erstaunlichere Karrieren gesehen. Hätte Georges damals wirklich nachgegeben, er hätte sicher schon in den ersten Monaten der Revolution das Priestergewand wieder abgelegt. In aller Bescheidenheit entschied sich der junge Mann jedoch für das Studium der Rechte. Über die Jurisprudenz war sein verstorbener Vater in die Bourgeoisie aufgestiegen; auch Danton wollte auf diesem Wege sein Glück machen. Er beschließt – vielleicht wurde er auch von seiner Familie bestärkt –, unverzüglich in die Hauptstadt zu reisen. Paris, die Stadt der Aufklärung und des Rechts, übt auf ehrgeizige junge Männer eine aus Furcht und Faszination gemischte Anziehungskraft aus. Kein Zweifel, bei Danton überwiegt die Faszination. Er wartet nicht erst seinen 21. Geburtstag ab, um sich zu entscheiden. 1780 macht er sich, vielleicht in Begleitung seines Onkels, eines Postbeamten aus Troyes, auf den Weg. Ausgerüstet mit Dreistigkeit, athletischen Kräften, einer fragmentarischen Bildung und seiner wilden Häßlichkeit, kommt der junge Bursche aus der Champagne, um Paris zu erobern. Die Metropole ist für Troyes, was Troyes für Arcis war: ein städtischer Moloch mit zwanzigmal soviel Einwohnern wie die Provinzkapitale der Champagne. Mit seinen über 600 000 Einwohnern befindet sich Paris in ständiger Bewegung, ein sozialer Schmelztiegel, wo der Reichtum das Elend streift, eine Stätte der Vergnügungen aller Art und für jeden Geldbeutel. »Hier gibt es Freuden für alle Stände: Mäßigen Sie Ihre Wünsche, messen Sie Ihre Kräfte. Wer sich hier nicht wohlfühlt, wird sich nirgends wohlfühlen« (Goldoni). Die Champagne döste im friedlichen Rhythmus der Arbeiten und der Tage dahin. In Paris hingegen »geht man nicht, sondern man rennt, man fliegt« (Restif de la Bretonne). Die Pariser scheinen es ebenso eilig zu haben, zur Arbeit zu kommen, wie sie sich ins Vergnügen stürzen. Unzählige neue Dinge waren durchaus dazu angetan, einen jungen Provinzler zu blenden, zu erschrecken, ja sogar zu betören. Georges Danton scheint sich sehr bald an dieses neue Leben gewöhnt zu haben.

Bis in die ersten Jahrzehnte des 20. Jahrhunderts – eine Tradition, die sich bis heute nicht ganz verloren hat – siedelten sich in Paris Neuankömmlinge nach der Provinz ihrer Herkunft in bestimmten Stadtteilen an, bis sie sich an die Luft der Hauptstadt gewöhnt hatten. Danton steigt im Gasthaus »Cheval Noir« ab, in der kleinen rue Geoffroy-l'Asnier, hinter der Kirche Saint-Gervais, wo sich die »Champagne von Paris« zusammenfindet. Recht bald erkundigt er sich nach einer Stelle als Anwaltsgehilfe. Man hat ihm die Adresse eines Maître Vinot gegeben, eines Staatsanwalts, dessen Kanzlei in der Rue Saint-Louis auf der Ile de la Cité gelegen ist. Der Prokurator empfängt ihn und läßt ihn – zur Probe – eine Seite abschreiben. Georges beißt in den sauren Apfel. Seine Schrift ist grauenhaft. Der Anwalt will ihn wegschicken, doch Danton wehrt sich: – Ich bin nicht hergekommen, um Kopist zu werden! – Ihr Schneid gefällt mir, das braucht man in unserem Stand, soll Monsieur Vinot geantwortet und ihn eingestellt haben.

Als Prokuratorengehilfe – wie so viele künftige Revolutionäre – ist Danton gehalten, die juristische Praxis zu erlernen. Er taucht ein in das aufsässige und lebenslustige Milieu der Pariser *Basoche**. Während er bei Vinot Kost und Logis erhält, lernt er die Prozeßführung und macht die obligatorischen Besuche im Justizpalast auf der benachbarten Ile de la Cité. Dieser Justizpalast ist eine Welt für sich, in der es an Leuten jener Kreise wimmelt, die zu den schamlosesten Profiteuren des Ancien Régime gehörten, bevor sie ihm den Todesstoß versetzten.

»Seht doch« schrieb Sebastien Mercier in den achtziger Jahren, »diese Menge schwarzgekleideter Leute, die sich drängeln, einander anrempeln, miteinander sprechen, sich unterbrechen, einander um Rat angehen. – Tretet ein in den großen Saal; welch ein Lärm, welch Chaos! Welch ein Gewimmel! Dort gibt der Advokat das Getöse seiner Stimme als Vernunft und seinen Wortschwall als Tiefe aus. Er gilt als Redner, weil er eine kräftige Lunge hat.« Wahrhaftig eine Welt, in der Danton sich hervortun kann. Der Justizpalast, dieses Labyrinth, in dem sich die künf-

* Stand der Rechtsgehilfen. (Anm. d. Hrsg.)

tigen Vorsänger der Revolution eifrig zu schaffen machen, könnte für einen jungen Mann, der darauf aus ist, im Ruhm des Anwaltsstandes zu glänzen, das Vorzimmer des Erfolgs bedeuten. Der Weg dahin ist zwar noch weit, aber immerhin: In der Welt der Amtsroben atmet Danton jene Atmosphäre der Spitzfindigkeiten, der Händel und Winkelzüge, ohne die keine gute juristische Ausbildung auskommt. Er erlernt das Recht auf eine angenehmere Art als mancher seiner Kollegen, die den ganzen Tag im Mief einer Schreibstube eingesperrt sind. Akten herumtragen, unbedeutende Prozeßunterlagen formulieren: Der Gehilfe Danton ist eine Art Laufbursche, aber sein Metier ermöglicht es ihm, dieses Paris, in dem er sein Glück machen will, genauer kennenzulernen. Sobald die Arbeit erledigt ist, genießt der junge Mann die Zerstreuungen seines Alters und seines Standes: die Spaziergänge in den belebten, lauten, meist schmutzigen und engen Straßen – die energisch betriebene Stadterneuerung steckt erst in den Anfängen – Straßen, die Restif de la Bretonne in seinen köstlichen, kapriziösen »Pariser Nächten« verewigen wird, aber auch, in der schönen Jahreszeit, die Bäder in der Seine, das Ballspiel, das Fechten, die fröhlichen Zechgelage, das Spiel, die Mädchen und vielleicht auch schon – der Traum jedes armen Winkeladvokaden – eine materiell gut gestellte Geliebte. Mit seiner robusten Kondition könnte Danton durchaus an allen Vergnügungen teilhaben, ohne seine Gesundheit dabei zu ruinieren, allein seine Finanzen legen ihm Beschränkung auf. Das Metier eines Kanzleigehilfen ist kein Lebensziel. Georges hat Arcis verlassen, um die Rechte zu studieren. Die Praxis kennt er mittlerweile. Nun muß er noch das Diplom erwerben.

Die Lehrer an der Pariser Fakultät sind streng. Danton weiß das so gut wie seine Kameraden. Er mußte einige seiner Kanzlistenvergnügungen opfern, um seine Bildung zu vervollständigen. Er hat sicher weniger gelesen, als seine treuesten Bewunderer behaupten, aber dennoch mehr, als ihm seine Gegner zugestehen, die allzu voreilig seine mangelhafte Bildung bloßstellen. Ohne große Originalität an den Tag zu legen, überflog er die Werke, die dem Zeitgeschmack entsprachen: Montesquieu, Voltaire, Rousseau, Diderot, den *Traité des delits et des peines* von Beccaria und die *Enzyklopädie* (die er aber wohl kaum während einer Rekonvaleszenz von Anfang bis Ende gelesen hat, wie Rousselin und in seiner Nachfolge zu viele Panegyriker behaupten, die vermutlich das aufwendige Werk selbst nie in der Hand hatten). Er kennt berühmte antike und moderne französische Autoren. Er hat einige englische und italienische Bücher[5] im Original gelesen, – Lesestoff, der für ein Juraexamen allerdings ungeeignet ist. Im Gegensatz zu Maximilien Robespierre, dem brillanten Stipendiaten aus Arras, der seine Prüfung 1781 in Paris ablegt, fühlt sich Danton nicht beschlagen genug, um der Fakultät gegenüberzutreten. Wie viele andere, so Roland und Brissot, absolviert er deshalb sein Examen an der Hochschule von Reims. Es kostet fünf- oder sechshundert Livres, um dort – nach einigen Monaten oder für die Begabteren nach einigen Tagen Unterricht – das Recht zu erwerben, seine Prüfung abzulegen. Danton kehrt also in seine Provinz zurück und hält sich von April bis September 1784 in Reims auf. Im Herbst ist er im Alter von fünfundzwanzig Jahren – zwei Jahre später als sein Kamerad und Kollege Paré – endlich »Advokat«. Der Titel hat Prestige, aber es gibt in Paris jede Menge Lizenziaten des Rechts, die mit diesem Titel dekoriert sind, und es sind kaum sechshundert, die ihren Beruf wirklich ausüben. Danton gehört zu denen, die sich im Justizpalast auf der Suche nach einem Klienten die Schuhsohlen ablaufen.[6] Seine Probezeit zieht sich hin; plädieren kann er nur selten. Wenig Klienten bedeuten wenig Einkommen. Danton schlägt sich durch, kaum besser als der Kanzleigehilfe, der er noch vor einigen Monaten war, und lebt vor allem von der bescheidenen Unterstützung, die ihm seine Familie zukommen läßt.

Er hat Maître Vinot verlassen und sich nach seiner Rückkehr aus Reims im Hallenviertel, Rue des Mauvaises-Paroles[7] in der Gemeinde Saint-Germain-l'Auxerrois, niedergelassen. Vielleicht war er schon häufiger in der »Rue de la Tisseranderie«[8], zwei Schritte von der Place de Grève entfernt. Dort machte er einer »Landsmännin« seine Aufwartung, die er sicher schon länger kannte, denn sie stammte aus Troyes, von wo sie ihr Domizil nach Paris verlegte: Mademoiselle Françoise-Julie Duhauttoir. Diese junge Frau war vermögend. Vielleicht hat ihr Danton, damals noch Anwaltsgehilfe, bei der Verwaltung ihres kleinen Besitzes geholfen. Das Schreiberlein scheint sogar noch einen Schritt weiter gegangen zu sein. Wie läßt sich diese Beziehung, die man wohl annehmen muß, erklären? Er ist beinahe mittellos und zum Fürchten häßlich. Sie dagegen ist wohlhabend, und ihr Äußeres muß durchaus angenehm gewesen sein, denn sie heiratet später, nach einem recht bewegten Leben, einen Mann von höherem Stand mit dem Titel eines Rittmeisters. Fräulein Duhauttoir muß an Danton Gefallen gefunden haben und die Sympathie beschränkte sich offenbar nicht auf seine Konversation. Sollte es wirklich eine Beziehung gegeben haben, so fand sie zwischen Februar und Juni 1783 ein Ende; die beiden jungen Leute blieben jedoch gute Freunde.[9] Wie Mirabeau, wenn auch einige Stufen tiefer, wird auch

Danton viele Frauen verführen. Es waren wohl die Intensität des Begehrens, das er – wie er selbst zugab – stets verspürte[10], und seine animalische Sinnlichkeit, die seine Geliebten seine abstoßende Häßlichkeit vergessen ließ. Es ist aber auch denkbar, daß die Dantonsche Beredsamkeit, die die letzten Schranken der Tugend zu Fall bringen sollte, zwar weniger geistreich, dafür aber direkter ausfiel als die Mirabeaus.

In dem Bemühen, das Loblied seines Helden zu singen, wollte Barthou nicht einräumen, daß Danton möglicherweise nur ein kleiner Winkeladvokat gewesen sei. Oft wird auch auf seinen ersten Prozeß verwiesen, den eines Hirten gegen seinen Gutsherrn, den Maître Danton vor der königlichen Justiz zum Erfolg führte. Dies darf man aber nicht überbewerten: Danton hat durchaus nichts dagegen, einfach Leute gegen das alte Feudalsystem zu verteidigen, aber er kann sich seine Klienten auch nicht aussuchen. Danton als überzeugter Vorrevolutionär? Dieser These widerspricht sein Opportunismus und das Geheimnis, das seine Rechtsanwaltskarriere von Anfang an umgibt. Das Gegenteil zu behaupten, ist indes genausowenig zulässig. Falls Danton ein Vorrevolutionär gewesen sein sollte, dann nur, wie so viele andere auch, aus der Verbitterung, die bescheidene Verhältnisse bei einem ehrgeizigen Mann hervorrufen. Der Lebensstil Dantons in dieser Zeit spricht für einen nur sehr bescheidenen Erfolg. Mittags speist er im »Hôtel de la Modestie«, einem der zahlreichen Sechs-Sous-Restaurants, wobei er sein spartanisches Mahl mit einem Mokka und einigen Dominopartien abrundet. Vorstellungen im Théâtre-Français oder im Palais-Royal, einige Abende mit Fräulein Duhauttoir oder anderswo mit Freunden aus der Champagne oder mit Bekannten aus dem Justizpalast – das sind die Zerstreuungen des Maître Danton, soweit sie uns bekannt sind.

Dem jungen Advokaten und Leser der Philosophen würde ein wesentlicher Zug des künftigen Revolutionärs fehlen, hätte er sich nicht in die Freimaurerei einführen lassen. Niemand kann zwar noch ernsthaft an die These vom »freimaurerischen Komplott« glauben, das die Französische Revolution vorbereitet, unterstützt, organisiert und bis zum Äußersten getrieben habe, wie sie einst mit Feuereifer vom Abbé Barruel in seinen *Mémoires pour servir à l'histoire du jacobinisme* (1797–1798) vertreten wurde. Aber die entscheidende Rolle der »Philosophischen Gesellschaften« und der Freimaurerei für die Verbreitung des Ideals der Aufklärung mit all seinen demokratischen Tendenzen, und damit an der theoretischen, und schließlich aktiven Vorbereitung der Revolution und ihres ureigensten Kindes – des Jakobinismus – läßt sich nicht abstreiten.

Die Freimaurerei ist nicht nur eine Mode, die sich großer Beliebtheit erfreut, sondern zugleich eine Möglichkeit, sich zu profilieren. Ehrgeizig, wie er ist, hat Danton vielleicht daran gedacht, sich um Aufnahme in eine Loge zu bewerben, deren Großmeister der erste Prinz von Geblüt, Louis-Philippe-Joseph, Herzog von Orléans, war. Da aber niemand daran dachte, Danton einzuführen, scheint sich der junge Advokat schließlich mit einer freimaurer-ähnlichen Gesellschaft begnügt zu haben, die zwar von Freimaurern gegründet worden war, jedoch auch Außenstehenden offen stand. Ungefähr um 1786, so meint Louis Amiable[11], wurde Maître Danton in die bekannte, rührige Loge der »Neun Schwestern« aufgenommen, eine renommierte Loge, die von dem Astronomen Lalande gegründet worden war und der u. a. auch Voltaire (im Jahr seines Todes 1728), Condorcet, Benjamin Franklin, der Moralist Chamfort, der Maler Greuze, der Bildhauer Houdon und der Prinz von Rohan angehörten. Die Revolution sollte noch weitere Mitglieder dieser Loge berühmt machen: den Abbé Sahuguet d'Espagnac, die Advokaten Garat und François de Neufchâteau, den Arzt Guillotin, den schriftstellernden Advokaten und späteren Girondisten Louis-Sebastien Mercier und andere mehr. Die »Listen» der Loge für die der Revolution vorausgehenden Jahre sind verlorengegangen, es ist jedoch wahrscheinlich, daß sie die Advokaten Danton, Petion de Villeneuve, Brissot, Camille Desmoulins, die Abbés Fauchet und Sieyès, den halben Abbé Noël (er hatte nur die niederen Weihen empfangen), den Pastor Rabaut-Saint-Etienne, den Astronomen und Akademiemitglied Sylvain Bailly (nachmals Bürgermeister von Paris und Intimfeind Dantons), gleichfalls aufnahm.

Über die Loge der »Neun Schwestern« mag Danton mit Mirabeau in Kontakt gekommen sein und vielleicht auch mit der »Faktion«* der Orléans, insbesondere mit dem ständigen Schatten des Herzogs, Choderlos de Laclos dem talentierten und bissigen Autor der *Liaisons dangereuses*. Und außerdem entdeckt er dort einen intelligenten und skrupellosen Offizier, dem Ludwig XV. einst mehrere geheime Missionen anvertraute (was dem so Geehrten einen Gefängnisaufenthalt einbrachte) und der von Ludwig XVI. mit der Befestigung des neuen Hafens von Cherbourg beauftragt wurde: General Dumouriez. Man sollte allerdings die Reichweite der freimaurerischen Brüderlichkeit auch nicht überschätzen. Danton gehörte nicht zu den Eingeweihten, er konnte mit ihnen nicht wie ein Bruder, d. h. von Gleich zu Gleich verkehren. Dennoch bleibt festzuhal-

---

* Zeitgenössischer abwertender Ausdruck für politische Gruppierungen (Anm. d. Hrsg.)

ten, daß ihm die Loge, so wie zuvor der Justizpalast, neue Horizonte erschloß.

Die Cafés, so schreibt Restif, »sind in den letzten zwanzig Jahren ziemlich heruntergekommen«, seit der goldenden Zeit des *Procope* und der Literatencafés. »Sie sind voll von Dummköpfen, Spöttern und Müßiggängern.« Danton ist Stammgast im *Parnasse*, auch *Café de l'Ecole* genannt, an der Place de l'Ecole Nr. 6, dort, wo die Rue de l'Arbre Sec auf den Quai stößt[12], nur wenige Minuten zwischen seiner Wohnung und dem Justizpalast. In diesem Lokal, vom Limonadenverkäufer François-Jérôme Charpentier geführt, verkehrten die kleineren Justizangestellten. Der Wirt machte gute Geschäfte. Er hatte sich zusätzlich noch einen Posten als Pachteinnehmer (contrôleur des fermes) gekauft, was jedoch eher dazu dienen sollte, bürgerliche Ehrbarkeit zur Schau zu stellen, als Geld zu verdienen. Charpentier war selbst Geschäftsführer dieses Lokals, das er gemeinsam mit seiner Frau, einer Italienerin, leitete. Ihre Tochter Antoinette-Gabrielle half gelegentlich aus. Ab wann wird Georges-Jacques zum Stammgast des *Parnasse*? Schon 1785 oder erst ein Jahr später? Das ist nicht bekannt. Eines allerdings ist sicher: Der junge Mann hat ein Auge auf die robuste Gabrielle geworfen. Schon lange ist er nicht mehr der Liebhaber von Françoise Duhauttoir. Mit seinen Italienischkenntnissen kann er die Mutter für sich einnehmen. »Jung, hübsch, mit angenehmen Umgangsformen«, so beschreibt Théodore de Lameth die brünette Gabrielle. Sie ist nicht schön, aber frisch und wohlproportioniert, mit strengen, nicht gerade feingeschnittenen, aber regelmäßigen Gesichtszügen. Vor allem aber ist sie die Tochter ihres Vaters: eine Frohnatur. Zwischen zwei Partien Dame – der Spezialität des Hauses –, zwischen einem Glas Wein und einer Tasse Kaffee, zwischen zwei politischen Diskussionen, in denen sich womöglich schon ein gewisser streitbarer Geist bemerkbar macht, beginnt Danton, Gabrielle den Hof zu machen. In allen Ehren, versteht sich, denn Fräulein Charpentier gehört nicht zu denen, die man verführt. Gabrielle, mit ihren fünfundzwanzig Jahren, ist anziehend, hat Aussichten auf eine Erbschaft und scheint vor Georges' Häßlichkeit nicht zurückzuschrecken. Danton umwirbt sie aus achtbaren Motiven. Er will sie heiraten.

Der junge Mann lebt in der Bohème eines Rechtsanwalts ohne Klienten. Um Gabrielle zu heiraten, braucht er etwas Kapital, um den in diesen unsicheren Zeiten besorgten Eltern Zutrauen einzuflößen; dann könnte Vater Charpentier die Neigung seiner Tochter für dieses Monstrum eher billigen. Heiratspläne, die 1786 Gestalt annehmen, motivieren den Rechtsanwalt, seine erste größere Rechtssache zu führen. Und schon gleich – wie später oft – wird die Angelegenheit zumindest nebulös.

Françoise Duhauttoir hatte inzwischen Charles-Nicolas Huet, Anwalt bei den *Conseils du roi**, Lehnsherr von Paisy und Rittmeister, zum Liebhaber genommen. Kanzlei und Wohnung lagen in der Rue de la Tisseranderie. Seit 1774 möchte Huet sein Amt als Anwalt loswerden; und Georges-Jacques sucht eines. Ab Herbst 1786 treten Huet und Danton in Geschäftsverbindung. Ob das Geschäft gut oder schlecht war und für wen, ist nicht leicht zu entscheiden. Der Vertrag wird am 29. März 1787 in Gegenwart des Notars Dosfant (Antoine Charpentier, der Bruder Gabrielles, war Gehilfe in dessen Büro) unterzeichnet. Für den Titel zahlt Danton 10 000 Livres, die Klientel wird auf 68 000 Livres geschätzt, das macht insgesamt 78 000 Livres, Unkosten nicht eingerechnet. Huet hat von Danton folgendes Arrangement erhalten:

Für die Klientel, *56 000 Livres in bar* und 12 000 Livres, zahlbar innerhalb von vier Jahren vom Tag der Übernahme an und mit 5% Zinsen, die vom 1. Oktober 1787 an halbjährlich zu zahlen sind. Huet garantiert Danton einen Anteil von einmal 1000 und einmal 11 000 Livres an zwei laufenden Verfahren. Sollten diese Beträge in den vier Jahren nicht ausgezahlt werden, kann Danton sie im Preis der Klientel einbehalten, woraus sich die Laufzeit des gewährten Kredits erklärt.

Danton wird die 10 000 Livres für den Titel bezahlen, sobald die Provisionen ohne Einspruch gerichtlich bestätigt sind.

Woher sollte Danton aber soviel Geld nehmen? Aus eigener Tasche konnte er nicht mehr als 5000 Livres beisteuern. Seine Onkel und Tanten in Arcis haben sich seit Dezember verpflichtet, für Darlehen bis zu 90 000 Livres zu bürgen. Durch diese familiäre Unterstützung gestärkt, konnte sich Danton 61 000 Livres leihen: 15 000 von seinem künftigen Schwiegervater Charpentier, 36 000 von Françoise Duhauttoir und am 3. April 10 000 Livres von einem gewissen Lhuillier, um den Titel zu zahlen. Von Anfang an erstaunlich an diesem Vertrag ist also nur das Ausmaß der Verschuldung des Kandidaten Danton.

Als die Kanzlei 1738 eröffnet wurde, hatte sie einen Wert von 4400 Livres. 1752 war sie von ihrem ersten Inhaber an den Rechtsanwalt Beyres de Castanède verkauft worden, der sich ihrer 1774 unter sehr

---

* Königliche Räte; dem Ministerrat und den verschiedenen Beratungsgremien des Königs ist ein umfangreicher Apparat von Beamten und Juristen zugeordnet. (Anm. d. Hrsg.)

dubiosen Umständen zugunsten Huets entledigte: 10 000 Livres für den Titel plus 20 000 Livres für die Klientel, insgesamt also 30 000 Livres, die in eine langfristige – durch eine Hypothek garantierte – Jahresrente von 1500 Livres umgewandelt wurde. Von dieser Rente zahlte Huet aber seinem Gläubiger keinen Sou! Diese Leichtfertigkeit wurde im Nachhinein von den Erben und Gläubigern de Castanèdes bestraft: Sie erhoben nun Anspruch auf die Summe von 10 000 Livres, die Danton für den Titel schuldig war. Danton, selbst ein armer Advokat, hat sich also bis zum Hals verschuldet, um einem Kollegen und zweifelhaften Ehrenmann aus der Klemme zu helfen. Dieser Großmut ist erstaunlich. Der Gesamtpreis von 78 000 Livres ist viel zu hoch angesetzt, selbst wenn man die Teuerung in Rechnung stellt. Huet hatte seine Position für nur 30 000 (nie bezahlte) Livres erworben, und sie scheint nicht viel an Wert hinzugewonnen zu haben, jedenfalls ist Huet bei seiner Amtsführung nicht reicher geworden, und Danton selbst verhandelte in vier Jahren nicht mehr als 22 Fälle. Offenbar war Huet ein Lebemann, Spieler und Verschwender; er brauchte dringend Bargeld, und Danton mußte es für ihn leihen. Wie konnte Charpentier, Georges' künftiger Schwiegervater, der ihm 15 000 Livres lieh, einer so wenig vorteilhaften Verbindung zustimmen? Darauf läßt sich nur eine hypothetische Antwort geben: Gabrielle war in Georges-Jacques verliebt und wollte ihn heiraten. Dafür mußte Danton 1. ein bescheidenes Kapitel vorweisen (die Kanzlei), 2. einen Schlußstrich unter die Vergangenheit ziehen.

Welche Vergangenheit? Hier greift wieder die mysteriöse Françoise Duhauttoir ein. Die junge Frau leiht Danton die stattliche Summe von 36 000 Livres. Sie ist wohlhabend und verwaltet geschickt ihr kleines Vermögen, nimmt die Geschäfte ihres mittellosen Liebhabers Huet de Paisy in die Hand und heiratet ihn sogar, nach einer langen Beziehung, drei Jahre später. Vielleicht hat sie ihn auch zur Heirat gezwungen? Diese Ehe wird unter der Voraussetzung der ehelichen Gütertrennung geschlossen, und der Ehefrau wird sogar die Verwaltung des Besitzes des Ehemanns übertragen! Françoise hatte zwei uneheliche Kinder: das erste, Jean-Louis, geboren am 23. Februar 1783, getauft am 24. in Saint-Jean-en-Grève, wird als *von unbekanntem Vater* eingetragen, das zweite, Charlotte-Françoise, geboren und getauft am 7. März 1784, *wird von Huet anerkannt.* Erst als Huet Françoise im Februar 1790 heiratet, erkennt er auch das erste Kind an. Zu dieser Zeit war er selbst bereits Witwer; seine erste Frau hieß Jeanne-Thérèse, geborene Bourasse de Beauregard. Wäre diese zwischen dem 23. Februar 1783 (Geburt des ersten Kindes) und dem 7. März 1784 (Geburt des zweiten) gestorben, gäbe es eine einfache Erklärung: Der verheiratete Huet hätte das erste Kind nicht anerkennen können, da es die Folge eines Ehebruchs gewesen wäre, während er als Witwer sehr wohl das zweite uneheliche Kind anerkennen konnte. Da Huets erste Frau aber schon vor dem 14. Oktober 1776 gestorben war, als ihr Mann, in finanziellen Schwierigkeiten, einen Schuldschein über die Summe von 13 132 Livres auf den Namen eines Herrn Morin ausstellte[13], hatte Huet folglich keinen Grund, dem ersten Kind zu verweigern, was er dem Zweiten sofort gewährte. Das bedeutet, nicht er wäre der Vater des ersten Kindes, sondern Danton, der sich Huet gegenüber seine Freiheit deshalb erkaufen mußte[14]. Dem könnte man entgegenhalten, daß es zumindest unvorsichtig war, einem so unehrlichen Mann zu vertrauen, der das Kind auch erst 1790 anerkannte. Wie konnte Danton sicher sein, daß Huet Wort halten würde? Ein solcher Einwand ist nicht stichhaltig: Seit 1787 hätte eine Privaturkunde aufgesetzt sein können, außerdem steht hinter Huet auch Françoise Duhauttoir, die seit dem Abschluß des Vertrages alle Fäden in der Hand hält, und bei aller Vorsicht gegenüber Huet konnte Danton doch seiner ehemaligen Geliebten vertrauen, einer Frau mit Verstand, von der ihr künftiger Ehemann finanziell abhängig war und ihr nichts zu verweigern hatte.

Danton ist nun eine Respektsperson geworden und er kann erhobenen Hauptes um Gabrielles Hand anhalten. Dantons Mutter und die übrige Familie sind aus Arcis und aus Troyes angereist. Am 9. Juni wird bei Charpentier vor den Herren Leville und Dosfant (es handelt sich um denselben Rechtsanwalt wie beim Verkauf der Kanzlei) der Ehevertrag aufgesetzt; die kirchliche Trauung findet am 14. Juni in Saint-Germain-l'Auxerrois statt. Danton hat sein Ziel erreicht, wenn auch unter schwierigen Bedingungen.

Das Wohlwollen des Schwiegervaters hindert diesen nicht daran, mißtrauisch zu sein. Obwohl der Ehevertrag, wie in Paris üblich, zwischen den Eheleuten die Gütergemeinschaft von »beweglichen und unbeweglichen Gütern« herstellt, ist die Situation des jungen Ehemanns gegenüber Gabrielle doch mit Fug und Recht als benachteiligt zu bezeichnen. Danton kann zwar erklären, 12 000 Livres zu besitzen sowie »Ländereien, Häuser und Erbteile, gelegen im besagten Arcis-sur-Aube und dessen Umgebung«, und er kann stolz sein auf den zwar theoretischen, aber imposanten Wert seines Amtes: 78 000 Livres. Auch legt er zugunsten seiner Frau eine auf 800 Livres festgesetzte Witwenrente an, deren Grundstock den aus der Ehe hervorgehenden Kindern gehören wird. Bei all dem muß man aber festhalten, daß der junge Ehemann nur ein zu erwartendes Vermögen in die Ehe einbringt. Deshalb haben die Charpentiers auch ihre Bedingungen gestellt: Die Eheleute werden nicht an die vor der Ehe entstandenen Schulden und Hypotheken gebunden sein, und nur derjenige Teil ihrer Güter wird in die Gütergemeinschaft eingehen, der auf beiden Seiten 4000 Livres nicht übersteigt; der Rest bleibt persönliches Vermögen. Gabrielles Mitgift scheint stattlich: 20 000 Livres.

In Wirklichkeit muß man von diesen 20 000 Livres die 2000 Livres abziehen, die Gabrielle an »Erwerb und Erspartem« eingebracht hat, wie auch die Schulden von 15 000 Livres, zu deren Rückzahlung sich Danton im März vertraglich gegenüber Charpentiers verpflichtete. Der junge Hausstand verfügt somit lediglich über 5000 Livres Bargeld (die 3000 Livres Mitgift und die 2000 Livres an Ersparnissen des jungen Mädchens). In Anbetracht der Verschuldung Dantons ist das nicht viel, um sich einzurichten. Die Mitgift seiner Frau ist im wesentlichen eine Zahlenspielerei. Reich ist der Mann aus der Champagne nur an Schulden. An Bargeld fehlt es ständig. Und das muß Danton nun selbst verdienen.

Nach dem Kauf seines Amtes muß Maître d'Anton – er adelt sich von jetzt an durch eine orthographische Spielerei –, um seinen Beruf ausüben zu können, in die hochehrenwerte »Vereinigung der Rechtsanwälte bei den Königlichen Räten« aufgenommen werden. Dies sind die Vorgänger der heutigen Anwälte beim Kassationsgerichtshof und beim *Conseil d'Etat.* Sie hatten sich zusammengeschlossen, »um alle Streitsachen, die in den verschiedenen Kammern oder Kommissionen der Königlichen Räte zur Verhandlung anstehen, zu verfolgen, zu diskutieren und vorzubringen und um Gesuche zu unterbreiten und zu verfolgen, die gleichfalls von der Art sind, um vor diese Räte gebracht zu werden« (Guyot). Die Zahl dieser Anwälte war 1783 auf 73 reduziert worden. Nach einer Untersuchung der Lebensführung und Sitten des Kandidaten legte dieser vor den *pairs* eine Prüfung ab, in deren Verlauf er sein Allgemeinwissen sowie seine Kenntnisse in Zivil-, Straf- und Prozeßrecht und vor allem in der »Wissenschaft vom öffentlichen Recht des Königsreichs« unter Beweis stellen mußte. Als Aufnahmeprüfung hielt er eine lateinische Rede über ein vorgegebenes Thema.

Die Prüfung fand einen Monat nach Dantons Heirat statt. Nach Aussage Rousselins, der über eine blühende Phantasie verfügt, soll Danton das delikate Thema der »moralischen und politischen Situation des Landes im Hinblick auf die Justiz« abgehandelt haben. Derselbe Autor behauptet weiter, Danton habe in seiner Erörterung die Interessen des Volkes gegen die Privilegierten verteidigt und die Revolution vorausgesagt. Den mit einer solchen Revolution verbundenen Gewalttätigkeiten solle man durch eine Haltung zuvorkommen, die sich von den »Erfordernissen der Zeit und vom Fortschritt der Aufklärung« leiten lasse: eine französische Revolution also, aber in Etappen und mit Bedacht. Die Mehrheit der Danton-Biographen übernimmt diese unüberprüfbare Anekdote mit größter Ernsthaftigkeit. Es mag ja sein, daß Danton von den neuen Ideen durchdrungen war und daß ihn die Politik mehr faszinierte als noch vor sieben Jahren bei seiner Ankunft in Paris. Aber bei allem Temperament ist dieser Mann doch klug genug, keine unvorsichtige Rede zu halten – und sei es auf Latein. Danton wollte in diese Vereinigung aufgenommen werden, die – wenn man ihren Mitgliedern Glauben schenken darf – die Elite des Anwaltsstandes repräsentierte. Lavaux, ein Kollege Dantons, wird diesem in der Ausübung seines Berufs »eine richtige Einstellung, einen angenehmen, bescheidenen und ruhigen Charakter« zugestehen. Selbst auf die Gefahr hin, die Anhänger des Danton-Kults zu verstimmen, halte ich es deshalb für wahrscheinlicher, daß der Kandidat über ein weniger brisantes Thema eine unverfängliche und – warum auch nicht? – rein akademische Rede hielt.

Die Prüfung findet im Juli 1787 statt, zu einer Zeit, als die Politik mehr denn je ein heikles Terrain darstellt. Seit der junge Ludwig XVI. nach dem Tod seines Großvaters im Jahr 1774 das Triumvirat der Reformer, Maupeou, Terray und d'Aiguillon, entließ, wird die Frage der Reformen zum ständigen Problem für die Monarchie. Obwohl der König zunächst den Anhänger der Physiokraten, Turgot, unterstützte, ließ er ihn dann doch fallen (1776). Der Schweizer Bankier Necker wurde ebenfalls entlassen (1781), denn sein schönfärbender »Bericht an den König« gaukelte ein überzähliges Budget vor und benannte sogar die genauen Ausgaben des Hofes (die aber 1788 kaum 6% der Ausgaben erreichten gegenüber 12% unter Ludwig XIV. und unendlich viel mehr unter Heinrich IV.). Necker fiel in Ungnade, weil er den Hof verstimmt hatte, aber ihn trifft die historische Schuld, das Ausmaß des Defizits, der tödlichen Krankheit des Ancien Régime, verschleiert zu haben. Die Unterstützung, die Frankreich den Aufständischen in Amerika zukommen ließ, war eine finanzielle Katastrophe: zwei Millionen Livres, die durch Anleihen gedeckt werden mußten. Um das Defizit zu stopfen, muß der Staat Kredite aufnehmen, aber die Rückzahlung dieser Schulden bewirkt ein weiteres Defizit... Zwischen 1774 und 1788 haben sich die öffentlichen Ausgaben mehr als verdoppelt und das Defizit mehr als verdreifacht. Am Vorabend der Revolution macht die Rückzahlung der Schulden fast die Hälfte der Ausgaben aus, die ihrerseits – Schätzungen zufolge – die Einnahmen um 25 bis 30% übersteigen! Über Einsparungen im Bereich der Pensionen und der Ausgaben des Hofes vermochte das Königtum seine Finanzen nicht mehr zu sanieren. Neckers Nachfolger Calonne verstand dies um so besser, als er selbst in erschreckendem Ausmaß zum Mittel der Anleihe greifen mußte. Der Minister erarbeitete einen Plan zur Sanierung der Finanzen (August 1786). Er schlägt eine neue Steuer vor, die proportional zu den Einnahmen an Grundrente und von allen, auch von den Privilegierten, zu zahlen ist: die *subvention territoriale.* Er verbindet sein Projekt mit liberalen Wirtschaftsmaßnahmen und administrativen Reformen (einer Hierarchie beratender Versammlungen). Ein Teil des Programms ist den Physiokraten, genauer gesagt, Turgot und Necker entliehen. Um sein Projekt durchzusetzen, läßt Calonne am 22. Februar 1787 in Versailles eine Versammlung von Notabeln einberufen. Vor den Prinzen, Herzögen, *pairs* und *maréchaux de France*, vor den Bischöfen, Richtern, Bürgermeistern und Stadträten benennt er schonungslos das Defizit und fordert von den Privilegierten finanzielle Opfer. Ironie des Schicksals: Den einen erscheint Calonne als ein Gegner der Aufklärung, den anderen als der Totengräber des alten Frankreich. Wieder einmal entläßt Ludwig XVI. seinen wichtigsten Minister (April 1787). Ein Gegner Calonnes, ein Mann der Aufklärung, der Erzbischof von Toulouse, Loménie de Brienne, tritt die Nachfolge an. Intelligent, gerissen und ehrgeizig, stolpert aber auch er über das Steuerhindernis. Die Notabeln akzeptieren zwar das *Prinzip* einer egalitären Steuer, sie erklären sich jedoch nicht für kompetent, über neue Steuern *zu entscheiden.* Am 25. Mai wird die Versammlung aufgelöst. Der Hinweis auf die »Inkompetenz« ist durchsichtig. Die vom Pariser *parlement**, das die Billigung der Steuerausschreibungen verweigert, wiederaufgenommene Idee einer Einberufung der Generalstände drängt sich schließlich auf. Nachdem der König die Billigung der Steuern erzwungen und die Parlamentsmitglieder in die Provinz verbannt hat, beugt er sich schließlich doch den Protesten der Provinzgerichtshöfe und den Solidaritätsbekundungen der Pariser Bevölkerung. Er ruft das Parlament

* Oberster königlicher Gerichtshof in den Provinzen des *Ancien Régime.* (Anm. d. Hrsg.)

zurück und zieht die Gesetzesvorlagen zurück. Von da an blieb seinem Minister nichts anderes übrig, als neue Anleihen und für 1792 die Einberufung der Generalstände vorzuschlagen. Das Unglück ist geschehen; die Verbannung des Herzogs von Orléans wegen seines Protests gegen das königliche *lit de justice** vom 19. November, das die Anleihen erzwingen sollte, verschärft noch die Parlamentsfronde. Der hohe Amtsadel geht für mehrere Monate zur offenen Revolte über, wobei er sich als Wahrer der Freiheiten und der Grundrechte aufspielt, während er doch in Wirklichkeit nur seine Privilegien verteidigt und damit den Anstoß gibt für alle Revolten in anderen Bereichen, die in die große Explosion von 1789 münden werden.

Danton hat Jules Paré, seinen Kollegen, Nachbarn und Freund aus der Kinderzeit, zu seinem Kanzleivorsteher gemacht und Desforgues, der ihn ebenfalls in seiner politischen Karriere begleiten wird, zu seinem Sekretär. Sollte er über den Wert seiner Kanzlei je Illusionen gehegt haben, so sind sie ihm wohl recht bald vergangen. Wie schon erwähnt, verhandelt er zwischen 1787 und 1791, dem Datum ihres Rückkaufs durch den Staat infolge der Abschaffung der Ämter-Käuflichkeit, nur 22 Fälle. Im August 1791 sagt sein Freund Courtois aus, daß die Kanzlei Dantons bis zu diesem Zeitpunkt laufende Verfahren[15] über mehr als 12 Millionen Livres gehabt habe. Courtois, ebenfalls ein ehemaliger Schüler des Oratoriums von Troyes und Steuereinnehmer des Distrikts Arcis, bevor er zum Abgeordneten der Aube gewählt wurde, antwortete damals auf die gegen Danton erhobenen Beschuldigungen, insbesondere auf die der Bestechlichkeit. Seine Aussage ist aber völlig wertlos, zumal ihr die Tatsachen widersprechen. Der neue Rechtsanwalt beim *Conseil royal*, der die Klienten Huets übernimmt, plädiert nur selten für reiche Familien, und Bauern, die ihre Felder bestellen, legen selten Beschwerde beim Kassationshof ein. Einige von Dantons Kunden sind Landwirte oder Kaufleute, aber auch bei ihnen war nicht viel Geld zu machen. Anstatt zu beurteilen, was sich nicht beurteilen läßt, sollte man also die Situation des Rechtsanwalts in den Jahren 1787 bis 1788 lieber einer politischen Analyse unterziehen. Wenn sich nämlich die Gelegenheit ergibt, widerstrebt es Maître d'Anton durchaus nicht, den wirklichen oder eingebildeten Anspruch dieses oder jenes Aristokraten auf den Adelstitel vor Ge-

---

* Feierliche Sitzung des *parlement*, in der der König durch seine persönliche Anwesenheit den Gerichtshof *zwingt*, ein Gesetz zu »registrieren«, das zuvor abgelehnt wurde. (Anm. d. Hrsg.)

richt zu verteidigen. Hätte das Ancien Regime noch 30 Jahre länger existiert, so hätte Danton sicher eines jener Ämter als *secretaire du roi* gekauft, die man die *savonette à vilain** nannte und die irgend einen Herrn X, auch wenn er nur aus Arcis stammte, in einen echten Adligen verwandelten, dessen Kinder adlig *geboren* würden, selbst wenn ihr Großvater ein Bauer war. Dies alles geschah nicht aus »aristokratischer« Überzeugung – Danton ist gewiß ein echter Plebejer –, sondern aus einem angeborenen Sinn für sozialen Nutzen. In enger Anlehnung an die Danton-Forscher des 19. Jahrhunderts behauptet Louis Barthou, Danton habe seit 1787 die Revolution vorhergesehen. Andere Autoren haben diese verführerische These übernommen, ohne mehr Beweise anzuführen, als den lateinischen Vortrag Dantons vor der Vereinigung der Anwälte beim *Conseil du roi*, wobei dieser Text – wie könnte es anders sein – verschwunden ist. Um damals einen Umsturz vorauszusehen, brauchte man aber kein großer Gelehrter zu sein, jeder spürte ihn kommen. Sollte es sich allerdings um die Revolution handeln, wie sie sich tatsächlich abgespielt hat, so wäre Danton sicher der Einzige gewesen, der das voraussah, und ohne handfeste Beweise sollte man ihm nicht die Ehre erweisen, daran zu glauben. Wie jeder vernünftige Mann, der erfolgreich sein wollte, stellte auch Danton seine Ideen nicht über seine Interessen. Im übrigen waren diese Ideen zunächst noch nicht besonders ausgefeilt, und es wird sich noch erweisen, daß sie auch später nie sehr systematisch geordnet waren. Im Jahr 1787 gab es jedenfalls, was die Entwicklung seiner Ideen betrifft, keinerlei Determinismus und keine revolutionäre Zwangsläufigkeit.

Seit Juli 1787 verteidigte Danton vor dem *Conseil des dépêches*** erfolgreich die Interessen eines hohen Amtsadligen, Charles-Louis-François-Honoré de Barentin; dieser war erster Präsident am Obersteuergericht. Barentin hat Danton möglicherweise bei Loménie de Brienne eingeführt. Wie viele hohe Herrschaften gefielen sich die Loménies darin, über ihre Landsleute aus der Provinz eine Art römisches Patronat auszuüben. Der dantonistischen Geschichtsschreibung zufolge (die damit die biographische Notiz Rousselins mit ihrer inkohärenten Chronologie

---

* Kostspieliges Ehrenamt bei Hof, dessen Kauf zum Aufstieg in den Adel diente: Aus einem »Gemeinen« (*vilain*) wurde durch diese »Reinwaschung« ein Edelmann. (Anm. d. Hrsg.)

** Eines der *Conseils du roi;* war zuständig für die Verwaltung der Provinzen. (Anm. d. Hrsg.)

kritiklos übernimmt) hat Danton Barentin ein Reformprojekt an die Adresse Briennes vorgeschlagen, wonach der König unter Berücksichtigung der parlamentarischen Empfindlichkeiten die Steuerprivilegien des Adels und des Klerus einschränken sollte. Das war alles andere als originell ... Brienne war natürlich nicht auf einen Danton angewiesen, um zu wissen, was er in Anbetracht des selbstmörderischen Widerstands der Privilegierten tun konnte und was er besser unterließ. Im übrigen kann man sich kaum vorstellen, daß Barentin dem Minister gegenüber ein so banales Projekt eines unbekannten Advokaten befürwortet hätte.

Danton mußte sein Glück erst machen. Die Einkünfte seines Amtes verschafften ihm nicht mehr als einen mäßigen bürgerlichen Wohlstand. Im Mai 1787 hatte er sich für eine Wohnung in der Rue Guénégaud vormerken lassen, dann aber wieder Abstand genommen, weil ihm das Viertel zu laut war. Im Sommer ließ sich das junge Paar in der ersten Etage eines recht schönen Hauses im Viertel des Théâtre Français[16] nieder, in der Rue des Cordeliers Nr. 24, neben einer kleinen Sackgasse, in der Handel getrieben wurde, der Cour du Commerce[17]. Die Wohnung besteht aus sechs Zimmern, und die Dantons mieten sie auf neun Jahre. Der Vermieter, ein Mitglied der Rechnungskammer, hatte gefordert, daß sich Gabrielle genauso wie ihr Ehemann vertraglich verpflichtete. Dieses Mißtrauen ist symptomatisch: Die finanzielle Lage Dantons gilt als nicht solide genug, um die Zahlung einer Jahresmiete von 1040 Livres, die vierteljährlich fällig wird, zu garantieren. Um sich standesgemäß einzurichten, hätte sich Danton noch weiter verschulden müssen. Die Möblierung seiner Wohnung kann also nur bescheiden ausfallen. Das Hauspersonal wird auf das absolute Minimum reduziert: Selbst in seinen besten Zeiten scheint er nie mehr als zwei ständige Dienstboten gehabt zu haben: ein Dienstmädchen und eine Köchin.

Das Viertel ist angenehm, und damals bereits voller Leben. Neben dem Metzger Louis Legendre, der zum Lieferanten der Dantons wird, trifft man hier auf eine ganze Reihe fast oder gänzlich unbekannter Individuen, die erst die Revolution in den Vordergrund der hohen oder niederen Politik holen und einige Jahre später wieder vernichten wird. Einige Danton-Biographen malen ein besonders verlockendes Bild vom künftigen Distrikt der Cordeliers. Wollte man ihnen Glauben schenken, so konnte Danton hier auf den Journalisten Stanislas Fréron treffen, Sohn und Nachfolger des berühmten Voltaire-Antipoden, der seinen alten Ansichten abschwört, um sich die ultrarevolutionären Thesen zu eigen zu machen. Auch ein Medizinstudent namens Chaumette lebt in diesem Viertel, ebenso wie der Abbé Grégoire, Jean-Nicolas Pache, Kabinettschef im Marineministerium, Ronsin, Vincent, Hanriot, Buzot und viele andere, später auch der Arzt Jean-Paul Marat, ja sogar der junge François Robert, Advokat und Professor der Rechte bei der Philosophischen Gesellschaft, Gründer des *Mercure National*, oder Guillaume Brune, ein abgebrochener Student, der zeitweise als Buchdrucker arbeitet und literarische Ambitionen pflegt, der auf eigene Kosten seine Prosa und (schlechten) Verse veröffentlicht und später (der Reihe nach) reaktionärer Journalist, Säule der Cordeliers, hebertistischer General und napoleonischer Marschall sein wird. Das alles liest sich sehr schön, ist aber falsch. Vor allem wird dabei der Zeitpunkt nicht berücksichtigt, zu dem sich die genannten Personen im Viertel niedergelassen haben. Von Marat kann zunächst nicht die Rede sein; Pache hatte 1784 die Marine verlassen und lebte in der Schweiz; er kehrt erst bei Ausbruch der Revolution nach Paris zurück. Der aus den Ardennen gebürtige Robert hielt sich noch in Belgien (den österreichischen Niederlanden) auf, bevor er zu Beginn der Revolution zum Kommandanten der Nationalgarde von Givet ernannt wurde. Er kommt nur kurz nach Paris, um einen Gemeindekonflikt beizulegen. Erst im Mai 1790 heiratet er Louise de Kéralio, um dann mit ihr die Leitung des *Mercure National* zu übernehmen, des berühmten Kampforgans, das selbst den Jakobinern zu radikal ist.

Es ließen sich anfangs noch weitere Beispiele anführen. Überdies ist es unmöglich zu rekonstruieren, wer von denen, die zwischen 1787 und 1789 in diesem Viertel wohnten, mit Danton tatsächlich bekannt war, geschweige denn, wer seine Freunde oder gar seine engsten Vertrauten waren. Man muß sich also auf Vermutungen beschränken. Zu den engeren Freunden Dantons ist sicher Jules Paré zu zählen, sein Jugendfreund und Kanzleivorsteher, vielleicht auch noch Rousselin, der spätere Sekretär von Barras, oder Brune, der einer seiner nächsten Nachbarn war. Als Advokat wird Danton wohl auch in Juristenkreisen Freunde gehabt haben, die ihm seit der Zeit verbunden waren, als er noch einfacher Gehilfe war.

Ohne die historische Perspektive verfälschen zu wollen und ohne daß sich der Zeitpunkt ihres Zusammentreffens mit Danton genau bestimmen ließe, sind schließlich noch zwei Persönlichkeiten zu nennen, die mit dem Tribun ganz sicher befreundet waren: Fabre d'Eglantine und Camille Desmoulins. Fabre ist sowohl Träumer wie Realist, zynisch und spontan; Mathiez hat ihn für immer diskrediert. Bevor er 1792–1793 zum Intriganten ersten Ranges aufstieg, hatte er in den Jahren vor der

Revolution sämtliche Berufe ausprobiert: Malerei, Musik, Dichtung und Theater (als Schauspieler wie als Autor). Wegen Entführung verurteilt, ließ er Frau und Kind im Stich. Seine Geliebten, die er wie ein Zuhälter niedrigster Sorte ausbeutete, wechselte er häufig. Er steckte stets bis zum Hals in Schulden – im Februar 1789 entging er seinen Gläubigern nur durch einen sechsmonatigen Schutz, den ihm der König gewährte –, aber er war ein Poet, und das entschuldigte ihn in den Augen vieler. Das Lied *Il pleut, il pleut, bergère* hat übrigens mehr zu seinem Ruhm beigetragen, als der revolutionäre Kalender des Jahres II oder seine von der Nachwelt vergessenen Theaterstücke.

Camille Desmoulins, neun Jahre jünger als Fabre und vier Monate jünger als Danton, war ebenfalls ein Anwalt ohne Klienten und Mitglied der Loge der »Neun Schwestern«[18]; auch er ist leichtsinnig, vergnügungssüchtig und hoch verschuldet. Im Unterschied zu Danton ist er kein Notabler des Anwaltsstandes, und verachtet diesen Beruf, für den er nicht geschaffen ist. Man stellt diese beiden unterschiedlichen Freunde oft gegenüber, den keulenschwingenden Herkules und den schüchternen Stotterer, den Mann des Wortes, der nie schreibt, und den brillanten und bissigen Journalisten, den Don Juan und den schüchternen Verliebten. Solche Gegenüberstellungen sind mit Vorsicht zu genießen. Desmoulins ist ein gewohnheitsmäßiger Spieler und Schürzenjäger, der sich, bevor er der zehn Jahre jüngeren Lucile Duplessis den Hof macht, vergeblich um die Gunst ihrer Mutter bemüht hat, während Danton zu Beginn seiner Ehe offenbar recht braver Gatte war. Desmoulins stottert zwar, aber 1789 stellt er im Palais-Royal seine wahre rednerische Begabung unter Beweis, während der geborene Redner Danton nicht immer glänzend dastehen wird, wenn ihn seine Gegner in die Enge treiben. Kurzum, die beiden Männer sind recht unterschiedlich, was entweder zu völligem Unverständnis oder zur Freundschaft führen kann, falls Qualitäten und Fehler komplementär verteilt sind, was offenbar der Fall war. Desmoulins wird in mancher Hinsicht das unersetzliche Gegenstück zu Danton darstellen. Obwohl nicht so häßlich wie Danton, ist auch Camille nicht schön zu nennen mit seiner gelblich-fahlen Haut, dürr und ausgemergelt, bis ein steigender Wohlstand auch ihn etwas üppiger werden läßt. Er ist fröhlich, geistreich, etwas zertreut, sehr intelligent und mehr Ideologe als Danton – bereits 1789 ist er Republikaner. Als er dem Ehepaar Danton seine Verlobte Lucille vorstellt, die sich dann mit Gabrielle anfreundet, wird er zum ständigen Gast des Hauses. Die private Freundschaft wird die politische intensivieren, die mancher Meinungsverschiedenheit zum Trotz weiterbesteht und Danton und Camille gemeinsam zum Schafott führt.

Das Beispiel Camille mahnt zur Vorsicht. Eifrig bemüht, ein stimmiges Bild ihres Helden zu entwerfen, vermitteln einige Biographen den Eindruck, als habe Danton schon lange vor dem Juli 1789 in seinem Viertel ein Netz von Freundschaften und Beziehungen geknüpft. Aber im Grunde weiß man darüber wenig. Dieser lebenslustige und offene Mann – was das Vergnügen an mancher Geheimniskrämerei keineswegs ausschließen wird – hat sicher keine Beziehung vernachlässigt, sei sie nun nützlich oder nicht. Von Natur aus großzügig, stieß er wohl niemanden aus seinem Freundeskreis zurück, nur weil der Umgang mit ihm nicht standesgemäß erscheinen mochte. Es ist also durchaus möglich, sich Danton vorzustellen, umgeben von einer Jüngerschar aus allen sozialen Schichten, doch sollte man sich davor hüten der Geschichte vorzugreifen. Erst als Danton eine politische Macht darstellt, mit der man rechnen muß, findet er sich umringt von jenen oft suspekten Gestalten, die zu seinem Untergang beitragen.

2. DIE BASTILLE WIRD NOCH EINMAL EROBERT

Schon seit den ersten Tagen unserer Erneuerung fühlte ich alle Wallungen des Patriotismus.
Danton, 20. Januar 1792

Loménie de Brienne muß am 24. August 1788 zurücktreten. Der König ruft Necker zurück. Die Rückkehr des Schweizer Bankiers – eine Ironie der Geschichte – bewirkt einen Rückgewinn an Vertrauen. Dieser Experte in Zahlenmanipulationen verweigert den Bankrott, und er ist ein »wahrer« Freund der Aufklärung. Daher der Freudentaumel, der seine Rückkehr ins Kabinett begleitet. Diese Begeisterung führt in Paris zu Zusammenstößen mit der königlichen Garde und einigen Todesopfern. Aus dieser bereits explosiven Situation erklärt sich vielleicht, daß Danton zum erstenmal deutlich Stellung bezieht. Sein Gönner, Herr von Barentin, tritt die Nachfolge Lamoignons als Justizminister an. Wenn man Rousselin Glauben schenken darf, bietet Barentin Danton zweimal einen Posten in der Staatskanzlei an, – ein verlockendes Angebot, das Danton aber zweimal ablehnt. Sollte diese Anekdote der Wahrheit entsprechen, kann man mit Fug und Recht behaupten, der Advokat habe seine Partei bereits gewählt. Auch wenn er noch nicht politisch aktiv ist, scheint er doch den Reformplänen des Ministers nicht mehr zu vertrauen. Die verschwommenen Umrisse des Maître d'Anton formen sich nach und nach zum Profil eines Danton. Sein Verhalten folgt einer kalten Logik. »Der Staatsapparat kracht aus den Fugen: aus Mangel an Autorität, aber vor allem aus Mangel an Geld« (Michel Vovelle). Als Antwort auf die Revolte der Gerichte hatte Lamoignon eine Gerichtsreform im Sinne von Maupeou vorbereitet. Von den Gerichten ausgehend, hatte die Revolte auf die Bourgeoisien der Provinzen übergegriffen, die über eine Fronde nach aristokratischem Muster hinaus ein revolutionäres Programm aufstellten, wie es bereits in den »Philosophischen« Gesellschaften herangereift war. Die berühmte Versammlung vom 21. Juli im Schloß zu Vizille (die zum Ausgangspunkt der politischen Karriere eines Mounier und eines Barnave werden sollte) hatte sich auf die »Rechte der Nation« berufen. Brienne mußte die Auszahlungen der Staatskasse aussetzen, einer vorgezogenen Versammlung der Generalstände für 1789 zustimmen, seine Gerichtsreform zurückziehen und schließlich sogar zurücktreten. Die Monarchie versuchte, die Wogen zu glätten, indem sie in allen Punkten nachgab.

Die Bestrebungen der Bourgeoisie liefen ihrerseits Gefahr, von der Unzufriedenheit des Volkes noch übertroffen zu werden. Vorübergehend geschwächt durch ein Jahrzehnt der Mißwirtschaft, erlebte Frankreich seit 1787 eine ökonomische Krise. Zum Sturz der Agrarpreise und der Erhöhung der Pachten kamen die schlechten Ernten von 1788 und 1789 hinzu. Landwirtschaftliche Unterproduktion, Absatzschwierigkeiten der Industrie (die durch die englische Konkurrenz noch verschärft wurden) und Arbeitslosigkeit – alle konjunkturellen Bedingungen kamen zusammen, um die politische durch eine soziale Krise zu verdoppeln. Da auch die natürlichen Schutzmächte der Monarchie aus widersprüchlichen Gründen auf der Seite der Frondeure standen, konnte sich der König darauf gefaßt machen, daß fünfzehn Jahre der Schwäche in einem plötzlichen Zusammenbruch endeten. Denn das »Wunder Necker« bleibt aus. Politische Niederlagen, wie die Wiedereinsetzung der Gerichte und die erneute Einberufung der Notabeln für den Herbst sowie finanzielle Notlösungen sind die Inhalte seiner Politik, die durch die unmittelbar bevorstehende Einberufung der Generalstände beherrscht wird. Da die Notabeln mit knapper Mehrheit für die Verdoppelung der Vertretung des Dritten Standes in den Generalständen gestimmt hatten, dem damit ebenso viele Sitze zustehen wie dem Klerus und dem Adel zusammen, schließt sich das Parlament, das noch im September die Anwendung der seit 1614 gültigen Richtlinien befürwortet hatte, diesem Vorschlag in der Hoffnung an, durch dieses Manöver seine schwindende Popularität wiederherzustellen. Als der Königliche Rat diese – im Grunde revolutionäre Maßnahme, die die zahlenmäßige Vorherrschaft der Nicht-Adligen innerhalb der französischen Gesellschaft anerkennt – sanktioniert, hütet er sich wohlweislich davor zu präzisieren, ob die Generalstände pro Kopf abstimmen werden (was dem Dritten Stand die Mehrheit gäbe) oder ob nach Ständen abgestimmt werden soll (wodurch, wie in der Vergangenheit, die Privilegierten die Mehrheit behielten). Das gleiche vieldeutige Schweigen bestimmt die ohnehin gefährlich komplizierte Wahlordnung vom Januar 1789. Aber damit eilen wir den Ereignissen bereits voraus.

Vor allem in den Städten bildet sich eine »nationale« oder »patriotische« Partei, die aus den *Sociétés de pensées** hervorgegangen ist. Anfangs zahlenmäßig unbedeutend, zielt diese betriebsame Minderheit darauf ab – und das wird ihr in jeder Hinsicht gelingen –, die Komplexität des mehrstufigen Wahlsystems auszunutzen, um in ihrem eigenen und im Interesse eines Teils der städtischen Bourgeoisie die noch wenig präzisen und unorganisierten Bestrebungen einer unwissenden und unpolitischen Bauernschaft aufzufangen. Ihre Ideen kommen in den in Paris gegründeten Klubs zum Ausdruck und in zahllosen Broschüren, die im Laufe des Winters veröffentlicht werden. Die berühmteste ist die Schrift des Abbé Siéyès *Qu'est-ce que le tiers état?*. Vor allem gelingt es ihnen in den bald 60 000, meist nach demselben Muster auf der Ebene der *baillage*** oder der *sénéchaussée* abgefaßten *Cahiers de doléances****, die Forderungen von einzelnen Gruppen, lokale Querelen und sogar separatistische Bestrebungen einzelner Provinzen im Namen eines einheitlichen Konzepts der Nation zu überwinden, das seit den Religionskriegen verschüttet war und erst im 18. Jahrhundert zu neuem Leben erweckt wurde. Ein zwar weitmaschiges, aber doch homogenes Programm wurde vorgeschlagen: Schluß mit dem Absolutismus und der Justizwillkür, Anerkennung der individuellen Freiheiten, Meinungs- und Pressefreiheit, Festlegung der Steuern ausschließlich durch die Repräsentanten der souveränen Nation, Abschaffung des Lehnswesens.

Die ursprünglichen Absichten der Initiatoren bei der Einberufung der Stände waren längst überholt: Der Wunsch, die Privilegien zu erhalten, endete damit, deren Abschaffung zu propagieren. Die Steuerfrage führte über die Forderung nach einer schriftlich fixierten Verfassung mit völlig neuen Prinzipien schließlich dazu, den traditionellen Staat insgesamt in Frage zu stellen. Ob Danton genug politischen Scharfsinn besaß, das Ausmaß dieser Revolution der Geister abzuschätzen, läßt sich nicht sagen, aber eines ist gewiß: Er war mit Leib und Seele auf Seiten der »Patrioten«.

Trotz der zur Schau gestellten Entschlossenheit waren die Bestrebungen der nationalen Partei nicht einheitlich. Das war zum Teil auch ihre

---

* Gemeint sind Gesellschaften und Klubs, in denen die Ideen der Aufklärung diskutiert wurden. (Anm. d. Hrsg.)

** *Baillage, sénéchaussée:* untere Gerichts- und Verwaltungsbezirke. (Anm. d. Hrsg.)

*** Beschwerdehefte, die vor Ort von den Mitgliedern der drei Stände verfaßt und an die in Paris zusammengerufenen »Generalstände« gerichtet wurden. (Anm. d. Hrsg.)

Stärke, denn so konnte jeder in ihrem Programm auf seine Kosten kommen. Ihre Aktionen waren nicht frei von Demagogie. Es gab kein Ereignis, keinen Zwischenfall, der nicht von ihrer Propaganda ausgebeutet wurde. Das Problem der Lebensmittelversorgung nach schlechten Ernten ist dafür ein gutes Beispiel. Die Umtriebe der Spekulanten, der »Blutsauger des Volkes«, werden von den Pamphletisten rein politisch gedeutet: Es seien die Minister, der Hof, die königliche Familie, ja, der König selbst, die die Blutsauger schützten. Ludwig XVI. war offenbar nicht fähig, sich über das Ausmaß der Krise ein Bild zu verschaffen. Obwohl die überwältigende Mehrheit des Volkes monarchistisch blieb, ging die goldene Zeit des »Wenn das der König wüßte ...« langsam aber sicher ihrem Ende entgegen. Dagegen vermochte ein Prinz von Geblüt – das hatte sich mehr als einmal erwiesen –, diese Unzufriedenheit für seine Interessen zu nutzen.

Louis-Philippe-Joseph, Großmeister vom *Groß-Orient**, 1785 durch den Tod seines Vaters zum Herzog von Orléans aufgestiegen, hatte nur sehr geringe Aussichten auf den Thron –, besser gesagt, überhaupt keine, soweit es die Erbfolge betraf; denn er hätte im Grunde erst das Aussterben aller europäischen Zweige der Bourbonen abwarten müssen. Der im Vertrag von Utrecht (1713) enthaltene Verzicht Philippes V. von Spanien auf den französischen Thron war von untergeordneter Bedeutung gegenüber dem zweiten Grundgesetz des Königreiches: dem Prinzip der Nicht-Verfügbarkeit *(indisponibilité)* der Krone. Die große List der Orléans bestand allerdings darin, zu suggerieren, es existiere eine Vorschrift der Nationalität, die den spanischen Zweig mit all seinen Verästelungen vom Thron ausgeschlossen habe – eine Argumentation, die freilich auch Heinrich III., König von Polen, und Heinrich IV., König von Navarra, an der Regierungsübernahme hätte hindern müssen!

Ludwig XVI. hatte zwei Söhne (der ältere stirbt im Juni 1789) und zwei Brüder, den Grafen von Provence (den späteren Ludwig XVIII.) und den Grafen von Artois (den späteren Karl X.). Seit sich die beiden letzteren durch ihre Emigration (Artois ab 1789, Provence ab 1791) außerhalb des orleanistischen Gesetzes der »Nationalität« gestellt hatten und die Konstituante seit September 1789 die Rechte der »ausländischen« Bourbonen ausdrücklich eingeschränkt hatte, war Philippe unschlüssig, ob er sich für eine Regentschaft oder für einen Wechsel der Dynastie entscheiden sollte. Dieses Patenkind Ludwigs XV. war von

* Freimaurerloge (Anm. d. Hrsg.)

übersteigertem Ehrgeiz, der sich – zum Leidwesen seiner engeren Umgebung – jedoch nur sehr schlecht in konkrete Verantwortung umsetzen ließ. Es gibt über ihn die widersprüchlichsten Beschreibungen. Er gilt als intelligent, unausgeglichen, launisch und vergnügungssüchtig; seine Anglomanie macht ihn zum Liberalen und seine Anhänger erinnern an den Sturz der Stuarts. Als Frondeur hat sich der junge Mann mit dem in Ungnade gefallenen Choiseul* verbündet, die Parlamentsopposition favorisiert und die Reform Maupeous (1771) entschieden abgelehnt, diesen letzten Versuch des greisen Ludwig XV., die Monarchie zu retten. Seit Ludwig XVI. den Thron bestiegen hatte, verkehrte Philippe regelmäßig bei Hofe, wo seine Eleganz und seine Frivolität Aufsehen erregten. Er verstand sich bestens mit der jungen Marie Antoinette, die dem Herzog allerdings bald seine Bewunderung für England vorwarf, wo boshafte Pamphlete gegen sie veröffentlicht wurden. Hinzu kam die unglückselige Schlacht bei Ouessant (27. Juli 1778), wo Philippes Passivität die französischen Geschwader einen Sieg über die englische Flotte kostete.** Sein Zwist mit der Königin – und folglich mit dem Hof, denn Ludwig XVI. hatte noch nie viel von ihm gehalten – war politisch riskant. Nach 1779 kam es zum Bruch. Einige Taktlosigkeiten auf beiden Seiten steigerten sich zu regelrechtem Haß.

Nach der Heirat mit Louise-Marie-Adélaïde de Bourbon-Penthièvre eröffneten sich für Philippe, ganz abgesehen von den sechs Millionen Livres an Mitgift und den 150 000 Livres an Vermögen, die seine eigenen Einkünfte von 250 000 Livres abrundeten, gleich zwei Aussichten auf Erbschaft. Obwohl das Vermögen des Prinzen im Laufe der Jahre unablässig zunahm, wuchsen auch seine Schulden, die er zu wahnwitzigen Bedingungen aufnahm. Als er 1780 das Palais-Royal und dessen Gärten als Erbschaftsanzahlung erhielt, beschloß er, diese Anlage wirtschaftlich zu nutzen und ließ die berühmte, von drei Wohnetagen überdachte Ladengalerie bauen. War dieses umfangreiche Spekulationsunternehmen auch nicht gerade rentabel, so erhöhte es doch das Ansehen des Herzogs in Paris. Der Schatten Philippes wird für immer über dem Palais-Royal, seinen Gärten und Boutiquen schweben. Da der Polizei der Zutritt zu diesem einzigartigen Ort untersagt war, konnte es zu einem Geschäfts- und Vergnügungsviertel werden, wo neben der Prostitution auch die neuen Ideen blühten. Die letzten Monate des Ancien

---

* Ehemaliger Minister Ludwigs XV. (Anm. d. Hrsg.)

** Siehe E. Lever, Ludwig XVI., Stuttgart 1988, S. 261 f. (Anm. d. Hrsg.)

Régime und die ersten Monate der Revolution machten aus diesem Ort ein politisches Zentrum. Als Philippe 1785 seinen Vater beerbte, wuchs sein Vermögen ins Unermeßliche; hinzu kamen Möbel, zauberhafte Sammlungen und ein Einkommen von drei Millionen Livres. Trotz dieser Goldader war er ständig gezwungen, weiterzuverkaufen, um seine Schulden abzutragen, bis schließlich die Revolution mit der Abschaffung der Feudalrechte und Apanagen ihm nur noch eine Rente von rund einer Million Livres übrig ließ und ihn 1792/93 zu einer Art Bankrott zwang. (Heimlich hatte der Herzog allerdings beachtliche Summen nach England geschafft.) Vor der Revolution verfügte der Herzog von Orléans – angeblich der reichste Mann Frankreichs – aber noch über das nötige Bargeld, um – über die Vermittlung seiner Vertrauten wie den schriftstellernden Offizier Laclos – einer ganzen Heerschar von Agitatoren, Rednern und Journalisten, die die Pariser Explosion von 1789 zünden halfen, großzügig Gelder auszuteilen.

Nach dem katastrophalen Winter von 1789, der viele Bevölkerungsschichten ins Elend stürzte, als Banden von Arbeitslosen durch die Provinzen zogen, Erpressung auf verschiedenste Art betrieben und damit die *Grande Peur* des Sommers mit einigen *petites peurs* vorwegnahmen, setzten viele Franzosen ihre – im übrigen widersprüchlichsten – Hoffnungen auf die Versammlung der Generalstände. Dieser Brauch war nach 1614 in Vergessenheit geraten, was zum Teil die Emotionen um dieses Ereignis erklärt. Die Generalstände wurden erstmals ohne ein wirkliches Programm und mit einer doppelt starken Vertretung des Dritten Standes zusammengerufen. Diese von je her nur beratende und zur Bewilligung neuer Steuern berufene Versammlung konnte sich jetzt dazu verleiten lassen, Themen zu behandeln, die über ihren Kompetenzbereich hinausgingen und z. B. die Politik betrafen. Vor allem die Verdoppelung des Dritten Standes konnte schwerwiegende Konsequenzen haben, falls die »nationale« Strömung die Pro-Kopf-Abstimmung bei den Beratungen durchsetzte. Die Wahlen verliefen in brodelnder Atmosphäre, in den Provinzen wie auch in Paris brachen Unruhen aus.

Die Wahlkreise in den Provinzen entsprachen den *baillage* bzw. *sénéchaussée,* also den untersten Gerichtsbezirken. In Paris wurden sechzig Distrikte gebildet. Das Wahlrecht war ungefähr auf 40 000 Pariser beschränkt, die Inhaber eines Amtes, einer Funktion in einer Fakultät, Kommission oder Behörde waren oder einen Meisterbrief oder den Nachweis über die Zahlung einer Kopfsteuer von mindestens sechs Livres vorweisen konnten. Aus den Urwählerversammlungen der Distrikte gingen Wahlmänner hervor, die ihrerseits die zwanzig Abgeordneten des Dritten Standes von Paris wählen sollten.

Als Rechtsanwalt bei den Königlichen Räten gehörte auch Danton zu den wahlberechtigten Bürgern. Aufgrund seines Wohnsitzes wurde er im Distrikt der Cordelier-Kirche eingeschrieben. Am Morgen des 21. April erfüllte Maître d'Anton, ebenso wie 411 Wähler des Distrikts und im ganzen nicht einmal zwölftausend Pariser (d. h. es gab Stimmenthaltungen, eine Wahlbeteiligung von 30%), in der Kapelle des ehemaligen Klosters seine Wählerpflicht und diskutierte mit den Bürgern seines Viertels über die Abfassung der »Beschwerdehefte«. Gleich bei ihrer ersten Zusammenkunft weichen die meisten Distrikte von der Legalität ab, indem sie die vom Vorsteher der Pariser Kaufmannschaft nominierten Präsidenten ablehnen. Sie bestimmen ihre Präsidenten selbst und wählen dafür in der Mehrheit Rechtsanwälte. Ja sie erdreisten sich sogar, mehr Wählmänner zu nominieren, als in der Wahlordnung vorgesehen sind. So sind es dann 407 Wahlmänner, die zusammentreten, um die Abgeordneten von Paris zu bestimmen. Diese erste Demonstration zivilen Ungehorsams ist nur der Auftakt für eine Politik der demokratischen Selbstbefreiung, die bald in Danton ihren entschiedensten Verfechter findet. Als Wähler ersten Grades scheint er jedoch nicht darauf aus gewesen zu sein, selbst gewählt zu werden. Er konnte es sich nicht erlauben, für die magere Entschädigung, die den Abgeordneten in Aussicht stand, seine Kanzlei im Stich zu lassen. Außerdem war er weder in seinem Viertel, noch darüber hinaus bekannt genug, um die Stimmen seiner Mitbürger auf sich zu vereinen. Zwar ist Danton 1789 bereits ein Aufsteiger, aber noch kein Notabler. Und schließlich war sein elf Monate alter Sohn, der vermutlich nach Arcis zu einer Amme gegeben wurde, schwer krank; er stirbt am 24. April. Danton dürfte diese Nachricht kurz vor dem Ausbruch des Reveillon-Aufruhrs (27.–28. April) erfahren haben. Jener Fabrikbesitzer aus dem Faubourg Saint-Antoine hatte angeblich behauptet, ein Arbeiter könne mit 16 Sous am Tag seine Familie ernähren. Dieses Gerücht, zusammen mit dem Anstieg des Brotpreises[1], vermag die Unruhen und die Plünderung seiner Fabrik sehr viel eher zu erklären als eine vermutete Intrige der Clique um Orléans, mit der Reveillon bei den Wahlen aneinandergeraten war. Nun kann man sich zwar einen Danton vorstellen, der – wahnsinnig vor Kummer – in Paris umherirrt, seine Schritte in Richtung auf den Faubourg lenkt, wo die französischen Garden den Aufstand niederwerfen – doch das ist nur die

Legende. Der Tod eines Kleinkindes war, bei den Dantons wie überall, eine fast banale Angelegenheit, die man wie eine natürliche Schicksalsfügung akzeptierte. Man braucht deshalb Dantons Vaterliebe nicht in Zweifel zu ziehen, aber man muß den historischen Kontext berücksichtigen. Im Frühjahr 1789 verfolgte Danton zwar aufmerksam das politische Tagesgeschehen, mit dem Faubourg Saint-Antoine hatte er jedoch nichts im Sinn. Es ist sogar möglich, daß er, wie die meisten Pariser Bourgeois, den Aufruhr verurteilte. Die Stunde des Agitators Danton war noch nicht gekommen.

Die Generalstände haben nicht erst die mit Verspätung gewählten Abgeordneten von Paris abgewartet, um am 5. Mai in Versailles ihre erste Sitzung abzuhalten. Am 17. Juni erklärt sich der Dritte Stand, der schon den sehr britischen Namen *Communes* angenommen hat, zur Nationalversammlung. Drei Tage später findet der berühmte, von Target abgefaßte Ballhausschwur statt, der von Bailly, ebenfalls Abgeordneter von Paris, seinen Kollegen unterbreitet wird: »Die Nationalversammlung läßt sich, in Erwägung, daß sie zusammengerufen wurde, um die Verfassung des Königreichs festzulegen, die Wiederherstellung der öffentlichen Ordnung zu bewirken und die wahren Prinzipien der Monarchie aufrechtzuerhalten, durch nichts daran hindern, ihre Beratungen fortzusetzen... (und) beschließt, daß alle Mitglieder dieser Versammlung auf der Stelle den Eid schwören, nicht eher auseinanderzugehen, als bis die Verfassung des Königreichs auf solidem Fundament gebaut und gesichert ist.« Dies war das Ergebnis von Geschäftsordnungsquerelen, die sich über einen Monat hingezogen hatten, die Quittung für die unklare Haltung Ludwigs XVI. Im Kronrat erklärte er am 23. Juni zunächst noch standhaft die Dekrete der Kommune und den Schwur vom 20. Juni für null und nichtig, aber am 27. Juni gab er nach und forderte die privilegierten Stände auf, sich mit dem Dritten Stand zu vereinigen. Eine eindeutigere Haltung in der Wahlfrage – nach Stand oder pro Kopf – hätte den Gewaltstreich des Dritten Standes gegen die alte Ständeordnung zwar nicht verhindert, aber das Ansehen des Königs, das in diesen entscheidenden Tagen schwer gelitten hatte, nicht beschädigt. Der Mittelpunkt des Königreichs wird jetzt nicht mehr durch den König und schon gar nicht durch seine Minister gebildet, sondern durch eine »Nationale« Versammlung, die die verfassunggebende Macht an sich reißt. Paris wird durch Kuriere aus Versailles und durch die Presse von diesem historischen Einschnitt informiert. Aber Paris hat andere Sorgen: Banden von Landstreichern und Verbrechern, vor allem aber von Arbeitslosen ziehen auf die Hauptstadt. Ende Juni wird die Ankunft der »Straßenräuber« gemeldet, und eine Panik bricht aus. Der König läßt Paris von 20 000 Mann starken Truppen abriegeln – darunter mehrere »fremde« Regimenter –, um die Ordnung aufrechtzuerhalten und die Getreidetransporte zu sichern. Aber dieser Schutz reicht nicht aus. Tausende von Arbeitslosen vergrößern die Pariser Massen bedrohlich. Da die Stadtverwaltung nicht über genügend Polizei verfügt – die Unterbesetzung der Ordnungskräfte für die Hauptstadt wurde durch die Sparmaßnahmen der einander ablösenden Minister Ludwigs XVI. noch verschärft und ist für einen Pariser von heute schwer vorstellbar –, organisiert sie am Montmartre Erdarbeiten und Werkstätten, wo die Arbeitslosen pro Tag 20 Sous erhalten. Das Ergebnis ist enttäuschend. Gleich nach dem Arbeitstag füllen diese »Entwurzelten« die unruhige Menge wieder auf, die sich um das Palais-Royal sammelt. Dort, in den Cafés und in den Gärten, kommentiert man die Broschüren, die unter dem Schutz des Herzogs von Orléans veröffentlicht werden. Auf improvisierten Tribünen hoch über der Menge blasen gestern noch unbekannte Redner zum Sturm und üben sich als Demagogen. Unter diesen Neulingen der Agitation findet man den Rechtsanwalt und Journalisten Loustalot, den Marquis De Saint-Huruge, den Anwalt ohne Klienten, Camille Desmoulins, und vielleicht auch schon Danton (was jedoch nicht nachweisbar ist).

Die Truppen stehen bereits auf dem Marsfeld, die Unruhe steigt. Auch das berühmte Regiment der französischen Garden, ehemals königliches Elitekorps, dessen Hauptleute den Rang von Obersten haben, wird davon ergriffen. Das Regiment war nur zum Teil kaserniert. Viele Gardisten hatten in der Stadt ein Zimmer und entsprechende Gewohnheiten: daher ihr – nicht immer verdienter – Ruf als Schieber und Kuppler. Die französischen Garden und ihre Unteroffiziere standen also in engem Kontakt zur Bevölkerung und waren von den neuen Ideen beeinflußt. Nun wollte man sie wieder in den Griff bekommen. Zwölf von ihnen wurden wegen Insubordination ins Abbaye-Gefängnis gebracht. Aufgehetzt von Loustalot und Saint-Huruge, stürmen daraufhin mehrere hundert, durch Agenten des Herzogs mit Piken bewaffnete Aufständische und bringen die Gefangenen im Triumph zurück (30. Juni). Dieser Vorfall charakterisiert neben vielen anderen die extreme Apathie, die die Staatsmacht offenbar befallen hatte.

Ludwig XVI. entschied sich viel zu spät, Necker und die »patriotischen« Minister zu entlassen (11. Juli). Der Schweizer Bankier war zusammen mit Orléans der populärste Mann der Stunde. Der Baron de Breteuil, der nun das neue Ministerium leiten sollte, war ein energischer Mann. Als ehemaliger Staatsekretär des Königshauses hatte er sich der Versammlung der Generalstände widersetzt. Er war bereit, die Revolution im Keim zu ersticken. Aber es fehlt ihm an der erforderlichen Wendigkeit. Das neue Ministerium wird keine einzige Entscheidung treffen können. Denn am Sonntagmorgen, dem 12. Juli, erreicht die Nachricht von Neckers Entlassung das Palais-Royal. Der politische Mechanismus, der am 30. Juni funktioniert hatte und der seit einer Woche darin bestand, das „Volk“ mittels falscher oder wahrer Neuigkeiten, die durch den orleanistischen Filter gegangen waren, unter Spannung zu halten, setzt sich erneut in Gang und wird nie wieder zum Stillstand gelangen. Die Menge beschließt, als Zeichen des Protestes die Theater zu schließen, und macht zwischen vier und fünf Uhr die Runde durch die Schauspielhäuser, um die Zuschauer hinauszutreiben. Entgegen der Legende war Desmoulins nicht der Anstifter dieses Aufruhrs, obwohl er, neben anderen Rednern wie Loustalot, den im Garten versammelten Gaffern Ansprachen hielt. Vor dem Café de Foy rief er auf einem Tisch stehend dazu auf, zu den Waffen zu greifen: »Kann man euch noch unverschämter verspotten? Nach diesem Streich werden sie alles wagen, und noch für diese Nacht planen sie, organisieren sie vielleicht eine Bartholomäusnacht für die Patrioten!«[2] Erst im Nachhinein wird Camille zum Helden des Tages, da die Menge aus dem Curtius-Museum die Büste Neckers und – auf Intervention eines eifrigen Agenten hin – auch die des Herzogs von Orléans entführt hat und im Triumphzug über die Boulevards trägt. Am Abend schlägt die Demonstration auf der Place Louis XV.[3] in einen offenen Aufruhr um. Die Zollbarrieren werden angezündet, beim Klang der Sturmglocke plündert die Menge die Geschäfte der Waffenhändler, um sich gegen die »Räuber« vom Montmartre und gegen die Soldaten des Königs zu verteidigen. Das Kloster Saint-Lazare wird ebenfalls gestürmt und geplündert. Desmoulins war nicht bei der Demonstration auf den Boulevards, wohl aber an diesen nächtlichen Aktionen beteiligt. Danton hingegen scheint weder an diesem Tag noch in der Nacht irgendeine Rolle gespielt zu haben.

Wenn es gelänge, die Gemüter zu beruhigen, würde die Ordnung allmählich wieder zurückkehren. Das hoffte zumindest das »ständige Komitee«, das sich aus der Stadtverwaltung und den 407 Wahlmännern, die sich schon als »provisorische Kommune« konstituierten, gebildet hatte. Als Antwort auf spontane Aktionen beschließt es die Aufstellung einer Bürgerwehr, aus der später die Nationalgarde hervorgehen sollte. Sie umfaßt in jedem Distrikt ein Bataillon von mindestens 200 Mann (die Zahl wird sehr bald auf das Maximum von 800 Mann erhöht), die aus den als gemäßigt bekannten vermögenden und mittleren Schichten rekrutiert werden. Im Bezirk der Cordeliers macht sich Danton auf den Weg zur Generalversammlung. Vor seinen Mitbürgern, die zusammengekommen sind, um die Bürgerwehr zu formieren, hält der Advokat eine zündende Rede, die der Demoulins' am Vorabend in den Gärten des Palais-Royal in nichts nachsteht. Auf einem Tisch stehend, ruft Danton die Pariser Bürger zu den Waffen: Es gelte, die 15 000 Räuber vom Montmartre und die 30 000 Soldaten zurückzuschlagen, die sich anschickten, die Bürger der Hauptstadt niederzumetzeln. Einem Kollegen, dem Advokaten Lavaux, entgeht dabei nicht, daß Danton den Sachverhalt maßlos übertreibt. Er wendet ein, daß der donnernde Aufruf des kommenden Volkstribuns keinerlei konkrete Rechtfertigung habe. Danton zutiefst beleidigt, fährt Lavaux hart an und behauptet, das »souveräne« Volk habe sich gegen den »Despotismus« erhoben. »Stellen Sie sich auf unsere Seite!« ruft er ihm zu. »Der Thron ist gestürzt, Ihr Staat ist verloren, überlegen Sie es sich gut!« Danton läßt sich – und das wiederholt sich in Zukunft noch häufiger – vom eigenen Wortschwall hinreißen. Darauf weist ihn auch sein Kollege hin, als er ihm sagt, diese Revolte könnte ihn und seinesgleichen an den Galgen bringen.

Um die Pariser zu bewaffnen, muß man die Waffen dort holen, wo welche sind. Am 13. Juli führen die Redner vom Palais-Royal ihren Agitationsfeldzug fort und stacheln die Menge dazu auf, den Invalidendom und anschließend die Bastille, als Symbol der »Unterdrückung«, zu stürmen. Am frühen Morgen des 14. Juli 1789 – an diesem Tag erreicht der Brotpreis den höchsten Stand des Jahrhunderts – stürmen acht- bis zehntausend Aufständische den Invalidendom und nehmen 30 000 Gewehre mit. Obwohl dem Gouverneur de Besenval drei Regimenter und 800 in der Militärakademie einquartierte Reiter zur Verfügung stehen, verzichtet er darauf, einzugreifen. Dieser Schweizer Edelmann ist nicht nur zu alt, sondern auch zu kultiviert, um zur nackten Repression zu greifen. Seine Korpsführer haben ihm außerdem versichert, die Soldaten würden den Gehorsam verweigern. Die bewaffnete Menge kann sich also an der Bastille schadlos halten und sich des dort gelagerten Schießpulvers bemächtigen. Das ständige Komitee im Rathaus versucht, die Bewegung noch unter Kontrolle zu halten. Der Kommandant der Festung, de Launay, zögert und reagiert im falschen Augenblick. Nach einer Schießerei und einigen Scharmützeln ergibt sich die 110 Mann starke Garnison. Die Sieger befreien die Gefangenen: zwei Geisteskranke, vier Fälscher und einen wegen Inzest verurteilten Wüstling. Entsetzt entdecken sie einige Folterinstrumente (eine Rüstung und eine Druckerpresse) und massakrieren einen Teil der Schweizer Garde und der Invaliden, die das Gefängnis verteidigten.

Trotz der Zusicherung des freien Geleits wird auch de Launay umgebracht, sein Kopf mit denen seiner Soldaten im Triumph durch die Straßen getragen. Auf der Place de Grève wird außerdem der Vorsteher der Kaufmannschaft, Flesselles, gelyncht. Sein Kopf wird der Jagdstrecke der Sieger hinzugefügt, die gegen Abend durch die Straßen von Paris ziehen. Flesselles, der zugleich Bürgermeister war, hatte sich bereit erklärt, mit der Wählerversammlung zusammenzuarbeiten und im ständigen Komitee den Vorsitz zu übernehmen. Sein Tod beraubte Paris eines wichtigen Führers, und die alte Stadtverwaltung brach zusammen. Am nächsten Morgen wurde La Fayette durch Akklamation zum Kommandanten der Bürgerwehr ernannt, der Abgeordnete Bailly wurde neuer Bürgermeister von Paris. Die Wählerversammlung beherrscht von nun an das Terrain und ernennt aus ihrer Mitte einen provisorischen Ausschuß.

Einige Tage darauf ratifizieren die Distrikte diese neue Organisation der Stadtverwaltung. Die Munizipalrevolution ist vollzogen. Sie verstärkte die Wirkung des »parlamentarischen« Gewaltstreichs vom 20.–27. Juni. Der König erkennt nun die Bezeichnung »Nationalversammlung« an, die sich der Dritte Stand gegeben hatte. Am 17. Juli kommt er zur Anerkennung des kommunalen *fait accompli* persönlich nach Paris. Er hat die Truppen aus der Stadt abgezogen und die in Ungnade gefallenen Minister wieder eingesetzt (Necker wird am 23. Juli nach Paris zurückkehren). Ganz andere Schlüsse aus dem Ereignis zieht der Herzog von Artois, der jüngste Bruder Ludwigs XVI. In der Nacht vom 16. zum 17. Juli reiste er ins freiwillige Exil, bald gefolgt von den Prinzen von Condé, Conti und Lambesc, vom Herzog de Polignac mit Gemahlin, ja selbst vom Baron de Breteuil. Diese erste Emigrationswelle ist die grausamste und zugleich die logischste; für diesen Hochadel, die Prinzen von Geblüt, und den Bruder des Königs ist es nicht mehr möglich, in einem Frankreich zu leben, das ihnen nicht mehr gehört. Dennoch bleibt eine Ambivalenz festzuhalten: Seit dieser ersten Emigrationswelle muß man die Verfechter der absoluten Monarchie bzw. des aufgeklärten Despotismus (Breteuil) von den Verteidigern der Adelsprivilegien (den Prinzen und ihre Umgebung) unterscheiden. Diese Spaltung, die man auch in Frankreich selbst wiederfindet, wird alle konterrevolutionären Unternehmungen schwächen.

Weder Desmoulins noch Danton waren beim Sturm auf die Bastille beteiligt. Was Desmoulins betrifft, ist das nicht weiter erstaunlich. Zwar wird man ihn bald als »Staatsanwalt der Laterne«* bezeichnen – und er hat selbst an der Plünderung des Invalidendoms teilgenommen, aber er ist kein Mann der Aktion, sondern ein Mann der Feder. Er taucht erst nach dem Kampf um die Bastille auf. Auch Danton wird sich erst am Abend des nächsten Tages bemerkbar machen. In der Nacht vom 15. zum 16. Juli gerät der von La Fayette ernannte provisorische Kommandant der Bastille – es handelt sich um den Wahlmann Soulès – mit einer Formation der Bürgerwehr aus dem Distrikt der Cordeliers aneinander. Ihr Kommandeur stellt sich als Hauptmann vor – es ist Danton. In seiner Enttäuschung darüber, daß er in seinem Bataillon keinen Rang erhielt, zögert der Advokat nicht, einen solchen bei der ersten sich bietenden Gelegenheit zu usurpieren. Voll Verachtung für den »Papierfetzen« (die Kommandantenvollmacht), den Soulès ihm präsentiert, läßt Danton den Unglücklichen von seinen Männern gefangennehmen und führt ihn unter Bewachung zum Distrikt der Cordeliers, dann zum Rathaus. Wenn er auch nicht die Bastille erobert hat, so hat Danton doch wenigstens ihren Kommandanten gefangengenommen oder – noch besser – einen Betrüger, wodurch die Aktion endgültig gerechtfertigt wäre.

Es erfordert die persönliche Intervention des Marquis de la Salle und La Fayettes, um zu verhindern, daß Soulès das gleiche Schicksal erleidet wie de Launay oder Flesselles. La Fayette, der »Heros der beiden Welten«, bestätigt die Ernennung des provisorischen Kommandanten. Die Wählerversammlung distanziert sich von Danton. Es ist wahrscheinlich, daß der Oberkommandierende der Bürgerwehr von diesem Tag an – trotz der zur Schau getragenen Freundlichkeit – nur noch Verachtung übrig hat für diesen Wirrkopf auf der Jagd nach Popularität. Ebenso ist es möglich, daß Danton die Beschämung, die zu empfinden er niemals in der Lage sein wird, in einen Haß auf La Fayette übertrug.

Wie viele andere Biographen des Mannes aus der Champagne fragte auch Robert Christophe: »Wie konnte sich Danton, der sich sonst so in

---

* Anspielung auf das Volkslied, das die Aristokraten »an die Laterne« wünscht. (Anm. d. Hrsg.)

der Gewalt hatte, für einen so albernen Streich, für eine derartige Maskerade hergeben? Das ist unbegreiflich.« Man braucht sich weder über die Maskerade noch über Dantons Mangel an Selbstbeherrschung zu wundern. Eine Maskerade? Der Begriff ist entweder unpassend oder er ist auf andere Ereignisse der Revolution genauso anwendbar. Feste und Theater mit all ihren Übertreibungen in Gesten und Worten sind notwendiger Bestandteil der revolutionären Aktion. Im übrigen hätte der »Lausbubenstreich« Danton im – allerdings unwahrscheinlichen – Fall seines Gelingens diesen mit einem künstlichen, aber sicheren Ruhm bekränzt. Die Erregung der Gemüter und die Unruhen der Straße erlaubten es nämlich obskuren Aufwieglern wie Maillard, Rossignol oder auch Danton, aus der anonymen Masse aufzutauchen und sich mit geringem Aufwand einen Ruf zu schneidern. Was die Selbstbeherrschung betrifft, die Danton angeblich immer an den Tag legte, so handelt es sich um eine fromme Legende. Mit allen Wassern gewaschen, geschickt bis auf einige Ausnahmen – wie eben in diesem Fall... und von heftigem Temperament, all das ist Danton; aber Selbstbeherrschung gehört nicht gerade zu seinen hervorstechendsten Tugenden. Im Laufe seiner zahlreichen Interventionen in den Klubs oder im Konvent wird er oft innehalten, wohl wissend, daß seine Worte und Taten Heftigkeit oder Unlogik erkennen lassen. Dennoch werden seine Taten ausgeführt, seine Worte gesprochen, und seine Gegner werden sie im Gedächtnis behalten. Sein heißes Temperament kostet ihn meist eine ungeheure Willensanstrengung, um zu der Kaltblütigkeit zurückzufinden, die stets seinen ersten Reaktionen fehlt. In seinen Adern fließt ein heißes Blut, dessen Impulse manchmal unkontrollierbar sind. Fügen wir abschließend hinzu, daß die Soulès-Affäre stark nach einem »Bummel nach dem Zechgelage« aussieht. Dem Nachruhm Dantons täte es keinen Abbruch, sich vorzustellen, daß er mit seinen Freunden in dieser Nacht einen Becher zuviel getrunken hatte. Vielleicht hatten sie die Eroberung der Bastille etwas zu heftig gefeiert.

3. DER DISTRIKT DER CORDELIERS

Die Bewohner dieses Distrikts gewannen das einfache Volk mit ihren guten Umgangsformen, und sie errangen großen Einfluß durch ihre überlegene Bildung. Sie waren Wortführer in den Versammlungen und Rädelsführer in den Aufständen.

Louis-Philippe

Der unüberlegte Marsch Dantons auf die Bastille hätte ihm eigentlich nur anzügliche Witze einbringen dürfen; statt dessen bringt er ihm den Vorsitz im Distrikt der Cordeliers ein! Das ist eine sehr schmeichelhafte Beförderung; zwar sind viele solcher Präsidenten Rechtsanwälte wie er, aber meist stammen sie aus dem gehobenen Bürgertum. Diese absurde Wahl findet indes eine Erklärung. Auch wenn es im Distrikt 412 Wähler für die Wahlen zu den Generalständen gab – eine beachtliche Beteiligung angesichts der Wahlmüdigkeit der Pariser –, hatten doch nicht alle an den folgenden Versammlungen teilgenommen. Wer weiter dorthin geht, ist politisch stark engagiert und läßt sich von der Kühnheit dieses jungen Rechtsanwalts beeindrucken. Man sieht in ihm einen zwar waghalsigen, aber feurigen, tatendurstigen und wahrhaften Wortführer. Danton wird sein politisches Talent und seinen bescheidenen Vorsitz als Sprungbrett benutzen. Durch die Agitation in seinem Distrikt erntet er mehr Ruhm, als er je bekommen hätte, wenn er sich als Wahlmann und dann als Mitglied der neuen Stadtverwaltung hätte aufstellen lassen, wo er in der Masse untergegangen wäre.

Ursprünglich waren die Distrikte nichts weiter als Wahlversammlungen. Bald jedoch waren sie als Generalversammlungen regelmäßig beraten und damit die künftigen »Sektionen« der Hauptstadt vorwegnehmen. Die Idee kontinuierlicher Versammlungen ist bereits im April 1789 aufgekommen, als man befürchtete, die Rechte des Dritten Standes könnten nach der Wahl der Abgeordneten wieder sang- und klanglos abgeschafft werden. Seit Juli findet dieser Gedanke immer mehr Anhänger. Der Distrikt der Cordeliers versammelt sich oft gegen Abend zu mehrstündigen Sitzungen. Im Spätsommer werden sie sogar täglich stattfinden, und der Vorsitzende Danton hat bis zu diesem Zeitpunkt seine Freunde Jules Paré und Fabre d'Eglantine, den einen als Sekretär und den anderen als stellvertretenden Vorsitzenden, durchgesetzt. Die drei Männer führen eine ganz neue Praxis ein, die sich bald allgemein etabliert: Zu den Wählern, die bisher allein die Versammlung bilden, kommen nun auch die vom Zensuswahlrecht Ausgeschlossenen hinzu, Kanzleigehilfen, Studenten, mittellose Schriftsteller und Arbeiter. Obwohl sie an den Abstimmungen nicht teilnehmen, bringen sie doch ihre Zustimmung oder Mißbilligung laut zum Ausdruck. Nicht ohne Demagogie fordern der Vorsitzende und seine Helfer diese Meinungsäußerungen heraus, um auf die Entscheidungen der Wahlbürger Druck auszuüben.

Man kann sich heutzutage schwer vorstellen, wie diese »sechzig kleinen Republiken, die sich als demokratisch und souverän betrachten« (Dusaulx), wirklich aussahen. Die Kompetenzen der Distrikte – zunächst nur ein Mißbrauch, der dann zum Recht wird – wurden sowohl im Bereich der Finanzen wie der Ordnungssicherung (mit Hilfe einer Polizeistreife der Bürgerwehr) unter der Bedingung ausgeweitet, daß sie den Anordnungen der Stadtverwaltung nicht zuwiderhandelten. So versuchten sie seit Juli 1789, die Lebensmittelkrise in den Griff zu bekommen. In dieser Frage hat ihr Kleinkrieg mit der Kommune allerdings nur Verwirrung gestiftet, denn der Ernährungsausschuß im Rathaus, dem die Distrikte seine Ohnmacht vorwerfen, war ja gerade wegen ihrer mangelnden Unterstützung so handlungsunfähig. Als Ende September in Paris eine Hungersnot ausbricht und die Bäckerläden geplündert werden, ergreifen einige Distrikte die Initiative; sie lassen die Läden bewachen und das Brot durch die Bürgerwehr verteilen. Auch diese Miliz ist eine Erfindung der Distrikte; sie wählt ihre eigenen Offiziere. Die enge Bindung jedes Bataillons an seinen Distrikt wird La Fayette, die Pariser Behörden und die Nationalversammlung beunruhigen, die befürchten, es könnten sich auf diese Weise kleine Stadtteilarmeen herausbilden. Aber die Anstrengungen La Fayettes tragen schließlich Früchte: Im Laufe der ersten fünf Monate des Jahres 1790 werden die Bataillone der Nationalgarde gegen ihre Distrikte und für die Kommune Partei ergreifen.

Über ihre permanenten Komitees sind die Distrikte untereinander in ständiger Verbindung. In Form von Erlassen trifft die Generalversammlung des Distrikts ihre Entscheidungen, über Kommuniqués setzt sie Stellungnahmen, Vorschläge, meist aber Proteste in Umlauf, die, an andere Distrikte übermittelt, deren Unterschrift unter diesen oder jenen Antrag an das Rathaus, ja sogar an die Nationalversammlung erbitten. Gelegentlich werden deren Abstimmungen sogar von den Distrikten beeinflußt. Noch weniger als in anderen Distrikten beschränken sich die Erlasse und Stellungnahmen der Cordeliers auf Stadtteilprobleme. Als Produkte lokaler Demokratie behandeln sie, wie es die Umstände ergeben, alle aktuellen politischen Fragen.

Bald machen die Cordeliers durch ihre Opposition gegen die Stadtverwaltung – sowohl gegenüber dem Bürgermeister wie auch gegenüber der Repräsentantenversammlung – von sich reden. Sylvian Bailly, Astronom und Akademiemitglied, war ein hervorragender Repräsentant der ersten revolutionären Generation, patriotisch, aber gemäßigt. Bevor er unter Verdacht gerät, ist dieser pragmatische Mann von einer Aura wirklichen Prestiges umgeben. Im Juli bestätigten die Urwählerversammlung auf geradezu triumphale Weise seine Ernennung zum Bürgermeister von Paris, und mit dem Verfasser des Ballhausschwurs lassen sich die Cordeliers nicht auf eine direkte Konfrontation ein; sie taktieren statt dessen mit Einzelaktionen. Drei Beispiele vom Sommer 1789 illustrieren dieses ständige Störfeuer. Im August setzt der Distrikt z. B. die Befreiung eines royalistischen Pamphletisten durch, der in einer Broschüre mit dem Titel *Triomphe des Parisiens* voraussagte, daß Paris an seiner eigenen Revolution zugrunde gehen werde. Danton und seine Freunde mögen eigentlich weder diesen Journalisten, noch seine »antikonstitutionelle« Broschüre mit konterrevolutionärem Beigeschmack; es ist nur ein Machtkampf, den sie ausfechten, um die Stadtverwaltung zu schwächen. Als die Cordeliers dann aber die Verteidigung Saint-Huruges übernehmen, setzen sie auf einen doppelten Sieg, denn diesmal geht es um einen politischen Freund. Im Verlauf der stürmischen Debatte um das königliche Veto-Recht (Ende August – Anfang September), bei der sich die Gegner (Sieyès, Robespierre) und Befürworter des absoluten Vetos (die »Monarchisten« Monnier und Lally-Tallendal) oder des nur aufschiebenden Vetos (Barnevae, Duport, die Brüder Lameth) gegenüberstanden, hatte der sehr populäre Marquis de Saint-Huruge die Nationalversammlung gewarnt, sich von der »aristokratischen Verschwörung« hintergehen zu lassen. Dafür war er eingekerkert worden. Indem die Cordeliers für ihn Partei ergreifen, verkünden sie eines der obersten Prinzipien dantonistischer Politik: kein Patriotismus ohne Schwärmerei. Nur die Absichten zählen, – und im Fall Saint-Huruge waren sie sogar aufrichtig. Sind die Worte auch heftig, na wenn schon – um so besser ist die Wirkung! Danton wird sich später oft rühmen, kein Eunuch zu sein, eine Aussage, die für ihn alles umfaßt: Körperlichkeit und Moral, und sie trifft natürlich nie auf seine späteren Feinde zu, weder auf Bailly noch auf den »Blondschopf« La Fayette oder gar den kalten Robespierre, die für Danton allesamt unter die Kategorie der Waisenkinder in Sachen Männlichkeit fallen. Aus Gründen, über die man nichts Näheres weiß, läßt Bailly Saint-Huruge wieder frei, und Danton deutet diese Geste als Schwäche oder Feigheit. – Die Sorge des Bürgermeisters von Paris um Ruhe und Ordnung mag den Tribun im einmal gewählten Weg der politischen Gewalt nur noch bestärkt haben. Zur gleichen Zeit machte er sich einen Zwischenfall nach den Juliaufständen zunutze, um sein Publikum auf andere Distrikte zu erweitern. Der Baron von Besenval, Kommandant der in Paris stationierten Truppen, hatte nach den Ereignissen vom 14. Juli die Hauptstadt verlassen, um in seine Heimatstadt Solothurn zurückzukehren. Am 19. Juli wurde er bei Provins von bewaffneten Bauern festgenommen – die »Große Furcht« warf schon ihre Schatten voraus – und in Brie-Comte-Robert inhaftiert. Bald darauf erhält La Fayette vom Baron die Zusicherung, er werde keinen Fluchtversuch unternehmen. Der Gefängniswärter Bourdon, der Besenval zusammen mit einigen hitzköpfigen Gerichtsschreibern bewachte, empört sich schließlich darüber, daß der Verdächtige seine Haft gemütlich beim Tric-Trac-Spiel verbringen kann. Er informiert die Cordeliers. Diese fordern am 11. September die Distrikte auf, an die Kommune heranzutreten, um von der Nationalversammlung zu verlangen, daß Besenval entweder verurteilt oder in ein Pariser Gefängnis verlegt wird. Drei Jahre später hätte eine solche Anstrengung der Patrioten, Verdächtige in Paris zu behalten, eine ganz andere furchtbare Bedeutung und ebensolche Konsequenzen gehabt. Im Oktober wiederholen die Cordeliers ihre Forderung noch einmal und die Angelegenheit hat wohl damals schon durch den Argwohn der Leute in Brie die übertriebenen Züge eines »Komplotts gegen die Nation« angenommen. La Fayette und Bailly lassen den General in eine Zelle im Châtelet überführen. Einige Monate darauf wird Besenval wieder auf freien Fuß gesetzt: Man kann ihm nichts vorwerfen, was Danton sehr wohl wußte. In solchen Geplänkeln, die gelegentlich zur Staatsaffäre aufgebauscht werden, wird sein Zynismus von Tag zu Tag augenfälliger; er übt sich als Demagoge, wenn er die Widerstandskraft der Stadtverwaltung und des Kommandenten der Nationalgarde auf die Probe stellt. Seine Methode ist sehr wirkungsvoll: Bald wird er dazu übergehen, sie systematisch anzuwenden.

Die Revolution war reich an solchen Zwischenfällen. Sie gaben Danton und anderen Revolutionären Gelegenheit, aus der Anonymität herauszutreten; sie machten sich das Crescendo der Leidenschaften im Volk zunutze, sie brauchten es nur auf intelligente Weise anzustimmen. Nachdem Ludwig XVI. den Gesetzen vom 5.–11. August seine Zustimmung verweigert hatte, lehnte er auch die Menschen- und Bürgerrechtserklärung vom 26. August ab, die nach der Parlamentsrevolution vom Juni und der Munizipalrevolution vom Juli dem Ancien Régime den Todesstoß versetzte. Gestern noch in der Opposition, hatten sich die Monarchisten dem König angenähert, ihm das absolute Veto und die Bildung eines Oberhauses nach englischem Vorbild vorgeschlagen, das die unvorhersehbaren Aktionen der Nationalversammlung bremsen sollte. Als sie damit scheiterten, hatten sie daran gedacht, den König und die Versammlung vor dem Ansturm des Volkes in Sicherheit zu bringen, z. B. indem man sie von Paris weg nach Soissons oder Compiègne verlegte. Im Gegenzug propagierten die Patrioten die Idee, den Monarchen und die Nationalversammlung in die Hauptstadt zu versetzen. Der am 30. August vom Palais-Royal ausgehende Aufstand, bei dem sich Saint-Huruge hervorgetan hatte, war genau mit diesem Ziel angezettelt worden.

Am Donnerstag, dem 1. Oktober 1789, gab die königliche Leibwache zu Ehren der Offiziere des Flandernregiments, das in Versailles eingetroffen war, ein Bankett. Dieses Regiment stellte mehr dar als nur einen verstärkten Schutz; es konnte nämlich – auch wenn es nicht durch und durch royalistisch war – eine Eskorte bilden, falls sich die königliche Familie dazu entschließen sollte, zur Armee des Marquis de Bouille nach Lothringen zu fliehen. Der König und die Königin begingen aber die Unvorsichtigkeit, gegen Ende dieses Banketts zu erscheinen, in dessen Verlauf – sicher hatte der Wein daran keinen geringen Anteil – weniger die Treue zur Nation als vielmehr die Treue zum König gefeiert wurde. In Windeseile verbreitete die Pariser Presse – allen voran Gorsas *Courrier de Versailles à Paris* – das Gerücht eines Skandals: Man hatte sich geweigert, auf das Wohl der Nation zu trinken! Man hatte die Trikolore, das Emblem der neuen Freiheit, mit Füßen getreten, und zwar in Gegenwart des Königs, der sie noch am 17. Juli feierlich angenommen hatte! Bald war es die Königin, bald war es Ludwig XVI. selbst, der die drei

Farben mit Füßen getreten hatte... Antoine Thibaudeau, später Konventsmitglied, nahm am 3. Oktober an einer der mittlerweile täglich stattfindenden Sitzungen der Cordeliers teil. Dort stieß er auf einen theatralischen und brutalen Danton, vor allem aber auf einen starken Anführer: »Er leitete die Versammlung mit der Entschiedenheit, Gewandtheit und Autorität eines Mannes, der seine Macht spürt, er stieß den Distrikt in die Richtung seiner Wünsche.« Als Reaktion auf den Skandal von Versailles rufen die Cordeliers die Pariser zu den Waffen und beschließen, Plakate mit diesem Manifest überall anzuheften, – gleich am nächsten Tag und zum Geläut der Sturmglocken. Die besondere Geschicklichkeit Dantos und der Propagandisten der Hauptstadt besteht dabei darin, La Fayette entweder zu kompromittieren, weil sie ihn zum Handeln zwingen, oder ihn bei den Patrioten zu diskreditieren, falls er es ablehnt, sich mit seiner Miliz dem Marsch auf Versailles anzuschließen.[1]

Das Plakat der Cordeliers brachte das Pulver zur Explosion. Am Montag, dem 5. Oktober, wird das Rathaus besetzt. Der Gerichtsdiener Maillard, ein Held der Bastille, hält vor Fischhändlerinnen und Marktweibern eine nicht gerade differenzierte Rede, die das Elend des Volkes mit den Banketten von Versailles vergleicht, wo sich »die Österreicherin« den Wanst vollschlägt und dabei die Kokarde mit Füßen tritt. Die politische Ausbeutung einer Hungerrevolte gelingt – denn die Frauen von Paris fordern vor allem Brot. Maillard »erklärt sich bereit«, die Marktfrauen nach Versailles zu begleiten, um vom König Brot zu fordern und ihn nach Paris zurückzuholen. Das Bataillon der Cordeliers nimmt am Ende des Zuges Aufstellung, zusammen mit anderen Bataillonen der Bürgerwehr, zusammen auch mit La Fayette, der den reißenden Strom begleitet. Eine Meute von fünf- bis sechstausend Frauen macht sich in strömendem Regen auf den Weg, Frauen aus allen Ständen, in der Mehrzahl aber Arme, sogar Hungernde, Marktfrauen und Prostituierte, umringt von Agitatoren, darunter sicher auch einige, vielleicht mit dem Geld des Herzogs von Orléans gedungene »falsche« Propagandisten. Ganz am Schluß eskortiert ein Bataillon von Freiwilligen aus den untersten Schichten, mit Piken bewaffnet und unter unklarer Führung, die 19 000 Männer der Pariser Bürgerwehr. La Fayette läuft dem Geschehen hinterher in dem Wahn, alles noch kontrollieren zu können.

Während sich eine Konfrontation anbahnt, von der niemand weiß, ob sie nicht zu einer Katastrophe führt, hat es Maître d'Anton vorgezogen, in Paris zu bleiben. Vielleicht ist ihm plötzlich eingefallen, daß er demnächst im Fall des Sieur Dubois, eines Reeders aus Saint-Malo, vor dem Königlichen Rat plädieren muß? Oder wurde ihm diese abwartende Haltung von der orleanistischen Partei nahegelegt, die daran interessiert war, ihre besten Anführer vorerst zurückzuhalten, während die »Kanaille« in vorderster Linie läuft? Danton wird dieses Abwarten später zu einer der Grundregeln seines politischen Verhaltens machen und dies bringt ihm die erbitterten Vorwürfe seiner Gegner ein.

Die Erfolge der »denkwürdigen Tage«, des 5. und 6. Oktober, wird Danton indes mit Genugtuung zur Kenntnis nehmen. Ludwig XVI., der auf eine Flucht verzichtet hat, kapituliert. Zum Zeichen seines Einlenkens hat er das Schloß von Truppen geräumt und willigt ein, die Augustdekrete zu unterzeichnen. Seine Palastwache wird der Bürgerwehr La Fayettes unterstellt. Bei Sonnenaufgang wagen es die Aufständischen sogar in das Schloß einzudringen; es gibt keine Gegenwehr. Die anwesenden Leibgardisten schlagen sich tapfer. Einige wurden auf der Stelle getötet, ihre Leichen sofort zertrampelt und in Stücke gerissen. Das Flandernregiment ist desertiert. Die Menge dringt bis in die Gemächer der Königin vor mit dem Ruf: »Wir wollen ihr den Kopf abschlagen, das Herz herausreißen, die Leber kochen, und damit wird's noch lange nicht vorbei sein!... Wo ist dieses verdammte Flittchen? Ihr Herz sollte man fressen!« Das verspätete und halbherzige Eingreifen La Fayettes kann den Tumult vorübergehend dämpfen. Der König muß aber als Geisel der Bürgerwehr, deren Mitglieder mehrheitlich für den Aufruhr sind (die Haltung La Fayettes war wohl von Anfang bis Ende schwankend) der einhelligen Forderung der Menge »Der König nach Paris!« nachkommen. Gegen zwei Uhr beginnt der berühmte Rückmarsch, düster und grotesk: Der Pöbel, schwenkt die auf Piken gespießten Köpfe der Leibgardisten; in der Menge mischen sich alle Teilnehmer des Hinmarsches und rühmen sich lauthals, »den Bäcker, die Bäckerin und den kleinen Bäckergesellen« zurückzubringen. Mittendrin die von einer Handvoll Getreuer eskortierte königliche Karosse, die sich nur mit großer Mühe einen Weg bahnt. »Es lebe die Nation!« ruft die Menge, überzeugt, daß gemeinsam mit dem König auch billigeres Brot nach Paris zurückkehrt. Wie durch Zufall folgen dem Zug einige mit Mehl beladene Wagen, die diesen naiven Glauben bestärken. Paris, unter Fahnenschmuck und festlich beleuchtet, ist außer sich vor Freude. Nach einem Empfang im Rathaus erreichen der König und seine Familie in der Nacht den verlassenen Palast der Tuilerien. Die Hauptstadt hat ihre Geiseln und daran haben die »patriotischen« Minister einen wesentlichen Anteil, da sie den

König gegen den Rat Monniers überredeten, keinen Fluchtversuch zu unternehmen. Daß sich auch die Nationalversammlung in Paris niederlassen wird, ist längst beschlossene Sache und macht den Sieg nur noch vollkommener: Ein Sieg für wen? Für Necker? Die Sache verschafft ihm einen Aufschub von einem Jahr. Für Mirabeau? Von Philippe d'Orléans enttäuscht, wird sich der Tribun nacheinander an La Fayette, an Necker und schließlich an den Grafen von Provence wenden, ohne zu einem konkreten politischen Resultat zu gelangen. Sieg für den Herzog von Orléans? Dessen Freunde hatten wohl eher darauf gehofft Ludwig XVI. zur Flucht zu verleiten, um den Weg für die Ambitionen ihres Herrn und Meisters frei zu machen. Die Rückkehr des Königs nach Paris ist zwar auch eine Lösung, aber er hätte als Gefangener zurückkehren müssen, einem »Generalleutnant des Königreichs« unterstellt, welcher kein anderer als Orléans selbst sein müßte. Auf jeden Fall war es eine Niederlage für die Monarchie und ein Sieg der »Unerbittlichen« in der patriotischen Partei, der einen endgültigen Bruch zwischen *monarchiens** und *constitutionnels*** herbeiführte, aber auch innerhalb der Gruppe der Konstitutionellen eine Spaltung verursachte: La Fayette und seine Freunde distanzieren sich nun von der Lameth-Clique. Der General hat aus seiner seltsam widersprüchlichen Haltung während der »denkwürdigen« Tage seine Lehren gezogen. Der Streit zwischen Fayettisten und Lamethisten wird, trotz gelegentlicher Annäherung im gemeinsamen Widerstand gegen Mirabeau, Robespierre und die Republikaner, bis 1792 andauern.

Diese taktische Zurückhaltung Dantons war das Ergebnis eines ganz einfachen Kalküls. Er wollte sich nicht in einer gewagten Unternehmung kompromittieren. Die Arbeit konnte auch von einem Maillard oder Fournier erledigt werden. Gleich nach dem 7. Oktober eilt Danton zu den Cordeliers, um dort wieder die Führung zu übernehmen. Viele sind bereit, ihn zum Sieger des 5. und 6. Oktober zu erklären. Danton wird den bescheidenden Triumph genießen und es im übrigen vermeiden, sich dieser Sache persönlich zu rühmen. Die Distrikt-Versammlung geht zur Tagesordnung über.[2] Danton und der Bürger Dumesnil werden damit beauftragt, in die Tuilerien zu gehen, um sich bei Ludwig XVI. dafür zu »bedanken«, daß er in die Hauptstadt gekommen ist. Nachdem er und seine Freunde von der »Partei der Cordeliers« ihr augenblickliches Ziel erst einmal erreicht hatten – den Monarchen als Geisel – dürfte Danton

---

* Konservative Anhänger einer Monarchie nach englischem Vorbild. (Anm. d. Hrsg.)

** Liberale Anhänger einer parlamentarischen Monarchie. (Anm. d. Hrsg.)

Ludwig XVI. gegenüber eher bescheiden und höflich aufgetreten sein. Den König unverschämt zu behandeln, war weder der passende Moment noch der richtige Ort.

In den nun folgenden Wochen betätigt sich Danton erneut als Stadtteiltribun. So zieht er alle Register, wenn er die Ermordung des Bäckers François beklagt, der beschuldigt war, Mehl gehortet zu haben, und am 21. Oktober auf der Place de Grève gelyncht wurde, eine Bluttat, die La Fayette dazu brachte, das Kriegsrecht verhängen zu lassen. Das war das einzige Mittel, um die von der Konstituante am 29. August beschlossene Wirtschaftsfreiheit zu verwirklichen. Die Cordeliers waren die ersten, die demgegenüber besondere Maßnahmen für die Versorgung von Paris forderten, aber sie verurteilten die Brutalität der Beschlagnahmungen in der Umgebung der Hauptstadt, die nur dazu führte, daß Bauern und Spekulanten die Ernte versteckten. Sie schlugen vor, noch vor Wintereinbruch das Getreide aus der Provinz zu holen und mit den Landwirten seriöse Abmachungen zu treffen; sie forderten die Behörden – die sie implizit für die Lebensmittelknappheit verantwortlich machten – dazu auf, die notwendigen Maßnahmen zu ergreifen. Das waren listige Vorschläge, die gesunden Menschenverstand verraten. Danton griff niemanden direkt an: Er präsentierte sich vielmehr als verständiger Politiker; die Sorgfalt, die er auf die Lösung der Getreidefrage verwendete, zielte natürlich darauf, seine Popularität zu erhöhen.

Diese Popularität ist durchaus dazu angetan, die Stadtverwaltung zu beunruhigen. Gegenüber Bailly und der (auf 300 Mitglieder erweiterten) Kommune, die darauf bedacht sein muß, ihre Autorität zu stärken, wird sich Danton zum Verteidiger der Unabhängigkeit der Distrikte aufwerfen. Die Cordeliers sind das »Zentrum des Widerstands gegen die Vorherrschaft der Kommune in den Distrikten« (Georges Garrigues). Vom 20. Oktober an fordern sie, daß den Distrikten das Recht zugestanden wird, ihre Vertreter bei der Kommune jederzeit abzuberufen. In der Besenval-Affäre »befehlen« sie (auf das Wort kommt es an) ihren Delegierten im Rathaus, die Überstellung des Offiziers in ein Gefängnis des Châtelet durchzusetzen. Die Stadtverwaltung weist aber nicht nur den Ausdruck »befehlen« zurück, sondern auch den Beschluß des anmaßenden Distrikts und das von ihm usurpierte Recht auf Veröffentlichung. Die Cordeliers bestehen jedoch auf ihrer Position und wiederholen am 2. November, mit der Unterschrift Dantons, ihre Theorie des imperativen Mandats: »Es ist unbestreitbar, daß die verschiedenen Distrikte berechtigt sind, ihren besonderen Repräsentanten gegenüber den Befehl auszusprechen, sie sollten die Kommune auffordern, eine Angelegenheit in Erwägung zu ziehen.« Und ebenso sei es das Recht der Cordeliers, die Ablehnung der Kommune zu kritisieren als »Äußerungen enthaltend, die in die Rechte der Distrikte eingreifen«. Wobei man hinzufügen muß, daß diese Rechte nirgends klar definiert sind. Dieser Beschluß wird gedruckt und an die anderen Distrikte, die Kommune und die Nationalversammlung verschickt. Noch am gleichen Tag setzt Danton seine Theorie in die Praxis um, indem er den Repräsentanten der Cordeliers bei der Kommune den Schwur abverlangt, sich den Vorschriften ihres Distrikts zu unterwerfen (drei der fünf Delegierten werden diesen Eid verweigern und zurücktreten). Dieser Eid wird am 11. November durch die Verpflichtung ergänzt, sich »allem zu widersetzen, was die Kommunevertreter an Nachteiligem *für die allgemeinen Rechte der verfassunggebenden Bürger*« (sic) beschließen könnten, und gegen jede Entscheidung der Stadtverwaltung zu protestieren, die nicht »die Zustimmung der Mehrheit der Distrikte« erhalten habe. Die Distrikte selbst sind in dieser Frage geteilter Meinung. Nur eine Minderheit schließt sich den Cordeliers an. Die Kommune erklärt diesen Eid für beleidigend und annulliert den Beschluß. Doch das ist weniger ausschlaggebend als die Tatsache, daß die Affäre in der Hauptstadt große Unruhe hervorruft, die sogar die Konstituante dazu bringt, sich in dieser Frage neutral zu verhalten. Danton und seine Freunde haben in einem innerhalb der juristischen Ordnung der Epoche nicht vertretbaren Punkt einen Sieg errungen – denn das imperative Mandat würde im nationalen Maßstab den Weg zur Volkssouveränität bereiten. Es ist ein psychologischer Sieg, ein Sieg der unversöhnlichsten, selbstbewußtesten und demokratischsten Patrioten.

Die gleichen »rousseauistischen«[3] Argumente benutzt Danton auch im Kampf gegen den Bürgermeister. Nach Ansicht der Cordeliers regiert der »Satrap« Bailly die Hauptstadt unter Mißachtung des »Volkswillens«, soll heißen: ohne die Stellungnahmen und Beschlüsse der Distrikte zu berücksichtigen, die diesen »Willen« erst zum Ausdruck bringen. Dieser Vorwurf ist sicher ungerecht. Bailly unterstützt wiederholt die Distrikte gegenüber der Versammlung der Repräsentanten der Kommune. Dantons Haltung ist einfach nur polemisch. In der undurchsichtigen Affäre um die Bürgschaft, die Paris als Sicherheit für den Kauf der Nationalgüter stellen muß, ein Streit, der sich von April bis Juni 1790 hinzieht, ist der Distrikt der Cordeliers der einzige, der sich gegen den Bürgermeister auf die Seite der Stadtverordneten stellt. Etwa, weil Danton sein Publikum nun auch auf dieses Gremium ausgedehnt hat? Keineswegs. Vielmehr ist anzunehmen, daß Danton in Absprache mit Mirabeau die Karten gemischt hat, so wie es seine Gegner auch behaupten. Seit dem Sommer des Jahres 1789 versucht Mirabeau, der Abgeordnete aus Aix, seine Popularität in den Distrikten zu erhöhen, und zu diesem Zweck verbündet er sich mit Camille Desmoulins und den Agitatoren des Palais-Royal. Mirabeau spielt sich ganz offen als Rivale Baillys auf. Aber es ist nicht leicht, den Windungen der Mirabeauschen Politik zu folgen, und das demokratische Programm der Cordeliers stand durchaus in Widerspruch zu den Prinzipien des Deputierten aus der Provence. Wenn er Danton für seine Zwecke benutzte, so geschah dies aus rein taktischen Erwägungen; es war eine demagogische und für Paris typische Taktik.

Danton verdankte seine wachsende Popularität zum Teil der patriotischen Presse, die die Aktivitäten der Distrikte unterstützt – 1790 wird Frérons *L'Orateur du Peuple* ihr halboffizielles Organ – und zum Teil seinen Beziehungen zu einem talentierten Journalisten, dessen Stern am Firmament der Pariser Revolution aufgeht: Jean-Paul Marat.[4]

Nachdem Marat im September 1789 unter dem vorläufigen Titel *Publiciste parisien* ein Blatt lanciert hatte, das seinen Ruhm begründen sollte, *l'Ami du Peuple*, hatte er sich sogleich mit der ehrwürdigen Justiz des Châtelet (in der Person des Untersuchungsrichters Boucher d'Argis) in der Besenval-Affäre angelegt, ebenso mit den Pariser Behörden; hier mit Bailly, den die Pamphletisten beschuldigten, er wolle in Paris die Polizeispitzelei wieder einführen und die Pressefreiheit beschneiden. Anfang Oktober wurde gegen Marat Haftbefehl erlassen. Der Journalist hatte seinen Distrikt zu Hilfe gerufen, und das waren die Cordeliers. Am 7. Oktober stimmt die Generalversammlung über einen Beschluß ab, in dem sie erklärt, »alle Autoren ihres Arondissements unter ihren Schutz zu stellen und sie mit allen Kräften und allen verfügbaren Rechtsmitteln gegen Übergriffe zu verteidigen, die sie in ihrer Person oder ihrer Ehre verletzen«. In der Tat, wer könnte besser als Danton, besser als dieser Distrikt, dessen Anträge so oft Wirkungen gezeigt hatten, Marat verteidigen, diesen wackeren Revolutionär, der zwar in der Schweiz geboren, aber dennoch aufrichtig war? Mit ihm würde zugleich die von der Menschenrechtserklärung garantierte Pressefreiheit verteidigt.

Obwohl Marat wie Danton zu den Vertrauten des Palais-Royal gehörte, schätzte ihn Danton nicht besonders. Die Gründe für diese persönliche Abneigung sind vielfältig. Sein Widerwille war nahezu körperlich. Der donnernde Koloß, der Aufsteiger und Lebemann, sah in Marat weniger den oft scharfsinnigen Analytiker des Phänomens der Revolution, sondern vor allem einen griesgrämigen Mediziner, einen heruntergekommenen, verbitterten Bourgeois, der den Proletarier mimt, um seinen Posten als Arzt bei der Leibgarde des Herzogs von Artois und seinen aristokratischen Umgang vergessen zu machen, der sich heuchlerisch als armer Mann ausstaffiert und seine Krätze und Geschwüre kultiviert. Vor allem aber wird Danton sehr bald unter dem Erfolg dieses Unruhestifters zu leiden haben, der sich, da er alles und jeden angreift – den König, die Königin, die Nationversammlung, Mirabeau, La Fayette, Bailly, die Nationalgarde, die Nacht des 4. August (ein „schlechter Scherz") – bei der äußersten Linken eine hervorragende Position verschafft. Es könnte immerhin sein, daß Marat mit seinem angeborenen Mißtrauen eines Tages der Öffentlichkeit die unlauteren Motive einiger politischer Aktionen des Tribuns Danton enthüllte.

Deshalb zögerte Danton keinen Augenblick: Obwohl das Renommee Marats zu dieser Zeit noch nicht gefestigt war, hielt er es auf jeden Fall für besser, Marat zu seinen politischen Freunden zu zählen, als ihn sich zum Feind zu machen, indem man ihn seinem Schicksal überließ. Mit Hilfe dieser Affäre kann Danton mit seinem Distrikt wieder einmal den Vordergrund der politischen Szene besetzen und seinen kleinen Zermürbungskrieg gegen das Rathaus, gegen La Fayette und nun auch gegen das Châtelet-Gericht weiterführen. Die im Beschluß vom 7. Oktober beschworene Verteidigung könnte auch bewaffnet sein: Das Bataillon der Cordeliers reicht aus, um die rue du Vieux Cordelier, wo der Journalist wohnt, vollständig zu besetzten. Aber so weit will Danton im Moment noch nicht gehen.

Das Châtelet hatte die Beschlagnahmung der Ausgaben des *Ami du Peuple* und eine Haussuchung bei Marat angeordnet. Aus dem Untergrund nimmt der Pamphletist die Herausgabe seines Blattes bald wieder auf, zunächst noch vorsichtig und in unregelmäßiger Erscheinungsweise, schließlich ganz offen und immer aggressiver. Er übertrifft sogar Camille Desmoulins, dessen im November 1789 in Umlauf gebrachte *Révolutions de France et de Brabant* sich durch einen harschen Ton und eine beißende Ironie auszeichnen. Im Dezember attacktiert der *Ami du Peuple* Necker und Bailly mit Formulierungen, die sogar bei vielen Distrikten Entrüstung hervorrufen. Die Antwort läßt nicht lange auf sich warten. Ein Trupp Grenadiere versucht, den drei Monate alten Haftbefehl gegen Marat auszuführen und ihn in der Nacht vom 9. zum 10. Januar 1790 festzunehmen. Sein Zimmer wird durchsucht, mehrere halbfertige Zeitungsartikel mitgenommen. Von einer Nachbarin gewarnt, kann der Journalist aber rechtzeitig flüchten und sich unter den Schutz seines Distrikts stellen. Danton, der hin- und hergerissen ist zwischen dem Wunsch nach einem Sitz im Rathaus (durch einen Rücktritt hat er gerade die Gelegenheit, seinen Einzug in die Provisorische Kommune vorzubereiten) und seiner Lust zu weiterem Störfeuer, resigniert schließlich und antwortet auf Marats Hilferuf. Dieser fordert »daß kein Erlaß vom Châtelet oder irgendeinem anderen Zweig der Exekutive im Zuständigkeitsbereich des Distriks ausgeführt werden darf, ohne zuvor dem Präsidenten und vier Kommissaren des Distrikts unterbreitet worden zu sein«. Damit forderte er faktisch eine Kontrolle des Distrikts über die gesamte Strafgerichtsbarkeit. Am 11. Januar stimmten die Cordeliers über ein Dekret ab, dessen Inhalt zwar etwas maßvoller, aber deshalb nicht weniger illegal ist: Es dürfe keine Verhaftung mehr durch geführt werden, die nicht zuvor einem Polizeikommissar des Distrikts mitgeteilt werde. Für den Fall, daß ein dem Distrikt fremdes Kommando damit beauftragt werde, seien »der Kommandant der Truppe sowie der den Haftbefehl vollstreckende Gerichtsbeamte gehalten, ihre Befehle dem für das Gebiet zuständigen wachhabenden Offizier mitzuteilen«. Und schließlich wird La Fayette aufgefordert, dafür Sorge zu tragen, daß kein Trupp »ohne seinen persönlichen Befehl« eingreift, um auf dem Territorium eines fremden Distrikts einen Gerichtsbeschluß durchzuführen. Die sorgfältige Formulierung dieses Beschlusses verrät, wie Danton seine juristischen Kenntnisse in Politik umsetzt. Durch Beschränkung der Bataillone der Nationalgarde auf das Territorium ihres jeweiligen Distrikts wollen die Cordeliers jedwede Repression lähmen oder zumindest verzögern.

Das Châtelet-Gericht, von La Fayette und der Stadtverwaltung gedrängt, gibt aber nicht nach. Dieses »mittelalterliche Tribunal« – wie Marat sagte – beharrt darauf, gegen den Pamphletisten zu ermitteln. Die Cordeliers versuchen die anderen Distrikte für ihre Auffassung zu gewinnen, indem sie nachweisen, daß die Verordnungen der Nationalversammlung über die Reform der Strafgerichtsbarkeit eine Verhaftung Marats juristisch unmöglich machen. Am 19. Januar gibt der Distrikt dann unter dem Vorsitz von Parés den Forderung des Journalisten nach: Jeder Haftbefehl muß von fünf Distriktskommissaren, den sogenannten »Wahrern der Freiheit«, zu denen unter anderen Danton und Paré ernannt werden, gegengezeichnet sein. Nun ist die Kraftprobe nicht mehr zu vermeiden: In den Ausgaben der zweiten Januarhälfte steigert Marat im *Ami du Peuple* seine Invektiven gegen die Minister, die Kommune und das Châtelet. Am 21. Januar erteilt der Bürgermeister La Fayette den Befehl, »zur Ausführung des genannten Dekrets gegen Herrn Marat der Justiz Beistand zu geben, damit die Gewalt in ihren Händen verbleibt«. Am 22. Januar läßt La Fayette den Stadtteil der Cordeliers abriegeln. Ihrem Beschluß vom 19. entsprechend weigern sich Danton und seine Kommissare, den Befehl auf Haftvorführung abzuzeichnen, da er die Gesetze und die Menschenrechtserklärung verletze. Die mit der Verhaftung Marats im Hotel de la Faurtrière beauftragten Gerichtsdiener werden sogar gezwungen zu erklären, daß sie im Unrecht seien! Vor der Distriktsversammlung wird Danton – wenn man Marat glauben darf, der die Rede in seiner Zeitung wiedergibt – eine zweifelhafte Geschicklichkeit unter Beweis stellen. Er beginnt mit einer großspurigen Einleitung: »Eines ist gewiß, meine Herren – wenn wir uns nur von unserer Empörung leiten ließen, so wie wir hier auf unserem eigenen Grund und Boden belagert werden von zweitausend bewaffneten Soldaten, die uns die Straßen versperren und den Durchgang abschneiden, dann würden wir sofort zu den Waffen greifen, Gewalt mit Gewalt vertreiben und nur das Kriegsrecht gelten lassen. Wir würden unseren Distrikt von den Soldaten säubern, die wohl nur gekommen sind, um ihn zu besetzen und uns herauszufordern!« Dem Abgeordneten Anthoine zufolge, der sich auf weitere Zeugnisse beruft, soll Danton ausgerufen haben: »Wir brauchen nur die Sturmglocke zu läuten und den Generalmarsch zu schlagen, dann haben wir mehr als 20 000 Mann hier, und diese Soldaten werden blaß vor Angst! Aber Gott bewahre uns davor, so etwas zu tun. Die Sache ist viel zu wichtig, um sie zu verderben!«

Und tatsächlich – dies bestätigt auch Marat – fällt der heftige Ton ebenso schnell ab, wie er angestiegen war. Die Dantonsche Beredsamkeit wird immer aus solch unerwarteten Sprüngen bestehen. (»Immer hast du auf der Tribüne mit Blitz und Donner angefangen«, wird Saint-Just sagen, »und damit geendet, die Wahrheit mit der Lüge zu versöhnen!«) Wenn Danton die Brüderlichkeit preist, die alle Nationalgardisten verbinden soll, und sie von jedem Verdacht reinwäscht, indem er ihren »blinden Gehorsam gegenüber den Befehlen ihres Führers« (La Fayette) geltend macht, wenn er den Gebrauch der »Waffen der Vernunft« befürwortet, ist er sich bewußt, daß er mit Gewalt nichts erreichen kann – trotz seiner Truppen und trotz vieler Gaffer aus dem Viertel am Straßenrand. Er entscheidet sich also für den Verhandlungsweg. Auf seinen

Vorschlag hin wird eine von ihm geführte Abordnung zur Nationalversammlung geschickt, um ein Schreiben zu übergeben, das die Haltung der Cordeliers gegenüber dem Châtelet rechtfertigt. Aber die Delegation wird nicht einmal angehört. Der Beschluß vom 19. Januar wird als verfassungswidrig verurteilt: Ein Distrikt sei kein Tibunal. Der Präsident der Konstituante und die Abgeordneten rufen die Cordeliers zur Achtung der Gesetze und der Entscheidungen der Justiz auf; sie appellieren an den Patriotismus der Cordeliers – immerhin ein schmeichelhaftes Indiz für die Achtung, die man dem Distrikt mittlerweile entgegenbringt.

Nachdem die Ruhe wieder hergestellt ist, werden auf die Druckerpressen des *Ami du Peuple* Gerichtssiegel geklebt, so daß sein Erscheinen für vier Monate unterbrochen ist. Diesmal können die Gerichtsvollzieher ihre Aufgabe unbehelligt durchführen. Wenn die Justiz auf diese Weise ihren Lauf nimmt, kann die Affäre für Danton böse Folgen haben. Am 31. Januar ordnet das Châtelet gegen den Vorsitzenden der Cordeliers eine Untersuchung an wegen seiner Rede vom 22. Januar. Diese Untersuchung zieht sich aber in die Länge, weshalb Danton, der in Wahrheit auf der ganzen Linie geschlagen ist, sich als moralischer Sieger präsentieren kann. Der Haftbefehl gegen ihn wird erst am 17. März erlassen, zu einem Zeitpunkt, da der Konflikt zwischen den Distrikten und der Stadtverwaltung bereits die gesamte Pariser Politik beherrscht. Schon am 19. März protestierte eine außerordentliche Versammlung der Cordeliers gegen diesen »Anschlag«, und der ungewöhnlich scharf formulierte Text dieses Beschlusses wird an die anderen Distrikte verschickt. Ein weiteres Schreiben geht an die Nationalversammlung. Die Angelegenheit schlägt in den Distrikten hohe Wellen und, da die meisten den Protest unterstützen, wird die Konstituante zögern, den Haftbefehl gegen Danton auszuführen. Der Inhalt der Beschwerde der Cordeliers war allerdings unannehmbar. Darin stand zu lesen, das gegen den Tribun angestrengte Verfahren sei illegal (rein juristisch gesehen war das nicht ganz falsch) und bedeute einen Angriff auf die Redefreiheit, die es in den »legalen (Distrikt-)Versammlungen« geben müsse, weil diese allein über ihre interne Geschäftsordnung zu befinden hätten (eine Behauptung, die sicher falsch war). Mehr noch, die Cordeliers forderten die Nationalversammlung auf, das laufende Verfahren einzustellen und den Richtern im Châtelet in Zukunft zu untersagen, »ähnliche Verfahren anzustrengen, andernfalls sollten sie selbst wegen Verbrechen gegen die Nation verfolgt werden«! Um das Maß voll zu machen, wagten es die Cordeliers, in ihrem Plädoyer vor der Nationalversammlung »jeden Bürger (für) unantastbar (zu erklären), weil er ein Stück Souveränität ausübt«, eine Position, die im Rahmen der politischen Ordnung von 1790 zumindest verfrüht war. Zum Glück für Danton wird der Berichterstatter der Nationalversammlung, der Abgeordnete von Saargemünd und entschiedener Patriot, die These der Cordeliers weitgehend übernehmen, indem er den Beschluß des Châtelet vom 17. März als »verfassungswidrig, in Widerspruch zu den Dekreten der Legislative und als Angriff auf die nationale Freiheit« bezeichnet.

Die Konstituante übernimmt zwar nicht diese These Anthoines und ihres Berichtsausschusses, aber sie vertagt ihre Entscheidung *sine die.* Das genügt den Cordeliers und Danton und mit ihnen auch der Mehrheit der Distrikte, um ihre Kampagne gegen das Châtelet fortzusetzen. Den Vorwand dafür liefert ein Gerücht, das im April aufkommt und die Patrioten in helle Empörung versetzt: Im Laufe einer Untersuchung gegen die Schuldigen an den Morden vom 6. Oktober soll das damit befaßte Châtelet auch gegen Mirabeau und Orléans ermittelt haben. Diese beiden waren aber ungeheuer populär und zudem politische Freunde Dantons (in Wirklichkeit konnte ihre obskure Rolle am 5. und 6. Oktober eine Strafverfolgung durchaus rechtfertigen, aber das durfte natürlich niemand laut sagen).[5] Es würde zu weit führen, den Kampf der Cordeliers gegen das Châtelet hier im Detail zu beschreiben. Abwechselnd ziehen sie gegen die politische Rechtsprechung des alten Tribunals und gegen den wirklichen oder vermeintlichen Machtmißbrauch zu Felde. Mit Unterstützung der meisten Zeitungen und fast aller Distrikte gelingt es ihnen, sogar die Stadtverwaltung auf ihre Seite zu bringen, deren politischer Einfluß im Vergleich zu den Distrikten zurückgegangen ist. Die Gesetzgebende Versammlung wird mit immer weiterreichenden Forderungen traktiert, Forderungen in mehreren Schritten: Schluß mit der Strafverfolgung gegen die Patrioten, Einstellung der Strafverfolgungen gegen die Mörder des 5. und 6. Oktober, Bildung eines patriotischen Tribunals, das die Verbrechen gegen die Nation aburteilt (eine Idee, die das Revolutionstribunal von 1793 vorwegnimmt), schließlich ganz direkt Abschaffung des Châtelet (so etwa in der berühmten Adresse der Cordeliers vom 10. Mai 1790 »im Namen der Kommune«, die von der Mehrheit der Distrikte unterstützt wird).

Die Nationalversammlung wagt es schließlich, dieses Geschwür aufzustechen. Das Châtelet, von dem auch Robespierre sagt, es sei »verfassungswidrig und mit dem Haß aller guten Bürger geschlagen«, wird abgeschafft und im Januar 1791 für immer geschlossen. War seine

Auflösung das Werk Dantons? Nicht im geringsten. Schon seit ihren ersten Sitzungen war die Konstituante entschlossen, die Gerichtsverfassung Frankreichs umzugestalten. In dieser oder anderer Form war der Tod des Châtelet also unausweichlich. Die lange Affäre Marat mit ihren Folgen hat eine ganz andere Bedeutung: Danton hat sich wieder einmal durchgesetzt als einer der heftigsten, aktivsten, geschicktesten, auf jeden Fall aber streitsüchtigsten Wortführer der Hauptstadt. Er hat bewiesen, daß sein Einfluß den Rahmen des Cordelier-Distrikts überschreiten kann. Aber noch hat er viele Hindernisse zu überwinden. Denn obwohl er unter denen, die man später die »sansculottes« nennen wird, sehr populär ist – die Zensuswähler beeindruckt er nur in ganz konkreten Fragen. Zwischen der Unterstützung eines Antrags der Cordeliers und der blinden Gefolgschaft für einen undisziplinierten Danton liegt ein großer Schritt, den die vernünftigen Patrioten noch nicht zu tun bereit sind. Das wird die nahe Zukunft erweisen.

Da Danton immer wieder zum Präsidenten seines Distrikts gewählt wurde, geriet er sehr rasch in den Verdacht, die Stimmen der Cordeliers zu kaufen. Aber mit welchem Geld? Da er nicht reich war, gab es das hartnäckige Gerücht, er werde vom Herzog von Orléans finanziert. Danton war darüber empört, er tobte. Seit dem 11. Dezember hatten die Cordeliers an die anderen Distrikte einen Antrag verschickt, in dem sie den Tugenden ihres „geliebten Präsidenten" eine begeisterte Huldigung darbrachten. Eine Woche zuvor hatte Danton auf seine Weise den Beweis dafür geliefert, indem er den Bürgern seines Distrikts einen persönlichen Beitrag von mindestens 20 Sous pro Kopf auferlegte, um die hungernden Armen zu unterstützen. Diese improvisierte Steuer sollte über einen Wohltätigkeitsausschuß eingezogen werden, der aus einem Schatzmeister und mehreren Kommissaren bestand. Wie mit Zahlungsunwilligen verfahren wurde, ist nicht bekannt, doch es gab ja immer noch das Bataillon der Cordeliers, das den Schatzmeister und seine Kollegen bei ihrer Kollekte unterstützen konnte. Diese Maßnahme paßt genau in die Richtung der Dantonschen Politik: Mit Großmut und Demagogie wandert der Tribun auf dem schmalen Grat zwischen Legalität und Illegalität. Er weiß genau, wie weit er sich vorwagen darf und ist immer bereit, bei der geringsten Manifestation wirklicher Autorität zurückzuweichen. »Ich will eigentlich nur Angst machen«, wird er im privaten Kreis einmal eingestehen.

Eine Frage indes bleibt noch offen: Wie läßt sich die unwandelbare und fast einhellige Unterstützung des Cordelier-Distrikts für einen Mann erklären, der trotz wachsender Popularität ein gefährlicher Agitator bleibt? Die Erklärung liegt im Ablauf und in der Wirkung der Distriktsversammlungen begründet, auch wenn man sich dabei nicht unbedingt an die Lobeshymnen eines Camille Desmoulins halten kann, der in seinen *Révolutions de France et de Brabant* »den unvergleichlichen Distrikt« ganz ohne Ironie mit folgenden Worten preist: »Wären die sieben Weisen Griechenlands Mitglieder im Distrikt der Cordeliers und wären dort alle Philosophenschulen zu Hause, so könnte dort dennoch, wie ich glaube, die Logik nicht gesünder sein, als sie es heute ist.« Desmoulins, der sich inzwischen in der Rue du Théâtre-Français niedergelassen hat, weil ihm die Einkünfte seiner Zeitung einen weniger ärmlichen Lebensstil ermöglichen, sündigt hier aus Parteilichkeit. Er meint sogar, auf dem Territorium des Distrikts nicht »ohne ein religiöses Gefühl« spazieren gehen zu können.

Die Realität ist weniger idyllisch. Den *Mémoires d'un homme de lettres* von Jacques Lablée zufolge hatte Dantons erste Wahl zum Präsidenten allgemeines Gelächter hervorgerufen. Aber »von diesem Augenblick an konnte man nicht mehr darüber diskutieren«. Denn die noch in den Kinderschuhen steckende Demokratie hat schon ihre Methode, die der rührigen Minderheiten. Flankiert von seinen beiden Getreuen, dem Advokaten Paré und dem teuflischen Fabre d'Eglantine, der immer bis zum Hals in Schulden steckt und bei seiner derzeitigen Geliebten Caroline Remy Unterschlupf gefunden hat, spielt Danton, wie auch andere Patrioten in ihren Distrikten, die Rolle des unangefochtenen Herrschers. Nicht alle Präsidenten, nicht einmal alle wiedergewählten, bedienen sich jedoch der gleichen Methoden wie Danton. Dem Anschein nach – denn Fabre ist ein perfekter, wenn auch oft verkannter Intrigant – stellt die starke Persönlichkeit Dantons seine beiden Gehilfen in den Schatten. Außerdem ist dieses kleine Führungsgremium durch weitere fünfzig ergebene Bürger erweitert worden, darunter Legendre, Brune sowie fünf oder sechs kräftige Stimmen, die mögliche Widerstände niederschreien sollen. Andere Bewohner des Viertels, die der vom Präsidenten aufgezwungenen politischen Linie etwas entgegensetzen könnten – und das dürfte wohl die Mehrheit sein[6] – halten sich auf Distanz und erscheinen nicht mehr in den Versammlungen. Es war wohl nicht leicht, Danton und seinen Anhängern Paroli zu bieten. Der Unglückliche, der einen solchen Versuch wagte, mußte sich bald vor den Anzüglichkeiten und faulen Witzen der amtierenden Patrioten in Sicherheit bringen. Im März oder April 1790 beschreibt ein anonymer Pamphletist humorvoll den Ablauf einer Vollversammlung der Cordeliers: »Der Präsident schlägt nur selten etwas vor, aber er unterstützt mit Eifer die Anträge, die er vom Advokaten Paré einbringen läßt. Weiß er kein besseres Mittel, dann zieht er alles ins Lächerliche. Da er über eine starke Hausmacht und wenig Schamgefühl verfügt, lähmt er die Leute durch Worte, sogar durch Beschimpfungen. Auf diese Weise bleibt er stets Sieger. Nun unterbreitet er seine Meinung der Versammlung, die daran gewöhnt ist, seinen Eingebungen zu folgen. Ohne zu wissen, worüber sie befragt wird, hebt sie die Hand und applaudiert.« Fabre, dessen langatmige Rhetorik die Handwerker des Distrikts in die Flucht schlägt, wird mit der Abfassung der Schriftstücke beauftragt. Aus seiner Feder – »schwerfällig, mit Beschimpfungen durchsetzt und immer boshaft« – stammen die Schreiben, Beschlüsse und Aufrufe des Distrikts. »Dieses Triumvirat, dem vor der Revolution nur sehr beschränkte Mittel zur Verfügung standen, ist imstande, äußerst wohltätig, ja sogar freigebig zu sein, es überhäuft viele Bedürftige des Distrikts mit Unterstützungen, und die besuchen dann aus Dankbarkeit sehr regelmäßig die Versammlungen und bestimmen deren Entscheidungen.«[7] Reichte Dantons Sondersteuer vom Dezember wohl aus, um die Herkunft dieser Almosen zu erklären?

Madame Roland hinterließ in ihren *Mémoires* ein Portrait Dantons zu Beginn der Revolution. Trotz des bissigen Tons und der hinterhältigen Absichten kommt sie der Wahrheit doch recht nahe: »Ein erbärmlicher Advokat, mehr mit Schulden als mit Prozessen überhäuft, hervorgegangen aus der Sektion, die man damals noch Distrikt nannte. Kraft seiner Lungen lenkt er die Aufmerksamkeit auf sich. Ein großer Parteigänger der Orléans, der es im Laufe dieses Jahres zu einem gewissen Wohlstand bringt, ohne daß man die Arbeit sieht, die dem zugrunde liegen müßte. Er erreicht durch Ausschreitungen, die La Fayette bestrafen wollte und die er geschickt zu seinem Vorteil wendet, eine mäßige Berühmtheit, indem er sich von der Sektion, die er zuvor aufgehetzt hat, beschützen ließ, ... er deklamierte erfolgreich in den Volksgesellschaften, spielte sich dabei zum Verteidiger der Rechte aller auf und verkündete, er werde erst nach der Revolution bezahlte Posten annehmen.«

Bekanntlich wollte die schreckliche Manon, die ihre *Mémoires* kurz vor ihrem Tod auf dem Schafott abfaßte, alte Rechnungen begleichen. Sie verachtete Danton, der ihr das in gleicher Münze heimzahlte, indem er sie eine »schlampige alte Jungfer« nannte. Dennoch sind diese Zeilen –

im Gegensatz zu vielen anderen – mit Scharfsinn geschrieben und absolut wahr. Sie reichen allerdings nicht aus, um Dantons Kopfsprung in den revolutionären Aktionismus zu erklären. Ein Mann, für den materielle Dinge so wichtig sind wie für Danton, läßt sich nicht aus rein ideologischen Gründen in den Strudel reißen. Es hat sich gezeigt, daß sein angeblich schon in der Jugend entstandener »Republikanismus« nur eine Projektion wohlwollender Panegyriker ist. Im Gegensatz zu den fleißigen Advokaten, die später die Bataillone der Jakobiner bilden, war Danton nicht wirklich verbittert. Als Inhaber eines recht angesehenen Amtes, das durchaus lukrativ hätte werden können – auch wenn es ihm aufgrund seiner Faulheit weniger einbrachte, als er sich davon erhoffte –, hatte er nicht den leisesten Grund, sich über das *Ancien Régime* zu beklagen. Doch als echter Plebejer ist er den neuen Ideen sehr zugetan. Fürchtet er die Abschaffung des Ämterkaufs, die ihn wieder auf die Stufe der anderen Advokaten zurückwerfen würde? Danton versteht es offenbar, die Bewegung, die sich schon 1788/89 abzeichnet, zu seinem Vorteil zu nutzen, aber seine nicht besonders gutgehende Anwaltspraxis, die er zugunsten der Politik ohnehin vernachlässigt, beunruhigt ihn wenig. Wenn der Ämterkauf beibehalten wird, um so besser; wird er abgeschafft, so ist es auch gut, denn dann erhält Danton eine Abfindung vom Staat. Opportunistisch wie er ist, sieht er auch dort noch seinen Vorteil, wo andere, die mehr zu verlieren haben, ihren Ruin vermuten. Ganz selbstverständlich findet dieser Tribun sein Instrument in der Demagogie, und zwar einer den Umständen entsprechend dosierten Demagogie, die, bald radikal, bald verhalten, meist aber übertrieben ist und ihn zu plötzlichen Rückzügen zwingt, die ihm allmählich zur Gewohnheit werden.

Bei Danton ist nur eines gewiß: eine große Leitidee, für die er eintritt, hat es nie gegeben. Man würde einen fatalen Irrtum begehen, wollte man ihm eine im voraus entworfene Zielvorstellung unterstellen. Seine demokratischen Äußerungen im Distrikt der Cordeliers sind nicht die eines Ideologen, sondern die eines raffinierten Politikers, der begriffen hat, daß er seine Talente auf diesem Gebiet am besten entfalten kann. Wenn man Danton mit Robespierre vergleicht, so handelt es sich nicht um zwei verschiedene Einstellungen im Dienste des gleichen Ideals. Die beiden großen Revolutionäre haben nicht nur unversöhnliche Charaktere, sondern der eine, Robespierre, wird alle seine Handlungen in den Dienst der jakobinischen Ideen stellen, die er in der Nachfolge Rousseaus gemeinsam mit Saint-Just ausarbeitet, während der andere, Danton, auf eher körperliche Weise revolutionär ist, seine außergewöhnliche Vitalität in den Dienst momentaner Leidenschaften stellt – daher rühren in entscheidenden Momenten die objektiven Übereinstimmungen mit dem »Unbestechlichen« – vor allem aber in den Dienst seiner materiellen Interessen, was die unumgängliche Konfrontation des Jahres II heraufbeschwört.

Wie sehen nun die Finanzen dieses Advokaten aus, der am 29. März 1787 nur 5000 Livres besaß, um ein Amt zu kaufen, das 78 000 wert ist, und der zum Kredit greifen mußte, um den Rest aufzubringen? Danton ist immer noch nicht reich, zumindest scheint es so. Théodore de Lameth zeigt ihn uns noch im Herbst 1792 »in einer recht armseligen Unterkunft«, »in einem Bett aus Tragriemen«. Aber war der Aristokrat Lameth, dessen Aussage der anderer Zeitgenossen widerspricht, nicht so sehr an Luxus gewöhnt, daß ihm der bürgerliche Wohlstand Dantons fast ärmlich vorkam? Mag sein. Der schlaue Mann aus der Champagne hat sicher nichts vom Atavismus seiner Vorfahren eingebüßt. Sein Geld, das er immer ausgeben wird, ohne nachzuzählen, dürfte er in der ersten Phase seiner Karriere wohl kaum in häuslichen Prunk investiert haben. Das hindert ihn allerdings nicht, einen Teil davon klug und diskret in Nationalgütern anzulegen.

Im Jahr 1787 hatten die Erben und Gläubiger des Sieur Beyres de Castanède – der Vorgänger Huets in Dantons Kanzlei – Anspruch auf 10 000 Livres erhoben, die Danton als Zahlung für den Grundbestand der Kanzlei ausschütten wollte. Mit dieser Forderung beginnt ein langwieriges notarielles Verfahren. Obwohl Huet de Paisy 56 000 Livres in bar von Danton erhalten hat, erklärte er sich außerstande, seine Gläubiger zu befriedigen. Im August 1788 wird daraufhin zwischen Huet, Danton und dem Finanzbeauftragten Mel de Saint-Céran, der die Erben und Gläubiger Castanèdes vertritt, ein Arrangement getroffen, das ebenso seltsam ist wie der Vertrag von 1787. Saint-Céran reduziert nämlich den Gesamtbetrag der Schuldforderungen an Huet auf 24 000 Livres. Warum dieses Entgegenkommen? Weil es ihm lieber ist, seine Forderungen zurückzuschrauben unter der Bedingung, daß sie nicht vom zahlungsunfähigen Huet, sondern *von Danton* beglichen werden. Dafür fordert Huet von Françoise Duhauttoir, seiner Geliebten, mit der er zusammenlebt, einen partiellen Verzicht in Höhe von 24 000 Livres gegenüber ihrer Schuldforderung an Danton (36 000 Livres), die den Erben Castanèdes ausgezahlt werden sollen. Nunmehr schuldet Danton Françoise also nur noch 12 000 Livres. Saint-Céran überträgt dafür Mademoiselle Duhauttoir die Rechte der von ihm vertretenen Erben.

Dantons Tanten verbürgen sich nun erneut für ihren Neffen, was die Abzahlung der 24 000 Livres an Saint-Céran betrifft. Und in Abstimmung mit diesem zahlt Danton tatsächlich an Françoise die 10 000 Livres für das Amt; diese Summe wiederum hat er sich von Lhuillier geliehen, dem als Garantie sämtliche Rechte durch Françoise Duhauttoir und Saint-Céran abgetreten werden. Auf dieser Grundlage stimmt Saint-Céran der Aufhebung des Einspruchs zu. Nebenbei sei noch angemerkt, daß Mademoiselle Duhauttoir ihrem künftigen Ehemann Huet de Paisy 14 000 Livres geschenkt hat.

Diese ganze Prozedur, die für Fachfremde nur schwer verständlich ist, hat für Danton nur eine Konsequenz: Er hat die Gläubiger gewechselt. Und diese Gläubiger, die durch ein ganzes System von Sicherheiten beruhigt wurden, werden nun von Danton innerhalb von drei Jahren ausgezahlt. Bereits Ende August 1788 hatte er Françoise Duhauttoir 2400 Livres zurückerstattet. Am 3. Dezember 1789 – als er, wie man weiß, *noch eine Frist von vier Jahren hatte und überdies die von Huet garantierte Gutschrift von 11 000 Livres, die ihn im Prinzip von seinen Schulden befreit hätte, nicht eingefordert hatte* – erhält Danton von Huet gegen Zahlung von 12 000 »geschuldeten« Livres plus 1500 Livres Zinsen auf zweieinhalb Jahre, also insgesamt 13 500 Livres, die endgültige Empfangsbestätigung. Im folgenden Jahr übergibt er 4000 Livres den Erben Castanède. Es ist leider nicht bekannt, ob er auch Lhuillier noch im selben Jahr ausbezahlt. Aber auf jeden Fall hat er im Jahr 1790 seinen Gläubigern bereits 20 000 bis 30 000 Livres zurückgezahlt. Seine Schulden belaufen sich nur noch auf 30 000 bis 40 000 Livres. Danton kann also aufatmen. Zumal er für die restlichen 20 000 Livres von Saint-Céran einen sehr vorteilhaften Aufschub erhalten hat (bis zum 1. Januar 1794). Bereits im Oktober 1791 wird Danton auch diese restlichen Schulden begleichen. Aber wir wollen nicht vorgreifen.

Woher rührt von 1789 bis 1790 diese plötzliche finanzielle Verbesserung seiner Situation? Woher kamen die Summen, mit denen der Tribun zur selben Zeit den Eifer der Cordeliers beflügelt? An wen also hat Danton seine Talente als Agitator verkauft? Denn entgegen den verlegenen Beteuerungen seiner Lobredner – die von Louis Barthou sind geradezu köstlich[8] – konnte Danton mit den Einkünften aus seinem Amt nur ein sehr bescheidenes Leben führen. Der Rest stammte folglich aus anderen Quellen. Die Zeugnisse über die Bestechlichkeit Dantons sind so zahlreich, daß es schwerfällt, eine Auswahl zu treffen. Aber daß er bestochen wurde, galt für die meisten seiner Zeitgenossen als erwiesen.

Vor allem warf man ihm vor, Gelder vom Hof und vom Herzog von Orléans (dessen Goldtaler im Frühjahr, Sommer und Herbst 1789 zahlreiche Unruhen finanziert hatten) anzunehmen, ganz abgesehen von all den späteren Gelegenheiten, bei denen sich Danton selbst bedienen wird. Seine Hagiographen beziehen nun gerade aus dieser Vielfalt der Beschuldigungen ein Argument, um sie insgesamt abzustreiten; sie übertreiben außerdem die Höhe seiner Einkünfte als Rechtsanwalt und erweisen sich als rührende Zahlenakrobaten, um die Integrität ihres Helden zu verteidigen. Albert Mathiez hat dies bereits richtig gesehen, als er alle Rechnungen nochmals überprüfte und dabei auf ein beachtliches »Loch« im Dantonschen Budget auf der Seite der Einnahmen hinwies.[9] Er vernachlässigte keine Informationsquelle, sondern bewies, daß gerade die Vielfalt von Dantons geheimen Einkünften das Verhalten des Tribuns im Laufe seiner Karriere erklären kann.

Es ist daher angebracht, bereits an dieser Stelle eine Chronologie der Dantonschen Korruption zu skizzieren. Nur Naive weigern sich, das zu tun und verharren damit bei einer aus der III. Republik überkommenen Einstellung, die das Bild Dantons verklärt, um so leichter den »unbestechlichen« Robespierre herabsetzen zu können. Tatsächlich scheint Danton bereits seit 1789 von London und von den Agenten des Herzogs von Orléans gekauft worden zu sein. Es ist schwierig, das Datum auf den Monat genau festzulegen. Am 29. November schreibt La Luzerne, der französische Botschafter in England, in einer an den Außenminister gerichteten Depesche: »Ich sagte [zum Herzog von Orléans, der sich in einer Mission in London befand], es gebe in Paris zwei englische Bürger mit Namen Danton und Paré, die von einigen Leuten verdächtigt würden, Geheimagenten der englischen Regierung zu sein ... Ich weiß nicht, ob man schon Untersuchungen angestellt hat, um zu erfahren, ob sie in Paris wirklich existieren.«

Zu dieser Zeit ist Danton noch nicht bekannt genug, als daß man in England gegen ihn solche beunruhigenden Gerüchte ausstreuen konnte. Außer dem Vorsitz über einen Distrikt hat dieser kleine Agitator noch keinerlei Mandat. Deshalb kann er auch von einem Diplomaten mit Auslandsposten für einen britischen Bürger gehalten werden. Das französische Königreich hatte den Unabhängigkeitskrieg der englischen Kolonien Amerikas unterstützt und sich dabei verausgabt. Nun freute sich England, daß die Revolution die Macht der Franzosen schwächte und bezahlte Agenten, um die Agitation weiter zu schüren. Es ist also wahrscheinlich, daß Danton, ein noch unbekannter Cordelier, der aber fließend Englisch sprach, ebenso wie sein Freund Paré, zeitweilig zu denen gehörten, die von England gedungen wurden.

Dantons Geldbeziehungen mit der Orléans-Partei waren demgegenüber allgemein bekannt. Sie gehen entweder auf den Juli 1789 zurück, als sich Danton (mit geringerem Erfolg als Desmoulins) für den Aufstand heiser schrie, oder spätestens auf Ende September oder Anfang Oktober, als der Cordelier mit ungeheurer Energie das Geheimprojekt der Orléans betrieb, Ludwig XVI. nach Paris zurückzubringen. Es ist anzunehmen, daß Danton damals schon seit mehreren Wochen, wenn nicht gar Monaten, der Sache des Hauses Orléans diente, denn auch er hatte nach der Munizipalrevolution vorgeschlagen, dem Herzog das Kommando über die Nationalgarde anzuvertrauen. Damals wurden viele Revolutionäre bewußt oder unbewußt von den Leuten Philippes manipuliert.

Dantons geheimes Einverständnis mit den Orléanisten bedeutet allerdings keineswegs, daß er persönlichen Kontakt zum Herzog hatte. Er dürfte sich mit Laclos getroffen haben, dem Sekretär Philippes, es ist aber auch möglich, daß Danton über einen Mittelsmann angeheuert wurde. Falls Danton mit dem Herzog wirklich zusammentraf, so kann dies nicht vor dem Sommer 1790 geschehen sein. Auf Betreiben La Fayettes hatte man Philippe nämlich nach den Oktoberereignissen in eine Art Exil nach London geschickt. Nach seiner Rückkehr ist eine persönliche Unterredung zwischen Danton und Philippe zwar wahrscheinlich, ihr Datum jedoch schwer auszumachen. Für einen solchen Fall kann es Camille Desmoulins gewesen sein, der als Mittelsmann fungierte. Seit diesem Zeitpunkt wird die heimliche Kollaboration zwischen Danton und dem Prinzen zwar immer enger, aber bestanden hat sie schon seit einem Jahr.

Bleibt noch das Geld des Hofes. Kann man davon ausgehen, daß Danton seit 1789 aus dieser Quelle Bezüge hatte? La Fayette zufolge erhielt er seit den Oktobertagen Gelder vom Außenminister Montmorin. Sicher ist, daß Danton später, vielleicht ab 1790, spätestens jedoch ab Anfang 1791 Schmiergelder erhält, zunächst noch aus dem Geheimfond des Außenministeriums, dann aus der Zivilliste. Montmorin, ein recht naiver Geldverteiler, glaubte zu diesem Zeitpunkt, einen gefährlich gewordenen Mann mit Geld zu neutralisieren, dessen Bestechlichkeit er aus der Depesche von La Luzerne seit 1789 vermuten konnte. Allerdings war es bereits zu spät: Der Tribun hat sich längst zu weit vorgewagt, als daß er die Revolution noch zurückdrehen könnte, die Revolution ist bereits viel zu weit vorangeschritten, als daß ein Danton sie noch in andere

Bahnen lenken könnte. Vor allem aber hat der Tribun inzwischen die Gewohnheit angenommen, Bestechungen zu kassieren, ohne damit unbedingt den Zielen seiner Geldgeber zu dienen. Auch darf man ihm bis zum Beweis des Gegenteils, etwa durch neue Dokumente, immerhin zugute halten, daß er offenbar kein Geld von Österreich oder Preußen angenommen hat.

Es waren wahrlich bewegte Zeiten. Viele Revolutionäre waren korrupt oder auch – daran besteht kein Zweifel – regelrechte Spitzbuben, bis auf einige wenige, die wirklich rein blieben – darunter vor allem der furchterregende Robespierre. Aber das ist keine Entschuldigung, sondern bestenfalls eine Erklärung. Man zitiert oft den Ausspruch, den Danton gegenüber dem Buchdrucker Prudhomme getan haben soll: »Wenn der Dritte Stand die Adligen reich gemacht hat, dann muß es die Revolution für die Patrioten tun.« Von allen Aussprüchen, die man dem Mann aus der Champagne zuschreibt, kommt dieser der Wahrheit wohl am nächsten, selbst wenn er so nicht wörtlich gefallen ist. Es werden aber noch andere dazukommen, die weniger schäbig klingen und ihren Urheber fast schon sympathisch machen. Unter den großen Geldnehmern der Revolution gehört Danton immer noch zu denen, die sich bei allem Zynismus noch am prächtigsten in Szene setzten.

Nachdem er im Januar 1790 in die provisorische Kommune gewählt worden war, befand sich Danton in einer unbehaglichen Position. Er hatte hier einst eine erbärmliche Figur abgegeben. Als er am 26. Dezember 1789 den Text der von der Stadtverwaltung an die Offiziere der Nationalgarde übergebenen Ernennungsurkunden kritisiert hatte, stellte sich heraus, daß er ihn nur falsch verstanden hatte. Daraufhin zur Ordnung gerufen, mußte er sich ganz schlicht und einfach entschuldigen. Die Kommune war eben doch nicht der Distrikt der Cordeliers. Die Rechtsgültigkeit seiner Wahl war von zahlreichen Gegnern in Frage gestellt worden, die darüber beunruhigt waren, ein Individuum in ihrer Mitte zu wissen, das es sich zur Regel gemacht hatte, die Beschlüsse der Kommune zu sabotieren, ja sogar den Gang der Justiz zu behindern, soweit sie seinen Distrikt betraf. Aber dieser Mann ist geschickt: Auf einmal spielt er den Gemäßigten. Während man noch auf die Gelegenheit wartet, ihn zu Fall zu bringen, fängt man bereits an, ihn zu fürchten.

Die provisorische Kommune sollte an der endgültigen Organisation der Pariser Stadtverwaltung beteiligt werden. Danton wird im folgenden in dieser Frage immer eine widersprüchliche Position einnehmen und eine doppelzüngige Sprache sprechen – je nachdem, ob er im Rathaus sitzt oder gerade bei den Cordeliers den Vorsitz führt (Ende März wählen sie ihn erneut zum Präsidenten). Der Distrikt hat in der Tat seit Februar Einwände gegen den Entwurf geltend gemacht, der seit dem 27. April in mehreren Etappen verabschiedet und schließlich am 27. Juli angenommen wird. Die neue Stadtverwaltung ist wie eine Pyramide gegliedert: Die Urwählerversammlungen bestimmen den Bürgermeister sowie 144 Notabeln (den Generalrat der Kommune) und aus diesen Notabeln 48 Munizipalbeamte (Corps municipal); die 144 Notabeln ihrerseits aus diesen 48 Beamten 16 Verwalter (bureau municipal), wobei die 32 restlichen den Stadtrat bilden. Die Stadtverwaltung wird von einer Staatsanwaltschaft unterstützt, die aus einem Prokurator und zwei Stellvertretern besteht. Die untersten Wählereinheiten (*assemblée primaires*) sind nicht mehr die Distrikte, sondern 48 neu eingeführte *Sektionen*, die ausdrücklich *keine ständig tagenden Institutionen* sein sollen – und dies trotz des Protests, den Delegierte der fünfzig Distrikte am 23. März in einer Denkschrift formulieren. Der Distrikt der Cordeliers ist also tendenziell aufgelöst. Dennoch gibt er am 11. Mai nach und erklärt sich einverstanden, zusammen mit einem Teil der ehemaligen Distrikte Abbaye und Saint-André-des-Arts die einundvierzigste Sektion zu bilden, die »Sektion Théâtre-Français«.[10] Während Desmoulins noch in seiner Zeitung das Schicksal des »unsterblichen Distrikts« beweint, läßt der pragmatische Danton, der in den Generalrat gewählt werden möchte, von den Cordeliers seine Unterwerfung unter die Entscheidungen der Nationalversammlung und damit unter die Refom proklamieren, die der König Ende Juni unterzeichnet.

Hat Danton etwa das Kriegsbeil begraben? Bereits am 28. Mai hält er es erneut in Händen, als er einen Antrag unterstützt, der den Status des Abgeordneten für unvereinbar erklärt mit dem des Generalkommandanten der Nationalgarde – eine Forderung, die auch Marat im *Ami du Peuple* aufgestellt hatte. Nachdem er damit gescheitert ist, ruft Danton: »Hier hält mich nichts mehr! Ich gehe! Bei den Jakobinern werde ich die Verfassungsfreunde finden und mich von der vergifteten Luft reinigen, die ich hier atmen muß!« Am nächsten Tag beharrt er auf seiner Position und veranlaßt einen Beschluß der Cordeliers, der die stupide Speichelleckerei anprangert, mit der einige gemäßigte Distrikte La Fayette beehren, – als Vorspiel gewissermaßen zu seinem Triumph bei der großen Parade der Nationalgarde am 30. Mai. Am 25. Juni gerät Danton erneut in Wut, um mit Erfolg den Vorschlag zu bekämpfen, Bailly einen Bürgerkranz zu verleihen. Zur gleichen Zeit lassen die Cordeliers zwei von Fabre und Danton unterschriebene Anträge drucken, in denen sie gegen das bereits angenommene Wahlsystem protestieren und versuchen, die Wahl der Patrioten für die Ernennung der künftigen Stadträte zu beeinflussen. Nachdem die Stadtverwaltung die beiden Texte als aufrührerisch bezeichnet hat, werden sie der Nationalversammlung vorgelegt. Man erklärt, sie seien das Werk »bezahlter und fanatischer Schreiber«.

Bezahlt... der Vorwurf trifft sehr genau. Ab 1790 beginnen sich die Journalisten und Pamphletisten, ob freundlich oder feindlich gesinnt, immer mehr für Danton zu interessieren. Was werfen ihm seine »Verleumder« eigentlich vor, das irgendwie gerechtfertigt wäre? Sich mit Mirabeau zu verschwören, um den Zusammenbruch der Kommune herbeizuführen? Der Vorwurf ist nicht neu und weitgehend fundiert, er ist aber nicht gerade kompromittierend. Mirabeau ist noch immer sehr populär, und niemand weiß zu diesem Zeitpunkt, daß er sich seit dem 10. Mai 1790 endgültig an den Hof verkauft hat. Im übrigen wird es sich der Abgeordnete aus Aix nicht nehmen lassen, Danton im Laufe des Sommers einen »Aufwiegler« zu nennen, und der Mann aus der Champagne wird sich später zu seiner Rechtfertigung darauf berufen können. Seit dem Herbst 1789 bezieht sich der Vorwurf der »Bestechlichkeit« vor allem auf die offenkundige Verbindung zwischen den ständigen Hetzereien Dantons gegen La Fayette (diese Stoßrichtung mißfällt Mirabeau übrigens durchaus nicht) und den Umtrieben der Orléans-Clique, die dem General entschieden feindlich gesonnen ist. Danton, der Anwalt beim königlichen Rat, führt zu dieser Zeit, wie man sagt, ein gastfreundliches Haus. Zwar plädiert er noch immer höchst selten (nur fünf Streitsachen im Jahr 1790), aber dennoch – so behaupten seine Gegner – rinnt ihm das Geld durch die Finger, als habe er keinerlei finanzielle Sorgen. Darin steckt sicher ein gut Teil Übertreibung, aber dieses Thema, das bis zum Germinal des Jahres II immer wieder aufgegriffen und ausgeschlachtet wird, erhält mit jedem Tag ein wenig mehr Plausibilität.

4. EIN JAHR DES ÜBERGANGS

Für Geld war Mirabeau zu allem fähig, selbst zu einer edlen Handlung.

Rivarol

Es ist im Grunde ein großer Schwindel, in dieser schlechten Welt kein Gauner zu sein.

Mirabeau

Nachdem bereits die Reform der Nationalgarde diese Miliz dem direkten Einfluß der Distriktspräsidenten entzog – einige weniger aktive Distrikte spielten nämlich nur noch durch ihr Milizbataillon eine Rolle –, brachte die Entscheidung, die Distrikte selbst abzuschaffen, Danton um seine Tribüne, seine Mitstreiter und tendenziell sogar um seinen Einfluß auf das Pariser »Volk«. Aus dem Sattel geworfen, aber zugleich geschmeichelt, sich schon so sehr gefürchtet zu wissen, daß er als das Hauptopfer der Reform gelten konnte, begab sich Danton auf den Weg in die Rue Saint-Honoré. Dort, im Jakobiner-Kloster, wurden die Versammlungen der »Gesellschaft der Verfassungsfreunde« abgehalten, dem ehemaligen Klub der bretonischen Abgeordneten in Versailles, der sich nach den Oktoberereignissen von 1789 in Paris niedergelassen hatte. Hier hat Danton am 30. Mai 1790 seinen ersten Auftritt. Eigentlich hätte das unauffällig geschehen müssen, wie es bei Neuankömmlingen in einem Kreis von Gleichgesinnten üblich ist –, zumal wenn sie noch gar nicht offiziell aufgenommen sind. Bei den Jakobinern muß man es verstehen, einen kühlen Kopf zu behalten, einen bestimmten rhetorischen Stil zu entwickeln und eine Haltung anzunehmen, die trotz größerer Radikalität eher an die Debatten der Nationalversammlung als an das Tohuwabohu des Cordelierdistrikts erinnert. Ursprünglich war der Klub eine reine Abgeordnetenversammlung; erst nach und nach wurden Patrioten zugelassen, die dem Parlament nicht angehörten.

An diesem Tag hört Danton eine Rede von Alexandre de Lameth. Zusammen mit La Fayette und einigen anderen gehört Lameth zu den wenigen adligen Offizieren, die im amerikanischen Unabhängigkeitskrieg vom »liberalen« politischen Virus angesteckt wurden. In der Nationalversammlung bildet dieser Aristokrat gemeinsam mit Adrien Duport und dem brillanten Barnave eine effektive, junge, durch Freundschaft zusammengehaltene Truppe. Dieses »Triumvirat« hat in der Konstituante seinen Platz auf der Linken, ziemlich weit links von Mirabeau, nicht ganz so weit links wie Robespierre, aber die Kluft und die Brüche zeichnen sich erst allmählich ab. Auf der Tribüne des Klubs ereifert sich Lameth über eine banale Angelegenheit. Es geht um verdorbenes Brot, das an die in Givet stationierten Truppen geliefert wurde. Er ruft dann die »gelben Kartuschen« in Erinnerung, jene Demobilisierungsblätter, die auf dem gleichen Papier gedruckt sind wie der Marschbefehl für Militärs, die wegen schlechter Führung verlegt oder entlassen werden. Diese Farbe stiftet Verwirrung: Heimkehrende Militärs werden damit wie Deserteure behandelt. – Lameth klagt die Armeelieferanten an, die halbverschimmeltes Brot liefern, und die Nachlässigkeit der Armee, die für ganz verschiedene Dokumente das gleiche Papier benutzt. Als ehemaliger Offizier verteidigt der »Triumvir« die Gesundheit und Würde der Soldaten. Mit diesem Protest von zweitrangigem Interesse war der Sache Genüge getan, aber als Neuling kann Danton das nicht verstehen. Gegen den verhaltenen Ton Lameths wirft er seine bei den Cordeliers geübte Rhetorik in die Debatte. Obwohl er im Grunde nur seinen Vorredner wiederholt, denn zur Sache selbst hat er nichts hinzuzufügen, deklamiert Danton in hochtrabendem Ton, unterstützt von theatralischen Gesten. Die erstaunten Jakobiner kichern, lächeln oder murren. Nur wenige applaudieren. Schließlich verliert er jedes Maß und endet mit maßlosen Worten: Falls er die Ehre hätte, in der Französischen Armee zu dienen, und man ihn mit einer gelben Kartusche nach Hause schickte, würde er sich von diesem Affront »mit dem Blut der Minister« reinigen. Darauf sieht sich der Präsident genötigt, ihm seine Unbesonnenheit vorzuhalten. Der Tribun hat sein Debüt im Klub verpatzt. Seine Heftigkeit ist der politischen Entwicklung um ein, wenn nicht um drei Jahre voraus. Er wird seine Lehrzeit als vernünftiger Redner erst noch absolvieren müssen. Zur Stunde gelingt es ihm bestenfalls, Unruhe zu stiften, und im schlimmsten Fall macht er sich lächerlich. Danton wird diese Lehre verstehen, eine günstigere Gelegenheit abwarten und sich solange von den Jakobinern fernhalten. Dies wird ihn jedoch nicht daran hindern, seine Beziehungen zu den Wortführern der Konstituante zu pflegen: zu Mirabeau, den Brüdern Lameth, hin und wieder auch zu Maximilien Robespierre, obwohl sich die beiden nicht besonders gut verstehen.

Im folgenden Monat wird Danton wenigstens eine familiäre Genugtuung zuteil. Am 18. Juni läßt er in Saint-Sulpice seinen zweiten Sohn Antoine taufen (der erste war, wie man sich erinnern wird, ein Jahr zuvor in Arcis-sur-Aube gestorben). Ein patriotisches Blatt begrüßt das freudige Ereignis mit den Worten: »Erzittert, Tyrannen, Minister, Unparteiische, ein neuer Danton ist geboren! Kein Zweifel, er wird in die Fußstapfen seines Vaters treten; schon trägt er das Mal des Volkswohls! Seine ersten gestammelten Worte, das hat der wackere Danton gesagt, werden sein: Leben in Freiheit oder Tod! Madame Danton wird ihre Schmerzen vergessen, denn ihre erste Sorge wird sein, dem Sohn die Kokarde des Volkes anzuheften, dem Sohn, der besser erzogen wird als der Kronprinz!«[1]

Da niemand die Anwesenheit Dantons auf dem Föderationsfest vermerkt hat, das am 14. Juli 1790 mit großem Pomp auf dem Marsfeld gefeiert wurde, ziehen einige daraus den Schluß, ihm habe die Zeremonie nicht gepaßt. Bei regnerischem Wetter nahmen mehrere hunderttausend Zuschauer an diesem ersten großen revolutionären Fest teil, an der von Talleyrand gesprochenen Messe ebenso wie an den feierlichen Schwüren, die darauf folgten. Sollte Danton seiner Unlust wirklich so weit nachgegeben haben, seine Teilnahme an diesem Fest zu verweigern? Immerhin war es – auch wenn es von vielen als Triumph La Fayettes gedeutet wurde – eine Demonstration des »Patriotismus«. Allerdings war Mirabeau inzwischen mit La Fayette tödlich verfeindet, nachdem sein Annäherungsversuch vom Mai gescheitert war; Danton, der seine Angriffe gegen den Gernalkommandeur der Nationalgarde zeitweilig eingestellt hatte, konnte also seine Schmähungen wieder aufnehmen. Dennoch hat er vermutlich, wenn auch von seinen Kollegen auf Distanz gehalten, zusammen mit den Repräsentanten der Stadtverwaltung der Zeremonie beigewohnt. Am Abend führt er, umgeben von seinen Getreuen, den Vorsitz bei einem Bankett mit zweihundert Personen, das die Cordeliers zu Ehren der im Viertel untergebrachten Gäste aus der Provinz veranstalten. Acht Tage später erlebt er im Théâtre Français die stürmische Wiederaufnahme von *Charles IX*, einem Stück von Marie-Joseph Chénier mit durchsichtiger Tendenz, das wegen politischer Meinungsverschiedenheiten zwischen den Schauspielern abgesetzt worden war und dessen

Wiederaufnahme Mirabeau mit Unterstützung der Cordeliers durchgesetzt hat.

All das sind aber nur Anekdoten; die Wahlen waren ein ernsthafteres Thema. Die erste Amtshandlung der neuen Sektionen sollte darin bestehen, die Mitglieder der neuen Stadtverwaltung zu bestimmen. Die Sektion des Théâtre Français versammelt sich am 29. Juli. Danton hatte sehr wohl die Absicht, sich in seinem Mandat bei der Kommune bestätigen zu lassen. Konnte er noch mehr erwarten, z. B. einen Posten als Stellvertreter, als Prokurator oder gar als Bürgermeister? Nach seinen Eskapaden in den letzten Monaten hätte er dafür außerordentliches Glück gebraucht, und er hätte sich auch konzilianter und ruhiger geben müssen. Indes schrieb der Minister von Parma am 1. August an seine Regierung: »Anstatt die Wahl der Stadtverwaltung und der Notabeln vorzubereiten, befassen sich die 48 Sektionen mit den Angelegenheiten, die man eigentlich in der Nationalversammlung diskutiert. Die Sektion Saint-André-des-Arts* ist dabei die verrückteste von allen, weil dort ein gewisser Herr Danton seine Stimme erhebt. Dieser Mann ist ein patriotischer Verrückter. Einmal schreit er, man solle alle Schufte hängen, und am nächstem Tag hat er eine neue Marotte, schwenkt von Komisch auf Tragisch um und stellt z. B. den Antrag: Jeder, der sich an der Frau oder Tochter seines Nachbarn vergreift, hat den Anspruch verwirkt, jemals zum Aktivbürger zu werden.«[2] Vermutlich hat Danton so viele Dummheiten in seiner Sektion sicher nicht gesagt, aber wichtig ist die Tatsache, daß solche Gerüchte in Paris umgehen. Die Pariser Wähler werden diesem Mann, den viele für verrückt halten (Babeuf, der in ihm den künftigen Führer eines demokratischen Frankreichs sieht, steht damit zu diesem Zeitpunkt noch allein), eine harte Lektion in Bescheidenheit erteilen. Bailly wird nämlich mit 12 550 von 14 010 Stimmen wiedergewählt. Danton hat mit nur 49 Stimmen den vierten Platz erreicht. Mit einer zwar höheren, aber immer noch erbärmlichen Stimmenzahl scheitert der Tribun auch bei den Prokuratoren-Wahlen: er erhält 129, 193 und 197 Stimmen. Wo ist Dantons Pariser Popularität geblieben? Hat es sie außerhalb der Phantasie der Dantonforscher überhaupt je gegeben? Bei dieser von Danton in ganz Paris erreichten Stimmenzahl denkt man schon eher an die Mehrheiten, die Danton allein dem Distrikt der Cordeliers entlocken konnte! Jedenfalls schraubt er nun seine Ansprüche sehr weit zurück und hofft darauf, in den Generalrat gewählt zu werden. Jede

---

* Gemeint ist die Sektion Théâtre Français. (Anm. d. Hrsg.)

Sektion darf drei Sitze stellen. Danton wird ohne Schwierigkeiten gewählt, aber nach dem neuen Gesetz muß die Liste der 144 Notabeln der Mehrheit der Sektionen zur Bestätigung vorgelegt werden. Und Mitte September wird Danton von 42 der 48 Sektionen zurückgewiesen! Der Schlag trifft den Mann aus der Champagne um so härter, als er der einzige ist, dem es so ergeht. Die Pariser Behörden haben schlauerweise die alte Affäre vom März ausgegraben: Der Haftbefehl gegen Danton ist immer noch rechtsgültig. Als nun der Überbringer des Haftbefehls, der Gerichtsdiener Damiens, die Beratungen der Sektion des Théâtre Français aufsucht, sorgt er für beträchtliche Aufregung. Die Sektion verfaßte eine Protestresolution an die Nationalversammlung und wirft Damiens aus dem Versammlungssaal.

Läßt sich die Schlappe Dantons beim Generalrat allein aus diesem Zwischenfall erklären? Nur zum Teil: Denn Bailly und La Fayette hatten sich das Terrain schon vorbereitet; sie hatten die dauernden und oft ungerechtfertigten Attacken des Präsidenten der Cordeliers nicht vergessen. Daran ändern auch die empörten Proteste befreundeter Journalisten wie Camille Desmoulins nichts, der in Danton den einzigen Mann sah, in dem die Aristokratie »zugleich die Gracchen und einen Marius hätte finden können«.[3] Danton bricht nun zusammen; er ist wieder in die Anonymität der Individuen ohne Wählermandat zurückgefallen.

Es wäre ein Irrtum anzunehmen, Danton habe im Juli 1790 den berühmten Klub der Cordeliers gegründet, um seine Wahl in die Kommune voranzutreiben. Die dantonistischen Historiker erklären den Tribun fälschlich zum einzigen Gründer des Klubs. Auch war er nicht lange dessen Präsident. Die Gleichnamigkeit von Distrikt und Klub hat sogar bei Zeitgenossen dieses Mißverständnis hervorgerufen.

Die »Gesellschaft der Freunde der Menschen- und Bürgerrechte« wurde von einer Gruppe von Bürgern des ehemaligen Distrikts Cordelier und der Sektion Théâtre-Français gegründet. Unter ihnen war der Ingenieur Dufourny, der Rechtsanwalt Buirette de Verrières, der Buchdrukker Momoro, der Arzt Louis Sentex und noch ein paar zum Teil recht obskure Persönlichkeiten. Diese Unklarheit ist für manchen Historiker ein Indiz dafür, daß der Klub eigentlich von Danton, Fabre, Paré und Fréron gegründet und geleitet wurde. Tatsächlich sind aber die Wortführer des Klubs bald Verrières, Momoro und sein junger Freund, der Kanzleigehilfe Nicolas Vincent; hinzu kommen François Robert und der Metzger Légendre, ein weiterer Freund Dantons, der häufig den Vorsitz führen wird. Bald trifft man hier Desmoulins, Brune, Billaud-Varenne,

Chaumette und später auch Hébert. Die Gesellschaft hat von der Stadtverwaltung die Erlaubnis, im »theologischen Saal« des ehemaligen Cordelierklosters zu tagen, richtet sich aber in Wirklichkeit, wie vor ihr der Distrikt, in der Kapelle ein, und bis zu ihrer Vertreibung am 12. Mai 1791 wird sie dort bleiben.[4] Von Anfang an tritt der Klub als demokratische Gesellschaft auf. Zwar gab es schon seit dem Herbst 1789 in Paris die »Brüderliche Gesellschaft der Jakobiner« (nicht zu verwechseln mit dem gleichnamigen Klub), ein sehr offener, aber damals fast unbekannter Stadtteilklub, der vor November 1790 kaum von sich reden machte. In dieser Zeit bildeten sich allmählich immer mehr vergleichbare Gesellschaften, die sogenannten „Volksgesellschaften". In vielerlei Hinsicht ist der Klub der Cordeliers die erste dieser Volksgesellschaften: Noch lange bleibt er auf seinen Stadtbezirk beschränkt.

Bei den Jakobinern dagegen, einer sehr geschlossenen Gesellschaft, mußte man sich, um aufgenommen zu werden, von sechs Mitgliedern einführen lassen. Im Klub der Cordeliers nahm man es nie so genau. Wichtigstes Aufnahmekriterium ist der Patriotismus, später auch das »Sansculottentum« mit Jakobinermütze. Die Mitglieder des Klubs sind durch einen dem Ballhausschwur nachempfundenen, aber noch radikaleren Schwur gebunden. Sie haben es sich zur Aufgabe gemacht, »die Mißbräuche der verschiedenen Gewalten und jede Art von Angriff auf die Menschenrechte vor dem Tribunal der öffentlichen Meinung anzuklagen; sie fordern die braven Bürger auf, dem Klub ihre Beschwerden vorzutragen, und dieser verpflichtet sich, »ihnen größte Öffentlichkeit zu verschaffen«, und alle Delikte, von denen er Kenntnis erhält, der »allgemeinen Empörung auszuliefern«. Danton selbst verstand es zwar durchaus, mit der Waffe der Denunziation umzugehen, aber es ist zweifelhaft, ob dieses Programm ausschließlich von ihm stammte. Die Gesellschaft der Cordeliers wird bald als Rivalin gegen den Jakobinerklub – in Sachen Patriotismus – auftreten. Zentrum aller Aktivitäten ist die berühmte Kapelle, aus der man den ganzen Schmuck herausgerissen hat; statt dessen wurden Holzbänke darin aufgestellt; über dem Schreibtisch des Präsidenten hängt die Erklärung der Menschenrechte und daneben stehen die Büsten von Rousseau, Brutus, Wilhelm Tell, Helvétius und Mirabeau: Von hier und später vom Museumssaal in der Rue Dauphine aus werden alle Parolen, Alarmrufe, alle Anträge und Sentenzen ausgehen, die stets mit der Devise beginnen »Freiheit, Gleichheit, Brüderlichkeit!«

Danton konnte sich dem sehr plebejischen Stil des Klubs einigermaßen anpassen; richtig wohl fühlten sich seine Freunde Robert, Fréron und Legendre. Danton hatte jedoch noch andere politische Verpflichtungen, und er mußte sich obendrein über die moralisierende Schulmeisterei eines zeitweiligen Parteigängers ärgern: Jean-Paul Marat, der ihm vom Temperament her völlig konträr war und nun 1791 zum Orakel der Cordeliers avancierte. Oft wird behauptet, Danton habe mit der Gründung des Klubs der Cordeliers die Jakobiner und Robespierre links überholt. Man könnte eher sagen, daß sich Danton selbst von den Bürgern des ehemaligen Distrikts überholt fühlte. Ausgerechnet »sein« Klub wird 1793 eine hebertistische Brutstätte sein.

Anfang September 1790 erfuhr man in Paris von der Meuterei der in Nancy stationierten Truppen und der Art, in der sie niedergeschlagen wurde. Die ganze Stadt ist empört, vor allem weil sie sieht, wie die Verantwortlichen des »Massakers«, inbesondere der Marquis von Boillé, durch die Freunde La Fayettes als Helden gefeiert werden. Auch der Klub der Cordeliers bringt seinen »Schmerz« zum Ausdruck. Die Sektionen sind beunruhigt und aufgebracht. Man beginnt, den Rücktritt des verantwortlichen Ministers zu fordern. Schließlich mündet die Kampagne in einen Generalangriff auf die »aristokratischen« oder als konterrevolutionär verdächtigten Minister, die nach dem Rücktritt Neckers am 4. September auf ihren Posten geblieben sind. Die unpopulärsten sind der Kriegsminister La Tour du Pin, der Innenminister Guignard de Saint-Priest und der Justizminister Champion de Cicé. Nach einer Meuterei im Geschwader von Brest schlägt der Abgeordnete Menou der Konstituante vor, die Aufmerksamkeit des Königs auf die Gefahren zu lenken, die seine Minister für die öffentliche und verfassungsmäßige Ordnung bedeuten: Praktisch war dies ein Mißtrauensvotum gegen die Regierung, das die Versammlung jedoch mit großer Mehrheit zurückweist. Der Baron von Menou ist jener Abgeordnete aus dem Adel der Tourraine, der zunächst die Aufklärung und die Jakobiner unterstützt, dann aber allmählich immer verwirrter wird und schließlich, nach anderen Extravaganzen, in Ägypten zum Islam übertritt.
Unter Leitung Sergents und assistiert von zwei Sekretären (darunter Danton, der gerade wieder aus der Versenkung auftaucht), verfassen die Pariser Sektionen ein energisches Schreiben, in dem sie ebenfalls die Entlassung der Minister fordern. Diese Petition soll der Konstituante durch eine Abordnung zugestellt werden. Der Bürgermeister läßt sich eine Weile bitten, bevor er einwilligt, die Abordnung zu leiten, und am

10. November führt Bailly vor der Nationalversammlung dann auch eine sehr gemäßigte Sprache. Für den Inhalt des Schreibens bekennt er sich nicht verantwortlich, aber er beschreibt die Sorgen der Patrioten und schlägt vor, die Verlesung des Textes »wohlwollend« anzuhören. Der eigentliche Sprecher der Abordnung ist jedoch niemand anderes als Danton. Warum hat man ausgerechnet ihn ausgewählt? Pochte vielleicht das schlechte Gewissen der Sektionen, die ihn zwei Monate zuvor so schändlich ausgeschlossen hatten? Sicher wurde Danton aber auch deshalb ausgewählt, weil er reden konnte und weil er der Initiator der Petition war.

Mit großem Ungestüm nimmt Danton Menous Argumente auf und trägt sie im Stil von Sektionssitzungen vor. Damit muß er die Nationalversammlung zwangsläufig gegen sich aufbringen. Der geradezu aufrührerische Charakter des Textes und die plebejische Fülle der Person – eines Mannes von bereits zweifelhaftem Ruf – löst einigen Wirbel im Reitsaal der Tuilerien aus, wo die Konstituante zu tagen pflegt. Unruhe kommt auf und schließlich offener Widerspruch. Im Lärm, der Dantons Sätze unterbricht, hört man, wie der strenge Royalist Cazalès, einer der brillantesten Redner der äußersten Rechten, die Störer ironisch zurechtweist und sie auffordert, den Tribun ruhig reden zu lassen: »Man muß sich alles anhören, sogar politische Absurditäten!« Danton trägt das »Votum aller Feinde des Despotismus« vor, und dieses Votum besteht in der Entlassung der Minister Cicé, Saint-Priest und La Tour du Pin, die direkter und indirekter konterrevolutionärer Umtriebe bezichtigt werden. Wenn der Kriegsminister für etwas weniger schuldig angesehen wird als die beiden anderen, dann nur »weil er viel zu ungeschickt ist um gefährlich zu sein«. Diese Worte und noch einige weitere, mit noch mehr Verachtung geladene Aussprüche lassen den Tumult im Saal nicht abflauen. Schließlich »beschwört« Danton die Versammlung, sich beim König für die Forderung der »Kommune« (dies ist aber nicht korrekt: der Sektionen!) im Namen der öffentlichen Meinung (was ein wenig übertrieben ist) zu verwenden. Die Minister sollten entlassen und vor einen von der Nationalversammlung gewählten Gerichtshof gestellt werden, der »Verbrechen gegen die Nation, Verantwortungslosigkeit von Ministern und anderen Beauftragten der Exekutive ahnden« soll. Zur Überraschung einiger Abgeordneter wurde der Außenminister Montmorin in dem Antrag nicht erwähnt. Wenn Danton der Verfasser war, verbarg sich hinter dieser bevorzugten Behandlung ein geheimer Zusammenhang. Danton kannte den Minister seit einem im Februar geführten

Prozeß. Aber kannte er ihn vielleicht auch persönlich? Möglicherweise hatten diese beiden Männer, von denen jeder glaubte, den anderen in seinem Sinne zu lenken, schon lange ständigen Kontakt. Jedenfalls erklärt sich die gemäßigte Haltung Dantons und der Sektionen gegenüber Montmorin aus der Absicht, einen »patriotischen«[5] Minister zu schonen, denn hinter Montmorin wollte Mirabeau, einer der Regisseure der Kampagne gegen die anderen Minister, als Graue Eminenz agieren: Beide werden zusammen im Januar 1791 das berüchtigte, von Talon und Semonville geführte *atelier de police* auf die Beine stellen, eine Brutstätte der Korruption. Danton wird einer ihrer Agenten sein.

Trotz der feindseligen Haltung der Rechten gibt die Konstituante klugerweise dem Antrag sofort statt. Einige Tage später werden die Gemäßigten Cicé und La Tour du Pin zum Rücktritt gezwungen. Auch Saint-Priest wird bald darauf ersetzt. Der eingeschüchterte Hof wird aber den Ratschlägen Mirabeaus nicht folgen, der nun vorschlug, jakobinische Minister zu nominieren, um sie zu diskreditieren. Die neuen Minister sind vielmehr politisch isolierte Parteigänger La Fayettes. »Dieser elende Schuft«, sagt der Abbé Maury über Danton, »wird sich noch damit brüsten, uns einen Schrecken eingejagt zu haben.« Aber die Affäre um den Rücktritt der Minister bedeutet vielleicht eine Wende in der Karriere des Tribuns, denn nun hat er bewiesen, daß er sich von der schlichten Volksagitation, bei der es ausreichte, primitive Regungen seiner Mitbürger zu wecken, auf die Ebene politischer Überredungskunst zu erheben vermochte.

Als Danton wenig später zum Kommandanten seines Bataillons der Nationalgarde gewählt wird, weist er diese Auszeichnung zurück. Er hat keine Lust, sich in einer aufreibenden Aufgabe isolieren zu lassen, die noch dazu immer kompromittierender wurde, je weiter die Nationalgarde unter der Führung La Fayettes von den Sektionen abrückte, um eine militärische Macht zu werden, die jeglichen revolutionären Exzeß eindämmen sollte. Statt dessen richtet Danton seinen Blick weiterhin auf die Kommune. Er hofft noch immer, dort einen Posten zu bekommen, der ihm ein größeres Publikum garantierte. Nun wird gerade der Rechtsanwalt Duport-Dutertre, zweiter Stellvertreter des Prokurators der Kommune (einst hatte er als Kandidat für diesen Posten Danton mit 2332 Stimmen gegen 197 besiegt), Nachfolger von Champion de Cicé im Justizministerium. Danton, der durch seinen Erfolg in der Konstituante Mut bekommen hat, kandidiert für die Nachfolge. Reine Zeitvergeudung: Ende Dezember unterliegt er erneut, indem er nur 389 Stimmen gegenüber 1558 Stimmen für den Advokaten Desmousseaux erhält (bei 3265 abgegebenen Stimmen). Aber der Mann aus der Champagne wird sich auch von diesem Mißerfolg erholen. Er hat gelernt, nach jedem Schlag wieder aufzustehen.

Den Winter 1790/91 nutzt Danton, um seine Beziehungen zu den Mächtigen der Revolution zu vertiefen. Er tut dies, ohne irgendjemanden auszusparen, eine Haltung, die zwar einige Vorteile, aber auf lange Sicht auch das Risiko unentwirrbarer Verstrickungen mit sich bringt.

Ehre, wem Ehre gebührt: Die Clique der Orléans, eine umtriebige, aber zersplitterte und schlecht organisierte »Partei«, die günstige Gelegenheiten nicht zu nutzen weiß, zählt Danton mehr denn je zu ihren Getreuen. Nach den Oktoberereignissen hatte man den Herzog unter dem Vorwand einer diplomatischen Mission nach England abgeschoben. Zu diesem Zeitpunkt hatten sich Dantons Beziehungen zum Orléanismus wohl gelockert. Am 10. Juli 1790 kehrte Philippe jedoch mit Laclos ohne Genehmigung nach Paris zurück, und seither traf sich Danton mit dem Herzog, der ihn wiederholt an seine Tafel nach Monceau oder in das Palais-Royal einlud. Abgesehen vom Standesunterschied hatten die beiden Männer viele Gemeinsamkeiten. Philippe, so schrieb Alexandre de Tilly, »schätzte nichts von den Dingen dieser Welt, nicht einmal das Leben, das *zu* sehr zu lieben man ihm zu Unrecht vorwarf; auch nicht das Geld, das er unbedenklich zusammenraffte, um es dann sinnlos wieder hinauszuwerfen. Verbrechen und Tugend waren ihm ein und dasselbe, Verachtung oder Bewunderung waren ihm gleich, alle menschlichen Taten gleichermaßen irrelevant. Die materiellen Genüsse des Lebens hatten für ihn eben ihren Preis: Das war die einzige methaphysische Gewißheit, die er aus allem, was man in der Welt vorfindet oder was man von anderen erhofft, gewonnen hatte. Er war dazu geschaffen, Vergnügungen auszukosten, bis er ihrer überdrüssig wurde. Gall hat angeblich gesagt, daß er eine Neigung zur Niederträchtigkeit besaß, aber keineswegs zur Konspiration. Die Natur verlieh ihm die eine Neigung, und die Leute, die Einfluß auf ihn hatten, entwickelten bei ihm die andere.« Orléans und Danton waren also wie füreinander geschaffen. Außerdem konnte es sich der Tribun nicht leisten, eine Clique zu vernachlässigen, die ihn finanziell aushielt und die größten Intriganten der Revolution dirigierte. Im Kreis um Mrs. Elliot, eine ehemalige Geliebte Philippes, konnte Danton englische Agenten treffen und seinen wahrscheinlichen

Kontakten zu den Dienern Ihrer Britischen Majestät einen fast mondänen Anstrich geben. Im Jahr 1790 gab es vielleicht eine Verbindung zwischen den orléanistischen und den britischen Umtrieben Dantons; das ließe sich ohne weiteres aus der Interessenskonkordanz erklären, die zu diesem Zeitpunkt eine Annäherung des Herzogs von Orléans und des britischen Kabinetts bewirkte. Auf jeden Fall ist die Treue Dantons zu Orléans die einzige, die nie nachlassen wird. Als politischer Freund des Herzogs und seines Sohnes, des Herzogs von Chartres (des späteren Bürgerkönigs von 1830), wird Danton Philippe erst dann im Stich lassen, als sein eigenes Leben bedroht ist. Diese Tatsache muß man wirklich unterstreichen: Sie ist der einzige rote Faden, der die kurvenreiche Karriere Dantons bis April 1793 erklären könnte.

In den Winter 1791 fällt auch eine gewisse Annäherung zwischen Danton und einem Mann, der seinerseits den Avancen der Clique der Orléans mißtrauisch gegenübersteht und nach mehreren Monaten der Spannungen gerade erst mit Mirabeau gebrochen hat: Maximilien Robespierre. Als Schulfreund Desmoulins' ist Robespierre Trauzeuge bei dessen Heirat mit Lucile Duplessis (29. Dezember 1790). Danton und Robespierre sind jedoch zu verschieden, um einander wirklich zu schätzen. Das einzige, was sie verbindet, ist ihr Haß auf La Fayette und ihre gemeinsame Freundschaft mit dem talentierten Journalisten der *Revolutions des France et de Brabant.* Ihre Zugehörigkeit zum Jakobinerklub ist dagegen ohne Bedeutung, denn der Klub vereint viele, einschließlich der Gemäßigten. Seit Herbst 1790 tritt Mirabeau hier regelmäßig auf, nachdem ihm seine Tätigkeit in der »Gesellschaft von 1789« – einer im weitesten Sinne fayettistischen Abspaltung von den Jakobinern – bittere Vorwürfe eingebracht hat. Der Abgeordnete aus Aix versucht vor allem, die Jakobiner dem Einfluß der Brüder Lameth zu entreißen.

Danton hat seine Besuche im Klub sieben Monate nach seinem unglücklichen ersten Auftritt in Sachen »gelbe Kartusche« wieder aufgenommen. Wenn man der Korrespondenz des (royalistischen) d'Antraigueskreises Glauben schenken darf, tritt Danton im Januar 1791 zusammen mit Laclos in das geheime Direktorium der Jakobiner ein, das die Politik der »Verfassungsfreunde« mit fester Hand lenkt. Danton wird von nun an häufiger bei den Jakobinern erscheinen und zu den verschiedensten Themen das Wort ergreifen. Dabei gelingt es ihm, seinen plebejischen Schwung zu bremsen und zur eher verhaltenen Beredsamkeit des Advokaten zurückzufinden. Es ist eine sehr kluge Rechnung: Obwohl er sich im Kreis der Rue Saint-Honoré* auch nicht immer behaglich fühlt, weiß Danton doch, daß dies der Ort ist, wo die großen Ideen der Zeit geboren werden und sich nach und nach die Beschlüsse entwickeln, die die Jakobiner in den verfassunggebenden Gewalten durchsetzen. Viele seiner Freunde, so auch Fabre d'Eglantine und einige Cordeliers, haben die gleiche Überlegung angestellt. Einige sind ihm zu den Jakobinern gefolgt, andere waren schon vor ihm da.

Am 3. Januar 1791 verteidigt Fabre mit stürmischer Beredsamkeit den elsässischen Patrioten Westermann, dessen Stadtverwaltung von Hagenau mit der (gemäßigten) von Straßburg in Streit geraten ist. Mirabeau will ihm das Wort entziehen. Da springt Danton auf und unterstützt Fabre mit Nachdruck. Ein prächtiges Klischee: Werden nun die beiden Tribune, einer so häßlich wie der andere, ihre Kräfte messen? Wird die Beredsamkeit des einen den anderen erschlagen? Doch nichts dergleichen geschieht. Der Grund liegt auf der Hand: Die beiden arbeiten Hand in Hand. Endlich wird Danton, dessen Karriere beendet schien, weil er die antifayettistische Politik Mirabeaus betrieb, ein Gegendienst erwiesen. Am 31. Januar wird er – mit einigen Schwierigkeiten – zum Verwalter des Departements von Paris gewählt. Diese Wahl ist von Mirabeau durchgedrückt worden, der eine Kampagne für Danton führte. Danton revanchiert sich, indem er ihn bei seiner Wahl ins Direktorium des Departements unterstützt. Dieses Bündnis gibt Anlaß zu manchem Klatsch. Robespierre und seine Freunde werden sich im Jahr II daran erinnern. Dabei stellt sich weniger die Frage, seit wann die beiden Männer zusammenarbeiten, denn ihr Bündnis ist zwar nur sporadisch, aber keineswegs neu. Interessanter wäre es zu erfahren, ob Danton – entweder durch Vermittlung Mirabeaus oder auch direkt – schon im Januar 1791 Gelder von Montmorin erhielt. In seinem Bewerbungsschreiben stellt Danton sich selbst als einen im Grunde gemäßigten und zugleich in seinen Reden leidenschaftlichen Patrioten dar, der als entschiedener Gegner des Despotismus der Nation, dem Gesetz und dem König treu ergeben ist und der erwarten darf, nach seinen Handlungen und nicht nach verleumderischen Gerüchten beurteilt zu werden. Diese Erklärung ist deshalb so beunruhigend, weil sie spätere Plädoyers vorwegnimmt, die zu einem Zeitpunkt gehalten werden, als über die Bestechlichkeit Dantons kein Zweifel mehr besteht. Das Gerücht, das sich mehr und mehr ausbreitet, erscheint immer weniger unwahrscheinlich,

* Sitz der Jakobiner. (Anm. d. Hrsg.)

und die Verworrenheit der politischen Entscheidungen des Tribuns wiegt zu seinen Ungunsten. Gerade als sich La Fayette nämlich mit dem Hof und Mirabeau überworfen hat, nimmt Danton seine Attacken gegen den Oberbefehlshaber wieder auf – sein bevorzugtes Terrain. Wieder wird er seine Worte nicht zügeln können. Sehr schnell wird er von La Fayette der Lüge bezichtigt und gezwungen sein, das Gesagte schriftlich zu widerrufen. Wieder einmal muß der Tribun sich beugen. Aber Danton hat denkbar viel Zeit: Heute oder morgen wird er den entscheidenden Schlag führen, und dann wird La Fayette sich vermutlich davon nicht mehr erholen können.

Im April 1837 gab die liberale Zeitschrift *La Nouvelle Minerve* eine kuriose Anekdote zum Besten, die der Autor des Artikels als Augenzeuge miterlebt hatte. Am 6. Januar 1791 war der Gewährsmann bei Danton zu Tische geladen. Im Salon unterhält man sich über dies und das mit Legendre und Desmoulins: Tratsch über die Damen des Viertels und über die Comédie Française. Als man gerade in den Speisesaal hinüberwechselt, erscheint plötzlich ein kleiner, pockennarbiger bleicher Mann mit roten Augen, wie üblich ärmlich angezogen. Es ist Marat, der »Volksfreund«, dessen Stern bei den Cordeliers im Steigen begriffen ist. Er kommt sonst nie zu Danton. Dieser wundert sich also:

»Ich gebe zu, daß ich nicht mit dir gerechnet habe.«

»Es macht mir Freude, meine Freunde zu überraschen«, antwortet Marat geheimnisvoll. »Nun, ist ein Gedeck für mich da oder nicht?«

»Nein, aber wenn dir daran liegt, werde ich eines bringen lassen.«

»Mir liegt sehr viel daran, und wenn auch nur deshalb, um zu erfahren, ob ich es bin, der die dicke Bohne findet.«

Da fällt es auch Danton wieder ein, daß der 6. Januar das Dreikönigsfest ist.

»Zum Teufel, das habe ich vergessen!« ruft er aus. »Außerdem liege ich schon so lange mit den gekrönten Häuptern im Streit, daß es verzeihlich ist, wenn ich ihren Ehrentag vergesse! Aber bei Gott, heute wird man bei Danton die Könige ziehen!«

Sogleich wird ein Diener zu Lesage, in der Rue de la Harpe, geschickt, um einen Kuchen zu kaufen. Bei Tisch bemerkt Marat in schmeichelndem Ton:

»A propos, Danton, man flüstert sich seltsame Dinge zu; man erzählt, der Hof habe dir ein Angebot gemacht, und du seist in Verhandlungen getreten. Verleumdungen, nicht wahr?«

»Eine üble Nachrede und sonst gar nichts!« antwortet der Tribun. »Natürlich wollte man mich bestechen, aber der Handel ist nicht zustande gekommen.« Nun kommt der Augenblick, da der Kuchen aufgeschnitten wird. Legendre findet die Bohne. Als der Metzger sein Glas an den Mund hebt, rufen alle Gäste: »Der König trinkt!« Legendre ist beunruhigt über diesen Lärm: Man könnte ihn auf der Straße hören! Danton antwortet ihm süffisant: »Man wird sagen, daß man bei Danton die Könige zieht, daß es Marat war, der diese Idee hatte und daß er sich seinen Teil vom Kuchen genommen hat.«

»Man könnte noch ganz andere Dinge sagen«, antwortet der »Volksfreund«.

»Was zum Beispiel?«

»Daß Danton die Gelegenheit beim Schopf gepackt hat, daß er nur deshalb so laut ›Der König trinkt‹ gerufen hat, um in den Tuilerien gehört zu werden. Wer weiß, ob nicht die Macht des Geldes ... denn man sagt, daß du sehr am Geld hängst, Danton ...«

Bei dieser Beleidigung fährt der Mann aus der Champagne auf und droht, Marat aus dem Fenster zu werfen. Dann beruhigt er sich wieder und schlägt vor, das Essen mit Eiscreme im *Procope* zu beenden. Auf der Straße versucht Danton, das lästige Individuum loszuwerden; er weist Marat auf die Anstößigkeit seines Aufzugs hin. Er schlägt ihm vor, sich erst mal zu waschen und das Hemd zu wechseln. Marat verläßt ihn erst auf die Versicherung hin, das Café sei voll von Agenten La Fayettes.[6] Diese kleine, leider unverbürgte Geschichte hat vielleicht nur den Wert, die Bezüge Dantons aus den geheimen Fonds des Ministers Montmorin um einige Wochen vorzudatieren.

Sicher ist, daß Danton seit dem 10. März 1791 Geld vom Hof annahm. In einem berühmten Brief Mirabeaus an den Comte de La Marck, seinen Freund und mit Talon, Semonville und Randon de la Tour einer der wichtigsten Verteiler der Fonds der Zivilliste, finden sich niederschmetternde Sätze über Danton: »Ich muß Sie heute morgen unbedingt sprechen, mein lieber Comte, ... Montmorin hat von mir und ich habe von ihm ganz außerordentliche Dinge erfahren, die sich nicht nur auf die Leitung der Blätter[7] beziehen, die ihren Eifer für La Fayette und gegen mich verdoppeln, sondern auch auf Vertraulichkeiten und private Motive der merkwürdigsten Art.. Danton hat gestern 30 000 Livres[8] erhalten, und ich habe den Beweis, daß es Danton ist, der die letzte Nummer von Camille Desmoulins schreiben ließ.« Die Nummer 67 der *Révolutions de France et de Brabant* enthielt in der Tat wütende Angriffe gegen

Mirabeau. Die früheren Angaben, besonders die Nummer 64, traten dagegen noch für seine Politik ein, z. B. für seine Verweigerung eines Gesetzes gegen die Emigranten. Der Abgeordnete von Aix nennt dann eine ihm ausgezahlte Summe von 6000 Livres und zieht den Schluß: »Zumindest sind sie harmloser verschwendet als die 30 000 Livres an Danton. Es ist im Grund ein großer Schwindel, in dieser schlechten Welt kein Gauner zu sein.« Obwohl es schwierig ist, festzustellen, seit wann Danton von Montmorin – der, parallel zum Bestechungsbüro, das die Gelder der Zivilliste verteilte, auch für die geheimen Fonds des Außenministeriums verfügte – Geld annahm, beweist Mirabeaus Brief vom 10. März 1791, daß das Geld des Königs gegen alle Vernunft ausgegeben wurde, was Mirabeau zu Recht empörte.

Die an Danton ausgezahlten Summen waren beträchtlich. Brissot wird später bestätigen, eine »Quittung« über 300 000 von Montmorin an Danton ausgezahlte Livres gesehen zu haben; der Minister Bertrand de Moleville gibt in seinen Memoiren die selbe Summe von 300 000 Livres an, die natürlich die Gesamtsumme der an den Tribun in mehreren Raten ausgezahlten Gelder ist. Das Beispiel Danton ist nur eines unter vielen, aber es illustriert aufs Beste die Naivität des Hofes, der glaubte, über das Mittel der Bestechung einige Volksführer entweder in die Hand zu bekommen und damit die revolutionäre Strömung zu steuern, oder sie zu Exzessen zu treiben, die einen Gegenschlag bewirken könnten. Lord Holland zufolge soll Danton gegenüber La Fayette, der ihm eine von Montmorin erhaltene Summe vorwarf, mit schönstem Zynismus erklärt haben: »Man gibt einem Mann wie mir gerne 80 000 Francs, aber man bekommt einen Mann wie mich nicht für 80 000 Francs.« Dies ist der versteckte Sinn des berühmten Ausrufs des Tribuns bei seinem Prozeß: »Ich, mich verkaufen? Ein Mann von meinem Format ist unbezahlbar!«

Soweit sie die Echtheit der Beschuldigungen Mirabeaus oder gar Brissots (die noch peinlicher ist, weil sie sich auf eine Summe bezieht, die zehnmal so hoch ist) überhaupt zugeben, verdrehen die dantonistischen Historiker die Informationen zugunsten Dantons. Sicher nahm er Geld an, argumentieren sie naiv, aber er ließ sich nicht kaufen, denn er machte weiterhin was er wollte, ohne auch nur einen Augenblick Rücksicht auf den Hof zu nehmen. Eine dürftige Verteidigung: Reinheit läßt sich nicht durch Unreinheit herstellen, es sei denn mit dem sehr gewagten Gleichnis vom ungetreuen Verwalter: »Macht Euch Freunde mit den Reichtümern, die aus der Sünde stammen« (Lukas, 16,9).

Das Amt des Rechtsanwalts beim Königlichen Rat wird vom Staat zurückgekauft. Denn es gibt in Frankreich keine käuflichen Ämter mehr.[9] Im März übt Danton seinen Beruf zwar nicht mehr aus, aber er ist trotzdem aller finanziellen Sorgen ledig (vor allem, wenn ihn auch der Herzog von Orléans weiterhin bezahlt). Am 28. Januar 1791 konnte er mehr als 3300 Livres an seinen Möbelhändler zahlen. Am 24. März kauft er für 48 200 Livres (davon 5784 Livres in bar und 12 jährliche Raten zu 5% Zinsen)[10] das Bauernhaus von Nuisement, einige Meilen von Arcis in der Nähe von Chassericourt gelegen, ein Kirchengut, das versteigert wird und zu dem 73 Hektar an Ländereien gehören. Bald darauf wird er sogar auf den Kredit verzichten und die Gesamtsumme in bar bezahlen. Am 12. April kauft er wiederum gegen Barzahlung die Ländereien des Klosters von Saint-Jean-du-Chesne und die dazugehörigen Lehen in Trouan-le-Petit (8300 Livres). Einen Tag später kauft er für 25 300 Livres in bar ein hübsches Haus mit einer Dachwohnung an der Place du Grand Pont in Arcis, das von einem elf bis zwölf Hektar großen Park am linken Ufer der Aube umgeben ist. Dort bringt er seine Mutter und seinen Stiefvater Recordain unter. Das macht insgesamt 81 800 Livres an Grundbesitz. Zur gleichen Zeit, am 4. Mai, zahlt er den Erben Castanèdes 20 000 Livres in Assignaten aus. Im Oktober sind alle seine Schulden zurückgezahlt. Die Verteidiger des Mannes aus der Champagne verweisen nun darauf, daß er gerade für sein Advokatenamt beim Königlichen Rat vom Staat eine Abfindung erhalten habe. Dies wird jedoch erst am 9. Juli 1791 der Fall sein, als eine provisorische Anerkennung von 69 031 Livres in Assignaten (im Vorgriff auf die definitive Anerkennung der Amtsaufgabe am 8.–11. Oktober) in die Kasse Dantons zurückfließt. Die Hälfte dieses Geldes war – entsprechend einer am 25. Juni einem gewissen Riollet, einem Kollegen seines Stiefvaters Charpentier, gegebenen Vollmacht – für den Kauf von Nationalgütern bestimmt. Aber bis Oktober wird Danton davon keinen Gebrauch gemacht haben ... Diese 69 000 Livres – und nicht 100 000 Livres, wie La Fayette behauptete – sind zeitlich nach den Rückzahlungen und den bereits im Frühjahr getätigten Käufen ausgezahlt worden und belaufen sich auf ungefähr 150% des Wertes des Advokatenamtes; sie lassen sich ebensowenig wie die Anlegung von Renten zugunsten seiner Mutter oder seiner Verwandten, nur durch die Existenz geheimer Einkünfte erklären. Es ist auch absurd, auf die Unterstützung durch Dantons Schwiegervater Charpentier zu verweisen, der 1788 in den Ruhestand gegangen war und das *Parnasse* für 40 000 Livres verkauft hatte. Denn einerseits war die

Großzügigkeit des braven Charpentier nicht unerschöpflich, zumal sein Vermögen kaum 100 000 Livres überstieg; zum anderen war, wie Dulauve behauptet, die Familie von Dantons Frau über die finanziellen Beziehungen ihres Schwiegersohns zum Hof durchaus informiert und mißbilligte sie.

Daß Danton den 24. März für den Hofkauf auswählte, ist sehr bezeichnend: Er selbst zahlt ganz bescheiden 6000 Livres in bar und erhält über die Restsumme einen Kredit (mehr als 42 000 Livres). Aber er ist bereits entschlossen, den Gesamtbetrag in bar zu bezahlen. Er will seine Käufe nach und nach vornehmen, damit sein neuer Grundbesitz, der schon bei einigen Bewohnern von Arcis Anstoß erregt, in Paris weitgehend unbemerkt bleibt. Den Wert seines Vermögens wird er im Oktober 1791, als er Pierre Menuel, seinem Schwager aus Arcis, der zum Schatzmeister des Distrikts ernannt worden ist, seine Bürgschaft anbietet, auf mehr als 95 000 Livres schätzen. Nach seinem Tod 1794 wird man den Gesamtwert des Dantonschen Besitzes – nach Abzug der Schulden und unter Berücksichtigung der zahlreichen Reparaturen und Verbesserungen an seinen Häusern – sogar auf mehr als 200 000 Livres ansetzen. Dies war ein durchaus *sichtbarer* Reichtum, und er war wichtig für einen Mann, der das Geld mit beiden Händen ausgab, aber der, wie man sich erinnert, am Anfang seiner Karriere nur 5000 Livres besaß.[11] Im übrigen ist es durchaus denkbar, daß Danton unter verschiedenen Decknamen – der Tanten und Cousins in der Champagne oder auch seiner Schützlinge und Freunde in der Pariser Region[12] – einige weitere Immobilien kaufte. Dies läßt sich jedoch nicht mehr beweisen, und der vorzeitige Tod des Tribuns hat solche möglichen Erwerbungen aus seinem Besitzstand verschwinden lassen.

Als Departementverwalter, den sich seine gemäßigten Kollegen eher vom Leib halten, hält Danton nur sehr wenige Sitzungen ab. Er ist nicht der Typ eines Verwaltungsbeamten, obwohl sein Ehrgeiz dahin geht, in der Pariser Hierarchie weiter aufzusteigen. Die gedämpfte und arbeitsame Stille in den Räumen der Stadtverwaltung paßt nicht zu ihm. Danton ist viel eher in den Klubs zu Hause, auch wenn er dort (vielleicht auf Anweisung Mirabeaus) nur selten in Erscheinung tritt. Außerdem ist Danton trotz der Abschaffung seines Amtes gelegentlich noch als Advokat tätig. Er stellt z. B. sein juristisches Können in den Dienst der Politik, indem er ein von dem Patrioten Villain d'Aubigny, einem ehemaligen Staatsanwalt, gegründetes Rechtsanwaltsbüro unterstützt, das es sich zur Aufgabe gemacht hat, zu erschwinglichen Honoraren die Interessen der Jakobiner aus Paris und der Provinz zu vertreten. Diese originelle, aber wenig einträgliche Unternehmung besteht aber nur für kurze Zeit[13]. Im übrigen gilt: Dantons Faulheit und seine Geldgier hätten es ihm auch unmöglich gemacht, dort längerfristig mitzuarbeiten. Danton lebt gleichsam auf Abruf. Ein unvorhergesehenes Ereignis wird seiner Karriere wieder neuen Schwung geben.

Der plötzliche Tod Mirabeaus am 2. April 1791 verursachte einen politischen Erdrutsch, für den es vielfältige Ursachen gibt. Der Held von 1789 war mehr als jeder andere ein Symbol für diese »Revolution«, die er einst mit formuliert hatte. Die beklommene Menschenmenge, die sich um sein Haus im Viertel der Chaussée d'Antin zusammenfindet, und auf die Nachricht von seiner Genesung hofft, wird seinen Tod wie den eines Vaters beweinen. – Aber diese Menge ahnte wohl kaum, daß der Mann, der gerade gestorben war, Revolution *und* Monarchie zugleich retten wollte, mit Hilfe eines wohldurchdachten Plans, – der einen Ausgleich zwischen der notwendigen Autorität der königlichen Exekutive und dem nicht weniger notwendigen Ausdruck der Volksouveränität schaffen wollte. War es nicht vielmehr das Symbol, das die Menge beweinte? Immerhin hatte dieser Mann am 23. Juni 1789 in Versailles dem Zeremonienmeister de Brézé den schon legendären Satz entgegengeschleudert: »Wir werden nur der Gewalt der Bajonette weichen!« Selbst die Gegner des großen Mannes sind durch seinen Tod aus der Fassung gebracht. Camille Desmoulins, der seine Freundschaft mit ihm (Mirabeau nannte ihn seinen »lieben Sohn«) längst vergessen hat und den Tribun noch einige Wochen vor dessen Tod einen »unwürdigen Jakobiner« nannte, gibt den polemischen Ton auf und findet die wunderbaren Worte: »Mirabeau starb in einer Aura der Vaterlandsliebe.« Für den Augenblick sind alle Klagen und Beschwerden vergessen. Die Monarchisten sind niedergeschmettert.

Die Patrioten trauern, einschließlich der Jakobiner: Acht Tage lang tragen sie Trauer. Im Klub in der Rue Saint-Honoré hält ausgerechnet ein alter Gegner, der »Triumvir« Barnave, am 3. April – mit mehr Geschick als seine Freunde, die Lameths, deren Haß auch jetzt nicht erloschen ist – den schönsten Nachruf auf Mirabeau. Nach den feinfühlenden Worten des Mannes aus dem Dauphiné bleibt nichts mehr zu sagen. Nur Danton hat, wie immer, noch etwas hinzuzufügen. Am 1. März hatte Mirabeau in der Konstituante prophetisch gesprochen: »Auf den Scherben der alten Institutionen und der alten Mißbräuche hat sich ein fauliger Hefesatz breitgemacht, den perverse Menschen unablässig umrühren, um all seine Gifte zu entfalten. Das sind die Aufwiegler, die die Verfassung stürzen und das Volk dazu überreden wollen, selbst zu handeln, gerade so, als hätte es keine Gesetze und keine Beamten. Diese Ruhestörer müssen wir entlarven, und wir müssen dem Volk zeigen, daß es – so wie wir vor allem über seine Sicherheit wachen – seine Aufgabe erfüllen muß: soll arbeiten und den Frieden des tätigen Gewerbefleißes und die häuslichen und sozialen Tugenden pflegen.« Dies war von den Lameths zu Recht als direkter Angriff auf ihre Gruppierung verstanden worden; sie hatten – allerdings vergeblich – gefordert, daß diese Worte voll Rachsucht bei der offiziellen Drucklegung der Rede gestrichen wurden. Diese Rede Mirabeaus nimmt Danton nun zum Vorwand, um die Verfolgung der »Aufrührer« zu fordern. Aber welcher Aufrührer? Vielleicht hat Mirabeau in den letzten Wochen seines Lebens ja auch Leute wie Danton in diese Kategorie einbezogen. Männer, die den Interessen eines Hofes, der sie bezahlte, so schlecht dienten? Danton hütet sich im übrigen, präzisere Angaben zu machen. Er versteckt sich hinter den Gedanken Mirabeaus und fordert, noch vor dem 15. Mai eine neue Nationalversammlung zu wählen, die die Konstituante ersetzen soll. Eine überflüssige Rede? Jedenfalls ein recht seltsamer Beitrag, der obskuren Plänen entspricht... Danton – und das ist unsere einzige Gewißheit – hat vorläufig seine Freiheit wiedergewonnen. Am 4. April wohnt er der Überführung der sterblichen Überreste Mirabeaus in die zum Pantheon umgewandelte ehemalige Kirche Sainte-Geneviève bei.[14] An diesem Trauerzug nehmen die gesamte Regierung, der Klerus und die Nationalgarde teil. Zu den Klängen einer von Gossec komponierten Trauermusik bahnt er sich im Schein der Fackeln einen Weg durch die Menschenmenge. Freunde und Feinde des großen Toten trauern noch einmal gemeinsam, bevor der Kampf zwischen Jakobinern und Monarchisten wiederaufgenommen wird; sie trauern mit einer Inbrunst, von der man nicht sagen kann, ob sie ehrlich oder sorgfältig kalkuliert ist. Der große Mirabeau ist tot. Der »Mirabeau des Pöbels« dagegen hat noch ganze drei Jahre und zwei Tage zu leben.

Der Tod Mirabeaus war ein Einschnitt in der Revolutionsgeschichte. Diesem schwer durchschaubaren Mann, der keine Angst davor hatte, sich mit den Jakobinern anzulegen, war es noch einigermaßen gelungen, die Monarchie allein durch die Macht seiner Rede und seiner außergewöhnlichen Persönlichkeit vor den Stürmen des Volkes zu bewahren. Nach seinem Tod bemühte sich der Hof um die Zusammenarbeit mit einem Teil der Linken innerhalb der Nationalversammlung, mit Duport und den Brüdern Lameth. Dabei ging er das Risiko ein, diese Männer vor den Klubs zu diskreditieren und damit den Aufstieg radikalerer Revolutionäre wie Robespierre oder auch Danton zu begünstigen. Danton spielt hierbei ein doppeltes Spiel: Der Tod Mirabeaus zwingt ihn nämlich, seine Beziehungen zu den Lameths zu intensivieren, da diese in der Verteilung der Fonds der Zivilliste die Nachfolge des Abgeordneten von Aix angetreten haben.

5. VARENNES

Endlich haben wir eine Volksabstimmung. Die Republik ist bestätigt.

La Bouche de Fer, 26. Juni 1791

Ludwig XVI. beabsichtigte, sich am 18. April mit seiner Familie in sein Schloß von Saint-Cloud zu begeben, um dort die Osterfeiertage zu verbringen und die Kommunion von einem Geistlichen empfangen zu können, der den Eid auf die Verfassung verweigert hatte. Der König hatte bereits den Sommer 1790 in Saint-Cloud verbracht, ohne daß dies ernsthafte Proteste hervorgerufen hatte. Aber das Königspaar hegte vielleicht den Plan, aus Paris zu fliehen. Die Oktoberereignisse 1789 hatten den ersten ernsthaften Versuch in dieser Richtung vereitelt. Selbst Mirabeau hatte die Meinung vertreten, der König dürfe nicht länger eine Geisel in der Hand der Hauptstadt und der Klubs sein. Er müsse dazu gebracht werden, Paris zu verlassen. Aber Mirabeau wollte nicht, daß eine spätere Rückkehr Ludwigs XVI. auch die Revolution selbst rückgängig machen könnte. Nun war er tot, der Plan blieb aber bestehen. Marie Antoinette war zur Flucht entschlossen. Ludwig XVI. zögerte noch, er überlegte noch, ob es möglich sei, das konstitutionelle Spiel zu spielen. Das Fluchtprojekt nahm, vielleicht ohne Wissen des Königs, allmählich jene konterrevolutionäre Färbung an, die Mirabeau immer zurückgewiesen hatte. Das Geheimnis wurde schlecht gehütet. Von Zeit zu Zeit empörte sich die öffentliche Meinung über den vermeintlichen Verrat des Königs. Die Abreise nach Saint-Cloud war daher nicht ganz so unverfänglich, wie sie erschien. Für die Königin war es eine Art Generalprobe: Falls es der königlichen Familie gelänge, ungehindert die Tore von Paris zu passieren, würde es auch am bewußten Tag möglich sein, zu fliehen. Ludwig XVI. dagegen hoffte vielleicht, seinen Bruder, den Grafen von Artois, die Emigranten und die europäischen Höfe und letztendlich auch sich selbst davon zu überzeugen, daß er trotz des

Dauerkriegs, den die Stadt und die Nationalversammlung gegen ihn führten, noch Herr seiner Handlungen und Bewegungen war. Sollten sich die Klubs jedoch seiner Reise nach Saint-Cloud widersetzen, so würde er daraus die Konsequenzen ziehen.

La Fayette kommandierte mehrere Bataillone der Nationalgarde ab, um die Tuilerien zu sichern und die freie Fahrt der Karossen zu gewährleisten. Am Palmsonntag, dem 17. April, einen Tag vor seiner Abreise, nimmt der König am Morgen in den Tuilerien an einer vom Kardinal von Noailles, einem Eidverweigerer, gelesenen Messe teil. Der König hütet sich, zur Kommunion zu gehen, um niemanden zu reizen, doch die Cordeliers denunzieren seine Geste sofort »als eine faktische, durch sein Beispiel erfolgte Aufforderung der Rebellen zum Ungehorsam und der Aufwiegler zur Revolte«, und malen das Schreckgespenst des Bürgerkriegs an die Wand. Bailly und La Fayette, die offensichtlich den königlichen Widerstand geduldet haben, werden nicht verschont. Es geht das Gerücht um, Ludwig XVI. werde sich außerhalb von Paris mit einer starken Gruppe von Konterrevolutionären treffen. Daraufhin verhindert am nächsten Tag eine von den Cordeliers zusammengetrommelte Menge die Abfahrt der Wagen. Unter dem Gejohle der Menge und konfrontiert mit der stummen Feindseligkeit der Nationalgardisten wartet die königliche Familie zwei Stunden lang, dann verzichtet der König schließlich auf die Abreise. Von nun an wird er sich als Gefangener betrachten. Dies sind die Fakten. Sie so schlicht darzustellen, bedeutet jedoch, das Talent von Fréron und Camille Desmoulins zu unterschätzen. Die beiden Männer werden in ihren Zeitungen eine epische Version des Ereignisses geben, gleichsam eine »Cordelier«-Version, deren Held Danton sein wird: Er sei es gewesen, der gegen Bailly und La Fayette beim Direktorium des Departements durchgesetzt habe, daß das Kriegsrecht nicht ausgerufen wird; er sei es gewesen, der das Schreiben des Departements, das den König aufforderte, sich von den Eidverweigerern zu trennen, verfaßte.

Obwohl die Cordeliers und die Sektion Théâtre-Français sicher eine wichtige Rolle bei der Agitation spielten, die die Abreise des Königs verhinderte, mußte Danton – und zwar schriftlich – auf schmählichste Weise eine von ihm inspirierte und von seiner Sektion plakatierte Behauptung widerrufen, die La Fayette beschuldigte, mit Bailly das Departement gedrängt zu haben, den »Befehl zu geben, auf das Volk zu schießen«. Auch hat sich die wirkliche Rolle Dantons offenbar darauf beschränkt, zusammen mit Kersaint bei den Jakobinern einen Tagesbericht zu geben. Von diesem Tagesbericht (so langlebig sind eben Gerüchte) wird man aber nicht seine Mißbilligung über die dem Monarchen zugefügte Gewalt in Erinnerung behalten, sondern nur seine – zugegebenermaßen mitreißende – Lobrede auf das Volk und die Nationalgarde. La Fayette gibt in seinen *Mémoires* eine ganz andere Version des Ereignisses: Seiner Meinung nach hat Ludwig XVI. Danton für die ganze Aktion gekauft, damit der endgültige Beweis dafür erbracht werde, daß der König in seiner eigenen Hauptstadt gefangen sei...

Wie dem auch sei, Danton soll es gewesen sein, der das Komplott aufdeckte, und wiederum Danton, der den König in Paris festhielt. Diese vorteilhafte Legende, die er noch auf der Anklagebank des Revolutionstribunals beschwören wird, läßt der Tribun von Fréron und seinen Freunden für eine Pressekampagne mit Blick auf seine Wahl ins Pariser Rathaus ausbeuten, – eine deplazierte Kampagne, die aber erkennen läßt, wie das Publikum eines Helden anwuchs, der Bailly, La Fayette und sogar den König in die Defensive drängte. Die orleanistische Clique profitiert davon so sehr, daß sie gegen Ende des Monats öffentlich eine »Meldung an die Bürger« plakatieren kann, in der zu lesen steht: »Der König ist ein Verräter, die Nationalversammlung völlig korrumpiert, La Fayette ein Konterrevolutionär, das Departement gekauft, die Stadtverwaltung despotisch, die Nationalgarde ein Verein von Plattfüßen. Ernennt Orléans zum Regenten, Lameth zum General, d'Anton zum Bürgermeister, und wir werden alle glücklich sein.«[1] War das nur eine politische Entgleisung oder ein schlechter Scherz?

Durch den – erlogenen – Erfolg vom 18. April gestärkt, zeigt sich Danton regelmäßig bei den Jakobinern, um sein Image als radikaler Patriot zu pflegen. Er hütet sich jedoch davor, zuviel zu reden, um seine Geldgeber nicht zu verärgern. Von seinen Redebeiträgen wird man sich vor allem an das Thema erinnern, das er schon in der Zeit als Cordelierpräsident dem Distrikt aufgedrängt hatte, nämlich an die Idee, die von den Sektionen Gewählten einer Volkskontrolle zu unterziehen. Diese Idee widersprach in Geist und Buchstaben der Verfassung, die jedoch bisher nur stückchenweise verabschiedet war. Die extreme Linke, die Cordeliers und die Jakobiner wollten das Einkammersystem aufrechterhalten. Dennoch gaben die Verfechter des Prä-Parlamentarismus nach englischem Muster die Hoffnung nicht auf, die Bildung eines Oberhauses durchzusetzen. Dieses berühmte »Zweikammersystem«, das allen radikalen Entscheidungen der Volksvertreter einen Riegel vorgeschoben hätte, war, trotz der bitteren Niederlage Mouniers und der *monarchiens* anderthalb Jahre zuvor, immer noch das geheime oder offen bekannte Programm zahlreicher gemäßigter oder gemäßigt gewordener Revolutionäre. Für eine Rückkehr dorthin war freilich eine Verfassungsänderung erforderlich. Als es so aussieht, als neigten auch Sieyès und mehrere Abgeordnete der Linken zum Zweikammersystem, gehört Danton zu denen, die gegen diesen »Verrat« dieser »sogenannten großen Männer« toben. Im Jakobiner-Klub beschuldigt er den Mann, der, seiner Ansicht nach, der Dirigent dieser revisionistischen Strömung ist: La Fayette.

Im Frühjahr 1791 vollziehen sich einige politische Umschichtungen, die dazu angetan sind, die »wahren Patrioten« ebenso zu beunruhigen wie die Ultra-Royalisten – das sind ehemalige Kronrichter, Provinzadlige oder Emigranten aus der Umgebung der Prinzen, die sich alle nach einem dezentralisierten, privilegierten, feudalen und gar den königlichen Absolutismus einschränkenden Frankreich zurücksehnen, also die eine Rückkehr zum Absolutismus und ministeriellen Despotismus fast ebenso fürchten wie eine Kollaboration des Königtums mit den verhaßten Konstitutionalisten[2]. Barnave, die Lameths und Adrien Duport haben sich nach dem Tod Mirabeaus dem Hof genähert. Seit Ende April erhalten die Lameths Gelder von der Zivilliste, mit der sie die Publikation des *Logographe* finanzieren. Sie versuchen, mit den Abgeordneten des Zentrums, der Linken und der gemäßigten Rechten eine Art großer konservativer Partei nach englischem Vorbild zu bilden. Ihr Programm – in diesem Punkt haben die Triumvirn die Partei gewechselt – ist die Stärkung der königlichen Autorität durch eine Revision der Verfassung und die Einschränkung des Wahlrechts durch eine Erhöhung des Wahlzensus. Die Tatsache, daß die Volksgesellschaften seit Jahresbeginn wie Pilze aus dem Boden schießen – diese Stadtteilklubs verbünden sich im Mai auf Betreiben François Roberts mit den Cordeliers in einem »Zentralkomitee der patriotischen Gesellschaften« –, veranlaßt die Nationalversammlung, durch Dekrete vom 18. und 22. Mai den Sektionen und Klubs das Recht zu entziehen, Gesuche einzureichen und Verfügungen zu erlassen. Für die Abgeordneten, die diesen Ideen zugetan sind, ist die Revolution damit beendet. »Man muß«, so erklärt Duport am 17. Mai, »die Gleichheit begrenzen, die Freiheit einschränken und der öffentlichen Meinung eine feste Form geben. Die Regierung muß stark, solide und stabil sein.« Trotz des früheren Zwists zwischen den Cliquen der Lamethisten und der Fayettisten zeichnet sich am Horizont die Möglichkeit einer vor der Straße und den Klubs geschützten, ausgewogenen konstitutionellen Monarchie ab. Obwohl am Hof gekauft, spielt Danton weiterhin seine

Rolle als Volksredner und spricht von Gefahr, aber er hütet sich, sich mit dem König oder ganz allgemein der Monarchie anzulegen.

Die Entwicklung hängt nun ganz vom Verhalten des Königs ab. Ludwig XVI., der seit dem 18. April in Paris gefangen und darüber verbittert ist, daß er der Zivilverfassung des Klerus zustimmen mußte, die am 12. Juli 1790 beschlossen und am 10. März 1791 vom Papst für ungültig erklärt wurde, hat sich inzwischen entschieden, die Rolle nicht mehr weiter zu spielen, die ihm seit fast zwei Jahren aufgezwungen wurde. Er ist entschlossen, aus der Hauptstadt in die Provinz, nach Montmedy, zu flüchten, um dort zumindest seine konstitutionellen Vorrechte wiederzuerlangen. Das Gerücht von einer bevorstehenden Flucht verdichtet sich immer mehr, aber Männer wie Danton sind darüber nicht besonders beunruhigt. Als Mietling des Königs und entschiedener Patriot zugleich wird er sich immer ein Hintertürchen offenhalten. Am Abend des 20. Juni wird er von Fréron beim Verlassen des Jakobinerklubs informiert, daß der König wohl noch in dieser Nacht flüchten werde, aber Danton scheint der Neuigkeit nicht mehr Bedeutung beigemessen zu haben, als all den anderen falschen Gerüchten, die ihm in den letzten Monaten zu Ohren gekommen sind. Gerade am selben Abend hat er La Fayette angegriffen – nun vertraut er ihm seltsamerweise: Der General werde schwerlich das Risiko eingehen, seine Geisel entkommen zu lassen! Der »dicke Ludwig« wie ihn die Freunde des Tribuns nennen, wird gut bewacht.

Die Legende will, daß Fabre d'Eglantine Danton am Morgen des 21. Juni aus dem Bett geholt habe, um ihm die Flucht des Königs zu melden. Die Nachricht hatte sich seit acht oder neun Stunden verbreitet. Die Menge sammelt sich in den Straßen. Die Sturmglocken läuten. Viele eilen zu den Tuilerien. Eifrige Patrioten gehen daran, die Embleme des Königtums zu zerstören oder zu übermalen. Die Sektionen und die Klubs tagen in Permanenz. Die Cordeliers – entgegen einer unausrottbaren Fabel hat Danton selbst nichts damit zu tun – beschließen, der Nationalversammlung eine Petition zu überreichen. Sie ist von François Robert, dem Freund Dantons, verfaßt, und noch in der Nacht gedruckt worden. Mit ihr setzte Robert die seit sieben Monaten in seinem *Mercure national* entwickelten und in seinem skandalträchtigen Buch *Républicanisme adapté à la France* (Dezember 1790)[3] ausgearbeiteten Prinzipien in die Praxis um. Unzweideutig wird die Forderung nach der Republik aufgestellt: »Sie existiert nicht mehr, diese angebliche Übereinkunft eines Volkes mit seinem König, Ludwig hat dem Königtum entsagt. Von nun an ist Ludwig nichts mehr für uns, es sei denn, er würde unser Feind. Damit sind wir wieder in der gleichen Situation wie beim Sturm auf die Bastille: frei und ohne König. Man wird sehen müssen, ob es von Vorteil ist, einen Nachfolger zu benennen... Das erbliche Königtum insbesondere ist mit der Freiheit unvereinbar... Im Namen des Vaterlandes beschwören wir Euch, entweder auf der Stelle zu erklären, daß Frankreich keine Monarchie, sondern eine Republik ist, oder zumindest abzuwarten, bis alle Departements, alle Urwählerversammlungen ihr Votum zu dieser wichtigen Frage abgegeben haben, ehe man daran denkt, den besten Staat der Welt zum zweitenmal in die Sklaverei des Monarchismus zurückzutreiben.« Der Text wird am 22. Juni angeschlagen. Bei dieser Gelegenheit wird Robert von Nationalgardisten verprügelt, festgenommen und erst auf Forderung der Jakobiner, die seine Initiative jedoch verurteilen, wieder freigelassen. Noch am selben Tag, dem 22. Juni, leisten die Cordeliers den berühmten Schwur, »die Tyrannen zu erdolchen, falls sie es wagen, unsere Grenzen anzugreifen oder unsere Freiheit und unsere Verfassung anzutasten, auf welche Art dies auch immer geschehen mag«. Die vor der Nationalversammlung verlesene Petition der Cordeliers wird ans Verfassungskomitee zurückverwiesen und dort in den Akten begraben.

Volkssouveränität und Republik: Die Cordeliers sind die Vorreiter der neuen Ideen. Haben sie eine klare Vorstellung davon, was sie »Republik« nennen?[4] Für die übergroße Mehrheit der Revolutionäre – Desmoulins, seit 1789 Republikaner, war eine Ausnahme – und auch für die Mehrheit der Wortführer der Konstituante und der Jakobiner war die Monarchie die natürliche Staatsform. Sie herrschte aber nicht mehr von Gottes Gnaden, sondern nach dem Staatsrecht – eine Regierungsform, so alt wie Frankreich selbst. Hatte nicht sogar Jean-Jacques Rousseau zugegeben, daß die Republik für große Staaten ungeeignet sei? Auch wenn bestimmte Leute – außerhalb der Nationalversammlung wurden es allmählich immer mehr – die königlichen Vorrechte auf den einfachsten Nenner reduzieren wollten, kam es für sie doch noch nicht in Frage, das Königtum zu stürzen. Immerhin hatte die republikanische Idee seit dem Frühjahr 1791, vor allem in den Volksgesellschaften, an Boden gewonnen. Obwohl ihr Zentralkomitee wieder eingeschlafen war, hatten die Volksgesellschaften ihren Kampf gegen die Nationalversammlung und die restriktiven Erlasse zugunsten des Rechts auf kollektive Eingaben und für den Kampf um direkte Demokratie fortgesetzt. Diese republikanische Richtung wird vom »Cercle social« und – trotz einiger Unentschlossenheit – von der Mehrheit der Volksgesellschaften und von zahlreichen Patrioten sowohl aus Paris wie aus der Provinz unterstützt.[5]

Bereits am 21. Juni, dem Tag der Flucht Ludwigs XVI., kommt Danton wieder mit seinen Kollegen vom Departement in der Reitschule der Tuilerien zusammen. Eine aufgebrachte Menge hat sich in den Gärten versammelt. General La Fayette, der sich für die Person des Königs verbürgt hatte, wird für die Flucht verantwortlich gemacht (zu Recht, denn er hatte die Tür, durch die Fersen Zutritt zu den Gemächern der Königin hatte, ohne Bewachung gelassen). Danton macht sich die Situation hemmungslos zunutze. Er schließt sich lauthals dem Protest an: »Ihr habt recht! Eure Führer sind Verräter und betrügen Euch!« ruft er donnernd. Unter den Rufen »Es lebe Danton!« erreicht er den Sitzungssaal, wo die hilflose Konstituante eine Woche lang fast ununterbrochen tagen wird. Das Departement verkündet einige Eilmaßnahmen, die gerade beschlossen wurden. Danton hat nichts hinzuzufügen; La Fayette hat die erforderlichen Entscheidungen schon getroffen. Man sucht auf allen Landstraßen nach dem König und seiner Familie. Vom Abgeordneten André gedrängt, besitzt der General genügend Geistesgegenwart, um die These von der Entführung des Königs durch die »Feinde der Revolution« zu verbreiten, eine unwahrscheinliche, aber bequeme These, die es erlauben wird, die Ordnung aufrechtzuerhalten und die königliche Familie vor dem Zorn des Volkes zu schützen. Dabei erlaubt die vom König hinterlassene Erklärung keinen Zweifel an den wahren Gründen. Der König erklärt sich darin zum Gefangenen seiner eigenen Stände und der wenigen, ihm von der Verfassung belassenen Machtbefugnisse beraubt. Er macht den beherrschenden Einfluß der Jakobiner auf ganz Frankreich dafür verantwortlich. Deshalb wolle er seine Freiheit wiedergewinnen, um die Achtung vor der »heiligen Religion« durchzusetzen, eine stabile Regierung, die Achtung vor den Gesetzen und eine von ihm frei angenommene Verfassung, welche die Freiheit auf soliden Grundlagen aufbauen werde.

Da Danton weder im Departement noch in der Nationalversammlung etwas unternehmen konnte, zieht er sich zu den Jakobinern zurück. An diesem Abend spricht Robespierre vor einer dicht gedrängten und erregten Zuhörerschaft von einer Verschwörung. Aufs schärfste greift er die Minister und sogar die Nationalversammlung an, deren Mitglieder fast alle Konterrevolutionäre seien! Er bietet sein Leben für die Freiheit – ein verbreiteter rhetorischer Effekt – bevor er düstere Realität wird. Auf Vorschlag Desmoulins' schwören die Jakobiner, Maximilien bis in den

Tod zu verteidigen. Unvorsichtigerweise will Danton dies noch überbieten: »Meine Herren«, ruft er aus, »sollten die Verräter hier auftauchen, so verpflichte ich mich vor Euch, entweder meinen Kopf aufs Schafott zu bringen oder zu beweisen, daß ihre Köpfe rollen müssen vor die Füße des Volkes, das sie verraten haben!« Es ist immer leichter, die Verräter anzuklagen, solange sie nicht anwesend sind. Aber ach! Kaum hat der Tribun seine Rede begonnen, da drängt eine starke Gruppe fayettistischer und lamethistischer Abgeordneter – und darunter La Fayette persönlich – in den Saal. Jetzt kann Danton nicht mehr zurück; und nun kommt die berühmte Rede gegen La Fayette, heftig, stürmisch, übertrieben, dabei doch weniger glanzvoll als es die glühenden Verehrer des Tribuns behaupten. Danton spricht vom Verschwinden des »ersten öffentlichen Beamten« und verkündet überheblich: »Ich werde sprechen, als wollte ich für die kommenden Jahrhunderte die Geschichte in einen Stein meißeln!« In gezielten Attacken gegen den Kommandanten der Nationalgarde offenbart er seine Redekunst. Je unbarmherziger diese Attacken, um so brillanter sein Stil; Danton ist wahrhaftig ein Meister der Improvisation. La Fayette, »Erfinder des Zweikammersystems, dieses Systems, das die Verfassung aushöhlt«, wagt es, bei den Jakobinern aufzutauchen. Dabei hat dieser Mann gezeigt, daß er ein erklärter Gegner der Volksgesellschaften und der Pressefreiheit ist; dieser Mann hat bei einem Teil der Nationalgardisten einen Eid auf seine eigene Person geduldet, und schließlich hat er am 18. April den Fluchtversuch des Königs begünstigt; am 20. Juni hat er in den Tuilerien wieder dieselbe Kompanie zur Wache aufgestellt und vorsorglich gemustert, die am 18. April im Dienst war! »Machen wir uns keine Illusionen, meine Herren: Die Flucht des Königs ist ausschließlich das Resultat eines großangelegten Komplotts. Nur die Verbindungen zu den obersten Regierungskreisen konnten seine Durchführung sichern!« Und dann wendet er sich direkt an den General: »Und Sie, Monsieur La Fayette, der Sie uns noch vor kurzem mit Ihrem Kopf für die Person des Königs bürgten, zeigen Sie mit Ihrem Erscheinen in dieser Versammlung, daß Sie Ihre Schuld beglichen haben? ... Entweder Sie haben Ihr Vaterland ans Messer geliefert, oder Sie waren dumm genug, für eine Person zu bürgen, für die Sie sich nicht verbürgen konnten! In diesem günstigeren Fall haben Sie sich allerdings als unfähig erwiesen, uns zu befehligen!« Gegen Ende der Rede wird der Ton ruhiger, – aber das ist nur Rhetorik. Danton will gerne glauben, daß sich La Fayette nur geirrt hat. »Frankreich«, so sagt er, »kann auch ohne Sie frei sein ... Wollen Sie wahrhaft edel sein? Dann werden Sie wieder zum einfachen Bürger, und geben Sie dem berechtigten Mißtrauen des Volkes nicht länger Nahrung!« Dieser Pfeil ist aufgrund der ironischen Herablassung um so furchtbarer. Doch dann endet Danton mit einer offenen Drohung: Falls La Fayette fortfährt, »die Stimme der Verteidiger des Volkes« zu ersticken und »die Feinde des Vaterlandes« zu schonen, dann wird er, Danton, ihn dem Urteil der Nachwelt ausliefern: »Es wird an ihr sein, zwischen Ihnen und mir zu entscheiden!« Alexandre de Lameth, der die Verteidigung des Generals übernimmt, stellt die Ruhe im Saal wieder her. La Fayette gibt einige verlegene Erklärungen ab und macht dann sich schnell davon, mit dem Hinweis auf seine Pflichten. Danton bleibt allem Anschein nach Herr des Schlachtfelds, aber Barnave hat das letzte Wort; er setzt durch, daß die an die Gesellschaften in der Provinz gerichtete Denkschrift auch die Versäumnisse aller Divisionen berücksichtigt, und ruft dazu auf, sich um die Nationalversammlung, »unsere Führerin«, und um die Verfassung, »unseren Sammlungsruf«, zu scharen.

Auf den ersten Blick hat die Rede Danton nichts eingebracht außer der Befriedigung, seinen Text auf Bitten der Klubs gedruckt zu sehen. In Wirklichkeit aber hat Danton das Terrain für künftige Interventionen vorbereitet. Die Flucht hat nun den König, falls er gefaßt wird, in seiner Position aufs äußerste geschwächt; Danton muß also ein neues Blatt ausspielen und diesmal als unversöhnlicher Patriot auftreten. Wird diese neue Karte das republikanische Blatt sein? Als die Jakobiner die Petition der Cordeliers prüfen, kommt Danton, der keineswegs die Absicht hat, eine Idee zu verteidigen, die nicht die seine ist, auf den abwesenden La Fayette zurück, der sich noch immer nicht gerechtfertigt hat, und fordert diesen zu einer kontroversen Debatte heraus. Obwohl er sich davor hütet, die Idee der Republik für sich in Anspruch zu nehmen, gehört Danton gleichwohl zu denen, die die Absetzung Ludwigs XVI. fordern. Der Widerspruch ist nur scheinbar. Am 23. Juni greift der Tribun im Klub mit ungewohnter Heftigkeit den königlichen Flüchtling an, der gerade eben in der Nacht vom 21. zum 22. Juni in Varennes gefaßt wurde.

Welche Haltung sollte die Nationalversammlung einnehmen? Ein Mitglied des Klubs erklärt, daß Ludwig, da er immer noch König sei, nach dem Wortlaut der Verfassung unantastbar bleibe. Danton antwortet mit wohlüberlegter Roheit: Um den von den Fayettisten reichlich verbreiteten Gerüchten, die ihn zum Söldling des Hofes machen, keine Nahrung zu geben und um andererseits seine Beziehungen zu Orleans nicht öffentlich auszubreiten, stellt er seine geistige Unabhängigkeit zur Schau.

»Das Individuum, das ihr König der Franzosen nennt«, ruft er aus, »hat erst geschworen, die Verfassung zu erhalten, dann ist er geflohen, und ich höre nun, daß er auf der Flucht seine Krone nicht verloren hat!« Dann kommt er auf den vom König vor seiner Abreise signierten und vor der Nationalversammlung verlesenen Text zu sprechen und fährt fort: »Wenn er das bekennt, dann ist er zweifellos ein Krimineller, es sei denn, er ist ein Dummkopf. Es wäre ein furchtbares Schaupsiel vor der ganzen Welt, wenn wir die Wahl hätten zwischen einem kriminellen oder einem dummen König und wir uns nicht für das letztere entscheiden würden! Wenn er aber dumm ist – kann er nicht länger König bleiben.« Dieser Frontalangriff Dantons weist eine innere Logik auf. Da sich die Frage der Republik noch nicht stellt und die Absetzung des Königs naheliegt, bleibt nur noch eine Lösung: eine Regentschaft des nächsten Verwandten des in Frankreich verbliebenen Thronfolgers (denn der Graf von Provence ist seinerseits am 20. Juni emigriert). Dieser nächste Verwandte ist Philippe d'Orléans. Ein gekaufter Mann wie Danton bewahrt jedoch sein Geheimnis – selbst wenn dieses Geheimnis in aller Munde ist. Deshalb wird die Schlußfolgerung nicht ganz so ausfallen, wie man es erwarten könnte. Der Tribun schlägt einen Umweg ein und beendet den eben zitierten Satz folgendermaßen: »... und wir brauchen keinen Regenten, sondern einen Rat für die Amtsenthebung.« Dieser Rat soll sich aus 10 oder 12 Mitgliedern zusammensetzen und in zwei Phasen von den Departements gewählt werden. Alle zwei Jahre soll er gleichzeitig mit der Legislative erneuert werden. Diese Lösung ist vieldeutig; sie rehabilitiert den Redner, ohne den Ambitionen Philippes einen Riegel vorzuschieben. Denn der vorgeschlagene Rat kann natürlich einen Präsidenten haben, und es wäre ohnehin nur eine Übergangslösung bis zur Rückkehr zur traditionellen Institution.

Auf jeden Fall hat Danton La Fayette und dem König für einige Zeit entscheidende Schläge versetzt. Er hat den Interessen Orléans gedient, ohne es zu zeigen, er hat die Cordeliers die Republik vorschlagen lassen, ohne sie selbst zu befürworten, geschickt die Karten gemischt und selbst den Vordergrund der Bühne eingenommen. Auch wenn damit die Mehrheit der Abgeordneten ihre Ansicht bestätigt sah, daß Danton nur ein lauter Kescher ohne Doktrin und ein Wirrkopf sei, wurde der Tribun nun zu einer Macht, mit der man rechnen mußte, eine Drehscheibe zwischen den Lameth, den Jakobinern, der Orléans-Clique und den Cordeliers... Seine Pariser Popularität stärkte diese Position noch zusätzlich.

Ein Teil der patriotischen Presse – allen voran *La Bouche de Fer* und *L'Orateur du Peuple* – folgte den Cordeliers in ihrer Kampagne für die Republik auf dem Fuße. Mit der Rückkehr des Königs wird diese Kampagne allerdings wieder nachlassen. Man wird eher, wie Robespierre, auf der Notwendigkeit bestehen, gegen den »meineidigen« König eine Untersuchung einzuleiten, als darauf, die Staatsform zu ändern. Die Presse wütet gegen Ludwig XVI. und Marie Antoinette, gegen den »gekrönten Tölpel« und sein »Weibchen«, diese »Messalina«, und man schlägt auch vor, auf körperliche Demütigungen zurückzugreifen, um im Bewußtsein des Volkes die alte Idee von der Heiligkeit der königlichen Person zu zerstören.

Als die Festnahme Ludwigs XVI. in Varennes bekannt wurde, bestimmte die Nationalversammlung eine Delegation, die den König nach Paris zurückholen sollte: Barnave, Pétion und Latour-Maubourg. Die drei Abgeordneten und die königliche Familie kehren mit einer starken Eskorte am Nachmittag des 25. Juni in die Hauptstadt zurück. Die feindselige Menge wird von zwei Reihen Soldaten zurückgehalten, die zum Zeichen der Trauer mit umgekehrtem Gewehr präsentieren. Es herrscht eine tödliche Stille. Der berühmten Formulierung des *Orateur du Peuple* zufolge war es »der Leichenzug der Monarchie«. Obwohl die Mehrheit der Konstituante aus Gemäßigten mehr oder weniger neuen Datums besteht – die Rückkehr des Königs aus Varennes festigt die Meinungsänderung Barnaves –, kommt die Versammlung nicht umhin, eine Entscheidung zu treffen, die sich aufdrängt: Sie enthebt Ludwig XVI. seines Amtes. Aber die Republikaner täuschen sich über die Bedeutung der Amtsenthebung, wenn sie dies als eine indirekte Proklamation der Republik interpretieren. Gleichzeitig hat die Konstituante Vorbereitungen zur Wahl der Legislative suspendiert, aus Angst, die Urwählerversammlungen könnten aus ihr eine neue Konstituante machen.

Vorübergehende Amtsenthebung oder Absetzung? Die Nationalversammlung ist ratlos; sie wurde in dem Moment auf dem falschen Fuß erwischt, als die Mehrheit im Begriff war, die Autorität des Monarchen zu stärken. Nun würde sie nur zu gern vor der Flucht des Königs die Augen schließen, wäre die Existenz eines Komplotts nicht eindeutig bewiesen. Der König war geflüchtet, um in Lothringen zu den loyalen Truppen zu stoßen, die von dem verdächtigen Marquis de Bouillé kommandiert wurden. Der Marquis ist soeben emigriert; er schließt sich dem Grafen von Artois an, übernimmt die Verantwortung für die »Entführung« und droht der Nationalversammlung für den Fall, daß man dem König oder einem Mitglied seiner Familie auch nur »ein Haar krümmt«. Damit kompromittiert Bouillé den König endgültig. Zum Glück für Ludwig XVI. haben sich aber die Bourgeois der Verfassunggebenden Versammlung durch die Gefangennahme wieder beruhigt, und es ist ihnen nicht besonders eilig damit, eine unwiderrufliche Entscheidung zu fällen. Für die Absetzung zu stimmen, käme einem Sprung ins unbekannte Wasser gleich. Andererseits wird eine Absetzung nicht nur von den Republikanern und Demokraten gewünscht; auch die Parteigänger von Philippe von Orléans erhoffen sich viel von dieser unklaren Situation. Wenn die Konstituante am 25. Juni den König entließe, würde sie wohl für den Herzog die Rechte auf die Regentschaft bewahren. Dagegen weist Louis-Philippe-Joseph aber gleich in seiner Erklärung vom 26. Juni, die am 29. Juni veröffentlicht wird, diese Möglichkeit zurück: »Was die Frage der Regentschaft betrifft, so verzichte ich jetzt und für immer auf die Rechte, die mir die Verfassung darauf einräumt; ich wage zu sagen, daß es mir nach all den Opfern im Interesse des Volkes und für die Sache der Freiheit nicht mehr möglich ist, aus dem Stand des einfachen Bürgers, in den ich mich gestellt habe, herauszutreten...« Der Prinz hat gerade seinen offiziellen Eintritt in den Jakobinerklub gefeiert, und er glaubt, die Regentschaft sei durch die politische Entwicklung schon überholt. Eine einfache Rechnung oder die Koketterie eines Demagogen? Vielleicht hat aber auch Madame de Genlis dem schwachen Philippe diese Entscheidung diktiert; sie ist eine politische Rivalin Laclos' und daran interessiert, den Aufstieg ihres Schülers Louis-Philippe, des ältesten Sohns des Herzogs, zu beschleunigen. Philippe ist nämlich in Paris gar nicht mehr so populär wie im Herbst 1789; durch das Londoner Exil ist er in Vergessenheit geraten, und wegen seiner zahlreichen Investitionen in England kann er sich mit politischen Spenden auch nicht mehr ganz so großzügig zeigen. Mag sich nun das Volk auch weniger für ihn interessieren, so zählt der Herzog doch noch bei den Jakobinern – bei jenen Jakobinern, denen die republikanische Idee einen Schrecken einjagt, und das ist die Mehrheit der Mitglieder. Sein »Verzicht« radikalisiert die Sache der Orleanisten bis zum äußersten. Aus Unentschlossenheit und Feigheit läßt sich Philippe auf den gefährlichen Weg ein, an dessen Ende er als der Bürger Egalité* dasteht. Seine Stellung als Prinz von Geblüt macht ihn zum Alibi für die Konstitutionellen. Dasselbe Alibi

---

* Louis-Philippe von Orléans (1747–1793) erhält 1792 von der Kommune das Recht, sich »Citoyen Philippe Egalité« zu nennen. (Anm. d. Hrsg.)

konnte ihm aber auch, falls er es vorzöge auf die neuen politischen Umwälzungen zu setzen, wie das Gewand des Nessus auf der Haut kleben bleiben.

Es ist auch möglich, daß es ihm politisch ratsamer erschien, die Regentschaft jemandem zu überlassen, der populärer war als er. Tatsächlich preisen die orleanistischen Jakobiner, die Anthoine, Real und Danton, den Sohn Philippes und Schützling von Madame de Genlis, den »edlen Obristen« von Chartres (den späteren »Bürgerkönig«). Mit der Geste des Herzogs von Orléans sind also nicht alle Chancen auf die Regentschaft vergeben. Das ist zweifellos der Grund, warum Laclos, der über den »Verzicht« seines Herrn wütend ist, weiterhin für die Absetzung des Königs und gegen die Republik, d. h. für die Regentschaft, eintritt.

Die Position Dantons ist durch dieses Hin und Her schwierig geworden. Von seinen jüngsten Reden vor den Jakobinern bleiben allenfalls die Spitzfindigkeiten in Erinnerung. Für viele Patrioten ist er vor allem einer der wenigen, die es wagten, die Absetzung des Königs zu fordern. Von der Absetzung allerdings bis zur Abschaffung des Königtums überhaupt ist es nur ein Schritt, und eine schlecht informierte öffentliche Meinung wird ihm das leicht und gern unterstellen. Hier können ihm seine Beziehungen zu den Cordeliers eines Tages von Nutzen sein. Im Augenblick aber können sie ihm bloß schaden, obwohl es kein Dokument gibt, das belegen könnte, daß er zwischen dem 20. Juni und dem 17. Juli überhaupt im Klub der Cordeliers aufgetaucht ist. Das *Journal du club des Cordeliers*, das erstmals am Dienstag, dem 28. Juni, erscheint, veröffentlicht den Schwur zum Tyrannenmord vom 22. Juni und den Text der Petition, die am 24. Juni der Nationalversammlung unterbreitet wurde. Fréron schlägt nun vor, Danton zum Bürgermeister zu wählen. Marats *Ami du Peuple*, der dem traditionellen Königtum gegenüber feindlich eingestellt ist, aber eine Republik für verfrüht hält, läßt seine Vorliebe für eine Diktatur durchblicken. Zur gleichen Zeit fordert Dantons Freund Brune im Café *Procope* recht vernehmlich, man solle Danton zum Tribun des Volkes machen! Danton hat derartige Vorschläge natürlich nicht angestiftet, denn er weiß, daß es nicht der rechte Zeitpunkt ist, sich in unvorsichtigen Kandidaturen zu ergehen. Er taucht sogar einmal im neuen gemäßigten Klub der »Bons Enfants« auf, den er jedoch angesichts der feindseligen Reaktion der Patrioten und vor allem Robespierres, der sich über diese Initiative beunruhigt zeigt, sogleich wieder verläßt.[6] Nachdem er am 3. Juli die Interessen Philippes noch einmal mit dem Vorschlag unterstützt hat, den vakanten Thron zu requirieren, begnügt sich Danton in der nächsten Zeit damit, den Kampf gegen die Unverletzlichkeit des Königs fortzuführen. »Wer auch immer vorschlägt, Ludwig wieder einzusetzen«, ruft er am 13. Juli bei den Jakobinern aus, »ist entweder ein Dummkopf oder ein Verräter!« Durch seine Sturheit scheint eine Annäherung mit La Fayette, von der die Triumvirn möglicherweise träumen, von vornherein zum Scheitern verurteilt.

Obwohl die Nationalversammlung von allen Seiten gedrängt wurde, hat sie lange gezögert. Sie ist nicht bereit, die Thesen des unbeständigen Condorcet zu übernehmen, der am 7. oder am 8. Juli vor den »Freunden der Wahrheit« ein aufsehenerregendes Plädoyer für eine republikanische Regierung hielt, noch diejenigen Brissots, der am 10. Juli vor den Jakobinern die königliche Unverletzlichkeit angreift und die Bildung eines vom Volk gewählten Exekutivrats propagiert. (Diese Rede gilt oft auch als Plädoyer für eine Republik, man findet jedoch schon Tage zuvor im *Journal de Perlet* einen Artikel, in dem zugleich ein Exekutivrat *und die Regentschaft* vorgeschlagen werden.) Die Konstituante befürchtet eine ausländische Intervention und den Bürgerkrieg, deshalb zieht sie sich am 15. Juli auf den *Status quo* zurück. Sie hört den Bericht der Untersuchungskommission über die Entführung des Königs; der Bericht bezeichnet den König als unschuldig und belastet Bouillé und seine Komplizen. Barnave spricht die entscheidenden Worte, die dem Ereignis seine Bedeutung zumessen: »Sind wir dabei, die Revolution zu beenden? Oder werden wir sie neu beginnen? ... Sie haben alle Menschen vor dem Gesetz gleichgemacht, Sie haben die zivile und politische Gleichheit verankert, Sie haben für den Staat zurückgenommen, was sie der Volkssouveränität gegeben haben.« Wahrlich – eine signifikante Umkehrung der Tatsachen! »Aber ein Schritt weiter wäre ein schlimmes Unheil. Ein Schritt weiter in Richtung Freiheit wäre die Abschaffung des Königtums, ein Schritt weiter in Richtung Gleichheit die Abschaffung des Eigentums.« Das Ergebnis dieser konfusen und in spitzfindigen Begriffen geführten Debatte besteht schließlich darin, daß die Unverletzlichkeit des Königs bestätigt wird, und da die einzig vernünftige Ersatzlösung für die Idee einer Republik – die Regentschaft – vom Anwärter selbst offenbar ausgeschlossen wird, muß man sich wohl oder übel mit den vorhandenen institutionellen Mitteln begnügen, um die Errungenschaft der bürgerlichen Revolution zu sichern.

Laclos gibt sich aber noch nicht geschlagen. Vielleicht hat er sogar die Zustimmung Philippes, wenn er seine Hoffnungen darauf setzt, daß ein breiter Konsens des Volkes die Nationalversammlung dazu bringen könnte, das Thema der königlichen Unverletzlichkeit wieder aufzunehmen und die Absetzung zu verkünden. Dafür müßte man ein Stück Wegs mit den Republikanern und den Demokraten gehen, selbst auf die Gefahr hin, daß ihre Forderungen in eine orleanistische Richtung abweichen. Als die Cordeliers und die Volksgesellschaften, die bisher schon Petition auf Petition verfaßt haben, um gegen die Böswilligkeit der Nationalversammlung zu protestieren, die abwartende Entscheidung der Konstituante erfahren, schlägt ihre Empörung hohe Wellen. Es hat sich mittlerweile die Idee durchgesetzt, man könne mit einer umfassenden Petition die Nationalversammlung zur Entscheidung zwingen. Seit dem 14. Juli fordert Danton die Patrioten auf, diese Petition auf dem Marsfeld zu unterschreiben. Um auch die Jakobiner mitzureißen, dringt eine große Gruppe von Cordeliers und »Freunden der Wahrheit« am 15. Juli gegen neun Uhr abends in den Sitzungssaal in der Rue Saint-Honoré ein. Laclos hat gerade für eine Petition gesprochen, in der die Nationalversammlung aufgefordert wird, sich eindeutiger zur Schuld oder Unschuld des Königs zu äußern. Gegen die Auffassung der Gemäßigten im Klub unterstützt Danton den Vorschlag Laclos': »Brauchen wir nicht endlich eine Abstimmung, die Klarheit herbeiführt? Nun gut! Hier haben wir sie!« Die Folge davon ist, daß fast die Gesamtheit der Abgeordneten mit Ausnahme Robespierres, Pétions, Buzots und einiger anderer, bald darauf die Jakobiner verläßt, um sich dem neuen, viel gemäßigteren Klub der Feuillants anzuschließen.

Um die Cordeliers, die den Saal besetzt haben, zufriedenzustellen, setzt der Präsident der Jakobiner, der Abgeordnete Antoine, eine Kommission ein, bestehend aus Brissot, Danton, Ducancel, Lanthemas und Sergent (man sieht, die Auswahl ist gar nicht dumm), die den Text für eine Petition an die Nationalversammlung verfassen soll. Entgegen einer hartnäckigen Legende gehörte Laclos übrigens nicht dazu. Aber was macht es schon, da ja Danton und Brissot beteiligt sind? Brissot, der Redakteur des *Patriote français*, wird später in der Gesetzgebenden Versammlung einer der Chefs der Linken sein; seinen Freunden wird man den Beinamen »Brissotins«* geben. Er ist kein besonders sympathischer Mann, und er kann sich damit brüsten, unter dem Ancien Régime wegen seiner subversiven Schriften in der Bastille gesessen zu haben. Im übrigen hat er sich aber Leuten wie Robespierre durch einen betrügeri-

---

* Die Nachwelt bezeichnet sie als »Girondins«. (Anm. d. Hrsg.)

schen Bankrott in London und vor der Revolution durch zweifelhafte Börsenspekulationen mit dem Genfer Bankier Clavière verdächtig gemacht. Brissot könnte als Republikaner gelten – seine Rede vom 10. Juli schien es zu bestätigen –, wären da nicht seine engen Beziehungen zur Orléans-Clique. Die Petition wird am nächsten Tag verfaßt. Ihr Text entspricht den Wünschen Laclos', da die Unterzeichner die Nationalversammlung auffordern, im Namen der Nation den am 21. Juni von Ludwig XVI. geleisteten Verzicht auf die Krone anzunehmen, die ihm ja lediglich übertragen war, und für seine Ersetzung »durch alle verfassungsmäßigen Mittel« zu sorgen (eine offenbar von Brissot eingebrachte Präzisierung) – mit anderen Worten: einen Regenten einzusetzen. Danton, ganz in Grau gekleidet, erscheint mit seinen Kollegen gegen Mittag auf dem Marsfeld, um gegen die Abstimmung der Versammlung zu protestieren und die anwesenden Patrioten zu ermutigen, die Petition zu unterschreiben. Einige tun dies auch, doch die von den Cordeliers zusammengetrommelte Menge, die wenig Lust hat, einen Monarchen (Ludwig XVI.) gegen einen anderen (Philippe) einzutauschen, protestiert gegen die Formulierung mit der Regentschaft: »Keine Monarchie mehr! Keine Tyrannen mehr!« Danton und die anderen Mitglieder der Kommission kehren zu den Jakobinern zurück, um ihnen den strittigen Text zu unterbreiten. Erst gegen Mitternacht entscheiden sich die Jakobiner nach einer langen Diskussion, an der auch die Delegierten der Cordeliers teilnehmen, den von Laclos verteidigten Text beizubehalten. Damit ist die Spaltung gegenüber den gemäßigten »Feuillants« vollzogen: Diese Konstitutionalisten können eine illegale Petition nicht akzeptieren. Denn die Konstituante hat gerade erst die Bedingungen für ein Verbleiben Ludwigs XVI. präzisiert. Am Morgen des 17. Juli werden die Jakobiner allerdings darauf verzichten, ihre Petition in Druck zu geben, da sie befrüchten, damit der fayettistischen Repression einen Vorwand zu liefern.

Weder La Fayette noch die Kommune, die dem Beschluß der verängstigten Nationalversammlung gehorchen, geraten in Bedrängnis. Die öffentliche Ordnung bleibt gewahrt. Die Wachen bei den Tuilerien, die den König und die Konstituante schützen, werden verstärkt. In der Nacht vom 16. zum 17. Juli häufen sich Truppenbewegungen, Verlegungen von Artillerie und vorbeugende Verhaftungen. Am nächsten Morgen ist die als Sammelplatz vorgesehene Place de la Bastille von Truppen abgesperrt, und die herbeiströmende Menge löst sich auf. Die Mehrheit wendet sich in Richtung Marsfeld und sammelt sich bei gewitterdrohender Hitze um den »Altar des Vaterlands«, der ein Jahr zuvor anläßlich des Föderationsfestes errichtet worden ist. Darunter sind zahlreiche Bürger, die wie am Vortag dem Aufruf der Cordeliers und der Volksgesellschaften nachgekommen sind und endlich die angekündigte Petition unterzeichnen wollen. Gegen Mittag kündigt eine Delegation der Jakobiner die Zurücknahme der Petition an. Darauf macht sich François Robert zum Schriftführer der Cordeliers, um eine neue Petition zu improvisieren. Ein sorgfältig abgewogener Text fordert von der Nationalversammlung, ihr Dekret zu überprüfen, die Abdankung Ludwigs XVI. anzunehmen »und eine neue konstitutionelle Körperschaft zusammenzurufen, um auf eine wahrhaft nationale Weise bei der Verurteilung des Schuldigen und insbesondere bei seiner Ersetzung und der Organisierung einer neuen Exekutive zu verfahren«. Damit ist mit einem Vorsprung von einem Jahr das demokratische Programm vom 10. August 1792 vorweggenommen. Im Laufe des Tages werden ungefähr 6 000[7] Bürger ihre Unterschrift unter die Blätter setzen, die ihnen die Cordeliers vorlegen. Dann wird die Aktion unterbrochen. Auf Befehl La Fayettes marschiert die Nationalgarde mit der roten Fahne des Kriegsrechts auf.

War es nun die Illegalität der Petition, die einen derartigen Aufmarsch von Ordnungskräften rechtfertigte? War es der unglückselige Zwischenfall, der bei der ersten Menschenansammlung Unruhe gestiftet hatte? Ein Vorwand kommt zum andern. Unter dem »Altar des Vaterlands« hatte man zwei Burschen gefunden, die Löcher in die Bretter der Treppe bohrten. Aufgebracht und mißtrauisch schleppten die Patrioten sie bis vor das Komitee der Sektion Gros-Gaillon, massakrierten sie zur Strafe für ihre lüsterne Neugier. (Die beiden Unglücksraben wollten bloß den Anblick der Unterwäsche der Bürgerinnen bei der Unterschrift unter die Petition genießen.) Die Affäre kam gerade recht. Der Präsident der Nationalversammlung hatte dem Bürgermeister Befehl gegeben, »die Ausschreitungen zu beenden«. Bailly und die Stadtverwaltung nutzten einige Zwischenfälle, um das Kriegsrecht auszurufen und hielten diese Entscheidung aufrecht, trotz der Versprechen der Demonstranten, sich nach der Unterzeichnung der Petition sofort aufzulösen. Die Petition sei umstürzlerisch und bedrohe die verfassungsmäßige Ordnung. Die rote Fahne des Kriegsrechts wird zum Symbol. Es ist kurz nach halb acht Uhr abends. Ein Demonstrant gibt einen Schuß ab. Die Nationalgarde erwidert. Es gibt über fünfzig Tote, fünfzig Märtyrer, die in der Propaganda der Demokraten zu Hunderten werden.

Danton hat sich wohlweislich davor gehütet, selbst auf dem Marsfeld zu erscheinen. Am Vorabend wurde er von Durand, dem Agenten Montmorins, informiert, der auch den Brauer Santerre und Charpentier, den Schwager Dantons, warnte. Man hatte ihn wissen lassen, antirepublikanische Repressionen seien geplant. Am Morgen sitzt Danton mit seinen Freunden Camille Desmoulins, Santerre, Fréron, Brune, Fabre d'Eglantine, Momoro und Duplain zu Hause, unsicher, wie man sich verhalten soll. Legendre, eine der Säulen des Klubs der Cordeliers, kommt hinzu. Der Metzger bestätigt die drohende Gefahr. Er hat gerade zwei Boten Lameths empfangen, die ihm rieten, mit Danton, Fréron und Desmoulins zusammen Paris zu verlassen. Ohne mit Danton richtig befreundet zu sein, unterhielten die Brüder Lameth doch seit langer Zeit gute Beziehungen zu ihm. Auch sie waren in die orleanistischen Intrigen von 1789 und 1790 verwickelt gewesen. Wegen der Kaperung eines mit Goldbarren beladenen Wagens, der für die Münzprägewerkstatt in Limoges bestimmt war, durch den berühmten Distrikt (ein Übereifer, der die damals der extremen Linken der Nationalversammlung angehörenden Lameths entzückt hatte) würdigte Charles de Lameth am 31. Dezember 1789 von der Tribüne der Konstituante den Distrikt der Cordeliers, »der soviel für die Freiheit getan« habe und dessen »Wachsamkeit für die Revolution so vorteilhaft gewesen« sei. Im März 1791 hatte Danton seinerseits Alexandre de Lameth bei den Jakobinern verteidigt. Die Annäherung der Lameths an den Hof konnte diese gegenseitige Sympathie nicht beeinträchtigen, schließlich wurde ja auch Danton von Montmorin bezahlt. Als Präsident der Gesetzgebenden Versammlung wußte Charles de Lameth nun von der Bedrohung, die am nächsten Tag, dem 18. Juli, Gestalt annehmen würde, und Danton wartete nicht erst die Schießerei ab, um sich zu entscheiden. Während sich Brune, Momoro, Sergent und die »harten« Cordeliers mit Santerre zum Marsfeld begeben, verabredet Danton sich mit Camille und Fréron in Fontenay bei seinen Schwiegereltern. Die Flüchtlinge treffen dort aus verschiedenen Richtungen kommend am Nachmittag ein. Desmoulins wird jedoch nach Paris zurückkehren; noch am gleichen Abend ergreift er bei den Jakobinern das Wort, um gegen die Schießerei zu protestieren; dann aber muß er untertauchen, um den Verfolgungen zu entgehen. Fréron wird ihm bald darauf folgen.

Bereits am 18. Juli beschließt die Konstituante ein Dekret gegen den Aufruhr. Ermittlungen über die Marsfeld-Affäre werden angestellt und Verfolgungen gegen die Personen eingeleitet, die durch Reden oder

Schriften das Volk zum Ungehorsam verleiten. Die Bestrafung scheint hart: an die zweihundert Verhaftungen in Paris, vor allem unter den Cordeliers (Vincent, Momoro, Brune, Verrières), Verbot von demokratischen Zeitungen wie *L'Ami du Peuple*, der *Révolutions* von Camille Desmoulins und *L'Orateur du Peuple*, zeitweilige Schließung des Klubs der Cordeliers. Obwohl sich einige Anführer in Sicherheit bringen konnten, scheint die demokratische Partei nun ohne Leitung zu sein. Überhaupt wirkt die Marsfeld-Affäre wie ein ganz besonders verworrenes Theaterstück: Die Akteure – Cordeliers, Jakobiner, Robespierre, Orléans, Laclos, die Kommune, die Nationalversammlung – haben jeweils Rollen gespielt, deren tiefere Bedeutung ihnen selbst nicht immer klar war. Immerhin rettet die Affäre fürs erste das konstitutionelle Königtum und stärkt die Autorität der Konstituante. La Fayette und seine neuen Freunde von der gemäßigten Linie der Feuillants dürfen glauben, die Schießerei und ihre Folgen habe jedem weiteren Pariser Aufstand das Rückgrat gebrochen. Kurzsichtige Beobachter konnten einige Monate lang, bis zur endgültigen Annahme der Verfassung zur Wahl der Gesetzgebenden Versammlung und in den ersten Wochen ihres Bestehens der Illusion anhängen, die Revolution sei beendet und die ordentliche Bourgeoise könne sich nunmehr wie eine vorbildliche Familienmutter der Verwaltung ihrer Errungenschaften widmen. Aus dieser falschen Vorstellung resultiert ein Jahr später die andere, nicht weniger trügerische Idee vom »Abgleiten« der Revolution. Das Gegenteil ist richtig: Die republikanische Idee ist am 17. Juli durch Märtyrerblut veredelt worden; La Fayette und seine Freunde sowie all jene, die es mit einem Gefühl der Erleichterung für möglich hielten, die Revolution anzuhalten, sind diskreditiert worden. Um die Revolution zum Stillstand zu bringen, hätte es nur einer weiteren Verzögerung der Wahl zur neuen Nationalversammlung und einer strengen Kontrolle dieser Wahlen bedurft. Außerdem hätte man den Schraubstock bis zur völligen Beruhigung der Gemüter noch sechs Monate oder ein Jahr lang festgezogen halten müssen. Genau das geschah aber nicht. Nicht bloß, weil die Feuillants keine fähigen Männer besaßen, sondern vor allem auch, weil die große Koalition aus Monarchisten, *monarchiens* und *constitutionnels* – eine rein *negative* Koalition – durch gegenseitiges Mißtrauen unterminiert war.

In der Nacht vom 17. zum 18. Juli mußte sich Danton in den Straßen Fontenays eine gegen ihn gerichtete Schimpfkanonade anhören. Sein Zufluchtsort ist nicht sicher. Fünf Tage später flüchtet er weiter nach

Troyes zum Verwalter Milliard, und von dort nach Arcis. Am 4. August war wegen der von ihm am 21. Juni in den Tuilerien gehaltenen Reden (»Eure Führer sind Verräter«) ein Haftbefehl gegen ihn erlassen worden. Der Generalstaatsanwalt des Departement Aube, der Bürger Beugnot, ein Feuillant, läßt Danton jedoch wissen, er werde den Befehl nicht ausführen lassen. Der Mann aus der Champagne kann nun als Grundbesitzer die Runde machen und endlich seine im Frühjahr erworbenen Ländereien besichtigen. Wird er dieses kleine Vermögen lange genießen können? Danton hat bereits Vorsichtsmaßnahmen getroffen. Seinem Schwager Antoine Charpentier überläßt er am 21. Juli eine Vollmacht, die ihm alle Rechte für die Verwaltung der Güter in Dantons Abwesenheit überträgt, sogar das Recht, die Miete seiner Wohnung in der Rue des Cordeliers zu kündigen oder zu senken oder notfalls seine Möbel zu verkaufen. Darüber hinaus hat Danton daran gedacht, seine Rechtsanwaltsklientel an Durand zu verkaufen, einen Freund Charpentiers, der ohne Zweifel der Mittelsmann Montmorins für Danton war und der ihn einige Tage zuvor vor seiner drohenden Verhaftung gewarnt hatte.

Trotz der Unterstützung durch die Jakobiner seiner Heimatstadt fühlte sich Danton bald verfolgt. Er meidet sein Haus, wohnt bei seinem Freund und späteren Konventskollegen Courtois. Das Justizministerium ist im Begriff, die Durchführung des am 4. August erlassenen Haftbefehls zu fordern. In der nächsten Nachbarschaft lungern verdächtige Personen herum. Danton muß eine plötzliche Verhaftung befürchten. Unter dem Vorwand einer Geschäftsreise im Auftrag seines Stiefvaters Recordain begibt sich Danton, der fließend Englisch spricht, mit einigen nahen Angehörigen – und vielleicht in Begleitung seines Schützlings Mergez, der später einer seiner Agenten sein wird – nach England. Er läßt seine schwangere Frau und seinen Sohn in Frankreich zurück, behält sich aber vor, sie zu sich über den Kanal zu holen, falls sein Aufenthalt sich hinauszögern sollte. Über diese Reise Dantons nach England ist fast nichts bekannt. Es ist möglich, daß er zu liberalen britischen Kreisen Kontakt hatte und mit Agenten der Regierung zusammentraf, die ihn 1789 vielleicht zu ihren Agenten gezählt hatte. Aber er belauerte vor allem die Reaktionen der Pariser Konstituante, die ihre Arbeit demnächst beenden sollte. Seinen Freund Courtois hatte er damit beauftragt, an seiner Stelle denen zu antworten, die ihn in einer am 20. August 1791 veröffentlichten *Lettre a l'Auteur du Patriote français*[8] beschuldigten, die Sache des Volkes verraten zu haben und bestechlich zu sein. Am 27. August nimmt die Pariser Wahlversammlung ihre Arbeit auf, deren

Ziel es ist, die Mitglieder der neuen Gesetzgebenden Versammlung zu wählen. Ermutigt durch die Wahl von Garran de Coulon, eines Rechtsanwalts, mit dem er zu dieser Zeit befreundet ist, hofft auch Danton auf ein Mandat. Denn das Klima hat sich inzwischen verändert. Die Konstituante ist dabei, eine Amnestie für die Frevler des 17. Juli zu beschließen. Trotzdem kehrt Danton nicht ohne eine gewisse Besorgnis nach Frankreich zurück. Am 9. September ist er wieder in Paris. Später wird er gegen jede Wahrscheinlichkeit behaupten, man habe Legendre 50 000 Ecus angeboten, damit er ihn ermorde. In Wirklichkeit beruhigt er sich sehr schnell. Seine Gegner haben ihren Julidünkel verloren. Daher verzichtet er (möglicherweise auf Anraten der Lameth-Brüder) auf die Veröffentlichung seiner eigenen Verteidigung mit dem Titel »Die aufgedeckte Verschwörung«, worin er La Fayette und die anderen Männer in Amt und Würden[9] hart angreift. Seit Juni ist Danton Wahlmann seiner Sektion. Am 10. September akzeptiert die Wahlversammlung seine Vollmachten. Bei den Jakobinern, wo er am 12. September wieder erscheint, wird der Tribun freundlich empfangen. Am nächsten Tag, gerade als die Konstituante eine Generalamnestie beschließt, wiederholt sich im Bischofspalais, wo die Wahlversammlung tagt, dieselbe Komödie wie seinerzeit bei der Affäre Marat. Der Gerichtsvollzieher Damiens, den wir schon kennen, tritt auf und läßt dem Präsidenten Pastoret einen Brief überreichen mit der Anfrage, wie der am 4. Juli ergangene Haftbefehl gegen Danton ausgeführt werden soll. Die Wahlversammlung beschließt, ein Schreiben an die Nationalversammlung zu schicken, um gegen diesen »Anschlag« zu protestieren, und fordert juristische Schritte gegen den Gerichtsvollzieher. Der Versammlungsleiter läßt Damiens verhaften. Der Präsident des Tribunals des VI. Arrondissements – dieses Tribunal war mit der Marsfeld-Affäre befaßt – ist zufällig im Saal anwesend und versichert, daß Damiens keinerlei diesbezüglichen Haftbefehl bekommen habe, weil ja am selben Tag mit der Amnestie zu rechnen gewesen sei. Pastoret, der eigentliche Drahtzieher der Verfolgungen gegen Danton, versichert nun seinerseits, daß das Departement mit dieser Initiative nichts zu tun habe ... Das Vorpreschen Damiens' ist also unerklärlich – es sei denn, es hat eine ganz andere Bedeutung: Es könnte nämlich ein von den Freunden Dantons, vielleicht sogar von Danton selbst, inszenierter Reklamecoup sein, um sein Ansehen bei den Demokraten zu stärken, die über die Straflosigkeit, mit der er im Juli und August davongekommen war, ebenso wie über seine »Emigration« nach England gleichermaßen beunruhigt waren. Der Gerichtsvollzieher Damiens wird nur drei

Tage im Gefängnis bleiben. Großzügig wie er ist, hat sich Danton bei den Jakobinern für ihn eingesetzt. Das beabsichtigte Ergebnis ist erreicht: Die Presse hat eingehend über die Wählerproteste berichtet. Jetzt kann Danton seinen Platz in der patriotischen Bewegung zu einem Zeitpunkt wieder einnehmen, als diese neuen Aufwind bekommt.

Die Verfassung von 1791 ist endgültig verabschiedet; sie wird am 13. September vom König unterzeichnet, der gegen den Widerstand Robespierres wieder in seine Ämter eingesetzt und am 14. September erneut auf die Nation vereidigt wurde. Am 15. September wird die Amnestie verkündet. Die Konstituante kann nun auseinandergehen, ihre Mission ist erfüllt. Sie hat Frankreich eine neue, schriftlich niedergelegte Verfassung gegeben, außerdem die Erklärung der Menschenrechte, 2500 Gesetze und Dekrete, die Abschaffung der Privilegien, die Zivilverfassung des Klerus usw., all das im Zeichen einer neuen Souveränität, der Nation, die durch eine erste Anwerbung von Freiwilligen gegen die Gefahren von außen verteidigt wird. Ein beachtliches Werk, das im Keim die gesamte spätere Entwicklung enthält. Revolutionäre Prinzipien wie die von 1789 lassen sich nicht halbherzig anwenden. Und, was noch viel einschneidender ist: seit 1789–1791 haben sich neue Gewohnheiten herausgebildet. Die Pressefreiheit, der Einfluß der Klubs, die Macht der Straße sind schon zu Institutionen geworden und fester etabliert als das zerbrechliche Verfassungsbauwerk von 1791. Bei den Jakobinern ist der Stern Robespierres aufgestiegen, während der des Herzogs von Orléans allmählich untergeht (der diskreditierte Laclos hat sich in die Armee geflüchtet). Durch seine Standhaftigkeit kann Robespierre einige zu den Feuillants verirrte patriotische Abgeordnete wieder zurückholen und zugleich die Macht des Klubs durch ein unter der Leitung des berühmten (geheimen) Zentralkomitees stehendes Netz von gleichgesinnten Gesellschaften in der Provinz erweitern. Der gleiche Robespierre hat – mit Unterstützung der Rechten – die Mitglieder der Konstituante, die schon im voraus beschämt waren, man könnte sie verdächtigen, sich an die Macht zu klammern, geschickt dazu gebracht, den Beschluß zu fassen, daß sie alle kein zweites Mal wählbar seien. Zum Abtreten gezwungen, »um die Luft der Gleichheit zu atmen«, und damit neuen, fortschrittlicheren Mannschaften den Platz überlassend, vernichteten die Mitglieder der Verfassunggebenden Versammlung, ohne es zu wissen – die Chancen der neuen politischen Ordnung. Die Amnestie war in dieser Hinsicht eine zweischneidige Waffe. Eine »erbärmliche Fehlgeburt«, schreibt Mathiez: »Die Gesetzgebende Versammlung hatte der demokratischen Partei Angst einjagen wollen. Sie hatte ihr zwar gedroht, aber sie hatte nicht zugeschlagen.«

Ohne Schutz durch die um die Tuilerien stationierten Truppen wird Ludwig XVI. von der Pariser Bevölkerung mit Beifall begrüßt. Aber die Ruhe täuscht. Der König muß sich gegen die Jakobiner auf die schwachen Konstitutionalisten stützen. Die Ultra-Royalisten, die von ihren einstigen Privilegien träumen, diese »Aristokraten« im wahrsten Sinne des Wortes, sind bereit, eine Politik der Eskalation zu praktizieren. Das Königtum ist unmittelbar bedroht. Die Anführer des Juli triumphieren insgeheim, aber ohne Bescheidenheit. Die restriktiven Verfügungen, die den Volksgesellschaften jedes Recht auf kollektive Petition verweigerten, werden sie nicht länger behindern. Bald wird die »Herrschaft« der Gemäßigten wie Bailly und La Fayette zu Ende gehen. Bailly, dem die Marsfeld-Affäre nachhängt und der zu Unrecht für die Lebensmittelkrise verantwortlich gemacht wird, tritt am 19. September zurück (er wird bis zur Wahl seines Nachfolgers im Amt bleiben). Nicht einmal drei Wochen später ist auch La Fayette an der Reihe, von seinem Kommando zurückzutreten. Jedoch hat er den Ehrgeiz, Baillys Nachfolger zu werden. Die Pariser Nationalgarde wird nun abwechselnd von ihren sechs Divisionskommandeuren geführt.

6. DER KRIEG

Ich werde euch beweisen, wie gefährlich dieser Krieg ist.

Danton, 14. Dezember 1791

Ich will, daß wir diesen Krieg führen; er ist unumgänglich.

Danton, 16. Dezember 1791

Nachdem Danton zu einem der moralischen Sieger des Sommers 1791 geworden ist, führt er einen kurzen, aber energischen Wahlkampf, um in die Gesetzgebende Körperschaft aufgenommen zu werden. Trotz der apodiktischen Behauptung seines Freundes Legendre – »Die Wähler von Paris sind ehrlos, wenn Danton nicht Gesetzgeber wird« – trotz der Unterstützung durch die Volksgesellschaften (oder gerade wegen dieser Unterstützung, die die Wähler beunruhigt), fällt der Tribun wieder durch. Die Wähler haben sich für weniger kompromittierende Kandidaten entschieden. Unter kritischeren Umständen hätte Danton vielleicht gesiegt. Enttäuscht und wütend zieht er sich aus dem öffentlichen Leben nach Arcis zurück, um dort mit seiner schwangeren Frau und seinem Sohn die einfachen Freuden des Familienlebens zu genießen. Im Oktober und November kauft er weitere Ländereien und verpachtet sie, um regelmäßige Einkünfte daraus zu ziehen. In Arcis ist »dieser liebenswürdige Herr Danton« eine angesehene Persönlichkeit geworden. Aber der Tribun blickt weiterhin in Richtung Hauptstadt.

Am 16. November ist der Jakobiner Pétion gegen La Fayette, der sich eine Rückkehr in die Politik erhoffte, mit fast 7000 Stimmen gegen 3000 zum Bürgermeister von Paris gewählt worden. La Fayette, demissionierter Kommandant der Nationalgarde, bei den Demokraten genauso verhaßt wie bei der Königin, die seinen Mißerfolg wünschte, mußte zusehen, wie die ultra-royalistischen Wähler die Wahl seines Gegners Pétion begünstigten! Einen Monat später wird La Fayette nach Sedan strafversetzt als Kommandeur der Zentralfranzösischen Armee. Zahlreiche Freunde – Courtois, Legendre, Fréron und Desmoulins – drängen Danton, nach Paris zurückzukehren, um sich für ein Richteramt in der Stadtverwaltung zu bewerben, und Danton kommt dem auch nach. Der Posten eines Prokurators entgeht ihm erneut und fällt dem Jakobiner Manuel zu. Immerhin wird er aber am 6. Dezember zum zweiten Stellvertreter des Prokurators gewählt. Ein bescheidener Erfolg, der beim dritten Wahlgang und mit einer kleinen Minderheit zu seinen Gunsten erreicht wurde: Danton hat nicht einmal 1200 Stimmen bei 4137 Wählern und ungefähr 80 000 eingetragenen Bürgern erhalten.... Mithin haben ihn gerade 1,5% der Pariser gewählt. Mit Ausnahme Brissots hat ihn die Presse kaum unterstützt, und die Jakobiner verweigerten ihm auf Druck Robespierres am Vorabend des Wahlgangs ihre Gefolgschaft. Aber das Wesentliche ist, daß Danton in Paris nun wieder zu den wichtigen Persönlichkeiten gehört. Dies und nicht nur die 6000 Livres Gehalt für sein neues Amt ließ den Tribun erhobenen Hauptes seine Rückkehr in die Politik vollziehen.

Am Ende führt dieser ganze Aufwand nur zu sehr mageren Ergebnissen. Am 11. Germinal des Jahres II wird Saint-Just in seinem Bericht gegen die Dantonisten Danton beschuldigen, zu Mirabeaus Lebzeiten immer stumm geblieben zu sein. Robespierre ging in seinen Notizen, die er Saint-Just für die Abfassung dieses Berichts überlassen hatte, sogar noch weiter: »Solange die Gesetzgebende Versammlung bestand, schwieg er. Im harten Kampf der Jakobiner gegen Brissot und die girondistische Faktion wird er neutral bleiben.« Tatsächlich wird der Mann aus der Champagne unter der Legislative stets eine abwartende Haltung bewahren, die mit seinen Ausbrüchen der ersten Monate der Revolution kontrastiert. Im Herbst 1791 scheint sich Danton damit zu begnügen, politische Beziehungen in alle Richtungen zu pflegen oder wieder anzuknüpfen. So steht er nach wie vor in engem Kontakt zu dem Feuillant Beugnot, der kürzlich in die Legislative gewählt wurde und der ihn im August bei seiner Flucht nach Arcis deckte. Beugnot ist bei Danton wiederholt zum Essen eingeladen. »Dein großer Beugnot«, sagte Danton aber dann zu Courtois, »ist nur ein Heuchler, mit ihm ist nichts anzufangen.« Tatsächlich war Beugnot über bestimmte Reden Dantons und die Widersprüchlichkeit seiner politischen Projekte beunruhigt. Aber der Tribun wird ihm deswegen nie gram sein und seinen ehemaligen Retter immer beschützen. Daraus darf man allerdings nicht schließen, Danton sei zum Feuillant geworden. Obwohl er mit den Lameths weiterhin gute Beziehungen pflegt, haßt er La Fayette noch immer. In seinen privaten Beziehungen verfährt Danton sehr wählerisch – im Gegensatz zur Politik: Dort kann nur die Menge seiner Beziehungen und die Verschiedenheit seiner Geldgeber – der Hof und die Partei der Orléans – einige seiner Schwenks im Winter 1791–1792 erklären; es ist nicht einmal sicher, ob sich Danton selbst noch darin zurechtfand.

Bereits am 6. Juli 1791 hatte Kaiser Leopold gegen das »unerhörte Attentat«, die Verhaftung seines Schwagers in Varennes, protestiert. In der »Erklärung von Pillnitz« vom 27. August hatten der Kaiser und der König von Preußen – auf Drängen der Brüder Ludwigs XVI., der ihnen diese Maßnahme später vorwerfen wird – ihren Wunsch zum Ausdruck gebracht, Frankreich die frühere monarchistische Ordnung zurückzubringen, falls ganz Europa sie bei diesem Kreuzzug unterstütze. Dieser Aufruf hatte jedoch wenig Echo gefunden und die beiden Großmächte hatten es auch nicht so eilig zu handeln. Die französischen Emigranten dagegen brannten darauf zu kämpfen, zumindest diejenigen, die Ludwigs hinhaltende Weisungen und seine Aufrufe, nach Frankreich zurückzukehren, mißachteten und sich stattdessen unter dem Banner des Grafen von Provence und des Grafen von Artois gesammelt hatten. Von der Pillnitzer Erklärung enttäuscht, hatten die Prinzen daran gedacht, auf eigene Faust zu handeln, und sie hatten den Adel aufgerufen zu emigrieren und sich der kleinen Armee anzuschließen, die der Prinz von Condé in Koblenz zusammenstellte. Aber weder diese von ihrer Stärke her lächerliche Armee noch ihre Aufrufe zum Befreiungskrieg oder die Pseudo-Exilregierung, die der Graf von Provence dem ehemaligen Minister Calonne anvertraute, stellten für die Revolution eine ernsthafte Bedrohung dar (dafür hätten die in den Provinzen vorgesehenen Aufstände schon massiver sein müssen). Im Dezember führen sich die Emigranten jedoch in Koblenz und im gesamten Kurfürstentum Trier als Herren auf. Für die französische Politik wird dies schwerwiegende Konsequenzen haben und dem Gedanken an einen Krieg, dessen Schatten sich einen Monat nach der Konstituierung der Gesetzgebenden Versammlung verflüchtigt zu haben schien, neue Nahrung geben.

Durch die List Robespierres aller Wortführer der Konstituante beraubt, besteht die Gesetzgebende Versammlung, die am 1. Oktober 1791 zusammentritt, aus neuen, unerfahrenen Männern, die zum größten Teil aus der mittleren Bourgeoisie stammen. Die Beschleunigung des revolutionären Prozesses hat eine Verschiebung nach links zur Folge. Zahlreiche Revolutionäre von 1789 finden sich bei den Gemäßigten wieder. Die feuillantische Rechte umfaßte ungefähr 265 Abgeordnete, die in Fayettisten und Lamethisten gespalten sind (letztere sind von den Brüdern Lameth und von Barnave, diesen zwielichtigen Ratgebern des Hofes, der Königin und des Ministeriums vom Dezember 1791 beeinflußt). Die jakobinische Linke dagegen zählt anfangs nur 135 Abgeordnete. Das kleine Cordelier-Trio – Merlin de Thionville, Basire und Chabot[1] – sowie die Demokraten der extremen Linken wie Couthon stehen ziemlich isoliert. Die Mehrheit der Linken wird von zwei politischen Richtungen bestimmt, die sich bald vereinigen werden: die Gruppe um den Journalisten Brissot, der immer noch orleanistische Sympathien hegt – also die sogenannten »Brissotins« –, und die Abgeordneten aus der Gironde, Vergniaud, Guadet oder Gensonné, alles exzellente Redner mit republikanischer Tendenz: Das sind die künftigen Girondisten, deren Vordenker der Philosoph Condorcet sein wird. Das Zentrum der »Unabhängigen« besteht aus 345 Konstitutionalisten, die die jeweils aktivste Gruppe gelegentlich zu überzeugen vermag. So ist diese neue Nationalversammlung politisch keineswegs homogen. Die seit Varennes aufgetauchten Spaltungen hatten dies auch auf die Dauer unmöglich gemacht. Diese Zerrissenheit wird sich vor dem Hintergrund der Agrarkrise, der Probleme mit der Kirche und vor allem der äußeren »Bedrohung«, immer wieder neu erweisen.

Mit gelegentlicher Unterstützung durch die Fayettisten, jedoch aus ganz anderen Beweggründen, drängen die Brissotins die Versammlung zunehmend zur Radikalisierung. Für sie geht es darum, den König zu zwingen, sich für oder gegen die Revolution zu erklären, und ihn, wenn möglich, darüberstolpern zu lassen. So verabschiedet die Legislative vier Dekrete, die dem Grafen von Provence eine Frist bis zum 1. Januar einräumen, um nach Frankreich zurückzukehren (31. Oktober 1791), sonst verfalle sein Recht auf die Krone. Ein weiteres dieser Dekrete fordert die außerhalb der französischen Grenzen versammelten Emigranten auf, sich innerhalb des gleichen Zeitraums aufzulösen, wenn sie nicht der Verschwörung verdächtigt werden wollen, die mit dem Tod und der Beschlagnahmung ihrer Güter bestraft wird. Unter Androhung der gleichen Strafen werden die Prinzen und die Beamten zur Rückkehr nach Frankreich aufgefordert. Die Todesstrafe droht ebenfalls für die Anwerbung zur bewaffneten Emigration (9. November). Den refraktären Priestern wird ein neuer Eid auferlegt, und sie werden der Überwachung durch die Departements unterstellt; die lokalen Verwaltungen werden autorisiert, die Priester zu deportieren, falls sie Unruhen anstiften (29. November). Schließlich wird dem König befohlen, die Fürsten im Kaiserreich, insbesondere den Kurfürsten von Trier, zu ersuchen, die bewaffneten Aufmärsche der Emigranten auf ihrem Territorium zu zerstreuen (29. November). Ludwig XVI. legt gegen die Dekrete über die Emigranten und die refraktären Priester sein Veto ein und gibt darüber vor der Versammlung eine Erklärung ab. Er läßt seine Briefe an seine Brüder verlesen und durch den Kriegsminister ankündigen, daß er die Zerstreuung der Emigranten fordern wird. Die Proteste gegen das Veto kommen weniger aus der Versammlung selbst – der König hat von einem in der Verfassung niedergelegten Vorrecht Gebrauch gemacht – noch vom Pariser Departement, das ganz im Gegenteil den König sogar gedrängt hatte, sich dem dritten Dekret zu widersetzen, sondern wieder einmal von den Klubs und insbesondere von der Gruppe der Cordeliers. 300 Bürger der Sektion Théâtre-Français protestieren gegen die Denkschrift des Departements an den König. Wieder einmal zeichnen sie das Schreckgespenst des Bürgerkriegs an die Wand und verlangen die Bestrafung der Anstifter der Denkschrift. Es ist bezeichnend, daß man auf der Liste der Beschwerdeführer die Namen Desmoulins, Billaud-Varenne, Saint-Huruge, Fournier und Legendre findet, den Namen Danton allerdings vergeblich sucht. Noch immer hält sich der Tribun zurück.

Durch die Unterzeichnung des ersten und des vierten Dekrets hat Ludwig XVI. nun sein Veto dosiert. Es wird oft behauptet, damit habe er den Kaiser unter Druck setzen und ihm zeigen wollen, daß die Situation des Königtums in Frankreich unhaltbar geworden sei. Nachdem er zunächst gehofft habe, den Krieg zu verhindern, indem er seinen Schwager darum ersuchte, eine bewaffnete Allianz der Großmächte zustande zu bringen, um die Revolutionäre einzuschüchtern, habe er sich dann entschlossen, auf den Krieg zu setzen. Damit werden ihm vielleicht die Intentionen seiner Brüder und seiner Frau unterstellt: Marie Antoinette selbst forderte nämlich eine bewaffnete Allianz und versicherte in ihren Briefen ins Ausland, daß Ludwig XVI. die Verfassung nicht endgültig akzeptiert habe. Am 14. Dezember begibt sich der König in Absprache mit seinem neuen Kriegsminister, dem Grafen von Narbonne, zur Nationalversammlung, um ihr mitzuteilen, daß er als »Repräsentant des Volkes dessen Beleidigung ebenfalls empfunden habe« und daß er seinem Onkel, dem Kurfürsten von Trier, geschrieben habe, daß er »in ihm nur noch einen Feind Frankreichs sähe«, falls er nicht innerhalb eines Monats die Aufmärsche von Emigranten unterbinde. An den Kaiser wird ein Brief gerichtet, mit dem Ersuchen, seine Autorität gegenüber den deutschen Fürsten geltend zu machen. Um allen Eventualitäten vorzubeugen, werden an den Grenzen drei Armeen zusammengezogen. Vielleicht hofft der König tatsächlich darauf, ein Krieg könnte ihm nicht nur das Vertrauen des Volkes, sondern auch die Gesamtheit seiner verfassungsmäßigen Rechte wiedergeben, die von den Jakobinern ständig angefochten wurden.

Die Lameths aber fürchteten den Krieg. Den ganzen Winter über werden sie dem Kaiser raten, auf die französischen Provokationen nicht einzugehen. Sie sahen im Krieg nicht nur das Risiko eines Triumphs der Fayettisten oder Brissotins, sondern vor allem den Tod der Verfassung durch die demokratische Revolution. Damit stellten die ehemaligen Triumvirn einen bemerkenswerten Scharfsinn unter Beweis. Mit dieser Ansicht standen sie jedoch allein (Barnave zog sich im Januar 1792 enttäuscht nach Grenoble zurück). Noch konnten sie mit ihrem Freund, dem friedliebenden Außenminister Delessart, rechnen, aber der wird bald auf Betreiben Brissots unter Anklage gestellt... Alle Politiker werden vom Dämon der Kriegslust erfaßt: La Fayette hofft durch einen Krieg und den Sieg das Königtum wieder populär zu machen, und der Sieg soll die Vernichtung der Demokraten und die Rückkehr des Generals auf die Bühne der Politik bewirken. Cloots*, Brissot und die Girondisten wollen einen ideologischen Krieg, den gerade die Lameths so fürchten. Am Ende geht es nur noch darum, über diesen Krieg abzustimmen. Die engen Beziehungen Narbonnes zu den Fayettisten und den Brissotins vereinfachen diesen Vorgang: Der Kriegsminister hofft, durch den Krieg die Allianz zwischen König und Nation zu festigen.

Nur ein Mann hatte die Gelegenheit für einen Schachzug gewittert. Dieser Mann war nicht Danton, dessen Blitze politischen Scharfsinns mehr intuitiv als überlegt waren und dessen vielfältige Kompromittierungen zuweilen sein Verständnis lähmten, sondern sein zukünftiger Rivale Robespierre. Im Dezember beschließt er, den Krieg abzulehnen, aus Gründen, die denen der Lameths diametral entgegenstehen. Diese wollten keinen Krieg, um die Demokratie zu verhindern, Robespierre dagegen befürchtete eine Kontorrevolution. Erst der Verlauf der Ereig-

---

* Anacharsis Cloots (1755–1794), eigentlich: von Klotz, reicher niederrheinischer Baron, der sich als selbsternannter »Redner des Menschengeschlechts« der Revolution anschließt und die radikalsten Forderungen unterstützt. (Anm. d. Hrsg.)

nisse wird den Lameths Recht geben. Aber im Augenblick ist Robespierre fast der einzige, der mit dem Finger auf die Gefahr einer Reaktion deutet. Am 28. November hatte er sich über einen Plan ereifert, der nur einige kleine deutsche Fürsten bedrohte. Am 12. Dezember warnte er die Jakobiner vor einem Krieg, der von der Regierung geführt wurde. Er wiederholt seinen Alarmruf in der Sitzung vom 14. Dezember, am Abend nach der Erklärung des Königs. Nach seiner Ansicht war eine genaue Analyse der Situation erforderlich, wenn man nicht Gefahr laufen wollte, in eine Falle zu geraten, die die Revolution zugrunde richtete. Der wirkliche Feind befinde sich in Frankreich selbst...

Danton ist bei dieser Gelegenheit zu den Jakobinern zurückgekehrt, nachdem er seit seinem bitteren Mißerfolg bei der Wahl zur Gesetzgebenden Versammlung geschmollt hatte. Er, der Opportunist, folgt an diesem Abend – und man wird wohl nie erfahren, welcher Eingebung er damit nachgab – ausnahmsweise nicht der allgemein herrschenden Strömung. Als er nach Robespierre auf der Tribüne spricht, unterstützt er ihn mit noch schärferen Worten: »Ich werde Ihnen über die neuesten Entwicklungen in der Koalition[2] berichten. Ich werde Ihnen diesen La Fayette vorführen, dem ich vor Ihren Augen die Maske heruntergerissen habe... Wer sich da in seiner dümmlichen Vertrauensseligkeit gefällt, der mag sich darauf vorbereiten, in der nächsten Sitzung mit mir in den Ring zu treten!« Am übernächsten Tag findet die große Debatte statt. Brissot macht sich zum Befürworter des Krieges und appelliert an die Jakobiner, ihn der Regierung anzuvertrauen, die ihn führen wird, die bereit ist, ihn zu überwachen und zu sanktionieren: »Der Krieg muß patriotisch sein, und die Jakobiner werden zu Regierungsanhängern, ja sogar zu Königstreuen!« Der Klub beschließt, diesen Text zu drucken. Nun ist Danton an der Reihe, seine Rede zu halten, wie er es zwei Tage zuvor angekündigt hat. Wird er eine Lanze brechen für die Sache des Friedens? Wer das glaubt, kennt ihn schlecht. Auf die Gefahr hin, einige seiner Freunde vor den Kopf zu stoßen – nur Desmoulins wird noch länger als er den Krieg verurteilen – und bestrebt, sich nicht von der Mehrheit des Klubs und von Brissot zu isolieren, der im Juli seine Kandidatur zur Kommune unterstützte, liefert Danton jetzt ein Rückzugsgefecht, das noch keiner seiner Hagiographen befriedigend erklären konnte. Er überbietet sich in Schmeicheleien in Richtung Brissot: »Sie haben die Drucklegung der exzellenten Rede von Herrn Brissot angeordnet, diesem gewaltigen Streiter für die Freiheit! Von diesem Mann erwarten wir so große Dienste; er wird unsere Hoffnungen nicht enttäuschen ... Wenn es dann wirklich ernstlich darum ginge, ob es Krieg geben wird, dann würde ich sagen: Ja, sollen die Trompeten erschallen! Ja, der Erzengel der Freiheit soll die Trabanten des Despotismus zerschmettern! Ich rede beileibe nicht gegen den Willen zum Kampf. Aber, meine Herren, *wann* müssen wir diesen Krieg führen?« Danton stellt also in allgemeinen Sätzen dieselben Fragen, die Robespierre zuvor mit Klarheit und Präzision dargelegt hat. Dies ist ein verwässerter Robespierre, seiner Substanz entleert. Der Redner versucht, seine neue Position mit der vom 14. Dezember zu versöhnen. Nach einigen Ausführungen darüber, daß einer Kriegserklärung eine Analyse der Situation vorausgehen muß, über die Zweifel, die gegenüber der königlichen und ministeriellen Aufrichtigkeit angebracht sind, über das Mißtrauen, das man gegen eine Faktion haben sollte, die die englische Verfassung und ihr Zweikammersystem befürwortet – immer wieder also Attacken gegen La Fayette –, wird es schließlich klar, daß Danton seine Meinung geändert hat: »Ich will, daß wir diesen Krieg führen, er ist unumgänglich! Wir brauchen den Krieg, aber zuvor mußten alle Mittel ausgeschöpft werden, um ihn uns zu ersparen ... Als ich sagte, ich würde mich dem Krieg widersetzen, meinte ich damit, daß die Nationalversammlung, bevor sie sich in dieser Richtung engagiert, den König wissen lassen muß, daß er all seine Macht, die ihm von der Nation übertragen wurde, gegen dieselben Subjekte richten muß, deren Pläne[3] er vorher entschuldigt hat und von denen er behauptet, sie seien nur aufgrund von Meinungsverschiedenheiten außer Landes gegangen.«

Nach diesem Rückzug blieb Danton nichts anderes übrig, als sich noch eine Zeitlang von der Tribüne der Jakobiner fernzuhalten. Robespierre wird sonst der einzige sein, der noch gegen den Krieg spricht. Alle Widersprüche in den Argumenten der Koalition der Kriegstreiber spürt er auf, um über Monate hinweg die Formeln zu entwickeln, die man dann am 18. Dezember in seiner langen Rede antrifft, in der er nur noch die Waffen der »Vernunft« gebraucht: »Seid Ihr nicht wie der Mann, der eilt, das Haus seines Feindes anzuzünden, während das Feuer sein eigenes erfaßt? ... Vor allem müssen überall und unablässig Waffen hergestellt werden, die Nationalgarden und das Volk bewaffnet werden ... Man muß wachen über eine sorgsame Verwaltung der Finanzen, die noch im Argen liegen, anstatt sie durch einen unvorsichtigen Krieg zu ruinieren ... Man muß die schuldigen Minister bestrafen, und darf in der Entschlossenheit, die widerspenstigen Priester im Zaum zu halten nicht nachlassen ... Der Krieg ist eine so bittere Medizin, daß die Nation lieber davon verschont bleiben möchte... Die Größe eines Volksvertreters liegt nicht darin, der aktuellen Meinung zu schmeicheln, die von den Intrigen der Regierungen gelenkt wird...« Danton hat seinerseits genau das getan, was Robespierre hier beim Namen nennt. Er hat es vorgezogen, »der aktuellen Meinung zu schmeicheln« und den Dingen ihren Lauf zu lassen. Um so schlimmer für seine Freunde Lameth, deren These er indirekt, durch seine Unterstützung für Robespierre, belegt zu haben schien. Soll Maximilien sich doch isolieren, wenn ihm das gefällt. »Da er sich nun mal zugrunde richten will, so soll er es tun!« wird Danton zu Legendre sagen. »Wir brauchen sein Schicksal wohl nicht zu teilen.« Der Tribun ist kein Mann mit Prinzipien und wird es auch niemals sein. Es mag vorkommen, daß er sich in Einzelfragen mit Robespierre einigt, so z.B. am 30. Dezember, als Brissot Leute wie Robespierre offenbar beschuldigt, sich den Gesetzen nicht zu fügen, aber im Grunde ist die Situation klar: Danton hat sich von Robespierre entfernt.

Danton hat ausreichend Zeit gehabt, seine Rückkehr in die Kommune vorzubereiten. Nachdem er im Dezember zum zweiten Stellvertreter des Prokurators gewählt wurde, hält er am 20. Januar 1792 vor dem General seine Antrittsrede. Nun ist er in die Pariser Stadtverwaltung durch die Vordertür zurückgekehrt. Aus den Mißerfolgen von einst hat er seine Lehren gezogen. Er hält eine geschickte Rede: Er scheint ins Glied zurückzutreten, ohne seine Vergangenheit zu verleugnen und ohne verbindliche Verpflichtungen für die Zukunft einzugehen. Noch ein Jahr zuvor hätte eine solche Rede Anstoß erregen können, aber die Zeiten haben sich geändert. Im Januar 1792 ist es durchaus möglich zu drohen, vorausgesetzt man wahrt die Form. Mathiez irrte sich, als er meinte, Danton habe in diesem Text seinen früheren Übertreibungen abgeschworen und dem Gemäßigten eine Reihe von Zugeständnissen gemacht. Diesmal hat Danton – was selten vorkommt – seine Rede sogar schriftlich ausgearbeitet. Alle Formulierungen sind abgewogen und das macht es lohnend, längere Auszüge daraus zu zitieren.

»Ein unbestechlicher Verstand, der sich nicht beirren läßt und sich nur auf Tatsachen gründet, billigt keine Amnestie für Verräter, beschlossen von einem höchsten Tribunal von Dummköpfen und verkündet von Richtern, die von einer Gewaltherrschaft gekauft sind. Dieser Verstand ist es, der mich aus der Zurückgezogenheit meines Zufluchtsortes zurückruft. Dort habe ich meinen bescheidenen Bauernhof bestellt, den ich, wie allgemein bekannt, mit der Abfindung für ein nicht mehr existierendes Amt erworben habe; nur meine Verleumder haben ungeheure Domänen daraus gemacht, die ich angeblich mit irgendwelchen Geldern aus England und aus Preußen bezahlt hätte.« Hier nimmt Danton die Argumente auf, die sein Freund Courtois zuvor in einem offenen Brief an Brissot benutzte. Überhaupt ist die ganze Rede in diesem Ton gehalten: frech, gutmütig, jovial und feurig. Um den Wünschen der Patrioten nachzukommen, habe er Danton, in einer Zeit, da »das Vaterland von allen Seiten bedroht ist«, einen Posten angenommen, »der wie alle vorgeschobenen Posten nicht ungefährlich ist«. Solche neuen Ämter erforderten aber unbedingt eine Richtigstellung über ihren Inhaber. Das richtet sich nicht an die Feinde der Freiheit, die der Redner »bis zum Letzten, bis zum Tod bekämpfen« will, auch nicht an die treuen Schützer der Revolution, dieselben, die ihn auch gewählt haben, sondern an seine gutgläubigen Gegner, die gemäßigten Revolutionäre, die zwar Freunde der Freiheit seien, aber ihre Stürme fürchten und die dem Patrioten Danton mißtrauen könnten. Und nun folgt das berühmte und eitle Selbstporträt als Auftakt zu seinem politischen Glaubensbekenntnis: »Als Mensch verachte ich die Giftpfeile, die man auf mich abschießt, sie sind für mich wie ein bloßes Zischen... Die Natur hat mich mit der athletischen Gestalt und der rauhen Physiognomie der Freiheit ausgestattet. Ich blieb von dem Unglück verschont, Abkömmling jener Rasse zu sein, die in unseren alten Institutionen privilegiert und gerade deshalb fast immer verweichlicht wurde. Ich habe mir meine bürgerliche Existenz selbst geschaffen und so all meine natürliche Energie bewahrt, und dabei in jedem Augenblick, sei es im Privatleben oder im Beruf, unter Beweis gestellt, daß ich die Kälte der Vernunft mit dem Feuer der Seele und der Festigkeit des Charakters zu vereinen wußte...« Wenn seine früheren Reden manchmal übertrieben wirkten, »so deshalb«, sagt er, »weil ich immer davon überzeugt war, daß das Volk erfahren muß, was es von solchen Gestalten zu befürchten hat, die geschickt genug sind, um je nach Lage der Dinge in die Partei zu überzuwechseln, die ihren Ambitionen am besten dienlich ist«, und er, Danton, sage das dem Volk, auch auf die Gefahr hin, »von diesen Kreaturen in den düsteren Farben gemalt« zu werden. – Aus dem Munde Dantons reizt eine solche Lektion in politischer Moral eher zum Lachen. Aber der Generalrat wußte nichts über die Hintergründe seiner Karriere und konnt auch nicht in die Zukunft schauen. Nun kommt der neue Stellvertreter erneut auf die Folgen der Marsfeld-Affäre zurück: „Wenn ich damals, als ich meiner Sache, der Sache der Nation völlig sicher war und die Gefahren einer zweiten gerichtlichen Verfolgung vorzog..., so deshalb, weil ich stets nach den ewigen Gesetzen der Gerechtigkeit handle, weil ich unfähig bin, Beziehungen aufrechtzuerhalten, die beschmutzt wurden und meinen Namen mit denen in Verbindung bringen, die sich nicht scheuen, dem Glauben des Volkes abzuschwören, den sie zunächst vertreten haben. So war mein Leben!« Dieses Leben werde er in Zukunft der Wahrung der Verfassung »und nichts als der Verfassung« weihen. Doch geht Danton nicht das Risiko ein, sich die Hände zu binden, und er ergänzt seinen Treueschwur mit giftigen Warnungen an das Königtum: »Diese niederträchtigen Schmeichler der Könige, sie tyrannisieren in ihrem Namen das Volk und hungern es aus, sie tragen mehr dazu bei, den Wunsch nach einer neuen Regierung zu wecken, als alle Philanthropen, die ihre Ideen über absolute Freiheit verbreiten... Wenn der König sich endlich als ehrlicher Freund der Freiheit erweist, die noch weit über ihm steht, dann wird die Freiheit so lange leben wie die Nation selbst, dann wird man erkennen, daß unsere Bürger nur von den Leuten beschuldigt werden, *über die Verfassung hinauszugehen*, die selbst ganz offensichtlich *hinter der Verfassung zurück sind*, man wird erkennen, daß diese Bürger ...keineswegs die Absicht haben, für ein besseres *Ideal* eine Ordnung zu stürzen, die auf der Gleichheit, der Gerechtigkeit und der Freiheit aufgebaut ist.« Da die Verfassung nun einmal verabschiedet ist, verzichtet Danton in Zukunft darauf, sie zu kritisieren: »Wenn der Wille des französischen Volkes feierlich bekräftigt wird wie bei seiner Zustimmung zur Verfassung, dann wird er mir stets das oberste Gesetz sein.« Diese bedeutungsschweren Sätze erlauben eine subtile Verschiebung des Begriffs der nationalen Souveränität – des Begriffs aus der Verfassung von 1791 – hin zur Volkssouveränität. Sie leiten den Schluß der Rede ein, der sehr an Brissot erinnert; er kann jeder, sogar aufrührerischen Entwicklungen Tür und Tor öffnen: »Ich habe mein Leben ganz in den Dienst dieses Volkes gestellt. Man wird es nicht mehr ungestraft angreifen und verraten; es wird die Erde bald von allen Tyrannen befreien, wenn sie ihre Verschwörung gegen dieses Volk nicht aufgeben. Wenn es sein muß, will ich untergehen, um seine Sache zu verteidigen...« (Bei diesen Worten ruft jemand aus: »Wir gehen mit Ihnen unter!« und auf den Tribünen applaudiert man ebenso wie mehrere Mitglieder des Generalrats.) »Dem Volk allein gelten zum Schluß meine Wünsche, es hat sie verdient. Seine Erleuchtung, sein Mut haben es aus den Tiefen des Nichts herausgeholt. Seine Erleuchtung und sein Mut werden es unsterblich machen!« Damit endet Danton. Er hat erreicht, was er wollte: den Applaus des Publikums und der Kommune, die Zustimmung eines Teils der patriotischen Presse, die »den männlichen Ton und die unwiderstehliche Stimme« des neuen Stellvertreters überschwenglich preist. Mit dieser Mischung aus Sentimentalität, patriotischem Pathos und politischer Heuchelei und trotz der unglaublichen Eitelkeit, die diese ganze Rede auszeichnet, tritt Danton in die Pariser Kommune ein wie die Fledermaus bei La Fontaine. In seinem Glaubensbekenntnis konnte jeder Zuhörer das finden, was er darin sehen mochte: die Rede eines lauteren und strengen Patrioten, der mehr denn je wachsam ist, oder die eines kompromißbereiten Mannes, der im Grunde recht gemäßigt ist, jedenfalls weniger exaltiert, als einige behaupteten. Die Rede vom 20. Januar 1792 ist so geschickt, daß sie überhaupt nichts besagt.

Es ist nicht sehr ergiebig, die verschiedenen Diskussionsbeiträge Dantons bei den Jakobinern aufzuzählen – für den Ausschluß der Feuillants-Abgeordneten; gegen jede Einmischung des Königs in die Zusammensetzung des Obersten Nationalen Gerichtshofs; gegen die »Verfolgungen«, denen die französischen Gardisten ausgesetzt waren usw. Dagegen ist es aufschlußreich, bei drei Daten zu verweilen: dem 4. und 26. Januar sowie dem 4. März 1792.

Am 4. Januar hält der Journalist Carra seine berühmte Rede gegen Ludwig XVI. Er deklamiert in dem für ihn üblichen Tonfall: der Drohung. Für den Fall, daß der König einen erneuten Fluchtversuch unternehmen sollte, schlägt Carra vor, die Krone dem jüngsten Sohn des Königs von England, dem Herzog von York, zu übertragen ... Derselbe Carra wird bald darauf den Vorschlag machen, sie dem Herzog von Braunschweig anzubieten! Interessant sind allerdings weniger die verschrobenen Pläne Carras als das Verhalten Dantons. Der Tribun tritt Carra »im Namen der Verfassung« heftig entgegen und schneidet ihm sogar das Wort ab – auf den ersten Blick eine eindeutige Manifestation von Königstreue. Während er aber dem Hof diese scheinbare Genugtuung verschafft, dient Danton gleichermaßen den Interessen des Herzogs von Orléans. Ob der Tribun mit Carra unter einer Decke steckt oder nicht, ist unwichtig. Offensichtlich ist aber, daß dessen absurder Vorschlag nur zu einer einzigen vernünftigen Lösung führen kann: Wenn Ludwig XVI. eine Neuauflage der Flucht nach Varennes versuchen sollte, versteht es sich von selbst, daß man keinen englischen Prinzen zu rufen brauchte. Dieser übertriebene Vorschlag sollte indirekter bei den Jakobinern eine bereits vorhandene vernünftige Lösung in Erinnerung rufen: die Regentschaft. Im Januar und Februar 1792 werden auch tatsächlich infolge der mißglückten Annäherung zwischen Philippe und dem Hof die orleanistischen Intrigen wieder aufleben.

Man muß sich ebenfalls über die Haltung Dantons am 26. Januar, sechs Tage nach seiner Rede im Rathaus, einige Gedanken machen. An jenem Abend fordert Doppet, ein Anhänger Robespierres, die Aufstellung einer Garde, die die Nationalversammlung schützen soll. Diese Maßnahme hätte die Legislative vor den royalistischen Umtrieben schützen können; sie könnte aber auch den Reitsaal vor dem Ansturm des Volkes bewahren. Danton lehnt diese Maßnahmen energisch ab und führt das Beispiel Englands an, wo das Parlament ohne Bajonette auskommt. Er gibt seiner Verwunderung Ausdruck: »Nur weil es der Exekutivgewalt gelungen ist, ein Dekret zu erreichen, das ihr Garden zusichert, während sie doch nichts als Diener haben sollte, nur weil auch die Exekutivgewalt der Konstituante kurz vor ihrer Auflösung ein solches Dekret abhandeln konnte, sollen jetzt wir Franzosen, als freie Menschen, die mehr auf das öffentliche Wohl als auf irgendeinen persönlichen Vorteil bedacht sein müssen, derartigen Maßnahmen zustimmen?« Albert Mathiez war davon überzeugt, daß »die Zurückweisung des Antrags Doppet nur dem Hof nutzen konnte, der im Gegensatz zu den Volksvertretern bewaffnet war«, deshalb sah er hinter dem Beitrag des Tribuns noch »andere, bedenklichere Motive«. Gewiß, nichts ist unmöglich, aber man sollte Danton auch nicht systematisch den Prozeß machen. Es ist nicht sicher, daß er dem Hof einen Dienst erweisen wollte. Die neue königliche Garde war zwar den Patrioten verdächtig – sie wird dann im Juni aufgelöst –, aber Danton könnte sich auch aus einem anderen Grund gegen den Antrag Doppets ausgesprochen haben. Er hegte gegenüber der Nationalversammlung ein uneingestandenes Mißtrauen, vor allem, weil er selbst nicht Mitglied war. Es war ihm nicht unlieb, ihr eine Garde zu verweigern, die gegebenenfalls zwischen ihr und der Straße eine Schranke errichten und damit den Forderungen des Volkes Einhalt gebieten konnte. Da in diesem Punkt sein Wunsch mit dem seiner stillen Geldgeber übereinstimmte, hatte er keinerlei Grund zu zögern, sich gegen Doppet auszusprechen.

Im grauen Alltag eines politischen Lebens im Halbschatten gibt es noch eine dritte Affaire, bei der Danton auf merkwürdige Weise in den Vordergrund tritt. Es handelt sich um die Spendensammlung für die Schweizer Garden von Chateauvieux. Diese Soldaten hatten im August 1790 an der Revolte von Nancy teilgenommen. Der Marquis von Bouillé hatte gewaltsam die Ordnung wiederherstellen lassen. Einige Anführer wurden exekutiert und vierzig Schweizer zu 30 Jahren »Galeere« (d.h. Zwangsarbeit) in Brest verurteilt. Die Legislative hatte die von der Konstituante beschlossene Amnestie vervollständigt. Die Volksgesellschaften und Klubs schicken sich an, den Entlassenen einen Triumphzug zu bereiten, der am 9. und am 15. April stattfinden soll. Einen Monat zuvor, am 4. März, haben die Jakobiner Spenden für die befreiten Zwangsarbeiter empfangen. Von den 1445 Livres, die in der Sektion Tuilerien gesammelt wurden, stammten 110 Livres von der königlichen Familie. Nicht ohne Ironie begrüßt der Präsident Thuriot »das Opfer aus der Zivilliste«. Danton seinerseits protestiert energisch: »Glaubt die Exekutivgewalt etwa, sie könnte die Männer, die sie den Bajonetten des Verräters Bouillé ausgeliefert hat, durch ein Almosen entschädigen? Wie kann die königliche Familie es wagen, ein solches Almosen zu geben? Und wie kommen Sie dazu, diese Unverschämtheit zuzulassen?« Dann schlägt er vor, auf die königliche Arroganz mit einer Unhöflichkeit zu antworten und das Geld zurückzuweisen. Obwohl er seine Tiraden mit beschwichtigenden Formulierungen durchsetzt (»Es mag sein, daß Ihnen meine persönliche Meinung übertrieben erscheint..., aber ich bin gewohnt zu sagen, was ich denke... Es ist keine Bosheit in meinen Gedanken und Worten...«), verstimmt er doch viele Jakobiner. Das Murren und die Zwischenrufe, die seine Rede wiederholt unterbrochen haben, drohen in einen Tumult auszuarten. Robespierre findet die Zustimmung des Klubs, als er erklärt, daß die individuellen Handlungen der königlichen Familie die Jakobiner nichts angehen. Warum hat Danton also den König und seine Familie in derart bösartiger Weise gekränkt? Mathiez hat zweifellos recht mit seiner Vermutung, daß der Tribun präzisen Instruktionen folgte. Danton war beauftragt, den Klub zu einer dreisten Zurückweisung zu drängen. Eine schwere Beleidigung der königlichen Familie könnte als doppeltes Argument dienen: in den Augen der Gemäßigten, die sich von einem Klub distanzieren würden, der sogar die Person des Monarchen angreift, und in den Augen der europäischen Fürsten, die endlich begreifen würden, daß mit der Revolution Schluß gemacht werden muß. Das zweite Argument ist allerdings wesentlich schwächer als das erste; es galt vor allem, die Jakobiner in den Extremismus zu drängen, sie von der gemäßigten Revolution abzuspalten.

Diese Episode hatte möglicherweise auf die Karriere Dantons eine unerwartete Auswirkung. Die allzu maßvolle Politik des Kabinetts hatte die Brissotins in Wut gebracht. Die Verlesung der diplomatischen Korrespondenz mit Wien vor der Nationalversammlung (am 1. März) war von

Brissot und den Seinen als Indiz »perfider Trägheit« interpretiert worden, deren Ziel es sei, die unvermeidliche Kriegserklärung an den Kaiser hinauszuzögern. Am 9. März trat Narbonne zurück; am 10. wurde gegen Delessart Anklage erhoben und auch er mußte zurücktreten. »Damit der Böswilligkeit kein Ausweg mehr bleibt«, willigt Ludwig XVI. schließlich ein, ein »jakobinisches« Kabinett (aus Brissotins und Girondisten) zu ernennen. General Dumouriez – der seit dem 19. März bei den Jakobinern »die rote Mütze aufsetzt« – erhält das Außenministerium, der Bankier Clavières die Finanzen und Roland das Innenministerium. Am 14. April wird außerdem Duranthon, der Prokurator der Kommune von Bordeaux, ins Justizministerium berufen. Warum gerade diese Verzögerung? Weil bis zum letzten Augenblick davon die Rede ist, ausgerechnet Danton das Staatssiegel anzuvertrauen! Der Tribun hätte damit den Lohn für seine Kehrtwendung in der Kriegsfrage erhalten. Aber gegen Brissot, der aus dem Hintergrund das neue Ministerium zusammenbaut, trotz der positiven Stellungnahme von Dumouriez, der Schlüsselfigur im Kabinett; trotz der Intervention der Zuständigen für die Zivilliste bei Dumouriez (das waren Sainte-Foi, Freund des Generals, und La Portes, des Verwalters der Zivilliste, und Talon, ehemaliger Zivilrichter beim Châtelet, Abgeordneter der Konstituante, Neffe von Sainte-Foy und zusammen mit Mirabeau Organisator dessen, was Mathiez die „politische Polizei des Hofes" nannte – eben derselbe Talon, der Danton zu seinen Agenten zählte); und schließlich trotz der Befürwortung durch Camille Desmoulins, der seinen Freund Georges als Minister sehen wollte, obwohl er Brissot und dem Krieg immer noch ablehnend gegenüberstand, wurde der Name Danton aus der Kandidatenliste wieder gestrichen. Es ist sehr wahrscheinlich, daß sich der König selbst dieser Ernennung widersetzte, ein Zeichen dafür, daß Danton, obwohl er sein Agent war oder vielleicht gerade deswegen, dem König einen wirklichen Abscheu einflößte, einen Widerwillen, der durch die beleidigende Rede vom 4. März noch verstärkt wurde. Die Zeit war noch nicht gekommen, da Danton seine Käuflichkeit mit der Ehrbarkeit eines Staatsmannes würde vereinbaren können. Er mußte noch vier Monate warten.

Vielleicht geschieht es ebenfalls auf geheime Weisung, daß Danton bei den Jakobinern die Verteidigung des Bürgermeisters Pétion übernimmt, dem man vorwirft, er wolle das für den 15. April vorgesehene Freiheitsfest zu Ehren der Soldaten von Chateauvieux durch einen Truppenaufmarsch überwachen lassen, oder daß er, mit Rücksicht auf das Département, das verdächtig ist, bei dieser Gelegenheit die Freiheit anzutasten, eine »stumme Verachtung und Ruhe, wie sie freie Menschen auszeichnet«, predigt? Falls aber Danton in all diesen Fällen gehandelt haben sollte, ohne von irgendjemandem gedrängt worden zu sein, so würde dies gegen sein Format als Politiker sprechen. Denn ein Mann, von dem viele denken, er habe das Zeug zum Justizminister, darf sich nicht drehen wie eine Wetterfahne, und das ohne ersichtlichen Grund, so als ob er nur ein keiner Stadtteil-Agitator sei. Seine Redebeiträge sind zwar weniger spontan, aber der ihm eigene Mangel an Disziplin macht jede Analyse äußerst schwierig. Wann handelt er im Auftrag? Und wann folgt er nur seinem eigenen Kopf? Es ist unmöglich, darauf eine begründete und präzise Antwort zu geben.

Die Routine der Sitzungen in der Kommune wird nur gelegentlich unterbrochen von einigen mehr oder weniger geplanten Abstechern zu den Jakobinern, und sie reicht nicht aus, um das Leben eines ehrgeizigen Mannes auszufüllen. Seine Biographen legen denn auch großes Gewicht auf sein Privatleben und seine häuslichen Tugenden. Als Familienvater erlebt Danton die Geburt seines dritten Sohnes – der erste ist, wie bereits erwähnt, 1789 gestorben. François Georges wird am 2. Februar 1792 geboren und in der Kirche Saint-André-des-Arts getauft. Bald darauf wird er einer Amme aus L'Isle-Adam anvertraut, die übrigens auch den kleinen Horace-Camille Desmoulins versorgt, der im Juli zur Welt kommt. Dennoch sollte man sich nicht allzusehr in das Privatleben des Mannes aus der Champagne vertiefen; es macht nur einen geringen Teil seiner Zeit aus, die er doch intensiver nutzt, als man in dieser Phase scheinbarer Untätigkeit vom Herbst 1791 bis Frühjahr 1792 glauben mag. Die Schwangerschaft und das Wochenbett seiner Frau erlauben zwar während dieser Zeit keine Einladungen in seinem Haus, aber er frequentiert dafür reichlich den Jakobinerklub, außerdem fast häufiger die Cordeliers, wo inzwischen Leute wie Marat, Momoro und Hébert den Ton angeben. Er trifft sie – denn er wird den Kontakt zur extremen Linken der Cordeliers nie ganz verlieren – meist in den zahlreichen Cafés seines Viertels oder im Palais-Royal. Danton vernachlässigt auch nicht den Salon der Madame Montansier, der berühmten Schauspielerin. Wenn sie nicht gerade die Spitzen der Gesellschaft im revolutionären Paris empfängt – orleanistisch oder nicht –, steht die Montansier auf der Bühne. Auch Danton zeigt sich in den Theatern; die Mode, patriotische Stücke aufzuführen, macht dies für jeden Mann der Öffentlichkeit zur Pflicht. Die Restaurants des Palais-Royal geben den Rahmen ab für politische Diners und Soupers, von deren Unterhaltungen aber nichts durchgesickert ist. Da Danton immer noch zur orleanistischen Richtung gehört, pflegt er auch mit zwei Freundinnen Philippes politisch-mondänen Umgang: Mrs. Elliot und Agnès de Buffon. Es wäre also falsch zu glauben, Danton habe in der Amtszeit der Legislative seine Zeit vergeudet. Von seinem *politischen* Leben – denn sein öffentliches Leben ist recht eingeschränkt – kennt man zu diesem Zeitpunkt nur die Oberfläche. Danton ist weiterhin ein Mann, den man kauft, und damit ein Mann, der zählt. Seine relative Zurückgezogenheit hat die geheimen Verhandlungen nicht abreißen lassen; fast wären sie mit einem Ministeramt gekrönt worden.

Nachdem es Danton nicht gelungen war, bei der Ämterplanung Brissots Berücksichtigung zu finden, suchte er nach neuen Strategien. Seine Attacken gegen die Feuillants und gegen das »österreichische Komitee« waren im gegenwärtigen politischen Klima nur von trauriger Banalität. Er beschloß also, auf bessere Zeiten zu warten, und seine alten Rezepte wieder hervorzuholen. Bald tritt er wieder als der Agitator auf, den seine Gegner immer in ihm sahen. Als er die Forderung der Patrioten unterstützt, im Rathaus die Büsten La Fayettes und Baillys, die den Sitzungssaal des Generalrats schmücken, zu entfernen, entfesselt er einen Tumult (19. April). Trotz Pétions Vermittlung wird Danton im anschließenden Handgemenge öffentlich bespuckt.

Am nächsten Tag beschließ die Nationalversammlung fast einstimmig die Kriegserklärung an den »König von Böhmen und Ungarn«, Franz II. (Leopold starb am 1. März, und sein Sohn hatte die Zeit gehabt, sich zum Kaiser krönen zu lassen.) Trotz des Drucks der Brüder Ludwigs XVI. und ungeachtet des von der Legislative im Januar verabschiedeten Ultimatums hatte Leopold, in Übereinstimmung mit dem König, zunächst abgewartet und die Auflösung der Emigrantenaufmärsche durch die Kurfürsten von Trier und Mainz durchgesetzt. Aber Dumouriez und die Legislative taten so, als habe diese Auflösung nicht stattgefunden. Der Krieg weitet sich aufgrund einer simplen Kettenreaktion aus. Preußen, das durch einen Vertrag mit Österreich verbündet ist, schließt sich ihm an, zusammen mit dem König von Sardinien und drei geistlichen Kurfürsten des Heiligen Römischen Reiches. Die Jakobiner wollen sich nur mit Österreich anlegen, das für sie das Symbol des Ancien Régime bildete, und gestützt auf die öffentliche Meinung, sind sie sich der Gefahr nicht bewußt. Selbst Desmoulins schließt sich der Kriegsbegeisterung an und geißelt den Pazifismus der Bourgeois, »die mehr Angst haben vor den Revolutionären als vor den Ulanen«. Am Abend nach der Kriegserklärung entwickelt Robespierre aus diesem Ereignis seine eigene revolutionäre Logik. Man muß, so sagt er, »Brabant, die Niederlande, Lüttich und Flandern erobern«. Und er fügt hinzu: »Man darf... nicht mehr den Krieg des Hofes, sondern muß den Krieg des Volkes führen.« Das bedeutet, daß ein Volk, wenn es sich gegen den äußeren Feind erhebt, den »Despotismus« im Innern überwachen muß. Danton hatte sich, im Bewußtsein der Lächerlichkeit seiner Widerrufe, zurückgehalten. So konnte Robespierre die Kassandra spielen und Brissot in der Legislative deklamieren, daß »ein Volk, das nach 12 Jahrhunderten der Sklaverei seine Freiheit wiedererlangt, den Krieg braucht, um sich zu konsolidieren«, daß England, das »uns liebt«, neutral bleiben wird, daß Preußen es »nicht wagen wird« einzugreifen und daß dieser kurze Krieg »keinen großen Einfluß auf den Handel haben kann«, und noch viele andere Dummheiten, die Frankreich in einen 23jährigen Krieg stürzen werden.

Trotz der Bemühungen der Regierung seit 1789/90 hatte die jakobinische Opposition jede nationale Verteidigungspolitik gelähmt, indem sie in den Armeen die Disziplinlosigkeit – und damit indirekt die Emigration von Offizieren – gefördert und sich unter verschiedenen Vorwänden einer Erhöhung der Truppenstärke widersetzt hatte. Bald wird Ludwig XVI. selbst unter Anklage stehen, die Verteidigung des Vaterlandes sabotiert zu haben, um in Absprache mit den Emigranten eine feindliche Invasion zu begünstigen. Schon in den ersten Wochen und trotz des Zögerns der mit der Polenfrage beschäftigten Verbündeten ist dieser »kurze Krieg« ein Fiasko. Die französischen Armeen, geschwächt durch eine von der Verfassung intendierte rein defensive Struktur und durch die Emigration der royalistischen Offiziere, geben bei Kampfhandlungen mit den Österreichern eine armselige Figur ab. Die Jakobiner hofften auf einen Aufstand der Einwohner von Brabant (die sich kürzlich gegen Joseph II. erhoben hatten) und eine massive Fahnenflucht in den feindlichen Reihen... Aber Biron, Rochambeau und La Fayette treten einen ungeordneten Rückzug an und die Freiwilligen geraten in Panik. Rochambeau gibt sein Kommando zurück und General Théobald Dillon wird auf dem Rückzug in der Nähe von Lille von seinen eigenen Truppen massakriert, die ihn des Verrats beschuldigen. Die Girondisten machen nun die Offiziere für ihre eigene Sorglosigkeit verantwortlich. Desertationen von Offizieren häufen sich; Generale rebellieren. La Fayette, der dem Krieg vor kurzem noch positiv gegenüberstand, schreibt am 6. Mai an den Kriegsminister: »Ich kann nicht begreifen, wie man den Krieg erklären konnte, ohne auch nur im mindesten darauf vorbereitet zu sein.« In Paris ist die Unruhe beträchtlich; sie wird bald in offenen Aufruhr umschlagen, und dann kommt die Stunde für die Sans-Culotten und ihre Anführer.

Danton, der es Ende April zum Vorsitzenden der Jakobiner gebracht hat, mußte nun sein Taktgefühl unter Beweis stellen. Dachten die Freunde der Verfassung, daß er in diesen schwierigen Zeiten der Mann der Stunde sei, um zwischen der girondistischen Mehrheit und der schon radikalen Minderheit des Klubs zu vermitteln? Die vielfältigen Beziehungen des Tribuns ermöglichten es ihm, von einer Zufallsmehrheit ernannt zu werden. In der Sitzung vom 10. Mai wird Danton schließlich veranlaßt, Stellung zu beziehen. Robespierre wird von den Freunden Brissots beleidigt. Zwischenrufe übertönen seine Stimme. Jemand beschuldigt ihn des Despotismus. Danton gibt die Beleidigung zurück und ruft aus: »Herr Robespierre hat hier nie einen anderen Despotismus ausgeübt als den der Vernunft!« Der Satz trifft gut, aber er reicht nicht aus, um die Ruhe wiederherzustellen. »Der Agitator erwacht!« meint ein Jakobiner ironisch. »Ich bin kein Agitator!« protestiert Danton. Und der Tribun geht zum Gegenangriff über, droht und behauptet, die Zeit sei gekommen, daß man gegen solche Individuen Blitze schleudern müsse, die es sich seit Monaten erlaubten, den untadeligen Robespierre zu verleumden. Diese Unterstützung wäre von größerem Wert gewesen, hätte Danton nicht selbst am 16. Dezember Robespierre im Stich gelassen. Aber was macht das schon. Danton erscheint nun als großmütiger Beschützer Robespierres; gleichsam eine Investition in gute Beziehungen für einen Mann, dem jedes politische Bündnis recht ist. Dantons Geste ist Robespierre sicher nicht entgangen. Man wird sich daran erinnern müssen, wenn man die Frage stellt, warum Robespierre im Jahre II zögerte, Danton zu vernichten.

Die militärische Situation verschlechtert sich zusehends. Am 17. Mai bestätigen sich die Vorwürfe Robespierres und Marats gegen La Fayette: Der General schlägt dem Feind einen Waffenstillstand vor, in der Hoffnung, selbst auf Paris marschieren zu können, um dort die Ordnung wiederherzustellen. Am nächsten Tag sind die Kampfhandlungen unterbrochen.

In diesem Maimonat des Jahres 1792 formieren sich allmählich die Anhänger Ludwigs XVI. gegen die jakobinische Offensive. *Monarchiens* und konstitutionelle Feuillants hoffen, die Auflösung der Legislative und des Jakobinerklubs zu erreichen. Dagegen wollen die Monarchisten Montmorin und Bertrand de Moleville – genauso wie im Ausland der Baron de Breteuil – die konstitutionelle Garde des Königs zu sich hinüberziehen. Diese Garde hat am 16. März ihren Dienst angetreten. Die Jakobiner stilisieren sie zum Hauptinstrument des »österreichischen Komitees« oder zum »geheimen Rat der Königin«. In Wirklichkeit hat der König durchaus vermieden, in seine Garde zu viele extreme Royalisten zu berufen, indem er die Bewerbungen von Emigranten nicht berücksichtigte. Rasend vor Wut werden also auch die Emigranten die konstitutionelle Garde beschimpfen. Damit unterstützen diese »Aristokraten«, die sowohl die *monarchiens*, die Konstitutionellen und die Monarchisten hassen, indirekt die jakobinische Kampagne gegen die königliche Garde und das »österreichische Komitee«!

Seit mehreren Wochen polemisieren der Journalist Carra und die Abgeordneten Chabot, Basire und Merlin de Thionville aus rein politischer Ranküne – das hat eine juristische Untersuchung eingehend bewiesen – gegen dieses konterrevolutionäre »Komitee«, das von Montmorin, Bertrand de Moleville und der Prinzessin de Lamballe geführt wird. Natürlich sollen auf dem Umweg über das »Komitee« und die verdächtigen Minister die Königin, die königlichen Ratgeber und der König selbst getroffen werden. Und diese heftigen Attacken haben Folgen. In Paris, das gerade unter einer künstlich hervorgerufenen Hungersnot leidet – denn die Bauern mißtrauen den abgewerteten Assignaten – verbreitet sich von den Volksgesellschaften aus die Bewegung der Sansculotten. Sie verknüpft ökonomische Forderungen mit der politischen Forderung nach Demokratie. Die Brissotins aber können es sich nicht erlauben, von den Sans-Culotten links überholt zu werden. Sie wettern ununterbrochen gegen die Tatenlosigkeit der Generäle, und um den Hof unter Druck zu setzen, wagen sie sich auch sogar an die Feuillants, die Lameths, an alle Ratgeber des Königspaars heran. Der Versammlung ringen sie drei illegale oder nicht verfassungskonforme Dekrete ab: über die Deportation refraktärer Priester ohne vorherige Verurteilung; über die Auflösung der königlichen Garde (29. Mai); und schließlich über die Stationierung von 20 000 Föderierten* aus den Départements vor den Toren von Paris (8. Juni). Ziel der letzten Maßnahme, die angeblich dazu gedacht war, Paris gegen die Umtriebe verdächtiger Offiziere zu schüt-

* Gemeint sind Nationalgardisten. (Anm. d. Hrsg.)

zen, war es vor allem, Ludwig XVI. einzuschüchtern, der nach der Abschaffung seiner Garde unbewaffnet war. Aus dieser Affäre geht der König sehr geschwächt hervor. Nur der Auflösung seiner Garde stimmt er nicht zu; der Herzog de Brissac, ihr Kommandant, ist bereits per Dekret in den Anklagezustand versetzt worden, und Ludwig XVI. will die Untergebenen des Herzogs vor ähnlichen Maßnahmen schützen. Diese Geste ist ebenso elegant wie unbesonnen. Als König ohne Schutz und Waffen entläßt er schließlich sogar seine drei jakobinischen Minister (Roland, Clavière und Servan, den neuen Kriegsminister). Dumouriez erhält das Kriegsministerium, dann aber entläßt der König ihn und schickt ihn zur Nordarmee, um schließlich Feuillants ins Kabinett zu holen (10.–18. Juni). Natürlich löst dieses Verhalten bei der Linken einen Aufschrei des Entsetzens aus. Die Volksgesellschaften sind empörter denn je. Überrascht von der Königlichen Entschlossenheit, greifen die Brissotins nun zum letzten Mittel: dem Druck der Straße.

Nun packt Danton die Gelegenheit beim Schopfe. Nirgends fühlt er sich so wohl wie in verworrenen Situationen. Von nun an wird er seine Angriffe auf ein Ziel konzentrieren. Nach der Entlassung der Minister wettert er bei den Jakobinern: »Es wird mir eine Pflicht sein, den Terror an diesen entarteten Hof zu tragen! Die Exekutivgewalt konnte nur deshalb ihre Anmaßung auf die Spitze treiben, weil man zu schwach war!« *Man:* das sind die Klubs, die Volksgesellschaften, die Sansculotten, also alles, was man seit dem Juli 1789 kurzerhand »das Volk von Paris« nennt. Schon am nächsten Tag fordert Danton eine Sondersteuer für die Reichen. Und Ludwig XVI. solle endlich Marie Antoinette verstoßen, um die österreichische Präsenz in Paris zu beenden (14. Juni)! Überschreitet der Tribun damit die Instruktionen seiner Geldgeber, oder ist es am Ende die Königin selbst, die vom französischen Territorium verjagt werden will?

7. DER UNTERGANG DER MONARCHIE

Du hast dich in dieser schrecklichen Nacht schlafen gelegt. Deine Sektion, die dich zu ihrem Präsidenten bestimmt hatte, wartete lange auf dich, dann riß man dich aus einem schändlichen Schlaf. Du führtest eine Stunde lang den Vorsitz und verließest deinen Platz um Mitternacht, als die Glocke schlug. Da kamen die Schergen des Tyrannen herein und setzten dem, der dich jetzt vertrat, das Bajonett auf die Brust: während du geschlafen hast.

Saint-Just

Am 18. Juni legt Ludwig XVI. sein Veto gegen die Dekrete ein. Die Legislative ist offiziell über die Liste der neuen Kabinettsmitglieder informiert und läßt einen drohenden Brief La Fayettes verlesen, der vor der Tyrannei der Aufwiegler im Innern warnt. Trotz der rhetorischen Ausbrüche der Gironde, die den General mit Cromwell vergleicht, ist die Versammlung geteilter Ansicht. Am Abend stimmt Danton bei den Jakobinern mit Robespierre, Desmoulins, Collot d'Herbois, Robert, Fabre und Chabot überein, den Streit mit La Fayette endlich offen auszutragen. »Ohne Zweifel«, ruft er aus, »ein großer Tag! La Fayette hat vor den Augen ganz Frankreichs die Maske fallengelassen… La Fayette kann, auf ein einziges Gesicht reduziert, nicht mehr so gefährlich sein!… Es steht außer Zweifel, daß La Fayette der Führer dieses Adels ist, der mit allen Tyrannen Europas einig geht!« Der General müsse vor die Schranken der Nationalversammlung zitiert werden; falls er sich weigere, würden seine Freunde es nicht mehr wagen, ihn zu verteidigen, und er werde zum Feind überlaufen. Wenn er aber dem Aufruf Folge leiste, werde er der Versammlung und den Patrioten ausgeliefert sein.

Die Regierung unterschätzt die Gefahr. Sie versteht nicht, daß ein Teil der konterrevolutionären Royalisten mehr an den Sieg der Verbündeten denkt, als an den Schutz des Königs und daß sie ihm keinerlei Hilfe sein werden. Man glaubt die Bewegung im Griff zu behalten, indem man Gelder aus der Zivilliste verteilt.[1] Der neue Außenminister Chambonas schreibt an diesem 18. Juni an Ludwig XVI., um ihn zu beruhigen, und versichert, man könne auf die Bestechlichkeit zahlreicher Agitatoren, wie des Sekretärs der Cordeliers, und sogar mit der Unterstützung des Bürgermeisters Pétion rechnen. Eine glatte Fehleinschätzung: Die Pariser Stadtverwaltung war uneins; das Departement und die Mehrheit im Generalrat der Kommune waren zwar gemäßigter, aber die Verwaltungsbeamten waren mehrheitlich demokratisch gesinnt und ebenso wie der Bürgermeister und die Anklagebehörde (Manuel, Danton).

Der Aufstand vom 20. Juni geht eindeutig auf das Konto der Gironde, – in Absprache mit dem Stab der Kommune (Manuel, Pétion). Die Ausführung wird von den Vorstädten unterstützt, umrahmt von beinahe professionellen Anführern wie Santerre, dem Brauer des Faubourg Saint-Antoine, oder von Cordeliers wie Fournier und Legendre. Der Zeitpunkt ist günstig. Es ist der Jahrestag des Ballhausschwurs und der Flucht nach Varennes. Der Vorwand mit dem Gedenktag verbindet sich mit einem politischen Ziel: der Versammlung und dem König sollen Petitionen gegen das Veto und gegen die Entlassung der Minister vorgelegt werden. Nachdem die Bittsteller von der Legislative empfangen wurden, dringen die mittlerweile bewaffneten Petitionäre (8 000 bis 10 000 an der Zahl) in die Tuilerien ein. Diese »historische« Szene ist vielfach geschildert worden: Ludwig XVI. und seine Minister erleben sechs Stunden lang, wie der schreiende Pöbel vorbeimarschiert; der König wird von den Säbeln einiger Sansculotten bedroht; in eine Fensteröffnung gedrängt, muß er die Jakobinermütze aufsetzen und auf das Wohl der Nation trinken; inmitten des Tumults bewahrt er eine außergewöhnliche Ruhe und weigert sich trotz der Aufforderungen Santerres und anderer Anführer, seine Entscheidung rückgängig zu machen. »Der Versuch, auf friedliche Weise Druck auszuüben«, schreibt Albert Soboul etwas verschämt, »war gescheitert«.

Dieses Scheitern erhöhte das Ansehen jener Revolutionäre, die, wie Robespierre, die Bewegung als verfrüht eingeschätzt hatten, oder die ihr, wie Danton, ferngeblieben waren. Man kann dieses Fernbleiben des Tribuns unterschiedlich beurteilen. Es wäre zu einfach, es einem Schamgefühl zuzuschreiben, das ihn abgehalten hätte, dem Hof, nachdem er ihn mit Worten angegriffen hatte, auch noch physisch einen Stoß zu versetzen, also eine Art Loyalität, um seine weitere Bezahlung durch diesen Hof zu rechtfertigen. Hätte er denen, die ihn kauften, wirklich nützlich sein wollen, so hätte er seinen Einfluß auf einige Anführer wie seinen Freund Legendre, auf Fournier, und sogar auf Santerre nutzen müssen, um zu versuchen, die Bewegung zu bremsen oder aufzuhalten. Er tat jedoch nichts dergleichen. Das war geschickt, denn auf diese Weise hatte er mit Robespierre und den klarsichtigen Revolutionären gegen die Brissotins, die sich als Aufständische aufspielen wollten, recht behalten.

Für eine kurze Zeitspanne wird der Aufstand vom 20. Juni die Position Ludwigs XVI. bedeutend stärken. 75 Departements und zahlreiche Behörden schicken empörte Protestschreiben nach Paris; Tausende von Unterschriften unter Loyalitätsbekundungen werden gesammelt. Pasquier zufolge hatte das Königtum »viel mehr Anhänger als ein Jahr zuvor«. Trotzdem hatte es nur noch 50 Tage zu leben. Paris ist nicht dasselbe wie die Provinz. Keine Sektion hat es gewagt, die Vorgänge des 20. Juni zu verurteilen. Die Ankunft La Fayettes in Paris am 28. Juni bringt keinen Nutzen. Vergeblich versucht der General, Ludwig XVI. dazu zu bewegen, sich unter seinem Schutz nach Compiègne zu begeben und die gemäßigten Bataillone der Nationalgarde mitzunehmen. Unvorsichtigerweise fordert er die Legislative auf, die Klubs zu schließen und die Verantwortlichen wegen Aufruhrs verfolgen zu lassen. Der König und vor allem die Königin mißtrauen ihm; er kehrt nach Maubeuge zurück, ohne irgendetwas Konkretes erreicht zu haben. Nach seiner Abreise sehen seine Anhänger, die schon wieder Mut gefaßt hatten, wie die Sans-Culotten in den Gärten des Palais-Royal ein Bild La Fayettes verbrennen, und die Sektion des Théâtre-Français fordert die »ganze Härte des Gesetzes« für diesen »Komplizen von Bouillé«. Pétion und Manuel werden vom Departement ihres Amtes enthoben; aber von der Legislative wieder eingesetzt. Die Partie war zu schwierig zu spielen für einen König, der von einem Teil seiner Anhänger im Stich gelassen wurde. Sie waren wie besessen von einem »österreichischen Komplott«, das den Krieg beenden würde, und von den Gerüchten über einen Staatsstreich der Feuillants. Das eine wie das andere würde aber nur dazu führen, daß die verhaßte Verfassung konsolidiert wurde. Auch die Ultras unter den Royalisten hatten kein Vertrauen mehr zu ihrem König, dem sie »konstitutionelle« Kompromisse vorwarfen.

Am 6. Juli informiert Ludwig XVI. die Nationalversammlung über den Vormarsch der Preußen auf die französischen Grenzen: »Ich rechne mit der Einheit und dem Mut aller Franzosen, gegen die Feinde des Vaterlands und der Freiheit zu kämpfen und sie zurückzuschlagen.« Vier Tage darauf treten die feuillantistischen Minister zurück, um damit auf die wachsende Anarchie hinzuweisen und auf die Absicht einer Minderheit der Versammlung, die Regierung zu stürzen. Diese Aktion war ohne Zweifel mit La Fayette abgesprochen, der dem König riet, Frieden zu schließen, um den Feind im Innern niederzuschlagen. Diese Entscheidung wurde jedoch mißverstanden und die Position Ludwigs XVI. weiter geschwächt, da ihn nun die Jakobiner beschuldigen, fortlaufend Minister ausgetauscht zu haben, um die Exekutive zu zerrütten. Die Mitteilung des Königs und der Rücktritt der Minister zeigen sofort Wirkung. Am 11. Juli lassen Hérault de Séchelles und die Girondins erklären, daß »das Vaterland in Gefahr« sei. Die feierliche Verkündung des Nachfolgers erfolgt am 21., die Anwerbung der Freiwilligen beginnt am 22. Das Ereignis fällt mit dem zweiten Jahrestag des Föderationsfestes vom 14. Juli zusammen. Zu Tausenden strömen die Nationalgarden aus der Provinz in die Hauptstadt, um der Zeremonie beizuwohnen. Am 2. Juli hatte die Nationalversammlung folgenden Weg gefunden, um das Veto zu umgehen: Die Föderierten würden Paris am 18. Juli in Richtung auf das Lager von Soissons verlassen, so wie es der König gefordert hatte (Ludwig XVI. hatte dieses Dekret sofort unterschrieben). Aber die Föderierten holten sich ihre Weisungen in den Klubs. So nahm ihre Ankunft eine subversive Bedeutung an. Im Generalrat hatte Danton wilde Drohungen ausgestoßen. Am 8. Juli schlug er vor, eine pro-königliche Petition dem »österreichischen Komitee« zurückzuschicken. Nachdem der Generalrat den Text gebilligt hatte, rief der Tribun aus: »Auf diese Petition werden wir am Föderationstag antworten!« Auf die Frage, was das bedeute, schmettert er: »Sie wird *aus nächster Nähe** übergeben!« Danton wird zur Ordnung gerufen, und seine Äußerung ins Protokoll aufgenommen. Er scheint sein Lager gewählt zu haben.

Angesichts der »Gefahr« haben die Jakobiner sich offenbar wieder enger zusammengeschlossen. Obwohl sie Wutausbrüche des Volkes fürchten, haben sogar Brissot und Vergniaud den Hof scharf angegriffen. Die Versöhnung zwischen Brissot und Robespierre hat allerdings nur symbolischen Wert, denn der Rücktritt der Minister eröffnet den Girondisten neue Perspektiven: Sie flaggen wieder um, überschätzen nun aber die Macht der königlichen Partei und versuchen nun auf einmal, mit

---

* *A bout portant:* Anspielung darauf, daß diese »Antwort« mit Waffengewalt erfolgen wird. (Anm. d. Hrsg.)

Ludwig XVI. und seiner Umgebung zu verhandeln. Sie schlagen dem König vor, durch einige Opfer die Monarchie wieder populär zu machen, während sie selbst die Legislative dazu bringen wollen, sich gegen die Agitation der »aufrührerischen« Pariser auszusprechen. Sie finden sich einer verständlichen, aber wenig durchdachten Ablehnung gegenüber. Denn die Führer der sansculottischen Bewegung, die auf die Föderierten aus der Provinz politischen Einfluß haben, haben die konstitutionelle Monarchie bereits verabschiedet. Bereits am 11. Juli hat Robespierre bei den Jakobinern vorgeschlagen, den Eid nur noch »auf das Vaterland« zu leisten. Es ging nun nicht mehr darum, den 14. Juli zu feiern, sondern die Absetzung des Königs, und überhaupt der Monarchie zu betreiben. Am 14. Juli blieben die Föderierten ruhig, aber dann waren sie schnell »umgedreht«. Sie warteten auch nicht mehr die am 25. Juli in Paris eintreffenden Bretonen oder die Marseiller ab (die am 30. Juli zu den Klängen des »Kampflieds der Rheinarmee«* zu ihnen stoßen), um der Legislative bereits am 17. und 23. Juli Petitionen vorzulegen, die die Absetzung Ludwigs XVI. fordern. Auch einige Provinzstädte wie Marseille hatten sich in diesem Sinne ausgesprochen. Wie schon im Vorjahr, ist diese Kampagne mit einem demokratischen Programm verbunden: Wahl eines Konvents aufgrund allgemeiner Wahlen, der eine republikanische Verfassung für Frankreich ausarbeiten soll. Die Klubs und die Sektionen handeln im gleichen Sinne. Wie alle Behörden tagen die Sektionen in Permanenz und geben sich ein Zentralbüro, das mit dem geheimen Direktorium der Förderierten in ständiger Verbindung steht. Aber all das hätte allein noch nicht ausgereicht, die Verfassung zu Fall zu bringen. Dazu bedurfte es eines zündenden Funkens.

Am 25. Juli 1792 unterzeichnete der Herzog von Braunschweig als der Oberkommandierende der Koalierten Armeen die von und für die Emigranten abgefaßte Erklärung, die man künftig das »Manifest des Herzogs von Braunschweig« nennt. Dieser von Marie Antoinette geforderte Text war von Fersen, Bouillé und Breteuil gebilligt worden. Der Herzog gab darin den Franzosen seine Absicht bekannt, die königliche Familie zu befreien und die Städte und ihre Bewohner, die dem König der Franzosen den Gehorsam verweigerten, nach dem Kriegsrecht zu behandeln. Er drohte den Pariser Regierungsinstanzen für den Fall, daß der königlichen Familie »die geringste Gewalt« angetan würde, mit »einer

* Gemeint ist die »Marseillaise«. (Anm. d. Hrsg.)

exemplarischen und nachhaltigen Vergeltung, die die Stadt Paris der militärischen Vernichtung und Zerstörung ausliefern und den Aufständischen die verdiente Todesstrafe bringen wird.« Als dieses Manifest am 1. August in Paris offiziell bekannt wird, schlägt es zwar ein wie eine Bombe, aber nicht in dem Sinne, wie es sich der Verfasser, der Marquis de Linon, ein Agent Breteuils, ausgerechnet hatte. Seine dummen Androhungen sind Wasser auf die Mühlen der Befürworter der Absetzung Ludwigs XVI., denn sie scheinen das Einverständnis zwischen dem König und den Feinden Frankreichs, die Existenz des »österreichischen Komitees« und eines »Komplotts gegen die Freiheit« zu bestätigen. Darüber hinaus entmutigen sie alle dem König treugebliebenen und dennoch durch das Manifest bedrohten Institutionen. Von der Absurdität des Dokuments niedergeschmettert, wird Ludwig XVI. es auf der Stelle verurteilen, aber das Unglück ist schon geschehen, und es läßt sich nicht mehr rückgängig machen. Ende Juli hatten die Vertreter der Zivilliste ihre Zahlungen an die bestechlichen Revolutionäre vervielfacht. Der ungeheuerliche Plan des Braunschweigers verurteilte nun diese ohnehin recht naive Politik endgültig zur Wirkungslosigkeit.

Als sie die Neuigkeit erfahren, entscheiden sich auch jene Sektionen, die bisher zögerlich waren. Zwischen dem 31. Juli und dem 2. August haben im Gefolge der Sektion Mauconseil, die als erste den Beschluß faßte, Ludwig XVI. nicht mehr als König zu betrachten, an die 40 Sektionen seine Absetzung und die Wahl eines Konvents gefordert. Pétion wird darüber informiert und gibt dies am 3. August der Legislative bekannt. Völlig überrascht vertagt das Parlament seine Entscheidung, aber die Sektion Quinze-Vingts (die Sektion Santerres) setzt ihm eine Frist bis zum 9. August um Mitternacht, um seine Entscheidung bekanntzugeben. Ein für Ende Juli vorgesehener jakobinischer Umsturz war in Erwartung dieser Entscheidung aufgeschoben worden. Auch die Gironde, die an den Erfolgschancen eines solchen Aufstands zweifelte, hatte dabei eine Rolle gespielt. Vielleicht hoffte sie noch immer, den König mit der »Nation« aussöhnen zu können. Am 4. August läßt sie den Beschluß der Sektion Mauconseil für ungültig erklären. Aber der König bringt den Girondisten nur eine illusionslose Verachtung entgegen. Nach der Hoffnung, die ihn wohl dazu veranlaßt hatte, den Fluchtplan La Fayettes abzulehnen (9. Juli), folgte nun die Verzweiflung, die ihn dazu brachte, auch den von den Monarchisten vorbereiteten Fluchtplan abzulehnen (7. August). Auf jeden Fall sind alle Fluchtprojekte von den Ultra-Royalisten an die Jakobiner verraten worden. Der König weiß, daß er verloren ist. Er ordnet seine persönlichen Dinge, begleicht seine Schulden und schreibt am 3. August an seinen Beichtvater: »Unter den Menschen ist für mich alles zu Ende.«

»Das Kommando übernimmt nun das bewaffnete Volk« (Michel Vovelle). Die Jakobiner können »als wahre Patrioten die Belagerung der Tuilerien anzetteln« (Panis). Danton ist an der allgemeinen Unruhe, die seit der ersten Juliwoche in Paris umgeht, nicht ganz unschuldig. Man erinnert sich an seine Drohungen im Generalrat. Am Morgen des 14. Juli skizziert er in einer Sitzung der Jakobiner die Verhaltensmaßregeln für die Föderierten: »Ihre Anwesenheit muß das Reich der Freiheit auf ewig festmachen oder die Freiheit ist verloren!« Um den Erwartungen der Nation zu entsprechen, müssen sie »schwören, nicht eher auseinanderzugehen, bis die Verräter durch das Gesetz bestraft, oder, was noch besser ist, ins Ausland geflohen sind«. Wie Robespierre fordert er die Wiedereinführung des Petitionsrechts, und suggeriert, La Fayettes Verrat sei erwiesen. Es wäre jedoch verfehlt, diesen Sätzen eine entscheidende Bedeutung beizumessen. Am Vorabend hatte Robespierre die Föderierten wesentlich klarer gefragt: »Seid Ihr nur für eine leere Zeremonie, die Erneuerung der Föderation vom 14. Juli, hergekommen?« In Wahrheit ist es Robespierre, der die meisten Petitionen der Föderierten vorbereitet hat, wie auch die Denkschrift vom 25. Juli, die ein regelrechtes Programm der Revolte enthält. Es war auch Robespierre, der in seiner Rede vom 29. Juli das *politische* Programm der kommenden Aufrührer entwickelte. Danton, »der Mann des 10. August«, führt die Bewegung nicht an, sondern er rennt ihr hinterher, indem er nur wiederholt, was andere vor ihm gesagt haben. Dabei sieht er die Dinge vollkommen klar. Er ist sich der großen Bedeutung der kommenden Ereignisse bewußt, und zu dem Zeitpunkt, als ihm der Ausgang dieser Ereignisse noch unsicher erscheint, schickt er seine Frau und seinen ältesten Sohn für einige Tage zu seinen Schwiegereltern nach Fontenay. Dennoch wäre es falsch zu behaupten, Danton sei Mitte Juli oder auch später fest entschlossen gewesen, das Königshaus zu stürzen. Denn dieses schüttete riesige Summen aus, um damit die Klubs, die Sektionen und die Kommune in den Griff zu bekommen und um königsfreundliche Schriften und Lieder zu unterstützen. Möglicherweise war auch Brissot bestochen; daraus ließe sich erklären, daß er plötzlich den Republikanern mit der ganzen Härte des Gesetzes drohte. Was Danton betrifft, so behaupten La Fayette und Malouet, er habe kurz vor dem Aufstand eine bedeutsame Summe, an die 150 000 Livres, von der Zivilliste erhalten, »um den angekündigten Aufruhr zugunsten des Königs abzubiegen«. Sein Komplize Fabre d'Eglantine verhandelte ebenfalls mit dem Hof und versuchte, drei Millionen lockerzumachen. Der spätere General Westermann, ein ehemaliger preußischer Soldat und Deserteur, elsässischer Patriot, vorbestraft, und Protégé von Danton, später einer der Helfer Santerres beim Aufstand vom 10. August, war sicher ebenfalls ein Objekt der Bemühungen des Hofes. Daß Danton im Interesse der todgeweihten Monarchie handeln würde, scheint von der Umgebung des Königs nicht bezweifelt worden zu sein. Madame Elisabeth, die Schwester Ludwigs XVI., soll ihre Verwandten mit den Worten beruhigt haben: »Wir sind ganz ruhig, wir können uns auf Danton verlassen.« Es ist allerdings bedauerlich, daß keine unwiderlegbaren Zeugnisse für die Bestechlichkeit Dantons im Vorfeld des 10. August existieren. Denn dann könnte man sein Verhalten sehr viel exakter beurteilen.

Sollte Danton wirklich 150 000 Livres erhalten haben, so war der Empfänger schlecht gewählt. Denn auch wenn er nicht der wichtigste Anführer der Bewegung war, tat Danton nichts, um ihr entgegenzuwirken. Prudhomme behauptet, daß Danton ihn Ende Juli in Begleitung Fabres und Desmoulins' aufgesucht habe. Danton soll gesagt haben: »Wir sind gekommen, alter Knabe, um dich als alten Patrioten zu konsultieren, obwohl du nicht mehr so ganz auf dem laufenden bist. Aber weil du so oft die Ereignisse und ihren Ausgang vorausgesehen hast, wollen wir deine Meinung über einen Plan zum Aufstand hören.« Camille habe vorgeschlagen, den König durch Philippe d'Orléans zu ersetzen, aber Danton soll eingewandt haben: »Wir werden später sehen, was wir tun werden. In einer Revolution ist es wie auf dem Schlachtfeld, man kann den nächsten Tag nicht voraussehen.« Dann soll er hinzugefügt haben, er müsse sich noch um die Burschen in den Vororten kümmern. »Die Marseiller werden an der Spitze marschieren, schließlich sind sie nicht umsonst nach Paris gekommen.« Diese hübsche Anekdote mag allerdings etwas arrangiert sein.

Danton hat mit einem gewissen Genuß sein Metier, wenn schon nicht als Führer der Massen, so doch zumindest als Intrigant, der im Trüben fischt, wieder aufgenommen. Sobald er begreift, was sich zusammenbraut, stürzt er sich kopfüber ins Geschehen. Als Demagoge vom Distrikt der Cordeliers hatte er seinerzeit, wie wir uns erinnern, die Anwesenheit von Nicht-Wahlberechtigten zugelassen. Während erstmals auch die Legislative Passivbürger in der Nationalgarde zuließ, gab es nun in der Sektion Théâtre-Français eine kleine Sensation: Am 30. Juli ließ Danton, flankiert vom Vizepräsidenten Chaumette und vom Sekretär Momoro, über folgende Erklärung abstimmen: Die Sektion setzt in ihren Vollversammlungen die Unterscheidung zwischen Aktiv- und Passivbürgern außer Kraft; angesichts der Gefahren, die das Vaterland bedrohen, sind alle Bürger gleich und gleichermaßen zur Verteidigung der Heimat aufgerufen; sie müssen folglich die gleichen politischen Rechte ausüben dürfen. Damit verwirklicht die Sektion das Programm Robespierres und führt in ihrem kleinen Rahmen das allgemeine Wahlrecht ein. Diese kleine Revolution greift sofort um sich. Am selben Tag kommen in Paris die lebhaften Marseiller an; sie werden bei den Cordeliers untergebracht. Ein Polizeibericht erwähnt, daß Danton vor den Föderierten aus Marseille eine Rede hält, und stellt ihn als Agitator für die Interessen Philippes von Orléans hin.[2] Wenig später, so heißt es weiter, macht Danton seinen Einfluß geltend, daß an die Marseiller Munition ausgeteilt wird. Spricht all dies nicht für eine bedeutende Rolle Dantons bei der Vorbereitung des 10. August? Diese mageren Indizien beweisen gar nichts. Sicher, Danton hat nicht gerade geschwiegen. Andererseits: Ein Aufstand wird vorbereitet, und ausgerechnet Danton verläßt Paris, um in seine Provinz zu fahren! Am 6. August ist er in Arcis. Die übliche Begründung dafür ist, er habe am Vorabend des entscheidenden Tages von seiner Mutter Abschied nehmen und seine Angelegenheiten regeln wollen. Vor dem Notar macht er seiner Mutter und seinem »Ziehvater« Recordain ein Geschenk. Louis Barthou findet rührende Worte, um diesen Beweis von Sohnesliebe zu schildern, die auch niemand in Zweifel ziehen will. Aber Barthou geht doch etwas zu weit, wenn er behauptet, der Aufenthalt in Arcis stelle die entscheidende Rolle Dantons für den 10. August nicht in Zweifel. Ein Revolutionär muß zur Stelle sein, insbesondere in den Tagen vor einem bewaffneten Aufstand, der mit einer Umwälzung der Regierungsform enden soll. Männer wie Chabot, Merlin de Thionville, Basire, Fournier oder Chaumette haben sich nicht fünfzig Meilen von Paris entfernt, um ihre Familie zu umarmen. Auch Robespierre hat die Hauptstadt nicht verlassen, obwohl er länger zögerte, als man zugibt.

Am 9. August lief die von den Sektionen zugestandene Frist ab. Also erscheint auch Danton am 9. August in seiner Sektion. Das reichte aus, behaupteten seine Bewunderer, um im rechten Augenblick zur Stelle zu sein und zum Helden des Tages zu werden. Von den Zeitgenossen selbst ist dieser Sachverhalt eher verdrängt worden; ihre Zeugnisse werden unbewußt durch die *Konsequenzen* des 10. August für die politische

Situation Dantons verfälscht. Überdies war es logischer, einem Agitator wie Danton die Urheberschaft für einen Aufstand zuzuschreiben als einem trockenen Theoretiker wie Robespierre, der mit dem Nimbus politischer Respektabilität umgeben ist, der dem Tribun immer fehlen wird. Am 8. August weigerte sich die Legislative mit großer Mehrheit, die geforderte Anklage gegen La Fayette zu beschließen. Am Abend waren mehrere gemäßigte Abgeordnete von den Sansculotten belästigt worden. Am 9. August vertagt eine nur schwach besetzte (viele Abgeordnete haben Angst) und gelähmte Versammlung angesichts der Vorbereitungen zum Aufstand ihre Entscheidung über die Absetzung Ludwigs XVI. Daraufhin kommt der Mechanismus des Aufstands ins Rollen. Noch in der Nacht schicken die Aufständischen ihre Delegierten ins Rathaus. Um drei Uhr früh sind 28 Sektionen bei der »Versammlung der Repräsentanten der Mehrheit der Sektionen« präsent, die gleichzeitig mit dem Gemeinderat tagt, den sie dann am frühen Morgen auflöst, um sich zur »aufständischen Kommune« zu erklären. Bürgermeister Pétion ist in seinem Stadthaus von einer bewaffneten Truppe unter Hausarrest gestellt worden, damit er nicht gegen diese revolutionäre Usurpation einschreiten muß. Danton dagegen scheint den 9. August mit seinen politischen Freunden und den Abend mit Desmoulins, Fréron und Robert verbracht zu haben. Spielt er in dieser Runde die Rolle des Antreibers, oder will er sich nur auf dem laufenden halten? Die Danton-Verehrer schildern ihn gerne, wie er die letzten Vorbereitungen trifft, im Faubourg Saint-Antoine mit Santerre konferiert, mit den Marseillern trinkt und sie mit seinen Reden für den bevorstehenden Kampf anstachelt, wie er Clavière informiert, daß die Cordeliers um Mitternacht die Sturmglocke läuten wollen, um damit das Signal für den Aufstand zu geben (was ohnehin jeder wußte). Feindselige oder skeptische Historiker (wie die Freunde Robespierres und Saint-Justs) halten sich dagegen an den berühmten »Schlaf vom 10. August«. Am Abend, während sich das brodelnde Paris auf einen gewaltigen Zusammenstoß vorbereitet, geht Danton zu Bett. Kurz vor Mitternacht steht er auf und taucht zusammen mit Desmoulins und Robert für kurze Zeit in seiner Sektion auf. Bald läßt er seine Freunde dort allein und kehrt ins Bett zurück. Auf Drängen der Patrioten, die sich den ganzen Abend lang in seiner Wohnung die Klinke in die Hand geben, begibt er sich eine Stunde später ins Rathaus. Als geborener Realist verläßt er dort den legalen Stadtrat, um sich der »aufständischen Kommune« anzuschließen, die sich im Morgengrauen konstituiert.

Die Gesetzgebende Versammlung hatte beschlossen, den Stab der Nationalgarde zu erneuern und dabei die diensttuenden Offiziere beizubehalten. Aus diesem Grund waren die Mannschaften desorganisiert und unentschlossen. In dieser Nacht wurde sie von dem ehemaligen Marquis de Mandat kommandiert. Er erscheint vor dem legalen Gemeinderat, um die Details der Maßnahmen zu erläutern, die in Abstimmung mit Pétion für die Verteidigung des Königs und der Nationalversammlung in den Tuilerien getroffen wurden. Da er ein loyaler Offizier ist, muß er mit Gewalt vor die Kommissare der Sektionen geschleppt werden. Nach der Auflösung des Generalrats durch die »aufständische Kommune« wird Mandat des Verrats bezichtigt. Gegen sieben Uhr morgens soll er zum Abbayegefängnis überführt werden. Da wird er auf den Stufen des Hôtel de Ville von einem der Adjudanten Santerres niedergeschossen. Einer Legende zufolge, die Danton nie abstreiten wird, weil sie seinem Ruf als unbeirrbarer Patriot schmeichelt, hat er Mandat zunächst massiv bedroht, als sich dieser weigerte, vor der Versammlung der Aufständischen zu erscheinen, und schließlich den Befehl gegeben, ihn umzubringen. Danton wird sich dieser Tat noch auf der Anklagebank des Revolutionstribunals rühmen. Aber diese Legende steht im Widerspruch zu seinem Temperament; Danton war nie blutrünstig. Nachdem die Nationalgarde führerlos ist, vertraut man Santerre, dem Aufständischen, das Kommando an. Jetzt ist der Weg frei. Schon um acht Uhr morgens sind die Tuilerien umzingelt. Der Palast wird nur noch von der Schweizergarde gehalten, die allerdings durch den Abzug eines Teils ihres Regiments am Dienstag zuvor verunsichert und dezimiert ist, und von 400 Nationalgardisten (gegenüber einer theoretischen Truppenstärke von 2000 – die anderen machten sich schon vor dem Angriff auf und davon). »Hätte man die Jakobiner mit der Verteidigung des Palastes beauftragt, so hätten sie es auch nicht besser gemacht«, meinte später La Valette. Zu allem Überfluß scheint der König den Befehl gegeben zu haben, nicht zu schießen, um ein Blutbad zu vermeiden. Dennoch wird Roederer, der Generalanwalt des Departements, den unentschlossenen Nationalgardisten den Gesetzesparagraphen über Zusammenrottungen vorlesen (und damit bald die Schießerei provozieren). Roederer, ein enger Freund der Gironde und Pétions, ist es auch, der Ludwig XVI. aufsucht, um ihm mitzuteilen, daß »ganz Paris marschiert«, und ihn auffordert, bei der Nationalversammlung Zuflucht zu suchen. Die Entscheidung des Königs war vermutlich schon gefallen. Da er so oder so verloren ist, spielt er das konstitutionelle Spiel bis zum bitteren Ende. Zusammen mit seiner Familie begibt er sich zur Nationalversammlung in den Reitsaal des Palastes.

Lamothe-Langon behauptet, Danton sei am frühen Morgen angetrunken beim Generalanwalt aufgetaucht, um ihm gewissermaßen Verhaltensmaßregeln zu geben: »Wir werden in den sauren Apfel beißen müssen... Man will heute noch den Tod des Königs, ich halte das aber unter diesen Umständen nicht für nötig... Die Leute, die ernsthaft den Herzog von Orléans wollen, wären natürlich beglückt, wenn Ludwig verschwände... Ich bin aber dafür, daß man den König nicht tötet. Übernimm du es, ihm Angst einzujagen; bring ihn dazu, das Schloß zu verlassen und bei der Versammlung Zuflucht zu suchen.« Roederer soll sich der Drohung gefügt haben. Das einzige, was für diese unüberprüfbare und eigentlich zutiefst fragwürdige Anekdote sprechen könnte, ist die spätere Haltung Dantons gegenüber Ludwig XVI. Auf seine Weise hätte Danton damit seinen Vertrag mit dem König, der ihn noch wenige Tage zuvor gekauft hatte, erfüllt, indem er zwar nicht das Königtum, aber die Person rettete. Auf jeden Fall rollte der Aufstand auch ohne Danton ab; er konnte ihn nicht von seinem Ziel ablenken. Nachdem Danton seiner früheren Verpflichtung ledig war, hätte er immerhin noch soviel Skrupel gehabt, die Person des Monarchen zu schonen. Aber die Argumente des Tribuns sind nicht logisch. Daß die orleanistische Fraktion aus der Ermordung Ludwigs XVI. einen Vorteil gezogen hätte, ist offensichtlich, aber es ist kaum einzusehen, warum ein orleanistischer Danton eine solche Äußerung machen sollte. Andererseits war er angeblich betrunken. Am besten ist es wohl, man legt diese Anekdote im Archiv der Legenden ab. Dem durchaus umstrittenen Vorgehen Roederers kann man einige Gutgläubigkeit nicht absprechen. Und wenn er wirklich gesteuert worden sein sollte, dann bestimmt nicht nur von einem isolierten Danton, und schon gar nicht von einem betrunkenen Danton.

Die weiteren Ereignisse dieses denkwürdigen Tages sind bekannt: die Nationalgarde versagt, der erste Angriff der Marseiller mißlingt, die zweite, aus den Vorstädten heranrollende Welle ist erfolgreich. Von der Versammlung aus gibt der König der Schweizergarde den Befehl, die Waffen zu strecken. 200 von ihnen ist es gelungen zum Reitsaal durchzukommen, wo ihre Anwesenheit die Linke irritiert. Die übrigen werden in den Fluren der Tuilerien von den Aufständischen niedergemacht, die, hingerissen vom Zusammenbruch jeglichen Widerstands, sich wahllos auf das gesamte zivile und militärische Personal des Schlosses stürzen. Es gehört natürlich nicht zum guten Ton, all dies zu erwähnen. Denn diese Massaker und Plünderungen werden nur als Vergeltung der Sansculotten am »Despotismus« und seinen »Schergen« gesehen, die natürlich zuerst geschossen haben – deshalb werden die überlebenden Schweizergarden auch standrechtlich verurteilt. Begnügen wir uns hier mit einer annähernden Statistik: 400 Tote und Verletzte bei den Angreifern, 1000 bei den Anhängern des Königs; wobei diese Zahl allerdings auch Passanten umfaßt, die verdächtig royalistisch aussahen und von den Eroberern der Tuilerien in den Seitenstraßen überrascht wurden, ebenso einige Kirchenschweizer, die von der Volkswut in der Menge ihrer Namensvettern schlicht verwechselt wurden.

Getreu seiner Handlungsmaxime und in diesem Punkt mit der Mehrheit der revolutionären Führer einig, einschließlich Robespierres, hat sich Danton bei den Tuilerien nicht gezeigt. Er hat das Rathaus nicht verlassen, während Fréron und Desmoulins, von berechtigter Neugier getrieben, als Zuschauer am Aufstand teilnahmen. Danton ist erst spät abends nach Hause gekommen. Seine Frau hatte das Kommen und Gehen ihres Mannes in der Nacht vom 9. zum 10. August ängstlich beobachtet und seit ein oder zwei Uhr morgens nichts mehr von ihm gehört; für ein paar Stunden war sie tagsüber zu ihrer Freundin Lucile Desmoulins geflüchtet, dann am Abend zu den Roberts, und nun sieht sie Danton als Sieger zurückkommen!

Vor einer Rumpfversammlung der Legislative, die durch die Flucht der gemäßigten Abgeordneten auf 40% ihrer Mitglieder geschrumpft war, konnte der Vorsitzende Vergniaud dem König zwar erklären (aber meinte er dies ehrlich?): »Sire, die Versammlung zählt den Erhalt aller verfassungsmäßigen Regierungsorgane zu ihren höchsten Pflichten«, aber in Wirklichkeit hatte die Legislative unter dem Druck der neuen Kommune und ihres Anführers Robespierre die wesentlichen Errungenschaften des Tages für rechtmäßig erklärt. Bis zur Zusammenkunft eines aus allgemeinem Wahlrecht hervorgegangenen Nationalkonvents, der »über die erforderlichen Maßnahmen zur Sicherung der Volkssouveränität« bestimmen würde, hatte sie den König kurzerhand seines Amtes enthoben.

Bevor König Ludwig XVI. und seine Familie am 13. August im *Temple** eingekerkert wurden, mußten sie in der engen Loge des *Logographe*** sitzen und mitanhören, wie die Versammlung einem provi-

* Ehemaliger Sitz des Templer- und später des Malteserordens. (Anm. d. Hrsg.)

** Zeitung, die der gemäßigten Mehrheit der Legislative nahestand, aber insgeheim vom Hof subventioniert wurde. (Anm. d. Hrsg.)

sorischen Exekutivrat die Macht übergab. Roland wurde wieder ins Innenministerium berufen, Clavière ins Finanzministerium und Servan ins Kriegsministerium, obwohl er bei seinem ersten Ministeramt wegen seiner Versäumnisse beim Nachschub kompromittiert war. Außenminister wird Lebrun, ein ehemaliger Mitarbeiter Dumouriez' im Ministerium, Marineminister der Mathematiker Monge, ein Freund Condorcets, und Justizminister: Danton. Fabre d'Eglantine hatte Brissot überredet, sich mit dem Mann aus der Champagne zu versöhnen. Durch die Journée vom 10. August wurde erreicht, was geheime Verhandlungen im März bei der Bildung des girondistischen Kabinetts noch nicht vermochten. »Mein Freund Danton«, schreibt Desmoulins an seinen Vater, »ist durch die Gnade der Geschütze Justizminister geworden«. Zusammen mit seinen Kollegen wird Danton am nächsten Tag vereidigt. Er selbst fügt dem Eid hinzu: »Ich verpflichte mich vor der Nationalversammlung, alle Männer zu schützen, die sich in ihrem Kreis befinden; ich werde an ihrer Spitze gehen, und ich bürge für sie.«

Lag dieser Erfolg in der Logik des Ereignisses? Selbst Dantons Gegner erkannten und zumal Condorcet begriff genau, daß in diesem rein girondistischen Kabinett ein Sitz geschaffen werden mußte für einen aus dem Aufstand hervorgegangenen Mann, der gute Beziehungen zur »aufständischen Kommune« unterhielt – und diese hatte Danton soeben in seinem Amt als stellvertretender Prokurator bestätigt – und zugleich als »Schild gegen den Aufstand« (Mathiez) dienen konnte. Von allen Anführern des 10. August – Danton gehörte dazu, ob zu Recht oder nicht, sei dahingestellt – war der Tribun, so wird behauptet, der einzig Vorzeigbare, der einzige, der das Format für ein solches Regierungsamt besaß. Auch in diesem Punkt schätzen die dantonistischen Historiker die Verhältnisse falsch ein: Robespierre entsprach nämlich sehr viel eher den Vorstellungen von einem Minister, wie ihn die Girondisten brauchten, aber diese wollten ihn natürlich auf gar keinen Fall; auch der »Unbestechliche« hätte sich wohl kaum mit den Freunden Brissots an einen Tisch gesetzt. Danton dagegen hatte nur eine Vergangenheit als Agitator. Niemand konnte in ihm einen Staatsmann sehen. Es ist also wahrscheinlich, daß die Abgeordneten, die für ihn stimmten, zwei Kategorien angehörten: Die einen wollten sich mit dieser Garantie gegen den Sansculotten absichern, indem sie ihn zum fünften Rad am Wagen der Exekutivkarosse machten, und die anderen wußten bereits, daß Danton ein Mann der Kompromisse war, mit dem man immer zu geheimen Übereinkünften kommen konnte. Die einen wie die anderen waren dann sehr überrascht, als Danton im Exekutivrat die Führung übernahm.

Zunächst beeilte er sich, seine Freunde unterzubringen. Fabre d'Eglantine und Desmoulins teilten sich das Generalsekretariat der Staatskanzlei. Danton vergaß auch weder François Robert und Jules Paré noch seinen ehemaligen Leibwächter, den Cordelier Brune, und viele andere Leute, die er zu seiner Klientel gemacht hatte und die er nun entweder in seinem Ministerium oder in denen seiner Kollegen unterbrachte. Diese erweisen sich als sehr zuvorkommend. Abgesehen vom Hochgenuß der Macht dürfte Danton auch recht zufrieden gewesen sein, endlich einen sehr einträglichen Posten zu besitzen, mit einem verlockenden Gehalt von 100 000 Livres im Jahr. Freilich hat er das Ministerium nur zwei Monate lang innegehabt. Diese beiden Monate jedoch, das müssen selbst seine schlimmsten Feinde einräumen, hat er weidlich genutzt.

8. DANTON ALS MINISTER

Wenn die Sturmglocke läutet, so hat das nichts zu bedeuten.

Was interessieren mich die Gefangenen! Sollen sie doch sehen, wo sie bleiben!

Das Volk selbst will sich Gerechtigkeit verschaffen bei all dem Pack in den Gefängnissen.

Danton, 2. September 1792

Die Aufgabe der neuen Regierung ist schwierig. Während sie die Verteidigung gegen die Invasion von außen organisiert, muß sie zugleich die Mordlust der Föderierten und der Leute aus den Sektionen mit der notwendigen Wiederherstellung staatlicher Autorität vereinbaren. Schon am 11. August 1792 wurde auf Antrag Thuriots ein Gesetz verabschiedet, das die Stadtverwaltungen berechtigt, alle des Verbrechens gegen die Sicherheit des Staates Verdächtigen zu verhaften. Am 15. August stellt die Nationalversammlung alle Verwandten von Emigranten als Verdächtige unter Hausarrest; damit werden sie zu Geiseln der Nation. Am 26. August wird das Gesetz über die eidverweigernden Priester verabschiedet; sie müssen das französische Territorium innerhalb von 14 Tagen verlassen (mehr als 20 000 folgen dem Befehl). Wie aber soll man die des Verbrechens gegen die Nation angeklagten Bürger aburteilen? Der 1790 eingesetzte nationale Gerichtshof, der von der Verfassung von 1791 bestätigt wurde und im November des gleichen Jahres in Orléans zusammentrat, bekommt jetzt Vorwürfe wegen langwieriger Verfahren und übertriebener Milde. Die Sektionen – vor allem die Marseille-Sektion (vormals Théâtre-Français)[1] fordern – vom Revolutionsrat und von Robespierre unterstützt – die sofortige Bestrafung der »Schuldigen«. Da ein neuer Aufstand droht, verabschiedet die Legislative am 17. August ein Dekret, mit dem ein Sondertribunal eingerichtet wird, das den Auftrag hat, die »im Verlauf des 10. August gegen das Volk begangenen Verbrechen« zu sühnen und die schuldigen Verschwörer ohne Berufung und Beschwerde abzuurteilen. Die Richter werden von den Sektionen gewählt, die Anklagevertreter vom Exekutivrat nominiert. Auch Robespierre wird gewählt, aber er ist geschickt genug, sich für befangen zu erklären. Dafür wird sich hier Fouquier-Tinville, ein Verwandter Desmoulins', seine ersten Sporen in der revolutionären Justiz verdienen. An den folgenden Tagen verurteilt dieses Tribunal den Verwaltungssekretär der Nationalgarde, Collenot d'Angremont, zum Tode; ihm wird vorgeworfen, eine 60 Mann starke Kompanie zum Dienst für den König abgestellt zu haben (exekutiert am 21. August). Ebenfalls zum Tode verurteilt werden der Intendant der Zivilliste, Arnaud de la Porte; er hätte beim Prozeß gegen Ludwig XVI. als Zeuge auftreten können (exekutiert am 24. August), der Journalist Du Rozoy (exekutiert am 25. August), alles Getreue des Königshauses. Aber das Tribunal spricht auch einige Angeklagte frei, und der Pöbel ist darüber empört. Die Verfechter größter Strenge sind auch nicht durch die Anklagebeschlüsse gegen monarchistische oder konstitutionalistische Minister – d'Abancourt, Duportail, Duport-Dutertre, Bertrand de Moleville und Montmorin – und gegen die Führer der Feuillants – Barnave, Duport und Lameth – zu beruhigen.

Der neue Justizminister muß jetzt Stellung beziehen. Darf er die Schwerfälligkeit der Justiz tolerieren? Danton stellt sich mit den Sektionen und vor allem den Föderierten gut; er läßt Waffen und Vergütungen an sie austeilen, ohne ihnen im geringsten den Vorwurf zu machen, daß sie nicht zur Verteidigung der Grenzen eilen. Aber er ist sich auch des wachsenden Risikos einer gewaltsamen Aktion gegen die eingekerkerten Verdächtigen bewußt. In der Kommune schlägt man, laut *Ami du Peuple* vom 19. August, eine einfache und rasche Lösung vor: die physische Vernichtung der Gefangenen. Am 19. August nimmt Danton mit einem berühmten, auch in die Provinzen verschickten Aufruf offiziell Stellung; darin rechtfertigt er den Aufstand vom 10. August mit der These von einem royalistischen Komplott und spricht sich für eine legale Bestrafung aus: »Die Justiz soll ihre Aufgabe übernehmen; die Rachegelüste des Volkes müssen schweigen.« In der Folgezeit greift Danton ganz konkret in mehrere Rechtsfälle ein. Im Fall des Gouverneurs von Fontainebleau, Luce de Montmorin, spielt er eine eher zwielichtige Rolle. Montmorin, ein Verwandter des ehemaligen Ministers, war für schuldig befunden worden, »einer der Hauptakteure der Komplotte und Machenschaften (gewesen zu sein), die darauf abzielten, den Bürgerkrieg zu entfachen, die Gesetzgebende Körperschaft zu zerrütten und die Bürger gegeneinander zu bewaffnen; besagte Komplotte haben die Ereignisse am 10. August 1792 herbeigeführt«. Das Tribunal des 17. August sprach ihn jedoch frei, da er nicht »böswillig und mit vorgefaßtem Plan« gehandelt habe. Dieses Urteil rief sofort den Zorn der Öffentlichkeit hervor; Montmorin wurde in die Conciergerie* zurückgebracht. Danton schließt sich der Forderung des Volkes an, fordert die Wiederaufnahme des Prozesses und läßt den Staatsanwalt Botot-Dumesnil verhaften, dessen Strafantrag zu milde ausgefallen war.[2]

Der angeklagte Generalmajor der Schweizer Garde, Bachmann, berief sich auf seine Nationalität, um dem Tribunal des 17. August jede Zuständigkeit abzusprechen. Danton kündigte daraufhin an, er werde sowohl vom Außenminister als auch von der Nationalversammlung eine Klärung der strittigen Rechtsfrage erwirken, und er äußerte sich in beunruhigenden Worten: »Ich bin überzeugt, daß die Empörung unseres geschmähten Volkes gegen solche, die sich an der Freiheit vergreifen, volle Unterstützung verdient; das ist eine Empörung, die endlich einen Charakter erkennen läßt, welcher der ewigen Freiheit würdig ist! Aber dieses Volk soll nicht mehr Selbstjustiz üben müssen; von den gewählten Volksvertretern und seinen Justizbeamten wird ihm volle Gerechtigkeit zuteil.« Das Wesentliche ist dabei nicht, daß Danton die Rache des Volkes fürchtete, sondern daß er den Kopf des Schweizers forderte, um ihn dem Volk zum Fraß vorzuwerfen.

Schon vor den Septembermassakern erweist sich Danton also seiner Aufgabe als Justizminister nicht gewachsen. Die Affäre um die Gefangenen von Orléans ist in dieser Hinsicht symptomatisch. Unter den 53 in Orléans gefangengehaltenen Verdächtigen, die vom nationalen Gerichtshof abzuurteilen sind, befindet sich der ehemalige Herzog de Brissac, vormals Gouverneur von Paris, Oberst der Schweizer Garde und Kommandeur der damaligen königlichen Garde. Außerdem gibt es zwei Minister, Delessart und d'Abancourt, und alle drei sind imstande, als Entlastungszeugen im Prozeß Ludwigs XVI. aufzutreten. Die Kommune fordert ihre Überführung nach Paris, damit sie vom Tribunal des 17. August abgeurteilt werden können. Die Nationalversammlung widersetzt sich; daraufhin macht sich Fournier der Amerikaner, nur mit der Zustimmung der Kommune versehen, mit 1000 Patrioten und Föderierten

---

* Ältestes Pariser Gefängnis, unmittelbar neben dem Justizpalast. (Anm. d. Hrsg.)

von Paris aus auf den Weg, um einen Handstreich auszuführen. Die Versammlung, der Innenminister Roland und Danton bemühen sich später gemeinsam, die Expedition zu legalisieren, und zwei Beauftragte Dantons, Dubail und Leonard Bourdon, zusammen mit Tallien, dem Schriftführer der Kommune, stoßen zu Fournier, um ihn nach Paris zurückzuholen. Anstatt aber Fournier zu tadeln, betraut ihn Roland mit einer Aufgabe, die seiner Bande ebensoviel Befugnisse erteilt wie dem Sonderkommando der Nationalgarde, das auf Beschluß der Nationalversammlung nach Orléans geschickt wurde. Fournier ist von jetzt an Beauftragter Rolands, um »über die Garde und die Sicherheit der Gefangenen von Orléans zu wachen«. Als in Paris später die Massaker beginnen, verfügt die Versammlung vergeblich die Überführung der Gefangenen von Orléans nach Saumur. Fournier wird nur tun, was ihm paßt; er bringt sie nach Versailles, und dort treffen wir ihn im folgenden wieder. Was tat Danton in dieser Situation? Protestierte er gegen die Illegalität des Unternehmens? Hat er sich ihrer nachträglichen Legalisierung widersetzt? Keineswegs. Danton ist in erster Linie Volksführer und dann erst Justizminister. Nachdem er überzeugt war, daß seine Kommissare den Marsch von Fourniers Leuten nicht aufhalten konnten, ließ er sie gewähren. Diese Nichteinmischung wird er bis zur letzten Konsequenz betreiben.

Welche Auffassung hat also der Tribun von seiner Rolle als Minister? Im Grunde hat er überhaupt keine »Auffassung«. Sein Ministerium funktioniert größtenteils dank der Tatkraft seines Sekretärs Fabre d'Eglantine, der in perfekter Übereinstimmung mit der neuen Kommune arbeitet. Die Legislative hatte die allgemeine Polizei den städtischen Behörden zugeordnet. Schon am 11. August ging die Kommune dazu über, einige Verhaftungen vorzunehmen und verbreitete dabei die Vorstellung, die Pariser Gefängnisse seien voller Verräter. Allein die Tatsache, daß zahlreiche eidverweigernde Priester, wirkliche oder vermeintliche Royalisten und Verteidiger der Tuilerien, die den 10. August überlebt hatten, einsaßen, reichte aus, um die »Patrioten« in Unruhe zu versetzen.

Ohne sich den Verhaftungen eigentlich zu widersetzen, die dem Dekret vom 11. August und dem Buchstaben seines eigenen Aufrufs an die Departements entsprachen, schützte Danton einzelne bedrohte Personen, so z. B. den Grafen von Tilly, einen ehemaligen Pagen Marie Antoinettes. Tilly war ein geistreicher Offizier, Freund guten Weins und konterrevolutionärer Journalist. Fabre d'Eglantine bekämpfte ihn weniger deshalb, weil er am 27. Juli einen *Brief an den König* publiziert hatte, worin er zum Widerstand gegen den Aufruhr riet, als vielmehr, weil er einmal Fabre als Poeten persönlich angegriffen hatte. Tilly wurde auf Vermittlung des Abbe d'Espagnac bei Danton eingeführt. (Der Abbé war einst ein Agent Calonnes, Literat und Experte im Finanzministerium, Jakobiner und Armeelieferant; später wird er sich vor dem Revolutionstribunal neben dem Mann aus der Champagne auf derselben Anklagebank wiederfinden.) Danton empfängt den Grafen und erklärt ihm: »Ich kenne Ihre Prinzipien und Ihre Einstellung; Ihr Verhalten war nur konsequent. Mir ist das lieber als der nachgemachte Jakobinismus von Leuten aus meinem Anhang, und ich werde Ihnen beweisen, daß ich Ihre Offenheit mehr schätze als die Heuchelei von falschem Patriotismus und diese dürftige Liebe, die bestimmte Menschen für eine Revolution äußern, die sie eigentlich verabscheuen. Ich verspreche Ihnen, daß Sie am Leben bleiben.« Als Fabre dann aber auf seinen Mordplänen beharrt, läßt Danton Tilly warnen, dem daraufhin die Flucht gelingt. Solche Gesten werden dem Tribun bald zur Gewohnheit; sie verraten zugleich seine politische Skepsis, einen gewissen Respekt vor dem wirklichen Gegner und seine Vorsorge für die Zukunft, denn die Menschen, die er heute schützt, könnten ihm diese Freundschaftsdienste irgendwann vergelten.

Danton und seine Getreuen verbringen einen großen Teil ihrer Zeit im prunkvollen Palast der Staatskanzlei an der Place Vendôme[3], der vielen als das eigentliche Zentrum der Regierungsmacht erscheint. Dennoch haben im Vollzugsrat alle Minister im Wechsel einmal den Vorsitz. Allerdings beeindruckt Danton nicht nur durch seine Persönlichkeit, sondern noch mehr aufgrund der Furcht, die er mit seiner Vergangenheit als Agitator einflößt. Als Ende August Kommissare des Exekutivrats in die Departements geschickt werden sollen, um alle Maßnahmen der öffentlichen Wohlfahrt zu kontrollieren, läßt der Justizminister seinen Kollegen gar keine Zeit zu reagieren: »Ich kümmere mich um alles! Die Kommune von Paris wird uns ausgezeichnete Patrioten besorgen.« Und der Rat unterzeichnet unbesehen die von Danton vorgeschlagenen Kommissionen. Roland, ein redlicher, aber auch schlauer und unangenehmer Mensch, versucht vergeblich, ein Gegengewicht zu dieser Persönlichkeit zu bilden, die »das Schiff steuerte mit Stentorstimme, rüden Umgangsformen, athletischer Gestalt und furchtbaren Drohungen«, der »ständig hinter Ministern her war und sie dazu drängte, seine Schützlinge unterzubringen«. Die Sitzungen des Rats, soweit man der Frau des Innenministers glauben kann, »boten nie so etwas wie eine Tagesordnung oder einen klaren Diskussionsverlauf. Es gab nur unzusammenhängende Anträge, unterbrochen von Schreien, Flüchen und ständigem Kommen und Gehen der Mitglieder oder von Fremden, die mit Petitionen lauerten«. Nichts geht hier ohne Danton. Der nachgiebige Kriegsminister Servan, der zu Beginn seiner Amtszeit den Fehler begangen hatte, mit den Heereslieferanten, insbesondere der Handelsgesellschaft Masson-d'Espagnac für den Staat unvorteilhafte Geschäfte abzuschließen, gab später zu, de Armee mit zu vielen Beamten »überfüttert« zu haben, die von Danton unter den Cordeliers ausgewählt wurden: »Ich war krank ... Er verfolgte mich, und wie kann man einem Mann etwas abschlagen, der hundert Schurken hinter sich hat, die bereit sind, Sie an die Laterne zu knüpfen?« So erhielt Dantons Freund Brune vom Exekutivrat eine allgemeine Vollmacht, für die Armee Waffen, Pferde und Wagen zu requirieren (der Auftakt zu seiner Blitzkarriere: bereits 1793 wird er General). Der rührige Monge, Marineminister und ebenso nachgiebig wie Servan, wird zustimmen, Guermeur, einen Bevollmächtigten Dantons, unter dem Vorwand der Inspektion nach Brest zu schicken. »Es ist Danton, der das will«, gesteht der Mathematiker gegenüber Roland. »Wenn ich es ablehne, wird er mich bei der Kommune und bei den Cordeliers denunzieren, und dann wird man mich hängen!« Und als es darum geht, zwei Millionen Livres zu verteilen, die der Regierung am 28. August von der Nationalversammlung zur Verfügung gestellt worden waren, eine Million an außerordentlichen Ausgaben und eine weitere an Geheimausgaben, wird Danton gegen den Widerstand Rolands und Cambons seine Kollegen dazu überreden, den Betrag in fünf gleiche Teile aufzusplittern. (Der Außenminister Lebrun hatte schon anläßlich der Kriegserklärung sechs Millionen Geheimgelder erhalten; davon wurde im wesentlichen die politische Polizei finanziert.) Damit war jeder Art finanziellen Schwindels Tür und Tor geöffnet.[4]

Die Rivalität zwischen Danton und Roland hindert den Justizminister nicht daran, mit der Gattin des Innenministers regen Umgang zu pflegen. Die hübsche und geistreiche Manon empfängt Danton fast jeden Tag. »Ich konnte nicht daran zweifeln«, schreibt Madame Roland später, »daß das Ziel dieser Besuche darin bestand, sich Klarheit über mich zu verschaffen.« Außer Danton stellt sich auch Fabre d'Eglantine zu Besuchen ein. Beide kommen, um die Stimmung im Haus an der Rue Neuve-des-Petits-Champs auszuloten, wo Madame Roland ihren Salon eröffnet hat. Indirekt würdigen sie damit den Einfluß dieser Frau auf ihren alten

Mann. Möglicherweise hat Danton sogar daran gedacht, das Angenehme mit dem Nützlichen zu verbinden, aber die schöne Manon gehört nicht zu den Frauen, die sich dem Erstbesten in die Arme werfen. Das Mißtrauen zwischen ihr und dem plebejischen Herkules beruht auf Gegenseitigkeit, bevor es sich in offenen Haß verwandelt. Ende August stellt Danton seine Besuche ein, weil er sich mittlerweile überzeugt hat, daß er bei der Egeria der Girondisten politisch nichts erreichen kann. Madame Roland behauptet, Danton habe durch die Vermittlung Fabres ihre Unterstützung erhalten wollen, daß ihm eine diktatorische Macht übertragen werde. Diese Beschuldigung schmeckt aber zu sehr nach Polemik, als daß man sie wörtlich übernehmen könnte. Dagegen ist es sehr gut möglich, daß Danton Roland unter- und den Einfluß seiner jungen Frau überschätzte, wenn er versuchte, den Kollegen mit ihrer Hilfe stärker zu lenken. Schon nach zwei Wochen gab er dieses Unterfangen deshalb wieder auf. Aber all das ist nur eine Hypothese. Schon Ende August hat Danton andere Sorgen, als Madame Roland den Hof zu machen.

Danton hätte gern die Einsetzung des Tribunals vom 17. August genutzt, um La Fayette verurteilen zu lassen. Schon am 14. August hatte der neue Minister im Exekutivrat dessen Verhaftung gefordert. Hieß es nicht, der feuillantistische Marquis habe Marschall Luckner vorgeschlagen, auf Paris zu marschieren? Auf jeden Fall hatte er die Zustimmung der Stadtverwaltung von Sedan und schließlich des Departements Ardennen – die von der Legislative bald für ungültig erklärt werden wird – erlangt, und seinen Leutnants befohlen, ihre Truppen, so wie er es gerade durchgesetzt hatte, den Schwur auf die Verfassung, also implizit auf den König, erneuern zu lassen. Am 14. August setzt der Exekutivrat La Fayette ab. Drei der Kommissare, die von der Versammlung zu den Armeen geschickt worden waren, um sie dazu zu bewegen, die Beschlüsse vom 10. August anzuerkennen, hatten sich in die Nähe La Fayettes begeben. Als sie am 14. August in Sedan ankommen, werden sie auf Befehl des Generals sofort verhaftet. Am 17. August erfährt der Exekutivrat davon, beruft La Fayette zurück und ersetzt ihn durch Dumouriez (in diesem Punkt sind sich Danton und die Girondisten völlig einig). Am 19. August setzt Danton einen Haftbefehl gegen La Fayette durch. Diese Maßnahme kommt aber zu spät: Als La Fayette feststellen mußte, daß sich seine Truppen weigerten, auf Paris zu marschieren, ging er noch am selben Tag mit etwa 20 Offizieren (darunter auch Alexandre de Lameth) über die Grenze. Er wurde von den Österreichern verhaftet und bald in der Festung Olmütz in Mähren eingesperrt; dort blieb er über fünf Jahre[5]. Diese Fahnenflucht nützte seinen Feinden und Danton mehr als eine Verurteilung, sie ruinierte seinen guten Ruf auf lange Zeit. Im übrigen hütete man sich in Frankreich zu sagen, daß er vom Feind als politischer Gefangener behandelt wurde.

Die Flucht des ehemaligen Marquis hat trotz fast sofortiger Ersetzung durch Dumouriez die Armeeführung ins Wanken gebracht. Zumal jetzt die Drohung einer richtigen europäischen Koalition allmählich Gestalt annimmt. Wegen der Verhaftung des Königs wurde die Mehrheit der ausländischen Botschafter zurückberufen. Spanien läßt Truppen entlang der Pyrenäen aufmarschieren, und England gibt zu verstehen, daß jeder Gewaltakt gegen Ludwig XVI. »ein Gefühl der allgemeinen Empörung in allen Ländern Europas« hervorrufen werde und die britische Neutralität in Frage stellen könnte. Die österreichisch-preußischen Truppen stehen bereits in Frankreich. Am 23. August erobern die Preußen Longwy, ohne auf nennenswerten Widerstand zu stoßen. Wenn nun auch Verdun fällt, ist der Weg nach Paris frei. Die Franzosen weichen in völliger Auflösung zurück. Die legendäre preußische Armee, in der harten Schule Friedrichs des Großen gedrillt, scheint mit den Franzosen leichtes Spiel zu haben und bald Punkt für Punkt die Drohungen im Manifest des Herzogs von Braunschweig zu verwirklichen. Danton ist in diesen angstvollen Tagen einer der wenigen, die nicht die Fassung verlieren. Ausnahmsweise entwickelt er eine fieberhafte Geschäftigkeit auf einem anderen Gebiet als der Volksagitation; er scheint das ganze Ministerium auf seinen robusten Schultern zu tragen. Er veranlaßt z. B. den berühmten Aufruf des Vollzugsrates vom 25. August: »Bürger, keine Nation der Erde bekommt kampflos die Freiheit. Ihr habt Verräter unter Euch. Wahrhaftig, ohne sie wäre der Kampf bald beendet, aber sie werden Eurer ständigen Wachsamkeit nicht entgehen. Seid einig und bewahrt die Ruhe; beratet besonnen über Möglichkeiten der Verteidigung, entfaltet sie mit Mut, und der Sieg ist uns sicher... Wir, die ersten Minister, die das Volk selbst gewählt hat, werden uns anstrengen, alle Pflichten zu erfüllen, die uns das Vertrauen der Nation auferlegt.« Dieselbe Erklärung meldet allerdings auch die Einnahme von Longwy, den Rückzug Luckners und die Bedrohung von Thionville und Verdun. Paris reagiert mit Panik. Die Legislative ordnet eine Aushebung von 30 000 Mann in der Pariser Region an. Alle verfügbaren Waffen müssen den Freiwilligen übergeben werden. Wer in einer der belagerten Städte von Übergabe spricht, wird mit dem Tode bestraft.

In Paris entwickelt sich eine regelrechte Psychose des Verrats. Das Kontrollkomitee der Kommune gibt dem noch weitere Nahrung, es empfiehlt, alle Verdächtigen in den überfüllten Pariser Gefängnissen auszuschalten, weil es befürchtet, die Freiwilligen ließen beim Aufbruch zur kämpfenden Armee die Verräter frei zurück. Diese Idee verbreitete sich schon nach dem 10. August. Seit einigen Tagen scheinen die Verhaftungen häufiger zu werden, aber welches Datum soll man bei den übrigen Festnahmen als Grenze festlegen? Vor oder nach dem 10. August? Manuel und Roland sind besorgt angesichts der Überfüllung der Gefängnisse. Einige Gefangene müssen schon in ihre Departements zurückgeschickt werden, um dort abgeurteilt zu werden, wieder andere muß man als Opfer des »Despotismus der Minister« wieder freilassen. Der Nationale Revolutionsrat hatte darüber bereits eine Untersuchung angeordnet. Am 23. August werden nur drei Gefangene auf freien Fuß gesetzt. Am selben Tag beschließt Danton – ohne Erfolg –, eine Gefangenenliste anzufordern, in der jeweils die Haftgründe vermerkt sind. Aber im Grunde sieht der Justizminister dieses Problem nicht als absolut vorrangig an, auch wenn die Nachrichten aus der Provinz Besorgnis erregen, weil die »Patrioten« teilweise schon zu einigen präventiven Morden übergehen. Aber für Danton ist die nationale Verteidigung wichtiger. Es fehlt an Waffen; viele Pariser behalten sie seit 1789 zurück. Neben anderen, dringlichen Maßnahmen, wie z .B. der Entsendung von Kommissaren mit allen Vollmachten des Vollzugsrats in die Departements, fordert Danton daher gemäß einer Bitte der Kommune am 28. August von der Nationalversammlung eine Ausweitung der Hausdurchsuchungen. Vor der Legislative führt Danton eine männlich-kraftvolle Sprache, um alle mit ihrer Furchtsamkeit zu beschämen. Obwohl er den Antrag der Kommune unterstützt, facht er auch die Energien der Brissotins wieder an, die ja den Krieg gewollt haben, ohne ihn richtig vorzubereiten:

»Der Feind bedroht unser Land, aber der Feind hat bisher nur Longwy eingenommen... Die Gefahr, in der wir uns befinden, wird übertrieben. Die Versammlung muß sich der Nation würdig erweisen. Nur durch eine gewaltige Umwälzung haben wir den Despotismus bei uns vernichtet, und nur mit einer nationalen Erschütterung werden wir die fremden Despoten verjagen! Bis heute habt ihr nur den Scheinkrieg La Fayettes erlebt; jetzt muß ein viel schrecklicherer Krieg beginnen! Es wird Zeit, dem Volk zu sagen, daß es sich in Massen auf seine Feinde stürzen muß! Es war wichtig, die Verräter zu fangen; und wenn es

30 000 zu verhaften gäbe, so müßten sie schon morgen verhaftet sein. Hier muß Paris mit ganz Frankreich gemeinsam handeln.[6] Wir fordern von Euch die Befugnis, Hausdurchsuchungen durchzuführen. In Paris muß es noch 80 000 Gewehre geben. Jawohl! Wer bewaffnet ist, muß an die Grenzen eilen! Wie haben denn andere Völker, die ihre Freiheit errungen haben, diese Freiheit erhalten? Sie sind dem Feind entgegengeeilt, sie haben nicht auf ihn gewartet! Was würde Frankreich dazu sagen, wenn Paris wie gelähmt den Einmarsch der Feinde einfach abwartet? Das französische Volk wollte frei sein, es wird frei sein! Bald werden sich hier viele Kräfte zusammentun. Wir werden den Stadtverwaltungen alles Nötige zur Verfügung stellen, und wir verpflichten uns, die Waffenbesitzer zu entschädigen. Alles gehört dem Vaterland, wenn das Vaterland in Gefahr ist!«

Hier hat Danton vor der Versammlung das entfaltet, was in Zukunft seine Rhetorik der öffentlichen Wohlfahrt sein wird. Dantons Kollegen im Vollzugsrat sind dafür aber nicht sehr empfänglich. Von der Mehrheit der Brissotins unterstützt, spricht Roland bereits davon, die Hauptstadt zu verlassen und sich mit der Staatskasse und dem gefangenen König an die Loire zurückzuziehen, was ein Mittel wäre, die Regierung und die Versammlung nicht nur vor den Preußen, sondern auch vor der Kommune und den Klubs in Sicherheit zu bringen. Im Rat ist Danton in der Minderheit, und dennoch setzt er sich durch. Er lehnt es ab fortzugehen, und die anderen beugen sich. Immerhin war der Tribun so vorsichtig, seine Mutter nach Paris kommen zu lassen, weil die Champagne direkt bedroht ist. Aber er ist überzeugt, daß die Hauptstadt nicht im Stich gelassen werden darf. Paris ist ein Symbol für das revolutionäre Frankreich, nicht weniger als für den Herzog von Braunschweig und die Koalierten. Paris zu evakuieren hieße, die militärische und politische Auflösung zu fördern und für eine Konterrevolution die besten Bedingungen zu schaffen[7].

Am 2. September erfährt Paris mit Entsetzen, daß Verdun gefallen ist (das stimmt zwar; die Meldung kommt aber zu früh, denn Verdun fällt erst im Verlauf des 2. September). Der Feind, so heißt es, kann bereits in drei Tagen in Paris sein. Gegen Mittag erreicht Danton vor der Gesetzgebenden Versammlung die absolute Höhe seiner Redekunst; er rüttelt die erloschenen Energien wach und mahnt zugleich, ob ehrlich oder nicht, die Pariser zu Ruhe und Entschlossenheit. »Das Vaterland wird gerettet! Alles ist aufgewühlt, alles setzt sich in Bewegung, alles brennt auf den Kampf! ... Es bedarf der Kühnheit, der Kühnheit, und nochmals der

Kühnheit, dann wird Frankreich gerettet!« Diese Formel macht die Runde in dem, was noch von Frankreich übriggeblieben ist. Sie allein sichert dem Mann aus der Champagne schon jetzt einen Platz im Pantheon der Revolutionäre. Am Sonntag, dem 2. September, ist der Justizminister Danton der Mann der Kühnheit; er entreißt der Legislative die erforderlichen Entscheidungen, und niemand widersetzt sich. Bleibt er aber in der Zeit danach nur der Minister, der das Unvermeidliche einer Niederlage abstreitet, der Volkstribun, der laut und vernehmlich redet, während die anderen zittern, und der Redner, der durch sein Feuer zur moralischen Aufrichtung dessen beiträgt, was in weniger als drei Wochen die Französische Republik sein wird?

Trotz zahlreicher Studien bleiben in den Akten zu den Septembermassakern einige Unklarheiten.[8] Und doch hat man schon alles behauptet; auch das Gegenteil: Danton war entscheidend verantwortlich, und: Danton war vollkommen unschuldig.

Die Rede vom 28. August zielte darauf ab, die Verhaftung der Verräter zu rechtfertigen, denn »alles, was der Nation schaden kann«, sollte aus ihrer Mitte verstoßen werden, »selbst wenn es 30 000 seien«. Die Kommune sollte berechtigt sein, Hausdurchsuchungen vorzunehmen, die Verdächtigen zu entwaffnen und das Volk zu bewaffnen: War es dafür aber notwendig, die riesige Zahl von 30 000 Verrätern zu beschwören? Die Historiker haben diesen erkennbaren Aufruf zur Bespitzelung in der berühmten Rede Dantons kaum analysiert. Ein Wort zuviel, im Eifer des Gefechts gesprochen? ... Dieses eine Wort hat unübersehbare moralische Folgen. Kommissare der Sektionen nehmen jetzt im Auftrag der Kommune und im Schutz der Nationalgarde Hausdurchsuchungen vor, sammeln ein paar Waffen ein und liefern sie im Zeughaus ab. Dabei bringen sie einige weitere Verdächtige hinter Schloß und Riegel. Innerhalb von zwei Tagen werden an die 3000 Personen verhaftet, die meisten aber wieder freigelassen. Man ist also recht weit von den 30 000 von Danton prophezeiten Verrätern entfernt. Sind Neuzugezogene ihren Quartiernachbarn verdächtig, dann fehlt nicht viel, und sie sind alle Verschwörer. Das Unternehmen wird nicht ohne Willkür unter der Leitung des Kontrollkomitees der Kommune abgewickelt. Am 30. und 31. August wird das Komitee von Panis, dem Schwager Santerres, umbesetzt, und am entscheidenden Tag finden sich unter seinen 11 Mitgliedern auch Sergent, Marat, Guermeur und Deforgues (der ehemalige Kanzlei-Sozius Dantons).

Werden die Hausdurchsuchungen ausreichen, um den zur Armee aufgebrochenen Freiwilligen »Mut einzuflößen«? Die Säuberung der Gefängnisse ist mehr denn je an der Tagesordnung. An die 15 Sektionen und eine sehr starke Minderheit innerhalb der Kommune (Billaud-Varenne, Tallien, Fréron u. a.) sind für eine vorbeugende Ermordung der Gefangenen. Soll man an die Existenz eines mysteriösen Geheimkomitees glauben, das sich am 30. August im ehemaligen Bischofspalais in der Evêché versammelt haben soll, wo Marat, Sergent, Panis, Billaud-Varene, Collot d'Herbois, Manuel und Danton selbst den schrecklichen »Gewaltstreich« organisiert hätten? Das ist unwahrscheinlich. Wir wissen heute nur eins: Danton wußte von dem Plan eines Massakerers. Ohne in den Konflikt zwischen Girondisten und aufständischer Kommune direkt einzugreifen – obwohl er eigentlich ganz auf der Seite der Kommune stand –, versuchte Danton die Wogen zu glätten. Ein aussichtsloses Unterfangen.

Am 1. September setzte die Nationalversammlung den ehemaligen Gemeinderat wieder ein, sehr zur Entrüstung des aus dem 10. August hervorgegangenen Generalrats der Kommune. Thuriot, ein Freund Dantons, schlug daraufhin vor, die Wahl des Generalrats mit seiner Erweiterung zu verbinden, was die Girondisten entmachten und zugleich die aufständische Kommune legitimieren könnte. Aber die gekränkte Kommune reagierte auf den Vorstoß der Gironde mit Haftbefehlen gegen Roland, Brissot und mehrere ihrer Freunde. Mit Unterstützung Robespierres erreicht Danton am 4. September die Aufhebung der Haftbefehle. Damit rettet er seinem Kollegen Roland und seinem ehemaligen Gesinnungsgenossen Brissot das Leben (hätte man sie am 4. oder 5. September verhaftet, wären die Girondisten unweigerlich in die Welle der Massaker geraten). Diese versöhnliche Haltung Dantons darf uns jedoch nicht täuschen. Auch wenn er Exzesse verurteilt wie etwa den Übergriff auf einen Minister und einen der führenden Köpfe der Nationalversammlung, hat er doch ungleich mehr Freunde in der Kommune als in der Legislative. Mit seiner Rede vor der Versammlung artikuliert er also eher die Wünsche des Generalrats und der Sektionsmitglieder. Am 2. September, nach dieser großartigen Rede über die Kühnheit, wurden in der Begeisterung zwei Dekrete verabschiedet, die sein Freund Delacroix vorgeschlagen hatte. Diese Maßnahmen wird man kaum als Versöhnungsversuche werten. Sie sollen jegliche konterrevolutionäre Anwandlung im Keime ersticken und sind auch nicht geeignet, die Gemüter zu beruhigen: Wer der Alternative Militärdienst oder Herausgabe aller

Waffen ausweicht, ist zum Vaterlandsverräter zu erklären und mit dem Tode zu bestrafen, ebenso jeder, der sich auf die eine oder andere Weise den Anordnungen der Exekutivmacht widersetzt.[9]

In derselben Rede vom 2. September versichert Danton: »Wenn die Sturmglocke läutet, so hat das nichts zu bedeuten; es ist nur das Angriffssignal gegen die Feinde des Vaterlandes.« Dabei dient diese Glocke durchaus als Alarmzeichen. Während Danton selbst zu einer Besprechung im Rathaus und dann ins Marineministerium zur Sitzung des Vollzugsrates eilt, ist Paris in äußerster Unruhe. Hunderte von jungen und älteren Männern kommen dem Aufruf der Kommune nach und drängen sich vor den überall improvisierten Rekrutierungsbüros, um sich anwerben zu lassen. Die Kanonen donnern. Wie von Danton angekündigt, hallt die Sturmglocke über Paris. Die Kriegsstimmung ist allgemein, und sie löst eine blutrünstige »Kühnheit« aus: Wenn die Freiwilligen zum Lager von Châlons abmarschieren, darf kein Verschwörer in Paris zurückbleiben! Damit ist die Säuberung beschlossen: Ein Kontrollkomitee soll, wenn schon nicht mit den Formen, so doch wenigstens im Namen der Justiz vorgebliche »Untersuchungsrichter« damit beauftragen, eine »Überprüfung« der Gefangenen durchführen und dann die »Verräter« und »Verschwörer« in den Gefängnissen von vielleicht bezahlten Freiwilligen – den Zeugnissen nach sind es zwischen 100 und 400[10] – exekutieren lassen. Wird die Bevölkerung protestieren? Viele haben Angst, und die anderen – und das ist vielleicht die Mehrheit – glauben seit 14 Tagen fest an das Gerücht, die Royalisten hätten vor, alle Verbrecher aus den Gefängnissen zu befreien, um dem Vaterland in den Rücken zu fallen; wieder andere schließen die Augen, lassen alles geschehen, applaudieren gelegentlich, und einige wenige beteiligen sich sogar an der schändlichen Metzelei. Celestin Guittard, ein braver Pariser Bourgeois, patriotisch und opportunistisch, aber keineswegs blutrünstig, bringt ein sehr verbreitetes Gefühl zum Ausdruck, als er im Verlauf des 2. September in sein Tagebuch schreibt: »Heute ist man in die Gefängnisse und zu den Karmelitern gegangen, um die verhafteten Verbrecher und all die refraktären Priester zu töten, die ihre Komplizen waren ... Es war die Notlage, die eine solche Exekution erforderlich machte ... Die Stadt wird ganz ohne Männer sein ... Während alle Bürger an der Front sind, hätten uns diese Verbrecher umbringen können ... Es ist aber doch traurig, daß wir zu solchen Gewalttätigkeiten greifen müssen!« So mag bei vielen die Leichenrede gelautet haben. Der Mythos (oder vielmehr die Psychose) von einem royalistischen Komplott war nicht neu. Er reicht zurück bis zum Juli 1789 und zur »Großen Furcht«.* Im September 1792 haben die äußeren Umstände dieses Gerücht nun in fruchtbare Taten umschlagen lassen.

Danton ist sofort über die Massaker informiert. Seine Reaktion – darüber sind sich fast alle Zeugnisse einig – ist erschreckend. Am 2. September, kurz vor Beginn der Aktion, sagt er zu Grandpré, dem Sekretär Rolands, der gerade von einer Gefängnisinspektion kommt, und ihn über das dort herrschende Klima der Angst und die Gefahr, in der die Gefangenen schweben, in Kenntnis setzt: »Was interessieren mich die Gefangenen, sollen sie doch sehen, wo sie bleiben!« Am selben Tag erklärt er dem Verleger und Herausgeber der *Révolutions de Paris* Prudhomme: »Das Volk selbst will sich Gerechtigkeit verschaffen bei all dem Pack in den Gefängnissen.« Und er fügt hinzu, man dürfe sich der Volkswut keinesfalls entgegenstellen, sondern müsse abwarten, bis sie sich legt. Der Arzt Saiffert hatte von Danton die Haftentlassung für die Prinzessin von Lamballe gefordert, aber der Minister lehnte mit der Begründung ab, wer es wage, sich der Justiz des Volkes entgegenzustellen, werde als Feind des Volkes angesehen. Am 3. September wird Danton von Brissot aufgefordert, gegen die Massenmörder Maßnahmen zu ergreifen, aber er antwortet nur: »Diese Exekution war notwendig, um das Volk von Paris zu beruhigen.« Und als ihn Brissot daraufhin fragt, wie er denn sicher sein könne, daß nur wirkliche Verschwörer exekutiert würden, antwortet der Minister: »Dies ist ein notwendiges Opfer, im übrigen begeht das Volk keine Irrtümer. *Vox populi, vox dei,* das ist das wahrste, das republikanischste Sprichwort, das ich kenne!« Am selben Abend bei der Sitzung des Vollzugsrats, an der auch die beiden Kanzleisekretäre Fabre und Desmoulins, sowie außer Roland alle Minister, der Präsident der Nationalversammlung und sein Sekretär, außerdem Robespierre, Pétion, Manuel und mehrere Mitglieder der Kommune teilnehmen, sagt Danton folgende endgültigen Worte: »Es war notwendig.« Das erdrückendste Zeugnis allerdings stammt von Gillet, dem öffentlichen Ankläger beim Tribunal von Versailles. Wie schon erwähnt, hatte Fournier der Amerikaner darauf bestanden, mit seiner Truppe die Angeklagten beim Obersten Gerichtshof von Orléans nach Paris zu bringen, womit er die Beschlüsse der Nationalversammlung auf seine Weise interpretierte. Auf die

---

* Die sog. »Große Furcht« vom Sommer 1789 war mit dem Gerücht verbunden, große Räuberbanden würden durchs Land ziehen. Die Landbevölkerung reagierte mit Panik und plünderte zahlreiche Schlösser. (Anm. d. Hrsg.)

Nachricht von der bevorstehenden Ankunft der Gefangenen in Versailles eilt Alquier, ehemaliges Mitglied der Konstituante und demnächst Konventsmitglied (zu diesem Zeitpunkt Vorsitzender des Tribunals von Seine-et-Oise), nach Paris, um Danton aufzusuchen und ihn zu fragen, wie er sich verhalten solle. Einige differenzierte dantonistische Historiker nehmen an, der Justizminister habe, nachdem er zunächst während der ersten Tage mit dem Pariser Massaker halb einverstanden war, diese Handlungen sehr bald verurteilt. Die von Gillet überlieferte Unterredung mit Alquier entkräftet aber diese These, da die Besprechung erst am Morgen des 9. September stattfand. Wir geben sie hier wörtlich wieder, nach der Ausgabe von Mathiez:[11]

»Monsieur«, erkundigt sich Alquier bei Danton, »man versichert mir, daß die Inhaftierten des Obersten Gerichtshofes heute morgen nach Versailles überführt werden. Das Gesetz fordert, daß sie dort innerhalb von 24 Stunden verhört werden. Ich möchte Sie daher fragen, ob ich an diese Verpflichtung gebunden bin und ob ich sie verhören soll.«

»Monsieur«, antwortet der Minister, sich unanständig kratzend, (sic), »unter diesen Leuten gibt es einige, die große Schuld auf sich geladen haben. Es läßt sich noch nicht sagen, wie das Volk sie beurteilen wird und wie weit seine Empörung geht.«

»Monsieur«, fährt der Gerichtspräsident fort, »ich bin nicht gekommen, um Sie über die Gefühle des Volkes in Kenntnis zu setzen. Ich beziehe mich auf das Bemühen der Stadtverwaltung von Versailles, Recht und Gesetz Geltung zu verschaffen, und ich frage Sie, ob ich die Gefangenen verhören soll.«

»Monsieur Alquier, glauben Sie mir, es ist besser, Sie befassen sich nicht mit diesen Leuten. Es könnten Ihnen daraus große Unannehmlichkeiten entstehen.«

»Monsieur, hier spricht nicht der Privatmann Alquier, sondern der Vorsitzende des Tribunals von Seine-et-Oise. Er ist erschienen, um den Justizminister zu konsultieren, und er fragt, ob er verhören soll oder nicht.«

»Also gut, Monsieur, wenn Sie sie verhören, dann nur auf Befehl des Ministers, und da Sie den Befehl nun einmal nicht erhalten haben, sollten Sie sich so viele Fragen und Sorgen ersparen.«

»Bei diesen Worten«, so schließt Gillet, »drehte Danton dem Bürger Alquier den Rücken zu, und dieser verließ die Unterredung mit der Überzeugung, daß die Gefangenen verloren seien.« Tatsächlich werden etwa 40 Gefangene (sechs oder sieben gelingt zum Teil verletzt die

Flucht) trotz des mutigen Widerstands des Versailler Bürgermeisters von den ehemaligen Bauern des Herzogs de Brissac und von Fourniers Leuten massakriert, und zwar mit einer Grausamkeit, die den Mördern von Paris in nichts nachsteht. Noch am selben Abend dringen die Täter ins Untersuchungsgefängnis und ins Gerichtsgebäude ein, um dort weiter zu morden. Am nächsten Morgen, dem 10. September, wird das Einschreiten von mutigen Justizbeamten dieser »Empörung« des Volkes, wie sie der Justizminister tags zuvor nannte, endlich ein Ende setzen. Die offiziellen Dokumente sprechen von 23 Toten unter den Gefangenen von Versailles – zum großen Teil sind es gewöhnliche Strafgefangene – die zu den Opfern aus Orléans hinzukommen.

Die Methode der dantonistischen Historiker besteht darin, jedes für Danton negative Zeugnis zurückzuweisen, solange es nicht von einem neuen Dokument bestätigt wird. Man wird zugeben müssen, daß diese Bedingung hier erfüllt ist. Danton ist nicht nur schuldig, weil er sich nicht für das Schicksal der Gefangenen interessierte, sondern weil er die Aktion von Anfang an durch die Übernahme der These von der »Justiz« des Volkes legitimiert hat. Diese These wird er, allerdings leicht modifiziert, auch noch nach den Massakern aufrechterhalten. Als ihm sein ehemaliger Kollege Lavaux wegen der Massaker Vorwürfe macht, wird er ihm in ruhigem Ton entgegnen: »Das souveräne Volk führt einen Kampf auf Leben und Tod gegen Verräter, aber nicht gegen andere Meinungen.« Und an den Grafen von Ségur, einen Diplomaten, der nach dem 10. August zurückbeordert wurde, richtet er diesen treffenden, noch bedeutungsvolleren Satz: »Monsieur, Sie vergessen, mit wem Sie reden, Sie vergessen, daß wir der Pöbel sind, daß wir aus der Gosse kommen ... und daß wir nur reagieren können, wenn wir Furcht verbreiten.« Falls diese Worte wirklich gefallen sind, dann ist das Ende dieser Talfahrt noch nicht abzusehen. Gegenüber Lavaux und dem Aristokraten Ségur spricht Danton nicht mehr von der Justiz des Volkes, sondern vom Kampf auf Leben und Tod und von Regierungsmethoden.

Die Danton-Verehrer befinden sich wieder einmal in einer unhaltbaren Position. Dieselben Historiker, die aus Danton im August und September 1792 beinahe einen Staatsmann machen – und ihn dafür bewundern –, beharren darauf, seine Verantwortung abzuleugnen. Die Position Dantons ist indes ganz eindeutig. Prudhomme behauptet, Camille Desmoulins habe geglaubt, man werde die Unschuldigen nicht mit den Schuldigen verwechseln und jeder Bürger, für den seine Sektion Haftbeschwerde einlege, käme auf freien Fuß. Danton ist weit realistischer. Er weiß – und die Ereignisse geben ihm recht –, daß in der augenblicklichen Atmosphäre nur wenige Sektionen die Erweiterung ihrer Kompetenzen fordern werden (im übrigen: Was wäre dann mit den Gefangenen aus der Provinz?). Danton kann dem Blutvergießen nicht entgegentreten, weil er seine politische Karriere nicht aufs Spiel setzen und seinen Einfluß auf die Massen nicht verlieren will. Die Aktivitäten des Ministers, der die Staatskanzlei und das Rathaus kaum verläßt, beschränken sich zu diesem Zeitpunkt folglich – so wird behauptet – bestenfalls darauf, die Bewegung zu kanalisieren. Das ist schon ein großes Wort für die wenigen Interventionen Dantons zugunsten des einen oder anderen potentiellen Mordopfers. Sie lassen sich schnell aufzählen: Am 2. September unterstützt er wahrscheinlich Marat, um Villain d'Aubigny aus dem Gefängnis zu holen. (Villain war 1791 vorübergehend Sozius Dantons in einer Anwaltskanzlei, Mitglied der Kommune, des Diebstahls in den Tuilerien während des Aufstands vom 10. August angeklagt). Am 4. September wird (wie schon erwähnt) der Haftbefehl gegen Roland zurückgenommen, aber hier war die Intervention Robespierres an diesem Tag ebenso entscheidend wie die des Justizministers. Am 6. oder am 7. September verbietet Danton gegen den Willen der Kommune und Marats, daß Adrien Duport, ein Freund der Lameths und Barnaves, der in Melun eingesperrt ist, in ein Pariser Gefängnis überstellt wird; am 17. September erwirkt er seine Freilassung durch das Tribunal von Melun. Dabei ist festzuhalten, daß die Intervention Dantons zu einem Zeitpunkt erfolgt, als die Massaker in Paris bereits aufhörten, so daß Duport möglicherweise nach einer Überführung in die Hauptstadt nicht ermordert worden wäre. Es ist richtig, daß dieses Verbot der Überführung nach Paris von Danton auf alle Inhaftierten außerhalb der Stadtmauern ausgeweitet wurde, aber dem könnte man entgegenhalten, daß sich einige Massaker bis in die Vororte und nach dem Ende der Pariser Massaker sogar bis in die Provinz ausweiteten. Daher erwies der Minister den Gefangenen mit dieser Entscheidung einen weniger bedeutenden Dienst, als man behauptet. Théodore de Lameth, der Bruder von Charles und Alexandre, Abgeordneter der Legislative, war bei Danton zugunsten Duports vorstellig geworden; er war Danton auch ewig dankbar, daß er seinem Bruder Charles, der mit seiner Frau in Rouen gefangengehalten und auf Befehl Dantons freigelassen wurde, einen Paß besorgt hatte. Auch in diesem Fall ist nicht sicher, ob Danton allein dafür verantwortlich war, denn Chabot und Basire wurden gleichzeitig bei Servan im Interesse Lameths aktiv, und vielleicht war die Intervention des Kriegsministers ebenso wirkungsvoll wie die seines Kollegen Danton. Häufig wird auch der Fall Omer Talon angeführt, eines Beamten der Zivilliste, den Danton gut kannte, weil er ja von Talon bezahlt wurde; von ihm nahm der Minister natürlich an, er könne ihm noch einmal nützlich sein. Danton besorgte Talon einen Paß, mit dem er am 4. September nach England fliehen konnte. Talon war aber gar nicht im Gefängnis gewesen; gegen ihn wird erst am 3. Dezember nach der Entdeckung des berühmten »Eisenschranks« in den Tuilerien Anklage erhoben. Im Fall Talleyrand verhält sich Danton genauso. Nach den Massakern erfindet der Justizminister für den ehemaligen Bischof, der gerade von einer erfolglosen Mission in England zurückgekehrt ist, eine neue Phantasiemission – das Studium eines einheitlichen Systems von Maßen und Gewichten –, die es Talleyrand (dem späteren Minister Napoleons) ermöglicht, nach England zurückzugehen, ohne als Emigrant betrachtet zu werden. Wer also sind die Personen, die Danton konkret den Händen der Mörder entriß? Außer dem schon angeführten Fall Villain d'Aubigny ist noch der Notar und Monarchist Giullaume zu nennen, der bei der Armee inhaftiert ist, und vielleicht auch der Schurke Godot, ein entfernter Verwandter Dantons, der wegen eines Diebstahls von 500 000 Livres einsitzt. Es gab sicher noch weitere, aber diese wenigen punktuellen Aktionen ändern nichts an der Grundeinstellung Dantons gegenüber den Septemberopfern. Er griff häufig ein, aber auch stets eher zugunsten gefährdeter Politiker, deren Freundschaft und Dankbarkeit er sich erhalten oder die er erlangen wollte. Für die anderen hat Danton nie etwas getan; das Gemetzel von Versailles ist Beweis genug. Es wird sogar behauptet, Danton habe Fournier zur Ausführung seiner Mission beglückwünscht. Die Massaker konnten überdies Dantons Interessen bei Gelegenheit dienlich sein. So gehörte auch der ehemalige Minister Montmorin zu den Opfern im Gefängnis der Abtei von Saint-Germain; er hatte einst mit dem Geld des Königs die subversive Tätigkeit Dantons unterstützt und hätte jetzt ein unbequemer Zeuge werden können.

Die Mitglieder des Vollzugsrats und Danton selbst, so argumentieren besagte Historiker weiter, hätten wichtigere Aufgaben gehabt: Der Krieg habe sie voll in Anspruch genommen. Aber dieser Krieg entschuldigt Danton nicht. Pierre Caron wollte nachweisen, wie handlungsunfähig die nationalen ebenso wie die Pariser Institutionen (Vollzugsrat, Legislative, Kommune usw.) waren. An dieser Ohnmacht läßt sich in der Tat nicht zweifeln, und sie wird noch durch die passive Mittäterschaft der meisten Politiker verstärkt. Das vermag zwar zu *erklären*, daß es keinerlei Versuch gegeben hat, die Massaker zu beenden, aber der Justizminister ist damit noch lange nicht *entschuldigt*. Danton hätte zumindest *versuchen* können, die Schlächterei zu beenden, bevor sie von selbst aufhörte. Entgegen einer noch weitverbreiteten Meinung hat »das Volk von Paris« an den Massakern gar nicht teilgenommen. »Gruppen« unterschiedlicher Größe waren immer dabei, die das Morden häufiger guthießen, als dagegen zu protestieren. Aber diese Gruppen – das wußte auch Danton – waren eher wankelmütig. Ein paar hundert Besessene , das war die lächerliche Streitmacht der Mörder. Wen muß man da noch überzeugen, daß dem großen Redner der Kühnheit plötzlich der Atem wegblieb angesichts einer Handvoll von Hitzköpfen, die oft genug auf seine Parolen gehört hatten?

Von fast 2800 Gefangenen, die am 2. September in den Pariser Gefängnissen saßen (darunter 1000 seit dem 10. August verhaftete Personen), wurde fast die Hälfte getötet, darunter zahlreiche refrektäre Priester und gewöhnliche Strafgefangene. Damals ging das Gerücht um, es seien noch viel mehr gewesen. Danton störte das wenig; ganz im Gegenteil. Er unterzeichnete das berüchtigte, auf den 3. September datierte Zirkular des Kontrollkomitees der Kommune, das an die Departements, die Stadtversammlungen und an die zur Wahl des Nationalkonvents zusammengetretenen Wahlversammlungen ging: »Die Kommune von Paris fühlt sich gedrängt, ihren Brüdern in allen Departements mitzuteilen, daß ein Teil der in den Gefängnissen festgehaltenen blutgierigen Konspirateure vom Volk exekutiert wurde: Akte der Gerechtigkeit, die unumgänglich erschienen, damit die vielen Verräter abgeschreckt werden, die in seinen Mauern versteckt sind, und das zu einer Zeit, da es sich aufmacht, gegen den Feind zu marschieren. Ganz gewiß wird sich die gesamte Nation beeilen, nach all dem Verrat, der sie an den Rand des Ruins führte, dieses für das öffentliche Wohl so notwendige Mittel zu übernehmen.« Das unvermeidliche Echo auf solche Formulierungen konnte Danton nicht ignorieren. Allgemein wird eingewendet, dieses mit Verspätung verschickte Zirkular habe wenig Verbreitung und insgesamt eine negative Aufnahme gefunden; die guten Bürger seien darüber entrüstet gewesen: eine dürftige Verteidigung. Mit der Unterschrift übernahm Danton die Verantwortung und billigte damit die Massaker von Lyon, Caen, Reims, Meaux und Versailles, – auch wenn sie vor Eintreffen des Zirkulars begonnen hatten. Der Beweis dafür ist die Tatsache, daß Danton die Veröffentlichung und die Verbreitung der Broschüre mit dem Titel »Rechenschaftsbericht an das souveräne Volk« durch sein

Ministerium nicht verbot, obwohl die vierte Ausgabe vom 2. oder 3. September ganz offen zum Massaker aufrief, und die folgenden Nummern, insbesondere die Nummer 7, sie ohne Zögern rechtfertigte. Autor des »Rechenschaftsberichts« war Fabre d'Eglantine, der Generalsekretär Dantons. Wenn Danton der wichtigste Minister Frankreichs war, muß er dann nicht auch die Verantwortung für die Handlungen seiner direkten Untergebenen übernehmen?

»Als Justizminister brachte er in diesen Tagen das Gesetz zum Schweigen«, wird ein Leser des *Journal Français*[12] im November über Danton schreiben. Die Formulierung ist treffend. Solange Danton noch einige politische Verbündete, darunter sogar Feuillants, sowie einige freundschaftliche Beziehungen, auch zu Monarchisten, retten konnte, war der Mann aus der Champagne mit den Septemberaktionen durchaus einverstanden. Als Pontius Pilatus von 1792 ist er kein unkalkuliertes Risiko eingegangen. Auf keinen Fall wollte er aber sein kostbarstes Gut aufs Spiel setzen: seine Popularität. Vor allem aus diesem Grund – denn er war nicht blutrünstig – wurde Danton zum *Septembriseur*. Weniger also aufgrund seiner Denkweise und auch nicht durch Aktionen, sondern durch Worte und – vor allem – durch Unterlassungen, kurzum: aus Feigheit. Danton teilte diese Feigheit mit fast dem gesamten politischen Personal, nur mit dem kleinen Unterschied, daß er *Justiz*minister war. Nachdem das Ereignis vorbei war, wird er aber wenigstens privat den Mut aufbringen, die Verantwortung zu übernehmen. In dieser Hinsicht zeigt der Staatsmann Danton eine ehrlichere Haltung als seine Historiker, weil er die Logik des »Ersten Schreckens« akzeptiert.

Die Girondisten lassen auf die »Verantwortlichen« der Massaker monatelang Beschuldigungen niederprasseln. Und zwar ohne jede Scham, denn sie vergessen dabei zu erwähnen, daß sie, mit Ausnahme Brissots und des *Patriote Français* – Brissot fühlte sich persönlich bedroht –, kein Wort gesagt und keine Hand gerührt hatten, um das Blutvergießen aufzuhalten, sondern sich im Gegenteil mit übergroßer Mehrheit hinter die offizielle Version vom Gefängniskomplott und das Argument von der »Notwendigkeit«[13] gestellt hatten. Danton muß zu seiner Verteidigung wiederholt auf die Massaker zu sprechen kommen. Am 30. November unterzeichnet er zusammen mit Fabre, Panis, Tallien, Chabot, Basire und Collot d'Herbois das Zirkular der Jakobiner an die angeschlossenen Gesellschaften. Darin kommt die offizielle Doktrin der Berg-Partei zum Ausdruck: »Legen wir einen frommen Schleier über alle diese Ereignisse... Nur der fernen Nachwelt sollte es zukommen, ein Urteil zu fällen.« Man muß bis zum Februar 1793 warten, damit die düsteren Beschwörungen der Vergangenheit endlich aufhören und sich unter Schwierigkeiten die »Politik der Absolution« (Caron) durchsetzt.

Mit den Septembermorden, dem Gipfel des Terrors bevor jener Prozeß einsetzt, den François Furet und Denis Richet eigenartigerweise das »Abgleiten der Revolution« nennen, hat Danton einen entscheidenden Schritt zu weit getan. Er hätte der Mann der Revolution im Krieg und des nationalen Aufbruchs bleiben können, nun wird sein Name auch mit der blutigen Revolution verknüpft sein. Seine Frau Gabrielle, die ihn liebte und stolz auf diesen Mann war, der nacheinander Rechtsanwalt beim Rat, Präsident seines Distrikts, Stellvertreter des Prokurators im Gemeinderat, schließlich sogar Justizminister und erster Mann im Staate wurde, mag entsetzt gewesen sein über die Greueltaten vom September. Sicher teilte sie nicht die politischen Überzeugungen ihres Mannes. Abgesehen von einigen gebildeten und selbstbewußten Frauen, die in Paris einen politisch-literarischen Salon führten, bestand die Aufgabe der Frau im 18. Jahrhundert noch in einer vorbildlichen Haushaltsführung ohne Einmischung in die Aktivitäten ihres Mannes. In der ersten Zeit ihrer Ehe konnte sie wegen der unsicheren finanziellen Situation in einer zwar großen, aber mittelmäßig ausgestatteten Wohnung noch den gesellschaftlichen Rang erreichen, den ihr Mann anstrebte. Dagegen hatte sie, ungeachtet ihrer eigenen Gefühle, die oft kompromittierenden Besucher Dantons freundlich empfangen. Als das Geld reichlicher floß, konnte sie die sechs Zimmer am Cour du Commerce freundlicher gestalten oder wenigstens verschönern. Gabrielle war stolz darauf, über einen fast luxuriösen Haushalt nebst einem vitalen Ehemann zu regieren, dessen sprichwörtlichen Appetit sie gerne zufriedenstellte. Nach dem Tod eines ersten Sohnes war ihr Familienleben durch die Geburt von Antoine und François-Georges wieder bereichert worden. Danton war zwar oft nicht zu Hause, und das in zunehmendem Maße, weil die Politik ihn in Anspruch nahm, aber Gabrielle glaubte, treue Freundinnen zu haben, darunter Lucile Desmoulins, Louise Robert, die Frau des mit Danton befreundeten Cordeliers, und die junge Louise Gély, eine Nachbarin und Tochter eines ehemaligen Gerichtsdieners. Die Beziehungen zu Lucile und Louise Robert waren nach dem 10. August etwas abgekühlt – die Beschwerden einer vierten schwierigen Schwangerschaft waren daran nicht unbeteiligt –, aber der freundschaftliche Umgang mit der jungen Louise Gély hatte diesen Verlust von Sympathie kompensiert.

Als gute Katholikin, die sie zweifellos war, sah Gabrielle möglicherweise mit Besorgnis, wie die Revolution sich allmählich bedenklich in Richtung auf den Atheismus zubewegte. Als friedliche Bürgerin hätte sie es sicher lieber gehabt, wenn ihr Mann sich aus der Politik zurückgezogen hätte. Aber als liebende und fügsame Gattin akzeptierte sie mit einem Lächeln, was für den Mann zum Lebensinhalt geworden war. Sie hatte es ertragen, daß er spät nach Hause kam, ebenso die Ängste vor drohender Verhaftung, die Flucht nach Arcis, das Exil in England. Denn trotz aller Aufregungen gab es sicher auch schöne Zeiten, Ausflüge in den Wald von Fontenay oder nach Bourg-la-Reine zu den Duplessis (den Schwiegereltern von Desmoulins, die dort das »Clos-Payen« besaßen, ein hübsches Gut von 20 Hektar), dazu die Ruhepausen, wenn Danton gleichsam Atem holte und, einem guten Bourgeois zum Verwechseln ähnlich, der auf den Ruhestand zusteuert, als Familienvater seinen Grund und Boden verwaltet. Aber diese vorübergehenden Pausen wurden immer seltener, und der Tribun stürmte immer wieder los – auf der Jagd nach Zielen, die für Gabrtielle vielleicht nur Hirngespinste waren, – trotz des soliden Realismus, mit dem ihr Mann diese Ziele verfolgte.

Der Vorabend und der Verlauf des 10. August hatten, Lucile Desmoulins zufolge, die Nerven Madame Dantons stark angegriffen. Ob sie wohl am 2. September auf den Tribünen der Legislative die gewaltige Rede hörte, wie ihr Mann mit dröhnender Stimme die erlahmenden Kräfte der Nationalversammlung und der gesamten Nation wiedererweckte? Dort hätte sie vielleicht ihre Ängste verloren und wäre wieder stolz gewesen auf den Bourgeois mit der unerhörten Karriere. Aber sie war damals im vierten Monat schwanger und sicher kaum durch die Ovationen, die der Redekunst ihres Mannes entgegenschlugen, zu beruhigen. Sie hatte gelernt, den raschen Umschwüngen in der Politik zu mißtrauen. Danton konnte ihr wieder und wieder versichern (ohne selbst daran zu glauben), alles werde bald ein gutes Ende nehmen und sie beide würden ihre Tage bald friedlich auf den Gütern in der Champagne verbringen. Wahrhaftig, friedliche Tage – die Septembermorde! Es ist wohl möglich, daß dieses Ereignis, mehr als jedes andere, dazu angetan war, zu schockieren und Madame Dantons Vertrauen in ihren Mann zu zerrütten. Danton wurde von der öffentlichen Meinung verurteilt, weil er die Septembermörder nicht angeklagt hatte. Die Umstände waren dazu angetan, neben den politischen Sorgen auch noch Mißtrauen aufkommen zu lassen, woher der Tribun sein unerhörtes Glück bezog. Sobald aber die Bürgerin Danton das Vertrauen in ihren Mann verlor, hatte sie ihre Rolle ausgespielt; ihre Zeit war vorbei. Bald wird das Schicksal eine überflüssig gewordene Charge von der Bühne verweisen.

Der blutige Zwischenfall ist kaum vorüber – die Exekutionen hören in den verschiedenen Gefängnissen zwischen dem 5. und 7. September auf –, da gewinnt die Politik ihre Rechte zurück. Nach der Kriegsfrage rücken nun die Wahlen zum Konvent in den Vordergrund des Interesses jener Franzosen, die ihrem Wahlrecht nachgekommen sind. Paris hatte 24 Abgeordnete zu bestimmen, die Nachrücker nicht eingerechnet. Sie mußten, wie in ganz Frankreich, von den Ende August gewählten Wahlmännern ausgesucht werden. Den 900 Pariser Wahlmännern, die am 2. September im Bischofspalais zusammengekommen waren, wurde es dort zu eng, und sie zogen in den Saal der Jakobiner um. Die Wahlprozedur dauerte insgesamt zwei Wochen und vollzog sich in einem Klima von Gewalt und Betrug; wobei die Gewalt die Abstimmungen verzögerte und diese Verzögerung dem Betrug Vorschub leistete. Außerdem wurden die Beratungen ständig durch Abordnungen von Bürgern unterbrochen. Am 5. September wird Robespierre mit 338 von 525 Stimmen gewählt; das setzt den ehrgeizigen Absichten Pétions und Brissots einen Dämpfer auf, sie werden statt dessen im Departement Eure-et-Loire gewählt. Als zweiter wird am 6. September Danton gewählt. Es mag bitter gewesen sein, erst hinter Robespierre ins Ziel einzulaufen, immerhin kann er sich aber damit brüsten, ein überzeugenderes Abstimmungsergebnis zu haben (638 Stimmen von 700). Beide werden nun zu Drahtziehern der folgenden Wahlen. Ein subtiles Spiel von Beeinflussung und Druck ermöglicht die Wahl von Collot d'Herbois, Manuel, Billaud-Varenne und schließlich Desmoulins, der von Danton vehement gegen Kersaints unterstützt wird. Am 9. September läßt Robespierre – nachdrücklicher als Danton, obwohl Marat für ihn Wahlkampf gemacht hat – auch den »Volksfreund« wählen, gegen Priestley, den Kandidaten der Gironde, einen englischen Naturforscher, der kürzlich von der Legislative wie alle ausländischen Wissenschaftler eingebürgert wurde. Schließlich kommen noch Lavicomterie, Legendre, Raffrou du Trouillet dazu, nach oft schwierigen Abstimmungen . Am 11. September schließlich wird Panis gegen Tallien gewählt. Am 12. September scheitert Tallien erneut gegen Robert und wird später im Departement Seine-et-Oise gewählt. Weitere Abgeordnete sind: Dusaulx, Fréron, Beauvais, Fabre d'Eglantine, Osselin, Augustin Robespierre, der Maler David, Boucher, Laignelot, Thoeums und schließlich – wenn auch mit knapper Not, dank der

Unterstützung Dantons und seines Kumpanen Chabot (gegen die Stimme Robespierres und zahlreicher Girondisten) – der ehemalige Herzog von Orléans, inzwischen Bürger Philippe Egalité. Es hat 14 Tage gedauert, um diese Pariser Vertretung zusammenzubekommen; sie wird in erdrückendem Maß von den radikalsten Revolutionären, den Jakobinern und den Cordeliers, dominiert, die dann fast alle auf den Bänken der *Montagne** Platz nehmen.

Danton und Camille Desmoulins, die beiden mit dem besten Wahlergebnis, feiern ihren Erfolg in galanter Gesellschaft und an reich beladener Tafel. Die offenkundige Vergnügungssucht mag bei Danton verwundern. Es wäre gewagt zu behaupten, er sei seiner Frau bis dahin immer treu geblieben, aber von nun an wird er sie betrügen, ohne ein Hehl daraus zu machen, so als zwänge ihn der Rhythmus der Revolution, sich physisch zu verausgaben. Sicher, seine Frau ist zum vierten Mal in vier Jahren schwanger, sie ist müde und wird dick, sie ist nicht mehr die »Schöne Gabrielle«, nach der später eine Straße in Fontenay-sous-Bois benannt wird. Erfolg lockt Erfolg an; der Justizminister hat sicher nur die Qual der Wahl. Von »Eroberungen« zu sprechen, wäre allerdings übertrieben: ihm genügt es, sich mit den wenig anspruchsvollen Mädchen zu umgeben, die sich von seiner Körperkraft, seiner Vitalität und seinem Posten an der Spitze des Staates beeindrucken lassen. Nur einige Abenteuer sind weniger spontan. Politisches Kalkül beherrschte möglicherweise die unbewiesene Liaison, die man zwischen Danton und der letzten Geliebten von Philippe d'Orléans, Madame de Buffon, vermutet.

Die drei Hauptaufgaben des Staatsmanns Danton – die Justiz leiten und überwachen, die Revolution vom 10. August in der Provinz verankern und den Boden des Vaterlands gegen die Invasion verteidigen – sind eng miteinander verknüpft. Durch gerichtliche Ausschaltung der Konterrevolutionäre wird die Revolution etabliert; durch Stabilisierung der Revolution in ganz Frankreich schafft man die Bedingungen für einen nationalen Aufbruch gegen den Feind, und durch die Abwehr der Invasion wird eben diese Revolution gerettet. Abgesehen von der Frage der Massaker, versucht Danton, die juristische Anarchie im Gefolge des 10. August ein wenig in Ordnung zu bringen. Vor allem will er durchsetzen, daß die Richter im Amt bleiben. Viele von ihnen haben Angst,

* Der »Berg«: Radikaler, linker Flügel der Legislative bzw. des Konvents, der aber nie eine einheitliche Fraktion bildete. (Anm. d. Hrsg.)

angesichts der Pariser Ereignisse und der feindlichen Invasion die Funktionen ihres Amtes weiterhin wahrzunehmen. Danton muß die Stimme erheben, ohne jedoch in jedem Fall Gehör zu finden. Darüber hinaus muß er rücksichtslos gegen Plünderungen vorgehen, die sich in Paris ausbreiten, begünstigt durch ein allgemeines Klima des Schreckens nach den Septembermorden, und das zieht erneute Verhaftungen nach sich. Das Tribunal des 10. August, das am 2. September seine Arbeit eingestellt hat, nimmt seine Sitzungen mit erweiterter Kompetenz wieder auf, ohne jedoch die hitzigen Sansculotten zufriedenzustellen, die sich weiterhin über seine Schwerfälligkeit und »Nachsicht« entrüsten.

Viel entschiedener handelt Danton, wenn es darum geht, mit Vollmachten ausgestattete Kommissare in die Provinz zu schicken, „um das Vaterland zu retten", das bedeutet: gewählte Verwaltungen zu säubern, Beschlagnahmungen und Rekrutierungen zu organisieren, und den Patriotismus zur Verteidigung der Heimat anzufachen. Am 28. August und am 2. September beschloß die Legislative auf Verlangen Dantons, etwa 20 Abgeordnete und 50 Kommissare des Vollzugsrats in die Departements zu schicken. Letztere wurden fast alle entweder von Danton selbst oder auf seine Empfehlung unter den Mitgliedern der Kommune und der Cordeliers ausgewählt. Zum großen Schaden des Innenministers machen sich diese Kommissare durch einen Eifer bemerkbar, der in zahlreichen Fällen, unter dem Deckmantel revolutionärer Propaganda, zur Gehorsamsverweigerung gegenüber örtlichen Behörden und unter dem Vorwand von Beschlagnahmung oder Verhaftung zu regelrechten Gesetzesübertretungen, ja sogar zu Morden führt. Aber die Staatskanzlei ist bei solchen Exzessen nachsichtig, denn es ist den Kommissaren gelungen, die Anwerbung von Soldaten zu beschleunigen und hier und dort die Widerstandsgelüste von Konterrevolutionären zu brechen. Danton deckt die Kommissare der Exekutivmacht mit seiner Autorität und zeigt sich großzügig in der Rückerstattung ihrer Auslagen. Wieviel vom Etat des Ministeriums hat er dafür ausgegeben? Auf diese Frage gäbe es eine präzise Antwort, wenn man wüßte, wie hoch der Etat tatsächlich war. Madame Roland behauptet, Danton habe über seinen Justiz-Fonds hinaus 60 000 Livres über das Kriegsministerium und noch mehr über das Außenministerium bezogen. Die Legislative hatte zwei Millionen bewilligt, um die Revolution zu stabilisieren (zur einen Hälfte in Geheim- und zur anderen in außerordentlichen Ausgaben). Danton verfügte somit über zweimal 200 000, also insgesamt über 400 000 Livres. Er selbst verbraucht 68 684 Livres; davon erhält allein Santerre 30 000 Livres, um die Piken der Sektionsmitglieder zu bezahlen; das gehört zu den außerordentlichen Ausgaben. Den Geheimfonds (200 000 Livres) schöpfte er zusammen mit Fabre wahrscheinlich vollständig aus. Schließlich hat er – ohne Wissen des Konvents – auch noch vom Außenminister Lebrun Gelder erhalten und davon zwischen dem 27. August und dem 27. September 147 910 Livres ausgegeben; 30 000 Livres wurden Fabre d'Eglantine direkt ausgehändigt. Wenn man der glaubwürdigen Versicherung Madame Rolands folgt, den Geheimfonds des Kriegsministers betreffend, kommt man zu folgenden Zahlen: 68 684 Livres an außerordentlichen Ausgaben und mindestens 407 910 Livres an geheimen Ausgaben. Danton verteilt also, ohne groß nachzuzählen. Seine Agenten werden von Fabre bezahlt, der die Verfügungsgewalt über die geheimen Ausgaben hat und dabei Dantons Vertrauen sicher mißbraucht[14]; sie werden unabhängig von ihrer Leistung fürstlich entlohnt. Auf diese Weise spinnt Danton ein Netz von Einflüssen und Interessen, von dem man bis heute nur einzelne Fäden kennt. Unter den Kommissaren des Ministers und stellvertretend für die ganze Symptomatik muß man den Arzt Chévetel hervorheben, ein Nachbar Dantons aus dem Viertel der Cordeliers. Er war mit dem Tribun und den Cordelier-Kreisen verbunden, unterhielt aber außerdem rege Beziehungen zum Marquis de La Rouërie und dessen Frau, die er behandelt hatte. Der royalistische Marquis bereitete seit 1791 einen Aufstand im Westen vor, und dieses Vorhaben nahm angesichts der ersten militärischen Erfolge der Preußen festere Konturen an. Der Doppelagent Chévetel hatte sich im August bei La Rouërie aufgehalten und war am 2. September 1792 nach Paris zurückgekehrt. Von Danton wurde er am Morgen des 3. September in Anwesenheit von Camille Desmoulins und Fabre empfangen. Noch am selben Abend kehrte er in den Westen zurück mit dem vorgeschobenen Auftrag, die in der Bretagne stationierte Artillerie in die Champagne zu verlegen. In Wirklichkeit war er von Danton beauftragt, mit dem bretonischen Marquis zu verhandeln. Der Justizminister hat also alles vorhergeplant, einschließlich eines möglichen militärischen Erfolgs des Braunschweigers in der Champagne, was eine Restauration der Monarchie bedeutet hätte. Er beabsichtigte nicht, alle Brücken zu seinen Feinden, selbst zu den erbittertsten, abzubrechen. Chévetel verhandelt sowohl im Auftrag La Rouëries wie auch Dantons mehrfach mit den Brüdern Ludwigs XVI. Er verbringt die Zeit von Oktober bis Dezember 1792 in London und trifft dort Calonne und den Grafen von Artois. Danton und Lebrun werden von ihrem Agenten regelmäßig informiert, bis dieser die Maske schließlich abwirft und die bretonischen Verschwörer verhaften läßt; sie werden im Juni 1793 hingerichtet. Der *Septembriseur* Danton betreibt also eine sehr subtile Schaukelpolitik, die noch zweifelhafter erscheint als die Aktion Mitte September. Damals rief er das Volk von Paris durch Plakate dazu auf, wieder an die Arbeit zu gehen. Diesen Ordnungsruf verband er mit einer demagogischen Formulierung, die Zündstoff für künftige Ausschreitungen enthielt: »Jetzt gilt es, Platz zu machen für die Armen. Nun sind sie an der Reihe, zu regieren!«

Es ist an der Zeit, einige Schlußfolgerungen zu ziehen. Bedeutet Dantons Anwesenheit im Ministerium eher Reden oder Handeln? Beides zugleich, antworten seine Bewunderer. Aber ist seine beherrschende Rolle Schein oder Wirklichkeit? Oft wird behauptet, er sei der eigentliche Kriegsminister gewesen. Dabei vergißt man zum Beispiel, daß sich Danton mehr mit der Herstellung von Piken – der Waffe der Sansculotten – als mit der von Gewehren beschäftigt hat. Als er dann doch Gewehre sucht, fädelt er eine obskure Verhandlung mit dem Dramatiker Beaumarchais ein, die nach kurzer Zeit abbricht und erst im Mai 1793 wieder aufgenommen wird. Danton, schreiben die Schmeichler, wird nicht müde, den Eifer Servans und seiner Untergebenen im Kriegsministerium anzustacheln; es sei Danton, der die Abstimmungen der Nationalversammlung lenkt und ihr die erforderlichen Maßnahmen entlockt. Oder sollte Danton nicht doch nur ein Redner gewesen sein und kein oberster Koordinator, der Bewegungen von Armeen, Abgeordneten und Kommissaren der Exekutivmacht abstimmt, nur ein Redner – der einzige im Kabinett –, der unter dem Prunk seiner patriotischen Phrasen kleinliche Machenschaften versteckt, die eines Staatsmannes unwürdig sind? Wer diese Frage positiv beantwortet, hätte das Verdienst, eine Menge überkommener Vorstellungen über Bord zu fegen. Allerdings reicht die Mittelmäßigkeit der Ministerkollegen allein schon aus, um Danton, selbst wenn er nur der Initiator weniger glorreicher Verhandlungen gewesen sein sollte, den »nationalen Aufbruch« zu überlassen. Angesichts dieser Zwerge im Vollzugsrat gebührt ihm mit Fug und Recht das Format eines Riesen.

In dem ganzen Chaos, das in Paris herrschte, geschah ein Verbrechen, das mehr als jedes andere die Phantasie beflügelte. Es handelt sich um den Diebstahl der Kronjuwelen aus der königlichen »Gerätekammer« an der Place de la Révolution (ehemals Place Louis XV.). Eine Bestandsaufnahme im Jahr 1791 schätzte den Wert auf 24 Millionen Livres, ein Betrag, der sicher weit unter dem unschätzbaren Wert von Einzelstücken wie dem berühmten »Regenten« oder dem Blauen Diamanten lag. Alle diese Juwelen und Wertsachen aus dem Besitz der königlichen Familie wurden gestohlen, bis auf einen winzigen Rest, der auf 2% des Gesamtwerts geschätzt wurde ...

Der Aufseher der Gerätekammer hatte von Santerre für die Überwachung des Gebäudes nur 12 Nationalgardisten erhalten, die unregelmäßig abgelöst wurden. Vierzig oder fünfzig Plünderer des Aufstandes vom 10. August waren ohne ersichtlichen Grund aus dem Gefängnis entlassen worden. Sie nutzten die besondere Lage des Gebäudes, die kaum vorhandene Beleuchtung in diesem verlassenen Viertel und die geringe Zahl der Wachen, um an der Fassade hinaufzuklettern und durch ein Fenster in die erste Etage einzudringen. In mehreren Etappen schlugen sie vom 10. bis zum 17. September immer wieder zu. Der letzte Trupp wurde von einer Patrouille überrascht, konnte aber mit der Beute entkommen. Doch im revolutionären Paris funktionierte das Denunziantentum vorzüglich: 17 Diebe und Hehler sowie ein Gutteil der Juwelen wurden wieder aufgespürt. Von den großen Stücken tauchte nur der »Blaue Diamant«, ein wahres Wunder von 115 Karat, nicht wieder auf. Erst nach dem Tod des Herzogs von Braunschweig 1806 wird man das Juwel in der Privatsammlung dieses gewitzten Andenkenjägers wiederfinden ... Das ist Anlaß genug, der Phantasie freien Lauf zu lassen. Mehrere Indizien weisen auf ein heimliches Einverständnis zwischen den beiden an sich verfeindeten Ministern Roland und Danton hin. Auf der einen Seite wird vermerkt, wie eilig es der Innenminister damit hatte, die Untersuchung zu unterbrechen, um sie einigen ihm ergebenen Kommissaren anzuvertrauen. Außerdem gibt es einen verdächtigen Widerspruch zwischen der offiziellen Version, die er vom Verlauf der Untersuchung geben wird, und einer in den *Archives Nationales* aufbewahrten Notiz von seiner Hand, die beweist, daß der Minister viel eher informiert wurde, als er vorgab. Auf Seiten des Justizministers vermerkt man die Freilassung von mehreren Dutzend Delinquenten, bei denen das Verhör zu beweisen scheint, daß sie schon entschlossen waren, in die Gerätekammer einzubrechen. Es wird auch ein Besuch von Fabre bei Madame Roland angeführt, in dessen Verlauf der Sekretär Dantons zwei Stunden lang mit ihr gesprochen habe, um die ersten Details der Untersuchung zu erfahren, fast so, als sei er gekommen, um sich davon zu überzeugen, daß Roland vor seiner Frau dichtgehalten habe. Im übrigen wird die Justiz bei der

Verfolgung zweierlei Maß anlegen. Einige Schuldige werden freigesprochen, andere dagegen zum Tode verurteilt und hingerichtet, wieder andere schließlich an ein Provinztribunal übergeben, das ihnen symbolische Strafen auferlegt.

Der klassische »politische« Erklärungsversuch lautet etwa folgendermaßen: Danton, Roland und ein kleiner Kreis von Eingeweihten hätten den Einbruch veranlaßt, weil sie keine Möglichkeit sahen, von der Legislative die ausdrückliche Erlaubnis zu erhalten, den »Blauen Diamanten« zu benutzen, um damit den Rückzug der Preußen zu erkaufen. Eine unglückliche Verkettung von Umständen – eine zu früh auftauchende Patrouille, zu langsame Diebe – hätten die Minister jedoch gezwungen, eine Untersuchung durchzuführen. Das konnte nur mit der Verhaftung eines Teils der Schuldigen enden, die nach leicht zu erratenden Kriterien unterschiedlich behandelt wurden.

Erster Einwand: Wenn der Herzog von Braunschweig tatsächlich gekauft werden mußte, warum dann kein Rückgriff auf den geheimen Fonds? Die Antwort ist einfach: Da der Braunschweiger zugleich steinreich und mit Schulden überhäuft war, konnte man keine Summe zusammenbringen, die hoch genug war, um seinen Rückzug vom französischen Territorium zu erkaufen. Der »Blaue Diamant« dagegen war ein historisches Stück und für einen Sammler, ja einen Besessenen, was Edelsteine betrifft, von unbezahlbarem Wert. Zweiter Einwand: Es gibt keinen Beweis dafür, daß der Diamant nicht später vom Herzog einem Hehler oder Vorbesitzer abgekauft wurde. In diesem Fall wäre das Unternehmen, sollte es von Danton und Roland beschlossen worden sein, ganz besonders schmutzig. Diese Gaunerei wäre dazu bestimmt gewesen: 1. durch Handel mit oder Verschleudern von Kronjuwelen den geheimen Etat der Regierung aufzubessern, der schrecklich knapp war; 2. aber eine kleine Gruppe gut plazierter Gauner im Vorzimmer der Macht zu bereichern, denn man kann sich schlecht vorstellen, daß Leute wie Danton oder Fabre solche Schätze in ihrer Reichweite liegen ließen, ohne sich im Vorbeigehen zu bedienen. Die vermeintlichen Komplizen eines Augenblicks werden sich jedenfalls, sobald die Zeit der Bruderkämpfe anbricht, die Diamantenaffäre gegenseitig an den Kopf werfen. Dabei war sie so nebulös, daß sich nicht einmal mehr die Protagonisten darin zurechtfanden, weil sie weder in der einen oder anderen Richtung Beweise liefern konnten. Aber es gibt noch einen dritten Einwand, der überzeugender ist. Der Sieg von Valmy wurde wirklich aus strategischen und taktischen Gründen errungen. Nein, dieses hübsche Märchen, auch wenn es ein Quentchen Wahrheit enthält, sollte diesen Sieg nicht bagatellisieren.

Es regnete fast ununterbrochen. »Die Wiesen«, schrieb Goethe, »waren zugrunde geregnet...« Das verlassene Gelände und der Straßenzustand machten einen normalen Nachschub unmöglich. In den Reihen der Preußen wütete die Ruhr. Darüber hinaus herrschten zwischen dem Braunschweiger und Friedrich Wilhelm II. von Preußen einige Unstimmigkeiten. Nach der Kapitulation von Verdun beabsichtigte der Herzog, Sedan zu besetzen und dort sein Winterquartier aufzuschlagen. Der König von Preußen dagegen, unterstützt von einigen Offizieren und den französischen Emigranten, wollte einen politischen Krieg, um die königliche Familie zu retten: Man solle sofort die Champagne besetzen und die jämmerliche Revolutionsarmee auseinandertreiben. Der Herzog mußte sich fügen. Aber immer wieder lassen sich Österreicher und Preußen die Gelegenheit entgehen, einen Teil der französischen Armee zu vernichten. Ein vom Herzog am 14. September zur Verhandlung mit Dumouriez abgesandter Offizier kommt mit der Überzeugung zurück, daß die Franzosen sich bis zur Marne zurückziehen werden; auch das erklärt teilweise das Zögern der Preußen. In Wirklichkeit entfaltete Dumouriez den Hauptteil seiner Truppen im Süden des Argonnerwaldes, um sich mit Kellermann zu vereinigen und dem Feind den Rückzug abzuschneiden. Auf die Nachricht hin, daß die Franzosen Sainte-Menehould evakuierten, entschloß sich der Herzog zur Schlacht. Als sich am 20. September um die Mittagszeit der Nebel hob, entdeckte er vor sich eine geschlossene französische Schlachtordnung. Die Franzosen hielten sich gut. Bei der berühmten Mühle von Valmy feuerte Kellermann die Soldaten mit dem Schlachtruf an: »Es lebe die Nation!« Die Kanonade dauerte den ganzen Tag; mehr als 20000 Schuß wurden auf beiden Seiten abgegeben. Aber die Entfernung zwischen den beiden Armeen war zu groß, und der Schlamm schluckte die Kugeln, die beim Aufschlag nicht abprallten. Der Mißerfolg der Kanonade veranlaßte die Preußen, den Hügel von Valmy, das Zentrum der französischen Stellung, zu stürmen. Das Trommelfeuer der Franzosen setzte diesem Versuch ein rasches Ende. Danach drängte der Herzog den König von Preußen zum Abbruch der Schlacht, wie es ihm die Vorsicht gebot: »Hier werden wir nicht kämpfen.« Die Kanonen schweigen, und das Schlachtfeld, auf dem 300 gefallene Franzosen und 200 Preußen liegen, ertrinkt im Schlamm. In der Tat waren die 1792 angeworbenen Freiwilligen und Föderierten nicht so kampffähig wie die 60 000 Rekruten von 1791, die von den Soldaten und Offizieren des Ancien Régimes zu festen Einheiten zusammengeschweißt wurden. Aber der größte Teil der Freiwilligen, die dem Aufruf Dantons gefolgt waren, kämpfte gar nicht in Valmy, sondern befand sich noch im Lager von Chalons. Bei Valmy kämpfte ein gut geführter, frischerer und weniger als der Feind geschwächter Franzose auf eigenem Boden, zahlenmäßig überlegen und mit einer Moral, die trotz einiger Schwächen dem preußischen Heer weit überlegen war, das zwar diszipliniert, aber von der Ruhr ausgezehrt war. Der Herzog von Braunschweig konnte darüber hinaus den Feldzug nicht nach seinen eigenen Vorstellungen führen, der ihm vielleicht nach einer winterlichen Ruhepause 1793 den Sieg gesichert hätte, sondern er mußte die unklaren Instruktionen des Königs von Preußen und indirekt der französischen Emigranten ausführen. Bei Herannahen des Winters waren die Verbindungslinien fast völlig unterbrochen und die Armee erschöpft; der Herzog war zum Rückzug bereit. In Absprache mit Danton hatte Dumouriez Vorschläge für einen Separatfrieden gemacht, aber sie wurden abgelehnt, und die Preußen traten in der Nacht vom 30. September zum 1. Oktober den Rückzug an. Sie zogen sich geschickt über das rechte Moselufer zurück. Dumouriez verfolgte sie nicht, sondern konzentrierte seine Anstrengungen auf die Front in Belgien, wo er im Herbst einen Sieg über die Österreicher bei Jemappes errang (6. November).

Angesichts der Erfolge von Valmy und Jemappes ist es wohl kaum vonnöten, noch die Erklärung mit dem »Blauen Diamanten« zu bemühen, um zu verstehen, daß Frankreich zwar durch die revolutionären Kämpfe geschwächt war, aber immer noch eine Großmacht darstellte. Die Emigranten beeilten sich dennoch, den Herzog von Braunschweig zu beschuldigen, er habe von Danton fünf Millionen angenommen, und dieser Betrag sei durch den Verkauf der Kronjuwelen zusammengebracht worden. Allerdings widerspricht dieser Vorwurf der Hypothese, daß der Herzog den Stein selbst erhalten habe ... Man braucht auch kein freimaurerisches Komplott zu unterstellen, demzufolge der Braunschweiger vor Valmy den Freimaurer Dumouriez geschont habe so, wie Dumouriez seinerseits den Herzog, ebenfalls Freimaurer, nach der Schlacht gerettet habe. Wenn der französische General die Preußen nicht verfolgte, so deshalb, um seine Truppen zu schonen.[15] Außerdem wollte er die Preußen vorsichtig behandeln, weil man die Hoffnung noch nicht aufgegeben hatte, sie aus der Koalition herauszubrechen. Einige behaupten schließlich noch, Danton und Dumouriez hätten mit der

Überbetonung der französischen Kampfstärke ihre trüben finanziellen Verhandlungen mit dem Feind faktisch eingestanden. Dabei vergißt man aber, daß offener Defätismus für eine Nation, die sich im Krieg befindet, nicht üblich ist, weder für einen Minister, der den Krieg erklärt, noch für einen Militär, der ihn zu führen hat.

9. DIE REPUBLIK DER GIRONDE

Ohne es zu wollen und ohne zu wissen, was sie taten, errichteten sie die Republik; es war die Logik der Ereignisse, die sie dazu trieb.

Joseph de Maistre

Am Donnerstag, dem 20. September 1792, am Tag der Kanonade von Valmy und Vorabend der letzten Sitzung der Legislative, versammelt sich der neue Nationalkonvent unter Ausschluß der Öffentlichkeit. Von den 750 gewählten Abgeordneten nimmt nur ein Drittel an der Wahl des Präsidenten teil. In der Folgezeit sinkt aufgrund von Absenzen und Missionen die Zahl der Abgeordneten bei den Sitzungen auf 400 ab; daraus erklärt sich gelegentlich der Wechsel von Mehrheiten. Erst in der Endphase des Prozesses gegen Ludwig XVI. wird fast die Gesamtheit der Repräsentanten wieder anwesend sein. Diese dritte revolutionäre Nationalversammlung hat ebenso wie die vorangegangene keine festen parlamentarischen Blöcke. Die Zugehörigkeit zu dieser oder jener Richtung oder Gruppierung unterliegt ständiger Veränderung. Dennoch zeichnen sich, wenn man vom Kurswechsel Einzelner absieht, sehr bald drei Richtungen ab. Auf der Rechten sitzt jetzt die ehemalige Linke der Legislative, die Gironde, die durch ihren Kampf gegen den Revolutionsrat und die Urheber des Aufstandes vom 10. August in eine relativ gemäßigte Position zurückgeworfen wird. Sie gruppiert sich um einen Kern von gut 20 Abgeordneten und kommt insgesamt kaum über 100 hinaus; 1793 erhöht sich ihre Zahl auf etwa 160. Die extreme Linke, die im September 1792 nur Abgeordnete aus Paris umfaßt, stellt die Montagne. Ihre Mitgliederzahl nimmt im Verlauf des Winters immer weiter zu und erreicht 1793 eine Stärke von 270 Abgeordneten. Die Mitte wird von mehr als 300 (ursprünglich fast 600) Abgeordneten gebildet, die als »Ebene« oder abfällig als »Sumpf« bezeichnet werden; es sind meist überzeugte, aber opportunistische Republikaner, die nacheinander mit der gerade herrschenden Richtung abstimmen werden, zunächst mit der Gironde, dann aber auch mit der Montagne.[1]

Beginnend mit dem 21. September nimmt Danton auf den Bänken der Montagne Platz (jedoch ohne große Überzeugung). Im Augenblick kann er sich lediglich rühmen, England vorläufig in der Neutralität gehalten zu haben. Am nächsten Tag erhöht allerdings die Nachricht vom Sieg bei Valmy sein Ansehen beträchtlich, obwohl zu diesem Zeitpunkt niemand diesen Sieg als entscheidend betrachtet. Wie auch immer, Danton schlägt sofort vor, sein Ministeramt zur Verfügung zu stellen. Er hat erfüllt, was man von ihm erwartete, und kehrt zur Basis zurück: »Bevor ich mich zur ersten Amtshandlung der neuen Nationalversammlung äußere, sei es mir erlaubt, die Ämter niederzulegen, die ich von der Legislative erhalten habe. Ich übernahm sie im Kanonendonner, mit dem die Bürger von Paris den Despotismus zerschlagen haben. Nun, da die Armeen vereinigt[2], die Volksvertreter im Parlament versammelt sind, darf ich meine bisherigen Ämter nicht länger besetzen. Jetzt bin ich nur noch ein Beauftragter des Volkes.« Die Propaganda der Gironde hatte schon seit einiger Zeit das Schreckgespenst einer Diktatur unter dem Triumvirat Danton, Marat und Robespierre an die Wand gemalt. Diesem Verdacht gaben unvorsichtige Pamphlete im *Ami du Peuple* immer wieder Nahrung. Vielleicht versuchte die Gironde auch, damit die Intrigen der Anhänger Pétions und dessen maßlose Ambitionen zu verschleiern: Immerhin war er im Begriff, mit royalistischen Kreisen um den Grafen von Antraigues auf der Basis eines kompromißlerischen Programms Verhandlungen aufzunehmen.[3] Um diese »Phantasmagorien einer Diktatur, abwegige Einfälle von einem Triumvirat, all diese Absurditäten zu beseitigen, die nur zu dem Zweck erfunden wurden, das Volk zu erschrecken«, zu widerlegen, fordert Danton im Konvent eine neue Verfassung auf der Grundlage allgemeinen Wahlrechts. Dabei schlägt er noch zwei ergänzende Maßnahmen vor: zum einen die Strafgesetzgebung zu erweitern, »damit im Volk keine Wünsche offenbleiben«, zum anderen, die Besitzenden mit einer Erklärung zu beruhigen, daß jegliches Eigentum »auf ewig erhalten« bleibe. Im übrigen werde die Aufgabe, die den Konvent erwarte, gewaltig sein. »Wir müssen«, sagt er zum Abschluß, »alles überprüfen, alles neu schaffen.« Der Redner erhält Beifall, und die Versammlung beschließt folgende Grundsätze: »Es kann keine andere Verfassung geben als eine vom ganzen Volk gebilligte ... Die Person und das Eigentum stehen unter dem Schutz des französischen Volkes.« Dabei muß man festhalten, daß sich der Konvent zu Anfang als ein durchaus bürgerlich-gemäßigtes Parlament darstellte; tatsächlich sitzen nur zwei Arbeiter in der Runde, und am 5. Oktober 1792 sind nur 113 Abgeordnete bei den Jakobinern eingeschrieben. Erst nach den beiden Maßnahmen – die Reihenfolge der Dringlichkeit ist symbolisch – beschließt der Konvent auf Vorschlag Grégoires ohne Gegenstimme die Abschaffung der Monarchie. Am nächsten Tag, dem 22. September, schlägt Billaud-Varenne vor, die offiziellen Dokumente auf »das Jahr I der Republik« zu datieren. Diese Republik wird auf Vorschlag Couthons und um die föderalistischen Bestrebungen der Gironde zu bremsen, am 25. September als »einig und unteilbar« erklärt. Billaud, Couthon, Danton, alles Mitglieder der Montagne. Und doch ist es die Gironde, die im Konvent dominiert; sie läßt schon am 22. September beschließen, daß die Kommissare des Vollzugsrats zurückberufen werden, die man der Mißwirtschaft und Anarchie beschuldigt hatte. Am 8. Oktober wird die Befreiung der eingekerkerten Verdächtigen beschlossen. Beides ist besonders kennzeichnend für die Entwicklung der Girondisten zu einer gemäßigten Gruppe nach der Art der Feuillants. Mehr als sechs Monate lang versucht Danton, den Antagonismus zu versöhnen, der die beiden führenden Flügel des Konvents entzweit, aber die Girondisten sind ebenso unermüdlich darin (Madame Roland hat keinen geringen Anteil daran[4]), das einzige Mitglied der Montagne anzufeinden, mit dem sie sich hätten verständigen können. So rächen sich die Freunde Rolands mit ihrer Dominanz im Konvent für Dantons Tyrannei über den Innenminister im Vollzugsrat.

Der Kampf der Girondisten gegen Danton geht in die gleiche Richtung wie der Widerstand gegen die Abgeordneten von Paris und damit gegen den übermäßigen Einfluß der Hauptstadt auf das politische Leben der Nation. Auf Anregung Buzots beschließt der Konvent am 24. September eine Untersuchung zur Lage der Republik und verabschiedet eine Gesetzesgrundlage, nach der Anstiftung zum Mord bestraft werden soll, außerdem einen Plan zur Rekrutierung einer Garde aus den Departements zum Schutz der Nationalversammlung. Buzots Vorwürfe gegen die Abgeordneten von Paris überbietet noch der Abgeordnete Lasource, ein Pastor von calvinistischer Strenge. Am 25. September greift er nachdrücklich den Vorwurf von einer geplanten Diktatur wieder auf. In solch feindseliger Atmosphäre meldet sich Danton zu Wort, und er hält bei dieser Gelegenheit eine Rede, die bemerkenswert ist aufgrund ihrer Kraft, Geschicklichkeit und vor allem ihrer Sorge um eine wirkliche Versöhnung. »Dies ist ein großer Tag für die Nation«, ruft er seinen

Anklägern zu, »dies ist ein großer Tag für die französische Republik, denn er führt uns zu einer brüderlichen Aussprache zusammen! Man spricht von Diktatur, von Triumvirat. Eine solche Anschuldigung darf nicht vage und unbestimmt bleiben. Wer sie ausgesprochen hat, muß sie auch unterschreiben.« Danton wehrt sich gegen jede pauschale Verurteilung der Abgeordneten von Paris, aber zugleich weigert er sich, der Reihe nach jeden zu verteidigen, der aus Paris stammt und Abgeordneter ist. Also führt er sich selbst als Beispiel an und schildert kurz seine Laufbahn im Dienst des Vaterlandes. Danach fordert er seine Gegner auf, sich zu erheben und Rede und Antwort zu stehen. Das ist ein geschickter Übergang, denn hier kann er sich von Marat distanzieren und damit das Niveau der Debatte heben. »Lange genug, viel zu lang«, so protestiert er, »hat man mich beschuldigt, der Verfasser der Elaborate dieses Mannes zu sein.« Da er und Marat sich kürzlich gestritten hatten, fügt er hinzu: »Ich führe alle diese Übertreibungen auf die Schikanen zurück, die dieser Bürger erlitten hat.« Nun kann er die prächtigen Floskeln anbringen, die das Geheimnis seines Erfolges sind: »Zugegeben! Hervorragende Bürger konnten übertriebene Republikaner sein, aber beschuldigen wir doch nicht wegen einiger radikaler Einzelpersonen eine ganze Abordnung! Was mich betrifft, so stamme ich nicht aus Paris... Keiner von uns gehört zu diesem oder jenem Departement, er gehört ganz Frankreich!« Und dann entwaffnet Danton seine Gegner durch den Vorschlag, »gegen jeden die Todesstrafe zu verhängen, der sich für die Diktatur oder das Triumvirat ausspricht«. Alsbald geht er zum Gegenangriff über und empfiehlt dieselbe Strafe für die Föderalisten. »Da wird behauptet, es gebe Leute bei uns, die Frankreich zerstückeln wollen... Ich fordere die Todesstrafe für jeden, der die Einheit Frankreichs zerstören will!«

Nachdem er so den Ball ins gegnerische Feld zurückgeworfen hat, schließt Danton mit einem Aufruf zur Einigkeit, zur »heiligen Harmonie«; sie werde Frankreichs Feinde erzittern lassen! – Aber Dantons Aufruf findet kein Gehör. Die Girondisten protestieren gegen die Unterstellung, sie wollten die Einheit der Republik zerstören. Aus dieser langen und stürmischen Debatte geht schließlich ein Dekret hervor, das die Republik für »einig und unteilbar« erklärt. Was Danton betrifft, so hat er der Gironde bewiesen, daß er sich keineswegs attackieren läßt, ohne hart zurückzuschlagen, und diese Lektion hätten die Girondisten besser beherzigt. Statt dessen führen sie ihren Kleinkrieg weiter und holen dabei das Argument mit den Geheimfonds des Vollzugsrats hervor. Roland erhebt seine Stimme und äußert sich besorgt über den Gebrauch, den »man« (soll heißen: Danton) davon gemacht habe. Schon bald danch wird die Diskussion darüber in die Nationalversammlung getragen.

Bis zur Ernennung eines Nachfolgers blieb Danton in seinem Ministeramt. Der Girondist Chasset nutzte dies als Argument, um ihm das Recht abzusprechen, an Abstimmungen in der Nationalversammlung teilzunehmen. Während Buzot und die Girondisten alle Hebel in Bewegung setzten, um Roland im Kabinett zu halten – er war im Departement Somme gewählt worden –, sähen es auch Dantons Freunde gern, wenn für den Tribun eine Ausnahme von der Regel der Unvereinbarkeit von Amt und Mandat gemacht würde. Aber am 29. September beschließt der Konvent nach einer hitzigen Debatte, »daß die Minister nicht aus den Reihen der Mitglieder gewählt werden können«, auch nicht im Fall eines Rücktritts. Trotz allem beantragen die Girondisten nun, Roland zu ersuchen, im Amt zu bleiben. Philippeaux schlägt vor, dieselbe Bitte an Danton zu richten. Danton lehnt diese Lösung ab und geht zum Gegenangriff über: »Niemand läßt Roland mehr Gerechtigkeit widerfahren als ich! Aber ich würde sagen: Wenn Sie ihn schon bitten, dann bitten Sie auch Madame Roland, denn jeder weiß, daß Roland in seinem Ministerium nicht allein war! ... Ich erinnere Sie auch daran, daß zu einem bestimmten Zeitpunkt das Vertrauen so zerrüttet war, daß es keine Minister mehr gab und Roland den Einfall hatte, aus Paris zu verschwinden! Es ist unmöglich, daß Sie einen solchen Bürger auffordern, im Amt zu bleiben!« So viel Impertinenz kann man wohl kaum verzeihen. Sie ruft einen unerhörten Tumult hervor. Obwohl Marat diesmal Danton wieder unterstützt, wütet die Presse der Gironde, von Manon Roland und ihrem Seelenfreund Buzot angefeuert, gegen den demissionierten Justizminister und seine Umgebung, Leute wie Fabre und Desmoulins, auf die er einen Teil seiner Regierungsaufgaben abgewälzt hatte.

Danton mochte sich zwar aus Eigennutz und Eigenliebe darüber empören, aus der Regierung ausgeschlossen zu werden, während Roland dort verblieb, aber er war sicher nicht allzu traurig, sein Amt zu verlassen, und das aus mehreren, eng miteinander verbundenen Gründen.

Er war ein Volkstribun und hatte eine Vorliebe für Redeschlachten; es machte ihm einfach Spaß, in Konventsdebatten aktiv zu sein, wieder seinen Platz bei den Jakobinern oder wie ehedem in seiner Sektion einzunehmen, seine Einlassungen mit Bonmots zu würzen und jede Auseinandersetzung im Parlament zu nutzen, um wie früher mit seiner

Rhetorik zu glänzen, nun aber mit der Unbefangenheit eines einfachen Abgeordneten. Und doch bleibt diese Erklärung sehr vordergründig. Danton war natürlich kein Mensch, der die ungeheuren Vorteile der Macht so leicht und abgeklärt aufgab. War er es bloß leid, das Justizministerium zu leiten? Am 22. September hatte er gegen die Girondisten den Vorschlag Talliens unterstützt, die Richter der Tribunale von allen Bürgern wählen zu lassen. Mit immer neuen Mitteln der Demagogie verstieg er sich zu Behauptungen wie: »Alle Juristen gehören zu einer rebellischen Aristokratie«; viele unter ihnen »sprechen nur die Sprache von Winkeladvokaten« und »Recht muß nach den einfachen Gesetzen der Vernunft gesprochen werden«, und er setzte einen Beschluß im Konvent durch, wonach die Richter unabhängig von Bildung oder Kompetenz aus dem Volk gewählt werden sollten. War es für einen guten Justizminister und dazu einen ehemaligen Rechtsanwalt angemessen, auf diese Weise eine Menge von inkompetenten Laien ins Richteramt zu befördern, von denen sich Napoleon später nur unter den größten Schwierigkeiten wieder befreien konnte? Die Frage kann man so nicht stellen. Der Beschluß sollte, wie Danton selbst hervorhob, »nur die Bürger dieses Standes [der Juristen] in ihren Ämtern bestätigen, die Patriotismus mit Kompetenz verbinden können«. Um der Wahrheit die Ehre zu geben: Schon mit der Duldung der Septembermassaker hatte Danton bewiesen, daß das Justizministerium für ihn nach wie vor ein Amt von untergeordneter Bedeutung war. Was er in diesen letzten Wochen im Ministerium wirklich verfolgt, ist die Sache der Landesverteidigung, über den Kopf des unbedeutenden Kriegsministers Servan hinweg. So ist er immer unvergleichlich, wenn er große patriotische Parolen ausgeben kann, aber er handelt recht ungeschickt, wenn bestimmte Maßnahmen Fingerspitzengefühl und Takt verlangen. So entläßt er auf Druck der Montagne den General der Südarmee, de Montesquiou, dem man vorwarf, Truppen aus den Pyrenäen abgezogen zu haben und konterrevolutionäre Ideen zu vertreten. Am 23. September rechtfertigt der Justizminister diese Entscheidung vor dem Konvent mit dem Argument, bei der Verteidigung der Freiheit müsse man »abschreckend« vorgehen. Aber Montesquiou hatte glänzende Siege bei der Eroberung von Savoyen vorzuweisen. Während ihn der Konvent dazu beglückwünscht, sieht man überrascht, wie Danton ihn wegen bloßer Absichten unter Anklage stellt. Die Entlassung des Generals wird dann auch zurückgenommen. Aber der Minister gibt keineswegs den Irrtum zu; er fordert vom Konvent, Kommissare zur Überwachung des royalistischen

Generals zu entsenden. Dabei war Montesquiou einer der ersten Abgeordneten des Adels bei den Generalständen, die sich dem Dritten Stand angeschlossen hatten. Aber Danton hielt ihn trotz allem weiterhin für unzuverlässig. Natürlich verstimmt nun die bloße Anwesenheit der Kommissare den General; er handelt eigenmächtig mit der Republik Genf eine Rückgabe von Schweizer Truppen aus, die er hätte gefangennehmen können. Er wird deswegen im November unter Anklage gestellt, flüchtet aber in die Schweiz, um der Guillotine zu entgehen. Anstatt den Verlust eines hervorragenden Militärs zu bedauern, der seine Fähigkeiten unter Beweis gestellt hat, fühlt sich Danton durch das Ereignis nur in seinem Verdacht bestätigt: Montesquiou war also doch nichts als ein Verräter, seine Flucht ist der Beweis; man denkt dabei an La Fayette... Diese offenkundige Unbesonnenheit erklärt sich zum Teil aus dem wohl unbegrenzten Vertrauen Dantons in die französische Armee. So zögert er am 28. September nicht, die Vorschläge Camille Desmoulins' und des Girondisten Louvet noch zu überbieten bei der Frage, ob die von französischen Armeen »befreiten« Völker aufgefordert werden sollten, ihre Regierung selbst zu wählen, oder ob man die Alternativen einer solchen Wahl einschränken sollte durch ein Verbot, die Monarchie zu wählen: »Wir haben das Recht«, ruft er aus, »den Völkern zu sagen: ihr werdet keine Könige mehr haben... Der Nationalkonvent muß zum Zentrum eines allgemeinen Aufstandes gegen alle Könige der Welt werden!« Obwohl er von den Tribünen Applaus erhält, wird sein Antrag abgelehnt. Wie Barère bemerkt, ist es zu früh für solche Äußerungen, immerhin sind Lille und Thionville noch belagert, Longwy und Verdun von den Preußen besetzt. Auch diese Lektion hat Danton nicht verstanden; bei der Nachricht, Custine habe Speyer erobert, ruft er am 4. Oktober unvorsichtig aus: »Ich fordere, daß man erklärt, das Vaterland ist nicht länger in Gefahr. Die Gefahr ging von der Monarchie aus, und die haben Sie abgeschafft... Um unsere Freiheit brauchen wir nicht mehr zu fürchten. Allen Nachbarvölkern werden wir sie bringen!« Doch der Konvent folgt diesem Antrag Dantons ebensowenig wie seinem Antrag vom 28. September. Das Vaterland ist noch immer in Gefahr.

Vielleicht war Danton deshalb bereit, den Exekutivrat zu verlassen, weil sich der Konvent weigerte, seine Grundsätze der Kriegführung zu übernehmen, oder weil er im Gegenteil wußte, daß Konvent und Regierung mit einer härteren Gangart in der Politik Gefahr liefen, entweder die Verhandlungen zu stören oder ihre Sinnlosigkeit zu demonstrieren. Worte und Taten stehen bei Danton nicht immer im Einklang. Vergessen wir für einen Augenblick die Brandreden vom 28. September und 4. Oktober und alle Dekrete, die einen großen revolutionären Krieg anzukündigen scheinen. Obwohl Lebrun am 23. August feststellen mußte, daß Frankreich nur mit Dänemark und Schweden gute Beziehungen unterhielt, war seine ganze Politik, also auch die Dantons, darauf angelegt, Preußen und England vorsichtig zu behandeln. So hatte Danton Preußen einen ungehinderten Rückzug zugestanden. Die Verhandlungen mit dem Herzog von Braunschweig wurden von Dumouriez mit Unterstützung von Oberst Westermann, Benoist und schließlich Fabre d'Eglantine, also drei Günstlingen Dantons, geführt. (Westermann war am 14. September auf Vorschlag Dantons zum stellvertretenden Generaladjutant bei der Ardennen-Armee befördert worden; zwei Wochen später übernahm er das Kommando der Nordarmee.) Außerdem wurden drei Kommissare des Nationalkonvents auf Betreiben Pétions, der sie wohl auch ausgewählt hatte, vom 24. September bis zum 30. Oktober zur Ardennen-Armee entsandt: Prieur de la Marne, Carra[5] und Sillery[6]. Die letzteren beiden hatten anfangs sicher keine Ahnung von den laufenden Geheimverhandlungen; sie nehmen aber bald aktiv, wenn auch recht unbefangen daran teil. Prieur dient dagegen nur als Feigenblatt: Er beschränkt sich auf die offiziellen Beziehungen und weist bei seiner Rückkehr vor allem nachdrücklich auf die Gaunereien von Armeelieferanten hin. Billaud-Varenne wurde im Anschluß an eine Mission im Lager von Châlons ebenfalls zu Dumouriez beordert. Es ist aber nicht bekannt, ob er über die geheimen Verhandlungsgegenstände informiert war. Obwohl der Vollzugsrat am 26. September angekündigt hatte, er werde nicht eher verhandeln, bevor das gesamte Territorium der Republik geräumt sei, scheint diese Befreiung Frankreichs Vorrang vor allen Grundsatzerklärungen gehabt zu haben. Darum gewährt Dumouriez den Preußen freien Abzug gegen die Zusicherung, alle Festungen und besetzten Gebiete zu räumen. Die Operation läuft in den ersten drei Oktoberwochen ab. So gesehen kann man es nicht gerade »Verrat« nennen, aber der konkrete Verlauf der Verhandlungen ist doch etwas irritierend: Warum haben Danton und seine Freunde nicht gespürt, daß ihre Bemühungen, Preußen aus der Koalition zu lösen, einen Separatfrieden auszuhandeln oder sogar ein Bündnis mit Preußen zu schließen, von vornherein zum Scheitern verurteilt waren? So wurde drei Tage nach der Kanonade von Valmy Dumouriez ein Schreiben übergeben und am 25. September von Westermann nach Paris gebracht, in dem es ausdrücklich heißt, Preußen werde nur mit *dem König von Frankreich* verhandeln (denn hinter

Preußen steht der Baron de Breteuil, und der handelt im Namen Ludwigs XVI.). Ungeachtet dieses jüngsten Ultimatums und im Widerspruch zu ihrer Grundsatzerklärung vom 26. September bestehen die Minister *der Republik* darauf, weiter zu verhandeln, ohne daß Lebrun den Konvent über die Einzelheiten der Besprechungen in Kenntnis setzt.[7] Die Antwort auf die neuen Verhandlungsangebote von Westermann ist das zweite Manifest des Herzogs von Braunschweig (28. September), das nicht ganz so scharf, aber ebenso deutlich ist wie das erste. Dumouriez kontert mit einer drohenden Verlautbarung, der aber keine Taten folgen. Nachdem der König von Preußen aus Frankreich abgezogen ist, bricht er alle Verhandlungen ab und erneuert seine Allianz mit dem Kaiser... Der einzige und nicht zu unterschätzende Vorteil der ganzen französisch-preußischen Verhandlungen bestand am Ende darin, daß die französische Armee für eine Offensive gegen die Österreicher intakt blieb. Es war also nur ein halber Mißerfolg.

Die Kontakte mit England waren dagegen ein Scheinerfolg. Auch hier diktierte Danton dem Ministerkollegen Lebrun die Entscheidungen; er erscheint als der eigentliche Kopf der Verhandlungen mit dem Inselreich. Wie viele Großmächte hatte dieses auf die Ereignisse vom 10. August mit der Rückberufung seines Botschafters reagiert und die französische Regierung schriftlich in Kenntnis gesetzt, es werde Ludwigs XVI. Schicksal aufmerksam verfolgen. Der Vollzugsrat war versucht, seinen Botschafter in London, Chauvelin, der von der britischen Regierung auf Distanz gehalten wurde, ebenfalls zurückzuberufen. Aber in der Befürchtung, England könnte einen Nachfolger nicht akkreditieren, hatte er es vorgezogen, das Botschaftspersonal sogar zu verdoppeln; am 28. August wurde Noël als halboffizieller Bevollmächtigter nach England entsandt. Noël war zusammen mit Condorcet als Journalist bei der *Chronique de Paris* tätig und begann seine außenpolitische Karriere zunächst als Sekretär bei Dumouriez, dann nach dem 10. August als Stellvertreter Lebruns. Er ist – oder wird es recht bald – eine Kreatur Dantons, den er stets »mein großer Meister« nennt; schließlich duzt er ihn sogar. In London taucht er in Begleitung zweier Verwandter Dantons auf, dem Halbbruder Recordain und einem entfernten Vetter Mergez (der Danton 1791 nach London begleitet hatte). Beide fungieren danach als Mittelsmänner zum Justizminister. Noël hatte zwei Aufträge: die Engländer weiter auf neutralem Kurs zu halten und das Ansuchen um eine Anleihe von drei oder vier Millionen Pfund Sterling. Zur Unterstützung der Mission kommt ab Mitte September zeitweilig Benoist hinzu. Dieser war eine Bekanntschaft Dantons aus Kreisen von Börsenspekulanten; man findet ihn bald darauf in die französisch-preußischen Verhandlungen verwickelt. Lebrun und Danton sind bereit, für ein britisches Entgegenkommen Zugeständnisse zu machen. Auch auf die Gefahr hin, frankophile Engländer zu brüskieren, wird Noël ermächtigt, die revolutionären Bewegungen in Holland zu verurteilen und vor allem die Rückgabe der Kolonie Tobago an England vorzuschlagen. Nach dem Vertrag von 1783, dem Ende des amerikanischen Unabhängigkeitskrieges, hatte Frankreich sie erworben. Noël gelingt es in der Folge jedoch nicht, über liberale Kreise Londons hinaus mit der Regierung Verbindungen anzuknüpfen. Um die englischen Minister willfährig zu machen, erhält er Verstärkung durch eine Person, die in der diplomatischen Korrespondenz nur als »T.« auftaucht und offenbar kein anderer ist als Antoine-Omer Talon, der ehemalige Agent der Zivilliste; seinen Paß bekam er von Danton. Er soll angeboten haben, einige Minister Pitts zu bestechen. Aber vergeblich: Großbritannien, von allen Seiten umworben, der Koalition beizutreten, bleibt taub gegenüber den französischen Vorschlägen. Im übrigen verfügt der Vollzugsrat gar nicht über die riesige Geldsumme, die Talon bräuchte, um die englischen Minister zu kaufen. Außerdem haben die Septemberereignisse starke Auswirkungen auf die Haltung des britischen Kabinetts. Es beordert schon am 2. September seinen Geschäftsträger aus Paris zurück. Noël scheitert auf allen Ebenen. Er läßt sich aber in der Folgezeit nicht entmutigen; am 4. Oktober schreibt er an Danton, um ihm nahezulegen, England als Vermittler bei den Friedensverhandlungen vorzuschlagen. Alles in allem ist die vorläufige britische Neutralität keineswegs auf die Bemühungen Dantons und Lebruns zurückzuführen. Dieser hatte noch Ende September die illusionäre Vorstellung eines Viererbundes zwischen Preußen, England, Holland und Frankreich. Anfang Oktober, als er die Verhandlungsgespräche Westermanns und Dumouriez' mit den Preußen weiterhin genehmigte, glaubte er – oder gab vor zu glauben – an einen allgemeinen Frieden noch innerhalb der nächsten drei Monate. In beiden Punkten waren seine und Dantons Vorstellungen völlig illusionär.

Standen nicht all diese Anstrengungen in Gefahr, wieder in Frage gestellt zu werden? Zweifellos dachte Dumouriez so, als er Danton Ende September bat, im Vollzugsrat zu bleiben. Aber Danton hatte der Situation eine andere Deutung gegeben. Er wußte nicht, wer als Nachfolger für den demissionierten Servan das Kriegsministerium übernehmen würde. Und da ist es der Patriot Pache, der am 3. Oktober ernannt wird.

Bisher galt er zwar als Parteigänger Rolands, aber schnell entpuppt er sich als vehementer Jakobiner. Dieser Kriegsminister wäre sehr bald der geheimen Führung Dantons entglitten – so wie er und sein späterer Schwiegersohn, der Staatssekretär Xavier Audouin, das Amt in die Hände nahmen. Dann hätte Danton Farbe bekennen und aufhören müssen, mit gespaltener Zunge zu reden: im Konvent für den Krieg, in den Verhandlungen für den Frieden. So gibt es schließlich drei bestimmende Gründe für Dantons Rücktritt. Zum einen hat er eher unbewußt gespürt, daß der Vollzugsrat nach der personellen Abtrennung von der Versammlung der Volksvertreter nicht mehr lange das Entscheidungszentrum der Republik bleiben würde. Der zweite Grund war seine politische Vorsicht: Nachdem seine Geheimdiplomatie offenbar einige Früchte trug und an allen Fronten ein militärischer Aufschwung erkennbar wurde, zog es Danton doch vor, aus einer Position der Stärke heraus die Macht abzugeben, um nicht später die Verantwortung für eine Niederlage, mit der er vielleicht doch noch rechnete, tragen zu müssen. Der dritte Grund ist mit den beiden anderen verknüpft. Der Konvent war beunruhigt und Marat war empört über das Entgegenkommen der Generäle und der Konventskommissare gegenüber den geschlagenen Preußen. Marat witterte bei Dumouriez ein großangelegtes Manöver zur Rettung Ludwigs XVI. Unter diesen Umständen war Danton allerdings gut beraten, wieder zu den Quellen seiner Popularität zurückzukehren und – nicht ohne glanzvollen Abgang – sein Amt im Staate niederzulegen. Dreimal hat er deshalb seine Rücktrittsankündigung vom 21. September wiederholt (24., 25., 29. September).

Am 6. Oktober will der Konvent Danton durch François de Neufchateau ersetzen, aber der schlägt das Amt aus. Am 9. Oktober entscheidet man sich für den versierten Rechtsanwalt und Journalisten beim *Journal de Paris*, Garat. Am 11. Oktober nimmt Danton zum letztenmal an der Kabinettssitzung teil und überläßt dann seinem Nachfolger den Platz. Jetzt ist er nur noch ein einfacher Abgeordneter mit 18 Francs Vergütung pro Tag. Von den drückenden Pflichten des Ministeriums ist er befreit, und seine Mitgliedschaft im diplomatischen und im Verfassungsausschuß nimmt wesentlich weniger Zeit in Anspruch. Da er wenig Lust hat, zu Hause die beschwerliche Schwangerschaft seiner Frau zu ertragen, kann er jetzt häufig ausgehen, in Restaurants speisen, die gerade in Mode sind, oder, wie es heißt, regen Umgang mit liederlichen Frauenzimmern pflegen. Für einen Mann seines Temperaments entspricht diese Rückkehr von den Höhen der Macht zu mehr leiblichen Genüssen sicher einem wirklichen Bedürfnis. Erst nach diesem erfrischenden Bad wird ein zufriedener Danton wieder zu neuen Initiativen bereit sein und alle Angriffe der Girondisten auf seine Person erfolgreich zurückschlagen.

Dantons Feinde im Konvent kennen ihn schlecht. Für viele von ihnen ist er nur ein fanatischer Republikaner, ein Wahnsinniger und Septembermörder, ein potentieller Diktator, gewalttätig und jähzornig, ein unehrlicher Verwalter öffentlicher Gelder. Selten erkennen sie seinen Pragmatismus, seinen Scharfsinn, ja nicht einmal seine politische Doppelzüngigkeit. Bevor ihnen dann die Augen geöffnet werden, kennen auch nur wenige die Fülle seiner Ideen, die er allerdings bei jeder Gelegenheit ändert, immer darauf bedacht, sich alle Möglichkeiten offenzuhalten. Zur Beleuchtung dieses eher verborgenen anderen Danton in der Phase kurz vor dem Rücktritt liefert uns Louis-Philippe, der spätere König von Frankreich, ein wertvolles Zeugnis.

Seit dem 11. September ist Louis-Philippe, Herzog von Chartres,[8] Generalleutnant. Nach der Schlacht von Valmy spricht er im Kriegsministerium vor. Er will sich bei Servan über seine Versetzung beschweren (es widerstrebt ihm, die Föderierten im Lager von Douai auszubilden). Statt dessen möchte er weiter in der Armee Kellermanns kämpfen, wo er bereits fünf Monate gedient hat. Louis-Philippe hat schon fast alle Hoffnung aufgegeben, da kommt Danton auf ihn zu, klopft ihm auf die Schulter und zieht ihn beiseite: »Verschwenden Sie doch Ihre Zeit nicht mit diesem Dummkopf! Kommen Sie morgen früh um acht Uhr zu mir in die Staatskanzlei, dann werde ich versuchen, Ihre Angelegenheit auf eine Weise zu regeln, die Ihnen entgegenkommt.«

Am nächsten Tag führt Danton mit dem jungen Mann eine Unterredung, von der Louis-Philippe in seinen Memoiren berichtet. Sie ist nicht nur für Dantons augenblickliche Einschätzung der Chancen der Republik, sondern für seine Konzeption der Politik aufschlußreich.[9] Zunächst legt er dem Offizier die technischen Gründe dar, die seinen Verbleib in der Armee von Kellermann unmöglich machen, schlägt ihm aber vor, sich Dumouriez anzuschließen, was Louis-Philippe schließlich akzeptiert. Beim Abschied wechselt Danton dann das Thema: »Nun sind Sie mit mir fertig, aber ich bin noch nicht mit Ihnen fertig.« Daraufhin erklärt er dem jungen Mann – er ist noch nicht einmal 19 Jahre alt –, daß er großen Respekt davor habe, wie gut er sich in der Armee führe und wieviel Klugheit er bewiesen habe beim Verzicht auf die ungeheuren Vorteile, die eine adelige Geburt mit sich bringt: »Das ist ein hoffnungsvoller Aufbruch für die lange Karriere, die Sie noch vor sich haben können.« Louis-Philippe gibt dagegen seiner Trauer Ausdruck, daß die nationale Sache jüngst durch die Massaker besudelt wurde. »Aha, da stehen wir also«, antwortet Danton mit einem ironischen Lächeln, »genau das hatte ich von Ihnen erwartet, junger Mann, und ich danke Ihnen dafür, daß Sie mich nicht so lange auf diesen Ausbruch warten lassen, denn gerade darauf wollte ich mit Ihnen zu sprechen kommen. Aber lassen wir einmal die hehren Gefühle beiseite! ... Ich achte Ihren tadellosen Charakter, aber je mehr ich Ihnen wohl will, um so mehr rate ich Ihnen, sich derartigen Anwandlungen nicht zu überlassen. Sie sollten wissen, daß Sie damit nicht nur auf sich, sondern auch auf alle, die Ihnen die liebsten sind, ein Unwetter heraufbeschwören können. Seine Gewalt wäre unberechenbar, und es könnte Sie gnadenlos ins Verderben stürzen. Wer sind denn eigentlich diese Opfer, deren Schicksal Sie mit soviel Wärme und Großmut beklagen? Wissen Sie denn nicht, daß es erbitterte Feinde Ihres Vaters waren, Ihre Feinde, Feinde Ihrer Familie, Feinde von uns allen? Wissen Sie nicht, daß es Komplizen von Emigranten hier zuhause, Helfershelfer von denen waren, die Frankreich dem Feind ausliefern wollten und deren mörderische Pläne niemand mehr bezweifelt?« Der junge Offizier kennt diese Bedrohung, auch wenn er sie für übertrieben hält, aber er weigert sich, »solch abscheuliche Vergeltungsmaßnahmen« zu akzeptieren. Danton gibt sich väterlich, rät dem Prinzen zur Vorsicht: Die Erfahrung, an der es ihm einstweilen noch mangle, werde ihm ihre Berechtigung schon erweisen. «Es passiert oft«, sagt er, »vor allem... in revolutionären Zeiten, daß man es begrüßen muß, Taten ausgeführt zu finden, die man vielleicht nicht gewollt und auch nicht selbst zu tun gewagt hätte. So, und um Ihnen nun alles zu sagen: Diese Septembermassaker, über die Sie gerade so heftig und gedankenlos herziehen – wollen Sie wissen, wer sie veranlaßt hat? .. *Das war ich!*« »Das waren Sie?« ruft Louis-Philippe aus. »Ja, das war ich. Aber beruhigen Sie sich, und hören Sie mich weiter an. Um solche Handlungen beurteilen zu können, muß man unsere augenblickliche Lage in ihrer Gesamtheit betrachten.«

Und Danton übernimmt nun selbst den Mythos von einer Verschwörung in den Gefängnissen, einer Verschwörung, der er lediglich zuvorgekommen sei. Die jungen Patrioten seien fortgezogen, um in der Champagne zu kämpfen. »Ich wollte sie mit einem Strom von Blut von den Emigranten trennen.« Zum Schluß der Unterredung folgen noch Ratschläge, die von kaltem Pragmatismus zeugen. »Erschaudern Sie, soviel

Sie wollen, aber lernen Sie, dieses Schaudern zu beherrschen und sich nicht bei jeder Gelegenheit davon übermannen zu lassen. Man verlangt von Ihnen nicht mehr, als zu schweigen ... Sie werden stets noch schärfer beobachtet werden als Ihr Vater. ... Man erwartet nicht von Ihnen, daß Sie Ihr Gewissen belasten, sondern lediglich, nicht das Gewissen der anderen zu sein ... Beschränken Sie sich auf Ihr Handwerk als Soldat, ohne sich um unsere Aktionen zu kümmern, und ohne Politik zu machen ... *Nehmen Sie diese Ratschläge mit ins Feld, sie sind von ehrlichem Interesse diktiert. Prägen Sie sie in Ihr Gedächtnis ein, und erhalten Sie sich Ihre Zukunft!*«

Ratschläge eines alten Praktikers an einen jungen unerfahrenen Patrioten? Danton hat Louis-Philippe sicher mehr gesagt, als dieser zugeben kann. »Seine Zukunft erhalten« ist verräterisch: Ganz offenbar spricht der Justizminister seine Überzeugung aus, daß die Republik nur eine vorläufige Lösung sei. Er denkt natürlich dabei an eine neue, mehr bürgerliche Monarchie, deren höchster Repräsentant nicht gerade zum älteren Zweig der Bourbonen gehören sollte. Eine Alternative zugunsten der beiden Orléans, Vater oder Sohn, gehört also immer noch zu seinen uneingestandenen Projekten. Man erfaßt so die ganze Bedeutung der Intrigen seiner Kollegen Thuriot und Basire: Nach dem 10. August wollten sie die Abschaffung der Monarchie und die Ausrufung der Republik vermeiden.

Wesentlich peinlicher für Danton als der Vorwurf, nach der Diktatur zu greifen, sind die Angriffe der Gironde im Verein mit Cambon, einem Abgeordneten aus der »Ebene« und Finanzexperte des Konvents, die die Verwendung der Finanzen des Justizministeriums betreffen. Da steht Danton nämlich bei seiner Rechtfertigung ziemlich allein, und das Geheimnis um seine Ausgaben ist dazu angetan, sogar seine Freunde von der Berg-Partei zu beunruhigen ... Am 6. Oktober, beim Auszug aus der Staatskanzlei, schickt Danton einen Rechenschaftsbericht über seine außerordentlichen Ausgaben an den Konvent. Von einer Gesamtsumme von 100 000 Livres wurden 68 684 Livres ausgegeben – dies wird vom demissionierten Minister durch Belege ausgewiesen, und 31 316 Livres verbleiben in der Kasse. Aber diese Bilanz, die Aulard ausgiebigst benutzt, um seinen Helden reinzuwaschen, ist nur der kleinste Brocken. Die Gironde und andere gewissenhafte Konventsmitglieder wollen wissen, was aus den 2 Millionen Livres geworden ist, die am 28. August dem Vollzugsrat zur Verfügung gestellt wurden und von denen Danton

400 000 Livres (die eine Hälfte für außerordentliche Ausgaben, die andere für Geheimausgaben) erhielt. Seit dem 10. Oktober kümmert sich der Montagne-Abgeordnete Mallarmé im Auftrag des Finanzministers um die Verwendung dieser 2 Millionen Livres. Cambon erklärt, ihm sei bekannt, daß Danton schon 300 000 Livre ausgegeben habe. Er macht des weiteren darauf aufmerksam, daß die außerordentliche Ausgabe von 30 000 Livres durch Danton für den Kauf von Piken überflüssig gewesen sei, da die Nationalversammlung zu diesem Zweck schon zwei Millionen bewilligt hatte. Er protestiert dagegen, daß Danton die Regeln der öffentlichen Rechnungspflicht nicht einhalte. Er fordert schließlich nicht nur einen Widerruf des Dekrets vom August, um die noch nicht ausgegebenen Summen wieder einzuholen, sondern, daß sich die Rechenschaftspflicht der Minister auch auf ihre geheimen Ausgaben beziehen sollte. Danton beruft sich auf den Rechenschaftsbericht, den er vor seinen Kollegen im Vollzugsrat gehalten habe, auf die außergewöhnlichen Umstände im August und September sowie auf die schwere Notlage: »Wir waren für die Freiheit Frankreichs verantwortlich. Wir alle haben Rechenschaft abgelegt. Ich selbst habe mich bis ins kleinste Detail entlastet, und ich glaube nicht, daß mein politisches Verhalten den geringsten Vorwurf verdient.« Diese Argumentation ist mehr als dürftig. Der große Redner verläßt die Tribüne unter mißbilligendem Schweigen. Der Konvent beschließt, daß die Minister vor dem Vollzugsrat auch Rechenschaft über ihre geheimen Ausgaben ablegen müssen, und das bedeutet ein Mißtrauensvotum für Danton, der da vorgibt, dies bereits getan zu haben.

Am 18. Oktober wird vor der Nationalversammlung der Rechenschaftsbericht Rolands verlesen. Alle Ausgaben sind genau aufgeführt, sowohl die geheimen wie die außerordentlichen, und das mit der Absicht, Danton in Verlegenheit zu bringen. Der Innenminister erhält starken Beifall. Das Konventsmitglied Rebecquy nutzt diese Gelegenheit, um zu beantragen, alle Minister sollten es Roland gleichtun. Monge, der keinerlei Ausgaben vorzuweisen hat, rechtfertigt sich ohne Schwierigkeiten. Aber für Danton ist es sehr viel schwerer. Der Beginn seiner Rede auf der Tribüne ist nicht ungeschickt. Er beruft sich auf die Anweisungen des Vollzugsrats, die Solidarität der Minister und vor allem auf die Unmöglichkeit, alles zu offenbaren, da gewisse Geheimausgaben, wie das Wort besagt, einfach verborgen bleiben müssen. Der aufbrausende Beifall – nicht zum ersten und auch nicht zum letztenmal – verleitet Danton dazu, unvorsichtig zu werden. Er erinnert erneut an die Zeitumstände, an die

Einnahme Verduns, an die Notwendigkeit, mit Geld nicht zu sparen, um »das Vertrauen wiederherzustellen und ganz Frankreich in Schwung zu bringen«. Und das ist der Schlüsselsatz: »Für die Mehrzahl dieser Ausgaben, das gebe ich zu, haben wir kaum legale Quittungen.« Gleich geht er auf das Gemurmel ein, das dieses Geständnis hervorruft, und versucht, die Situation wieder in den Griff zu bekommen: »Es wäre recht mühselig und für patriotische Minister wirklich beschämend, wollte man sie zwingen, alle Schriftstücke zu übergeben, die solche außergewöhnlichen Operationen belegen... Die Wahrheit ist, daß Roland bei den Berichten überhaupt nicht anwesend war, die sich die Minister gegenseitig gaben; aber er hätte dasein können. Zum Schluß möchte ich bemerken: Hätte der Vollzugsrat noch zehn Millionen mehr ausgegeben, so wäre nicht ein einziger Feind aus unserem Gebiet, das er überfallen hat, wieder als freier Mann herausgekommen!« Der Redner schließt seine Ausführungen mit der Bitte an den Konvent, keine Entscheidung zu treffen vor der kollektiven Rechenschaftslegung der Minister.

Cambon nimmt daraufhin Danton beim Wort. Er läßt zwar die Notwendigkeit gelten, Geheimausgaben nicht öffentlich zu machen, aber er fordert eine Überprüfung dieser Rechnungen durch den Vollzugsrat in seiner Gesamtheit. Und Roland nimmt jetzt Rache für die Monate, in denen Danton ihm seinen Willen aufzwang. Er wiederholt, daß er bei der Sitzung, als die Minister ihre Rechnungen vorlegten, nicht anwesend war. Heimtückisch fügt er hinzu, daß diese Beratung in den Protokollen des Exekutivrates gar keine Spuren hinterlassen habe: Besser kann man kaum zu verstehen geben, daß die bewußte Sitzung nie stattgefunden hat! Die nun folgende Debatte ist besonders verworren. Die Girondisten wollen nachhaken, aber der Präsident des Konvents, Delacroix, ein Freund Dantons, läßt gerade noch rechtzeitig über den Schluß der Debatte abstimmen. Der Abgeordnete Camus geht schließlich so weit, einen Anklagebeschluß zu fordern »gegen diejenigen Minister, die öffentliche Gelder verschwendet haben«. Beifall und Tumult. Dann kommt endlich die Entscheidung, dem Exekutivrat eine Frist von 24 Stunden zu gewähren, um diese ominöse Beratung über die Geheimausgaben nachzuweisen. 24 Stunden? Die Beratung hat natürlich nicht stattgefunden, zumindest nicht regulär, und die Minister wußten das. Eine zweite Aufforderung an Danton, Rechenschaft abzulegen, hätte bedeutet, daß er gelogen hat. Nun schiebt der Vollzugsrat die Angelegenheit auf die lange Bank – für eine ganze Woche. Am 26. Oktober wird die Affäre dann wieder aufgerollt.

Der Bankrott der *Maison de secours**, die von einem gewissen Guillaume geleitet wurde, brachte die kleinen Anleger in Schwierigkeiten. Die Pariser Kommune hatte ihre Verteidigung übernommen und beim Konvent mehrere Millionen gefordert, um sie abzufinden. Allerdings hatte die Kommune am 8. Oktober dem Bankier Guillaume die Flucht gestattet (und zwar mit einem von Danton, Servan und Lebrun unterzeichneten Paß, was damals nicht bekannt war).[10] Am 26. Oktober mußte die Kommune über diesen Vorgang vor der Nationalversammlung Rechenschaft ablegen. An diesem Tag ist der mit der Verlesung der Abrechnungen der *Maison de secours* beauftragte Geschäftsführer ausgerechnet in dem Moment abwesend, als er vom Sprecher der Kommune aufgefordert wird, das Wort zu ergreifen. Der Konvent argwöhnt eine Intrige. Dies ist nun wirklich nicht der richtige Augenblick, der Kommune beizuspringen, aber genau das tut Danton und provoziert damit einen heftigen Zwischenfall. Der Vorsitzende Guadet erteilt ihm einen Verweis. Da fordert ein anderer Girondist, Lidon, den Exekutivrat erneut auf, endlich jene Erklärungen zu geben, auf die alle warten. Danton gibt klein bei, stimmt dem Antrag zu und versichert: »Wenn es sein muß, werde ich über mein ganzes Leben Rechenschaft ablegen! Aber ich muß feststellen, daß gerade die guten Bürger hartnäckigen Verfolgungen ausgesetzt sind.« Von den Tribünen gibt es Beifall, aber das Murren der Abgeordneten überdeckt die Stimme des Redners, und man geht zur Tagesordnung über.

Nach der Aufforderung vom 18. Oktober holten lediglich Roland und Lebrun – der keine Ausgabe zu vermelden hatte – die Eintragungen im Protokoll des Vollzugsrats nach. Die anderen Minister trugen nichts ein, sei es, um Danton zu decken oder weil sie Angst vor ihm hatten. Erst der Zwischenfall vom 26. Oktober brachte auch Clavière dazu, seine Ausgaben einzutragen. Und Danton? Er schreibt gar nichts ein. Von seinen Kollegen Lebrun, Monge und Clavière erreicht er die Abfassung eines Schreibens, das dem Konvent am 7. November zugestellt wird und aus dem hervorgeht, daß Danton und Servan am 6. Oktober im Exekutivrat einen detaillierten Bericht über die Verwendung ihrer Geheimfonds abgegeben und »verschiedene Rechnungen und Beweisstücke« vorgelegt hätten. Diese seien aber nicht ins Protokoll eingetragen worden, da es sich um Geheimausgaben handelte. Einige Abgeordnete weisen darauf-

* Eine Art Bank zur Unterstützung der Notleidenden, die eigene Geldscheine herausgab. (Anm. d. Hrsg.)

hin, daß dies nicht der vom Konvent erforderten neuen Debatte entspreche. Dantons Freunde versuchen, diesen Einspruch durch ihr Murren zu übertönen. »Wenn hier gemurrt wird«, ruft Brissot dazwischen, »fordere ich, daß Danton seine Rechnungslegung öffentlich macht!« Aber dabei bleibt es denn auch. Der Konvent gibt Danton zwar keine Entlastung, aber er verlangt von ihm auch nichts mehr, was über das nichtssagende Schreiben seiner drei Kollegen hinausgeht.

Doch niemand ließ sich täuschen. Ohne Schuldspruch, aber auch ohne Entlastung bleibt über Danton weiterhin dieses Damoklesschwert hängen und die Gironde nutzt das gelegentlich kräftig aus, um ihren Gegner in die Enge zu treiben. Dieser wiederholt seinerseits mehrfach, daß er bereits Rechenschaft abgelegt habe (was nicht stimmt) und daß er bereit sei, es erneut zu tun (wozu er nicht in der Lage ist). Als Minister war er großzügig und verschwenderisch, zählte nicht nach und ließ auch Fabre ganz nach Gutdünken die Geheimfonds ausräumen. Die Frage nach dem Nutzen dieser Ausgaben würde eine neue historische Diskussion eröffnen. Alle Danton-Biographen irren denn auch, wenn sie von vornherein annehmen, das Geld in den Händen Dantons und Fabres sei nur zur Rettung des Vaterlandes aufgewendet worden. Eine solche Annahme läßt sich nicht belegen. Nur Mathiez hat auch in dieser Frage die Rolle des Anklägers übernommen, und die Beweislast ist erdrückend.

Unter den Attacken der Gironde sieht sich Danton gezwungen, in der Öffentlichkeit die festen Überzeugungen seiner Partei zu demonstrieren und dafür bekommt er seinen Schauplatz: Am 10. Oktober wählt ihn der Jakobinerklub, der gerade Brissot ausgeschlossen hat, zum Präsidenten. Er leitet eben die Sitzung am 14. Oktober, da erscheint Dumouriez, um die Jakobiner mit seiner Anwesenheit zu ehren. Der General ist nach Paris zurückgekehrt, um die Siegeslorbeeren einzuheimsen, sich mit der Gironde zu versöhnen und für seinen Adjudanten Arthur Dillon eine Ehrenerklärung abzugeben; Dillon droht ein Anklagebeschluß mit dem Vorwurf, er habe dem Fürsten von Hohenlohe in einem Schreiben vorgeschlagen, ihm einen Durchbruch durch die französischen Linien zu ermöglichen. Im Klub erobert Dumouriez durch sein gewandtes und bescheidenes Auftreten schnell die Mehrheit der anwesenden Jakobiner, nur Collot d'Herbois und vor allem Marat, dessen Mißtrauen schon bald danach berechtigter erscheint als die gewaltsame Euphorie seiner Kollegen, bleiben zurückhaltend. Dumouriez gibt der Hoffnung Ausdruck, bald mit 60 000 Mann »gegen die Könige zu marschieren und die

Völker vor der Tyrannei zu retten«, und Danton flicht ihm einen Bürgerkranz: Er preist die vielfältigen Talente eines Mannes, der im Zeichen der roten Jakobinermütze die Königreiche zu Fall bringen wird. »Kehren Sie dann bald zu uns zurück«, ruft Danton aus, »und Ihr Name wird die schönsten Seiten der französischen Geschichte schmücken!« – In ganz Paris sind Danton und Dumouriez die Helden des Tages, sie zeigen sich zusammen im Theater und in der Oper. Aber unter vier Augen haben sie sicher manches besprochen, von dem niemand etwas erfahren durfte.

Obwohl Danton für den Geschmack der Jakobiner den Klub etwas zu sehr vernachlässigt, stellt er sich im Konvent als einer der radikalsten Revolutionäre dar. Am 16. Oktober lehnt er den Antrag ab, die Abschaffung der Monarchie durch ein Referendum bestätigen zu lassen: »Die Republik ist schon sanktioniert, und zwar durch das Volk, die Armee und durch den Geist der Freiheit, der jede Monarchie verabscheut.« So befürwortet er auch am 17. Oktober und an den darauffolgenden Tagen ganz entschieden einen Präventivkrieg, insbesondere gegen Spanien, und den Kampf bis zum letzten Mann; so fordert er am 23. Oktober ewige Verbannung für alle Emigranten und die Todesstrafe für alle, die nach Frankreich zurückkehren (was ihn allerdings nicht hindert, Théodore de Lameth freundschaftlich zu empfangen). So verfolgt er alle, deren Haltung beim Aufstand vom 10. August verdächtig war, mit seiner Rachsucht und beschimpft Brissot, Roland und ihre »Horde«. Andererseits setzt er aber – und damit zeigt er ganz offen, daß er keineswegs nur eine einzige politische Linie verfolgt – seine Versöhnungsaufrufe fort. In der Konventssitzung vom 29. Oktober 1792 liefert er eine wahre Kostprobe seines doppelbödigen Talents. An diesem Tag legt Roland einen Bericht über den Zustand der neuen Pariser Behörden vor, den der Konvent erbeten hatte. Der Innenminister kann beweisen, daß die Kommune sowie mehrere Jakobiner für die Anarchie in Paris verantwortlich sind. Louvet und Barbaroux gehen noch weiter und werfen Robespierre erneut vor, er strebe nach der Diktatur. Wie es seine Art ist, verteidigt sich der Unbestechliche trotz aller Zwischenrufe mit Festigkeit und Ruhe. Danton, gleichermaßen von dem Vorwurf betroffen, ergreift nun seinerseits das Wort, um eine sachliche Diskussion über den Bericht Rolands zu fordern und zu verhindern, daß er vorzeitig an die Departements verschickt wird, so wie es die Girondisten fordern, um ganz offenbar die Provinz gegen Paris aufzubringen. »Es ist an der Zeit«, ruft Danton, »daß wir erfahren, wer unsere Kollegen sind! Es ist an der Zeit, daß unsere Kollegen erfahren, was sie von uns zu halten haben ... Mit diesem

Mißtrauen muß endlich Schluß sein! Und wenn es einen Schuldigen unter uns gibt, müssen Sie ihn zur Rechenschaft ziehen.« Noch deutlicher als am 22. September distanziert er sich von Marat – vorläufig ohne Risiko, denn der »Freund des Volkes« ist innerhalb der Versammlung noch sehr isoliert: »Ich erkläre vor dem Konvent und vor der ganzen Nation, daß ich das Individuum Marat nicht mag. Ich sage ganz offen, daß ich seinen Charakter kenne: Er ist nicht nur unberechenbar und zänkisch, er ist einfach unerträglich. Wenn ich das bekenne, darf ich nun auch sagen, daß ich keiner Partei und keiner Faktion angehöre. Wenn jemand nachweisen kann, daß ich einer bestimmten Faktion angehöre, dann soll er mich auf der Stelle Lügen strafen!« Durch diese Herausforderung gewinnt Danton Energien; er geht zur Analyse des Berichts über und bemüht sich, den Innenminister zu belasten. Er versucht zu zeigen, daß die gegenwärtigen Spannungen im Grunde auf einem Mißverständnis beruhen. Auf die Massaker anspielend, drückt er sein Verständnis dafür aus, daß man »aus Menschlichkeit ein mit einer großen Revolution verbundenes Unglück« bedaure. Ohne Zweifel müsse verurteilt werden, wer »seinem persönlichen Haß nachgegeben und nicht der Revolution gedient habe«, aber es gebe keine »vollkommene Revolution« ohne Opfer. Und kann man »unter dem Anstrich von Revolutionsidee und Staatskomplott immer erkennen, was in Wirklichkeit nur eine Anhäufung von miesen kleinen Intrigen ist?« Danton räumt ein, daß es beim Übergang von der Monarchie zur Republik Gelegenheit zu persönlichen Racheakten gab, aber er wehrt sich entschieden gegen falsche Verallgemeinerungen, die in Wahrheit für Parteiinteressen ausgebeutet werden. »In einer Republik darf es keine Faktionen geben! Da mag es verborgenen Haß, vereinzelte Verbrechen geben, aber es darf kein Einzelkomplott mehr geben, das unsere Freiheit antastet!« Diktatur? Triumvirat? Unterstellungen seien kein Mittel der politischen Auseinandersetzung! Wenn es Verschwörer gibt, soll man sie nennen! Was die angebliche Robespierre-»Partei« betrifft: Wer davon spricht, ist »entweder falsch beraten oder ein schlechter Bürger!« Und der Redner wiederholt seinen Aufruf zu ehrlicher Aussprache, zur Brüderlichkeit. »Sie allein kann dem Konvent die erhabene Haltung geben, die seinen Gang bestimmen soll.« Mit diesem Friedensangebot an die Gironde – das ihm Robespierre und Saint-Just im Jahr 1794 als Verbrechen vorwerfen – hat Danton ebenso Robespierre wie sich selbst verteidigt. Doch der Appell bleibt ungehört, wie schon am 25. September. Für kurze Zeit flammt der Streit wieder auf: Die Girondisten stacheln die aus Südfrankreich nach Paris gekommenen Föderierten gegen das »Triumvirat« auf und die Jakobiner und die Kommune stacheln die Pariser Bevölkerung gegen die Parteifreunde Brissots und Rolands auf. Für lange Zeit wird man Danton nicht verzeihen, daß er mit seiner Friedensbotschaft so weit vorgeprescht ist. Wenn auch seine Absichten dabei nicht ganz einwandfrei waren, muß es doch betrüben, wie schlecht die wenigen erfreulichen Aktionen Dantons honoriert wurden. Eine Woche später, am 5. November, wird die Parlamentsdebatte über die sogenannte »Faktion« doch noch zu einer Blamage für die Gironde, weil Robespierre die Verdächtigungen Louvets und seiner Freunde mit der ihm eigenen Unerbittlichkeit widerlegt.

Eine republikanische Versöhnung zu beschwören war die eine Sache, Mittel zur Verwirklichung zu finden, eine andere. Falls Danton sie wahrhaft wollte, hätte er sich schon ein bißchen mehr anstrengen müssen. Sein neuer Tatendrang in der zweiten Oktoberhälfte war aber nur von kurzer Dauer. Die Jakobiner halten ihrem Vorsitzenden einen Mangel an Eifer vor. Immerhin achtet er auf sein Ansehen, wenn er zur Stelle ist, um Dumouriez zu empfangen oder die Einnahme von Mainz zu feiern. Aber seine Freunde Legendre und Fabre haben alle Mühe, dem Klub gegenüber einen so nachlässigen Mann in Schutz zu nehmen, der sofort nach der Wahl zum Konventssekretär sein Amt als Präsident niederlegt. Im Laufe des November befleißigt sich Danton im Konvent erstaunlicher Zurückhaltung. Zu dieser Zeit wird dort vor allem über schwerwiegende militärische Fragen debattiert. Steckt Danton in einer depressiven Krise? Bis zum Ende seiner Karriere wird er ja noch öfter unter solchen Verstimmungen leiden, aber hier scheint die Erklärung unzureichend. Die Novemberdebatten sind nämlich brisant. Dumouriez und einige Verdächtige, die Dantons Protektion genießen, geraten unter Beschuß, und Danton ist in der Tat gezwungen, etwas leiser aufzutreten.

Am 8. November erfährt Paris von Dumouriez' Sieg über die Österreicher bei Jemappes am 6. November. Dieser Sieg öffnet dem General den Weg nach Belgien. Brüssel fällt am 14. November und schon am 17. November weichen die Österreicher wieder über die Maas zurück, während Custine das Rheinland besetzen kann. Danton nimmt in dieser Zeit an den Konventssitzungen teil, in denen man ausführlich über den Prozeß Ludwigs XVI. debattiert. In dieser endlosen und verworrenen Diskussion prallen altes und neues Recht aufeinander: Auf der einen Seite die verfassungsmäßige Unantastbarkeit des Königs und das Prinzip der nicht-rückwirkenden Kraft der Gesetze, auf der anderen Seite das aus dem Aufstand hervorgegangene neue Gesetz. Danton beschränkt sich auf kurze Beiträge und drängt auf eine rasche Verurteilung des »treulosen, tyrannischen Königs«. Er will sich nicht von der Montagne isolieren, und die fortdauernden Angriffe von rechts zwingen ihn geradezu, weiterhin in ihren Reihen zu sitzen. Doch in Wirklichkeit segelt er mit dem Wind, und verhandelt hinter den Kulissen; unter scheinbarer Apathie in der Nationalversammlung brodelt sicher eine lebhafte Aktivität. Seine Gegner vom rechten Flügel unterschätzen, verachten oder hassen ihn. Aber ein Redakteur des *Journal français* schreibt am 28. November sehr treffend: »Es ist absolut richtig, die Fähigkeiten und Bedeutung Dantons nicht zu übertreiben. Und doch muß man ihn im Auge behalten, alle seine Schritte beobachten und sich vor ihm hüten, *vor allem dann, wenn er sich tot stellt.*«

Der Konvent behandelt wie immer mehrere Fragen gleichzeitig. Die Situation der Armeen ist dramatisch, auch die Siege in Belgien ändern nichts daran. Im Mittelpunkt der Debatte stehen die Machenschaften der Nachschublieferanten, insbesondere für die Armee von Dumouriez, das sind der Abbé d'Espagnac und seine Geschäftsfreunde. D'Espagnac war unter anderem Hofprediger und Domherr an Notre-Dame gewesen, aber hatte sich vor der Revolution mit unglücklichen Spekulationen bei der Indienkompanie ruiniert, weil er dabei trotz der Protektion Calonnes den Interessen des Bankiers Clavière und des Barons de Batz in die Quere kam. Von einem anschließenden Gefängnisaufenthalt hatte er einen zähen Groll zurückbehalten. Zur Zeit der verfassunggebenden Nationalversammlung stürzte er sich in die Revolution, die es ihm ermöglichte, wieder zu Geld zu kommen. Als unverbesserlicher Spekulant jonglierte er mit dem Kursverfall der Assignaten und der Steigerung der Realwerte. Er war ein Freund und Schützling von Chabot, Julien de Toulouse, Camille Desmoulins, von allen Geschäftemachern in Dantons Umkreis und sogar von Danton selbst. Als eifriger Patriot und Klubist hatte er von dem nachgiebigen Servan neben anderen Vorteilen die lukrative Konzession für das Kriegsfuhrwesen erhalten. Sehr schnell wußte sich dieser charmante Spötter bei Dumouriez als dessen Bankier unentbehrlich zu machen. Allerdings hatte er auch Feinde: Cambon, Clavière und Pache, den neuen Kriegsminister – dieselben Feinde wie sein Gönner Dumouriez. Pache war mit dem General über die Frage des Nachschubs aneinandergeraten.

Ein Memorandum Prieurs brachte die bittere Not der Armee und die Unterschlagung der Furage an den Tag und bestärkte den Minister und seine Cordelier-Umgebung in ihrem Mißtrauen gegen die Geldgeber, die exzessive Gewinne für erbärmliche Resultate berechneten. Pache beklagte sich beim Konvent über die Lieferanten, und am 5. November setzte er durch, daß ein Direktorium – das »Zentralkomitee für Einkäufe« – gebildet wurde aus »ehrenwerten« Finanzfachleuten (etwas schlichter: Spekulanten, die Pache nahestanden). Dieses Komitee sollte die Einkäufe zentral abwickeln und sogar die früheren, von Servan getätigten durchleuchten, weil sie für den Staat nachteilig waren. Pache weigerte sich, einen neuen Kaufvertrag zu unterschreiben, den ein Mitarbeiter d'Espagnacs ohne Wissen des Direktoriums abgeschlossen hatte. Dumouriez erklärte, er sei mit seiner Nachschubversorgung sehr zufrieden, und protestierte schriftlich gegen die Entscheidung des Ministers. Der Brief des Generals wurde vor dem Konvent verlesen. Jeder beharrte auf seiner Position, und der Konflikt verschärfte sich. Ronsin und Huguenin, Günstlinge Paches und bewährte Patrioten, werden daraufhin nach Belgien geschickt, um d'Espagnac und seine »Komplizen« nach Paris zurückzuholen. Gegen sie liegt ein Haftbefehl vor, und auf Antrag Cambons (22. November) werden sie vor die Schranken des Konvents zitiert. Unverzüglich beschwert sich Dumouriez bei der Nationalversammlung, daß seine Armeen keinen Nachschub bekommen, und fordert die Freilassung seiner Protégés. Um diesen verworrenen Konflikt zu lösen, beschließt der Konvent am 30. November, vier Kommissare nach Belgien zu schicken. Danton befindet sich nun in der Klemme, ob er diese Kommissare aus den Reihen der Patrioten im Kriegsministerium oder aus seinen Freunden bei den Lieferanten zusammenstellen soll. Diese heikle Situation erklärt auch seine Zurückhaltung bei den Debatten. Schließlich findet er eine Lösung: Er läßt sich selbst zum Mitglied der Kommission zusammen mit seinem Freund Delacroix sowie Camus und Gossuin ernennen. Die beiden letztgenannten brechen noch am selben Tag nach Brüssel auf, während die beiden Freunde die ersten Aussagen D'Espagnacs abwarten. Dieser wird von Westermann begleitet, welcher auf Anordnung Dumouriez' anstelle von Ronsin und Huguenin, nach Paris gereist ist, um für ihn auszusagen. D'Espagnac verteidigt sich geschickt. Auch die politisch-moralische Rückendeckung von Dumouriez und Danton, seine patriotischen Verdienste in Belgien, wo er gerade eine »Gesellschaft der Freunde der Freiheit und Gleichheit« gegründet hat, reichen bald aus, ihn aus der Affäre zu ziehen. Immerhin muß er auf Befehl Cambons in Untersuchungshaft sitzen, bis der Bericht der Konventskommissare eintrifft. Für d'Espagnac ist das der Anfang einer sehr wechselvollen Karriere, die einer Fieberkurve gleicht; Freiheit, Gefängnis und Hausarrest lösen einander ab.

Danton und Delacroix reisen am 1. Dezember nach Belgien. Sechs Wochen halten sie sich dort auf und sehr bald sehen sie sich gezwungen, sich politisch zu engagieren, was den Rahmen ihrer ursprünglichen Mission bei weitem überschreitet. Bald können die Kommissare zusammen mit Dumouriez die jammervolle Situation der Armee bestätigen, die zum Teil von Paches Maßnahmen herrührt. Es fehlt an militärischer Ausrüstung und Furage, und was noch schlimmer ist: Die Kassen sind leer, die Lazarette verwahrlost; Fahnenflucht von Freiwilligen häuft sich, weil sie glauben, nach dem Sieg ihre Pflicht erfüllt zu haben. Dumouriez beschwert sich über den neuen von Pache ernannten Kriegskommissar Ronsin und fordert die Rückkehr seiner Vertrauensmänner. Auf eigene Verantwortung veranlassen die Konventskommissare mehrere Nachschublieferungen, aber das löst nur einen Teil der Probleme. Dumouriez verlangt, daß Frankreich seine Strategie ändert: Statt den Feind über den Rhein zurückzuschlagen, empfiehlt er, zunächst Holland einzunehmen, um seine linke Flanke zu decken. Darüber hinaus ist die politische Situation Belgiens recht unsicher. Es bedarf einiger Diplomatie, um die profranzösische Anhängerschaft über die begrenzten Kreise der Jakobiner in Brüssel und anderen Städten hinaus zu gewinnen. Camus kehrt mit einem Brief nach Paris zurück, in dem die Kommissare ihre Sorge zum Ausdruck bringen und fordern, daß schnelle Maßnahmen zur Verbesserung der Lage ergriffen werden. Zwei Tage lang gibt Camus vor dem Vollzugsrat und verschiedenen Komitees des Konvents Erklärungen ab. Am 13. Dezember verabschiedet die Nationalversammlung zwei Dekrete; damit werden Befugnisse des Direktoriums für Einkäufe wieder beschnitten. Dumouriez muß bis zum Januar auf die Rehabilitierung seiner Schützlinge warten. Vor allem aber muß er – was Danton bedauert – Standquartiere beziehen, ohne in Holland einmarschieren zu können.

Camus kehrt am 14. Dezember aus Paris zurück, aber noch ohne die schlimmste Meldung, die Dumouriez erst am 17. Dezember erreicht. Zwar hatte der Konvent schon am 19. November allen Völkern zur Wiedergewinnung ihrer Freiheit »brüderlichen Beistand« versprochen, aber jetzt beschließt er auch noch auf Antrag Cambons das berühmte Dekret über die revolutionäre Verwaltung der eroberten Länder. Dieser brisante Text, in der ersten Euphorie über die militärischen Erfolge verfaßt und gebilligt, wird zum allgemeinen Programm des revolutionären Expansionismus: Abschaffung der Privilegien, der Feudalrechte, des Zehnten und der alten Steuern, die durch eine Besteuerung der Reichen ersetzt werden sollen, Beschlagnahmung der Güter der Fürsten, des Klerus und der Feinde der Republik. Die Güter dienen als Sicherheit für die französischen Assignaten, deren Umlauf der Bevölkerung aufgezwungen wird. Neue Verwaltungen werden in Primärversammlungen gewählt (womit die Volkssouveränität eingeführt wird), zu denen aber nur Bürger zugelassen sind, die den Eid auf die Freiheit geleistet haben (wodurch das Prinzip seines Inhalts entleert wird). Konventsabgeordnete und Nationalkommissare des Vollzugsrates werden in Scharen ausgesandt mit dem Auftrag, sich unters Volk zu mischen und das neue Regime, die »freie Volksregierung«, durchzusetzen. Alles wird im Zeichen der Grundsätze von Freiheit und Gleichheit eingerichtet; die Völker müssen sie akzeptieren, wenn sie nicht als Feinde der französischen Republik angesehen werden wollen. Wenn sie sich aber weigern, wird Frankreich gegen sie einen Krieg bis zum Äußersten führen. Diese Idee der Gironde vom revolutionären Kreuzzug, vom Export der Freiheit durch die Gewalt, findet die Zustimmung der »Plaine«, der »Montagne« und sogar Dantons, der die Annexion Savoyens schon einen Monat bevor sie beschlossen wurde gefordert hatte (28. Oktober–27. November).

Aber für Dumouriez bedeutete das Dekret vom 15. Dezember das Gegenteil von der Besatzungspolitik, die er bis jetzt zu betreiben versuchte; sie bestand aus vorsichtigen Zugeständnissen und liberalen Versprechungen. Er hatte kein Interesse, das Lächeln des Befreiers gegen das Grinsen des Eroberers zu vertauschen. Deshalb nimmt er sofort Urlaub in der Hoffnung, in Paris die Zurücknahme oder Abmilderung der Maßnahmen sowie die Annahme seines Plans zur Invasion Hollands durchzusetzen. Außerdem will er – was er natürlich niemandem verraten darf – eine nachsichtige Entscheidung über das Schicksal Ludwigs XVI.

In Belgien werden Danton und seine Kollegen Zeugen eines breiten öffentlichen Widerstandes gegen das Dekret vom 15. Dezember, das mit Verspätung bekannt wird. Die Einwohner sehen darin eine verschleierte Annexion. Bald verweigern viele die französischen Assignaten, zumal nun zum instinktiven Mißtrauen noch die Furcht vor eingeschleusten falschen Scheinen aus England hinzukommt. Schließlich schockiert die Beschlagnahmung der Kirchengüter die streng katholische Bevölkerung. Bei ihren Inspektionsrunden erfahren die Kommissare das ganze Ausmaß der Unzufriedenheit. Trotz der Erweiterung ihrer Machtbefugnisse am 29. Dezember sind sie nicht in der Lage, die Ordnung wiederherzustellen. Schon die ersten Maßnahmen zur Ausführung des Dekrets arten in Plünderungen und Gewalttätigkeiten aus. Sie zu verurteilen, würde eine Distanzierung von den einheimischen Patrioten bedeuten, der einzigen Stütze der Republik in Belgien; eine Billigung dagegen würde den bereits eskalierenden Auseinandersetzungen weiteren Zündstoff liefern, etwa in Flandern und vor allem in Brabant, wo die französische Okkupation abgelehnt wird. Am 1. Januar 1793 fordert der Konvent die Rückkehr eines Kommissars, der über die Situation Bericht erstatten soll. Mit schlechten Nachrichten im Gepäck verlassen Danton und Delacroix am 11. oder 12. Januar Lüttich. Das Verhalten der beiden während dieser sechs Wochen in Belgien war nicht völlig korrekt. Bei späteren Aufenthalten in Belgien wird es sogar skandalös. Verbrechen hat Danton nicht begangen, aber er hat, wie auch in Zukunft, mit seiner Autorität und zusammen mit seinen Kollegen von der Kommission ungesetzliche Ausschreitungen gedeckt. Außerdem ist anzunehmen, daß das private Verhalten von Danton und Delacroix, die man in Belgien bald »ständig bei Tisch oder mit Mädchen« sehen wird, der Bevölkerung keine gute Meinung von den Repräsentanten der französischen Republik hinterläßt. Exzessive Gaumen- und Liebesfreuden, die Danton übrigens nicht hindern, liebevolle Briefe an seine Frau zu schreiben, sind im privaten Bereich eine getreue Spiegelung seines öffentlichen, oder, wenn man so will, politischen Verhaltens.

Am 14. Januar trifft Danton in Paris ein. Es wäre übertrieben, in dieser Rückkehr die Besorgnis des Ehemanns um seine Frau zu sehen, deren komplizierte Schwangerschaft sich dem Ende nähert, denn noch vor der Niederkunft Gabrielles reist er wieder nach Belgien zurück. In Paris sieht man Danton weniger zu Hause als in der Öffentlichkeit, so etwa in Restaurants, in Begleitung des unvermeidlichen Fabre, oder auch mit Desmoulins und seinem Kumpanen Delacroix. Man mag ihn auch im Klub und im Konvent antreffen, wo er seinen Platz halten muß, denn immerhin waren Danton, Abgeordneter der Montagne, und Delacroix, Abgeordneter der Plaine, freiwillig erschienen, um dem Konvent ihren Bericht vorzutragen.

10. DER TOD DES KÖNIGS

Schlachten wir das Schwein!
Laßt uns so viele Teile aus ihm machen, wie es Departements gibt, um jedem ein Stück zu schicken!

Legendre im Klub der Cordeliers

»Ich weiß nur, daß wir Repräsentanten des Volkes sind, ausgesandt die Freiheit des Volkes durch die Verurteilung des Tyrannen zu festigen und das genügt mir... Vor der Verfassunggebenden Versammlung habe ich vergebens die Abschaffung der Todesstrafe gefordert. Dasselbe Gefühl des Abscheus zwingt mich heute aber, zu fordern, daß sie auf den Tyrannen meines Vaters angewendet wird, und in seiner Person auf die Monarchie selbst. Ich stimme für die Todesstrafe.« Das ist Robespierre, der gerade für den Tod des Königs votiert hat. Dem Gedanken an einen ordentlichen Prozeß stand er ablehnend gegenüber, und trat dagegen für eine sofortige Aburteilung »Kraft der Revolution« ein. Doch er fand sich damit ab, die unhaltbare jakobinische These zu übernehmen, das Volk habe dem Konvent die Vollmacht verliehen, Ludwig XVI. zu *richten.*

Die Abgeordneten stimmen nach der Reihenfolge der Departements ab, und für jedes Departement nach der Reihenfolge der jeweils erhaltenen Stimmen. Nun ist die Reihe an Danton, dem zweiten bei der Wahl in Paris. Da er erst am 14. Januar aus Belgien zurückgekehrt ist, hat er am 15. Januar nicht an den beiden ersten Namensaufrufen teilgenommen (einmal zur Abstimmung, ob Ludwig schuldig sei – einstimmig bejaht bei 13 Enthaltungen – und dann, ob über das Schicksal des Königs das Volk zu befragen sei – mit 424 Stimmen gegen 287 abgelehnt). Über die Abwesenheit Dantons kursieren widersprüchliche Gerüchte. Er war schon in Paris, aber aus irgendeinem Grund traute er sich nicht, vor dem Konvent zu erscheinen. Der Gesundheitszustand seiner Frau wäre nur eine schwache Erklärung. Hatte man etwa Dokumente gefunden, die ihn kompromittierten? Vielleicht hat er nur einen großen Knalleffekt bis zum nächsten Tag aufgehoben: Gnade für den König?

Danton taucht also erst am 16. Januar in der Nationalversammlung auf. Gegen Mittag empört er sich darüber, daß seine Kollegen ihre Zeit damit verschwenden, über *l'Ami des lois* zu diskutieren, ein modisches Theaterstück, und die Unruhen, die es in Paris auslöste. Delacroix hat bereits angekündigt, daß der Bericht über die Mission in Belgien fertig sei. Die Girondisten provozieren einen Zwischenfall, und beschweren sich, daß die Septembermörder Druck ausüben, um die Todesstrafe für den König durchzusetzen. Verärgert forderte Danton vom Konvent, sich »auf der Stelle« dazu klar zu äußern. Aber die Nationalversammlung muß noch einen Vorstoß der Gemäßigten über sich ergehen lassen: Sie fordern eine Zweidrittelmehrheit, wenn die über den König verhängte Strafe vollstreckt werden soll. Zusammen mit der Montagne drängt Danton aber darauf, daß die einfache Mehrheit genügen soll. Diese Runde wird gewonnen. Der dritte namentliche Aufruf über die Frage: »Welche Strafe hat Ludwig, ehemals König der Franzosen, verdient?« beginnt erst gegen acht Uhr abends.

Um vier Uhr, im Morgengrauen des 17. Januar, ist die Atmosphäre im Reitsaal der Tuilerien beim zähen Rhythmus der Stunde um Stunde dauernden Namensaufrufe drückend geworden. Ein ungefährer Überschlag scheint eine Mehrheit von knapp 25 Stimmen für »Tod« zu ergeben. Da steigt Danton auf die Tribüne. Alle warten auf sein Votum. Wenn auch seine Einlassungen vom Vorabend kaum Zweifel an seiner Entscheidung lassen, wissen die Eingeweihten, daß dieser Mann zu jedem Schwenk fähig ist. Aber die Überraschung wird nicht so ausfallen, wie einige erwarten. Die Tirade ist brutal, ohne die geringste Differenzierung:

»Ich gehöre nicht zu den vielen Politikern, die nicht wissen, daß man sich mit Tyrannen nicht an einen Tisch setzt; die nicht wissen, daß man Könige nur mit dem Fallbeil unterwerfen kann; die nicht wissen, daß man von den Königen Europas nur das bekommt, was man ihnen mit Waffengewalt entreißt! Ich stimme für den Tod des Tyrannen!«

Die Gemäßigten sind enttäuscht. Aber sind sie wirklich überrascht? Es hätte viel Naivität dazu gehört, sich auf Danton zu verlassen. Hätte dieser Mann ohne Gegenleistung seine Popularität riskieren und gegen den Strom schwimmen können? Auf den Bänken der Montagne ist der Beifall eher schwach, aber die Nacht ist weit fortgeschritten, und es sind nicht mehr alle Abgeordneten im Saal. Der Tribun verläßt das Parlament, ohne das Ende der Abstimmung des Departement Paris abzuwarten. – Collot d'Herbois: Tod; Manuel: Gefängnis, danach lebenslange Verbannung; Billaud-Varenne: Tod; Camille Desmoulins: Tod; Marat: Tod; Legendre: Tod; Fabre d'Eglantine: Tod; Robespierre der Jüngere: Tod; David: Tod. Und als letzter, groß, fett, verschlagen und vulgär, mit rotem Gesicht und einem kleinen Zettel in der Hand, denn er hat sich präpariert, votiert auch Philippe d'Orléans, Vorzeigestück der Montagne, heute Bürger Égalité genannt, »ausschließlich im Bewußtsein seiner Pflichten« für den Tod seines Vetters. So stimmen 21 von 24 Pariser Konventsmitgliedern zur großen Befriedigung des Publikums für den Tod des Königs.

Die namentliche Abstimmung wird am 17. Januar den ganzen Tag hindurch fortgesetzt. Mit dem Votum der Repräsentanten des Departement Gard[1] geht die längste Abstimmung der Geschichte zu Ende. Der Präsident Vergniaud gibt ihren Abschluß bekannt und verfügt, jetzt zur Auszählung der Stimmen überzugehen. Dann setzt er hinzu, er habe gerade auf seinem Schreibtisch einen Brief der Anwälte Ludwigs und einen weiteren vom Außenminister vorgefunden, dem eine Depesche des spanischen Gesandten in Paris beiliege. Das wirkt wie ein Donnerschlag. Alles brüllt auf den Bänken der Montagne, fordert, zur Tagesordnung überzugehen und sofort die Abstimmungsergebnisse bekanntzugeben; man schlägt vor, so überflüssige Zuschriften in den Papierkorb zu werfen. Garran de Coulon, Garran-Coulon genannt, Abgeordneter des Loiret, und der Gironde zugehörig, erhält unter großen Schwierigkeiten das Wort und schlägt vor, die Verlesung der Spanien betreffenden Dokumente auf später zu verschieben. Er fügt hinzu: »Aber der Brief der Verteidiger von Ludwig Capet« ... Da schneidet Danton ihm das Wort ab: »Ich erinnere mich, daß in dem Augenblick, als die namentliche Abstimmung eröffnet wurde ...«. »Bürger«, protestiert Garran, »ich bin noch nicht fertig!« Der Girondist Louvret kommt seinem Kollegen aus dem Loiret zu Hilfe: »Noch bist du nicht der König, Danton! ... Hat der Mann ein Privileg? Ich beantrage, daß der erste, der jetzt unterbricht, zur Ordnung gerufen wird!« Auf allen Bänken bricht nun ein Tumult aus, und Danton fährt unter der Beleidigung in die Höhe: »Ich beantrage, daß der Flegel, der sagt, ich sei noch nicht der König, mit einem Tadel zur Ordnung gerufen wird! Wenn Garran behauptet, er hätte vor mir ums Wort gebeten, soll er es haben!«

Danton ist routiniert in solcher Art von Schlagabtausch. Garran wiederholt seinen Antrag und bringt seinen Satz zu Ende: Die Rechtsanwälte Ludwigs XVI. sollen gehört werden, damit das Urteil unparteiisch und ohne Leidenschaft gefällt werde. Danton antwortet sofort; er »stimmt zu«, Ludwigs Verteidiger anzuhören, aber erst »nachdem das Ergebnis der Abstimmung bekannt ist«, weil er überzeugt sei, »daß sie uns nichts Neues zu berichten haben«. Dann stürzt er sich in eine Schimpfkanonade auf Spanien, weil es sich in die Beratungen des Konvents einzumischen wagt: »Wenn es nach mir ginge, würde man sofort, schon allein deswegen, den Krieg gegen Spanien beschließen! ... Bürger, weist jeden schmählichen Antrag zurück! Kein Übereinkommen mit der Tyrannei! Erweist euch eines Volkes würdig, das euch sein Vertrauen geschenkt hat! Es wird seine Repräsentanten richten, wenn sie es verraten!«

Wie kann Danton nur guten Gewissens eine unnötige Debatte so ausdehnen? Man darf nicht vergessen, daß es auch um seine Selbstdarstellung geht. Die Nationalversammlung wird beobachtet, und jeder als nachsichtig verdächtige Abgeordnete hätte bei den überzeugten Königsmördern wie auch beim Publikum, das die Tribünen füllt, sofort verspielt. Danton hält sich im übrigen nicht bei der ersten Frage auf, er nimmt die zweite zum Anlaß, um eine flammende und unpassende Suada abzulassen, die ein »historisches« Gemälde vom zweiten September und vom kämpferischen und unversöhnlichen Patrioten entwirft. Schließlich muß man auch seinen Spaß am Reden in Rechnung stellen, am Wortschwall, der ihn wie immer ein bißchen zu weit mitreißt. Die Depesche wird also nicht geöffnet, und damit scheitert der letzte Versuch Spaniens, den König zu retten mit dem Vorschlag, im Krieg zu vermitteln, ja sogar bei seinen Verbündeten zu vermitteln, um nicht nur den Frieden, sondern auch die Anerkennung der Republik durch alle europäischen Mächte zu erreichen.

Die Sitzung dauert bis spät in die Nacht und wird von endlosen Wortgefechten beherrscht. Nach Korrektur mehrerer Zählfehler wird das Abstimmungsergebnis bekanntgegeben: Ludwig Capet ist mit 387[2] gegen 334 Stimmen zum Tode verurteilt worden. Nach zwei weiteren Tagen entscheidet der Konvent am 19. Januar über die Frage: »Soll es einen Aufschub für den Vollzug des Urteils gegen Ludwig Capet geben?« In einem Klima von Angst und Unruhe, das durch Truppenbewegungen um den Konvent nur noch verstärkt wird – bewaffnete Sektionsmitglieder, Nationalgardisten, Föderierte der Departements –, kommt es zur letzten namentlichen Abstimmung, die am frühen Morgen des 20. Januar zu Ende geht. Mit noch klarerer Mehrheit (380 Stimmen gegen 310) wird der Aufschub zurückgewiesen. Danton hat erneut mit der Mehrheit gestimmt.

Im Ablauf des Revolutionsgeschehens wird mit dem Prozeß gegen Ludwig XVI. der Punkt erreicht, wo es kein Zurück mehr gibt. Zwar kann man natürlich über die psychologischen Aspekte dieses »Vatermordes« nachdenken, eines in der Geschichte fast einmaligen Prozesses – bis auf den in jedem revolutionären Gedächtnis präsenten Vorläufer, Karl I. von England, der 1649 enthauptet wurde. Aber die tiefere Bedeutung dieses Ereignisses liegt vielmehr in der Konfrontation zweier Herrschaftsprinzipien. Selbst wenn die Frage danach nicht so gestellt wurde, drängt sie sich bei der Analyse auf.

Wenn man sich ausschließlich an diese Prinzipien hält – denn die französische Monarchie ist nach 1774 eher mit einer Art »Despotismus der Schwäche« zu beschreiben, hat der König als Herrscher von Gottes Gnaden und sakrosankte Person, die vom Volk geachtet und verehrt wird, seine Macht unmittelbar von Gott. Das Thronfolgegesetz bestimmt ihn beim Tod seines Vorgängers, ohne daß irgendeine Bestätigung erforderlich wäre. Als unumschränkter Gesetzgeber und oberster Gerichtsherr (obwohl der wesentliche Teil der Justiz delegiert wurde), ist der König von Frankreich trotz allem kein Potentat. Er muß alle Gewohnheitsrechte, die »Grundrechte des Königreichs« respektieren und die Sonderrechte, Immunitäten und Privilegien von Städten und Provinzen, von Zünften und Adel garantieren, aus denen insgesamt die Freiheiten des alten Frankreich bestehen. An die Stelle dieses mittlerweile bröckelnden Bauwerks der alten Monarchie setzte nun die Philosophie der Aufklärung einen anderen Herrschaftstypus. Die Verfassung von 1791 sanktionierte die neue Idee des Abbé Sieyès von der nationalen Souveränität. Der Souverän ist nicht mehr der König, sondern die Nation –, ein abstrakter Begriff und eine moralische Person zugleich. Die Vorrechte der Souveränität werden von den Repräsentanten der Nation ausgeübt, zunächst der gesetzgebenden Gewalt und danach vom König.

Mit den Ereignissen vom 10. August und der daraus folgenden Umwälzung jeglicher Legalität, wurde eine neue Etappe eingeleitet. So ersetzt seit einigen Monaten die Idee der *Volks*herrschaft – eine kollektive, konkrete und direkt vom Volk ausgehende Souveränität, die vor allem von Rousseau stammt und von der Jakobinerverfassung des Jahres I sanktioniert wird – den Gedanken der (indirekten) Souveränität der Nation. Im übrigen ist sie das einzige Mittel, um Aufruhr und Verletzungen der verfassungsgemäßen Ordnung in der Theorie zu rechtfertigen.

Aber auch ein abgesetzter Monarch verkörpert weiterhin die überkommene Souveränität, und allein durch diese Tatsache ist er eine Bedrohung für die revolutionären Errungenschaften. Der Tod Ludwigs, des Symbols, ist folglich unabdingbar, aber keineswegs aufgrund der offiziell angeführten Gründe. Die Verletzung seines Eides? Was wiegt dieser Schwur im Vergleich zu dem bei der Königsweihe am 11. Juni 1775 geleisteten? Wie konnte sich der »Nachfahre Ludwigs des Heiligen« an eine Verpflichtung gebunden fühlen, die weniger durch die Gewalt von Menschen als durch die Ereignisse ihm aufgezwungen wurde? Und die Leute, die über ihn zu Gericht saßen – haben sie denn selbst die Verfassung respektiert? Kann überhaupt eine revolutionäre Legitimität den Platz der Legalität einnehmen? Ludwig XVI. hätte antworten können, daß er niemandem außer Gott allein Rechenschaft schuldig sei. – Verschwörung gegen die allgemeine Sicherheit des Staates? Der König konnte für sich in Anspruch nehmen, der einzige Richter über die – geheimen oder öffentlichen – Mittel zur Erhaltung und für den Wohlstand des Königreiches zu sein. Auch dafür hätte sich Ludwig XVI. ausschließlich vor seinem göttlichen Richter zu verantworten. Eine andere Argumentation würde eher greifen: Wenn man schon von der institutionalisierten Ordnung von 1791 nichts hält, warum bekämpfen sich dann nicht die neue Ordnung und die von 1789 wenigstens in aller Öffentlichkeit? Der König orientierte seine Haltung insgesamt an den Prinzipien der Gesetze von 1791, indem er die gegen ihn erhobenen Beschuldigungen Punkt für Punkt widerlegte. Auf diesem Terrain aber, das im Hinblick auf das Ende ebensowenig sicher war wie das andere, war er von vornherein verloren. Darüber hinaus beging er zwei Fehler: den ersten, indem er sich auf die Amnestie von 1791 und seine eigene verfassungsmäßige Unantastbarkeit berief, und den zweiten, indem er die Authentizität bestimmter Dokumente leugnete, die nicht einmal von erdrückender Beweiskraft waren – nur um seine Getreuen zu schützen. Diese Fehler werden aber als indirekte Geständnisse interpretiert.

Gironde und Montagne haben alles getan, damit der Nachwelt nur die Wahl zwischen zwei Hypothesen blieb: Der König war dumm, oder er war ein Verräter. Man entzog ihm alle Mittel zu seiner Verteidigung: Man übergab ihm nicht vorher das belastende Material, ließ alle entlastenden Schriftstücke verschwinden; verbot ihm, im *temple* Papier, Tinte, Federn und Stifte zu benutzen, stellte ihm konfuse und zweideutige Fragen; legte ihm im Konvent die »Beweisstücke« vor, ohne ihm die Zeit zu geben, sie sich genauer anzusehen; und fälschte schließlich die

Berichterstattung über den Prozeß in der Presse. Wie kann man sich unter solchen Bedingungen über die hastige und ungeschickte Art seiner Verteidigung wundern?

Die Montagne dachte in diesem Fall pragmatisch. Sie beabsichtigte, den Königsmord zu einer Demonstration der Entschlossenheit der Republik zu machen. So trat die offizielle These in den Hintergrund, nach der ein Tyrann wegen Verrats und Eidbruchs nach den neuen Gesetzen gerichtet werden muß, mithin als Urteil in einem Prozeß und im Auftrag des Volkes. Eine politischere, intelligentere und weniger engstirnige Sicht, ausgehend etwa von der alten Idee des Tyrannenmords, war der Montagne ebenso fremd wie etwa Jean Bon Saint-André, Legendre, Robespierre oder Danton (dem *offiziellen* Danton), die sogar ein Urteil für überflüssig hielten. War es einfach Haß auf den abgesetzten Monarchen? War es die Hoffnung, alles so bald wie möglich hinter sich zu bringen, wenn man das Haupt des Königs dem Europa der Könige präsentierte? Sicher gab es aber auch ein mehr oder weniger starkes Bewußtsein von der Irrationalität dieses Prozesses, der zwei völlig fremde Systeme zusammenstoßen ließ, aus zwei verschiedenen Zeiten und Räumen, mit anderen Gesetzmäßigkeiten, jedes ein politischer und juristischer Kosmos für sich.

Und doch war es ein richtiger Prozeß, wenn auch ein geradezu surrealistischer. Diese erste große Demonstration war zweifellos notwendig, um den kurzsichtigen Legalismus der Mehrheit des Konvents und derjenigen zu befriedigen, die dem Lauf der Ereignisse folgten, ohne sie zu begreifen. Es hätte eine Logik, ja sogar eine gewisse Größe gehabt, den König ohne Verurteilung zu guillotinieren oder ihn schmählich außer Landes zu jagen. Dagegen war es nur erbärmlich, ihn von einer gewählten Versammlung richten zu lassen, die eigentlich gewählt war, um eine neue Verfassung zu erstellen und dann – im Namen der Volkssouveränität! – die Befragung des Vokles abzulehnen. Auf jeden Fall war es lächerlich, solche Phantasiestrafen zu beantragen, wie den »Tod mit Aufschub« (sic), eine Ausflucht gewisser Girondisten, die gerne nachsichtig gewesen wären, aber es nicht wagten, den Königsmord abzulehnen.[3]

Dantons Verhalten während des Prozesses gegen Ludwig XVI. war äußerst komplex. Seine Redebeiträge in der Nationalversammlung geben davon nur ein unvollkommenes Bild. Alle seine Aktivitäten liefen im Hintergrund. Wir müssen drei Monate zurückgehen, um uns eine genauere Vorstellung davon zu machen.

Ungeachtet eines strikten Erlasses für Emigranten, der am 23. Oktober – mit Unterstützung Dantons – verabschiedet wurde, verließ Théodore de Lameth mit einem von Chauvelin ausgestellten Paß England in Richtung Frankreich, um herauszufinden, welche Möglichkeiten es gab, den König zu retten, und um selbst im Rahmen seiner Möglichkeiten dazu beizutragen. Am Morgen nach seiner Ankunft in Paris wird der ehemalige Abgeordnete der Legislative bei Danton vorstellig. Ihre lange Unterredung hat er in seinen *Mémoires* festgehalten. Die Panegyriker Dantons legen gern ein verschämtes Mäntelchen über diesen Dialog oder stellen sogar seinen historischen Wahrheitsgehalt in Zweifel, soweit sie ihn nicht einfach mit Schweigen übergehen. Mathiez dagegen hat sehr richtig erkannt, wieviel Licht dieser Text auf die Haltung Dantons wirft, zumal er mit weiterem, von ihm ergänzten Material übereinstimmt. Sicher empfindet Lameth für Danton keine wirkliche Feindschaft, weil dieser ja auf seine Bitte hin seinen Bruder Charles und seinen Freund Adrien Duport gerettet hat, aber im Grunde mag er Danton nicht. Andererseits hat er keinerlei Grund, wie Mathiez nachweist, diese Unterredung vollständig zu erfinden, die zwar aus dem Gedächtnis rekonstruiert, in ihrer Substanz aber sehr wahrscheinlich ist.

»Was machen Sie in Paris?« wundert sich Danton. »Ich dachte, Sie seien in Sicherheit, wo kommen Sie her?«

»Aus London.«

»Sind Sie wahnsinnig, mir das zu sagen? Wissen Sie denn nicht, daß darauf die Todesstrafe steht?«

»Doch«, antwortet Lameth, »das weiß ich, aber Sie haben schon meinem Bruder das Leben retten wollen! Den einzigen Beweis meiner Dankbarkeit, den ich Ihnen geben kann, besteht darin, mein Leben ganz in Ihre Hände zu geben, und ich habe keine Bedenken, es zu tun. Und doch möchte ich mir das nicht als ein großes Verdienst anrechnen, denn wenn ich auch nicht weiß, welcher Verbrechen Sie fähig sind, so weiß ich doch, welche Ihnen unmöglich sind.«

»Sie ersparen mir nie eine Härte«, bemerkt Danton, »aber ich picke mir aus dem, was Sie sagen, das Gute heraus, und es ist doch genug, um mich zufriedenzustellen. Aber Sie sind doch nicht ohne Grund hier. Was wollen Sie?«

»Ihnen einen noch größeren Vertrauensbeweis geben und Ihnen zugleich den einzigen Weg zu Ihrer eigenen Rettung weisen. Denn Sie gehen Ihrem Untergang entgegen, indem Sie Frankreich ins Verderben stürzen.«

»Sie sind allzu kurzsichtig!« wendet Danton ein.

»Ich glaubte gerade das Gegenteil bewiesen zu haben.«

»Ja wissen Sie denn nicht«, versetzt Danton mit Nachdruck, »daß man durch die schmutzige Demokratie hindurchmuß, um die Freiheit zu erringen?«

»Ich glaube das nicht. Aber ist der Anteil, den Sie ihr zugestanden haben, nicht schon groß und jammervoll genug?«

»All das wird ohnehin ein Ende finden, denn ich werde den Lauf der Revolution anhalten.«

»Nein, Danton, man wird Sie anhalten, wenn Sie es nicht bald tun!«

»Ich gebe zu, der Rückzug wird nicht einfach sein, aber hören wir uns erst einmal Ihre vertrauliche Nachricht an.«

»Sie haben sie erraten, da Sie mich wieder in Frankreich sehen, obwohl ich bereits einmal hinauskonnte.«

»Ich merke schon«, sagt Danton, »es geht um den König.«

»Ja«, fährt Lameth fort. »Was man sich inzwischen schon herausgenommen hat, läßt das Schlimmste befürchten. Die Leute, die ihn im Turm des *temple* eingesperrt haben, glauben vielleicht, noch ein letztes Verbrechen begehen zu müssen, aber Sie haben mit seiner Absetzung und seiner Gefangenschaft nichts, wenigstens nicht unmittelbar, zu tun. Retten Sie ihn, dann wird man Sie in ruhmreicher Erinnerung behalten!«

»Alles, was Sie da beklagen, hat er sich selbst zuzuschreiben«, bemerkt Danton.

»Sagen Sie besser, den Umständen zuzuschreiben, sie haben ihn überfordert, so wie sie auch jeden anderen, auch die meisten in seiner Umgebung, überfordert hätten.«

»Dann war er also nicht ganz ehrlich?«

Lameth versucht nun, Danton von der Aufrichtigkeit des Königs zu überzeugen, von seinem Wunsch, das Wohl aller Franzosen zu erreichen.

»Schwäche erscheint oft als Güte oder Tugend«, erwidert Danton.

Nun erzählt Lameth eine rührende Anekdote: Bei einer Einladung zum Billard kündigte ihm Ludwig XVI. an, er werde höchstens um einen einzigen écu spielen. Daraufhin bemerkte Théodore de Lameth, er wolle sich wohl nicht ruinieren? Und der König antwortete: »Ja! Sie verspielen, was Ihnen gehört, aber ich verspiele das Geld aller.« Mit viel gesundem Menschenverstand fegt Danton das Argument beiseite: »Nun ja, dieser Zug ehrt ihn, behalten Sie es aber doch lieber für sich! Durch Lobreden verärgert man nur die Leute, die seinen Sturz beschlossen haben.«

Lameth ist überrascht, daß man es wagt, gegen den König eine Untersuchung einzuleiten, obwohl seine Unantastbarkeit durch die Nation feierlich anerkannt wurde.

Danton antwortet sehr pragmatisch: »Sie sind aber wirklich naiv! Was bedeutet das schon für Menschen, die den Willen und die Macht haben? Ist Karl I. etwa auf legalem Wege getötet worden?«

»Sie glauben also«, fragte Lameth besorgt, »daß die Mehrheit im Konvent ihn verurteilen wird?«

»Daran besteht kein Zweifel«, antwortet Danton. »Es kommt selten vor, daß man sein Leben für das eines anderen hergeben will! Die Mehrheit verhält sich nie so. Falls gegen ihn eine Untersuchung eingeleitet wird, ist er verloren, denn selbst angenommen, die Mehrheit würde so handeln wie Sie, die Minderheit würde ihn doch ermorden lassen!«

Théodore läßt nicht locker: »Und es gibt doch in der Nationalversammlung Menschen mit Herz, und die Girondisten, so abscheulich ihr Verhalten auch war, sie werden ihn nicht verurteilen. Ihre Partei ist ziemlich groß.«

»Eine schöne Hilfe sind die!« entfährt es Danton. »Sie waren es doch, die ihn dahingebracht haben, wo er jetzt ist. Nun sind sie erschrocken; dann werden sie wunderschöne Reden halten und ihn schließlich alle verurteilen.«

Lameth wird konkreter: »Sie wissen sehr gut, daß die Hilfe, das Opfer, um das ich Sie bitte, darin besteht, den König und seine Familie erst einmal aus dem *temple* herauszuholen, entweder mit einem mutigen Streich oder dadurch, daß man ihnen irgendwie die Flucht ermöglicht.«

Danton geht darauf ein. Er gibt erneut seiner Überzeugung Ausdruck, daß ein Prozeß den Untergang des Königs bedeuten würde. Lameth fügt hinzu, ein solches Verbrechen werde »Ihre Republik sogar bei denen verhaßt machen, die ohne Sinn und Verstand an das Fortbestehen dieser Republik glauben.«

»Erklären Sie das doch einmal Robespierre, Marat und ihren Anhängern!« antwortet Danton.

Théodore, wohl der langen Unterredung müde, weist Danton in die Schranken: »Aber Sie, Danton, was wollen Sie, was können Sie? Sind Sie nicht auch der Meinung, daß man im Namen der Gerechtigkeit, zum Besten aller, ja auch als Gebot der Vernunft diesen harmlosen, unglücklichen Fürsten und seine Familie retten muß? Seien Sie ehrlich!«

Danton ehrlich? Dazu war er schon zu oft und gegen so viele Verschiedene ehrlich... Dennoch behauptet er, die Überzeugung seines Gesprächspartners zu teilen. Aber er macht sich keine Illusionen: »Was ich wirklich ausrichten kann, weiß ich nicht. Was kann in unserer Situation heute ein Mann aus dem Volk für den nächsten Tag voraussagen?«

Aber er will Lameth nicht ohne einen Bescheid lassen, und dieser Bescheid ist eindeutig: »Ich bin zwar nicht davon überzeugt, daß der König keinen Vorwurf verdient, aber ich glaube, man sollte ihn aus der Situation herausholen, in der er jetzt ist. Ich werde mit Umsicht und Mut mein Möglichstes tun, und wenn ich eine Aussicht auf Erfolg sehe, werde ich mich sogar exponieren. Wenn ich aber alle Hoffnung aufgeben muß, erkläre ich Ihnen, daß ich nicht auch noch meinen Kopf verlieren will und daß ich dann zu denen gehören werde, die ihn verurteilen.«

»Warum sagen Sie so etwas am Schluß?«

»Um so ehrlich zu sein, wie Sie es von mir verlangt haben.«

Jetzt ist die Unterredung beinahe zu Ende. Danton warnt Lameth, ein Risiko einzugehen; falls er verhaftet wird, könne er nichts tun, um ihn zu retten.

Später, bevor Lameth endgültig untertaucht, besucht er Danton noch einmal, zum letztenmal. Bei dieser Gelegenheit erfährt er, daß der Tribun mehrere Projekte zur Rettung des Königs erwägt – zusammen mit Delacroix, den Lameth als »alten Soldaten von erschreckender Statur und Eloquenz, ehrgeizig, gierig, aber unter Umständen durchaus nützlich« beschreibt – und im Vertrauen auf die Unterstützung der Cordeliers. Offenbar geht es darum, entweder eine Flucht zu ermöglichen oder beim Konvent ein Verbannungs- oder Deportationsdekret[4] durchzusetzen. In seinen *Notes et souvenirs* wiederholt Lameth seine Überzeugung: »Solange er noch die Hoffnung hatte, es zu schaffen, tat Danton alles, was in seinen Kräften stand, um den König zu retten. Denn der König war auch von den ausländischen Höfen im Stich gelassen (wenn nicht gar verraten) und ganz besonders schmählich verlassen von Herrn Pitt, also von allen, die ihm außerhalb Frankreichs hätten zu Hilfe kommen müssen.« Pitt befaßte sich vor allem damit, den Frieden aufrechtzuerhalten, und Lameth warf ihm vor, er habe Talon, den Beamten der Zivilliste, von Danton im September gerettet und nach London geflüchtet, und Ocariz, dem spanischen Gesandten in Paris[5], die zwei Millionen Livres verweigert, die erforderlich gewesen wären, um den Königsmord zu verhindern.

Daneben gab es in Frankreich mehrere Versuche, Ludwig zu retten; von seinen Getreuen am Hof, vom Baron von Batz, der nach London geflüchtet war, auch von Konstitutionellen und *monarchiens* wie Monnier und Lally-Tollendal. Allerdings waren alle Projekte schlecht koordiniert. Nur die »reinen« Royalisten trugen nichts dazu bei, weil ihr König sie angeblich enttäuscht hatte. Den umfangreichsten Rettungsversuch unternahm zweifellos der Spanier Ocariz. Offenbar im Verein mit Lameth und dem Baron von Batz wollte er mit Geld die Milde des Konvents erkaufen. Der Baron von Batz, ehemaliges Mitglied der Verfassunggebenden Versammlung, Geldgeber und Verschwörer, der 1792 emigriert war, um sich der Armee des Fürsten anzuschließen, handelte bei dieser Gelegenheit vermutlich mit der Zustimmung des Grafen von Provence. Die Initiative von Ocariz wurde mit Verspätung auch von der spanischen Regierung und ihrem neuen Ersten Minister Manuel Godoy unterstützt. Sie bestand darin, an das französische Volk zu appellieren, von dem man übereinstimmend annahm, es sei im Grunde zutiefst monarchistisch. Am 3. Januar 1793 übergaben die Bankiers Lecoulteux Ocariz eine Summe von 2300000 Livres, wovon allein der Abgeordnete Chabot, der unsicherste aller unsicheren Kantonisten, den Löwenanteil von 500000 Livres einsteckte. Allerdings stand Chabot, wie Lameth bestätigt, bei dieser versuchten Parlamentskorruption in den Diensten Dantons. Wieviel hat Danton von dem Geld erhalten? Das ist nicht bekannt. Aber er hielt die von Ocariz beschaffte Summe für unzureichend und forderte weitere 2 Millionen Livres. Dieses Geld läßt Danton in England anfordern. Talon schickt Noël, den Freund Dantons, zu Pitt, um sie lockerzumachen. Danton schlägt vor, die Summe erst nach dem Erfolg der Operation bei einer Londoner Bank zu deponieren. Pitt und die europäischen Fürsten hielten die Forderung für übertrieben. Der britische Premierminister war im übrigen, wie er dem französischen Agenten Maret unverhohlen klarmachte, gar nicht abgeneigt, den Einfluß seiner Gegner bei den Liberalen und der Frankophilen in der öffentlichen Meinung Englands zu schwächen, indem er Ludwig XVI. einfach sterben ließ. Auch der Kaiser und der König von Preußen haben offenbar, wie Talon später vor einem napoleonischen Gericht aussagt, jede finanzielle Hilfe verweigert, und sie scheinen ebensowenig von Ritterlichkeit gehalten zu haben wie Herr Pitt.

Erfahren wird man sicher nie, welche Jakobiner Danton und Chabot bei der Abstimmung umzudrehen gedachten. Wahrscheinlich ist, daß ein Mann wie Fabre d'Eglantine seinen Anteil von den 2300000 Livres abbekam. Möglicherweise waren auch Delacroix (dieser vor allem), Basire und Thuriot in die Affäre verwickelt. Fest steht jedenfalls, daß es die »jakobinische« Verschwörung zur Rettung des Königs wirklich gab.

Dies bestätigt auch der Jakobiner Choudieu in seinen *Memoiren*, wo er diesen ausgedehnten Korruptionsversuch schildert, der schon im Dezember 1792 begann. Die Namen, die am häufigsten auftauchen, sobald man diese Affäre an sich vorüberziehen läßt: Talon, Sainte-Foy, Talleyrand und viele andere, vermitteln eine Vorstellung von der großen Kumpanei der faulen Geschäfte, die alle Gräben der Politik überwand. Hier sieht man den Monarchisten Talon mit dem (scheinbaren) Ultra-Revolutionär Chabot traulich vereint. Der Name Danton steht im Zentrum all dieser Verbindungen.

Geldmangel und Geiz bei den europäischen Fürsten (mit Ausnahme des spanischen Königs, dessen erster Minister bei Pitt beachtliche Summen hinterlegte), ungeschickte Unterhändler (Noël verhandelte mit Pitt immer nur über den britischen Agenten William-Augustus Miles, der 1790–1791 eine Mission in Frankreich hatte)... Wenn das die Gründe für den Mißerfolg der Operation waren, so konnte Danton mit gutem Recht, so wie er gegenüber Lameth angekündigt hatte, zusammen mit seinen Parteifreunden für den Tod des Königs stimmen. In diesem Fall wäre es die Überzeugung vom Scheitern des Unternehmens, die Danton umgestimmt hätte, und nicht die »Macht der öffentlichen Meinung«, wie Robespierre meinte.

Dantons Mission in Belgien erscheint einigen Beobachtern als eine ziemlich feige Art, einer Stellungnahme im Königsprozeß aus dem Weg zu gehen. Am Vortag seiner Abreise habe er die Konventsmitglieder heuchlerisch aufgefordert, das Urteil über Ludwig möglichst bald zu fällen, und dann seine Mission bis ganz knapp nach dem Urteilsspruch hinausgezögert. Das ist aber nicht wahr. Trotz der Meinungsverschiedenheiten bezüglich der Art der Okkupation zwischen Danton und Dumouriez muß Dumouriez von der Unterredung zwischen Danton und Noël in Lüttich gewußt haben. Sie fand um den 10. Dezember 1792 statt, und in ihrem Verlauf debattierten die beiden über noch vorhandene Möglichkeiten zur Rettung des Königs. Eine Verschwörung außerhalb des französischen Territoriums war eine Garantie für ihre Geheimhaltung und kein Beweis, daß sich Danton nicht für die Sache interessierte. Dumouriez war am 1. Januar nach Paris zurückgekehrt, um sich gegen die Beschuldigungen der Abgeordneten Marat und Cambon, des Ministers Pache und dessen Sekretärs Hassenfratz zur Wehr zu setzen. Vielleicht war er sogar mit einer besonderen Mission betraut, das Komplott betreffend. Er schickte nämlich zwei ihm ergebene Offiziere nach Paris voraus und verhandelte nach seiner Ankunft mit mehreren einflußreichen Jakobinern, insbesondere mit Santerre, Proli und Desfieux, der in engem Kontakt mit Chabot stand. Auf dem Schlachtfeld war Dumouriez jedoch entschieden brillanter als auf dem Feld der Konspiration. Es ist sehr gut möglich, daß er sich von seinen Gesprächspartnern, vielleicht auch von Philippe Egalité, in die gewünschte Richtung lenken ließ; sie befürchteten nämlich, er werde sich an die Spitze der Föderierten stellen, um den König zu befreien. Etwas Konkretes hat er in Paris nicht erreicht.

Am 14. Januar kehrt Danton nach Paris zurück. Zu Hause findet er einen Brief von Bertrand von Moleville vor, der auf den 11. Dezember datiert ist. Moleville, ehemaliger Minister und Monarchist (einer der Chefs der »Geheimpolizei« Ludwigs XVI., setzt Danton massiv unter Druck: »In einem Aktenbündel, das mir der verstorbene Herr von Montmorin gegenEnde des letzten Juni zur Aufbewahrung übergab und das ich an mich nahm, fand ich, jeweils mit Datum versehen, eine Aufstellung der verschiedenen Beträge, die Sie aus dem geheimen Ausgabenfonds des Außenministeriums erhalten haben, sowie der Bedingungen, unter denen es an Sie weitergeleitet wurde, außerdem der Person, über deren Vermittlung diese Zahlungen ausgehandelt und durchgeführt wurden.[6] Ihre Beziehungen zu dieser Person sind durch ein Schreiben von Ihrer Hand bestätigt, das trotz seiner scheinbaren Bedeutungslosigkeit keinen Zweifel daran läßt, daß diese Person in Ihrem Namen handelt. Dieses Schreiben ist mit einer Klammer an die betreffende Aufstellung geheftet, an deren Genauigkeit man um so weniger zweifeln kann, als sie zur Gänze aus der Hand des Herrn von Montmorin stammt.«[7] Falls sich Danton nicht für den König einsetzt, droht ihm Bertrand, die Dokumente zu veröffentlichen, die über seine bis vor kurzem bestehenden finanziellen Beziehungen zum Hof keinen Zweifel lassen. Eine nutzlose Erpressung: Der ehemalige Minister *blufft*. Er hat die Dokumente *gesehen*, aber sie sind nicht in seinem Besitz. Diese Papiere sind im Ministerium geblieben, wo Brissot sie einsehen konnte – zum Beispiel die ominöse »Empfangsbestätigung« über 300 000 Livres –, und sie sind wahrscheinlich durch die Sorgfalt Lebruns schon im August 1792 vernichtet worden. Danton ist deshalb von der Drohung wenig beeindruckt, und da Pitt die geforderten 2 Millionen nicht gezahlt hat, ist Danton von seiner Mission befreit und läßt Ludwig XVI. verurteilen.

Ist es nicht etwas zu einfach, nun zu behaupten, Danton habe eben nach »seinem eigenen« Ehrenkodex gehandelt? Es bleibt das Wesentliche: Danton hätte Ludwig XVI. auch ohne diesen Zuschuß von 2 Millionen, den er so nachdrücklich forderte, retten können. Der König wurde mit 387 Stimmen zum Tode verurteilt. Es hätte gereicht, 27 Stimmen durch Bestechung zu gewinnen, um das Leben des Monarchen zu schonen. Dem wird man entgegenhalten, daß führende Köpfe der Gironde (Mailhe, Vergniaud, Guadet, Gensonné, Fonfrède) schon bei Beginn der namentlichen Abstimmung für die Todesstrafe votierten und damit das Endergebnis beeinflußten, weil sie Unentschlossene mitzogen. Weiter wird man einwenden, Pétion sei von Jakobinern, die von seinen Beziehungen zu den Royalisten wußten, »gelenkt« worden. Man könnte auch die Furcht vor einem neuen Aufruhr wie am 10. August anführen, die viele Gemäßigte abschreckte, nachdem sie erlebt hatten, wie die Jakobiner die Föderierten umstimmten, die bisher für Parteigänger der Gironde und der gemäßigten Richtung galten. Wie auch immer – es fehlten nur 27 Stimmen! Viele Gemäßigte hätten sich vielleicht geschämt und wieder Mut gefaßt, hätte wenigstens Danton seine Stimme erhoben und die Begnadigung gefordert. Nach Danton kommen nämlich noch 461 Abgeordnete, die ihr Urteil fällen mußten. Im übrigen darf man nicht vergessen, daß Danton, Chabot und ihre Freunde im Januar 1793 ebensoviel Einfluß auf die Montagne hatten wie Robespierre und seine Anhänger. Man darf also mit Fug und Recht behaupten, daß Danton und seine Parteifreunde, ob bestochen oder nicht, dafür hätten sorgen können, daß sich die andere Waagschale senkte. Aber Danton hat es nicht getan. Warum? Wurde er ebenso »gelenkt« wie Pétion? Nein. Selbst bei seinem Prozeß wird man später nie einen Beweis gegen ihn in der Hand haben. Dies würde bedeuten, daß der Tribun bereits entschlossen war, für den Tod des Königs zu stimmen, und dennoch zwei Millionen von denen forderte, die in ihm ihre letzte Hoffnung sahen! Wenn man nur dieser rigiden Logik folgt, kann die Bestechlichkeit Dantons neues Licht auf seine Haltung im Prozeß gegen Ludwig XVI. werfen. Noch rigoroser als Mathiez selbst hat Gustave Rouanet diese Logik bis zu ihrer letzten Konsequenz getrieben. Nach Rouanet hätte Danton das Gewissen einiger Konventsmitglieder nie mit der Zusage von 2 Millionen erkaufen können, die erst *nach* der Abstimmung gezahlt werden sollten. Dantons Forderung, diese 2 Millionen in London zu deponieren, beweist vielmehr, daß Danton allein seine persönliche Überzeugungskraft so hoch ansetzte. Der ganze Betrag wäre für ihn bestimmt gewesen. Dieser Betrag hätte ihn endgültig vor jeglicher Not bewahrt, und wenn im Falle einer Begnadigung des Königs in Frankreich ein Bürgerkrieg ausgebrochen wäre – so wären ihm friedliche Tage in England sicher gewesen.[8] Sein

Anteil an den 2 300 000 Livres von Ocariz war offenbar zu gering für seinen robusten Appetit ... Aber Rouanets Hypothese, so logisch sie auch klingt, bleibt nur eine Hypothese, und man sollte sich hüten, bei den widersprüchlichen Handlungen des Tribuns allzu sehr nach der Logik zu fragen. Mag sich also dieses neue Geheimnis zu den übrigen gesellen und dem Historiker wie dem Leser seinen Teil des Traums oder Alptraums überlassen. Es ist vielleicht besser, sich an Dantons eigene Erklärungen gegenüber Lameth zu halten. Danton war sich nicht *absolut* sicher, ob er eine Mehrheit für die Begnadigung zusammenbekommen würde. Er wollte also nicht seine Karriere ruinieren und erst recht nicht sein Leben aufs Spiel setzen.

11. BELGIEN UND DUMOURIEZ

Mit dem Genie des Generals verbindet Dumouriez die Kunst, die Soldaten anzufeuern und zu ermutigen... für den Ruhm der französischen Republik setzt er alles ein.

Danton, 8. März 1793

Die Nationalversammlung wird den erforderlichen Aufschluß erhalten und sehen, daß wir schon immer mit Dumouriez im Streit lagen.

Danton, 1. April 1793

Am Abend des 20. Januar wurde der »Königsmörder« Le Peletier de Saint-Fargeau von einem ehemaligen Leibgardisten Ludwigs XVI. ermordet. Mehr war nicht nötig, um die Vorstellung von einer umfassenden Verschwörung »gegen die Freiheit« wieder wachzurufen. Der Königsprozeß ließ alte Feindschaften wieder auflodern. Außerdem gab es zwei spektakuläre Rücktritte: Manuel und vor allem Kersaint, der seine monarchistische Seele unter einer girondistischen Schale verbarg und dabei zu behaupten wagte: »Mein Gewissen sagt mir, daß Ludwig nicht schuldig ist.« Mehr noch, er beklagte »die Schmach, mit blutrünstigen Menschen in einem Saal zu sitzen, die im Ruf von Terror stehen und alle Ehrenmänner überstimmen.« Mutig fügte er hinzu: »Ich kehre zurück in den Schoß des Volkes... Ich lege die Immunität ab, die das Volk mir verliehen hat.« Noch schärfer als Kersaint forderte der Girondist Gensonné – immerhin ein »Königsmörder« –, den Justizminister auf, nicht nur die Verteidiger der Tuilerien, sondern auch die Septembermörder vor die Gerichte zu bringen. In dieser Gewitterstimmung ergreift Danton am 21. Januar, dem Tag der Exekution des Königs, das Wort. Der Konvent hat gerade bestimmt, daß Le Peletier ehrenvoll ins Pantheon überführt wird, und ordnet nun erneute Hausdurchsuchungen zur Verfolgung der Konterrevolutionäre an. Danton billigt die Apotheose Le Peletiers, aber er polemisiert vergeblich gegen die zweite Maßnahme. Er hält eine recht schöne, spontane und etwas zusammenhanglose Rede, in der vielleicht eine gewisse Verwirrung zum Ausdruck kommt: »Oh, Le Peletier, Dein Tod wird der Republik zum Ruhme dienen! Ich beneide Dich um Deinen Tod... Bald wird Frankreich nicht mehr wissen, wem es sein Vertrauen schenken kann... Ich flehe Sie alle an, Sie kennen mich, sagen Sie mir, ob ich wirklich ein Blutsäufer bin... Jetzt, wo der Tyrann nicht mehr lebt, sollten wir all unsere Entschlossenheit, all unsere Aktionen dem Krieg zuwenden... Bürger, ergreift die Zügel einer großen Nation, erhebt Euch auf ihre Stufe...« Damit ist der Ton seiner Rede angedeutet. Danton sieht sich gezwungen, auf die Septembermassaker zu sprechen zu kommen. Er vermeidet es, Pétion direkt zu beschuldigen, aber er wirft ihm seine Schwäche vor. Für Pétion waren die Massaker nicht zu vermeiden. Man habe diese »schrecklichen Ereignisse« nur zum Vorwand genommen, um die Feindschaft der Departements gegen die Hauptstadt anzustacheln. Es habe nur einen Urheber der Massaker gegeben, und das war das Volk selbst, das um Gerechtigkeit rang, die man ihm verweigerte. Eine offene Aussprache hätte dieses Mißverständnis beilegen können. Danton beschwört nun Pétion und Brissot, selbst zu bezeugen, daß er im Vollzugsrat immer die Einigkeit gepredigt und immer »eine extreme Rücksicht auf einen alten Mann mit unbelehrbarem Charakter« (Roland) bewiesen habe. Damit leitet Danton zum Innenminister über, wirft ihm vor, »jeden, der nicht seine Ansichten teilt, als Halunken in Verruf zu bringen« und »die Departements gegen Paris aufzubringen, das die Hauptstadt aller ist«. Er beantragt, Roland nicht wieder zum Minister zu machen. Dabei vergißt Danton nicht, für Dumouriez einzutreten. Pache sei ein guter Bürger, aber die Anforderungen »übersteigen seine Kräfte«; das Kriegsministerium sollte aufgeteilt werden, denn nur ein neu geordnetes Ministerium sei in der Lage, den französischen Armeen die notwendigen Impulse zum Sieg über den Feind zu geben. Zum Thema Polizeimaßnahmen, äußert sich Danton gegen die Haussuchungen; statt dessen schlägt er vor, wieder den »Ausschuß für allgemeine Sicherheit« zu bilden und dessen Kompetenzen zu erweitern, damit kein Verschwörer mehr Schaden anrichten kann. Am Schluß seiner Rede folgen noch einige besänftigende Bemerkungen: »Was mich betrifft, so bin ich frei von Rachegelüsten, ich werde immer nur eine Leidenschaft haben: für mein Land zu sterben...« Der Inhalt der Rede wird allgemein als Frontalangriff gegen Roland interpretiert, und tatsächlich, am nächsten Tag wird Rolands Rücktrittserklärung vor dem Konvent verlesen. Auch Pache muß am 4. Februar[1] das Kriegsministerium verlassen und wird durch den Dumouriez wohlgesonnenen General Beurnonville ersetzt. Wenn man aber genauer hinschaut, waren die Kritikpunkte gegen Roland, so hart sie auch erscheinen mochten, doch mehr mit Pathos als mit Angriffslust vorgetragen. Dantons Aufrufe zur republikanischen Einheit werden immer schwächer. Vielleicht wollte er Roland auf eine sanfte Art loswerden, ohne die Brücken zwischen der Montagne und der Gironde abzubrechen.

Der Bericht der Kommissare über Belgien wurde am 22. und 23. Januar von Delacroix vorgetragen. Dumouriez kehrte zu seinen Armeen zurück, ohne Ludwig XVI. gerettet, geschweige denn eine Aufhebung des Dekrets vom 15. Dezember durchgesetzt zu haben. Ebensowenig gelang es ihm, den Verteidigungsausschuß und den Vollzugsrat davon zu überzeugen, den Feldzugsplan zu ändern. Danton hatte ihn dabei nicht offen unterstützen können, aus Furcht, sich zu kompromittieren. Allerdings hatte der General durchgesetzt, daß dem Direktorium für seine Einkaufspolitik eine Rüge erteilt wurde. In der Zwischenzeit hatte sich die Situation in Belgien weiter verschlechtert. Antwerpen und die beiden Flandern (das belgische und das niederländische) protestieren nachdrücklich gegen die Verletzung ihrer Freiheiten. Nur eine Petition aus dem Hennegau und ein »einstimmiges« Votum aus Lüttich fordern die Vereinigung mit Frankreich. Aber sie sind manipuliert worden und geben nicht die Stimmung der Bevölkerung wieder. Genau diese Frage stellt sich der Konvent am 31. Januar während der Verlesung eines Briefes von General Miranda, worin er das Lütticher »Votum« mitteilt. Viele Abgeordnete sprechen sich für die Annexion aus. Die Versammlung stimmt für den Anschluß der kleinen Grafschaft Nizza, aber Belgien ist ein Brocken, der sich nicht so leicht vereinnahmen läßt. Cambon würde es vorziehen, die Frage durch den diplomatischen Ausschuß ausführlicher untersuchen zu lassen. Danton antwortet ihm mit einer Rede, die sehr heftig ausfällt, weil er Belgien unwillkürlich als seine Angelegenheit betrachtet. »Im Namen der belgischen Patrioten« – denn die nichtpatriotischen Belgier sind vom Genuß der Konventsdekrete ausgeschlossen – fordert Danton die Vereinigung. Nach seiner Darstellung wäre der Konvent verpflichtet, die Vereinigung zu akzeptieren, sobald diese Völker sie verlangten. Dann, übergangslos, ruft er aus: »Die Grenzen Frankreichs hat uns die Natur gegeben. Wir werden sie an diesen vier Punkten festmachen: Atlantik, Rhein, Alpen und Pyrenäen!« Übergehen wir die geschmacklose Metapher, die bei der Montagne Heiterkeit hervorruft: »Man bedroht uns mit Königen! Ihr aber habt ihnen die Fehdehandschuh hingeworfen, und es ist der Kopf eines Königs! Untersuchen wir lieber das Wesentliche: Danton annektiert im Geiste bereits den Süden der Niederlande und das Rheinland. Hier handelt es sich nicht mehr um die Angliederung von Gebieten, deren Bevölkerung angeblich den Zusammenschluß mit der französischen Republik wünschte, sondern um reinen revolutionären Imperialismus. Einige Historiker sehen denn auch in Danton den Erben einer Politik der »natürlichen Grenzen«, wie sie Ludwig XIV. propagiert habe. Dabei läßt man aber außer Acht, daß die französischen Könige niemals derartige territoriale Ambitionen hegten. Die Idee der natürlichen Grenzen ist vielmehr eine neue, äußerst fragwürdige Idee, deren Vaterschaft man Danton und den Revolutionären, deren Wortführer er am 31. Januar 1793 war, nicht bestreiten sollte. Um diese große Idee durchzusetzen, braucht Danton jedoch konkrete Argumente: Den belgischen Patrioten müsse wieder Vertrauen eingeflößt werden; man müsse ihr Land von Adligen und Priestern säubern. Dann werde auch der Widerstand gegen das Dekret vom 15. Dezember von selbst in sich zusammenfallen, denn er liege in der Furcht der Belgier begründet, *nicht* mit Frankreich vereinigt zu werden! Und vor allem – hier folgt ein Satz, der in der Nationalversammlung feindseliges Murren auslöst: »Wir bekommen mehr Menschen, Waffen und Ressourcen!« – Da das Votum der Lütticher aber nur durch einen Brief bescheinigt ist, wird die Frage der Vereinigung zuerst einmal vertagt, aber Dantons Appell findet einen Monat später doch noch Gehör. Fürs erste beschließt der Konvent die Einberufung von Primärversammlungen in Belgien, um die wirklichen Wünsche der Bevölkerung zu erfahren. Danton macht sich noch am selben Abend mit seinem Freund Delacroix wieder auf den Weg nach Norden. Er hat es eilig, Mitte Januar an Ort und Stelle mit Gossuin und zwei stellvertretenden Komissaren zusammenzutreffen: Treilhard und dem vortrefflichen Juristen Merlin de Donai.

Mehr als die Exekution des Königs – die nur ein Vorwand sein konnte, denn Pitt scheint Ludwig XVI. bewußt seinem Schicksal überlassen zu haben – stellten die bedrohlichen französischen Dekrete vom 19. November und 15. Dezember die britische Neutralität in Frage. Die Position der französischen Agenten in London wurde unhaltbar. Talleyrand, den Danton im September 1792 nach England zurückgeschickt hatte, repräsentierte nicht die französische Republik und, was noch schlimmer war, er war in Frankreich nach der Entdeckung eines Briefes von La Porte vollständig diskreditiert, weil damit klarwurde, daß der ehemalige Bischof von Autun dem König seine Dienste angeboten hatte. Gegen ihn wurde daraufhin Anklage erhoben, und er wurde auf die Liste der Emigranten gesetzt. Er mußte von nun an auf bessere Zeiten warten, um von neuem in den Vordergrund der Politik zu rücken. Der französische Botschafter Chauvelin war am 24. Januar ausgewiesen worden. An seine Stelle trat ein halboffizieller Beamter: der Journalist Maret, ehemaliger Rechtsanwalt. Redakteur beim *Moniteur* und später Minister Napoleons. Die Ausweisung Chauvelins erfolgte im Anschluß an eine Reihe feindseliger Akte der britischen Regierung. Die aggressive Politik der französischen Republik in Belgien und anderswo hatte ganz England, auch die Liberalen, aufgebracht. Der revolutionäre »Kreuzzug« erzwang folgerichtig den Bruch. Um ihn zu vermeiden, trat Dumouriez Ende Januar in letzte Geheimverhandlungen ein, was von Danton, der in Worten kriegerischer war als in Taten, offenbar gebilligt wurde. Doch vergeblich: Auf einen voreiligen Bericht Brissots hin erklärt der Konvent am 1. Februar England und den Niederlanden den Krieg. Am 7. März wird auch der Krieg gegen Spanien beschlossen. »Ein Feind mehr für Frankreich ist nur ein Sieg mehr für die Freiheit«, wird Barère bei diesem Anlaß dümmlich behaupten. Binnen kurzem befindet sich die französische Republik mit ganz Europa (außer der Schweiz und den skandinavischen Ländern) im Kriegszustand. Die »erste Koalition« hat sich gebildet; England setzt sich an die Spitze der antifranzösischen Allianz. Abgesehen von der kurzen Atempause nach dem Frieden von Amiens (1802–1803), dauert dieser bis 1814, flackert in den »100 Tagen« Napoleons zum letztenmal auf und endet erst nach Waterloo mit dem zweiten Vertrag von Paris, der das erschöpfte kaiserliche Frankreich auf seine Grenzen von 1792 zurückwirft.

Nach einem kurzen Abstecher nach Arcis-sur-Aube erreicht Danton am 3. Februar Brüssel. Dort konferieren die fünf Konventsabgeordneten mit den dreißig Staatskommissaren, die am 8. Januar vom Vollzugsrat losgeschickt wurden. Wird Danton jetzt gegen eine Entscheidung angehen, die seine jüngste Politik des Zeitgewinns zunichte macht, da er von der Kriegserklärung an England erfährt? Keineswegs. Sofort hat sich Danton zum totalen Krieg bekehrt. Mit seinen Kollegen und den Staatskommissaren, die ihnen weisungsgebunden sind, nimmt er die Umsetzung der Beschlüsse des Konvents in Angriff und schafft damit die Bedingungen für die Annexion, die er propagiert hat. In einem Klima von

Gewalt und Anarchie werden mehr schlecht als recht die Primärversammlungen unter dem Schutz der französischen Truppen abgehalten. Aus diesen Versammlungen geht überall eine trügerische Einstimmigkeit für den Zusammenschluß mit Frankreich hervor. Im übrigen haben sich die Kommissare des Konvents das Gebiet aufgeteilt. Danton und Delacroix wählen für sich die Provinzen Lüttich und Namur. Ebenso wie in den anderen Provinzen breitet sich hier, von den beiden noch bestärkt, eine Politik des Terrors und der Plünderungen aus. Zwei Wochen lang gelingt es den Kommissaren noch, die Unzufriedenheit der Belgier vor dem Konvent zu verschleiern. Aber schon ab Mitte Februar sind sie gezwungen, Unterstützung anzufordern und von möglichen Aufständen zu sprechen. Vor allem in den Bistümern Löwen und Mechelen, wo die Kirche sehr großen Einfluß hat, ist die Bevölkerung nicht bereit zu akzeptieren, daß die Beschlagnahmung von Kirchengütern in Kirchenplünderungen und -schändungen ausartet. Da die Belgier die Annahme von wertlosen Assignaten verweigern und Bargeld fordern, geraten die Franzosen in Zahlungsschwierigkeiten und requirieren »nach Kriegsrecht« das verfügbare Geld. Diese Plünderungen kommen den einheimischen Patrioten zugute, die deshalb die französischen Interessen unterstützen, aber auch der Armee, und den meisten Kommissaren des Konvents und des Vollzugsrats. Die ersten Meinungsverschiedenheiten bei den Kommissaren über Methoden der Annexion wurden bald überholt von der Notwendigkeit einer Flucht in Plünderung und Unterdrückung. Danton und Delacroix haben sicher nicht auf ihren Anteil an der Beute verzichtet. Delacroix stand sogar in Verdacht, in Lüttich an der Herstellung falscher Assignaten beteiligt gewesen zu sein. Zynisch fordern die beiden ihre Truppen auf, es sich bei der Einquartierung auf Kosten der Bewohner bequem zu machen, gedeckt durch die Autorität der anwesenden Abgeordneten mit besonderem Auftrag. Berüchtigt sind Delacroix Anfeuerungen: »Ihr seid auf feindlichem Gebiet, entschädigt euch für eure Not! ... Plündert ruhig, wir teilen uns dann die Beute, und ich werde euch vor dem Konvent in Schutz nehmen!« Die Kommissare verfügen über so ausgedehnte Machtbefugnisse, weil die neugewählten Magistrate erst allmählich nachrücken, während die alten ihren Platz zu verteidigen suchen. Danton und seine Kollegen müssen provisorische Verwaltungen einsetzen und noch häufiger zur Absetzung der alten übergehen. Aber Danton ist an das juristische Vakuum gewöhnt und weiß es zu seinem Vorteil zu nutzen. Im übrigen genießt er in Belgien die Zerstreuung wie schon zuvor bei seinem ersten Aufenthalt.

Die Nachricht vom Tod seiner Frau bedeutet eine brutale Unterbrechung des fröhlichen Lebens. Gabrielle hat einen vierten Sohn zur Welt gebracht, der aber nicht überlebt. Am Abend des 10. Februar ist sie dann gestorben. In größter Eile kehrt Danton nach Paris zurück. In der Rue des Cordeliers sind die Siegel angebracht, und seine Frau ist schon begraben. Es wäre unrecht, Dantons Kummer in Zweifel zu ziehen, sein Schmerz war sicher echt, tief und heftig. Wie viele Ehemänner liebte Danton seine Frau, die Mutter seiner Kinder, und Gefährtin seiner schwierigen Anfangszeit, auf seine Weise, ohne dabei die Gelegenheiten zu kurzen Zerstreuungen, die sich immer häufiger boten, zu versäumen. Beides war für ihn nicht unvereinbar.

In seiner Trauer ist er für die freundschaftlichen Beileidsbekundungen seiner persönlichen oder politischen Freunde völlig unempfänglich – Robespierre wird ihn seiner zärtlichen und ergebenen Freundschaft mit folgenden Worten versichern: »Ich liebe Dich mehr als je zuvor und bis zum Tod. Von heute an bin ich eins mit Dir...« – statt dessen zieht er los, um einen Künstler des Faubourg Saint-Marceau zu suchen, den taubstummen Bildhauer Deseine. Diesen schleppt er zum Friedhof Sainte-Cathérine, läßt in der Nacht Gabrielle ausgraben, den Sarg öffnen und einen Gibsabguß des aufgedunsenen Gesichts der Verstorbenen anfertigen (17. Februar)[2]. Die Ausstellung der Büste in der großen Kunstausstellung von 1793 mit der Erwähnung der Exhumierung – ein Tiefschlag des royalistischen Bildhauers? – löst einen Skandal aus, der aber sofort erstickt wird. Diese makabre Episode ist nicht ohne tragische Größe, und man sollte sie Danton zugute halten.

Die politische Ausbeutung des Todes von Madame Danton war allerdings grotesk. Als Reaktion auf ein Dekret, das die Strafverfolgung der Septemberbristen anordnete, erdreistet sich der Jakobiner Collot d'Herbois wenige Stunden nach dem Tod Gabrielles, diesen Tod der Gironde anzulasten. Während Robespierre in seinem Beileidsbrief an Danton schreibt: »Lassen wir die Tyrannen die Wirkung unseres tiefen Schmerzes spüren; sie sind schuld an unserem öffentlichen und privaten Unglück«, wütet Collot bei den Jakobinern: »Die Girondisten haben eine Bürgerin zu Tode gebracht, um die wir alle trauern, die wir alle beweinen! Oh, laßt uns den schuldigen Tribut an Tränen für sie weinen! Wohl ist sie ihrer würdig, die großmütige Frau des Bürgers Danton! Während ihr Mann außer Landes war, starb sie, auf ihrem Lager hingestreckt und hatte gerade einem neuen Bürger das Leben geschenkt.« Genau diesen Zeitpunkt hätten Roland und seine Freunde gewählt, um Danton als den

Anstifter der Septembermassaker zu präsentieren: »Seine Gattin erhielt den Todesstoß, als sie in den Gazetten von dieser infamen Beschuldigung las!« Solche schamlose Ausbeutung privaten Unglücks verrät, auf welches Niveau der Kampf zwischen Gironde und Montagne inzwischen gesunken war. Falls der Bürgerin Danton ein Schlag versetzt wurde, dann sicher durch die Massaker selbst und nicht erst bei der Verabschiedung des Dekrets fünf Monate später.

Bevor er nach Belgien zurückfährt, erledigt Danton verschiedene Formalitäten, die mit den Eheverträgen vom Jahr 1787 in Verbindung stehen. Am 22. Februar versammelt sich der Familienrat und bestimmt Davon zum Vormund seiner Söhne und seinen Schwiegervater Charpentier zum zweiten Vormund. Am 25. Februar ist der Witwer bei der Entfernung der Siegel seiner Wohnung zugegen; und er läßt sich bei Einzelheiten von seinem Schwager und Notar Antoine Charpentier beraten. In den ersten Märztagen macht sich Danton wieder auf den Weg nach Brüssel. In Belgien findet er die Situation noch weiter verschärft; fast das ganze Land hat sich erhoben; überall brechen sporadische Revolten gegen Ausschreitungen der französischen Kommissare aus. Soldaten werden außerhalb ihrer Quartiere ermordet. Das ist also aus der schönen Einmütigkeit der Belgier geworden, die angeblich ihre Eingliederung in die Republik gefordert hatten! Obwohl die Volksvertreter mit besonderem Auftrag ständig von der Unterstützung der belgischen Patrioten reden, müssen sie schließlich doch an das Verteidigungskomitee schreiben: »Alles ist in einer erschreckenden Verfassung, der Feind wird vielleicht morgen, vielleicht schon heute abend in Lüttich sein; dort lagern all unsere Vorräte, und es gibt dort ungeheure Reichtümer« (3. März). Danton findet Lüttich in einem Zustand vor, der nur mit Anarchie zu beschreiben ist. Die militärische Lage hat sich zum Schlechten gewendet. Dumouriez war Mitte Februar in die Niederlande einmarschiert und hatte damit einen schon an sich waghalsigen Plan viel zu spät ausgeführt. Zwar gab es zunächst einige Erfolge, aber der Konvent hatte sich seinen Plan einfach zu spät zu eigen gemacht. Dumouriez wollte die Verwirrung der Feinde nach der Schlacht bei Jemappes nutzen. Aber während der General in den Niederlanden operierte, beginnt sein Adjutant Miranda nach einer Niederlage an der Rur Lüttich zu räumen. Die Belagerung von Maastricht wird aufgehoben und damit ist Belgien von den Österreichern bedroht. Am 21. und 24. Februar hat der Konvent eine Aushebung von 300 000 Mann beschlossen, die zur royalistischen Erhebung in der Vendée führen wird (11. März). Noch Anfang März erhalten die Kommissare den ausdrücklichen Befehl, die Durchführung der Konventsbeschlüsse in Belgien mit allen Mitteln durchzusetzen. Vor der Räumung von Lüttich bringen Danton und Delacroix noch einen mit Silbergeschirr beladenen Konvoi nach Brüssel, von dem man nicht weiß, ob er tatsächlich dazu bestimmt war, die Finanzen der französischen Republik zu sanieren. Dann machen sich die beiden Männer auf den Weg nach Paris, um den Konvent zu informieren.

Am 8. März setzt Delacroix beim Konvent durch, daß jeder Urlaub in der Armee gestrichen wird. Robespierre unterstützt ihn und tadelt dabei den aristokratischen Geist des Generalstabs. Danton versucht seinerseits, die eindrucksvolle Tonlage seiner Rede vom 2. September wiederzufinden. Wie die meisten Revolutionäre dramatisiert er, mit oder ohne Absicht, den Ernst der militärischen Lage. »Bürger«, ruft er, »Ihr habt keine Minute mehr zu verlieren!« Man müsse die Franzosen davon überzeugen, daß ihre »Freunde in Belgien« Hilfe brauchen, sonst werde es ein Blutbad geben. Von den üblichen Methoden der Rekrutierung sei nichts mehr zu erwarten. Danton wendet sich an die Stadt Paris, »die so verleumdet wird«, an den »glühenden Bürgersinn«, mit dem sie wie im Jahr zuvor ein gutes Beispiel geben müsse. Die von den Konventskommissaren einberufenen Nationalgardisten sollten nach Belgien eilen, und ganz Frankreich werde ihnen folgen. (Danton setzt anschließend durch, daß diese Maßnahme beschlossen wird, aber sie bleibt zum Teil wirkungslos.) Danach stellt sich der Redner auf die Seite der Generäle, die bis jetzt ihre angeforderte und versprochene Verstärkung nicht erhalten haben: »Eilen wir, unsere Fehler wieder gutzumachen! ... Eine Armee muß die Schelde sichern und sich mit Dumouriez vereinigen. Dann werden die Feinde auseinandergejagt! Mit dem Genie des Generals verbindet Dumouriez die Kunst, die Soldaten anzufeuern und zu ermutigen. Wir haben gehört, wie die geschlagene Armee laut nach ihm rief. Ich überlasse das Urteil über seine Talente, seine Leidenschaften und seine Laster der Geschichte. Aber eines steht fest: Für den Ruhm der französischen Republik setzt er alles ein... Wenn ihm eine Armee zu Hilfe kommt, werden unsere Feinde ihre ersten Erfolge bereuen!«

Von dieser sehr vielschichtigen Lobrede auf den General – immerhin spielt Danton sowohl auf Leidenschaften wie Laster an – wird man zu gegebener Zeit nur noch die positiven Aspekte: Schützenhilfe und das Zeugnis guten Republikanismus in Erinnerung haben. Sündigte Danton hier aus Mangel an Vorsicht? Kannte er vielleicht sogar die Pläne des

Generals? Robespierre meint, man solle beständig das »Messer des Gesetzes« über den Köpfen der Generäle schweben lassen. Wenn man Marat glauben darf, war es Robespierre, dem das Verdienst zukam, als erster Dumouriez Verrat vorausgeahnt zu haben. Dabei muß man jedoch ein wenig differenzieren. Denn indem der Unbestechliche den Verdacht auf alle Generäle ausdehnte, ging er weit weniger Risiken ein – weil es so einfach ist zu verleumden – als Danton, der sie allesamt verteidigte.

Am Abend begeben sich die Kommissare des Konvents in die Sektionen, um zum freiwilligen Militärdienst aufzurufen. Auch die Kommune ruft die Bevölkerung zu den Waffen. Die Hauptstadt erlebt eine Neuauflage der düsteren Stunden des August 1792: Enthusiasmus der Freiwilligen und hysterische Angst vor Verrat. Die Gefahr eines Zweiten September lebt wieder auf, diesmal in noch größerem Ausmaß, denn die durch den Krieg gestauten Ängste werden durch das wirtschaftliche Elend noch verstärkt. Finanzkrise, Wirtschaftskrise, soziale Krise, das ist die vorläufige Bilanz des Konvents. Seine Politik bestand darin, neue Assignaten in großen Mengen in Umlauf zu bringen in der Hoffnung, durch die Ausbeutung der eroberten Gebiete die Finanzen wieder auszugleichen und die Wirtschaft zu sanieren. Trotz der guten Ernte von 1792 wird das Brot immer rarer und immer teurer. Mißtrauisch gegenüber den Assignaten, die im Februar die Hälfte ihres Nominalwerts verloren haben, ziehen es die Bauern vor, das Getreide zu horten, denn so bleibt es ein sicherer Wert. Nun hat der Konvent im Dezember unter Rückgriff auf die Regelung vom September 1792 die Handelsfreiheit für Korn und Mehl wiederhergestellt. Kommune und Sektionen fordern vergeblich eine Preiskontrolle. Noch radikaler begannen die sogenannten *Enragés*, die »Rasenden«, unter Führung des Abbé Jacques Roux, die bei den Cordeliers großen Einfluß besaßen, ein ultrarevolutionäres Wirtschaftsprogramm zu entwickeln, das die Gironde erschreckte und zum Beispiel auch das Mißtrauen Robespierres hervorrief: Zwangskurs der Assignaten, Beschlagnahmung des Getreides, ein System von Höchst- und Festpreisen für Lebensmittel, juristische Verfolgung von Lebensmittelschiebern (deren Verbrechen mit Verrat gleichgesetzt wurde), staatliche Unterstützung der Armen usw. Erst vor kurzem, am 12. Februar, hatten die Sektionen erneut die »Taxierung«* gefordert. Zwei Wochen später tobte in Paris der Aufruhr – der berühmte »Seifentag« vom 25. Februar – der

* Gemeint ist die zwangsweise Senkung der Lebensmittelpreise unter dem Druck einer versammelten Volksmenge. (Anm. d. Hrsg.)

den erschreckten Händlern die Grundnahrungsmittel zu einem »vom Volk« festgelegten Preis abzwang. Auch die Konventssitzungen vom 9. und 10. März stehen unter dem Druck des Aufruhrs. Zwei Aufrufe zum Aufstand sind bereits in Umlauf gebracht worden, einer von Désfieux und einigen Jakobinern, der andere von den Cordeliers. Beide sind ausdrücklich gegen die Gironde gerichtet, gegen die Minister, ihren Parteifreund Dumouriez und noch allgemeiner gegen jene Abgeordneten, die man im Prozeß gegen den König als zu nachsichtig erkannte.

Am 9. März beschließt der Konvent auf Antrag von Carrier, der einen Vorschlag von Desfieux bei den Jakobinern aufnimmt, ein außerordentliches Kriminalgericht, das Revolutionstribunal, einzurichten. Der Protest der Gironde erstickt im Hurrageschrei der Aufständischen auf den Tribünen. Danach berichten die Kommissare, die man am Vorabend in die Sektionen geschickt hat, vom Enthusiasmus der Freiwilligen und von ihrem Wunsch, dieses Tribunal so bald wie möglich eingerichtet zu sehen. Im übrigen bringt ein Brief Mirandas in diesem Augenblick einige etwas unklare, aber beruhigende Nachrichten aus Belgien. Danton nutzt die Gelegenheit, sein Vertrauen in den Erfolg der französischen Armeen gegen »die Feinde der Freiheit« zu bekennen, doch nur wenn der Konvent in seinen Anstrengungen nicht nachläßt. In einem atemberaubenden rednerischem Höhenflug schläg er daraufhin der Nationalversammlung vor, die in Schuldhaft einsitzenden Gefangenen freizulassen. Da 300 000 Männer sich erheben, um für die Freiheit zu kämpfen, warum sollte man da nicht auch diese »Klasse von Menschen, die von keinem Verbrechen beschmutzt sind, die Hände, aber keine Freiheit haben« zum gemeinsamen Werk beitragen lassen? »Die Besitzenden brauchen sich nicht beunruhigen! Das Volk ist stets gerecht, es wird das Eigentum respektieren. Habt Respekt vor der Armut, und die Armut wird auch vor den Reichen Respekt haben! Versündigen wir uns niemals gegen die Unglücklichen; der Unglückliche hat mehr Herz als der Reiche, er wird sich niemals versündigen!« Starke Worte, die von der Nationalversammlung mit einer Ovation begrüßt werden. Sie beschließt sofort die Abschaffung der Schuldhaft, und am Abend wiederholt sich dies bei den Jakobinern. Im Sturm dieser Tage findet Danton hinreißende Worte, die ganz Paris begeistern.

Am nächsten Tag ist es schon etwas ruhiger. Am Vorabend waren die Druckereien des *Patriote Français* und der *Chronique de Paris* verwüstet und ihre Besitzer schikaniert worden, aber der Aufstand erhielt keine Unterstützung durch die Kommune und wurde von höchstens vier Sektionen gebilligt. Nun sinkt er wieder in sich zusammen. Außerdem hat der Regen viele aufständische Versammlungen auseinandergetrieben. Nun fassen die Girondisten erneut Mut. Einer von ihnen protestiert gegen die am Vortag stattgefundene Invasion der Aufständischen auf die Zuschauertribüne. Danton schneidet ihm kurzerhand das Wort ab, und der Konvent nimmt seine Beratungen über die militärische Lage wieder auf. Die Verlesung mehrerer Briefe Dumouriez und der Kommissare aus Belgien stößt auf mäßigen Widerhall. Robespierre bringt erneut sein Mißtrauen gegenüber den Generälen zum Ausdruck und beklagt sich über die Nachgiebigkeit der Exekutive und der Konventsausschüsse. Danton widerspricht ihm: »In diesem Augenblick geht es weniger darum, die Ursachen der drohenden Gefahr zu untersuchen, als darum, sofort Abhilfe zu schaffen! Wenn das Haus in Flammen steht, stürze ich mich nicht auf die Plünderer, sondern ersticke den Brand!« Wieder betont der Redner sein Wohlwollen für Dumouriez und läßt seiner klugen Vorausschau »glanzvoll Gerechtigkeit« widerfahren: »Vor drei Monaten hat er uns angekündigt…, wir müßten mutig genug sein, noch mitten im Winter nach Holland einzumarschieren, und England auf der Stelle den Krieg erklären, den es in Wirklichkeit schon lange mit uns führt. Wir kämen sonst in doppelte Schwierigkeiten beim Feldzug, weil wir den feindlichen Mächten zuviel Zeit ließen, sich zu formieren. Nur haben wir diesen genialen Schachzug verkannt; jetzt müssen wir unseren Fehler wieder gutmachen« und Dumouriez Verstärkung schicken. Der Sieg in Holland werde die Engländer dazu bringen, die Pitt-Regierung zu stürzen… Die Kommissare des Konvents müßten unverzüglich in die Departements reisen und die Reichen zu Kriegsleistungen heranziehen. Das Volk habe nur sein Blut, und das opfere es überreichlich. »Kommt, ihr Schufte, opfert euren Reichtum auch so überreichlich!« Vom eigenen demagogischen Schwung mitgerissen, scheint Danton willig zu vergessen, daß er noch am Vortag die notwendige Garantie des Eigentums betont hat. Aber das eine erklärt das andere: Mit kraftvollen Worten stellt er die Montagne zufrieden, ohne die Gemäßigten, die er in der letzten Sitzung beschwichtigte, wieder zu verunsichern. Mit dieser kleinen List kann er einen neuen Appell zur Einigkeit anbringen, und dabei zeigt sich Danton von seiner besten Seite. Er schmiedet seine Sätze wie mit dem Hammer; im Funkenregen geht er auf seine Feinde los, wendet ihre Attacken zu seinem Vorteil, stößt wilde Schmähungen von verdächtigem Doppelsinn hervor. Er findet Worte, – ausnahmsweise ohne offene Konzessionen an die Gironde – die geeignet sind, den Konvent auf beiden

Flügeln zu vereinen und den Parteienhaß den höheren Interessen des Vaterlands unterzuordnen: »Wie! Die ganze Nation ist ein Hebel, die Freiheit und die Vernunft sind die Stützen, und damit können Sie die ganze Welt aus den Angeln heben! Charakter braucht man dafür, und an dem hat es gemangelt! Alle anderen Gefühle stelle ich zurück, außer der Leidenschaft für die Wohlfahrt des Volkes. In schwerster Zeit, als der Feind vor den Toren von Paris stand, habe ich denen erklärt, die damals an der Macht waren:

Eure Debatten sind erbärmlich – ich sehe nur den Feind! Ihr ermüdet mich mir eurem kleinlichen Gezänk, ihr solltet euch um das Wohl der Republik kümmern. Ich verfluche euch alle, ihr Vaterlandsverräter! Ich sagte ihnen auch, was schert mich mein Ruf! Soll mein Name entehrt sein, wenn Frankreich nur frei ist! Was kümmert es mich, wenn man mich Blutsäufer nennt!

Nun gut, laßt uns also das Blut der Feinde der Menschheit trinken, wenn es sein muß!« Diese rhetorische Sturmflut könnte fast vergessen machen, daß sich Danton, zwei Tage nachdem der Vollzugsrat Dumouriez befahl, Holland zu räumen, aus noch nicht geklärten Gründen für die Fortsetzung dieses Feldzugs aussprach... Es fand sich jedoch niemand, dem entfesselten Redner dies entgegenzuhalten; es wäre äußerst peinlich gewesen. Für einen Augenblick kann sich Danton in dem Glauben wiegen, die Republik wieder mit allen Republikanern ausgesöhnt zu haben. Der wachsende Beifall, der seine Rede begleitet, kann diese Illusion unterstützen.

Aber die Sitzung ist noch lange nicht zu Ende. Gerade erst hat man den Vormittag hinter sich gebracht, und Danton wird noch Mittel und Wege finden, um nacheinander zunächst die Linke und dann die Rechte in der Nationalversammlung in Rage zu bringen. Er verärgert die Montagne, als er durchsetzt, daß die Generäle Stengel und La Noue erst vor die Schranken des Konvents gebracht werden, bevor man gegen sie Anklage erhebt. Ihre Fälle waren gerade von Robespierre angeführt worden: Stengel war von Geburt Pfälzer und hatte deshalb gebeten, an eine andere Front versetzt zu werden, um nicht gegen seine Landsleute kämpfen zu müssen. La Noue hatte ihn ersetzt und war zum Zeitpunkt der Niederlage Kommandant von Aachen. Am Nachmittag gibt es eine lebhafte Diskussion über die Umbildung des Kabinetts und über die Besetzung des Revolutionstribunals; Sansculotten haben sich im Umkreis der Tuilerien zusammengerottet und fordern, daß auf der Stelle das Tribunal eingerichtet wird. Nun ist es kurz nach sechs Uhr. Der Präsident hebt die Sitzung auf. Danton widerspricht und fordert die unverzügliche Billigung der »bedeutsamen Maßnahmen, die das öffentliche Wohl erfordert«. Dabei weist er auf die Gefahren hin, die eine überstürzte Rechtsprechung mit sich brächte, die das Volk sich selbst verschaffe und ruft aus: »Die Feinde der Freiheit erheben ihre freche Stirn, überall im Lande sind sie versteckt, überall wiegeln sie auf. Halten Sie sie von der Rache des Volkes fern, die Menschlichkeit verlangt das von Ihnen!« Bei diesen Worten kommt der Zwischenruf: »September!« Danton greift das Argument sofort auf: Hätte es damals ein Revolutionstribunal gegeben, so wäre es gar nicht erst zu »jenen blutigen Tagen« gekommen, die man nun dem Volk »so übertrieben« zum Vorwurf macht. »Zeigen wir uns schrecklich, und ersparen wir so dem Volk, schrecklich zu sein«: Dieser Satz Dantons machte ihn für die Nachwelt zum Schöpfer des Revolutionstribunals. In Wahrheit bedeutet diese Rede vom 10. März 1793 seine ehrliche oder vorgebliche Zustimmung zum Prinzip des Terrors. Die Maßnahmen zur allgemeinen Sicherheit, wie die Bildung des Tribunals, sind das notwendige Gegenstück zu den militärischen Maßnahmen. Die von allen Seiten bedrohte Republik braucht eine Stütze, und diese Stütze ist der Terror, auch wenn er als »Maßnahme des öffentlichen Wohls« ausgegeben wird. Nach Danton darf diese neue Politik aber nur gegen erwiesene Konterrevolutionäre gerichtet sein, also gegen die feindliche Koalition und gegen die Royalisten im Innern. Die republikanische Einheit ist sein Thema, und diese Einheit soll durch ein neues Ministerkollegium gefestigt werden, das die Ansichten der Nationalversammlung widerspiegelt. Nur eine solche vertrauensvolle Zusammenarbeit aller wird es möglich machen, daß die 82 Kommissare, die Paris in Richtung Provinz verlassen, nicht mehr befürchten müssen, mit ihrer Abfahrt ihre Strömung im Konvent zu schwächen. Die Zustimmung Dantons zu einem gemäßigten »Terror« bedeutet also nicht, daß er von vornherein mit der späteren Ausübung der »Schreckensherrschaft« vollständig einverstanden ist.

Gegen den Protest der Gironde beschließt die Versammlung am Abend des 10. März die Bildung jenes berüchtigten außerordentlichen Strafgerichts, das bald als »Revolutionstribunal« bekannt wird und das – genauso wie das ausgediente Tribunal des 17. August – ohne Möglichkeiten einer Berufung oder Revision »über jede konterrevolutionäre Unternehmung, jedes Attentat gegen Freiheit, Gleichheit, Einheit und Unteilbarkeit der Republik, gegen die innere und äußere Sicherheit des Staates und über alle Verschwörungen zur Wiederherstellung der Monarchie«

urteilen wird. Der Konvent ernennt die Richter und Geschworenen und nur er ist berechtigt, Verdächtige per Anklagebeschluß vor das Tribunal zu bringen. Knapp ein Jahr später wird dieses Revolutionstribunal auch Danton zum Tode verurteilen.

In dieser zweiten Märzwoche des Jahres 1793 hat Danton ein komplizierteres Spiel gespielt, als es zunächst den Anschein hat. Auf den ersten Blick hat er sich, ebenso wie seine Kollegen, trotz des Aufstands gut gehalten, ein aufrechtes Mitglied der Montagne, das im Gegensatz zu vielen anderen nicht darauf aus ist, die Gironde niederzuzwingen und damit die Einheit des Konvents zu zerschlagen. Aber Danton ist auch einer der exponierten Politiker, die am engsten mit Dumouriez verbunden sind und der General hat zu diesem Zeitpunkt schon so etwas wie einen Umsturz im Sinn. Das kann Danton nicht verborgen geblieben sein. Dennoch fährt er fort, Dumouriez mit jedem Tag energischer zu unterstützen, allerdings umkleidet er seine Reden mit vorsichtigen Floskeln, die es ihm dann beizeiten erlauben, seine Parteinahme als nicht bedingungslos darzustellen. Aber es gibt Schlimmeres: Im Klub der Cordeliers, in der »Gesellschaft der Föderierten« der 83 Departements und in der Sektion Quatre-Nations, die sich alle in Paris im ersten Komitee der Aufständischen zusammenfinden, das am 9. März gegründet wurde, hatte Danton eine schwer zu schätzende Zahl von Günstlingen, Freunden oder Mitarbeitern, darunter insbesondere den zwielichtigen François Desfieux. Dieser Patriot aus Bordeaux war im Juli 1790 aus Anlaß des Föderationsfestes nach Paris gekommen und hatte sich bald darauf durch seine Aktivitäten bei den Cordeliers und den Jakobinern und durch seine Attacken gegen Bailly und La Fayette hervorgetan. Er gehörte zu den Aufrührern vom 10. August, war wahlberechtigt für die Stadt Paris und Geschworener beim Tribunal des 17. August. Seit Oktober 1792 ritt er Attacken gegen die Girondisten, und das machte ihn bei den Jakobinern immer einflußreicher. Er wurde zum Präsidenten ihres Briefkomitees ernannt. Bevor er zur extremen Linken überwechselte, bewegte er sich eine Zeitlang in Dantons Kreisen. Er kann als einer der maßgeblichen Anführer des Aufstandsversuchs vom 9. und 10. März gelten. Obwohl sich die Aktion der Aufrührer wegen der Loyalität der Kommune, der Nationalgarde und der bretonischen Föderierten schließlich Verwüstung von Druckereien für Gironde-Zeitungen und die Belagerung des Konvents beschränkte, war das ausdrückliche Ziel der Agitatoren eine Bestrafung Dumouriez und seiner Parteifreunde, die Umbildung des Kabinetts sowie die Vertreibung der Girondisten und der

»Appellanten« (also der Gemäßigten, die beim Prozeß des Königs für eine Volksabstimmung votiert hatten); Desfieux forderte ihren Ausschluß schon seit über zwei Monaten. Nun sprach sich aber auch Danton im Konvent, wenn er Dumouriez und – sehr implizit – die Girondisten verteidigte, eindeutig für eine Umbesetzung des Vollzugsrats aus. Und sein Freund Fabre d'Eglantine hatte sich ebenfalls während der beiden bösen Tage sehr rege betätigt. Auf der Grundlage dieser mageren Indizien konstruierten nun Girondisten und Montagnards ihre einander widersprechenden Versionen des Ereignisses. Für Brissot und die Girondisten gab es keinen Zweifel daran, daß der Aufruhr darauf abzielte, entweder eine Regierung der Jakobiner mit Danton im Außenministerium zu bilden, oder aber, was letztlich gleichbedeutend war: Danton die Diktatur zu übertragen. Für einige Mitglieder der Montagne dagegen, so etwa für Barère (noch im März bei der *Plaine* zu finden), und auch für Robespierre sollte die Bewegung Paris in Unordnung stürzen und die Stadt der Anarchie preisgeben, da sie ohnehin durch den Abmarsch neuer Freiwilliger und der Kommissare der Montagne (wie von Danton gefordert) geschwächt war; ja es wurde sogar behauptet, man wollte Paris den Parteigängern Brissots ausliefern, indem man Dumouriez den erhofften Vorwand lieferte, seine Truppen gegen die Republik marschieren zu lassen und die Monarchie wiederherzustellen. Beiden Hypothesen zufolge könnte es Danton gewesen sein, der den von der Kommune am 8. März ausgegebenen Ruf zu den Waffen für einen Aufstand nutzen wollte. Auch sind diese beiden Interpretationen weniger unvereinbar, als es zunächst den Anschein hat. Es ist nämlich nicht auszuschließen, daß Danton in dieser Operation, ohne daß man ihn direkt verantwortlich machen konnte, für sich die beiden Alternativen – Diktatur oder Rückkehr zur Monarchie – sah, und die Wahl wäre ihm um so leichter gefallen, als es gleichzeitig eine extremistische (Fournier, Varlet und die Enragés) und eine krypto-royalistische Verschwörung gab. Je nach Lage der Dinge hätte sich Danton nur zwischen beiden entscheiden müssen. Es ist beinahe überflüssig zu präzisieren, daß eine Wiederherstellung der Monarchie, falls Danton sie wirklich in Betracht gezogen haben sollte und er überhaupt hätte Einfluß nehmen können, nicht dem armen, im *temple* festgehaltenen Ludwig zugute gekommen wäre, sondern vielmehr einem Prinzen aus dem Hause Orléans. Aber nichts davon ist bewiesen. Wenn man sich an den Wortlaut der Dantonschen Rede hält, will er, wie er nicht müde wird zu betonen, nichts als eine Stärkung der Republik.

Bleibt die Tatsache, daß Danton den Girondisten, obwohl sie ihn bei jeder Gelegenheit attackierten, weiterhin eine Art Schutz gewährte. Vielleicht überschätzte er ihre Macht. Im übrigen respektierte er ihre Disziplin und ihr Zusammengehörigkeitsgefühl, während er in privaten Gesprächen seine Verachtung für die meisten Jakobiner zum Ausdruck brachte: »Ein Haufen Dummköpfe, die nur Patrioten sind, wenn sie zuviel gesoffen haben.« Seine zwielichtigen Pläne erforderten deshalb seine neutrale Haltung der Girondisten. Alle Versöhnungsversuche scheiterten allerdings am Hindernis der Septembermassaker. Dabei gab es noch ein größeres Hindernis, dessen Bedeutung Danton scheinbar nicht in seiner ganzen Tragweite erfaßt hatte: In ihrer Mehrheit waren die Girondisten überzeugte Republikaner; viele von ihnen hätten sich geweigert, eine Restauration mitzutragen. Als sich Marat mit den Girondisten anlegte und ihnen vorwarf, sie verführten Danton dazu, »Dumouriez die nötige Zeit zu geben, den Verrat auf die Spitze zu treiben«, stellte der »Freund des Volkes« da nicht die Wirklichkeit auf den Kopf? Vermutlich war Danton der eigentliche Verführer. Die Interpretation des *Journal Français* vom Donnerstag, dem 14. März, war zugleich verschwommener und korrekter: »Man darf die Dantonisten nicht mit den Jakobinern gleichsetzen... Die Dantonisten sind nur aus Berechnung grausam, sie verbinden mit jeder Dreistigkeit und jeder Rauferei die feisten Berechnungen raffiniertester Politik.«

Am 11. März stellt Kriegsminister Beurnonville dem Konvent sein Rücktrittsgesuch zu; er ziehe es vor, in der Armee zu kämpfen, als sich im »Kleinkram der Verwaltung« zu verlieren. Die mißtrauischen Girondisten sehen darin ihre Befürchtungen bestätigt: Ist dieser Rücktritt nicht etwa der Auftakt zu einem Wechsel im Kabinett mit Danton an der Spitze? Mehrere Konventsabgeordnete verlangen eine mündliche Erläuterung des Ministers zu hören. Danton sieht sich gezwungen, mit einer Rede zu intervenieren. Einleitend betreibt er wieder auf wortreiche und arrogante Art die übliche Selbstdarstellung und beeilt sich zu versichern, daß er keinesfalls Minister werden wolle. Doch dann schlägt er ebenso wie Billaud-Varenne vor, die Unvereinbarkeit zwischen den Funktionen eines Abgeordneten und eines Ministers aufzuheben, damit es endlich eine revolutionäre Exekutivmacht geben kann, die sich mit dem Konvent in Einklang befindet. Der Anhörung des Ministers widersetzt er sich – Beurnonville ist ein Freund von Dumouriez –, damit keiner verdächtigt werde, der schon befriedigend Rechenschaft abgelegt habe. Doch behält er sich das Recht vor, die Minister öffentlich zu benennen, die nationales Vertrauen mißbrauchen, und dann schließt er mit den üblichen Banalitäten: Zusammenhalt der Regierung, Einigkeit der Republik, die Würde der Konventsdebatten.

Dies ist zwar nur ein kleiner Zwischenfall – Beurnonville wird wieder in sein Amt eingesetzt – aber mit seiner ungeschickten Intervention konnte Danton seine eigenen Ambitionen kaum verbergen. Starke Anstöße im Konvent sind kurzlebig. Immer wieder muß man mit allem von vorn anfangen. Auch der Applaus für die patriotischen Höhenflüge Dantons, soweit sie rhetorisch brillant sind, lassen den Parteienhader auf die Dauer nicht verstummen. Der »Haß«, so erklärt der Redner gerade in aller Unschuld, »ist meinem Charakter fremd«. Der Haß wohl, aber Intrigen durchaus nicht. Dem Konvent flößt Danton einfach nicht genug Vertrauen ein, um seine Befürchtungen zu zerstreuen. Diese schwache Situation Dantons macht es ihm zur Zeit auch unmöglich, einer erneuten Bitte seines Schützlings Théodore de Lameth nachzukommen. Dieser hat schon für seinen Bruder Charles, für Adrien Duport und Talleyrand Dantons Großzügigkeit in Anspruch genommen; jetzt kann er aber den Gönner nicht dazu bewegen, Barnaves Freilassung zu veranlassen (Barnave war eingekerkert). Die Bitte des ehemaligen Triumvir an den Konvent, den Anklagebeschluß gegen ihn aufzuheben, verhallt ungehört.[3]

Auf ausdrücklichen Befehl des Vollzugsrats mußte Dumouriez Holland verlassen, um sein Kommando in Belgien wieder aufzunehmen. Dort ergreift er zunächst strenge Maßnahmen, um antifranzösische Aufstände niederzuschlagen, die im Gefolge der militärischen Niederlagen und der Exzesse der Republikanisierung auftraten. Dabei werden einige französische Kommissare und die Jakobiner von Antwerpen und Brüssel in die Schranken verwiesen: Dumouriez läßt ihre Klubs schließen. In Proklamationen verspricht er den Belgiern Genugtuung; und tatsächlich setzt er die Durchführung der Konventsdekrete aus und distanziert sich von der Mehrheit der Kommissare. Die Abgeordneten mit besonderem Auftrag schicken einen Brief an den Konvent, mit dem sie ihrer Verwirrung Ausdruck geben. Sie gestehen ein, daß Dumouriez seine Kompetenzen überschritten hat, aber sie verweisen nachdrücklich auf seine Verdienste und kündigen ein Schreiben an, in dem Dumouriez selbst Stellung nehmen werde. Am 13. März spricht der Konvent dem General mangels anderslautender Informationen erneut das Vertrauen aus. Kurz danach erhält er allerdings das berühmte »Ultimatum« vom 12. März, in dem Dumouriez, statt öffentliche Abbitte zu tun, sich über die Plünderungen (vor allem der Kirchengüter) und die von den Kommissaren angeordneten willkürlichen Verhaftungen beschwert. Er erinnert den Konvent daran, daß die Annexion Belgiens von der Mehrheit der Einwohner abgelehnt werde; der Konvent habe sie nur aufgrund falscher Berichte beschlossen. Auch weigert er sich zuzusehen, wie seine »durch Verbrechen besudelten Armeen zu Opfern einer falschen Politik werden. Für die jüngsten Unruhen in Paris macht er implizit Pache und seine extremistischen Freunde verantwortlich. Insgesamt fordert er eine Aussetzung der meisten Dekrete und gibt den Ministern der Republik, ihren Kommissaren und dem Konvent selbst die Schuld an der Niederlage. Diese provokative Haltung erinnert viele an die La Fayettes im Frühjahr 1792. Deshalb liegt dann auch die Vermutung nahe, Dumouriez gehe zu offener Rebellion über. Der Konventspräsident Breard zögert daher, den Abgeordneten Dumouriez' Brief bekanntzugeben. Auch Delacroix wendet sich gegen eine Verlesung des Briefes; er gibt zu bedenken, daß diese Veröffentlichung unweigerlich einen Anklagebeschluß nach sich ziehen müsse. Der Brief wird also nur vom Verteidigungsausschuß geprüft, der Danton und Delacroix am 15. März zu einer Aussprache einlädt. Wieder ist die Situation für Danton heikel, weil ihm Dumouriez ebenso in der Frage der Annexion wie der Plünderungen widerspricht. Barère schlägt vor, gegen den General die Anklage beschließen zu lassen. Danton lehnt das ab, ebenso wie er die Veröffentlichung des Briefes ablehnt, mit der Begründung, Dumouriez habe immer noch die Verantwortung für den Feldzug. Ihn unter Anklage zu stellen würde bedeuten, die Armeespitze zu diskreditieren. Danton gibt zwar zu, der General habe wohl den Kopf verloren, aber jedes Aufsehen müsse vermieden werden. Er regt an, auf der Stelle Kommissare nach Belgien zu schicken, mit dem Auftrag, Dumouriez zum Widerruf zu bewegen. Der Ausschuß wählt Danton für diesen Auftrag aus. Das kommt beiden sehr gelegen, vor allem weil sie bei den Verhandlungen nun selbst verhindern können, in die ganze Affäre verstrickt zu werden. Danton verspricht, den General binnen acht Tagen zum Einlenken zu bringen, oder, falls ihm das nicht gelinge, selbst den Anklagebeschluß fordern.

Wie das Urteil der Geschichte über Dumouriez auch lauten mag, die Kritik hat es sich damit doch etwas zu leicht gemacht. Man konnte ihm nicht guten Gewissens vorwerfen, seine militärischen Kompetenzen überschritten zu haben, um sich in die Politik einzumischen, denn alle Weisungen der Konvents für die außerhalb des französischen Territoriums operierenden Generäle waren eminent politischer Natur. Im Grunde informierte Dumouriez doch nur auf seine Weise den Konvent über seine Maßnahmen, um eine unhaltbare Situation zu bereinigen, und forderte vom Konvent dessen Unterstützung durch eine Abänderung der revolutionären Gesetzgebung. So war es vor allem die Form des Ultimatums, die als aufrührerisch galt. Der Republik stand eine ungeheure Koalition der meisten europäischen Staaten gegenüber, und da wirkte es schon etwas grotesk, sich mit dem einzigen General anzulegen, dessen Operationen bisher siegreich gewesen waren , – während sich seine Untergebenen in Belgien aufs Haupt schlagen ließen. Doch die Jakobiner verstanden recht wenig von Strategie. Inzwischen waren sie zur Idee eines politischen Krieges bekehrt, aber sie trugen nun den Parteienzwist in ihre Vorstellung vom militärischen Oberkommando hinein. Gerade noch hatten sie dem General ihr Vertrauen ausgesprochen, da waren sie schon bereit, ihn zu beseitigen, weil seine gute Beziehung zu den Girondisten ebenso bekannt war, wie sein intriganter Charakter, ja sogar seine Umsturzpläne. Aber man darf nicht mit seinem Verrat argumentieren, um die Arglist der Montagne gegen ihn zu rechtfertigen. Es war die Republik, die ihn bis zum Äußersten trieb: Sie widersetzte sich so lange seinen Feldzugsplänen, zwang ihm Mitte Dezember eine brutale Kehrtwendung in der Besatzungspolitik auf und schickte ihm skrupellos Kommissare, die Belgien systematisch ausbeuteten. Auch Offiziere mit geheimen monarchistischen Neigungen haben loyal in den Revolutionsarmeen gedient. Allerdings war Dumouriez schon immer ein Opportunist; er diente nacheinander der Königin, dem Grafen von Artois, nach Ausbruch der Revolution dann La Fayette und schließlich Mirabeau, bevor er ein »loyaler« Jakobiner wurde (was ihn allerdings nicht alle Brücken zu seinen ehemaligen Freunden abbrechen ließ). Wenn die Republik seiner Genialität und seiner Eitelkeit etwas mehr entgegengekommen wäre – hätte sie Dumouriez vielleicht halten können.

Vielleicht dachte Danton bei dieser neuerlichen Abreise nach Belgien über seine eigene Verantwortung nach. Schließlich hatte er selbst unter ganz ähnlichen Umständen zunächst La Fayette und dann Montesquiou gezwungen, von ihrem Kommando zurückzutreten. Nun sah er, wie seine politischen Freunde die gleiche Taktik gegen einen ihrer brillantesten Generäle anwandten, für den er sich inzwischen schon so stark gemacht hatte, daß er selbst schwer kompromittiert war. Am 19. März beraten Delacroix und Danton in Brüssel mit ihren Kollegen und geben einen Erlaß heraus, wonach jeder Armeeangehörige, der seinen Posten verläßt, zum Verräter erklärt wird. Während Camus nach Paris zurückreist, machen sich die beiden Freunde auf die Suche nach Dumouriez. Der

General hat am 18. März die entscheidende Schlacht von Neerwinden verloren, die schwerste französische Niederlage seit dem Siebenjährigen Krieg. Danton und Delacrois folgen zunächst dem Strom der Soldaten auf dem Rückzug; es gibt viele Fahnenflüchtige, die unter Mißachtung aller Gesetze und Befehle nach Hause zurückkehren. Schließlich stoßen Danton und Delacroix am 20. März gegen Mittag auf eine Abteilung des Sohnes von Philippe Égalité und Schützling Dantons, Louis-Philippe. Dieser zeigt ihnen die Straße nach Löwen, da die anderen wegen des österreichischen Vormarschs nicht passierbar seien. Als Delacroix den Wunsch äußert, die Soldaten zu sehen, läßt Louis-Philippe den beiden ein Pferd geben.

»Das lasse ich mir gefallen«, sagt Danton. »Aber ich bitte Sie, weder Parade noch Salut. Wir wollen weder stören noch die Truppen ermüden.«

»Kameraden«, ruft Louis-Philippe, »dies sind die Abgeordneten des Nationalkonvents bei unseren Armeen; sie erweisen uns die Ehre ihres Besuchs. Habt acht!«

Die drei Männer reiten die Linien ab. Die Soldaten machen einen »ziemlich mürrischen Eindruck«, obwohl einige Einheiten trotz der widrigen Umstände immer noch Haltung bewahren. Plötzlich ruft Delacroix aus:

»Aber, Herr General, was sehe ich denn da oben?«

»Nun ja«, antwortet Louis-Philippe, »Sie sehen die Österreicher.«

Durch ein kleines Wäldchen kann man erkennen, daß auf einer Anhöhe der Feind steht. Delacroix, einem ehemaligen Militär, steigt das Blut ins Gesicht.

»Was«, entrüstet er sich, »was, die Österreicher! So nahe! Und wir stürzen uns nicht auf diese Schufte da!«

Der Ausspruch des Konventsmitglieds löst Gelächter und faule Witze aus.

»Oh ja, sicher«, brummt ein Soldat. »Das wünsch ich dir, darauf zu stürzen. Darauf versteht er sich, der da!«

»Gehen Sie doch selbst rüber und stürzen Sie sich drauf, wenn's Ihnen Spaß macht!« fügt ein anderer hinzu. »Sie geben uns dann Nachricht. Wir haben nämlich die Schnauze voll!«

Um seinen Besuchern Weiteres zu ersparen, beschleunigt der General den Schritt. Danton und Delacroix haben vielleicht diese »Stimme des Volkes« nicht gehört. Sie können sie ohnehin nicht verstehen. Denn eine Welt trennt den Konvent vom Militär, unterscheidet die schönen, auf der

Tribüne gesprochenen Phrasen von der schmerzvollen Wirklichkeit der Armeen der Republik. Diese beiden zu gut genährten Abgeordneten haben einen fatalen Eindruck hinterlassen; das muß der General gleich nach ihrer Abreise feststellen: Die Truppe hat keinerlei Vertrauen in diese »Schwätzer« aus der Nationalversammlung, noch in den Nutzen ihrer Befehle. Die Schuld für ihre Niederlage trifft diese Truppen nicht und das wissen sie auch. Andererseits darf man auch Delacroix oder Danton nicht die Schuld zuschieben. Alle Abgeordneten mit besonderem Auftrag werden dieselben unvermeidlichen psychologischen Fehler gemacht haben, denn sie sind in keiner Weise auf die Aufgaben vorbereitet, die ihnen die Situation zu lösen aufgibt.

Danton kürzt das Zeremoniell ab, indem er seine Uhr hervorzieht.

»Herr General«, sagte er, »es sieht so aus, als hätten wir noch einiges vor. Es ist spät, ich glaube, wir sollten besser nicht weiterreiten, sondern so bald wie möglich nach Löwen zurückkehren.«

Dann fügt er mit gedämpfer Stimme hinzu und verrät dabei, daß ihn seine persönlichen Sorgen unvergleichlich mehr bedrücken als die militärische Situation: »Wir haben es sehr eilig, mit Dumouriez über seinen Brief vom 12. März zu reden. *Er hat uns da eine Sache eingebrockt, die schlimme Folgen hatte.* Er muß ihn zurückziehen!« Louis-Philippe sagt, daß er nicht auf dem laufenden sei, und den Rat beherzt habe, den ihm Danton einst gegeben hat, nämlich seinen Dienst zu leisten, ohne sich um die Politik zu kümmern.

»Sehr gut! Das ist immer noch der beste Rat, den Sie befolgen können!«

Mit diesen Worten bricht Danton auf, begleitet von Delacroix, um den Oberkommandierenden zu suchen, der sich seinerseits zuviel um Politik gekümmert hat. Danton allerdings macht nur Politik. Das Zeugnis Louis-Philippes bestätigt, daß der Tribun bei dem Gedanken zitterte, ein in Ungnade gefallener Dumouriez könnte seinen eigenen Sturz zur Folge haben. Im Laufe des Tages trifft er auf den General, der mitten im Rückzug begriffen ist. Da er keine Zeit hat, sich anzuhören, was man ihm vorwirft, verabredet er sich mit Danton für den Abend in Löwen. Dort wird der Verlierer von Neerwinden mit den beiden bis tief in die Nacht debattieren. Dumouriez verteidigt seinen Standpunkt und spricht voller Verachtung von der Mehrheit im Konvent, die sich von einer Minderheit von »Briganten« lenken lasse. Von jetzt an glaubt er (aber das sagt er Danton vielleicht nicht) an seinen historischen Auftrag. Seit langem schon hat er hohe politische Ziele vor Augen; seine Präferenzen gehen in Richtung auf Wiedererrichtung der Monarchie. Dabei denkt er nicht an eine absolute Monarchie, sondern eine konstitutionelle nach dem Muster der Verfassung von 1791, mit einem Prinzen von Orléans auf dem Thron. Das Hauptthema der Unterredung ist aber der unglückselige Brief, den Danton so schnell wie möglich zu widerrufen bittet. Aber er bekommt nur einen kurzen Brief an den Präsidenten des Konvents mit, worin Dumouriez bittet, über seinen Brief vom 12. März erst dann zu entscheiden, wenn die Nationalversammlung den Bericht über seine Beratung mit den Kommissaren erhalten habe. Mit diesem unverbindlichen Schreiben versehen, erreichen Danton und Delacroix am Morgen des 21. März Brüssel. Dort wird in einer eiligen Zusammenkunft der Kommissare zwar nichts in bezug auf Dumouriez entschieden, aber dafür entzieht man General Miranda ohne jeden *ersichtlichen* Grund sein Kommando. Während sich Delacroix mit seinen Kollegen weiter nach Lille begibt, kehrt Danton nach Paris zurück. Dort trifft er zwischen dem 23. und dem 25. März ein und zögert zunächst, sich im Konvent zurückzumelden[4]. Vielleicht überläßt er sich sogar einen Augenblick lang der Panik. Der Brief von Dumouriez ist keineswegs jener Widerruf, den er sich verpflichtet hatte, mitzubringen. Und doch muß er über seine Mission Rechenschaft ablegen.

Der neue Verteidigungsausschuß ist inzwischen in »Wohlfahrtsausschuß« umbenannt, am 25. März mit erweiterten Machtbefugnissen ausgestattet und neu besetzt worden. Außer Robespierre, Barère, Condorcet, Pétion und Vergniaud gehört auch Danton zu seinen 25 Mitgliedern. Vor diesem, noch von Girondisten beherrschten Komitee, erscheint Danton am 26. März, nachdem er schon im Vollzugsrat angehört wurde, um seine Erklärungen abzugeben. Jeder verharrt auf seiner Position. Danton widersetzt sich Robespierre, der eine eingehende Untersuchung von Dumouriez' Verhalten fordert. Schließlich will der Ausschuß den General auf die Dauer des Rückzugs noch halten. Natürlich ist nicht bekannt, daß dieser schon längst mit dem Prinzen von Coburg in Verhandlungen getreten ist und am 25. März mit dem österreichischen General Mack eine Vereinbarung getroffen hat, in der er sich verpflichtet, Belgien zu räumen, um seine Kräfte gegen Paris wenden zu können. Am 27. März macht sich Danton wieder auf den Weg zum Konvent. Wird er ihm seine Rechtfertigung vorlegen? Er greift in eine überflüssige Debatte über Beförderungen in der Armee ein, um zuzugeben, daß er gelegentlich ein Wort für diesen oder jenen Patrioten eingelegt hat. Dann unterstützt er den Montagnard Albitte, der sich über die Verzögerungen bei der Einrichtung des Revolutionstribunals beschwert. Er schlägt vor, der Staat solle an jeden Bürger eine Pike austeilen. Nicht ein einziges Mal kommt er auf das Wesentliche zu sprechen. Dieses fundamentale Schweigen verbirgt er unter einem Schwall patriotischer Phrasen, die den Beifall des Publikums finden: »Überall ist der Bürgerkrieg entbrannt, und der Konvent rührt sich nicht! ... Kleinliche Eifersüchteleien treiben unsere Abgeordneten um, und unterdessen morden Konterrevolutionäre die Freiheit! Noch ist die Freiheit nicht in Erz gegossen, das Eisen heiß. Wenn ihr den Schmelzofen nicht bedienen könnt, wird die Glut euch alle verschlingen! Beweist, daß ihr Revolutionäre seid! Beweist, daß ihr ein Volk seid, und die Freiheit ist nicht länger in Gefahr. Große Nationen müssen wie Helden durch die harte Schule der Not!« Während die Koalition von außen und die Konterrevolution im Innern drohen (der Aufstand in der Vendée beginnt sich auszuweiten), muß man »einen Schlußstrich unter die Vergangenheit ziehen«; Roland und seine Parteigänger sollen ihre Attacken gegen Paris und die wackeren Patrioten einstellen, natürlich zuerst die Angriffe gegen ihn, den Mann der Revolution und des nationalen Aufbruchs! Alle Abgeordneten mögen in die Klubs eintreten und sie werden weder von den Klubs noch von der Straße etwas zu befürchten haben.

Dieser Aufruf zur Versöhnung, einer seiner letzten, verschafft Danton nicht die gewünschte Position der Stärke. Schon einen Tag später protestiert Roland schriftlich gegen einige Passagen in seiner Rede; er droht Danton im Hinblick auf seine finanziellen Transaktionen. Danton seinerseits droht Roland: »Ich fordere, daß Roland vor die Schranken geholt wird. Dort werden wir einander ins Gesicht sehen, und die Aussprache wird sehr heftig und sehr ausführlich sein!« Aber Kleinkrieg geht weiter, und Danton hat immer noch nicht über seine Mission gesprochen! Als einige Abgeordnete der Montagne General La Noue verbissen attackieren, verlangt Danton, ihm das Recht zur Verteidigung einzuräumen[5]. Solange er über diesen General spricht, braucht er wenigstens nicht über Dumouriez zu sprechen. Die große Erklärung folgt dann aber stufenweise: zunächst vor dem Verteidigungsausschuß, danach in einer flüchtigen Debatte im Konvent, später in einer brüderlichen Aussprache bei den Jakobinern und schließlich am 1. April bei der großen »Enthüllung« vor dem Konvent.

Am Freitag, dem 29. März, gibt Danton vor dem Wohlfahrtsausschuß seine Erklärung ab. Dieser hat gerade beschlossen, dem Konvent so bald wie möglich einen ausführlichen Bericht vorzulegen. Schlag auf Schlag verdüstern schlechte Nachrichten das Bild, das Danton von der militärischen Lage zeichnet.

Da ist es Pétion – mit Informationen von Miranda, der gerade in Paris eingetroffen ist – der vermeldet, Dumouriez sei im Begriff, Verrat zu üben. Kurz darauf verliest Beurnonville einen langen Brief, in dem Dumouriez den Konvent scharf angreift. Schließlich bringt Lebrun eine erste Nachricht von Dubuisson[6], einem seiner Beamten, der sich mit zwei weiteren Kommissaren, Proli[7] und Pereira[8], mit besonderem Auftrag in Belgien aufhält. Zu dritt sind sie am 18. März (Proli und Pereira waren in den Aufstand vom 10. März verwickelt) von Paris aufgebrochen, haben Dumouriez am 26. März in Tournai und erneut am 28. März getroffen. Dubuisson teilt mit, Dumouriez habe sie um ihre und der Jakobiner Unterstützung für seinen Plan zur Wiederherstellung der konstitutionellen Monarchie gebeten; ein erneuter Aufstand in Paris wäre ein willkommener Anlaß, um das Parlament der »745 Tyrannen« in dem Augenblick davonzujagen, wo er, der General mit seinen Truppen auf Paris marschiere. Um Dumouriez zu täuschen, hätten sie versprochen, »in dieser Angelegenheit bei den Jakobinern das Terrain zu sondieren«, und er habe erklärt, der Erfolg sei sicher. In seinen Memoiren liefert Dumouriez natürlich eine ganz andere Version von dieser Unterredung. Bei ihm sind es vielmehr die Kommissare, die als erste eine Unterstützung der Jakobiner für eine Auflösung des Konvents anbieten. Falls Danton die drei Kommissare auf seinem Rückweg nach Paris getroffen hat, wie Mathiez annimmt (das könnte auch die verspätete Ankunft in Paris erklären), dann wären die Beschuldigungen der Robespierristen durchaus begründet: Danton habe unter der Hand den Aufstand vom 8. bis 10. März unterstützt und sei sicher bereit gewesen, auch einen erneuten Versuch zu unterstützen... Die Verlesung des Briefes von Dubuisson genügt jedenfalls, Danton völlig zu entwaffnen. »Von dem ist nichts mehr zu erwarten«, sagt er über Dumouriez. Wieder werden vier Kommissare losgeschickt, von Beurnonville begleitet und mit allen Vollmachten ausgestattet, um Dumouriez nach Paris zurückzubringen. Die übrigen Abgeordneten mit besonderem Auftrag werden nach Paris zurückgerufen.

Am 30. März bestätigt der Konvent die Entscheidungen des Verteidigungsausschusses. Nach Marat, der sich schon über Dantons Schweigen wunderte und »auf der Stelle« seine Anhörung gefordert hatte, mahnt nun auch die Gironde den Tribun, sich zu rechtfertigen. Der Girondist Lauze-Déperet läßt es sich bei dieser Gelegenheit nicht nehmen, unter stützt von Cambon die Affäre mit den Geheimausgaben des früheren Justizministers wieder aufs Tapet zu bringen. Danton spricht lange und bleibt dabei sehr vage. Er verpflichtet sich, alles zu sagen, alle notwendigen Belege beizubringen, aber er bittet, zunächst einen einleitenden Bericht geben zu dürfen, damit die Debatte in ruhiger Atmosphäre verlaufe. Man werde dann feststellen, daß durch seine Umsicht der französischen Armee ein bedeutender Feldherr erhalten geblieben sei. Da schon wieder die Abrechnungen seines Ministeriums zum Thema gemacht würden, erklärt sich Danton bereit, die Debatte über sein Verhalten seit dem 10. August erneut zu eröffnen, obwohl es – das ist eine seiner rhetorischen Lieblingsfloskeln – dringendere Aufgaben zu erledigen gebe. Er sei überzeugt, daß Vernunft und öffentliche Wohlfahrt über Verleumdungen und die unfruchtbare Streitereien triumphieren würden: »Ich bitte weder um Gnade noch um Nachsicht... Man möge mich diesem ehemaligen Minister gegenüberstellen, der durch bewußtes Verschweigen den Verdacht auf mich lenken wollte!...[9] Haben nicht schon manche Ämter meinen Kopf gefordert? Meinen Kopf!... Er sitzt noch fest zwischen den Schultern, und da wird er auch bleiben!« Es ist Danton gelungen, ein wenig Zeit zu gewinnen, aber diese Zeit vergeht schnell und arbeitet gegen ihn. Inzwischen ist durchgesickert, daß Dumouriez besorgniserregende Pläne hat. Noch am selben Tage fordert die Kommune den Anklagebeschluß gegen den General.

Danton weiß, daß man selbst im schlimmsten Fall nur einen Bruchteil seiner eigenen Umtriebe in Erfahrung wird bringen können. Wenn er trotzdem Angst hat, was durchaus möglich ist, so zeigt er sie nicht. Um sich vor der Auseinandersetzung, die im Konvent auf ihn zukommt, noch weiter abzusichern, sucht er am 31. März bei den Jakobinern Unterstützung. Das Kalkül ist offensichtlich, weil Danton den Klub seit geraumer Zeit vernachlässig hat. Proli, Pereira und Dubuisson tragen ihre Version von den Gesprächen mit Dumouriez vor. Darauf beantragt Desfieux, der selbst auch am 9. und 10. März beteiligt war, eine Diskussion über dieses Thema und Barat fordert Danton auf »den Schleier zu zerreißen, der über dem Verrat liegt, der uns alle umgibt«. Der Tribun verteidigt sich mit diabolischer Geschicklichkeit, schleicht sich in das Vertrauen der Jakobiner ein, »ihrer Justiz unterworfen« und ihnen allein »verantwortlich« – das sind starke Worte. Er füllt seine Rede mit Wendungen, die seine Loyalität beweisen sollen: »Ich erkläre, daß ich niemals auch nur einem einzigen Aristokraten getraut habe... Der Konvent ist von ehemaligen Mitgliedern der Konstituante und Aristokraten verseucht.« Was aber den Kern der Affäre anbetrifft, ist seine These recht simpel: »Das Interesse der Republik hat mich dazu bewogen, alle Mittel auszuschöpfen, um Dumouriez zu den richtigen Grundsätzen zurückzuführen.« Dumouriez habe sich von den Girondisten einreden lassen, der Konvent sei in den Händen von jakobinischen »Blutsäufern« und Danton greife nach der Diktatur. Deshalb habe er geglaubt, sich über die Nationalversammlung hinwegsetzen zu können. Nach dem Brief vom 12. März habe schließlich er selbst, Danton, versprochen, entweder einen Widerruf Dumouriez aus Belgien mitzubringen oder persönlich den Anklagebeschluß zu fordern. Aber er und Delacroix hätten darauf verzichten müssen, den General zu verhaften, damit der Feind die Situation einer Armee ohne Oberbefehl nicht ausnutzte und man den Abgeordneten diese Ungeschicklichkeit dann später zum Vorwurf macht. »Ich frage euch, Bürger, was hättet ihr an meiner Stelle getan?« Im Feld habe Dumouriez doch wirklichen Mut bewiesen. Aus diesem Grund habe er, Danton, es vorgezogen, die Entscheidung des Konvents abzuwarten. Damit endet das Plädoyer, und er geht sofort zum Gegenangriff über: Danton fordert die drei Staatskommissare auf – ihre Antwort kennt er natürlich – zu erklären ob er nicht *gegen* Dumouriez die »größten und erfolgreichsten Anstrengungen« unternommen habe, um die Annexion Belgiens durchzusetzen. Unmerklich schweift er dann ab, wohl wissend, daß er, um das Vertrauen der Jakobiner zurückzugewinnen, seine Lieblingsthemen so radikal wie möglich vorbringen muß, bis hin zu massiven Drohungen gegen die Gironde: Diese kriminelle Bande wolle die Unteilbarkeit der Republik zerstören. Man dürfe nicht nachlassen, mit der Hilfe der Volksgesellschaften gegen alle inneren Feinde vorzugehen. Man müsse eine Landwehr von 50 000 Mann zur Verteidigung der Grenzen aufstellen und alle Bürger zu den Waffen rufen. Das Revolutionstribunal müsse ständig überwacht werden usw. Danton schließt mit einer Drohung, die natürlich auf die Konterrevolutionäre, an diesem Abend jedoch vor allem auf die Girondisten abzielt: »Wir wollen gern weiterhin besonnen und kühl bleiben, aber wenn ihr noch einmal das Haupt erhebt, dann werdet ihr alle vernichtet!« Der Befehl zum Schluß seiner Rede macht die Schwäche des ersten Teils aber nicht vergessen. Danton hat sich nicht zu seinem Schweigen und seinen Ausflüchten, auch nicht zu seiner eifrigen Parteinahme für den ungehorsamen General geäußert. Auch wenn die Jakobiner, und diesmal sogar Marat, mit der schönen Rhetorik zufrieden scheinen, erinnert doch der »Freund des Volkes« daran, daß Danton es versäumt habe, »vor einem möglichen Verrat

Dumouriez dringend zu warnen«. Er, Marat, sei nur unter einer Bedingung beruhigt: Wenn Danton verspreche, so bald wie möglich vor dem Konvent eine Erklärung abzugeben. Danton ist erleichtert; er hat seine dritte Partie gewonnen. Die Sitzungen des Ausschusses am 29. März und des Konvents am 30. März waren bedeutend schwieriger.

Während und im Anschluß an diese Sitzung der Jakobiner hat der Verteidigungsausschuß in erweiterter Besetzung aus dem Bericht Dubuissons die Konsequenzen gezogen. Gegen die Offiziere in Dumouriez' Generalstab und gegen verschiedene Personen, von denen man annimmt, sie seien in seine Intrigen verwickelt, werden Haftbefehle erlassen. Den Ausschüssen ist nicht entgangen, daß die Orléans in die Verschwörung verwickelt sind. Danton, Philippe Égalité selbst und sein Adlatus, der Konventsabgeordnete und ehemalige Marquis de Sillery werden zum Verhör vorgeladen. Dubuisson, Proli und Pereira, die den Komplott eigentlich erst aufgedeckt haben, werden unter Hausarrest gestellt. So als ob der Ausschuß die zwielichtige Rolle, die sie in der Affäre vielleicht gespielt haben, geahnt hätte.

12. DER VERRAT

Wie konnte man auch nur einen Augenblick so dumm sein zu glauben, ich sei mit Dumouriez verbündet?

Danton, 1. April 1793

Die Konventssitzung vom 1. April verläuft ganz besonders turbulent. Sie wäre gewiß noch turbulenter geworden, hätten ihre Mitglieder geahnt, was in Saint-Amand* geschehen sollte. Dumouriez war vorgeladen worden, um sich zu seinem Verhalten zu äußern, aber er stellt sich taub. Er weigert sich, vor der Nationalversammlung oder einem Tribunal zu erscheinen, und läßt am Abend des 1. April Beurnonville und die vier Kommissare des Konvents verhaften, um sie an die Österreicher auszuliefern. Er hat ein Manifest an das Departement Nord verfaßt, worin er seinen Entschluß bekanntgibt, auf Paris zu marschieren, um »der blutigen Anarchie, die dort herrscht, ein Ende zu setzen«, und, sobald das Vaterland gerettet ist, »alle öffentlichen Ämter niederzulegen«. Aber die Armee wird nicht mitmachen; einige Einheiten verweigern den Befehl. Also entschließt sich Dumouriez, sich den Österreichern zu stellen, begleitet vom General de Valence, dem Schwager Sillerys und dem Sohn Philippe Égalités, der durch diese Fahnenflucht alle Hoffnungen zerstört, die Danton in ihn gesetzt hat. Sein Vater, der ehemalige Herzog von Orléans, wird sich von diesem Schlag nie mehr erholen. Der Konvent hat bereits die militärische Niederlage Dumouriez' nicht verkraften können; mit seinem Verrat, sieben Monate nach La Fayette, kann er sich noch weit weniger abfinden. Am bösen Beispiel dieses Feldherrn werden Niederlage und Verrat bald synonym. Es beginnt jetzt die Zeit, da französische Generäle nicht mehr das Recht haben, Schlachten zu verlieren.

* Hauptquartier von Dumouriez, wo er die Konventsdelegierten und den Kriegsminister verhaftete. (Anm. d. Hrsg.)

Bei einem Mann wie Robespierre ist es möglich und sogar wünschenswert, seine Reden genauer zu analysieren, weil sie die Kohärenz seiner Doktrin widerspiegeln. Bei Danton dagegen sucht der Historiker vergeblich nach einem ideologischen Leitfaden. Dieser Volkstribun muß deshalb immer wieder in die historische Situation versetzt werden, in der er sich äußert. Die dramatische Konventssitzung vom 1. April 1793 ist ein Paradebeispiel für die geradezu bewundernswerte Anpassungsfähigkeit Dantons an die jeweilige politische Lage.

Gegen Mittag haben die beiden Ausschüsse ihre Beratungen beendet. Wir kennen bereits die harten Maßnahmen, die sie beschlossen haben. Danton erscheint vor dem Konvent, so wie bei den Jakobinern angekündigt, mit der festen Absicht, sich nicht länger attackieren zu lassen. Seine Verteidigung ist vorbereitet. Die Montagne-Abgeordneten, einigermaßen beruhigt durch seine Rechtfertigung vom Vorabend, sind gleichfalls bereit, ihm ihre Unterstützung zukommen zu lassen. Aber Danton kann sich das Terrain für die Schlacht nicht mehr selber aussuchen.

Marat eröffnet das Feuer. Er greift die Ausschüsse an, weil deren Zusammensetzung den wahren Patrioten nicht genügend Platz einräumt. Seine scharfe Kritik wird durch die Abstimmung über die Tagesordnung unterbrochen. Um die in der Nacht getroffenen Entscheidungen zu begründen, verliest Cambacères die letzten Briefe Dumouriez' und den Bericht von Dubuisson. Dabei wird er von zahlreichen empörten Zwischenrufen gestört. Sillery und Philippe Égalité sind am Morgen vor den Ausschüssen erschienen. Nun wiederholen sie vor dem Konvent, was sie dort schon ausgesagt haben. Sillery verteidigt sich mehr schlecht als recht und behauptet, an der Affäre Dumouriez vollkommen unbeteiligt zu sein. Boyer-Fonfrède beantragt ohne Erfolg, Philippe Égalité solle sich ebenfalls rechtfertigen. Robespierre erinnert daran, daß jetzt die Sicherung der Grenzen vordringlich sei. Und plötzlich holt der Girondist Pénières, Abgeordneter des Departements Corrèze, zum ersten Überraschungsangriff aus: »Einige Tage nach der Rückkehr Dantons und Delacroix' aus Belgien«, so lautet sein Vorwurf, »wurde ein von Dumouriez verfaßter Brief an den Verteidigungsausschuß geschickt, ohne vor der Nationalversammlung verlesen worden zu sein ...«

»Das ist nicht wahr!« werfen einige unvorsichtige Stimmen von den Bänken des Konvents dazwischen.

»Der Brief wurde«, so fährt der Redner fort, »dem Verteidigungsausschuß übergeben, und Danton wurde vorgeladen, um die Verlesung anzuhören.«

Und nun ruft Pénières die Fakten in Erinnerung; die Bedenken des Präsidenten Bréard, der den ominösen Brief der Nationalversammlung übergeben will, dann Delacroix' Intervention zugunsten des Generals (»Dumouriez ist nützlich für die Armee«), die dazu führt, daß der Ausschuß den Brief zurückleitet und dieser nicht verlesen wird.

»Nachdem der Beschluß gefaßt war, den Brief zurückzugeben«, insistiert der Redner, »sagte uns Danton, er werde mit Delacroix zurückreisen, und er verspreche, Dumouriez zum Widerruf zu bewegen. Er fügte hinzu, er werde, falls Dumouriez den Widerruf verweigere, selbst den Anklagebeschluß gegen ihn fordern. Was ist daraus geworden? Danton kam aus Belgien zurück, aber er erschien weder vor der Nationalversammlung, noch vor dem Ausschuß. Ich frage ihn hiermit: Warum forderte er nicht den Anklagebeschluß gegen Dumouriez, so wie er es versprochen hatte?«

Diese Logik ist um so erdrückender, als Bréard diese Darstellung der Fakten sofort bestätigt. Danton steigt also ans Rednerpult, um Pénières zu antworten. Unbewegt gibt er zu, einen Brief des Generals erhalten zu haben, in dem dieser den Konvent bittet, er möge sich vor jeder Stellungnahme erst den Bericht seiner Kommissare anhören.

»Dieser Brief«, fährt Danton mit frecher Kaltblütigkeit fort, »befriedigte uns nicht. Als wir mit ihm sprachen, hatten wir den Eindruck, daß von diesem Mann für die Republik nichts mehr zu erwarten sei.«

Für alles findet er eine Erklärung: Abends um 9 Uhr in Paris angekommen, habe er sich schon am nächsten Tag gegen diesen »abscheulichen« Militär gewandt, der mit seiner Forderung, man solle ihn seiner Armee »entreißen«, den Konvent beleidigte. (Die von Danton angeführte Chronologie ist schon jetzt aus der Luft gegriffen, aber sie bleibt zunächst noch verschwommen; erst später wird er sie präzisieren.) Dann beeilt sich Danton, der Debatte eine andere Wendung zu geben. Der Konvent müsse wissen, so sagt er, daß seine Kommissare die Dekrete stets gewissenhaft angewendet hätten, während allein Dumouriez in Belgien ein »Finanzsystem« etablieren wollte und sich der Vereinigung mit Frankreich widersetzte. Und nun ist es der Redner, der schreit:

»Die Annexion des Hennegaus, *sagte Dumouriez*, sei mit dem Schwert vollzogen worden, und eure Kommissare hätten sie auf dem Gewissen! Also sind wir es, denen Dumouriez vorwirft, für Belgiens Unglück verantwortlich zu sein! Wir seien schuld daran, daß im Hennegau Blut geflossen ist, und da ist es wohl ein sehr merkwürdiger Zufall, daß ausgerechnet wir Dumouriez in Schutz nehmen sollen!« Danton erklärt sich nach wie vor überzeugt davon, daß der Plan, Holland zu erobern, richtig war, selbst wenn Dumouriez das »zu seinem eigenen Vorteil nutzen« wollte. Aber damit endet auch schon die Verteidigung des »schrecklichen« Generals. »Das ist Dumouriez' Taktik: Er beklagt sich über die Volksgesellschaften und das Revolutionstribunal und sagt, Danton werde bald nur noch in den Vororten von Paris etwas gelten!«

»Das bezieht sich auf die Beschlüsse der Versammlung und nicht auf Sie!« ruft eine Stimme dazwischen.

»Man belehrt mich darüber, daß ich im Irrtum sei. Aber ich komme zu einer weit wichtigeren Sache: Dumouriez hat vor der Armee gesagt, falls Danton und Delacroix noch einmal auftauchten, würde er sie beide verhaften lassen! Bürger, die Tatsachen sprechen für sich, man erkennt doch leicht, daß die Kommission ihre Aufgabe erfüllt hat! Dagegen gibt es Leute« – und darauf wollte der Redner die ganze Zeit hinaus –, »die den General vom rechten Weg abgebracht haben, und die sind nach wie vor unbestraft.« Indirekt macht Danton dann die girondistisch inspirierten Schriften verantwortlich, die »die tatkräftigsten Bürger als Verbrecher« hinstellen. Drohend fügt er hinzu: »Die meisten dieser Schriften stammen aus diesem Kreis!« Und er fordert eine eigene Kommission, um »die Verantwortlichen bei dieser Verschwörung« zu entlarven. Verschwörung: Nun ist das Wort gefallen. Für dieses Wort allein ist die Montagne natürlich bereit, Danton nach Kräften zu unterstützen, auch wenn seine Mission in Belgien weitgehend im dunkeln bleibt.

Bis jetzt war für Danton die Debatte aber zu banal, er versucht, sie auf ein höheres Niveau zu heben und nimmt erneut die Probleme der Landesverteidigung in Angriff. Im Februar wurde eine Aushebung von 300 000 Mann beschlossen, jetzt solle dazu als weitere Maßnahme ein »Kriegsausschuß« von der Nationalversammlung gebildet werden mit dem Auftrag, 20 Meilen vor Paris eine neue Armee von 50 000 Mann aufzustellen, um die Stadt vor der drohenden Invasion zu schützen. (Diesen Vorschlag hatte er bereits den Jakobinern unterbreitet.) Plötzlich kommt Danton auf sein eigentliches Thema zurück und fügt hinzu: »Ich fordere auch, daß meine Kollegen in Belgien auf der Stelle zurückgerufen werden.«

»Schon geschehen!« rufen mehrere Abgeordnete dazwischen.

»Ich beantrage außerdem«, fährt der Redner fort, »daß der Vollzugsrat einen genauen Rechenschaftsbericht über unsere Operationen in Belgien vorlegt; dann wird die Versammlung erkennen, daß wir mit Dumouriez schon immer im Streit lagen!«

Danton betont erneut, daß es unmöglich sei, den General mitten in einem Feldzug und mitten in einer ihm ergebenen Armee festzunehmen. Der Konvent möge seinen Kommissaren »eine Art halbzivile und halbmilitärische Rangabzeichen geben«, damit würden sie sich bei den Armeen Gehorsam verschaffen. Der Vorschlag wirkt absurd, geradezu lächerlich, aber möglicherweise hat er Pate gestanden für die eigenartige Uniform der »Volksvertreter mit besonderem Auftrag bei den Armeen«. »Wir haben unsere Pflicht erfüllt«, schließt Danton, »und nun kommen die Denunzianten. Mein Kopf wird nicht fallen, da bin ich sicher, viel eher wird er zum Medusenhaupt, das alle Aristokraten zum Zittern bringt!«

Diese gewagte und pittoreske Metapher setzt der Debatte jedoch kein Ende. Danton hat nach wie vor Pénières Frage nicht beantwortet. Seine unzusammenhängende und sprunghafte Stellungnahme kann seine Gegner nicht mundtot machen.

Der Abgeordnete Lasource ergreift das Wort. Mit falscher Sanftmut stellt er klar: »Das ist jetzt keine formale Beschuldigung, die ich gegen Danton erhebe, sondern ich unterbreite der Versammlung lediglich Vermutungen.« Diese »Vermutungen« sind aber mehr als beunruhigend. Lasource verweist auf einige Widersprüche in der Verteidigung Dantons. Wenn die Armee so patriotisch sei, wie behauptet, worin bestehe dann die Schwierigkeit, einen konterrevolutionären General zu verhaften? Im übrigen habe Danton dem Ausschuß angeblich versichert, von Dumouriez sei für die Republik nichts mehr zu erwarten, aber gerade kürzlich sei er vor der Versammlung Robespierre entgegengetreten und habe im Gegenteil behauptet, daß man erst das Ende des Rückzugs aus Belgien abwarten müsse, bevor man gegen den General vorgehen sollte. »Soweit die Fakten«, fährt Lasource fort, »und nun die Schlüsse, die ich daraus ziehe.«

»Ich bitte darum, eine Tatsache bekanntzugeben«, unterbricht Maure, Abgeordneter der Montagne aus dem Departement Yonne. »Man hat doch vorgeschlagen, Gensonné zu Dumouriez zu schicken, weil er großen Einfluß auf ihn hat, um über das Wohl des Vaterlands zu verhandeln.«

»Richtig! Richtig!« stimmen mehrere Abgeordnete zu.

»Und nun meine Schlußfolgerungen«, fährt Lasource unbeirrt fort. Ich behaupte, daß es ein fertiges Komplott gab, um die Monarchie wiederherzustellen, und daß Dumouriez an der Spitze dieses Komplotts stand. Was mußte getan werden, damit es Erfolg hat? Man mußte Dumouriez an der Spitze seiner Armee halten!«

Das ist allerdings ein schrecklicher Vorwurf: Der Redner erinnert sofort daran, daß es Danton war, der im Konvent »die größte Lobrede auf Dumouriez gehalten hat«.

»Wenn es nun ein vorbereitetes Komplott gab, um dem Vorhaben Dumouriez' zum Sieg zu verhelfen«, fährt Lasource fort, »was mußte getan werden? Zunächst mußte man sich populär machen! Und was tat Delacroix? Als er nach Belgien kam, stellte er einen übertriebenen Patriotismus zur Schau, wie er ihn bis dahin noch nie bewiesen hatte ...«

Diese Unterstellung ruft lautes Raunen hervor, aber der Redner fährt unerbittlich fort:

»Genauer gesagt, Delacroix wird sich zum Jakobiner erklären! War er das bis dahin? Nein ... Um der Verschwörung zum Erfolg zu verhelfen, die Dumouriez angezettelt hat, mußte man das Vertrauen des Volkes gewinnen, man mußte alle Fäden in der Hand behalten. Delacroix bleibt in Belgien. Danton kommt nach Paris zurück, er kommt, um alles abzusichern, nimmt an den Ausschußsitzungen teil und schweigt ...«

»Das ist nicht wahr!« protestiert Danton.

»Das ist nicht wahr! Das ist nicht wahr!« rufen auch seine Freunde.

Aber Lasource läßt sich nicht einschüchtern und fährt fort, seine These zu entwickeln. Danton sei aufgefordert worden, Rechenschaft abzulegen, und habe nur völlig nichtssagende »Auskünfte« gegeben. Danach sei er in Paris geblieben, statt nach Belgien zurückzukehren, wie es seine Mission eigentlich erfordert hätte. Und nun kommt der Redner zum Kernpunkt seiner Beweisführung: »Der Konvent sollte das Vertrauen der Öffentlichkeit verlieren. Was macht Danton also? Danton erscheint am Rednerpult und wirft der Versammlung vor, ihren Aufgaben nicht gerecht zu werden, er spricht von einem neuen Aufstand, er sagt, das Volk sei bereit, sich zu erheben. Aber das Volk war doch ganz ruhig. Es gab kein besseres Mittel, Dumouriez seinem Ziel näherzubringen, als den Konvent herabzusetzen und Dumouriez aufs Podest zu stellen. Und genau das ist es, was Danton getan hat. Um die Verschwörung abzusichern. mußte man die Gefahren für das Vaterland übertreiben, und genau das taten Delacroix und Danton. Denn das wußte man nur zu gut: Wenn man von Mißerfolgen spricht, hat das zweierlei Folgen: erstens, die ängstlichen Gemüter verkriechen sich, zweitens, das Volk wird wütend, weil es sich verraten glaubt, und läßt sich zum Aufruhr hinreißen, den man nicht mehr eindämmen kann ... Und hat es nicht so ausgesehen, als provoziere man einen Aufstand, während Dumouriez an der Spitze seiner Armee auf Paris marschieren wollte?«

Wie Danton fordert auch Lasource die sofortige Ernennung einer Kommission, um die Schuldigen zu entlarven, und um das Vertrauen in die Armee wiederherzustellen, sollen die Entscheidungen des Konvents allgemein bekannt gemacht werden.

»(Die Armee) und ganz Frankreich müssen von den Maßnahmen erfahren, die Sie getroffen haben, denn Dumouriez ist, wie vorher La Fayette, das Idol der Republik ...«

Diese Behauptung löst erneut starke Bewegung aus. »Nein! Nein! Nein!« rufen einige; es ist schwer zu sagen, ob diese Stimmen aus der Montagne oder aus der Gironde kommen, beide Flügel sind jetzt bestrebt, sich von der lästigen Figur zu distanzieren.

»... Die Nation muß erfahren, daß die Armee nur deshalb geschlagen wurde, weil sie verraten worden ist ... Da sehen Sie nun die wirklichen Pläne derer, die dem Volk gesagt haben, es müßten Köpfe rollen, jetzt erkennen Sie, ob sie nicht in Wirklichkeit die Monarchie wiederholen wollten ... Also gut! Dann mache dich auf, Volk von Frankreich, folge nur dem Rat deiner perfiden Feinde, schmiede dir deine eigenen Ketten, denn es ist deine Freiheit, die du verlieren sollst und nicht nur einige Mitglieder des Konvents! Und Sie, meine Kollegen, denken Sie daran, daß das Schicksal der Freiheit in Ihren Händen liegt, denken Sie daran, daß das Volk Gerechtigkeit will. Es hat lange genug Krone und Zepter gesehen, jetzt will es den Tarpejischen Felsen* und das Schafott!«

Beifall unterbricht diesen großen Ausbruch Lasources, und er schließt seine Rede mit der Forderung, daß das Revolutionstribunal alle drei Tage über seine Tätigkeit berichten müsse. Philippe Égalité und Sillery, »die angeklagt sind, die ich aber durchaus nicht für schuldig halte«, sollten unter Hausarrest gestellt und die auch von Danton geforderte Kommission umgehend gebildet werden. Und zum Schluß macht Lasource noch den Vorschlag, »jeder von uns soll sich feierlich verpflichten, allen, die versuchen, nach der Krone oder der Diktatur zu greifen, den Tod zu geben«. Und unter dem tobenden Applaus der Zuschauertribünen leistet die Versammlung feierlich diesen Schwur.

Danton aber ist vernichtet. Der Girondist Birotteau, Abgeordneter des Departement Pyrénées Orientales, ein scharfer Gegner der Montagne – insbesondere Fabres und Marats – bittet ums Wort, um eine persönliche Erklärung abzugeben:

---

* Felsen auf der Westseite des Kapitol, von dem man in Rom die Verräter hinabstürzte. (Anm. d. Hrsg.)

»Als im Verteidigungsausschuß über Maßnahmen diskutiert wurde, um das Vaterland zu retten, äußerte sich auch Fabre d'Eglantine, von dem bekannt ist, daß er enge Kontakte zu Danton pflegt, der ihn ja in einer der letzten Sitzungen so gelobt hat. Fabre d'Eglantine also deutete an, daß es sehr wohl ein Mittel gebe, die Republik zu retten, er jedoch Angst habe, es vorzutragen, aus Furcht, daß man seine Meinung übel auslege. Man beruhigte ihn und sagte ihm, daß die Meinungen frei seien und daß im übrigen alles, was im Ausschuß zur Sprache käme, nicht nach außen dringen werde. *Daraufhin hat Fabre d'Eglantine indirekt einen König vorgeschlagen*!«

Diese Enthüllung ruft erneut starkes Raunen in den Reihen der Montagne hervor.

»Das ist nicht wahr!« rufen mehrere Stimmen.

»Das ist eine Schurkerei!« schreit Danton und eilt Fabre zu Hilfe. »Sie haben den König verteidigt, und jetzt wollen Sie uns Ihre Schandtaten anlasten!«

Tatsächlich hatte sich Birotteau beim namentlichen Aufruf über das Strafmaß für den König hervorgetan, denn bevor er für den Tod mit Aufschub (»nach einem Friedensschluß und der Ausweisung aller Bourbonen«) stimmte, hatte er betont, er votiere hier nicht als Richter, sondern als Gesetzgeber, der »von Schurken umringt« sei. Nun aber läßt sich der Girondist von Dantons Anwurf durchaus nicht beeindrucken und fährt fort:

»Ich kann Fabres eigene Worte wiedergeben, auch die Antwort, die er bekam. Er sagte ...«

Erneut kommt Gemurmel auf. Delmas, Abgeordneter der Haute-Garonne, ein Mitglied der Montagne und Freund Dantons, nutzt diesen Tumult, um das Wort zu ergreifen: »Im Namen des öffentlichen Wohls bitte ich ums Wort!«

Danton hätte es nicht besser machen können: Delmas schlägt vor, die laufende Aussprache zu vertagen, denn im Augenblick könnte sie die Republik nur ins Verderben stürzen. Auch beantragt er, man solle unverzüglich die verlangte Kommission bilden, das Volk werde anschließend informiert. Sofort wird die Kommission einstimmig gebilligt. Dieses geschickte Ablenkungsmanöver wird ausgerechnet von Danton selbst gestört, der wieder einmal im unpassenden Augenblick das Wort ergreift: »Ich fordere Cambon auf, ohne persönlich zu werden und ohne vom gerade gebilligten Antrag abzugehen, über eine Geldangelegenheit Auskunft zu geben: über die 10 000 Ecus, die Delacroix und mir angeblich übergeben wurden, und uns zu sagen, welche Haltung die Kommission in bezug auf den Anschluß* eingenommen hat ...«

Cambon, der Finanzexperte des Konvents, war zwar ein Verbündeter Dantons in der Annexions-Politik, aber er konnte dessen Ehrlichkeit anläßlich seiner Rechnungslegung im Oktober beurteilen. Gerade er hatte den Schwindel bei den Lieferanten aufgedeckt, denen Dumouriez seine Protektion angedeihen ließ. Als er nun von Danton ungeschickt auf eine andere Affäre mit Geheimfonds angesprochen wird, verweigert er die Antwort. Danton kehrt auf seinen Platz zurück. Die extreme Linke erhebt sich, protestiert, fordert ihn auf, wieder auf die Tribüne zu steigen. Das Publikum applaudiert. Diese Gelegenheit muß man nutzen. Danton besinnt sich eines Besseren und kehrt unter dem Beifall seiner Anhänger zum Rednerpult zurück. Der Konventspräsident gebietet Ruhe und erklärt, daß er nach der soeben beschlossenen Vertagung und der Bildung der von Danton selbst geforderten Kommission nun erst die Versammlung konsultieren müsse, bevor er dem Tribun erneut das Wort erteile für Erklärungen, die er doch angeblich erst später geben wollte. Dieser Geschäftsordnungseinwand ist gar nicht nach dem Geschmack der Montagne:

»Nein! Nein! Er hat das Wort mit vollem Recht!« rufen die Abgeordneten der Linken, während die Girondisten mit Entschiedenheit die Einhaltung des einmal gefaßten Beschlusses fordern. Seltsamerweise ist es Lasource, der dem Tribun zu Hilfe kommt – er beantragt, Danton anzuhören – und dem Tumult mit einem »und ich erkläre, daß mein Vorschlag von keinerlei Gefühlen geleitet ist« ein Ende setzt. Der Konvent erteilt Danton das Wort. Lasources Wohlwollen in letzter Sekunde hat nichts genützt. Danton ist außer sich. Er, der Parteigänger der Einheit aller Republikaner, erklärt nun ohne weiteres:

»Bürger auf den Plätzen der Berg-Partei, Ihnen gilt zunächst mein Respekt, Sie sind die wahren Freunde der öffentlichen Wohlfahrt ...« Und, zu den Bänken der äußersten Linken gewandt: »Sie haben das bessere Urteil als ich! Lange Zeit habe ich geglaubt, ich müßte bei meinem heftigen Temperament die Mittel maßvoll anwenden, die mir die Natur verliehen hat. Ich habe geglaubt, ich müßte unter den schwierigen Bedingungen meiner Mission die Mäßigung üben, die mir die Ereignisse scheinbar abforderten. Und jetzt haben Sie mich der Schwäche bezichtigt, Sie hatten recht, das gebe ich vor ganz Frankreich zu! Es ist unsere

* Belgiens an Frankreich. (Anm. d. Hrsg.)

Pflicht, diejenigen zu benennen, die aus Dummheit oder Niedertracht den Tyrann dem Messer der Gerechtigkeit entziehen wollten ...«

Bei diesen Worten erhebt sich die Montagne, der schrecklichen Ironie dieser Äußerung nicht bewußt und ruft: »Ja, ja« und zeigt mit dem Finger auf den rechten Flügel der Versammlung, der heftig protestiert.

»Sehen Sie, das sind dieselben Leute!« Erneutes Murren von rechts. Danton wendet sich in diese Richtung:

»Sie werden mir antworten, Sie werden mir antworten! ... Bürger, das sind dieselben Leute, sage ich, die sich heute als Denunzianten aufspielen ...«

Da unterbricht ihn der aufbrausende Grangeneuve, Abgeordneter des Departement Gironde:

»Ich fordere einen Verweis für Danton!«

Tumult übertönt die Stimme des Girondisten. Rufe werden laut: »Sie haben nicht das Wort!«

»In die Abbaye mit ihm!«

Danton nutzt dies, um seine Philippika wieder aufzunehmen:

»Und zunächst, bevor ich meinerseits in die Aussprache eintrete, werde ich antworten. Was hat Ihnen Lasource gesagt? Wo auch immer er sein Schauermärchen herhat, entweder zusammenphantasiert oder von schlauen Leuten eingegeben ...«

Die Gironde versucht, die Stimme Dantons mit lautem Murren zu überdecken.

»Wir haben Lasource in Ruhe angehört, nun seien Sie aber auch ruhig!« fordert der Montagne-Abgeordnete Albitte.

»... Oder dieser Mann«, so fährt Danton fort, »was ich nicht gern annehmen will, mischt schon das Gift der Verleumdung gegen mich, und das soll zirkulieren und wirken zwischen seiner Anklage hier und dem ausführlichen Bericht, der Ihnen zu dieser Angelegenheit noch zukommen wird. Ich will jetzt aber nicht seine Absichten untersuchen.« Dann nimmt Danton alle Vorwürfe Lasources wieder auf, um sie als Lügen zu verurteilen. Er sei durchaus vor dem Verteidigungsausschuß erschienen. Man habe sich im Datum seiner Ankunft in Paris geirrt, es sei *Freitag*, der 29. März, um acht Uhr abends (sic) gewesen. »Ich war müde von der Reise und vom Aufenthalt bei der Armee. Man konnte nicht von mir verlangen, daß ich mich sofort in den Ausschuß begebe.« So lügt Danton unverfroren, um entweder seine verspätete Rückreise oder die Zeitspanne von drei oder vier Tagen, bis er vor dem Ausschuß erschien, zu erklären. Sollte er wirklich an einem Freitag zurückgekehrt sein, dann war es der 22. März, und in diesem Fall hätte er sehr wohl bei der Ausschußsitzung vom 23. erscheinen können. Jedenfalls ist er nicht am 30. März, dem angeblich auf seine Rückkehr folgenden Tag, dort erschienen, denn er ist schon am 26. oder am 29. März aufgetaucht. Es ist seltsam genug, daß niemand diese plumpe Lüge aufdeckte. Das hätte Danton in eine mehr als peinliche Situation gebracht. Auf jeden Fall wechselt er sehr schnell das Thema, um sich aufs neue zu entrüsten: »Und da wirft man uns vor, wir hätten Verwirrung gestiftet! Und das uns, die wir doch die französischen Soldaten wieder zusammengezogen haben, uns, die wir den Feind aus mehreren wichtigen Stellungen vertrieben haben! ...«

Dann kommt er auf den ersten Vorwurf zurück. »Gleich am nächsten Tag bin ich zum Ausschuß gegangen ... Ich beschwöre alle meine Kollegen, die bei der Sitzung anwesend waren: Habe ich nicht gesagt, daß Dumouriez den Konvent für eine Ansammlung von dreihundert Dummköpfen und vierhundert Schurken hält? Ich habe gesagt: Was kann ein Mann für die Republik leisten, dessen Phantasie mit solchen Einfällen geschlagen ist? Wir müssen ihn aus der Armee herausholen! Habe ich das nicht gesagt?« Danton hat sich nun der äußersten Linken zugewandt. Einige Stimmen antworten ihm: »Ja, ja!«

»Und noch mehr!« fährt der Redner fort. »Camus kann man wohl nicht nachsagen, mein Anhänger zu sein, aber er hat einen Bericht vorgetragen, der eine gekürzte Fassung meines eigenen Berichts war, und hier beschwöre ich nochmals meine Kollegen. Er hat einen Bericht gegeben, der fast bis in alle Einzelheiten mit dem meinen identisch war!«

»Das ist wahr!« bestätigen mehrere Stimmen im Saal. Wenn er, Danton, nicht wieder abgereist sei, um Dumouriez in Belgien zu treffen, dann nicht um in Paris seine eigene Rolle in einer »Verschwörung« zu spielen, sondern weil er zuvor der Nationalversammlung Rechenschaft geben und neue Anweisungen empfangen mußte. Sie hätten Dumouriez verhaften sollen? Danton wiederholt, daß zwei Kommissare allein, die dem General nicht einmal einen Anklagebeschluß vorzuweisen hatten, gar nichts anderes hätten tun können, als lediglich ihren Kollegen Bericht zu erstatten. Und diese Kollegen hatten übereinstimmend beschlossen, Dumouriez auf seinem Posten zu belassen ... Hier steckt in Dantons Rede eine besonders subtile Unehrlichkeit: Er übergeht ganz einfach die Tatsache, daß deshalb kein Anklagebeschluß vorlag, weil Delacroix und er selbst sich dem widersetzt hatten. Das hat Danton scheinbar vergessen. Er erinnert aber daran, daß er selbst – ohne den General im mindesten schonen zu wollen – vorschlug, Guadet und Gensonné, »die Freunde Dumouriez'«, sollten als Kommissare nach Belgien geschickt werden, damit gleichzeitig ganz klar werde, daß Sie ungeachtet sonstiger Feindseligkeiten darin einig gehen, »das Gesetz eines einzelnen nicht zu dulden«! Dieser Schlußsatz erntet großen Beifall.

»Entweder wir bringen ihn sofort zur Vernunft, sagte ich ihnen, oder wir binden ihm die Hände! Nun frage ich Sie: Kann man jemandem, der so etwas sagt, vorwerfen, er hätte Dumouriez in Schutz genommen?«

Wer ihn in Wirklichkeit geschont habe, das seien die gegnerischen Gazetten, besonders der *Patriote Français* (die Zeitung Brissots). Deren Loblieder auf Dumouriez seien doch nur gegen Danton gerichtet gewesen! Dabei sei er es gewesen, der »die Politik dieses Generals, seine Geldgeschäfte, seine ehrgeizigen Pläne mit Belgien immer wieder vereitelt habe.«

»Das frage ich Cambon«, wiederholt der Tribun. »Er soll doch sagen, wie ich mit den 300 000 Livres umgegangen bin, die heimlich in Belgien verteilt wurden! Und heute werde ich beschuldigt, den Konvent zu mißachten und zu verhöhnen, nur weil ich zu umsichtig war, weil man verbreitet hat, ich gehörte einer Partei an und wollte *Diktator* werden, weil ich meine Gegner maßvoll behandelt habe und keinen Zwist in der Nationalversammlung säen wollte! Den Konvent verhöhnen! Habe ich nicht mehr als jeder andere versucht, beständig seine Würde zu heben, sein Ansehen zu festigen? Habe ich nicht sogar von meinen Gegnern mit Respekt gesprochen?«

Und zur Gironde gewandt: »Ich fordere Sie zu einer Erklärung auf, warum Sie mich ständig angreifen...«

»Eben haben Sie doch noch Ihren Respekt gezeigt!« antworten ihm mehrere Stimmen ironisch.

»Eben noch, das ist wahr«, erkennt Danton an. »Aber warum habe ich jetzt das Schweigen gebrochen und meine maßvolle Haltung aufgegeben? Weil meine Zurückhaltung auch Grenzen hat. Wenn man immer wieder vom selben Gegner angegriffen wird, der eigentlich meine Umsicht loben müßte, dann muß es erlaubt sein, daß ich meinerseits zum Angriff übergehe. Auch meine Geduld ist nicht grenzenlos!« Starker Beifall. Danton geht nun zur Verteidigung seines Freundes Delacroix über. Er wird unterstützt von Duhem und Maure, zwei Abgeordneten der Montagne, die die Girondisten ausdrücklich der Verschwörung bezichtigen. Es kommt zu Protesten, die einen Ordnungsruf zur Folge haben. Danton legt dar, daß Delacroix beschuldigt werde, »die Ansichten und

Pläne derer nicht geteilt zu haben, die den Tyrannen retten wollten«, weil er die Volksbefragung ablehnte, weil er erwiesener Gegner des Föderalismus sei und weil er im Konvent immer als aufrechter Patriot abgestimmt habe.

»Heute sieht es so aus, als hätte ich ihn zum Mitverschwörer gemacht! Ist das nicht die Folgerung aus Lasources Behauptungen?«

»Jawohl! Jawohl!« bestätigen mehrere Girondisten.

»Reden Sie nicht soviel, antworten Sie lieber!« fügt ein anderer hinzu, der wie viele seiner Kollegen erbost ist, weil er mitansehen muß, wie Danton die Tribüne besetzt hält, ohne zum eigentlichen Kern der Sache zu kommen.

»Nun, welche Antwort wollen Sie hören? Ich habe erst einmal Lasource in Einzelheiten widerlegt. Damit habe ich schon genug beantwortet, um jeden gutwilligen Menschen zufriedenzustellen...«

»Jawohl! Jawohl!« bestätigt die äußerste Linke.

»Und ganz sicher bringe ich jetzt Licht in dieses Chaos, ich breite die ganze Wahrheit vor Ihnen aus. Ich habe keinerlei Mühe, mich zu rechtfertigen«, setzt er dreist hinzu.

Zwischendurch verweist Danton auch auf den Widersinn, Menschen wie Angeklagte vor einen Ausschuß zu zerren, dessen Ziele sie doch im Grunde billigen, Menschen, die viel für die Vereinigung mit Belgien getan haben und Dumouriez' militärische Fähigkeiten zwar durchaus würdigen, aber schon immer »seine politischen Überzeugungen ablehnten«.

»Wir einen König wollen!« donnert der Redner. »Nur wer so dumm oder so feige war und einen König schonen wollte, den kann man verdächtigen, er wollte die Monarchie wiederherstellen!« (Man wird natürlich nie erfahren, wieviele Konventsmitglieder die unfreiwillige Ironie dieser Worte mitbekommen haben.)

»Nur wer unablässig versucht hat, Dumouriez gegen die Volksgesellschaften und gegen die Mehrheit des Konvents aufzubringen, wer uns Angst unterstellt hat, weil wir auf Hilfe für eine desorganisierte Armee drangen, nur wer erwiesenermaßen die Stadt Paris für ihren Bürgersinn bestrafen und dafür die Departements gegen die Kapitale aufhetzen wollte...«

»Ja, ja, das wollten sie tun!« rufen zahlreiche Mitglieder der Montagne und zeigen auf die Girondisten.

»Und ihre kleinen Soupers!« fügt Marat hinzu. Danton greift das Argument sofort auf.

»Nur wer geheime Soupers mit Dumouriez abhielt, als er in Paris war...«

Erneuter Beifall bei diesem Vorwurf.

»Lasource!« wirft Marat dazwischen!

»Lasource war dabei!... Oh, ich werde alle Verräter entlarven!«

»Jawohl, sie allein sind die Komplizen der Verschwörung!« stimmt ihm Danton unter dem Beifall der Montagne und der Tribünen bei, »und mich beschuldigt man!... Mich! Ich befürchte nichts von Dumouriez oder all jenen, mit denen ich in Beziehung stand. Soll Dumouriez doch nur eine einzige Zeile von mir herbeischaffen, die für den Schatten eines Vorwurfs reicht, und ich gebe meinen Kopf dafür!«

Mit diesem plumpen rhetorischen Effekt riskiert Danton natürlich überhaupt nichts. Jeder weiß, daß er nie etwas schreibt.

»Er hat die Briefe von Gensonné gesehen!« insistiert Marat. »Gensonné war es, der in engster Beziehung zu Dumouriez stand!«

Der girondistische Abgeordnete erhebt sich und wendet sich an den Redner: »Danton, ich befrage Sie nach bestem Wissen und Gewissen! Sie haben gesagt, daß Sie meine Briefe im Original gesehen haben, sagen Sie, was darin stand!«

»Ich spreche nicht vom Inhalt Ihrer Briefe, ich habe doch nicht von Ihnen gesprochen«, erwidert Danton vorsichtig und ohne die Beleidigungen Marats zu übernehmen.

»Ich komme auf das zurück, was mich betrifft. Ich habe einige Briefe von Dumouriez, sie werden beweisen, daß er gezwungen war, mir Gerechtigkeit wiederfahren zu lassen. Sie werden beweisen, daß es keinerlei Übereinstimmung zwischen unseren politischen Vorstellungen gegeben hat. Mit denen, die den Föderalismus wollten...«

»Namen!« rufen mehrere Stimmen.

»Nein!« ruft Marat, an die Girondisten gerichtet. »Es wird euch nicht gelingen, das Vaterland zu erdrosseln.«

»Wollen Sie, daß ich sage, wen ich meine?« fragt Danton.

»Ja, Ja!« antwortet man von allen Seiten.

»Dann hören Sie zu!« befiehlt der Tribun.

»Hört zu!« wiederholt Marat, an die Rechte gewandt.

»Wollen Sie etwas hören, das alles erklärt?« insistiert Danton.

»Ja! Ja!«

Die Sitzung war lang. Wie lange brauchte Danton, um schließlich zum Abschluß und Höhepunkt zu kommen? Zwei, drei oder vier Stunden. Aber das zählt nicht. Hat er seine Formulierungen vorbereitet? Oder hat er improvisiert, weil er plötzlich davon überzeugt war, daß mit dieser Gironde, die auf seinen Untergang versessen war, die ihre eigenen Beziehungen zu Dumouriez zu verheimlichen und die ganze Last des Verrats Danton aufbürden wollte, kein Zusammengehen mehr möglich war? Diese Frage ist schwer zu entscheiden. Man mag sich vorstellen, wie der pockennarbige Koloß wütend und schweißgebadet seine furchterregende Stimme erhob und zum offenen Krieg aufrief, zu einem anderen Krieg:

Nun gut! Ich glaube, daß es zwischen der Montagne, den Patrioten, die den Tod des Tyrannen wollten, und den Feiglingen, die ihn retten wollten und uns dabei in ganz Frankreich verleumdet haben, keinen Burgfrieden mehr geben kann!

»Wir wollen das Vaterland retten!« rufen mehrere Abgeordnete, während die Montagne, stehend, heftig applaudiert.

Indem er ständig den Königsmord als Kriterium des Republikanismus anführt, geht Danton ein gewisses Risiko ein. Zum Glück für ihn wissen aber nur wenige Konventsmitglieder von seinen Geheimverhandlungen zur Rettung Ludwigs XVI., und wer das Geheimnis teilt, hat keinerlei Interesse daran, sich dessen zu rühmen ... Jedenfalls ist die unmittelbare Bedeutung des Satzes klar: Danton überläßt die Gironde ihrem Schicksal. Diese Partei hat er einst beschworen, die nationale Einheit zu schmieden; jetzt hat sie nur noch zwei Monate zu leben. Danton gibt das Pult aber immer noch nicht frei. Unentwegt fährt er fort, so als hätte ihn die gerade getroffene Entscheidung von einer schweren Last befreit. Erneut steigert er sich wieder zu einem Furioso brillanter und bissiger Formulierungen. Zwar wiederholt er sich unablässig, wenn er die Gironde und Roland attackiert, alle ihre Verleumdungen anprangert, das Volk von Paris und die Volksgesellschaften bejubelt, wenn er seine Mission in Belgien und die Beziehungen zu Dumouriez rechtfertigt und das Revolutionstribunal verteidigt. Aber er fühlt sich ungeheuer gestärkt durch die Unterstützung der Montagne, durch die Aussage Cambons wegen der umstrittenen 300 000 Livres, die »ganz einfach die erforderlichen Ausgaben zur Ausführung des Dekrets vom 15. Dezember« seien, und er überschüttet nun die Nationalversammlung mit endlosen Wortkaskaden. Der Beifall der Linken skandiert jede seiner Wendungen, ob brillant oder mittelmäßig.

»Und ich werde weiterhin beweisen, daß ich ein unerschütterlicher Revolutionär bin, daß ich allen Angriffen widerstehen kann, und ich bitte Euch, Bürger«, fügt er an die äußerste Linke gewandt hinzu, »dies als festes Versprechen zu nehmen!«

Er untermauert diese Zusicherung an die Montagne mit der Forderung, die neue Kommission müsse »das Verhalten jedes einzelnen Abgeordneten seit Zusammentreten des Konvents überprüfen«, insbesondere die Verfechter des Föderalismus, weil damit die Unteilbarkeit der Republik angetastet werde. So könne man feststellen, daß alle, die den Thron abgeschafft hatten, nicht beabsichtigen konnten, einen neuen zu errichten, während das Gegenteil immer möglich sei...

»Und Cromwell?« wirft eine Stimme dazwischen. Erneutes Murren.

»Sie sind absolut niederträchtig«, protestiert Danton und wendet sich dem Zwischenrufer zu, »mir zu sagen, ich sei Cromwell ähnlich! Ich zitiere Sie vor die Nation!«

Mehrere Abgeordnete gehen noch weiter: »Verhängt einen Tadel!«

»Ab in die Abbaye mit ihm! In die Abbaye!«

»Ja«, stimmt Danton ihnen bei, »ich fordere, daß der gemeine Schurke für diese Unverschämtheit, mich einen Cromwell zu nennen, bestraft und in die Abbaye abgeführt wird!... Glauben Sie, dieser Cromwell, von dem Sie sprechen, sei ein Freund der Könige gewesen?«

»Er war selbst König!« ruft jemand.

Aber Danton ist nicht aus der Fassung zu bringen. Er antwortet: »Er wurde gefürchtet, weil er der Stärkere war! Auch bei uns werden alle, die den französischen Tyrannen vernichtet haben, gefürchtet werden! Man wird sie um so mehr fürchten, weil sich die Freiheit am Blut des Tyrannen gestärkt hat. Man wird sie fürchten, weil die Nation auf ihrer Seite steht!... Ich frage Sie alle«, fügt der Redner, zur Linken gewandt, hinzu: »Ist es die Angst, ist es der Wunsch nach einem König, der Sie dazu brachte, den Tyrannen abzuschaffen?«

»Nein! Nein!«

»Wenn Sie also nur aus hohem Pflichtgefühl sein Todesurteil unterschrieben haben, wenn Sie glaubten, das Volk zu retten und damit zu tun, was die Nation zu Recht von ihren Mandatsträgern erwarten konnte, dann schließen Sie sich uns an!«

Man darf sich allerdings nicht täuschen: Dieser Aufruf zur Einigkeit richtet sich nicht mehr an den Konvent in seiner Gesamtheit, sondern einzig an den linken Flügel, die Montagne und einen Teil der Plaine, der sich nicht in die Umtriebe der Gironde verstrickt hat, also an die künftige Mehrheit. Danton zeigt mit dem Finger auf die Girondisten, die ihn auspfeifen, und erklärt den Mitgliedern der Montagne, die ihm applaudieren: »Ruft das Volk auf, sich bewaffnet gegen den Feind von außen zu verbünden und den Feind im Innern zu vernichten, und straft durch die

Stärke und Standhaftigkeit Eures Charakters alle Schurken Lügen, alle Gemäßigten, alle, die Euch in den Departements verleumdet haben. *Kein Paktieren mehr mit ihnen!* Ich fordere, daß die sechsköpfige Kommission, die Sie gerade eingesetzt haben, nicht nur das Verhalten derjenigen überprüft, die Sie verleumdet, die gegen die Unteilbarkeit der Republik intrigiert haben, sondern auch derjenigen, die versucht haben, den Tyrannen zu retten, und das Verhalten aller, die schuldig sind, die Freiheit zerstören zu wollen. Dann wird man sehen, ob ich die Ankläger fürchte! Ich lauere in meiner Festung der Vernunft. Ich werde einen gewaltigen Ausfall machen und mit der Waffe der Wahrheit alle Schurken vernichten, die mich vernichten wollen.« Der Schluß dieser langen Rede wird mit Beifallsstürmen bedacht. Als Danton von der Tribüne steigt, umringen ihn mehrere Abgeordnete der Montagne, um den Helden des Tages als erste zu umarmen.

Gegen Ende dieser Sitzung vom 1. April 1793 bringt Marat noch im Schnellverfahren einen Antrag ein, den der Girondist Birotteau ganz unbedacht unterstützt und der von den anwesenden Abgeordneten fast einstimmig gebilligt wird. So geht fast unbemerkt durch, daß der Konvent künftig »bei Mitgliedern, gegen die ein dringender Verdacht der Komplizenschaft mit Feinden der Freiheit, der Gleichheit und der Regierung der Republik« besteht, ein Anklagedekret beschließen kann, ohne daß sie sich auf ihre Immunität als Abgeordnete des Volkes berufen können. Mit diesem Antrag wird man die Gironde zerschlagen.

Am Abend bei den Jakobinern werden die Mühen Dantons gekrönt: Hier ist es Robespierre persönlich, der ihn gegen die Attacken der Girondisten verteidigt.

Danton gehörte seit den ersten Sitzungen des Konvents zum Flügel der Montagne; seine Cordelier-Vergangenheit und seine öffentlichen Stellungnahmen machten ihm das eigentlich zur Pflicht. Trotzdem schien er häufig ein Vermittler zu sein. Ungeachtet ständiger Angriffe der Girondisten im Blick auf die »Septembrisaden« oder auch seine Geheimfonds hatte Danton die Hoffnung nicht aufgegeben, sich mit ihnen zu verständigen. Auch die Person des Generals war noch verbindend, trotz erneuter Vorwürfe, die er dafür einstecken mußte, vielleicht war es überhaupt die letzte Bindung, die Danton daran hinderte, alle Brücken zur Gironde abzubrechen. Dumouriez' Verrat war für Danton ebenso beschämend wie für die Girondisten; er zwang beide, sich gegenseitig ihrer gemeinsamen Verfehlung zu beschuldigen. Danach blieb Danton keine andere

Wahl mehr; er mußte sich öffentlich in den Kampf gegen die Gironde stürzen.

Im übrigen war er sich der Unterstützung der Montagne sicher. »Sie war auf Danton angewiesen, und deshalb war sie gern bereit, ihn für unschuldig zu halten« (Mathiez). Die Montagne brauchte sein politisches Format, um die Gironde zu vernichten, so wie er die Montagne brauchte, um sich gegen die Gironde zu verteidigen. War Danton also die Geisel, der Gefangene der Montagne? Vielleicht hat er gehofft, bei seiner Meisterschaft im Intrigieren könnte er diesmal aus einer Position der Stärke heraus mit der Gironde insgeheim wieder in Verhandlungen treten.

13. DER WOHLFAHRTSAUSSCHUSS

Man spricht ständig von Diktatur. Ich aber kenne nur eine, und die ist legitim, notwendig und von der Nation gewollt: die des Nationalkonvents. Durch euch übt die Nation die Diktatur über sich selbst aus.

Barère

Kann Danton nach seiner Ehrenrettung durch die Montagne noch die gleichen Ambitionen hegen und aus seinem Vorrat politischer Projekte nach Belieben eines herausgreifen, so wie er es früher in passenden Situationen stets getan hat? Nach dem 1. April 1793 wird er die Zahl seiner politischen Handlungsentwürfe etwas einschränken müssen. Der Einsatz für das Haus Orléans war zwar immer der beständigste in seinen Augen, aber der Verrat von Dumouriez macht die Situation von Philippe Égalité unhaltbar. Am 1. April war er noch von Danton in zähem Ringen vor einem Anklagebeschluß im Konvent bewahrt worden, nun sieht er sich von seinem eigenen Sohn verraten. Mit seiner Fahnenflucht hat Louis-Philippe seinen Vater mitverurteilt. Robespierre nimmt wohl zu Recht an, dieser junge Mann sei der von Dumouriez ausersehene neue König für Frankreich. Dem Unbestechlichen wird es zwar nicht gelingen, die Girondisten als Mitwisser in den Sturz Philippe Égalités hineinzuziehen, aber dieser wird nun zusammen mit seiner Familie verhaftet, und seine Güter werden konfisziert. Danton dagegen will als erfahrener Pragmatiker seine gerade erst wieder gesicherte Position nicht aufs Spiel setzen und seinen ehemaligen Logenmeister und Parteifreund nicht offen verteidigen. Girondisten und Montagne beschuldigen sich aber gegenseitig des Orleanismus. Danton zieht also einen Schlußstrich unter seine alten Verpflichtungen. Als letzten Dienst sorgt er dafür, daß Philippe und seine Familie nach Marseille gebracht werden und damit vorläufig vor dem Revolutionstribunal in Sicherheit sind.

Ist aber der Plan einer Diktatur noch durchsetzbar? Dafür müßte Danton sich der Unterstützung der Straße sicher sein. Der Aufstand vom 8.–10. März und ein erneuter Versuch am Monatsende sind jedoch gescheitert; im Bischofspalais hat sich dazu ein Revolutionsausschuß gebildet. Vielleicht zielte Dantons Rede vom 27. März gegen die Feinde im Innern, wie zumindest Mathiez vermutet, darauf ab, das Volk aufzuwiegeln, um die Aufmerksamkeit des Konvents von den Intrigen Dumouriez' abzulenken. Dies alles gab dem Tribun ebenso zu denken wie die Attacken, denen er in der Nationalversammlung ausgesetzt war. Mehr denn je brodelt es in Paris, aber Danton kann diese latente Gewalt nicht allein zu seinem Vorteil nutzen.

Der Volkstribun tritt also ins Glied zurück. Am 2. April hat er, ganz im Gegensatz zu seinen früheren Reden bei den Jakobinern zusammen mit Marat die Rückberufung der Kommissare aus Belgien gefordert. Damit will er die »feigen Intriganten« der Gironde in die Defensive treiben. Als Delacroix und seine Kollegen den Verrat Dumouriez melden, wird der General sofort für vogelfrei erklärt und als der Konvent, seine Ausschüsse und der Vollzugsrat beschließen in Permanenz zu tagen, tritt Danton nur noch selten öffentlich auf: So etwa, um Barbaroux zu unterstützen, als er beantragt, daß der öffentliche Ankläger beim Revolutionstribunal einen Verschwörer auch ohne vorherige Verabschiedung eines Anklagedekrets verfolgen kann. Dann unterstützt er Delacroix, als dieser verlangt, die ehemaligen Adligen aus der Armee auszuschließen, oder auch bei der Forderung, die Armen sollten ihr Brot zu einem angemessenen Preis erhalten und die Differenz müsse von den Reichen bezahlt werden. Danton bleibt ein gerissener Demagoge, aber er scheint jeden persönlichen Ehrgeiz verloren zu haben.

Die Situation der Republik verschlechterte sich zusehends: Die Armeen erlitten Niederlagen, die Vendée erhob sich im Namen Ludwigs XVII., die Provinzen gerieten, von der hauptstadtfeindlichen Propaganda der Girondisten beeinflußt, in Bewegung; eine katastrophale Lebensmittelversorgung und der immer schnellere Sturz der Assignaten führten zu Unzufriedenheit unter den städtischen Unterschichten. Eine Verstärkung der Exekutive schien mit jedem Tag dringender geboten. Das Stichwort Diktatur, das Marat und Fabre d'Eglantine so gern verwendeten, hatte mehrmals einen allgemeinen Aufschrei der Ablehnung hervorgerufen. Dagegen schien es durchaus möglich, die Macht in den Händen eines Kollegiums zu konzentrieren, das im Gegensatz zu dem eindeutig ineffektiven Vollzugsrat aus dem Konvent hervorgehen sollte. Dafür gab es bereits Vorläufer, wie den Zwölferausschuß der gesetzgebenden Versammlung mit Condorcet als Vorsitzendem; dieser Ausschuß war im März 1792 damit beauftragt worden, eine Untersuchung über die Verpflegungssituation durchzuführen, und versuchte dabei, sich an die Stelle der Regierung zu setzen. Ein anderes Modell war dann am 1. Januar 1793 der Verteidigungsausschuß, der aus den Mitgliedern anderer Konventsausschüsse (Krieg, Finanzen, Verfassung usw.) gewählt wurde. Dieser Ausschuß war zwar sehr aktiv, aber seine Arbeit wurde behindert, weil die Ausführung sämtlicher Beschlüsse den Ministern oblag. Als nun ein neuer Aufstand in der Vendée drohte, hatte dieser Ausschuß ein neues Komitee gefordert. Es wurde am 25. März unter dem Namen »Kommission für allgemeine Wohlfahrt« gebildet und war mit der »Verteidigung der Republik nach innen und außen« betraut. Aber die personelle Zusammensetzung war zu disparat und mehrheitlich girondistisch – Robespierre sprach abschätzig von dem »Ausschuß Dumouriez' –. Die Kommission wurde außerdem durch viele Abwesenheiten gelähmt (mehr als der Hälfte der 25 Mitglieder); und es gab keine Geheimhaltung der Beratungen, an denen zahlreiche Abgeordnete teilnahmen. Schließlich wurde ein kleineres und mächtigeres Organ gefordert, das alle Kompetenzen der Exekutive erhalten sollte. Es ist der Girondist Isnard, der dazu am 4. und 5. April 1793 gegen die Überzeugung seiner Parteifreunde die Initiative ergreift. Er wird dabei von Thuriot, Marat und Barère unterstützt, der die Grenzen der Machtbefugnisse des neuen Komitees genau definiert, um seine Kollegen zu beruhigen. Sie ringen den Beschluß dem Konvent ab, der dies eine Mal seine Furcht vor einer Oligarchie überwindet. Auch Danton schließt sich an, als man ihm zusichert, er werde zu den Mitgliedern des neuen Wohlfahrtsausschusses gehören. Das Gesetz vom 6. April bringt die Befugnisse des Gremiums auf den Punkt: die Ministerien zu überwachen und ihre Arbeit zu beschleunigen. Es kann ihre Beschlüsse vorläufig außer Kraft setzen, sofern es den Konvent informiert. Im Notfall kann es auch Maßnahmen zur Verteidigung nach innen und außen ergreifen, die dann vom Vollzugsrat auszuführen sind. Es kann Haftbefehle erlassen und ist dem Konvent darüber rechenschaftspflichtig. Die Minister werden dem neuen Ausschuß untergeordnet. Polizei und Finanzen fallen nicht in sein Ressort, aber er wird über geheime Fonds verfügen, die ihm beträchtlichen Einfluß verleihen. Später werden seine Befugnisse noch erweitert. Sobald Robespierre diesen Ausschuß beherrscht, wird er zum Kraftzentrum der Revolution.

Am 6. April um acht Uhr abends beginnt im Konvent die namentliche Abstimmung. Aus einem langen und verworrenen Wahlgang geht, wie man es mittlerweile gewohnt ist, ein Komitee der Montagne hervor: Barère, Bréard, de Bry (bald durch Robert Lindet ersetzt), Cambon, Danton, Delacroix, Delmas, Guyton-Morveau, Treilhard. In Wahrheit handelt es sich – mit Ausnahme Dantons und Delacroixs[1] – um Abgeordnete der Plaine, um »Unabhängige«. Diese Auswahl bedeutet vor allem, daß der direkte Einfluß der Gironde auf das Abstimmungsverhalten der Abgeordneten der Plaine geringer wird. Dieser Rückgang ist deshalb so erstaunlich, weil die Abreise der in die Provinzen entsandten Kommissare bisher vor allem die Montagne geschwächt hatte. Für die Gironde wiegt jener Rückgang um so schwerer, weil sie in Paris ohne eine Vertretung im Konvent völlig einflußlos ist. Tatsächlich ist es ihr nie gelungen, die Aktivitäten der gemäßigten Sektionen zu koordinieren. Nach dem Ausschluß Brissots am 10. Oktober wird die Gironde Ende November im Jakobinerklub Opfer einer zweiten Welle von Ausschlüssen. Nun ist sie von den Jakobinern isoliert, während zahlreiche Cordeliers dort inzwischen eingetreten sind. Im Konvent kündigt die Wahl vom 6. April eine Änderung im Verhalten der Plaine an. Die Mehrheit der Ausschußmitglieder wird sich unmerklich der Montagne annähern und nach dem 2. Juni wird dieser Umschwung den Ausschlag geben. Im Sommer 1792 kann man Abgeordnete wie Barère und Cambon bereits der Montagne zugehörig betrachten. Der Wohlfahrtsausschuß tagt vom 7. April an im Pavillon de l'Égalité des Tuilerienschlosses, dem ehemaligen *Pavillon de Flore*. Oft wird er boshaft »Dantons Komitee« genannt wegen des großen Einflusses, den der Tribun dort ausübt, auch wenn Cambon ihn dabei überwacht. Nachdem er fünf Tage zuvor noch haarscharf an der Katastrophe vorbeigekommen ist, sitzt Danton also plötzlich wieder fest im Sattel.

Dank dieser überraschenden Beförderung gelingt es ihm, einen Skandal zu vertuschen, der ihn hätte diskreditieren können, weil er dazu angetan war, die Debatte über die Plünderungen in Belgien neu zu entfachen. Anfang April wurden in Béthune zwei Kutschen angehalten. Man fand darin zwei an Danton und Delacroix adressierte Kisten. Die Fracht wurde von Dumoulin begleitet, einem von Danton in Belgien ernannten Kommissar; er besaß keinen Paß und wurde in Arras ins Gefängnis gesteckt. Am 8. April schreibt er an Danton, um ihn um Hilfe zu bitten, und am 12. April wendet sich das Direktorium des Distrikts von Béthune an das neue Mitglied des Wohlfahrtsausschusses. Danton und Delacroix lassen über einen Sekretär im Korrespondenzausschuß den Bericht des Distrikts von Béthune verschwinden, und so wird man nie erfahren, ob die ominösen Kisten, so wie es die beiden Freunde bei ihrem Prozeß später behaupten, nur »Flitterkram und ein Baumwollmieder« für Danton und »1 900 Bücher und für 600 Pfund Wäsche, die Brune in Gegenwart seiner Kollegen« für Delacroix gekauft haben soll, enthielten, oder ob sie, wie es in einer an Fouquier-Tinville übergebenen Notiz heißt, mit kostbarer Wäsche im Wert von 200 000 bis 300 000 Livres gefüllt waren, die der Erzherzogin Marie Christine gehörte, der Regentin der österreichischen Niederlande und Schwester Marie Antoinettes. Die Lösung des Rätsels befand sich zweifellos in der Akte über die Unterschlagungen der beiden Kumpane in Belgien, die vom Konventsmitglied Lebas, dem Freund Robespierres, zusammengestellt wurde. Alle diese Dokumente wurden aber nach dem Thermidor von einem anderen Kumpan, dem berühmten Courtois*, vernichtet. Danton tat gut daran, diese Affäre niederzuschlagen. Zuvor war schon ein mit Gold beladener Wagen, den die beiden Abgeordneten nach Frankreich geschickt hatten, unterwegs geplündert worden. Dieser zweite Vorfall hätte den Verdacht auf den neuen Ausschuß lenken können.[2]

Schon kurz nach seiner Wahl machte sich der Wohlfahrtsausschuß an die Arbeit. Allerdings wäre es übertrieben, wollte man ihm alles zuschreiben, was der Konvent nach dem 6. April an Maßnahmen beschloß, die oft auch nur die logische Folge früherer Beschlüsse waren. Am 9. April ernennt der Konvent die Volksvertreter mit besonderem Auftrag bei den Armeen, deren Kompetenzen durch das Dekret vom 30. April noch stark erweitert werden. Es gibt ihnen ausdrücklich das Recht, Generäle zu verhaften und unterstellt sie sowohl dem Wohlfahrtsausschuß (dem sie täglich berichten müssen) und dem Konvent (dem sie monatlich berichten müssen). Im Bereich der Wirtschaftspolitik beschließt der Konvent am 11. April den Zwangskurs des Assignaten, um der Praxis des doppelten Preises und der Spekulation mit Zahlungsmitteln ein Ende zu setzen, aber erst einen Monat später setzt er in den Departements Höchstpreise für Getreide und Mehl fest (4. Mai). Am 20. Mai wird eine Zwangsan-

* Edme Bonaventure *Courtois* (1754–1816) war ein Jugendfreund Dantons, der ihm zu einem Konventsmandat verhalf. Nach dem Sturz Robespierres war er einer der Verantwortlichen für die Sichtung der bei Robespierre gefundenen Akten. Einige davon sollen damals verschwunden sein. Aufgrund seiner brisanten Kenntnisse wurde Courtois in der Folgezeit zu einer einflußreichen Figur. (Anm. d. Hrsg.)

leihe bei den Reichen in Höhe von einer Milliarde beschlossen. All diese Maßnahmen spiegeln sehr deutlich das Kräfteverhältnis in der Nationalversammlung. Die Plaine stimmt mittlerweile zusammen mit der Montagne über alle Maßnahmen zur Sicherung der öffentlichen Wohlfahrt ab, wobei es sich um wirtschaftliche und soziale Maßnahmen handelt, die der liberalen Einstellung der Gironde zuwiderlaufen. Immerhin weigert sich die Plaine aber vorläufig, der Montagne bei ihrer allgemeinen Kampagne gegen die Gironde zu folgen. Die Attacken häufen sich im Verlauf einer Marathonsitzung, die am 3. April beginnt und erst am Abend des 15. April zu Ende geht. Pétion hatte vor dem Konvent einen Antrag zur Sprache gebracht, der in den Sektionen zirkulierte und eine Anklageerhebung gegen Roland und einzelne Abgeordnete der Gironde forderte. Im Gegenschlag beantragte Pétion daraufhin die Anklageerhebung gegen die Verfasser der Petition. Danton, von anzüglichen Witzen und Anwürfen – »Nieder mit dem Diktator« – begrüßt, verteidigt zwar das Petitionsrecht, verurteilt aber die Fanatiker auf beiden Seiten, die verbissen den Kopf ihrer Gegner fordern, anstatt bei Maßnahmen für das öffentliche Wohl mitzuarbeiten. Dieser vernünftigen Äußerung tritt aber Robespierre mit einer Rede über die Komplizenschaft der Girondisten mit Dumouriez und Philippe Égalité entgegen. Im übrigen ist Danton von den Ausschußsitzungen stark in Anspruch genommen. Zusammen mit Barère kümmert er sich um die Verhandlungen und die Korrespondenz mit den Volksvertretern in Mission und weniger um die Kriegführung. Damit sind Delacroix und Delmas befaßt; sie geraten mit dem etwas konturlosen neuen Kriegsminister Bouchotte aneinander, der als Ersatz für den bei den Österreichern gefangenen Beurnonville ernannt wurde. Danton kann also den endlosen Debatten in der Nationalversammlung nicht viel Zeit widmen. Am 12. April ist er jedoch anwesend, als ihn der Girondist Guadet persönlich angreift, weil er sich im Oktober gemeinsam mit Dumouriez in der Oper gezeigt habe. Die Wut des Tribuns ist nicht gespielt: »Du kennst meine Kräfte nicht! ... Ich werde dir deine Verbrechen nachweisen!« schleudert er seinem Angreifer entgegen. Am selben Tag begehen die Girondisten in der für sie typischen Sorglosigkeit noch einen weiteren furchtbaren politischen Fehler: Sie greifen Marat an.

Der »Volksfreund« war lange Zeit auf den Bänken des Konvents isoliert. Seine erbarmungslose journalistische Schreibarbeit hat aber den Angriffen der Montagne zuviel Durchschlagskraft verliehen, und in den Augen der Gironde ist er nun äußerst lästig geworden. Sie hofft, die

Situation wieder zu ihren Gunsten wenden zu können, wenn sie sich von ihm befreit. Ein Anklagebeschluß könnte ausreichen: In diesem Fall stünde Marat nicht mehr unter dem Schutz seiner Immunität als Volksvertreter so wie er es selbst am 1. April gefordert hat. Auch die Plaine schätzt Marats Schimpfkanonaden nicht besonders. In der Hoffnung auf eine mögliche Unterstützung von dieser Seite nehmen die Girondisten ein Marat zugeschriebenes Plakat zum Vorwand. Es enthält eine Aufforderung an das Volk, »die Verräter abzuurteilen«. Danton allerdings ist wegen der ihm erwiesenen früheren und neuerlichen Gefälligkeiten Marat einiges schuldig; er fühlt sich deshalb moralisch verpflichtet, seine Verteidigung zu übernehmen. Doch er begibt sich auf ein gefährliches Terrain, indem er behauptet, daß eine Anklageerhebung nicht ohne vorherigen Bericht möglich sei und empfiehlt, in der Reihenfolge der Dringlichkeit zunächst eine am Vortag von Robespierre aufgedeckte Verschwörung zu untersuchen, mit der Philippe Égalité, die Girondisten und Dumouriez die Monarchie wiederherstellen wollten. Doch vergeblich: Schon am nächsten Tag, dem 13. April, stimmt die Plaine mit der Gironde für einen Anklagebeschluß gegen Marat. Nur 80 Mitglieder der Montagne stimmen dagegen; die meisten von ihnen – Danton eingeschlossen – sind zum Zeitpunkt der Abstimmung abwesend und einige können auf eine weit von der Hauptstadt entfernte Mission verweisen. Aber dann wird Marat am 24. April vom Revolutionstribunal freigesprochen und von einer begeisterten Menge, mit Lorbeerkränzen geschmückt, im Triumph zum Konvent zurückgeleitet, wo ihm die Montagne – allen voran Danton – eine Ovation bereitet. (Übrigens bringen diese ständigen Invasionen von Volksmassen den Konvent endlich dazu, am 10. Mai in das ehemalige Theater der Tuilerien umzuziehen. Dieser Raum ist nicht so leicht zugänglich.) »Dieser kleine Kerl«, sagte Danton über Marat, »ist ein Unruhestifter, der alles verdirbt.« Für die Position der Gironde wäre es dringend erforderlich gewesen, daß Marat verurteilt wurde, wenigstens zu einer symbolischen Strafe. Der Freispruch aber schwächte natürlich die Ankläger entscheidend und gab sie der Lächerlichkeit preis. Konnte sich Danton unter diesen Bedingungen überhaupt noch mit ihnen versöhnen? Offenbar hat er diesen Gedanken seit der Anklage gegen Marat endgültig aufgegeben. Am 15. April legte Pache, der Bürgermeister von Paris, dem Konvent eine Petition vor, die von Alexandre Rousselin, einem Freund Dantons, verfaßt war, und dem Danton angeblich die Feder geführt hatte. Der Text war von 35 Sektionen angenommen worden und forderte die Ausweisung von 22 der profiliertesten Girondisten, die als Komplizen Dumouriez' bezeichnet wurden.

Zu dieser Zeit drängten die Sektionen die immer noch desorganisierte Kommune mehr und mehr in den Hintergrund. Trotz eines Kompromisses vom September 1792 mußte sich der Konvent bei den Meinungsverschiedenheiten zwischen den beiden Teilen der Pariser Stadtverwaltung rasch entscheiden; er zerschlug also die Kommune, und es blieben nur 22 Beamte im Magistrat übrig. Die Wahlen vom November brachten dann eine provisorische Kommune mit einer Montagne-Mehrheit hervor. Der am 30. November ernannte Bürgermeister, der Arzt Chambon, war zwar Girondist, aber der Prokurator Chaumette und seine Stellvertreter Réal und Hébert gehörten eindeutig der Mehrheit an. Der Magistrat blieb gemäßigt, und so war der Konflikt wieder richtig entbrannt. Am 24. Dezember wurden die Sektionen zu einer Gesamterneuerung des Generalrats zusammengerufen. Die Wahlen zogen sich in die Länge; der Bürgermeister war zurückgetreten und durch Pache ersetzt worden (14. Februar 1793). Die Sektionen hatten sich die Schwäche der Kommune zunutze gemacht. Am 1. April trat im Bischofspalais mit Billigung der Kommune der erste echte Zentralausschuß der Sektionen zusammen. Er war allerdings ein nur kurzlebiges Resultat mehrerer Koordinierungsversuche, die seit dem Herbst 1792 und vor allem seit der Zeit des Prozesses gegen Ludwig XVI. liefen. Der Hintergedanke war eine direkt vom Volk in den Sektionen gewählte Regierung, die Idee eines imperativen Mandats. Nur bei seinem Initiator Danton war das offenbar in Vergessenheit geraten. Um die Errichtung einer handlungsfähigen Stadtverwaltung zu beschleunigen, hatte der Konvent am 3. April der Kommune das Recht erteilt, die neu designierten Mitglieder hinzuzuziehen, ohne das Ergebnis der Wiederwahl und von Säuberungsprozeduren abzuwarten. Aber die Situation war jetzt verworrener als je zuvor: Bei der Kommune tagten neben diesen voraussichtlichen Mitgliedern die gewählten vom November und die Restbestände des ehemaligen Rates aus der Zeit vor dem 10. August. Erst am 10. Juni wird eine Lösung gefunden, indem die obligatorische Bestätigung der Wahlen durch die Sektionen abgeschafft wird. Vom 17.–23. Juli wird eine neue Stadtverwaltung gewählt und schließlich am 19. August die endgültige Kommune eingesetzt. Im Augenblick aber, im April und Mai 1793, haben noch die Sektionen die politische Initiative. Und diese Sektionen folgen immer mehr den Parolen der Jakobiner, auch wenn sie manchmal von den royalistischen Agenten des Baron de Batz unterwandert sind, die aber in diesem Fall das gleiche Ziel verfolgen. Beim Sturz der Gironde spielen sie eine entscheidende Rolle.

Danton befindet sich nun offiziell mit der Gironde im Kriegszustand. Auch im Wohlfahrtsausschuß bleibt er anfangs relativ isoliert. Für sein Teil bevorzugt er weiterhin Freundschaften und Kungeleien mit Einzelpersonen, die allerdings um einiges verdächtiger sind als die Girondisten. Das auffallendste Beispiel dafür ist wieder einmal der frühere Abgeordnete Beugnot, dem Danton noch immer eine dankbare Freundschaft entgegenbringt. Im April 1793 ist Beugnot als gemäßigter Feuillant bedroht. Danton kann durchsetzen, daß Lebrun ihm eine Mission in Genua überträgt, durch die er sich in Sicherheit bringen kann, ohne zu emigrieren. Aber Beugnot lehnt im letzten Augenblick diese Mission ab, weil sie im Dienste einer Republik sei, und das sei nicht die für Frankreich wünschenswerte Regierungsform. »Wenn das deine Meinung ist«, wird Danton zu ihm sagen, »dann hast du sicher recht. Aber denk daran, daß es nicht mehr lange in meiner Macht steht, dich zu retten. Du siehst ja, wie es steht im Konvent. Leute deiner Couleur werden für die Partie, die gerade gespielt wird, der Einsatz sein. Wenn du dich also weder in die Auseinandersetzung stürzen noch abreisen willst, dann sieh zu, daß man dich möglichst vergißt.« Die erwähnte »Partie« ist keine andere als das bevorstehende Drama zwischen dem 31. Mai und dem 2. Juni 1793.

Der Verfassungsausschuß des Konvents, im September 1792 zusammengestellt und von den Girondisten beherrscht, hatte mit unglaublicher Langsamkeit gearbeitet. Wirklich aufgenommen wurde die Arbeit eigentlich erst nach dem Tod des Königs. Der Text des Verfassungsentwurfs war am 15. Februar von Condorcet vorgelegt worden. Er gab Anlaß zu zahlreicher Kritik und wurde zur Überarbeitung zurückgegeben. Der Konvent war lange mit den belgischen Angelegenheiten beschäftigt und begann deshalb erst Mitte April mit der Diskussion über das Thema Verfassung. Es sind lange und mühevolle Debatten. Danton greift nur bei sekundären Streitpunkten ein und andere Kollegen, die mit den Feinheiten des Verfassungsrechts vertraut sind, diskutieren zumindest mit mehr Talent und Sachverstand. Die Grundsatzdiskussion läßt Danton überhaupt aus. Über ein gemeinsames Konzept von Volkssouveränität hinaus streiten sich die Verfechter einer staatlichen Zentralisierung und der unumschränkten Macht der Nationalversammlung (die Mitglieder der Montagne) mit den Befürwortern einer fest mit einer gewissen Autonomie der Departements verbundenen Exekutivmacht (die Girondisten, auch »Föderalisten« genannt). Lediglich am 19. April greift Danton bei der Frage der Freiheit der Religionsausübung in die Debatte ein und am 22. April erneut bei der Steuerdiskussion. Was wäre geschehen, wenn die Gironde die Zeit gehabt hätte, diese Verfassung ratifizieren zu lassen? Auch wenn dieser Text ebenso wie derjenige, der erst nach ihrem Sturz schließlich angenommen werden wird, sofort zurückgezogen und vor einem Friedensschluß für nicht anwendbar erklärt worden wäre, die Ereignisse wären kaum anders verlaufen. Wäre die Verfassung dagegen frühzeitig durchgegangen, hätte sie vielleicht den Lauf der Dinge verändert, denn sie hätte zu allgemeinen Neuwahlen geführt, und das wäre in der Provinz für die Montagne sicherlich ungünstig ausgegangen.

Unter dem Druck, ja manchmal der Bedrohung durch die Sektionen stimmt der Konvent nacheinander über alle Wirtschaftsmaßnahmen ab, die von der Gironde mißbilligt werden. Die Unruhen in Paris sind zum Teil auch mit der Aushebung von Soldaten zum Kampf gegen den Vendée verbunden. Am 1. Mai wird die Lage besonders kritisch: Der Faubourg Saint-Antoine schickt eine Abordnung zur Nationalversammlung. Während 10 000 Mann drohend die Tuilerien umstellen, fordert sie eine Steuer für die Reichen und staatlich festgesetzte Getreidepreise. Danach dringt der Konvent auf Sanktionen gegen die Verfasser einer Petition, die die Volksvertreter bedroht. Aber eine zweite Delegation hat sich klugerweise von der ersten distanziert, und Danton gelingt es, die Gemüter zu beruhigen. Gleichzeitig lobt er das große Werk der Nationalversammlung wie auch den guten Willen der Bittsteller; ihre Worte seien sicher nur ein wenig über das Ziel hinausgeschossen. Trotzdem werden die Höchstpreise für die Departements drei Tage später beschlossen. Dagegen findet Robespierres Antrag auf Verhaftung der Verdächtigen keine Mehrheit. Welches Ziel verfolgt aber Danton in diesen entscheidenden Maiwochen des Jahres 1793? Die Girondisten werfen ihm vor, er konspiriere mit der Kommune und den Jakobinern mit dem Ziel eines neuen Aufstandes, ja sogar von neuen Massakern. Das ist das berüchtigte »Komplott« von Charenton*, worunter geheime Zusammenkünfte gemeint sind, in deren Verlauf Danton, Robespierre, Pache, Chabot und Basire, im Einverständnis mit Hébert und Chaumette einen Gewaltstreich gegen den Konvent vorbereitet hätten. Dieses Vorhaben existiert tatsächlich und es führt ja auch zum geplanten Resultat. Aber es ist schwer auszumachen, in welchem Ausmaß Danton daran beteiligt war.

* Vorort von Paris. (Anm. d. Hrsg.)

Am 17. Mai legte Camille Desmoulins, der schon das Pamphlet *Der entlarvte Brissot* veröffentlicht hatte, den Jakobinern einen neuen Sensationsbericht vor, die *Geschichte der Brissotins oder Auszüge aus der Geheimgeschichte der Revolution*. Diese publizistische Offensive war von reichlich schmutzigen Motiven geleitet. Brissot hatte den unverbesserlichen Spieler Desmoulins angegriffen, weil er die Spielhäuser protegierte. Dieser hatte erbittert zurückgeschlagen und dabei sein schriftstellerisches Talent für eine Kampagne gegen die Gironde eingesetzt. Am nächsten Morgen, dem 18. Mai, schlug Guadet mit der Forderung zurück, man solle die Pariser Amtsinhaber absetzen, die »zugleich geld- und machtgierig sind«. So weit wird der Konvent zwar nicht gehen, aber er beschließt auf Antrag Barères, eine neue Zwölferkommission zu bestellen, die mit außergewöhnlichen Befugnissen ausgestattet und mit der Untersuchung betraut wird. Danton ist mit diesem Vorschlag gar nicht zufrieden, bekundet zwar sein Mißvergnügen, aber stellt sich ihm dann doch nicht in den Weg. Auch die Plaine widersetzt sich nicht. Sie ist durch die bedrohliche Aktivität der Sektionen aufgeschreckt, ebenso wie durch das Gerücht von einer Verschwörung, das Barère an Guadet weitergibt. Die Kommission ist rasch ausgewählt und – ein bezeichnendes Indiz für die Befürchtungen der Plaine – setzt sich allein aus Girondisten zusammen. Sie kommt zu der Überzeugung, daß eine »schreckliche Verschwörung gegen die Republik« im Gange sei, die den Konvent insgesamt und im einzelnen das Leben vieler seiner Mitglieder bedrohe. Darum schlägt sie am 24. Mai ein Dekret vor, das Paris praktisch in den Ausnahmezustand versetzt. Hier ist Danton vorsichtig: Als sei er sich der zukünftigen Entwicklung der Ereignisse nicht sicher, hütet er sich, das Dekret in seiner Gesamtheit anzugreifen. Er konzentriert seine Argumentation auf den ersten Artikel, der »das öffentliche Wohl, die Volksvertretung und die Stadt Paris unter den besonderen Schutz der guten Bürger« stellt. Er wundert sich nur, daß man etwas dekretiert, »was ohnehin in all Ihren Gesetzen steht«. Er gibt vor zu glauben, das bewußte Komplott sei ein aristokratisches Komplott, und er weigert sich, dem Konvent eine besondere Gefährdung zuzugestehen:

»Was man Ihnen zu beschließen vorschlägt, bedeutet, die Angst zu beschließen!«

»Jawohl, ich habe Angst!« antwortet ein unbekannter Abgeordneter freimütig.

»Wenn Paris bereit ist, sich gegen alle Verräter in seinen Mauern zu bewaffnen, um den Nationalkonvent zu schützen, ist es absurd, ein neues

Gesetz zu erlassen«, meint Danton. Dabei weiß er genau, daß »diese Bürger von Paris, die man so verleumdet hat« und deren Verteidigung er mit so viel Eifer übernimmt, sich gerade anschicken, für eine Minderheit – aber eine aktive Minderheit – einen Teil eben dieser Volksvertretung anzugreifen, die sie angeblich gegen »die Feinde der Freiheit« verteidigen wollen. Danton spielt auf wirklich zynische Weise mit Worten. Im übrigen läßt er über seine Absichten einige Sätze fallen, die beweisen, daß er sich gegen das Dekret wendet, um den kommenden Aufstand zu erleichtern. Und tatsächlich droht er der Gironde mit den Worten: »Passen Sie nur auf, daß man nicht nach der Kommission zur Untersuchung von Verschwörungen in Paris genauso eine Kommission fordert zur Untersuchung der Verbrechen jener, die alle Departements aufhetzen wollten.« Diese Drohung relativiert ganz erheblich seinen allgemeinen Aufruf, die Streitigkeiten zu vergessen. Doch das Dekret wird mit großer Mehrheit angenommen, ohne den von Danton geforderten vorhergehenden Bericht. Die Abgeordneten haben sich von seinen kleinen Lügen nicht hinters Licht führen lassen. Die Zwölferkommission läßt daraufhin einige Agitatoren verhaften, darunter Varlet, Dobsen und Hébert. Dieser hat in der Nr. 239 seiner Zeitung *Le Père Duchesne* Verschwörungen benannt, die von den »Brissotins, den Girondisten, den Rolandisten, den Buzotisten, den Pétionisten, dem ganzen verdammten Klüngel der Komplizen Capets und Dumouriez'« angezettelt seien, »um die tapferen Montagnarden, die Jakobiner, die Kommune von Paris zu meucheln, der Freiheit den Todesstoß zu versetzen und die Monarchie wiederherzustellen«. Die Verhaftung Héberts wirkt wie eine Lunte am Pulverfaß. Am 25. Mai fordert die Kommune die Freilassung ihres stellvertretenden Anwalts. Eine Abordnung des Generalrats holt sich im Konvent vom Präsidenten Isnard, einem überzeugten Girondisten, eine scharfe Abfuhr: »Hören Sie gut zu, was ich Ihnen jetzt sage... Wenn man die Volksvertretung immer wieder mit Aufruhr antasten darf, – das erkläre ich Ihnen im Namen von ganz Frankreich, dann wäre Paris bald dem Erdboden gleich, und man müßte an den Ufern der Seine suchen, ob es Paris je gegeben hat!« Als der Tumult sich gelegt hat, muß Danton erst die Klärung mehrerer zweitrangiger Fragen abwarten, bis er Isnard antworten kann. Er wird dabei von der Gironde immer wieder unterbrochen, so wie zuvor Isnard von Marat und der Montagne unterbrochen wurde, doch übernimmt er ein weiteres Mal die Verteidigung der Hauptstadt Paris. Er erklärt, Isnard habe sich zu einem rednerischen Exzeß hinreißen lassen – aus seinem Munde fast eine ironische Bemerkung –, und verbindet seinen Aufruf zur Versöhnung zwischen Paris und den Departements mit einer furchtbaren Drohung: »Wenn erst einmal denen die Maske vom Gesicht gerissen ist, die sich als Patrioten aufspielen und den Aristokraten als Schutzwall dienen, dann wird sich ganz Frankreich erheben und seine Feinde niedermachen!« Am nächsten Tag erklären sich die Jakobiner auf Antrag Robespierres als im Aufstand befindlich. Es handelt sich um einen »moralischen« Aufstand mit dem Ziel, durch den Druck der Massen zu erreichen, daß sich der Konvent selbst von »Verdächtigen« säubert. Am 27. Mai gleicht die Nationalversammlung einem Hexenkessel. Die Sektion Cité hat vergeblich die Freilassung ihres Präsidenten Dobsen und seines zusammen mit Hébert verhafteten Sekretärs verlangt und fordert jetzt die Vorladung der Zwölf vor das Revolutionstribunal. Danton widersetzt sich heftig der »Tyrannei« der Girondisten, die Robespierre das Wort verweigert haben. »Wir werden euch Widerstand leisten«, schleudert er ihnen entgegen. Mit dem gleichen Ungestüm legt er sich mit dem Zwölferausschuß an, der »die Waffen, die wir in seine Hände legten, gegen die besten Bürger wendet«. Die Gänge im Konvent sind von Aufrührern besetzt, während die Zwölferkommission ein in der Nähe stationiertes Bataillon der Nationalgarde anfordert. Beschwichtigungsversuche des Innenministers Garat und des Bürgermeisters Pache wechseln ab mit Delegationen aus den Sektionen, die nicht aufhören, die Freilassung der Patrioten zu fordern. Kurz vor Mitternacht lassen Danton und Delacroix die Freilassung Héberts und seiner Freunde beschließen; das Urteil der Zwölf wird aufgehoben. Sie profitieren davon, daß viele Girondisten schon gegangen sind und von Petitionären ersetzt wurden. Es wäre reizvoll, hinter diesem von einer nur noch schwach besetzten Versammlung im letzten Augenblick abgerungenen Beschluß den Wunsch Dantons zu sehen, durch eine Versöhnungsgeste den Todeskampf der Gironde aufzuhalten, auch wenn sie sich selbst geweigert hatte, ein solches Friedensangebot zu machen. Das wäre eine schöne Geste, eine Verwirklichung der Dantonschen Ideen von der republikanischen Einheit. Aber man sollte mit einer solchen Interpretation vorsichtig sein. Die Zeit der Kompromisse ist vorbei, und Danton weiß das. Die Montagne hat den Sturz der Gironde beschlossen, und die in der folgenden Nacht gefaßten Beschlüsse hatten nur ein Ziel: die Gironde zu schwächen und ihre letzte Waffe, den Zwölferausschuß, zu zerschlagen. Das bedeutet durchaus nicht, daß Danton auf den Sturz der Gironde versessen gewesen wäre, aber wie immer hat er gespürt, daß das Rad sich weiterdreht, und er hat sich wie immer auf die richtige Seite geschlagen.

Am nächsten Tag, dem 28. Mai, kehrt die Gironde geschlossen auf ihre Bänke zurück, und es gelingt ihr mit knapper Mehrheit, die Wiedereinsetzung der Zwölf zu erzwingen. Danton protestiert, droht und tobt: »Wir haben doch bewiesen, daß wir unseren Gegnern an Vorsicht überlegen sind, jetzt werden wir ihnen beweisen, daß wir sie auch an Kühnheit und revolutionärem Elan übertreffen!« Wenig später erklärt er mit erhobener Stimme, mit den moderaten Tönen müsse jetzt endlich Schluß sein, und »diese erbärmlichen Feuillants, diese feigen Gemäßigten sollen endlich verschwinden«. Am nächsten Tag verabschiedet der Konvent mit einer unvorstellbaren Blauäugigkeit die Erklärung der Menschenrechte, die dem Text der neuen Verfassung vorangestellt werden soll. Im Bischofspalais konstituiert sich mittlerweile ein neues Zentralkomitee, das aus zwei Gremien besteht: einer Versammlung der Sektionsbeauftragten – 33 von 48 Sektionen sind dem Aufruf gefolgt – und einem Komitee der Sechs (bald erweitert auf neun, danach auf elf). Mitglieder sind kleine Handwerker, Ladenbesitzer und Angestellte. Die Kommune und das Departement versuchen, die Bewegung in die von Robespierre gewiesene Richtung zu lenken. Am 30. Mai ruft das Departement die Sektionskommissare bei den Jakobinern zusammen. Am gleichen Tag, gegen Abend, begeben sich zwei Girondisten, Meillan und Pénières, zum Wohlfahrtsausschuß, um zu versuchen, Danton ein letztes Mal umzustimmen. Meillan schlägt Danton vor, zu seiner früheren Haltung zurückzukehren und sich von den Radikalen zu distanzieren. Dafür wolle ihm die Gironde die Leitung des Wohlfahrtsausschusses ganz allein überlassen, um dort »das Rechte zu tun«. Eine solche stille Diktatur durch Versöhnung hätte Danton noch vor zwei Monaten gereizt, aber jetzt ist es zu spät. »Man hat doch kein Vertrauen zu mir«, antwortet er, um seine Ablehnung zu begründen. Am gleichen Abend überträgt der Konvent einem unnachsichtigen Montagnarden den Vorsitz, dem Abgeordneten Mallarmé aus dem Departement Meurthe.

Schon in der Nacht tritt der neue Ausschuß im Bischofspalais in Aktion. Er löst die Kommune auf, um sie gleich darauf in neuer Besetzung wieder einzusetzen, was dem Komitee und dem Aufstand gleichermaßen Legitimität verleiht. Hanriot, ein Angestellter der städtischen Zollbehörde, steigt vom Kommandeur des Sansculotten-Bataillons zum Kommandanten der Nationalgarde auf. Die Kanonen donnern; die Sturmglocke läutet überall in der Stadt. Der Konvent versammelt sich beklommen, und der Aufmarsch der Sektionen beginnt. Sie fordern die Absetzung der Zwölf. Danton unterstützt den Antrag Thuriots gegen die

Kommission, und rechtfertigt den Aufruhr. Aber er schreibt ihm nur eine eingeschränkte Bedeutung zu: »Paris... wollte nur alle Bürger ermahnen, Gerechtigkeit von euch zu fordern... und falls einige wirklich gefährliche Menschen einen Aufstand verlängern wollen, der eigentlich überflüssig wird, sobald ihr Recht gesprochen habt, wird Paris sie wieder ins Nichts zurückscheuchen.« Nach diesen Worten kehrt Danton unverzüglich zum Wohlfahrtsausschuß zurück, der in Permanenz tagt. In seinen Reihen gibt es eine starke Opposition gegen die aufständische Bewegung: Bréard, Barère, Delmas und insbesondere Cambon, der schon am 2. Juni von Rücktritt spricht. Die Plaine, die jetzt politisch mit der Montagne zusammengeht, ist immer noch nicht bereit, die Gironde zu eliminieren, zumindest nicht auf diese Weise. Der Ausschuß beschließt, die Auflösung der Zwölferkommission und eine Untersuchung über die angeblichen Verschwörungen vorzuschlagen, damit Licht in die Angelegenheit kommt. Barère unterbreitet diese Vorschläge dem Konvent. Das aufständische Komitee im Bischofspalais wird von der Kommune und den Sektionsversammlungen nur mäßig unterstützt, und deshalb geht ihm recht bald der Atem aus. Es erfordert die ganze Energie von Jacques Roux, von Varlet und den *Enragés*, um einen Teil der Sektionsmitglieder mitzuziehen. Gegen 5 Uhr ist der Konvent umstellt. Die letzte Petition, die an der Schranke vorgetragen wird, ist eine Mischung aus den Vorschlägen Robespierres und dem Programm der Aufrührer. Sie wurde vom Revolutionsrat vorbereitet, jedoch im Namen der Pariser Behörden vorgelegt und fordert neben der Auflösung der Zwölferkommission auch die Verhaftung ihrer Mitglieder, sowie der Verdächtigen Lebrun, Clavière und 22 weiterer Girondisten, außerdem die Aufstellung einer besoldeten und aus Sansculotten zusammengesetzten Revolutionsarmee, die insbesondere dazu bestimmt sein soll, alle Verdächtigen zu bestrafen, weiterhin die Säuberungen der Verwaltungen, eine öffentliche Unterstützung für die Armen, die Besteuerung der Reichen zur Finanzierung eines herabgesetzten Brotpreises und sogar die Beschränkung des Wahlrechts auf die echten Sansculotten. Obwohl die Montagne die Petition nachdrücklich unterstützt, beschließt der Konvent nur die Auflösung der Zwölferkommission. Wie im Februar und März hat er dem Druck standgehalten. Der Aufstand ist vorläufig gescheitert. Es ist behauptet worden, Danton und Delacroix seien die Verfasser der Petition der Aufrührer gewesen. Doch Danton war zwar einer der ersten, die eine Revolutionsarmee propagiert hatten und er hatte auch schon früh vorgeschlagen, die Reichen das Brot der Armen bezahlen zu lassen, aber der

Inhalt der Petition steht nicht nur im Widerspruch zu seiner Freundschaft für Lebrun, seinem Partner bei Verhandlungen vom August bis Oktober 1792 wie im April und Mai 1793, sondern vor allem zu seiner persönlichen Haltung am 31. Mai, als ihm jegliche Energie fehlte, wie zahlreiche Zeugen behaupten. Wäre Danton der Verfasser der Petition gewesen, hätte ihm Chabot sicher nicht am Abend bei den Jakobinern seine Nachgiebigkeit vorgeworfen. Während des ganzen Tages trug Danton eine Art sorglosen Vertrauens zur Schau, eine Haltung, die Garat erstaunte und Sebastien Mercier schockierte. Man wird nie erfahren, welche Gedanken den Tribun am 31. Mai 1793 im Innersten bewegten.

Die führenden Politiker der Montagne waren nun entschlossen, die Sache zu Ende zu bringen und die Bewegung zu unterstützen. Schon am Abend des 31. Mai äußert Billaud-Varenne vor den Jakobinern seine Meinung sehr eindeutig: »Heute hätten wir dieser Partei den entscheidenden Schlag versetzen können.« In der Nacht läßt das Komitee im Bischofspalais einige Verdächtige verhaften, darunter auch Madame Roland. Am 1. Juni verfaßt der Wohlfahrtsausschuß eine Erklärung, in der er das hohe Lob von Paris singt und die Einheit von Departements und Hauptstadt predigt. Der Text wird gegen den Widerstand der Gironde vom Konvent angenommen. Am nächsten Tag soll es zum Aufstand kommen. Spät abends erscheint eine neue Delegation im Konvent, um den Anklagebeschluß gegen die Gironde zu fordern. Der Antrag wird an den Ausschuß verwiesen, der im Laufe der Nacht seine Beratungen abhält. Minister Garat schlägt vor, daß alle Parteiführer im Konvent zurücktreten sollen. Man entscheidet sich für einen Kompromiß: Alle Abgeordneten, deren Verhaftung von den Aufständischen gefordert wird, werden gebeten, »die Ausübung ihrer Ämter innerhalb des Konvents vorläufig niederzulegen«, was darauf hinausläuft, sie der Willkür ihrer Ankläger auszuliefern. Nun haben die Girondisten begriffen, daß das Ende nahe ist. Einige verstecken sich, um dem Schicksal Madame Rolands zu entgehen, andere finden doch noch den Mut, am 2. Juni im Konvent zu erscheinen. Lanjuinais wagt sogar einen Gegenvorstoß mit dem Antrag, alle für den Aufruhr verantwortlichen Pariser Behörden aufzulösen. Als den Girondisten aber nahegelegt wird, vorsorglich von ihren Ämtern zurückzutreten, beugen sich einige, wie z. B. Isnard, dieser Aufforderung. Andere, wie Barbaroux und Lanjuinais, weigern sich energisch, diesem indirekten Hinauswurf zu folgen. Hanriot hat jedoch die Tuilerien von Zehntausenden Bewaffneten umstellen lassen, angeblich 80000 Mann, die auch über zahlreiche Kanonen verfügen.[3] Die

Truppen der gemäßigten Nationalgarde stehen dagegen in den hintersten Reihen. Die Aufrührer fordern die sofortige Verhaftung der Girondisten. Sie blockieren die Flure des Konvents. Wie die übrigen Abgeordneten protestiert auch Danton gegen diesen Angriff auf die Freiheit der Volksvertretung. Dies sei eine schwere Beleidigung des französischen Volkes, und er verlangt eine würdige Wiedergutmachung. Gegen 5 Uhr verlassen die Abgeordneten zum Zeichen ihres Protests unter Führung von Hérault de Séchelles geschlossen den Sitzungssaal. Wenn man Barère glauben darf, so drückt Danton im Vorübergehen einem Adjutanten Hanriots die Hand und lobt ihn leise: »Gut gemacht.« Der Zug kommt allerdings nicht weit. Hanriot befiehlt den Abgeordneten, die »Schuldigen« auszuliefern, und sie müssen nach einem mißlungenen Ausbruchsversuch durch den Garten vor den drohend aufgerichteten Kanonenrohren kläglich in den Sitzungssaal zurückmarschieren. »Nicht einmal wir, die Mitglieder der Montagne«, schreibt Levasseur später, »konnten ohne Schmerz mit ansehen, wie der Volksaufstand sich gegen die einzige verfassungsmäßige Körperschaft wendete, die das Vaterland hätte retten können.« Bestürzt ob seiner Ohnmacht, ist der Konvent völlig verunsichert. Couthon wird es nicht schwerfallen, den gordischen Knoten durchzuhauen: Er beantragt ein neues Dekret, das die Nationalversammlung, Montagne und Plaine in vollkommener Eintracht, per Akklamation verabschiedet. Clavière, Lebrun und 29 Abgeordnete der Gironde werden unter Hausarrest gestellt. So nimmt das makabre Spiel seinen Lauf; es endet mit dem Todesstoß für die Gironde. Die Dekrete vom 28. Juli und vom 3. Oktober vervollkommnen später nur noch das Werk der Vernichtung.

Wenn man Garat glauben darf, waren Danton und Delacroix über diese Lösung besorgt, ja fast beschämt. Danton »wollte« den 31. Mai, aber sicher nicht den 2. Juni. Erhoffte er einen anderen Ausgang? Aber welchen? Hier sollte man ihm doch nicht zuviel Naivität unterstellen. Wie hätte er, der seit langem über den geplanten Umsturz auf dem laufenden war, seine unvermeidlichen Konsequenzen nicht voraussehen können?

Im Gegensatz zu einigen seiner Kollegen, Barère, Delmas und Cambon, die versucht hatten, den Aufruhr zu verhindern, tat Danton nichts, um der Bewegung Einhalt zu gebieten. Man wird ihm zwar vorwerfen, Hanriot am 2. Juni getadelt zu haben, doch das reicht nicht aus, um aus ihm einen entschiedenen Verteidiger der Gironde in ihrer verzweifelten

Lage zu machen. Oft wird hinzugefügt, er habe den Antrag Garats unterstützt, den verhafteten Abgeordneten Geiseln zu stellen. Das ist richtig, doch dieser Vorschlag wurde erst nach dem Ereignis gemacht. Wieder einmal, wie schon im Juli 1791, wie schon am 10. August oder beim Prozeß gegen den König, aber diesmal mehr denn je ist Dantons Verhalten voller Widersprüche, gewunden und fast unverständlich, sei es denn, man geht davon aus, er habe nicht als Staatsmann, sondern als eine Marionette der Politik agiert. Einigermaßen glaubwürdig könnte folgende Hypothese sein: Er hat eine Bewegung entstehen lassen, die es ihm erlaubte, über den Umweg eines Aufruhrs seine alte Rechnung mit den Girondisten zu begleichen, aber er wollte die Gironde nur politisch neutralisieren und dachte nicht daran, daß für sie am Ende des Weges schließlich die Guillotine stehen würde. Am Staatsstreich selbst war Danton kaum beteiligt – es sei denn, er wäre doch der Verfasser der Petitionen vom 15. April und 31. Mai gewesen ... – Aber er unternahm nichts, um die Kollegen zu retten, die ihn wegen der Septembermassaker, dann wegen seiner Geldgeschäfte und seiner Mission in Belgien seit Monaten verbissen attackiert hatten. Als er am 1. April wegen des Verrats von Dumouriez wirklich in der Klemme saß, hatte er ihnen den Kampf angesagt, obwohl er vielleicht der einzige war, der ihre Rückkehr in den Schoß der Republikaner hätte durchsetzen können. Madame Roland sieht ihn danach zwar als ihren Todfeind an, in Wirklichkeit tragen jedoch ihre eigenen Freunde für diese verpaßte Gelegenheit die Hauptverantwortung.

Dantons Verhalten während dieser beiden Tage gibt der Polemik gegen ihn neue Nahrung. Bei den Jakobinern muß Desmoulins ihn gegen ein anderes Klubmitglied in Schutz nehmen, das einen Verdacht gegen Danton äußert, weil er den Sitzungen fernbleibe und sich nicht mehr »so revolutionär zeigt, wie er es einmal war«. Als Robespierre am 8. Juni im Konvent die Exilierung aller Ausländer fordert, weil sich unter ihnen zahlreiche feindliche Agenten befänden, übernimmt es Danton, sie zu verteidigen. Er verweist auf den Patriotismus, den viele von ihnen unter Beweis stellen, und damit läuft er Gefahr, eines Tages als Verteidiger ausländischer Agenten hingestellt zu werden. Am 10. Juni preist er die Bürger von Bordeaux, ganz als hätte er vergessen, daß unter »Föderalismus« seit dem Sturz der Gironde nur noch der Aufstand der Provinzen gegen Paris verstanden wird. Eine Menge solcher Ungeschicklichkeiten fällt am Ende schwerer ins Gewicht als die Briefe seiner Kollegen aus Belgien, worin er sich seine Bürgertugenden bescheinigen läßt.

Der föderalistische Aufstand wird bald zu einer Realität, vor der auch Danton seine Augen nicht länger verschließen kann. Am 13. Juni, als der Konvent gerade von der Verhaftung zweier seiner Kommissare im Departement Calvados erfährt – die Normandie ist eines der Widerstandszentren der Gironde –, äußert sich Danton zu diesem großen Riß, der mitten durch die Republik geht. »Heute«, erklärt er, »haben sich die neuen Feinde des Volkes selbst verraten. Sie sind geflohen, sie haben Namen und Beruf gewechselt; sie haben sich falsche Pässe besorgt! Brissot, der Kopf dieser schamlosen Sekte, die doch bald eingeht, dieser Mann, der seinen eigenen Mut und seine Dürftigkeit nutzen wollte, um mir vorzuwerfen, ich schwämme im Geld, ist nur ein elender Schurke; er wird der Guillotine nicht entkommen! Das Volk hat jetzt schon seine Genugtuung: Es hat ihn als Verschwörer verhaftet... Hätte es am 31. Mai die Kanonen und den Aufstand nicht gegeben, würden jetzt die Verschwörer triumphieren, sie würden uns ihr Gesetz diktieren! Mag dieser Aufstand als Verbrechen auf uns zurückfallen! Ich selbst habe ihn heraufbeschworen, als ich sagte, daß wir der Unterdrückung widerstehen und die Freiheit auf unerschütterlichen Fundamenten erbauen würden, wenn es im Konvent nur noch 100 Männer gäbe, die so sind wie ich!« (Eine Anspielung auf seine Invektive vom 27. Mai gegen die Girondisten: »Solange es unter uns 100 gute Bürger gibt, werden wir Widerstand leisten!«).

Danton hat sich also wieder ganz der jakobinischen Interpretation des Ereignisses angenähert. Allerdings läßt er in seinen Aufruf zur Ausrottung des Föderalismus den Vorschlag einfließen, »den irregeführten Provinzbeamten eine Frist von 24 Stunden zu gewähren«, ohne die eigentlichen Drahtzieher zu schonen. Am nächsten Tag wird er bei den Jakobinern freundlich empfangen. »Gestern im Konvent hast du die Republik gerettet«, gratuliert ihm Bourdon de l'Oise und fordert ihn auf, das Wort zu ergreifen. Als jovialer Sieger wiederholt Danton seine jakobinischen Überzeugungen. Seine häufigen Absenzen entschuldigt er mit vielfältigen Aufgaben im Wohlfahrtsausschuß, die seine ganze Zeit in Anspruch nähmen (was gelogen ist). Und auf einmal scheint die Sonne wieder: Die Jakobiner applaudieren, und darauf kommt es im Augenblick an.

Unter den am 2. Juni Gestürzten ist auch Lebrun. Danton versucht ihn zu retten. Oft hat er zusammen mit diesem Minister fruchtlose Verhandlungen mit den feindlichen Mächten geführt. Unter ständiger Bewachung von zwei Gendarmen führt Lebrun noch eine Zeitlang seine Amtsgeschäfte weiter, aber die Regierungen der europäischen Allianz lassen sich nicht lange darüber täuschen, daß der französische Verhandlungspartner unter dem Druck der Gewehre steht. Bald wird Lebrun durch Desforgues, den ehemaligen Mitarbeiter des Rechtsanwalts Danton, ersetzt.

Der Wohlfahrtsausschuß tagt morgens ab 9 Uhr und abends ab 7 Uhr; nachmittags finden keine Sitzungen statt. Verdient er noch immer den Spitznamen eines »Danton-Komitees«? Oder trug er ihn je zu Recht? Nachdem Danton lange Zeit wegen seiner positiven Einstellung zum Aufstand vom 31. Mai von seinen gemäßigten Kollegen geschnitten wurde, sieht er sich nun von neuen Mitgliedern umgeben, überzeugten Anhängern der Montagne, die ihm allerdings ihrerseits seine Nachgiebigkeit am 2. Juni zum Vorwurf machen! Sehr bald bleibt Danton den abendlichen Sitzungen und dann gelegentlich auch morgens fern. Wo ist der unermüdliche Arbeiter, wie ihn einige phantasievolle Leute schildern? Oft hält er sich ganz einfach zu Hause, in der Rue des Cordeliers, auf und interessiert sich allein für das junge Mädchen, das seinen älteren Sohn aufzieht und zuletzt der kranken Gabrielle als Vertraute diente: Louise Gély, die kleine Nachbarin, ein niedliches Kind von 16 Jahren, Tochter eines ehemaligen Gerichtsdieners, der zuvor Angestellter bei der Marine war. Es erübrigt sich, die erbauliche Legende anzuführen, wonach Gabrielle, als sie den Tod kommen fühlte, mit ihren Eltern die künftige Wiederverheiratung ihres Witwers mit der Heranwachsenden organisiert haben soll. Jedenfalls akzeptierten die Charpentiers diese Entscheidung des Schwiegersohns sehr bereitwillig. Graziös, zierlich, hübsch und verlockend, fiel sie Danton sehr bald ins Auge, und er macht ihr eifrig den Hof. Vier Monate nach dem Tod seiner Frau wird der Ehevertrag unterzeichnet (12. Juni 1793). Man entscheidet sich für die Gütertrennung: Louise bringt 10 000 Livres an Aussteuer ein (eine fiktive Aussteuer, denn am gleichen Tag erklären ihre Eltern, Danton diese Summe schuldig zu sein), sie erhält 30 000 Livres von einer Tante Dantons (eine versteckte und elegante Weise des Ehemanns, selbst diese 30 000 Livres beizubringen, was er dann am 26. August unfreiwillig bei den Jakobinern zugibt), und der Ehemann überläßt seiner Frau die Verwaltung seines Vermögens. Hat Danton sich seine Frau also »gekauft«? Zumindest ist es zulässig, die Frage zu stellen, ob er, als er seine junge Ehefrau so begünstigte, nicht schon an die Konfiszierungen dachte, die mit Verurteilungen durch das Revolutionstribunal verbunden sind.

Aber als fromme Katholiken stellten die Eltern bei der Heirat eine Bedingung: Ein refraktärer Priester sollte die beiden trauen, nachdem er ihnen zuvor die Beichte abgenommen hatte. Für ein Mitglied des Konvents und des Wohlfahrtsausschusses ist das eine unannehmbare Bedingung, zumal ein Teil der Montagne, trotz der Bedenken Robespierres, eine antireligiöse Politik zu propagieren beginnt, die an Atheismus grenzt. Diese Politik wird im Jahre II zu verblüffenden Ergebnissen führen, bei denen sich Dummheit und Lächerlichkeit gegenseitig überbieten. Davon zeugt auch der berüchtigte »Almanach der Republikaner für die öffentliche Erziehung«, verfaßt von dem Moralisten Sylvain Maréchal, wo man unter anderem folgende Erklärung lesen kann: »Jesus-Christus, Märtyrer. Er war Jude und wurde von Aristokraten und Schwarzröcken an den Galgen gebracht, weil er einen heiligen Aufstand unter den Sansculotten Jerusalems versucht hatte. Im übrigen rührt von ihm das Sprichwort: Der Prophet gilt nichts in seinem eigenen Land. Verzeihen wir Jesus-Christus die Scharlatanerie seines Lebens, in Erinnerung an seinen Tod, der recht erbaulich war.« Es ist schwer zu sagen, wie Dantons persönliche Anschauungen in dieser Frage aussahen. Als überzeugter Revolutionär hatte er 1789 die Verstaatlichung der Kirchengüter und 1790 die Zivilverfassung des Klerus gebilligt. Als Verwalter des Departements Paris hatte er 1791 das Sekretariat der Versammlung der Gemeinde-Wahlmänner bestätigt. Diese Versammlung sollte die neuen Priester ernennen. Danton war in kirchlichen Fragen unerfahren; deshalb erledigte er diese Aufgabe sicher ohne Begeisterung. Später griff er gelegentlich in die Diskussionen über die Religionsfrage ein. Im November 1792 predigte er im Konvent die Toleranz, allerdings unter ausschließlich pragmatischen Gesichtspunkten: »Wenn Sie erst einmal eine Weile Priester der Vernunft gehabt haben, welche die Aufklärung in die Hütten tragen, dann wird es an der Zeit sein, dem Volk von Moral und Philosophie zu sprechen. Aber bis dahin ist das Volk noch unaufgeklärt, und es ist ein Verbrechen gegen die Nation, dem Volk die Priester wegzunehmen, bei denen es noch Trost findet.« Seiner Meinung nach sollte der Konvent »das Volk davon überzeugen, daß er nichts zerstören, sondern alles verbessern wolle, daß er den Fanatismus nur deshalb verfolge, um die Religionsfreiheit zu garantieren.« Am 19. April 1793 hatte er in der Diskussion um die neue Menschenrechtserklärung das Wort ergriffen und verkündet: »Das Recht der freien Religionsausübung, ein heiliges Recht, muß mit Hilfe der Gesetze geschützt werden, und diese Gesetze stehen im Einklang mit den Prinzipien und haben kein anderes Ziel, als diese zu sichern. Die menschliche Vernunft kann nicht rückwärts gehen. Wir sind zu weit fortgeschritten, als daß wir das Volk glauben machen könnten, es hätte keine Religionsfreiheit, weil es diese grundlegende Freiheit nicht in Ihrem Gesetzeskanon finden kann.« Damit nimmt er eine geschickte, aber doppeldeutige Position ein; er kann so gleichermaßen als entschiedener Verfechter der freien Religionsausübung wie auch der Staatskirche erscheinen. Die eidverweigernden Priester sollten verfolgt werden, aber sozusagen human, davon zeugt auch sein Redebeitrag vom 24. Juli, mit dem er sich zwar ihrer Deportation, nicht aber der Ausweisung widersetzt. Er stellte diese Freiheit über die Rechte, die zur Menschenrechtserklärung gehören, also jene Rechte, die möglicherweise bedroht sein könnten. Aber in dem Maße, wie er sich weigerte, sie ausdrücklich in die Verfassung einzuschreiben, öffnete er indirekten, gesetzgebenden oder faktischen Angriffen auf eben diese Freiheit Tür und Tor. Im Juli scheint er des öfteren seine Zurückhaltung aufzugeben. Er fordert die Absetzung von Bischöfen, die sich einer Heirat von Priestern in ihrer Diözese widersetzen, und er hätte gern alle hinter Schloß und Riegel gebracht, die sich Verstöße gegen die Staatsgesinnung zuschulden kommen lassen. In diese Richtung äußert er sich gelegentlich auch bei den Jakobinern. Später, am 22. November 1793, wird er die Beibehaltung der Pensionen für die Priester[4] und auch einen Besoldungsplan für Priester, die ihr Amt niedergelegt haben, befürworten. »Die Versammlung«, so sagt er bei dieser Gelegenheit, »will keinen Gottesdienst bezahlen, aber sie verabscheut die Verfolgung und verschließt den Rufen der Menschlichkeit nicht ihr Ohr.« Auch da spürt man den Pragmatismus in den Überlegungen Dantons, denn er fügt hinzu: »Wenn Sie den Priestern den Lebensunterhalt nehmen, treiben Sie sie in die Alternative, entweder den Hungertod zu sterben oder sich den Rebellen in der Vendée anzuschließen.« Vier Tage darauf protestiert er dagegen, daß Priester öffentlich abschwören sollen: »Ich verlange, diesen antireligiösen Mummenschanz innerhalb des Konvents sofort einzustellen. Wenn jemand auf dem Altar des Vaterlands das Kleid der Kirche ablegen will, soll daraus kein Theaterspiel und kein Siegestanz gemacht werden!« Noch am gleichen Tag wettert er gegen den Atheismus und propagiert statt dessen den Kult des Höchsten Wesens. Die leichte Veränderung des Tonfalls, die zwischen April und November auffällt, hat keine besondere Bedeutung, sie entspricht ganz einfach seiner politischen Flexibilität. Im Herbst 1793 wird er Robespierres Verbündeter sein im Kampf gegen absurde Exzesse der Dechristianisierungsbewegung. Was läßt sich daraus schließen? Von wechselnden Stimmungen abgesehen, ist Danton ein Anhänger einer gewissen religiösen Toleranz.

Tief im Innern amüsierte sich Danton wohl nicht schlecht über die Angriffe auf die Religion seiner Väter. Ohne den Atheismus und seine Manifestationen zu billigen, läßt er sie geschehen, ohne wirklich zu protestieren, und wenn er protestiert, wird es – wie am 26. November – aus politischem Kalkül geschehen. Zwischen einem vagen Deismus und einem nicht-philosophischen Materialismus schwankend – und damit ganz anders als der Theist Robespierre, der ein Jahr darauf den Kult des Höchsten Wesens und das Dogma von der Unsterblichkeit der Seele offiziell einführt –, hat er einst gegen den König polemisiert, weil er die Eidverweigerer schützte, aber dabei handelte es sich um eine konterrevolutionäre Demonstration mit *politischen* Dimensionen. Vorausgesetzt, daß niemand etwas davon erführe, war Danton also bereit, einem eidverweigernden Priester zu beichten und seine Ehe heimlich segnen zu lassen, wenn er dadurch ein hübsches Mädchen bekam, das seinen robusten Wünschen entsprach. Man wendet sich an Grayo de Kéravenant, den ehemaligen Vikar von Saint-Sulpice. Er wurde 1791 von seinem Posten verjagt und im ehemaligen Karmeliter-Kloster eingekerkert. Eine wunderbare Verkettung von Umständen bewahrte ihn vor den Septembermassakern. Seit neun Monaten hielt er sich in Paris versteckt und riskierte jeden Tag Kopf und Kragen, weil er heimlich weiterhin sein Amt ausübte. Dieser Priester sieht nun Danton auf sich zukommen und das Beichtsakrament fordern; trotz allem empfindet er so etwas wie Sympathie für ihn: »Er hatte eine zerzauste Perücke, ein pockennarbiges Gesicht, eine Zornesfalte zwischen den Augenbrauen, und die Mundwinkel verrieten Gutmütigkeit. Er hatte wulstige Lippen, große Zähne, die Faust eines Grobians und strahlende Augen.« Danton erhält zum erstenmal seit langer Zeit die Absolution. Die kirchliche Trauung findet in einer Dachstube vor einem zum Altar umgewandelten Tisch statt. Für die Öffentlichkeit wird eine Ziviltrauung im Rathaus abgehalten.

Dantons zweite Frau ist siebzehn Jahre jünger als er. Der Altersunterschied ist also beträchtlich, aber mit seinen 33 Jahren hat Danton noch seinen ganzen jugendlichen Elan, und man kann in dieser übereilten Heirat durchaus nicht das Indiz einer »senilen« Leidenschaft sehen. Er findet wieder Geschmack an den einfachen Freuden des ehelichen Lebens, und wie früher kann der Jungvermählte wieder seine Freunde zu Hause empfangen. Die fröhlichen Festessen des Cour du Commerce sind ein wohltuender Kontrast gegen die blutigen Dramen des Alltags. Der Mann der Kühnheit scheint sich im Komfort des wohlversorgten und vollgestopften Bourgeois einzurichten. Sein erster Schwiegervater überläßt ihm weiterhin die »Fontaine d'Amour«, einen hübschen, im Oktober 1792 in Sèvres erworbenen Besitz, dessen Name allein schon Programm ist. Verliebte Intimität und der Reiz von Landpartien: Wird Danton wieder in Trägheit versinken?

Dantons Stellungnahmen im Bereich der reinen Politik sind, abgesehen von den schon angeführten, vom April bis Juli 1793 recht selten. Bei der Debatte über die Verfassungsartikel hatte er am 22. April darauf bestanden, der Gesetzgeber solle die Möglichkeit haben, eine progressive Steuer zu beschließen. Am 27. April entwickelte er im gleichen Sinne die Idee einer Steuer oder Zwangsanleihe bei den Reichen (die Patrioten im Departement Herault beginnen damit, diese Anleihe in die Praxis umzusetzen; der Konvent wird diesem Beispiel folgen und die Zwangsanleihe am 20. Mai verabschieden). Als nach dem Sturz der Gironde die Diskussion über die Verfassungsartikel wieder beginnt, beschränkt sich Danton auf kurze Wortmeldungen. Er fordert, daß die Volksabstimmung über den Verfassungstext sowohl schriftlich wie mündlich zum Ausdruck gebracht werden kann, und schlägt vor, die Zuständigkeit für Kriegserklärungen, außer in Einzelfällen, in denen es der Volksbestätigung bedürfe, der Legislative zu überantworten. Wie man jedoch weiß, wurde die Anwendung der im wesentlichen von Hérault de Séchelles verfaßten Montagne-Verfassung des Jahres I, die am 24. Juni verabschiedet worden ist, trotz ihrer Annahme durch das Volk Anfang August (1 800 000 Ja- und 11 000 Neinstimmen bei circa 6 Millionen Wählern) bis zum Frieden vertagt. Danton hegt große Bewunderung für diese Verfassung und erklärt, er sei überzeugt, daß sie sowohl in Paris wie in der Provinz eine positive Wirkung haben werde. Die geringe Beteiligung an der Volksabstimmung – die durch die äußerst zweifelhaften Abstimmungsmodalitäten verschleiert wurde – beweist, daß dieses Vertrauen nur teilweise berechtigt war.

Dantons scheinbare Inaktivität ist kaum zu rechtfertigen. Der Krieg tobt an allen Grenzen – ein Krieg, der alles andere als siegreich verläuft –, Dutzende von Departements, die sich dem Föderalismus angeschlossen haben, der Aufstand in der Vendée, der sich im Westen wie ein Flächenbrand ausbreitet, die Agitation der *Enragés* in Paris, die durch ihre entscheidende Aktion vom 31. Mai und 2. Juni gestärkt, unablässig neue Maßnahmen gegen die Börsenspekulanten, die Lebensmittelhorter usw. fordern, außerdem einen Preisstop und das allgemeine Maximum*[5] – nichts von alledem rechtfertigt die Faulheit Dantons. Immerhin ist er zusammen mit Barère für die Außenpolitik zuständig. Wie wir noch sehen werden, kümmert er sich darum auf eine sehr eigentümliche Weise, die dazu angetan ist, die führenden Köpfe der Montagne ernsthaft zu verstimmen. Was diesen Punkt betrifft, ist der Vorwurf der Faulheit allerdings nicht gerechtfertigt. Auch geht es nicht nur um physische Faulheit. Der Verdacht in Richtung Diktatur ist langlebig. »Danton«, so schreibt Marat mit grausamem Spott, »vereinigt die Talente und die Energie eines Parteiführers, aber seine natürlichen Instinkte lassen ihn immer wieder die Beherrschung verlieren, so daß er einen morschen Stuhl einem Thron vorzieht.« ... Die Angriffe auf Danton häufen sich, er wird der Schwäche, des Moderantismus, der Nachsicht bei der Unterdrückung der Aufstände in den Provinzen, der Geheimverhandlungen mit den Feinden im Innern beschuldigt, es wird ihm aber auch vorgeworfen, sich mit zwielichtigen Gestalten zu umgeben, des Aristokratentums verdächtige Individuen als Agenten zu benutzen usw. Der Abgeordnete Vadier, später eine der Schlüsselfiguren im nationalen Sicherheitsausschuß, wird in die Danton-Biographie eingehen, weil er den lebensfrohen Genießer mit dem höhnischen Spitznamen »fetter Karpfen« belegt. Vadier beklagt sich bitter über die »Schlafmützen« im Wohlfahrtsausschuß. Marat übertrumpft ihn am 4. Juli mit der Behauptung, nur Dilettanten und Verräter säßen im »Ausschuß des öffentlichen Ruins«. Am 8. Juli legt Bourdon de l'Oise einen vernichtenden Tätigkeitsbericht des Ausschusses bei den Jakobinern vor und fordert, dieses Gremium völlig zu erneuern. Chabot stößt in dasselbe Horn. Robespierre beschwichtigt die Gemüter und weist ruhig auf die Schwierigkeiten der augenblicklichen Situation hin – eine pure Höflichkeitsfloskel. Der Ausschuß wird nämlich beschuldigt, an allen Fronten der Revolution seine Unfähigkeit bewiesen zu haben, nach innen wie nach außen, vor allem durch eine instinktlose Diplomatie, die ebenso kostspielig wie wirkungslos sei. Deshalb, und nicht weil er den Ausschußsitzungen zu oft fernblieb, um statt dessen mit lautstarken Reden die Nationalversammlung hinters Licht zu führen, muß Danton sein Amt aufgeben. Man wird nie erfahren, ob er selbst – aus Überdruß oder im Bewußtsein der

* Staatliche Festsetzung der Preise für Grundnahrungsmittel. Am 29. September 1793 unter dem Druck der Sansculotten vom Konvent beschlossen. (Anm. d. Hrsg.)

Niederlage? – um seine Zurückstufung in den Stand eines einfachen Abgeordneten nachsuchte. Auch sein Freund Desmoulins jedenfalls stimmt in den allgemeinen Chor ein, eine Erneuerung des Wohlfahrtsausschusses zu verlangen. Bis zu diesem Zeitpunkt waren die monatlichen Umbesetzungen eine reine Formsache. Am 10. Juli fordern nun mehrere Abgeordnete, unter ihnen auch Drouet von der Montagne, der Ausschuß, der »das Vertrauen der Patrioten« verloren habe, müsse erneuert und die Zahl seiner Mitglieder auf neun reduziert werden. (Am 30. Mai waren ihm zunächst fünf weitere Kommissare zugeordnet worden, darunter Saint-Just, Couthon und Hérault de Séchelles; nach und nach hatte sich durch die Bewilligung von Sondermandaten die Zahl der Mitglieder auf 18 erhöht.) Der Konvent beugt sich diesen Argumenten. Danton, der kaum noch arbeitet, dessen krause Diplomatie nichts bewirkt, der zu Spekulanten und Armeelieferanten verdächtige Beziehungen pflegt, dieser Bestechliche, der offenbar in einem Frieden um jeden Preis die Möglichkeit sucht, sein auf mysteriöse Weise angehäuftes Vermögen ungestört zu genießen – dieser Mann wird nun von Robespierre – gleichsam durch die Vermittlung Drouets – völlig schmerzlos und legal gestürzt.[6]

14. DER »UNTERGANGSAUSSCHUSS«

Für seine Feinde war er der schrecklichste von allen und sie haben deshalb immer geglaubt, er sei für die Republik der gefährlichste.

Garat

»Danton«, schreibt Mathiez, »verriet sein Format mit seiner laschen und unentschiedenen Politik sowie seinen verdächtigen Geheimverhandlungen, mit denen er die furchtbaren Schwierigkeiten nur vertiefte, deren Behebung ihm aufgetragen war.« Es wäre aber ungerecht, über die Arbeit des ersten Wohlfahrtsausschusses insgesamt ein ausschließlich negatives Urteil zu fällen. Wenn man die Qualitäten des »großen« Wohlfahrtsausschusses unter Robespierre rühmt, darf man nicht vergessen, daß es sich hier wie dort um ein Gemeinschaftswerk handelte und daß daran Männer beteiligt waren – Barère und Robert Lindet, später Jean Bon Saint-André, Saint-Just, Couthon –, die auch dem zweiten Ausschuß angehörten. Dennoch läßt sich nicht bestreiten, daß die Politik des ersten Ausschusses unter der informellen Leitung Dantons stand. Deshalb müssen wir versuchen, auf dieses Werk Dantons – manch einer würde sagen, auf seine Intrigen – einen unparteiischen Blick zu werfen.

Im Jahr 1793 ist es schwer auseinanderzuhalten, was in die Außenpolitik gehört und was zum Bereich der Kriegführung zählt, egal ob es sich um den Krieg nach außen oder um den Bürgerkrieg gegen Föderalisten und Royalisten handelt. Dieser Komplex bildet eine Einheit, wobei wir im Interesse einer größeren Übersichtlichkeit mehrere Handlungsbereiche unterscheiden werden.

In der Außenpolitik führt die mit ganz Europa im Krieg liegende Republik eine stolze und klare Sprache. Schon am 13. April ließ Danton dem Konvent ein scheinbar eindeutiges Dekret vorlegen, das einstimmig angenommen wurde. Der Konvent will sich unter der Bedingung der Gegenseitigkeit nicht in die Regierungsformen der fremden Mächte einmischen, aber er droht jedem die Todesstrafe an, »der vorschlägt, mit den feindlichen Mächten zu verhandeln oder Verträge abzuschließen, wenn diese nicht zuvor feierlich die Unabhängigkeit der französischen Nation, ihre Souveränität, Unteilbarkeit und die Einheit der auf Freiheit und Gleichheit begründeten Republik anerkannt haben«. Das ist aber nur graue Theorie. Die Politik des Wohlfahrtsausschusses zielt eindeutig auf Verhandlungen mit allen Mächten, wie auch immer deren Position gegenüber der Republik und ihren Prinzipien aussieht. Am 8. Mai wird Danton im Konvent ausdrücklich von der Möglichkeit eines »ehrenhaften Friedens« mit den Verbündeten sprechen.

Es wäre übertrieben, wie Mathiez zu behaupten, Danton habe nach dem Verrat von Dumouriez »am Sieg gezweifelt und nur noch daran gedacht, mit dem Feind einen baldigen Frieden, einen Frieden um jeden Preis« zu schließen. Ein baldiger Friede: ja; aber ein Frieden um jeden Preis: das ist durchaus nicht gesagt. Um ihr Ziel zu erreichen, werden Danton und Barère lange Zeit auf die Karte der kleinen europäischen Mächte setzen, besonders auf den Rat von Soulavie hin, einem ehemaligen Priester und derzeitigen französischen Geschäftsträger in Dänemark. Als Diplomat und Realist warnt er die beiden am 24. April 1793 vor den verheerenden Folgen ideologischer Engstirnigkeit: »Schon andere haben geglaubt, weil ihr einer gerechten Sache dient, wäret ihr unschlagbar. Ihr habt gekämpft, aber ihr mußtet fast überall schmählich die Flucht ergreifen, und nirgends habt ihr Anhänger gefunden.« Für Soulavie gehen die schönen Prinzipien, wie z. B. die Weigerung, mit Monarchen zu verhandeln und der Krieg gegen den Rest der Welt an den Realitäten vorbei. Es ist unsinnig zu hoffen, daß die verbündeten Mächte Frieden schließen würden – denn sie wollen gar keinen Frieden: »Wie die Girondisten wollen sie das Ende der Sansculotten-Herrschaft, und das können sie nur durch den Krieg erreichen.« Diesen Krieg muß man also fortführen, notfalls mit Hilfe einer Kriegssteuer für die Reichen, aber man muß ihn so fortführen, daß man sich mit kleineren und neutralen Mächten verbündet, damit ihre Intervention im Konfliktfall schwer genug wiegt, um zum Frieden zu führen. Obwohl sie die Macht der kleinen Staaten überschätzte, war diese Idee nicht uninteressant. Danton, der sich gegen die Anregungen Soulavies nicht verschließt, begeht dann jedoch den Irrtum, an die Möglichkeit von Verhandlungen mit den kriegführenden Großmächten zu glauben.

Über die Vermittlung des Belgiers Proli, einen österreichischen Staatsangehörigen, schlägt Danton dem Kaiser separate Friedensverhandlungen vor. General de Dampierre, ein Freund Courtois' und Dantons, setzt sich einen Monat lang für dieses Friedensvorhaben ein; dann fällt er am 8. Mai im Kampf. General Clerfay soll nun den mit Dumouriez geschlossenen Waffenstillstand verlängern, damit Beurnonville und die gefangenen Kommissare gegen »zur Zeit in Paris festgehaltene Personen« ausgetauscht werden können. Allerdings gab es für jede Verhandlung mit Österreich ein großes Hindernis: Marie Antoinette, die gerade eben vom Revolutionstribunal abgeurteilt werden sollte. Wenn man nun die Königin auf freien Fuß setzte, wäre es dann nicht möglich, eine Ebene der Verständigung zu finden? Danton ist davon überzeugt, und seine Gegner in Paris haben es sich nicht nehmen lassen, alle Indizien gegen ihn zu sammeln, die darauf hinweisen, daß er versucht hat, die Königin zu retten. Die Royalisten und Emigranten setzen ihre letzten Hoffnungen auf ihn. Das Konventsmitglied Courtois, jener Freund Dantons, der später berühmt wird, weil er nach dem Thermidor die Papiere Robespierres verwertet, wird aus dessen Papieren später einen Brief veröffentlichen, in dem behauptet wird, Danton sei bereit gewesen, der Königin zur Flucht zu verhelfen, nachdem er ihre Freilassung nicht hatte durchsetzen können. Courtois zufolge hätten er und Danton im Einvernehmen mit der Witwe Choiseuls zu diesem Zweck eine Mannschaft aus Helfershelfern rekrutiert und einige Wächter im *temple* zu Komplizen gemacht. Die Sache sei nur an der Weigerung der Königin gescheitert, ihre Kinder zu verlassen. Mallet du Pan und verschiedene österreichische, spanische oder royalistische Quellen äußern sich ebenfalls sehr klar in dieser Richtung. Für viele war es ausgemacht, daß Danton Marie Antoinette retten wollte. In diesem Fall wäre er möglicherweise in die geheimnisvolle Verschwörung verstrickt, deren Entdeckung am 1. Juli die Trennung der Königin und des Thronfolgers nach sich zieht und insbesondere General Dillon und den Grafen von Castellane wieder zusammenbringt. Was diese These untermauern könnte: Es fällt auf, daß Delacroix in der Ausschußversammlung vom 30. Juni, in der Saint-Just die Verhaftung Dillons forderte, seinen Rücktritt anbot.[1] Zwei Freunde Dillons, Desmoulins und Chabot, hatten seine Wiedereinsetzung durchgesetzt, nachdem er nach dem 10. August suspendiert worden war, weil er seine Soldaten auf Paris marschieren lassen wollte –, und diese Freunde werden ihm jetzt wieder zu Hilfe kommen, der eine über die Presse, der andere als Mitglied des Sicherheitsausschusses. Am 7. August wird Chabot durchsetzen, daß Dillon vorläufig auf freien Fuß gesetzt wird; vielleicht hat er auch die kompromittierenden Schriftstücke aus der Akte des Generals entfernt.

Möglicherweise hatten die französischen Gesandten in den kleinen europäischen Staaten den Auftrag, diesen Mächten nahezulegen, einen möglichen Friedensschluß an die Bedingung der Befreiung Marie Antoinettes zu knüpfen. Sicher ist, daß Danton den Tod der Königin nicht wollte, ebensowenig wie er den des Königs *gewollt* hatte, und daß er kein Hindernis darin sah, das Leben der ehemaligen Herrscherin als diplomatischen Hebel zu verwenden. Er wurde von royalistischen oder österreichischen Agenten zu denselben Modalitäten wie vor und während des Königsprozesses (Auszahlung einer bedeutenden Summe nach dem Erfolg des Unternehmens) angegangen, und er hat vermutlich seine bedingte Unterstützung zugesagt. Nachdem er aber alle Risiken geprüft und abgewogen hatte, kam er wohl zu dem Schluß, daß die Befreiung der Königin zu ungewiß sei, und er muß den Plan aufgegeben haben, um seine schwankende Popularität, seine Karriere und sein eigenes Leben zu retten. Noch im April schienen die Auspizien relativ günstig. Aber Danton überschätzte das Verlangen des Kaisers, seine leibliche Tante befreit zu sehen. Franz II. hatte nicht die Absicht, sich die Hände zu binden, nun da Frankreich offenbar schon geschlagen war. Dennoch hatte Danton die feste Absicht, mit Österreich Frieden zu schließen. Das am 13. April auf seine Initiative hin beschlossene Dekret war denn auch nur eine Antwort auf die am Vorabend von Hassenfratz bei den Jakobinern und von Robespierre im Konvent geführten Angriffe. Der Unbestechliche hatte die Todesstrafe für jeden gefordert, »der in irgendeiner Form vorschlagen würde, mit den Feinden einen Vergleich zu schließen«. Desmoulins wollte sogar die Korrespondenz der Generäle kontrollieren lassen, aber das hätte insbesondere die Verhandlungen Custines zunichte gemacht. Danton holte deshalb zum Gegenschlag aus: Der drohende Tenor des Dekrets vom 13. April schloß nämlich nicht aus, Verhandlungen mit einem Staat fortzuführen, der die Republik zwar anerkannt hätte, auch auf die Gefahr hin, die bereits »befreiten« Völker ihrem Schicksal zu überlassen. Tatsächlich spottete Danton über das Dekret vom 19. November 1792: »Dieses Dekret klingt so, als wollte es für die Unterstützung einiger Patrioten werben, die gern in China eine Revolution machen möchten. Man muß jedoch vor allem an den Bestand unserer eigenen politischen Ordnung denken und an die französische Größe.« Nach der Abstimmung setzt der Unbestechliche jedoch, der in dieser Frage von Ducos und den Girondisten unterstützt wird, seine Angriffe fort. Der

Konvent billigt dann einen Zusatz zum Dekret Dantons, wonach die Rechte der annektierten Völker gewahrt bleiben sollen. Dieser Zusatz wird Danton, soweit es seine Verhandlungspolitik betrifft, allerdings wenig beeindrucken. Verhandlungen? Eher ein Dialog von Schwerhörigen! Die einzige Art der Verhandlung, die Österreich akzeptieren konnte, war die auf der Grundlage einer Wiederherstellung der Verfassung von 1791. Im übrigen würde es die Bedingung stellen, daß sich Frankreich aus den eroberten Gebieten zurückzieht, und es würde auf einer Berichtigung der Grenzen im Norden und im Osten Frankreichs bestehen, so daß eine Verteidigung in Zukunft kaum möglich wäre. Ende April glaubte Minister Lebrun, der Frieden mit Österreich stehe nahe bevor. Deshalb fuhr er fort, mit Unterstützung des Wohlfahrtsausschusses, die geheimen Zusammenkünfte des Generals Custine[2] mit den feindlichen Generälen zu decken. Diese Geheimverhandlungen stellte aber selbst der Kaiser in Abrede, indem er den Herzog von Coburg zu einem regelrechten Stellungskrieg drängte. Österreich war also keineswegs entschlossen, die Koalition zu verlassen.

Mit England, das bald als Speerspitze dieser Koalition auftreten wird, hofft die französische Diplomatie, eine Verhandlungsebene zu finden, sobald Antwerpen von den Franzosen geräumt ist. Die Kontakte mit London werden über Agenten Dantons aufrechterhalten, doch die Verhandlungen führen zu keinem konkreten Ergebnis. Sie hatten wenige Tage vor der Bildung des Wohlfahrtsausschusses begonnen, und der Vollzugsrat hatte zu diesem Zweck den Abenteurer Matthews nach England geschickt. Die Antwort am 18. Mai fällt äußerst trocken aus. Pitt erkennt die französische Republik nicht an; er wird allenfalls verhandeln, wenn sie den Koalierten eine »angemessene Genugtuung, Sicherheit und Entschädigung« leistet. Diese Abfuhr bedeutet indes noch nicht das Ende aller Hoffnungen für Danton und Barère. Sie geben Lebrun den Auftrag, einen neuen Vorstoß zu unternehmen. Cambon zufolge soll Lebrun dem Ausschuß sogar eine Amnestie und Rückkehrerlaubnis für Emigranten vorgeschlagen haben, um die Verhandlungen mit England zu erleichtern. Auf Vorschlag Lord Grenvilles wird vereinbart, daß die Verbindung über die Dolmetscher der Generäle hergestellt wird. Zwei Kommissare brechen deshalb zur Nordarmee auf unter dem Vorwand, über einen Gefangenenaustausch zu verhandeln. Doch da wird Danton aus dem Wohlfahrtsausschuß entlassen. Die neue Mannschaft stellt nun an England die Bedingung, die französische Republik anzuerkennen.

Auch mit Preußen hatte die Republik verhandelt. Lebrun war dafür bereit, stillschweigend eine zweite Teilung Polens zu akzeptieren. Am 15. Mai, kurz bevor er die Rheinarmee verließ, um die Nord- und Ardennenarmee zu übernehmen, befahl Custine seinem Untergebenen Hochard, dem Kommandanten der Moselarmee, mit den preußischen Gefangenen besonders behutsam umzugehen: »was dagegen die Österreicher und die Hessen angeht«, fügte er hinzu, »die überlasse ich euch, aus denen könnt ihr Kleinholz machen.«[3] Die ersten Schritte zu französisch-preußischen Verhandlungen werden von Felix Desportes, einem Schützling Dantons, und von dem unermüdlichen Dubuisson mit Unterstützung Custines durchgeführt. Letzterer teilte die Ansichten Lebruns über eine mögliche Herauslösung Preußens aus der Koalition. Das Ganze führt jedoch nur zu einem banalen Gefangenenaustausch, also ein im Hinblick auf Dantons eigentliches Ziel recht mageres Ergebnis.

Bleiben noch die Kleinstaaten, entsprechend dem von Soulavie empfohlenen politischen Kurs. Auf der Seite des Ausschusses läßt sich lediglich das Projekt eines Bündnisvertrags mit Schweden (16. Mai 1793) verbuchen, das aber offiziell dann am Problem Marie Antoinette scheitern wird. Im übrigen bleibt die Angelegenheit reichlich verworren: Barère, der sich stets treu geblieben ist, führt noch über Dantons Tod hinaus eine Verleumdungskampagne gegen seinen ehemaligen Partner bei diesen Verhandlungen. Er behauptet, Danton habe sich mit dem Baron de Staël, Neckers Schwiegersohn und Botschafter in Schweden, einen Vorschuß von 300 000 oder 600 000 Livres geteilt, der dafür bestimmt gewesen sei, vom schwedischen Kabinett eine Zusage für eine gemeinsame Flotte zu erreichen ... Im übrigen wurden Diplomaten nach Bayern, Sachsen, Venedig (Noël in Begleitung seines Sekretärs Recordain, eines Halbbruders Dantons), Konstantinopel und Florenz geschickt (Sémonville zusammen mit Mergez, einem Schützling und Verwandten Dantons, der zeitweilig einen Posten im Generalstab Dumouriez') hatte). Danton selbst war es, der die Vorbehalte des Ausschusses gegen Sémonville, den früheren Agenten der Zivilliste, zerstreute. Abgesehen vom üblichen Druckmittel, der Königin, bestand der Auftrag aller Gesandten darin, die Kleinstaaten über die Absichten Frankreichs zu beruhigen. Man brachte ihnen den Wortlaut des Dekrets vom 13. April in Erinnerung und erläuterte das Ziel der französischen Republik, »die Politik mit den republikanischen Tugenden zu verbinden.« Für radikale Jakobiner war diese Formulierung Dantons im Grunde inakzeptabel. Denn für Robespierre z. B. kann man die Politik nicht mit den republikanischen Tugenden *verbinden*, weil das bedeuten würde, daß die Tugenden der

Politik lediglich angeglichen würden: Die Politik muß im Gegenteil diesen Tugenden in jedem Punkt *entsprechen.* Ohnehin wird diese Initiative alsbald scheitern, denn Maret, Sémonville und Mergez werden am 25. Juli in der Lombardei von den Österreichern verhaftet.

Dantons und Barères Politik konnte nicht lange geheimgehalten werden. Bald kursierten alarmierende Gerüchte. Um den Ausschuß zu binden, hatte Robespierre am 24. April vorgeschlagen, vier neue Artikel in die Verfassung aufzunehmen – über gegenseitige Hilfe und Brüderlichkeit zwischen den Völkern und über die Souveränität des ganzen Menschengeschlechts, so daß faktisch »die Könige, die Aristokraten und Tyrannen« der Ächtung der ganzen Welt unterworfen wurden. Im Gegenzug verlas Barère am gleichen Tag vor dem Konvent eine an die Armeen gerichtete Erklärung zur unbedingten Kriegsbereitschaft. Alle Friedensgerüchte wurden dementiert und betont, nur ein siegreicher Krieg könne einen ehrenhaften Frieden ermöglichen. Neun Tage später führt Barère dieses Thema weiter aus, wobei er wiederum ausschließlich den »despotischen Koalitionen« vorwarf, auf einen Friedensschluß aus zu sein, einen Frieden, den die Republik nicht akzeptieren könne! Solche Erklärungen reichten jedoch nicht aus, wachsame Patrioten einzuschläfern. Louis Pio z. B., ein Sekretär im Außenministerium, hielt in einem Artikel in Marats Zeitung seinem Ministerium vor, so zweifelhafte Agenten wie Noël oder Proli zu verwenden und unter Mißachtung des Dekrets vom 13. April zu verhandeln. Dabei griff er die vermuteten Beschützer Lebruns namentlich an: Barère und Delacroix. Aber mit seiner Attacke gegen Lebrun war Pio an der falschen Adresse. Unter Danton hat der Wohlfahrtsausschuß nie davor zurückgeschreckt, die Entscheidungen des Konvents zu übergehen, insbesondere was das Verbot für die Armeekommissare betrifft, mit dem Feind in Verbindung zu treten.

Wer aber war dann der führende Kopf bei Verhandlungen? Meist ist Danton der Initiator, ob in Abstimmung mit Barère oder auch nicht. Und Barère scheint, auch wenn er im Rückblick vieles verschweigt, ebenso brav Danton zu folgen, wie er später Robespierre folgte. Und Lebrun seinerseits gehorcht, weil er die Ansichten Dantons und Barères teilt. Daher wird der Ausschuß vergeblich versuchen, beim Staatsstreich vom 2. Juni den Außenminister zu verschonen, mit der Begründung, man dürfe nicht riskieren, die laufenden Verhandlungen aufs Spiel zu setzen. Desforgues, ehemaliger Günstling Dantons und Lebruns Nachfolger im Amt, kann allerdings dann keine Politik im Sinne Dantons mehr machen. Danton trägt also an den Verhandlungen mit den Mächten Europas und an ihrem Scheitern eine schwere Verantwortung. Als am 10. Juli der Wohlfahrtsausschuß erneuert wird und Danton seinen Platz einem anderen überlassen muß, sind die Grenzen von allen Seiten bedroht, die Festungen im Norden belagert. Valenciennes wird bald fallen, so daß für den Herzog von Coburg der Weg nach Paris frei ist. Die Rheinarmee verläßt Mainz, das Ende Juli kapitulieren wird; Spanien und Piemont sind zur Offensive übergegangen. Rußland mit Katharina II. zeigt sich zunehmend feindselig. Schließlich muß der Konvent, von Robespierre, Vadier und anderen nachdrücklich beeinflußt, zugeben, daß die Zeiten für Verhandlungen vorbei sind. Von den vier Millionen an Geheimausgaben, die Ende Juni bewilligt wurden, sollte ein großer Teil für die Bezahlung französischer Agenten im Ausland dienen, und das war ein reines Verlustgeschäft. Der Konvent ließ sich davon überzeugen, daß man im Zustand der Schwäche mit Europas Monarchen nicht mehr ehrenhaft verhandeln konnte, vor allem nachdem man den Königsmord zu einem der Grundprinzipien republikanischer Legitimität gemacht hatte. Dantons Diplomatie, die sich offenbar nur noch an geheimen Bemühungen zur Rettung Ludwigs XVI. erinnert und das Votum gegen den König vergessen machen will, ist dafür nicht mehr geeignet. Es steht jedem frei, dies auf der positiven oder negativen Seite seiner Lebensbilanz zu verbuchen.

Von seinen patriotischen Höhenflügen und der Erweiterung seiner Kompetenzen Ende Juni beeindruckt, glauben Dantons Bewunderer, er habe im Wohlfahrtsausschuß eine entscheidende Rolle im technischen Bereich der nationalen Verteidigung gespielt. Man schreibt ihm einen besonderen Einsatz bei der Waffenbeschaffung zu. Zum Beispiel soll er die Herstellung von Pulver und Kanonen vorangetrieben haben. Das hieße jedoch seine Verdienste zu übertreiben. Danton ist kein Organisator, er hält sich eher für einen guten Verhandlungsführer. Falls er aber in diesem Bereich eine Rolle spielte, so war es nur eine Nebenrolle. So hat er in der zweiten Maihälfte mit Beaumarchais über den Ankauf von Gewehren in Holland verhandelt. Dieser Dramatiker, der zugleich Waffenhändler war, hatte Dantons Rückkehr an die Macht abgewartet, um erneut seine Vorschläge zu unterbreiten. Aber die Verhandlungen ohne Konsultation des Vollzugsrats enden mit einem finanziellen Debakel. Über die Vermittlung des Bankiers Perregaux zahlt der Ausschuß 800 000 holländische Gulden an Beaumarchais, der versprochen hatte, diesen Betrag einem englischen Händler zu übergeben, der als fiktiver Käufer eines Postens von 60 000

Gewehren auftrat. Obwohl die Summe recht stattlich ist, hätte die Republik, der es an Waffen fehlte, doch durchaus ein gutes Geschäft gemacht – wenn sie die Gewehre erhalten hätte. Aber sie hat diese Gewehre nie gesehen.

Danton hatte keinerlei Einfluß auf den neuen Kriegsminister Bouchotte, der die von Beurnonville hinausgeworfenen Cordeliers in seinen Büros wieder einsetzte. Bouchotte war vor dem 31. Mai aus dem Kabinett entfernt und zeitweilig durch General Beauharnais, dann durch den Kommissar Alexandre ersetzt worden. Auf Intervention Hanriots und dann Robespierres durfte er schließlich sein Amt behalten. Dantons Aktivitäten im militärischen Bereich – und in gewisser Hinsicht handelte es sich um einen Kraftakt – bestanden im wesentlichen darin, bestimmte Leute zu decken, unter denen Beaumarchais noch lange nicht der Zweifelhafteste war. Der Konvent hatte beschlossen, die Armeelieferanten genauer zu überwachen. Zu diesem Zweck bildete er im Mai 1793 zwei besondere Komitees. Der Lieferant d'Espagnac, allein zuständig für das Kriegsfuhrwesen, war im November und Dezember in Verdacht geraten, aber er konnte seine Position wieder festigen, und trotz eines Haftbefehls hat er den Verrat Dumouriez' überlebt. Er wartete ganz einfach das Ende des Unwetters ab, wobei er die Protektion einiger Geschäftsleute unter den Abgeordneten genoß. Zu ihnen gehörten Julien de Toulouse, ein Mitglied der Kommission für Einkäufe, der im Februar die Wiederaufnahme d'Espagnacs durchgesetzt hatte, außerdem Delacroix und Danton im Wohlfahrtsausschuß (Danton mußte deshalb gegen die Verdächtigungen Cambons kämpfen). D'Espagnac erhielt die Bestätigung für die vom Staat mit seinem Unternehmen getätigten Geschäfte und dann im Juni und Anfang Juli beträchtliche Vorschüsse aus der Staatskasse. Nach dem Sturz Dantons am 20. Juli wird der Bericht des Konventsmitglieds Dornier die Machenschaften des ehemaligen Domherrn ans Licht bringen, der in einem Monat 5 443 504 Livres *in bar* kassiert hatte und davon nur 1 502 050 *in Assignaten* ausgab. Daraufhin wird er erneut verhaftet, das Fuhrwesen unter staatliche Regie gestellt und General Servan, der ehemalige Kriegsminister, dessen Nachsicht dieses ruinöse Geschäft begünstigte, seines Postens enthoben.[4] Schließlich wird d'Espagnac aber nur in seinem Verwaltungsbüro unter Hausarrest gestellt. Daran kann man schon erkennen, wie weit die Protektion reichte, die er insbesondere von einigen Mitgliedern des Verteidigungsausschusses wie Alquier, Chabot und Delaunay erhielt; immerhin hatte er mit diesen im Salon der ehemaligen Comtesse de Beaufort, der Geliebten des

Ausschußmitglieds Juliens, zusammengesessen. Aber Dantons Nachsicht gegen solche Kreaturen wie d'Espagnac war gefährlich. Sie gab nur falschen oder begründeten Gerüchten Nahrung, die über seine eigenen Finanzintrigen im Umlauf waren.

Ist Dantons Haltung etwa eindeutiger, sobald es um die innere Verteidigung der Republik geht? Am 8. Mai unterstützte der Tribun den Vorschlag eines gemäßigten Abgeordneten, gegenüber den Rebellen in der Vendée eine zugleich nachsichtige und feste Haltung einzunehmen. Danton hielt es für besser, die verirrten Schafe wieder der Herde zuzuführen, als sie in verzweifelte Aktionen zu treiben. Darum schlägt er einerseits eine verstärkte Aushebung von Soldaten vor – auch auf die Gefahr hin, daß die Reichen sie bezahlen müssen, eine Idee, die er schon am 22. und 27. April vorgebracht hatte –, andererseits befürwortet er Milde gegenüber den Aufständischen, wenn sie vor einer offenen Schlacht doch die Waffen niederlegen. Am übernächsten Tag kommt Danton erneut auf die Notwendigkeit einer gemäßigten Politik im Westen zurück und setzt ein Dekret durch, das die Todesstrafe nur für die Anstifter und Führer der Rebellion vorsieht, eine großzügige Maßnahme, die aber bloßes Papier bleibt. Das eigentliche Problem liegt an anderer Stelle. Im Ausschuß hat man die Revolte in der Vendée unterschätzt, und deshalb will man sie mit Nationalgardisten und unerfahrenen Rekruten niederwerfen. Das Resultat läßt nicht lange auf sich warten. Nach Parthenay und Bressuire erobern die Rebellenarmeen auch Thouars (am 5. Mai) und Fontenay (am 26. Mai). Danton hat zwei einflußreiche Männer in der Vendée: den Aristokraten Biron und den Sansculotten Westermann. Biron übernimmt Ende Mai das Kommando über die Küstenarmee von La Rochelle, die vom Unteroffizier Ronsin, dem Stellvertreter Bouchottes[5], organisiert worden ist. Nach der vernichtenden Niederlage von Saumur (9. Juli) flammt eine alte Rivalität zwischen Brion und dem Extremisten Ronsin wieder auf. Mitte Juni hat sich der zum Brigadegeneral ernannte Westermann mit seiner Nordlegion dem Oberbefehl Birons unterstellt. Nach dem Verrat Dumouriez' war Westermann der Plünderung, des Straßenraubs und der geheimen Verbindungen mit dem Feind in Belgien beschuldigt worden (wo er in Übereinstimmung mit Dumouriez und d'Espagnac »gearbeitet« hatte). Er wurde verhaftet und kam zwar mit Hilfe von Julien, Chabot, Lecointre, Fabre und Danton wieder frei, aber mußte dann ein Trommelfeuer von Anklagen im *Ami du Peuple* über sich ergehen lassen (nach dem Tod Marats übernimmt dort Hébert die Leitung). Diese Anwürfe machten seine

Bindungen an die Freunde Dantons, seine Verteidiger, nur noch enger. Biron und Westermann teilen nämlich die Überzeugung Dantons, daß es möglich sei, mit den Bauern in der Vendée zu verhandeln. Der hébertistische General Rossignol und Ronsin wollen sie aber daran hindern und treten deshalb besonders hart auf. Biron beschwert sich bei Bouchotte – zu Recht –, daß Ronsin und Rossignol seine Soldaten gegen ihn aufhetzten (es gab eine Kampagne der Hébertisten gegen alle Offiziere adliger Herkunft). Rossignol wird verhaftet, aber Danton ist nicht mehr lange an der Macht. Nach seinem Sturz kann er Biron nicht länger unterstützen. Biron wird von Robespierre denunziert und vom neuen Wohlfahrtsausschuß vorgeladen, eingekerkert und dann aufs Schafott gebracht. –

Im Moment zeitigt die Niederlage von Saumur jedoch ihre Wirkung. Das gesamte untere Loire-Tal wird von Panik erfaßt. Am 5. Juli wird Westermann bei Châtillon-sur-Sèvre vernichtet und geschlagen. Viele Montagne-Abgeordnete fordern eine Anklageerhebung gegen den General, von dem man weiß, daß er Beziehungen zu Dumouriez und Danton unterhielt. Hébert unterstellt sogar, daß Delacroix und Danton Komplizen Birons und Westermanns seien. Dieser muß am 17. Juli vor dem Sicherheitsausschuß erscheinen. Wieder verdankt er es Julien de Toulouse, daß er an ein Militärgericht überstellt, am 29. August freigesprochen und bald wieder in die Armee eingegliedert wird.

Das Doppelspiel des Agenten Chévetel in der Bretagne, das im Juni zur Hinrichtung der Freunde La Rouëries* geführt hatte – der Marquis war an einer Krankheit gestorben, kurz nachdem er vom Tod Ludwigs XVI. erfuhr –, kann die beeindruckende Serie von Rückschlägen keineswegs ausgleichen. Es wäre also noch sehr untertrieben zu sagen, die Politik des Wohlfahrtsausschusses schließe im Westen Frankreichs mit einer negativen Bilanz ab. War sich Danton dessen bewußt? Wenige Tage vor seinem Sturz verzichtet er auf eine Verhandlung mit Aufständischen der Vendée. Aber zugleich widersetzt er sich Levasseur, der fordert, daß jeder, der die Armee verläßt, zum Vaterlandsverräter erklärt wird, um der allgemeinen Fahnenflucht in Birons Armee ein Ende zu setzen. Danton will keine Maßnahmen, die nur den einfachen Soldaten treffen. Er meint, man solle an der Spitze eingreifen, um »die Halunken, Böswillige und Schurken, die die Zwietracht in unseren Armeen säen«, zu treffen. Dabei deutet er an, die Verantwortlichen befänden sich unter den geflüchteten

---

* Der Marquis de la Rouërie (1756–1793) war einer der Inspiratoren der royalistischen Aufstände im Westen. (Anm. d. Hrsg.)

Girondisten, die versuchten, ganz Frankreich gegen den Konvent aufzuhetzen.

Bleibt allerdings noch der Aufstand der Föderierten. Muß man Danton hier Nachsicht gegenüber den Rebellen vorwerfen? Seine Gegner halten ihm vor, er habe mit den Aufständischen von Lyon und in der Normandie verhandeln wollen. Zwei Drittel der Departements hatten dem Konvent schriftlich ihren Protest gegen den Gewaltakt vom 2. Juni bekundet. Es sieht so aus, als wären Danton und seine Kollegen vom Ausmaß dieser Unzufriedenheit in den Provinzen überrascht worden und als hätten sie ihre Gegner unterschätzt. Danton hat aber begriffen, daß der Konvent selbst den Ausschluß der Gironde nur schlecht verkraftet hat. Es war, unabhängig vom politischen Standort der Beteiligten, für alle eine Beleidigung der Würde des Parlaments. Viele Girondisten konnten daher sogar in der Nationalversammlung mit unparteiischer Sympathie rechnen. Der Ausschuß wollte auf diese Empfindlichkeiten der Volksvertreter Rücksicht nehmen, ermutigte aber dadurch ungewollt den föderalistischen Aufstand. Zu Dantons Entlastung muß man indes festhalten, daß er nur einen Monat Zeit hatte, um zu handeln, und das obwohl die Republik sich damals schon an den äußeren Grenzen und im Westen zur Wehr setzen mußte. Der Umsturz in der Kommune von Lyon durch die girondistischen Sektionen (29. Mai) geht dem Pariser Aufstand der jakobinischen Sektionen zwar voran, aber die eigentlichen Erhebungen beginnen doch erst am 7. Juni in Bordeaux und im Departement Calvados. Folglich ist es besser, die Schuld am Föderierten-Aufstand nicht dem Wohlfahrtsausschuß Dantons in die Schuhe zu schieben.

»Ausschuß des öffentlichen Ruins?« Bei diesem Wortspiel übersah Marat die Nuancen. Die Bilanz des ersten Wohlfahrtsausschusses, wie sie Cambon nach seinem Ausschluß dem Konvent vorlegte, ist insgesamt keineswegs katastrophal. Trotz der Reibungen mit lokalen oder militärischen Behörden und mit den Agenten des Ausschusses in Belgien haben die »Volksvertreter mit besonderem Auftrag« mit Paris eine reiche Korrespondenz geführt, die insgesamt den Fleiß und die Sorge um die Effektivität dieser Abgesandten der Revolution unter Beweis stellt. Der Wohlfahrtsausschuß steht hinter ihnen, wenn sie die Verwaltungen säubern, die Volksgesellschaften mobilisieren, die berühmten, am 21. März eingerichteten Überwachungsausschüsse organisieren, die Dekrete vom 26.–29. März über die Entwaffnung aller Verdächtigen anwenden oder die Revolutionsfeinde außerhalb des Gesetzes stellen und ebenso wie die

Verfasser aufrührerischer Schriften oder Emigranten vor das Revolutionstribunal bringen, wenn sie bei den Armeen härter durchgreifen und dabei auch nicht davor zurückschrecken, den einen oder anderen hohen Offizier seines Amtes zu entheben – bei all dem werden die »Volksvertreter mit besonderem Auftrag« vom Wohlfahrtsausschuß unterstützt, der mit ihnen die Verantwortung für die Entwicklung des jakobinischen Bewußtseins sowohl in der Provinz wie in den Armeen trägt. Dieser gleiche jakobinische Geist zog durch Mitglieder wie Couthon, Saint-Just oder Saint-André in den Ausschuß ein. Auch wenn man nicht sagen kann, daß die Situation der Republik am 10. Juli 1793 glänzend war, so waren doch der Geist und die Methoden, die der Wohlfahrtsausschuß unter Robespierre zu ihrem Höhepunkt führen sollte, schon fest in den Mechanismen der Macht verankert. Wenn man Danton dafür verantwortlich machen will, so muß man ihm auch eine Beteiligung an den positiven Seiten zugestehen. Man sollte sich also davor hüten, Danton mit Schuld zu überhäufen. Es ist inzwischen zum Klischee geworden, Dantons Scheitern mit dem vom zweiten Wohlfahrtsausschuß – übrigens reichlich spät – herbeigeführten Aufschwung zu kontrastieren. Wäre Danton jedoch zusammen mit Couthon und Saint-Just an der Macht geblieben, so wäre er allein durch die Umstände dazu gezwungen gewesen, die Maßnahmen zu ergreifen, die man nun Robespierre und seinen Kollegen als Verdienst anrechnet. Trotz seiner Erschöpfung, seiner Depressionen und seiner »späten« Leidenschaft für ein junges Mädchen hatte dieser Mann der Kühnheit durchaus noch Reserven.

15. DER STACHEL DER AUSSCHÜSSE

Er zeigte sich ungehobelt, um seine Popularität zu bewahren, und er wollte seine Popularität bewahren, um das Volk geschickt zur Achtung vor dem Leben und den Gesetzen zurückzuführen.
Garat

Der neue Wohlfahrtsausschuß, der am 10. Juli gewählt wird, besteht aus kompromißlosen Montagne-Abgeordneten und einigen Mitgliedern der Plaine, die völlig auf die Linie der Montagne einschwenken. Man findet hier Couthon, Hérault de Séchelles, Thuriot, Saint-André, Barère, Robert Lindet, Prieur de la Marne, Gasparin. Letzterer wird sich, durch seine Beziehungen zu Custine kompromittiert, aus gesundheitlichen Gründen zurückziehen; am 27. Juli tritt Robespierre an seine Stelle. Außerdem wird dieser »Große Ausschuß« im August noch durch Carnot und Prieur de la Cote-d'Or sowie im September durch Collot d'Herbois und Billaud-Varenne vervollständigt. Danton hat in der neuen Mannschaft nur einen einzigen politischen Freund: Thuriot. Dieser fühlt sich aber dem Mißtrauen seiner Kollegen ausgesetzt, und aus Protest gegen die Absetzung General Houchards erklärt er am 20. September seinen Rücktritt. Die Zusammensetzung des Komitees wird damit auf zwölf Mitglieder festgeschrieben, die in ihren Ämtern immer wieder neu bestätigt werden.

Der Sturz Dantons ließ die Polemik gegen ihn wieder aufleben. Schon am Abend des 10. Juli wurde er bei den Jakobinern angegriffen, weil er einen gewissen Peyron protegierte, der mit der Inspektion des Hafens von Toulon beauftragt war, und dieser stand im Verdacht, Aristokrat zu sein. (Tatsächlich fiel Toulon am übernächsten Tag in die Hände royalistischer Aufständischer.) Zwar hat Robespierre die Verteidigung des abwesenden Danton übernommen, aber am 12. Juli erscheint der Tribun selbst, um eine Erklärung abzugeben. Er gesteht ein, sich über diesen zweifelhaften Agenten getäuscht zu haben und kündigt an, das Marine-Ministerium zu informieren, damit Peyron die Befugnisse entzogen werden und er, falls erforderlich, verhaftet und vor Gericht gestellt wird. Danton muß nun alles tun, um das Mißtrauen, das ihm entgegenschlägt, zu zerstreuen. Sollte er einen Moment lang daran gedacht haben, sich in den Armen seiner jungen Frau auszuruhen, so begreift er sehr bald, daß das unmöglich ist. Gegenüber der geschlossenen Front der Montagne ist er nämlich längst ins Hintertreffen geraten. Von den Aufgaben im Wohlfahrtsausschuß entlastet, wird er sich deshalb um so emsiger den Jakobinern und im Kovent zeigen. Um auf die zahlreichen und unterschiedlichsten Beschuldigungen zu antworten, wird er dabei wieder in den Fehler verfallen, bei jeder Gelegenheit lang und ausführlich zu reden. Es ist schwierig, in diesen Äußerungen ein kohärentes Programm oder eine wie auch immer geartete Doktrin nachzuweisen. Danton gebraucht seine alten Rezepte, *maßvolle* Vorschläge wechseln mit *verbaler* Gewalttätigkeit ab (»Das Volk ist nur zu brav und der Konvent zu gemäßigt«). Weiterhin übt er sich in flammendem Patriotismus; gelegentlich versucht er sich sogar im Antiklerikalismus. In Wirklichkeit sucht er dringend ein Mittel, sich politisch wieder in den Sattel zu schwingen. Bei diesem Versuch hätte er mit der mißtrauischen Wachsamkeit Marats kollidieren können. Der »Volksfreund« forderte nämlich den Kopf Westermanns, des Parteigängers von Dumouriez und Verlierers von Châtillon, dessen Freundschaft zu Danton und Delacroix allgemein bekannt war. Aber der Pamphletist wird am 13. Juli von Charlotte Corday ermordet. Um jeder neuen Anschuldigung zuvorzukommen ist Danton gezwungen, Marat *posthum* in Schutz zu nehmen, und so zu seinem Triumph beizutragen. Über den Tod hinaus hat Marat also Danton gezwungen, ihm seine Unterstützung zu geben. Danton freut sich indes zu früh. Zwar ist Marat tot, aber Hébert ist noch sehr lebendig, und der »Père Duchesne« lauert auf die kleinste Schwäche!

Danton hat sich in einem Brief an Dubois-Crancé gewandt, der sich in Mission bei der Alpenarmee aufhält, und ihn gebeten, Kellermann dazu zu bringen, Savoyen zu räumen, um sich gegen die Rebellen von Lyon zu richten, selbst auf das Risiko hin, »den Mont-Blanc dem sardischen Tyrannen zu überlassen«. Dieses unvorsichtige Schreiben muß der Verfasser aber bald verleugnen. Als die Eroberung von Condé und die feindliche Belagerung von Valenciennes bekannt wird, ist Danton gezwungen, gegen Custine, dessen Geheimverhandlungen er einst deckte, Partei zu ergreifen und die Anklageerhebung zu fordern. Am 22. Juli zittert er auf seiner Abgeordnetenbank, als der Konvent auf den Bericht Dorniers reagiert. Darin werden alle Verfehlungen des Schiebers d'Espagnac ausgebreitet. Der Konvent verfügt, daß alle mit der Handelsgesellschaft Masson abgeschlossenen Geschäfte rückgängig gemacht werden.

Doch für den Augenblick trägt der von Danton zur Schau gestellte patriotische Eifer seine Früchte. Am 25. Juli wird er zum Präsidenten des Konvents gewählt. Er hat nun die Möglichkeit, die Versammlung 14 Tage lang mit seiner ganzen Statur zu beherrschen. Er proklamiert sogleich, er werde der »Stachel« aller Ausschüsse sein. Da er es für eine gute Politik hält, den Sicherheitsausschuß zugunsten des Wohlfahrtsausschusses, in den soeben der von ihm unterschätzte Robespierre eingezogen ist, zu schwächen, unterstützt Danton am 28. Juli den Beschluß, der den Wohlfahrtsausschuß ermächtigt, selbst Haftbefehle auszustellen. Damit verstärkt er den politischen Charakter aller polizeilichen Maßnahmen. Im September wird Danton dann mit seiner eigenen Falle gefangen, als der Konvent beschließt, daß der Wohlfahrtsausschuß selbst die Mitglieder des Sicherheitsausschusses dem Konvent zur Abstimmung vorschlagen soll. Von da an ist es nicht mehr möglich, einen der Ausschüsse gegen den anderen auszuspielen. Ist Danton also Begründer der Revolutionsregierung des Jahres II? Eine eindeutige Antwort ist nicht möglich. Im Sommer 1793 scheint Danton gehofft zu haben, die Revolution dadurch zu festigen, daß er die Regierungsautorität stärkte. Diese Stabilisierung wird jedoch nicht in die von ihm gewünschte Richtung gehen. Am 1. August, als er im Konvent den Vorsitz führt, beantragt Danton, den Wohlfahrtsausschuß zu einer provisorischen Regierung umzubilden und damit eine Machtkonzentration für die übergeordneten Interessen des im Innern und an seinen Grenzen bedrohten Landes zu schaffen. An diesem Tag verliest Barère vor der Nationalversammlung einen in England abgeschickten und vor kurzem abgefangenen Brief, in dem der Plan einer Gegenrevolution entwickelt wird. Er reicht vom wucherischen Getreideaufkauf und der Entwertung der Assignaten über das Abbrennen der Ernten bis zum Mord an Patrioten. Couthon fordert Sicherheitsmaßnahmen, um diesem »Krieg der Mörder« entgegenzuwirken. Danton übertrumpft ihn noch mit den Worten: »Seien wir furchterregend, führen wir den Krieg wie die Löwen! Warum setzen wir nicht eine provisorische Regierung ein, die den Willen der Nation durch wirkungsvolle Maßnahmen unterstützt? Ich erkläre hiermit, daß ich in keinen Ausschuß eintreten werde. Ich will meine Überzeugung ganz bewahren und diejenigen, die regieren, unablässig anstacheln ... Die Regierung verfügt über keinerlei politisches Machtinstrument. Solange bis die Verfassung in Kraft tritt und damit sie in Kraft treten kann, müssen wir Euren Wohlfahrtsausschuß zur provisorischen Regierung machen, und die Minister dürfen nur die ersten Beamten dieses Regierungsausschusses sein ... Endlich wird dieser Ausschuß wirkungsvolle provisorische Maßnahmen durchführen können ... Wir haben in Frankreich eine Menge Verräter zu entlarven und zu vernichten ... Wenn Sie die Zügel der Regierung nicht mit fester Hand führen, schwächen Sie mehrere Generationen durch die Erschöpfung der Bevölkerung, und verurteilen sie schließlich sogar zu Sklaverei und Elend.« Und nun schlägt er vor – Dantons Vertrauen in die Macht des Geldes kennt keine Grenzen –, daß diese provisorische Regierung über 50 Millionen Livres verfügen soll, eine absolut notwendige Summe, um ihr den erforderlichen Einfluß zu verleihen. »Eine immense Verschwendung für die Sache der Freiheit ist eine Geldanlage, die sich lohnt.« Dantons lange, feurige Rede findet einigen Beifall, ruft aber auch zahlreiche Einwände hervor. Saint-André, Cambon, Barère und Robespierre lehnen den Vorschlag ab. Der Unbestechliche gibt zu bedenken, daß man damit den Vollzugsrat lahmlegen würde und daß ein solcher Plan auf jeden Fall einer eingehenden Prüfung bedürfe. Für Robespierre steht fest – das darf man nicht vergessen –, daß die Macht als solche immer korrumpiert. Und auch der Wohlfahrtsausschuß ist mißtrauisch, weil der Vorschlag von Danton kommt; er wittert in dem Vorschlag vor allem eine Falle – ihm sollten beachtliche Summen zukommen, über die er dann später Rechenschaft ablegen müßte. Versucht Danton, der 1791 ja selbst alle Mühe hatte, seine Bilanz vorzulegen, die Mitglieder des Wohlfahrtsausschusses zu kompromittieren? Couthon erklärt ironisch, er wisse mit Geld nicht umzugehen. Danton zieht sich in die Defensive zurück und betont erneut, er werde sich an keinem Ausschuß beteiligen: »Das schwöre ich im Namen der Freiheit meines Vaterlands!« Dieser Schwur beruhigt Robespierre. Vier Tage später wird er bei den Jakobinern Danton in Schutz nehmen, aber der ganze Vorschlag wird an den Wohlfahrtsausschuß verwiesen und verschwindet dort bei den Akten. Der Ausschuß beschließt außerdem, die von Danton freigemachten Gelder nicht in Anspruch zu nehmen.

Danton hat seinen Gegnern die Idee einer starken jakobinischen Machtkonzentration als Köder hingeworfen, weil er sie für notwendig hielt. Er sah voraus, daß sie ohnehin bald eintreffen würde, und er wollte sich rechtzeitig den Ruhm als Urheber sichern, als ein Unterpfand seiner

Treue zur Montagne. Nicht zuletzt sollte damit sein ausdrücklicher Verzicht auf die Macht noch selbstloser erscheinen. Denn im Verlauf dieses 1. Augusts 1793 hatte er auch Gelegenheit zu einer eindrucksvollen Tirade zum Thema Verleumdung: »Wer sie fürchtet, taugt nicht für die Öffentlichkeit! Als ich letztes Jahr im Vollzugsrat allein und auf eigene Verantwortung die erforderlichen Maßnahmen ergriff, um den großen Ansporn zu geben, um die Nation an den Grenzen vorwärts zu bringen, sagte ich mir: ich sehe voraus, daß man mich verleumden wird, aber es ist mir gleich. Soll mein Name entehrt sein, ich werde die Freiheit retten!« Danton erinnert an seine Rolle als *vindex libertatis* in den düsteren Stunden des August und September 1792, aber er hütet sich, irgendwelchen persönlichen Ehrgeiz durchscheinen zu lassen. Sein Doppelvorschlag muß deshalb, auch wenn er das leugnet, als ein Versuch interpretiert werden, einerseits Robespierre und seine Kollegen finanziell zu kompromittieren und andererseits ein politisches Organ zu stärken, innerhalb dessen er selbst durchaus noch einmal einen Platz einnehmen könnte. Barère und Robespierre haben es zwar gemerkt, aber man wird nie erfahren, ob ihre Scharfsicht vielleicht nur retrospektiver Natur war. Vorerst ist es möglich, daß Robespierre, auch wenn er den Antrag Dantons ablehnte, darin nicht mehr sah, als den Auswuchs eines etwas maliziösen Eifers. Danton und Robespierre erscheinen in dieser Zeit noch nicht als Gegner, denn Robespierre nimmt bei den Jakobinern regelmäßig Danton in Schutz.

Dennoch bleibt festzuhalten, daß Danton eine Konzentration der Macht und unnachsichtige Maßnahmen gegen die Feinde der Republik propagiert, wodurch sich der Terror immer mehr einnisten kann. Schon seit März beteiligt er sich an dieser Entwicklung, aber man hat ja gesehen, welchen begrenzten Wert man dem Wort *Terror* im Verständnis Dantons beimessen muß. Auch Robespierre denkt seit dem April an Terror, aber auf dogmatischere Weise. Er ist Terrorist* aus Vernunft und wird es bis zu seinem Ende bleiben. Die blutigen Exzesse der fanatischen Terroristen, wie Barras, Fréron, Taillien, Fouché, Lebon, Carrier wird er stets verurteilen. Bei Danton aber, einer impulsiven und opportunistischen Persönlichkeit, ist es fast unmöglich zu entscheiden,

* Die zeitgenössischen Worte »Terror«, »Terrorist«, »terroristisch« usw. wurden von den beteiligten Aktivisten der Revolution *positiv* bewertet. Eine Umschreibung oder Eindeutschung (»Schreckensherrschaft« usw.) entschärft diesen Sprachgebrauch und ist insofern leicht ungenau. (Anm. d. Hrsg.)

aus welchem tieferen Grund er sich, wie es scheint, zum Terror bekehren ließ. An Gründen, die sich aus der Situation erklären, fehlt es ihm jedenfalls nicht: um die Auswirkungen der gegen ihn von der extremen »hébertistischen« Linken geführten Kampagne zu mildern oder um die Unterstützung der starken Männer des Wohlfahrtsausschusses gegen eben diese Hébertisten zu erlangen.

Hébert und seine Parteifreunde haben jetzt nämlich die Argumente der Girondisten gegen Danton wieder ausgegraben. Bei den Jakobinern verteidigt Robespierre den Tribun gegen diese Angriffe. Als Vincent behauptet, das Projekt einer provisorischen Regierung sei »von Verschwörern ausgegangen«, eilt der Unbestechliche dem abwesenden Danton zu Hilfe (offiziell ist er unpäßlich, in Wirklichkeit macht er mit Freunden eine Landpartie). Dabei könnte die Verteidigungsrede Robespierres fast ein Lächeln hervorrufen: »Niemand hat das Recht, gegen Danton auch nur den leisesten Vorwurf zu erheben! Danton darf niemand diskreditieren, der nicht unter Beweis gestellt hat, daß er mehr Energie, Talente und Vaterlandsliebe besitzt.« Aber diese schönen Phrasen entwaffnen den »Père Duchesne« keineswegs. Hébert hat für den alten Cordelier Danton nicht soviel Nachsicht wie etwa Marat; für ihn sind die Dantonisten die neuen Brissotins, und Danton gibt sich nur als Ultra-Revolutionär, um seine Kehrtwendung zu verheimlichen. Seit Danton bei den Vorbereitungen für das Föderationsfest am 10. August davon sprach, »das Band der Brüderlichkeit fester zu knüpfen«, verdächtigen ihn die Hébertisten, er wolle bei diesem Anlaß eine Generalamnestie vorschlagen. In den Augen dieser Vorposten der Sansculotten bereitet Danton insgeheim eine Politik der Milde im Innern und nach außen einen Frieden um jeden Preis vor, und alles ist nur ein Vorspiel zu einer Restauration der Monarchie.

Verfolgte der neue Wohlfahrtsausschuß nun eine gegenläufige Politik? In der ersten Zeit wird es noch Spuren von »Dantonismus« geben. Barère folgt Hérault de Séchelles genauso fügsam, wie er noch wenige Wochen zuvor Danton gefolgt ist. Zunächst fährt Hérault fort zu verhandeln; er benutzt die Agenten Dantons (Proli, Perreira, Dubuisson u. a.) und sicher auch die gleichen Argumente (das Leben Marie Antoinettes). Aber der Einfluß Robespierres macht sich bald bemerkbar. Die Hinrichtung Custines verdeutlicht seine Politik: Mit verdächtigen militärischen Führern muß ein Exempel statuiert werden. Am 24. September erklärt die französische Republik, nur noch mit den Vereinigten Staaten von Amerika und der Schweiz Beziehungen zu unterhalten. Und um den Bruch mit der bisherigen Politik noch klarer zu machen, treibt sie die Verurteilung Marie Antoinettes voran. Im Oktober wird sie schließlich hingerichtet, nach einem Prozeß, dessen Schändlichkeit allein schon beweist, welche Herausforderung dieses Urteil für die europäische Allianz sein sollte. Immerhin war es erstaunlich, wie Danton noch immer einen Ausschuß unterstützen konnte, der das genaue Gegenteil seiner eigenen Politik betrieb. Hébert zufolge hatte Danton erst nach seiner Entlassung aus dem Ausschuß die richtige Bewegungsfreiheit, um zu konspirieren. Der Tribun hörte aber nicht auf, dem Ausschuß Rückendeckung zu geben. Am 8. August gibt er den Vorsitz im Konvent an Hérault de Séchelles weiter. Während der folgenden fünf Wochen meldet er sich ständig zu Wort. Am 12. August unterstützt er z.B. eine Petition der Primärversammlungen, die fordern, alle Verdächtigen in Frankreich verhaften zu lassen. »Keine Amnestie für Verräter! Der Gerechte gibt dem Verbrecher keine Gnade! ... Ich fordere also, daß man alle wirklich Verdächtigen verhaftet. Aber diese Maßnahme muß klüger als bisher durchgeführt werden. Statt der großen Halunken und wirklichen Verschwörer hat man sich völlig unbedeutende Leute gegriffen.« Der Konvent beschließt sogleich die Verhaftung aller als verdächtig angesehenen Personen (das Gesetz vom 17. September wird diese Maßnahme noch ausweiten und verschärfen). Aber trotz des aggressiven Tons kann man einige Passagen in der Rede Dantons auch anders deuten. Wenn er von »wirklich Verdächtigen« und von »Klugheit« spricht, will er damit vielleicht die Überwachungskomitees der Dummheit und der Verhaftung Unschuldiger bezichtigen? Das ist durchaus wahrscheinlich, aber Danton beschränkt sich auf diskrete Hinweise. Im übrigen unterstützt er weiterhin alle neuen Maßnahmen. Am 13. August verlangt er, daß das Volk eine kostenlose und »zwangsläufige« Bildung erhalte, mit Worten, die ihn wahrhaft unsterblich gemacht haben: »Ein Kind aus dem Volk muß mit dem Geld derer erzogen werden, die in skandalösem Reichtum leben ... Wenn ihr auf dem weiten Feld der Republik sät, dürft ihr nicht auf die Kosten dieser Aussaat starren! *Nach dem Brot ist die Bildung das erste Bedürfnis des Volkes!*[1] ... Mein Sohn gehört nicht mir, sondern der Republik.« Dieselben Themen wiederholt er am 12. Dezember und führt sie dabei weiter aus. Am 14. August setzt Danton durch, daß die Nation die Gläubiger der Zivilliste nicht entschädigt. Statt dessen sollen alle Namen der Gläubiger »veröffentlicht werden, damit sie dem Volk bekannt werden«. Am selben Tag fordert er auch die Ausweitung der militärischen Requirierungen, am 15. August die Todesstrafe für Soldaten, die ihre Abteilungen unter irgendeinem Vorwand verlassen; in der Vendée sind so viele fahnenflüchtig geworden, daß er jetzt schärfer argumentiert als früher. Am 17. August erreicht er, daß der Konvent eine allgemeine Erfassung des Getreides und drakonische Strafen gegen die Wucherer beschließt. Verbal hat Danton zumindest im August alle Maßnahmen unterstützt, die die Umstände nahelegten und von den Sansculotten gefordert wurden. Er wettert außerdem gegen die Lauen, die Reichen, die mächtigen Feinde der Revolution. Nur eins paßt nicht ins Bild: Am 20. August setzt er durch, daß der Bericht Barères über die Massenaushebung vertagt wird, weil er ihn für unvollständig hält. So wird der Bericht an den Ausschuß zurückverwiesen. Und an diesem Tag läßt er immerhin eine bissige Bemerkung über die Herren im Ausschuß fallen: »Der Wohlfahrtsausschuß konnte nicht alles zugleich bedenken. Die Fülle der Aufgaben hindert ihn zu oft daran, seine Berichte wirklich ausgereift vorzulegen... Habt Ihr denn genug Waffen und genug Brot, um alle Franzosen auf einmal marschieren zu lassen?« Wesentlich ist jedoch, daß Danton die am 23. August dekretierte Massenaushebung befürwortet, ebenso wie die bisherigen Maßnahmen. Insgesamt hat er sich für Robespierres rhetorische Höflichkeiten revanchiert. Er ist nun auf der Rednertribüne ebenso aktiv wie er vorher im Ausschuß faul war und sieht den Stern seiner Popularität im Konvent wieder steigen. Dies gilt sogar für die »Massen« von Paris, obwohl sich dort der hébertistische Einfluß stark zu seinen Ungunsten auswirkt.

Die Affäre Garat vertieft dazu noch diesen Haß, den Hébert und seine Freunde gegen ihn schüren. Danton hat am 31. Juli den Innenminister im Jakobiner-Klub angegriffen und ihm vorgeworfen, durch seine Laschheit das Volk dumm zu halten und besonders in den Departements nicht genügend revolutionäre Schriften zu verbreiten. Auf Antrag von Collot d'Herbois wird daraufhin Garat verhaftet. Man lastet ihm den maßvollen Ton seiner Zirkulare, sein Zögern und seine gemäßigte Haltung als ein Verbrechen an. Am 2. August erscheint er vor den Schranken des Konvents. Aber Danton hat als Vorsitzender die Gemüter schon beruhigt. Zur Verteidigung führt er an, Günstlinge Rolands säßen noch immer im Ministerium und verhinderten eine Säuberung der Verwaltungen und er stellt Garat ein Zeugnis revolutionärer Prinzipientreue aus. Schließlich erreicht er, daß der Haftbefehl aufgehoben wird und der Minister auf seinem Posten bleibt. Erst nach erneuten Angriffen tritt Garat dann doch zurück. Trotzdem bewahrt er für Danton eine bewegte

Dankbarkeit; es ist zum Teil auch Danton zu verdanken, daß Garat dem Terror entgehen wird. Am Abend des 20. August muß der Konvent also einen neuen Innenminister ernennen. Kandidat ist Hébert. Aber Danton überredet die Nationalversammlung, seinen Freund Jules Paré, einst Sekretär des Vollzugsrats, zu wählen. Damit gelingt ihm ein glänzender Schachzug. Obwohl die Minister dem Wohlfahrtsausschuß unterstehen, ist Paré doch ein zuverlässiger Anhänger. Hébert wird es aber Danton nie verzeihen, daß er ihn von der Macht ausschließen konnte. Der *»Père Duchesne«* ergeht sich in Beschimpfungen gegen »Ehrgeizlinge, Intriganten und Diebe, die auf hohe Posten wollen, um im Trüben zu fischen«, und nennt das heimliche Einverständnis zwischen Paré und Danton »eine schmierige Allianz«, dieselbe, die schon Danton mit Dumouriez verband. Und auch Dantons »Affären« holt er wieder aus der Versenkung. Hat nicht der Staat Danton für sein Amt eine viel höhere Abfindung gezahlt, als es wert war? Außerdem kommen Hébert und seine Freunde auch wieder auf die Plünderungen in Belgien und auf die finanziellen Transaktionen zu sprechen, die es Danton ermöglichten, einen ungeheuren Reichtum anzuhäufen und eine Summe von 14 Millionen Livres seiner jungen Ehefrau in den Schoß zu legen! Am 23. August wird Danton aber von Chabot bei den Jakobinern in Schutz genommen. Chabot, Beauftragter für Finanzen, korrupt und lebenslustig, ist für den Tribun ein natürlicher Verbündeter. Drei Tage später rechtfertigt sich Danton auch selbst. Er fordert Hébert auf, seine Irrtümer einzugestehen, behauptet, seinen Reichtum im Schweiße seines Angesichts ehrlich erworben zu haben. Diese forsche Rechtfertigung verwirrt Hébert; er tritt sofort den Rückzug an und gibt vor, den ersten Wohlfahrtsausschuß insgesamt und nicht Danton persönlich angegriffen zu haben, auch wenn Danton – darauf besteht Hébert – »im Konvent die Erwartungen der Patrioten nicht erfüllt« habe. Die Jakobiner applaudieren Danton, er hat sich gerade selbst dazu gratuliert, »als Sansculotte geboren und von der Natur mit genügend Talenten ausgestattet zu sein, um für seinen eigenen Unterhalt zu sorgen«.

Ende August und während der ersten Septemberhälfte spielt Danton noch immer seine Rolle als »Triebfeder der Ausschüsse« und vervollständigt die lange Litanei seiner falschen Übertreibungen. So prangert er die bei den Armeen angestellten korrupten Beamten an. Er stellt sich vor General Rossignol[2], den die Konventskommissare seines Kommandos in der Vendée enthoben haben. Er fordert eine exemplarische Strafe für die

Bürger von Marseille, weil die Stadt am 25. August von den Aufständischen zurückerobert worden ist. Er spricht sich für die Beibehaltung der Höchstpreise bei Getreide aus. Schließlich begrüßt er sogar die Einziehung des Vermögens von politischen Freunden (dieselben Freunde schien er einst zu schützen). Mit all diesen Aktivitäten hat sich Danton um das französische Volk durchaus verdient gemacht. Am 29. August widersetzt er sich einem Antrag Billaud-Varennes, eine besondere Kommission solle den Vollzugsrat überwachen und »nachlässige oder illoyale« Minister anzeigen. Danton vertritt die Ansicht, der Wohlfahrtsausschuß überwache schon das Kabinett, und eine neue Kommission müßte dann in Wirklichkeit den Ausschuß überwachen, und das könne die Regierungsarbeit nur noch erschweren. Zum wiederholten Mal lobt er den Wohlfahrtsausschuß und schlägt vor, um alle zufriedenzustellen, ihn um drei neue Mitglieder zu erweitern. Trotz dieser etwas mißverständlichen Worte sieht es ganz so aus, als unterstütze Danton weiterhin wirkungsvoll das Robespierre-Komitee. Die Wirklichkeit ist allerdings komplexer. Zur gleichen Zeit versuchen nämlich die Befürworter eines Friedensschlusses im Konvent alle Initiativen zur Weiterführung des Krieges im Ausschuß zu blockieren. Danton hat sich zwar nicht dazu geäußert, weil er seine Meinung nicht ändern kann, aber es gilt als sicher, daß er diese Friedensoffensive unter der Hand gefördert hat.

Das objektive und widersprüchliche Bündnis zwischen der Montagne-Bourgeoisie, die den Konvent beherrscht, und den Pariser Sansculotten mit ihrem radikalen Sozialprogramm, das sie der Montagne nach und nach und nur in Bruchstücken abringen konnten, ist jetzt erneut bedroht. Hébert hat den Tatendrang der Sektionen geweckt, indem er die »Schwindler und Schlafmützen« in der Nationalversammlung anprangerte. Am 2. September wird in Paris bekannt, daß die Royalisten den Hafen von Toulon den Engländern ausgeliefert haben. Die Sektion Sansculottes präsentiert dem Konvent eine neue Petition. Darin fordern sie die Taxierung der Lebensmittel, der Löhne, der Profite und ein »Maximum bei den Reichtümern«. Die Jakobiner folgen zunächst dieser Bewegung, in der Hoffnung, sie in Grenzen halten zu können. Am 4. September steht die Kommune aber einer Getreiderevolte gegenüber. Chaumette macht den Armen, die von ihm Brot fordern, einige Zugeständnisse. Anstatt den Aufruhr zu bändigen, schließt sich die Kommune ihm an. Wieder einmal läuft die Konventssitzung vom 5. September unter dem Druck der Sektionen ab, die den Saal besetzt halten. Unter den wachsamen Blicken der Aufrührer beraten die Abgeordneten. Pache läßt sich auf der Tribüne über die Reichen und die Lebensmittelwucherer aus. Chaumette verliest eine Petition mit der Forderung, sofort eine revolutionäre Armee aufzustellen. Sie soll die Lebensmittelversorgung von Paris durch die Beschlagnahmung von Getreide auf dem Lande sichern. (Im Prinzip war das schon gebilligt, aber bis jetzt nicht durchgeführt worden.) Die Bittsteller werden von der Nationalversammlung zuvorkommend behandelt. Billaud-Varenne, der von den Konventsmitgliedern den Sansculotten am nächsten steht und zusammen mit Moïse Bayle, Drouet und einigen anderen die Bewegung offen unterstützt, pflichtet Chaumette bei und fügt einen Antrag hinzu, der auch aus dem Programm der Aufrührer stammt: Verhaftung aller Verdächtigen. Der Abgeordnete Basire stimmt dem unter dem Vorbehalt zu, daß diese Maßnahme sich auch auf die Agitatoren erstrecke, »die das Volk verführen«. Was kann Danton unter diesen Umständen tun? Er billigt kurzerhand alle Forderungen ohne jede Einschränkung! Er fügt indes zwei eigene Vorschläge hinzu: eine Entschädigung von 40 Sous, die an alle Sektionsmitglieder auszuzahlen sei, die an jeder der beiden wöchentlichen Sektionssitzungen teilnehmen – eine geschickte Maßnahme, die unter dem Deckmantel einer Aufwandsentschädigung wie einst unter Perikles die Häufigkeit der Sektionsversammlungen reduziert; außerdem soll das Kriegsministerium 100 Millionen Livres für die Herstellung von Waffen erhalten. Mitgerissen von seinem Elan gerät Danton wieder einmal ins Übertreiben: »Ich fordere schließlich, daß ein Bericht erstellt wird über die Möglichkeiten, der Tätigkeit des Revolutionstribunals noch mehr Durchschlagskraft zu verleihen!« Zu Beginn der Sitzung hatte Merlin de Douai die Aufteilung des Tribunals in vier Bereiche gefordert, um die Prozesse zu beschleunigen. Danton macht sich diesen Vorschlag zu eigen und ruft: »Das Volk soll seine Feinde fallen sehen, es soll sehen, daß sich der Konvent um seine Belange kümmert!« Und, an die Sektionen gewandt: »Respekt für euch, teures Volk! Größe habt ihr und Ausdauer. Hartnäckig wollt ihr die Freiheit. Ihr hungert für die Freiheit, ihr müßt sie erlangen! Wir werden mit euch marschieren. Eure Feinde sollen entlarvt werden und ihr werdet frei sein!« Dantons Biographen glauben, mit diesem demagogischen Ausbruch sei es gelungen, den Aufruhr zu dämpfen. Für Barthou z. B. ist Danton, nachdem Robespierre und der Ausschuß machtlos zusehen mußten (was stimmt), der einzige, der sich direkt ans Volk wandte. Ganz im Gegenteil. Danton hielt zwar gegenüber den Aufständischen eine Rede, die ihnen in allem recht gibt, aber er hat nichts von ihnen erhalten, sondern sie haben erreicht, was sie wollten. Der Konvent beschließt die Verhaftung der Verdächtigen und die Säuberung der revolutionären Komitees. Nun ist der Terror offiziell »auf der Tagesordnung«. Eine zentrale Revolutionsarmee wird aufgestellt (6000 Mann, 1200 Kanoniere). Worauf beschränkt sich also letztendlich die »entscheidende« Rolle Dantons? Darauf, die Einschränkung der Sektionsversammlungen durchgesetzt zu haben? Gerade diese Maßnahme wird von Proli mit Hilfe seines Freundes Desfieux sowie von Perreira und Dubuisson bald ins Gegenteil verkehrt; sie vermehren nämlich systematisch die Volksgesellschaften in den Sektionen, deren Sitzungen nun täglich stattfinden und die in einem von Proli beherrschten Zentralkomitee zusammengefaßt sind. Das am 4. September versprochene Maximum wird in zwei Etappen verwirklicht; zunächst auf das Getreide und das Viehfutter am 11. September, dann am 29. September wird das allgemeine Maximum verkündet.

Am Tag nach dem Aufstand proklamiert Danton erneut seine radikalen Vorschläge, um der Freiheit zum Sieg zu verhelfen. Er predigt die systematische Nutzung der von der Regierung bisher zu sehr vernachlässigten Volksgesellschaften (also das genaue Gegenteil seiner Rede für die Einschränkung der Sektionsversammlungen!). Er plädiert für einen zynischen Pragmatismus, der sich aus der Erhabenheit der angestrebten Ziele rechtfertige: »Man muß die Verräter mit ihren eigenen Waffen schlagen... Man sollte sich sogar die Laster dieser Leute zunutze machen!... Ein paar gut verteilte Millionen reichen aus, um sie alle mit revolutionären Mitteln zu vernichten.« Während er Machtbefugnisse und erhöhte Mittel für den Wohlfahrtsausschuß fordert – das ist sein Leitmotiv geworden –, versucht er seinen eigenen Zynismus zu rechtfertigen: »Der Wohlfahrtsausschuß fürchtet den Vorwurf, unstatthafte Geheimausgaben zu machen, aber derlei niedere Beweggründe liegen uns fern, wie überhaupt jeder Kleinmut!« Und, als ob er Angst hätte, seine Worte könnten falsch gedeutet werden, wiederholt er: »Ich bin in keinem Ausschuß und ich werde auch weiterhin keinem Ausschuß angehören.« Was es ihm ermöglicht, den zweiten Wohlfahrtsausschuß in höchsten Tönen zu loben. Ist Danton wirklich so selbstlos, wie er vorgibt? Nichts ist weniger gewiß. Aber seine Rede wird mit Beifall quittiert. Der Konventsabgeordnete Gaston nutzt diese Euphorie, um sich zu erheben und eine Rede zugunsten Dantons zu halten. Er kommt aus dem Departement Ariège und hat einen Bruder unter den Emigranten. Ein guter Tropfen befeuert seinen Eifer als guter Jakobiner, und er versucht stets, seinen wohlsituierten Hintergrund vergessen zu machen. »Danton hat einen revolutionären Kopf!« ruft er aus. »Er allein kann seine Ideen umsetzen! Auch wenn er das nicht will, ich beantrage, ihn dem Wohlfahrtsausschuß beizuordnen.« Es fällt schwer, an die Spontaneität dieses Beitrags zu glauben. Vielleicht hat Danton ihn selbst provoziert, als er eine Woche vorher den Vorschlag machte, den Ausschuß zu erweitern. Somit würde er nun für viele Wochen treuen Beistands belohnt. Und das Wunder geschieht tatsächlich. Die Nationalversammlung beschließt, Danton, Granet, Billaud-Varenne und Collot d'Herbois dem Wohlfahrtsausschuß beizuordnen.

Eine überraschende Wendung jagt die nächste. Am 6. September wird Danton nominiert, aber er tritt sofort wieder zurück und gibt dafür am 9. September vor dem Konvent eine Erklärung ab. Er erinnert an seinen Schwur, keinem Ausschuß anzugehören: »Und ich halte diesen Schwur. Nicht daß ich mich weigere, dem Ausschuß, wo ich nur kann, behilflich zu sein, aber wenn ich Mitglied wäre, könnte man zu Recht verbreiten, wie schon geschehen ist, daß ich mich trotz heiliger Eide hineindrängen würde. Ich habe dem Ausschuß Millionen zukommen lassen, und jetzt könnte man mir wirklich etwas vorwerfen. Dazu möchte ich niemandem Gelegenheit geben. *Ich hoffe, der Konvent wird sich nicht meinetwegen von seinem Prinzip abbringen lassen, daß er keines seiner Mitglieder zu einem Amt zwingen kann.*« Danton versteht seine Beiordnung als Versuchsballon. Im Gegensatz zu dem, was er vorgibt, will er sich durchaus in den Ausschuß hineinschmuggeln. Hätte diese Berufung nicht noch mehr bissige Kommentare seiner Gegner und Proteste in der Presse hervorgerufen, er wäre ihr sicher gefolgt. Aber der Gegenschlag kam prompt. Also ist er zurückgewichen, und mit seinem letzten Satz stellt er es nun dem Konvent frei, ihn zur Annahme des Amtes zu »zwingen«. In diesem Fall würde er sich dem Willen der Nationalversammlung natürlich beugen. Aber der Konvent nimmt seine Erklärung wörtlich. Robespierre und seine Freunde sind an dieser Entscheidung des Konvents, Dantons Rücktritt anzunehmen, wesentlich beteiligt. Hätte Danton also besser daran getan, trotz aller Unterstellungen den Posten anzunehmen und sich an die Macht zu klammern? Der zweifache Verzicht von Granet und von Danton hat zur Folge, daß nun die äußerste Linke in den Wohlfahrtsausschuß einzieht: Billaud-Varenne und Collot d'Herbois. Sie haben nämlich ihre Beförderung angenommen. Beide neigen zu den Sansculotten, und Collot steht auch mit den Hébertisten auf gutem Fuß. Waren es vielleicht sogar diese neuen Kollegen, die Danton befürchten ließen, im Ausschuß isoliert zu sein? Nach dem Rücktritt Thuriots am

20. September ist im Wohlfahrtsausschuß kein einziger »Dantonist« mehr. Am 10. Oktober wird der Konvent auf den Bericht Saint-Justs hin beschließen, die Regierung werde »bis zum Frieden revolutionär« sein. Wie hätte Danton es also nicht bereuen sollen, daß er ihr nicht angehörte?

Mitte September erfährt Dantons politische Tätigkeit eine plötzliche Unterbrechung. Am 12. hat er noch bei den Jakobinern die Verteidigung Rossignols übernommen und das Vorgehen einiger Kommissare im Westen Frankreichs getadelt, weil es der Schlagkraft der republikanischen Armeen schaden könnte. Am 13. September klagt er im Konvent den Ausschuß an, weil er seiner Meinung nach für die Not der französischen Soldaten verantwortlich sei. Er fordert eine Umbesetzung für diese und alle anderen Komitees. Doch diese Forderung scheint zu sehr von Ärger diktiert zu sein, als daß sie die Zustimmung der Versammlung fände. Und Danton ist zu müde, um zu überzeugen. Vielleicht ist dieser 13. September der Tag, an dem Danton der Legende nach 24 Stunden lang ununterbrochen geschlafen hat, so als ob ihn plötzlich die ganze Müdigkeit dieses schrecklichen Monats August einholte. Falls dies stimmt, war es für ihn wohl doch besser, nicht wieder in den Ausschuß zu kommen, – der hätte ihn vielleicht nicht als »Einschläferer«, aber doch als Schläfer erlebt.

Danton hat alles in allem das Gegenteil von dem bewirkt, was er eigentlich wollte. Die Besetzung des Wohlfahrtsausschusses bleibt unverändert, aber am 14. September wird der Sicherheitsausschuß vollständig gesäubert. Chabot, Basire und Julien werden hinausgesetzt. Zwar waren auch sie skrupellose Geschäftemacher, die ihre Ämter dazu nutzten, um Schiebereien zu verheimlichen, und man verdächtigte sie obendrein, Lieferanten, untreue Bankiers und sogar Revolutionsfeinde zu schützen, wie z. B. die Girondisten, deren Prozeß sie angeblich hinauszögern wollten, aber trotz allem waren sie die politischen Verbündeten Dantons. Sie mußten nun ihre Sitze David, Vaulland, Moïse Bayle, Vladier und anderen überlassen. Der Sicherheitsausschuß steht von nun an in seiner Mehrheit den Hébertisten nahe! Seine Mitglieder werden nun dem Konvent vom Wohlfahrtsausschuß vorgeschlagen. Und das ist erst der Anfang. Für Danton ist der September ein unangenehmer Monat. Sein Freund Courtois wird wegen Unterschlagungen bei der Nordarmee und weil er Custine im Prozeß verteidigen wollte, bei den Jakobinern angegriffen. Der Arzt Louis Sentex, Schützling Dantons und Courtois', mit diesem aber zerstritten, wird wegen seiner früheren Beziehungen zu

Aristokraten attackiert (er kann sich dadurch rehabilitieren, daß er Hébertist wird). In Juliens Haus entdeckt man belastende Dokumente, wonach der Abgeordnete von Toulouse mit d'Espagnac und verschiedenen »Aristokraten« faule Geschäfte machte. Bei Robert findet man gehorteten Rum; nachdem er zunächst behauptet hat, es handle sich dabei um ein Pfand für seine Schuldforderungen (12 500 Livres), zieht er sich aus der Affäre, indem er diesen Rum an die Sektion Marat verschenkt[4]. Perrin, der Abgeordneter des Departements Aube, ist für Schiebungen bei den Armeelieferungen angezeigt worden und wird vom Revolutionstribunal zu zwölf Jahren Gefängnis verurteilt. All diese Ereignisse scheinen die Beschuldigungen Héberts und seiner Freunde gegen die »Korrupten« im Konvent, gegen die »Einschläferer«, die neuen Brissotins nur zu gut zu belegen: Man begnüge sich nicht damit, durch Chabot, d'Osselin, Basire und Julien im Sicherheitsausschuß den Girondistenprozeß unnötig hinauszuzögern, sondern ganz offensichtlich bereite man auch eine allgemeine Amnestie vor, wodurch sich die Gefängnisse leeren würden – und das, nachdem gerade am 17. September das furchtbare Gesetz über die Verdächtigen beschlossen wurde. Vielleicht werde sogar die Flucht des Thronfolgers vorbereitet! Zu diesen »Einschläferern« gehören Delacroix, Thuriot, Legendre, also lauter Freunde Dantons, sowie Danton selbst. All diese Skandale, vor allem der mit Robert und Perrin, trüben das schöne Bild, das Danton mit so viel Mühe im August entworfen hat. Der Hébertist Vincent greift ihn deshalb bei den Cordeliers an: »Dieser Mann kann euch noch so sehr mit großen Worten imponieren, er mag auch ständig mit seinem Patriotismus prahlen, aber wir werden uns niemals über sein Verhalten gegenüber Dumouriez in der Belgien-Geschichte täuschen lassen.« In den kommenden Wochen verraten auch die Jakobiner gegen Danton ein gewisses Mißtrauen und die Repliken seiner Freunde im Konvent sind nicht dazu angetan, seine Gegner zu beschwichtigen.

Am 25. September protestieren Courtois, Thuriot, Fabre d'Eglantine und Goupilleau gegen die Absetzung von General Houchard und die Wiedereinsetzung von Rossignol in der Westarmee. In Wirklichkeit versuchen sie aber, die Militärpolitik des Wohlfahrtsausschusses in ihrer Gesamtheit anzugreifen. Erst die persönliche Intervention Robespierres treibt die Dantonisten in die Defensive. Zehn Tage später trägt der Hébertist Cloots bei den Jakobinern ein kriegslüsternes Manifest vor. Es wird von keiner staatlichen Instanz dementiert, und damit schwinden die Hoffnungen der Freunde Dantons, den Einfluß des Robespierre-Ausschusses zu erschüttern. Danton selbst meidet die Öffentlichkeit. Die Briefe seines Freundes Noël, des Botschafters in Venedig, beweisen aber, daß er, wenn auch vielleicht nicht der Initiator, so doch einer der Drahtzieher der von der Opposition gewünschten Friedenspolitik ist. Und dennoch hat er seit dem 13. September keine Rede mehr gehalten. Er hütet das Haus, gibt vor, schwer krank zu sein. Eine neue Nervenkrise? Vielleicht. Über seine Unpäßlichkeit kursieren die unterschiedlichsten Gerüchte. Im *Observateur de l'Europe* vom 2. Oktober kann man lesen: »Es gibt Leute, die behaupten, die Krankheit Dantons sei nur eingebildet, ein Vorwand, um seine Abwesenheit in der Nationalversammlung zu rechtfertigen. Es heißt sogar, er sei mit der Ausarbeitung eines Plans beschäftigt, den er seit seinem Eintritt ins Ministerium gefaßt habe und der schon erkennbar war, als er nach Belgien ging. Nachdem er den Wohlfahrtsausschuß verlassen hatte, war er jetzt beträchtlich weiterentwickelt. Es wird behauptet, dieser Plan sei weder im Interesse der Einheit noch der Unteilbarkeit der Republik, jedoch genausowenig im Interesse derer, die noch immer die Hoffnung auf eine Rückkehr der Monarchie haben. Sicher ist eines: Alle sind überzeugt, daß Danton, gleichermaßen wagemutig und unternehmungslustig, das schöne Geschlecht für die Ausführung des Plans gewonnen hat. Nun befindet sich Danton also mitten in der Feuerprobe der Tugend, und man kann nur hoffen, daß er geläutert daraus hervorgeht.«

Dantons Freund Rousselin dagegen schreibt in *La Feuille du Salut public* vom 4. Oktober: »Danton ist, wie man weiß, seit drei Wochen gefährlich krank. Ich habe ihn vor einigen Tagen besucht und bei ihm mehrere Leute getroffen, die sich ebenfalls Sorgen über den Gesundheitszustand eines Bürgers machen, der für sein Vaterland so ungeheuer wertvoll ist. Kaum zwanzig Schritte von seiner Tür treffe ich beim Herauskommen auf einen *dieser neumodischen Ehrenmänner.* ›*Wissen Sie schon*‹, sagt er mir schadenfroh, ›daß *Danton im Namen des Wohlfahrtsausschusses damit beauftragt war, mit den Koalierten zu verhandeln, und daß er soeben emigriert ist? Er hält sich zur Zeit in England auf.*‹ Ein Lächeln des Mitleids und der Empörung war meine einzige Antwort. Urteilen Sie selbst, unparteiischer Leser, über den schäbigen Neid und die hinterhältigen Mittel, die solche Herren anwenden, um die Patrioten zu entzweien und der öffentlichen Sache die besten Bürger zu entreißen. Nein, meine Herren, Ihre Hoffnung ist vergeblich: Danton geht es besser, er ist in Paris, Sie werden ihn wiedersehen, bald wird er erscheinen, um Sie zu entlarven, und er wird mit Robespierre nichts anderes auf die Gesundheit Österreichs trinken als das Blut... der Aristokraten.« Da Danton das Bett hütet, ist er bei der großen Säuberungsaktion vom 3. Oktober nicht anwesend, in deren Verlauf der Konvent die Anklage gegen 41 Girondisten verfügt und die Verhaftung von 75 weiteren anordnet. Der Legende zufolge soll er plötzlich erkannt haben, daß seine Aktionen dazu beitrugen, die Revolution mit Blut zu besudeln, während er nur Milde walten lassen wollte. So hat z. B. Garat Danton so dargestellt, als sei er schon im voraus bedrückt gewesen durch die unvermeidliche Verurteilung der Girondisten. Zwar hat er ihnen zwanzigmal die Hand zur Versöhnung gereicht, aber er machte sie auch dafür verantwortlich, ihn und seine Freunde »in den Sansculottismus [getrieben zu haben], der sie verschlang, der uns alle und schließlich sich selbst verschlingen wird«. Ob Danton nun krank ist oder einfach nur müde, auf jeden Fall ist er verunsichert und politisch machtlos. Sein halber politischer Rückzug reicht nicht aus, um ihn wieder Vertrauen in die Zukunft fassen zu lassen. Hinzu kommt jetzt noch die unglückselige Geschichte mit Louis Comte.

Comte war ein obskurer Abenteurer und Geschichtenerzähler, der vom ersten Wohlfahrtsausschuß in die Normandie geschickt worden war. Er sollte dort die aufständischen Föderalisten ausspionieren, aber er wurde von ihnen verhaftet und dann wieder freigelassen. Er hatte einen Adjutanten von General Wimpfen (der die kleine Gironde-Armee befehligte) verhaftet, dann war er selbst auf Befehl der Konventskommissare Lindet, Duroy und Bonnet verhaftet worden, so zwielichtig schien die Rolle, die er spielte. Nach seiner Rückkehr nach Paris Anfang Oktober tritt Comte in Verbindung zu einem ehemaligen Adjutanten Wimpfens, der ihm seltsame Enthüllungen macht. Danton, Delacroix und einige andere hätten Paré damit beauftragt, einen Agenten namens Naudet zu Wimpfen zu schicken, um ihm die Wiederherstellung der Monarchie in Frankreich vorzuschlagen und zwar zugunsten des Herzogs von York, des jüngsten Sohns Georgs III. von England.[5] Diese Information diente als Vorlage für einen Artikel im *Père Duchesne* (Nr. 274): Dort werden die »Schufte mit doppeltem Gesicht« beschuldigt, ein solches Projekt in der Hinterhand zu haben. Danach soll der Herzog von York auch die Tochter Ludwigs XVI. heiraten. Der Wohlfahrtsausschuß ist zwar seit Ende September darüber informiert, scheint aber – aus Klugheit oder Berechnung – nicht an die »Verschwörung« zu glauben. Hérault erfährt davon über Comte und lädt daraufhin den Adjutanten Wimpfens vor. Beide Männer werden schließlich von Billaud-Varenne verhört. Am 10. Oktober, einen Tag nach einer Unterredung zwischen Comte, Courtois und Danton, wird der Abenteurer verhaftet. Am nächsten Tag verhört ihn der Sicherheitsausschuß. Comte ist schon mehrmals für geheime Missionen eingesetzt worden, aber seine dunkle Vergangenheit und seine fantastische Geschichte kommen den Ausschüssen äußerst unwahrscheinlich vor.[6]

Ist es nur eine simple Koinzidenz der Daten? Genau an diesem 12. Oktober richtet Danton einen Brief an die Nationalversammlung und bittet um Urlaub, damit er nach Arcis fahren kann, um »seine Gesundheit wiederherzustellen und die heimatliche Luft zu atmen«, wobei er ehrerbietigst ankündigt, daß er »an seinen Posten« zurückkehren werde, sobald er genügend Kräfte gesammelt habe. Mit einem ordnungsgemäßen Urlaubsschein reist Danton also mit Familie und Dienstboten in sein geliebtes Arcis-sur-Aube.

Jede Reise Dantons nach Arcis – oder Flucht, wenn man diese weniger schöne Bezeichnung vorzieht – gibt Nahrung für Spekulationen. Für diese Reise vom Oktober 1793 gilt dies noch mehr als für alle anderen. Liebe zur heimatlichen Scholle, Freude an den einfachen Genüssen des Landlebens, gelegentlicher Überdruß am Pariser Aktionismus oder das Bedürfnis, vor neuen Taten Kräfte zu sammeln, alle diese guten Gründe sprießen im Garten der dantonistischen Legende, ganz abgesehen von medizinischen Interpretationen, wie sie Georges Lefèbvre schon vor 50 Jahren überprüft hat[7]: Er verglich die Zyklothymie oder zyklische Depression Dantons mit der jakobinischen Paranoia eines Robespierre, eines Saint-Just oder eines Marat. Als Danton Mitte Oktober Paris verläßt, kann er jedenfalls den Wohlfahrtsausschuß beruhigen, weil er die Offensiven seiner Freunde im Konvent offenbar mißbilligt. Auch würde er an den Prozessen gegen die Girondisten aufgrund seiner Beurlaubung nicht teilnehmen müssen. Gerade noch hat er seinem Freund, dem Publizisten Duplain, unter vier Augen erklärt: »Wenn man Marie Antoinette aufs Schafott bringt, zerstört man die letzte Hoffnung, mit den auswärtigen Mächten zu verhandeln.« Nun braucht er dem Prozeß gegen die Königin nicht beizuwohnen. Ebensowenig wird er den Prozeß gegen Philippe Égalité miterleben, der am 6. November beginnt. Es ist durchaus möglich, daß Danton den Wunsch hatte, in all diesen Angelegenheiten nicht Stellung beziehen zu müssen, was in den Augen seiner Gegner oder seiner Freunde gleichermaßen als geheimes Einverständnis oder als stummer Protest gelten konnte. Litt Danton darunter, daß die Exekutionen immer häufiger wurden? Vielleicht. Aber kann man deswegen das Zeugnis Garats und des damals noch jungen Sohnes Dantons übernehmen, die berichten, Danton habe am 31. Oktober vor und nach der Hinrichtung der führenden girondistischen Abgeordneten geweint? »Aufrührer?« soll er dem enthusiastischen Überbringer der Nachricht entgegengeschleudert haben. »Solche Aufrührer sind wir allesamt. So wie sie verdienen auch wir den Tod! Wir werden alle, einer nach dem anderen, das gleiche Schicksal erleiden wie die Girondisten!« All das klingt stark nach einer *post-festum*-Erklärung. Wäre Danton wirklich davon überzeugt gewesen, so wäre er in Paris geblieben oder, wie 1791, ins Ausland geflohen. Man darf nicht vergessen, daß sein Freund Fabre als Zeuge im Girondistenprozeß Belastendes ausgesagt hat und Danton dessen Worte später nicht mißbilligt hat.

Zu Beginn seines Aufenthalts in Arcis verläßt Danton selten das Haus, um seinen Zustand als Genesender glaubhaft zu machen. Aber bald beginnt er als Grundbesitzer seine Runde und arrondiert außerdem seinen Besitz, indem er in der ersten Novemberhälfte für Summen zwischen 300 und 3000 Livres verschiedene Parzellen aufkauft. Die Jagd und das Angeln könnten ihn fast die Politik vergessen lassen, doch diese bringt sich bald wieder in Erinnerung. Der ehemalige Priester Béon, ein Schulfreund, der bei diesem Aufenthalt zum engeren Kreis des Tribuns gehört, berichtet davon, daß ein junger Schützling Dantons eines Tages aus der Hauptstadt angereist sei, um diesem aufgeregt mitzuteilen:

»Ihre Freunde bitten Sie, so rasch wie möglich nach Paris zurückzukehren. Robespierre und seine Leute sammeln ihre Kräfte gegen Sie.«

»Wollen sie mir ans Leben? Das würden sie nicht wagen!« soll Danton geantwortet haben.

»Sie sind zu vertrauensselig, kommen Sie nach Paris zurück, es ist dringend ...«

»Gehe und sage Robespierre, daß ich rechtzeitig in Paris sein werde, um ihn niederzuschmettern, ihn und die Seinen!«

Prahlerei, übermäßiges Vertrauen oder reine Legende? Gewiß, schon vor seiner Abreise nach Arcis waren im Wohlfahrtsausschuß Stimmen laut geworden, weil Danton föderalistischer und royalistischer Umtriebe verdächtigt wurde, aber das waren eben nur Verdächtigungen. Darüber war schon so viel gemunkelt worden, daß der Ausschuß mißtrauisch blieb. Weder Robespierre noch Billaud-Varenne denken im November 1793 ernsthaft daran, Danton zu vernichten. Sie sind, wie man noch sehen wird, viel zu sehr mit einer großen »Verschwörung des Auslands«

beschäftigt. Dagegen ist es durchaus denkbar, daß einige Freunde oder Bekannte Dantons sich dieses Mittel ausgedacht haben, um ihren Beschützer nach Paris zurückzuholen. Camille Desmoulins, Chabot und Fabre d'Églantiné haben ihn wohl dringend gebeten, zurückzukehren. Am 19. November (29. Brumaire des Jahres II[8]) trifft Danton endlich wieder in Paris ein. Hébert wird ihn am Morgen des 21. November in den Tuilerien treffen. Die Neuigkeit von seiner Rückkehr verbreitet sich wie ein Lauffeuer.

16. FABRE UND CHABOT

Zwietracht unter den Führern säen, daß sie schließlich gemeinsam in den Abgrund stürzen, den sie selbst aufgerissen haben... unter ihnen Verdacht und Mißtrauen schüren, das ist die einzig wohlverstandene Weise, gegen eine solche Regierung zu konspirieren und ihren Sturz zu beschleunigen.

Jean de Batz

Dieser über fünf Wochen ausgedehnte Landaufenthalt war eine große Unvorsichtigkeit Dantons. Er wird sie in den folgenden Monaten noch öfter begehen, wenn er sich mit seiner jungen Frau nach Sèvres zurückzieht oder in die kleine Wohnung, die er im November 1793 in Choisy anmietet (weil sein Schwiegervater den Besitz in Sèvres verpachten oder verkaufen wollte). Bei seiner Rückkehr nach Paris hat sich die allgemeine politische Situation verändert, und das keineswegs zugunsten Dantons.

Der Tribun findet eine siegreiche Montagne vor, die durch den Terror vorläufig ihre Gegner auf der Rechten losgeworden ist. Marie Antoinette, die Girondisten, Philippe Egalité, Madame Roland und Bailly haben das Schafott bestiegen, Barnave wird ihnen ungefähr eine Woche nach der Rückkehr Dantons folgen. Die des Verrats (Custine) oder der Unentschlossenheit nach dem Sieg (Houchard) angeklagten Generäle sind ebenfalls hingerichtet worden. Biron folgt ihnen bald nach. Als Lohn für diese erbarmungslose Ahndung und dank der Maßnahmen Carnots zeichnet sich allmählich ein militärischer Aufschwung ab, sowohl in der Vendée (Sieg bei Cholet am 17. Oktober) wie in Lyon (die Stadt wird am 9. Oktober zurückerobert, die Rebellen auf Befehl Fouchés und Collot d'Herbois' barbarisch erschossen), oder auch an den Grenzen (Sieg Jourdans bei Wattignies am 16. und 17. Oktober). Der Wohlfahrtsausschuß hat sich Ende Oktober von Hérault de Séchelles befreit. Er wurde unter dem Vorwand einer Mission im Elsaß entfernt und am 31. Dezember endgültig von den Beratungen ausgeschlossen. Nun kann der Ausschuß seine ersten Erfolge genießen. Robespierre hat ausdrücklich die neutralen Mächte über die Absichten Frankreichs beruhigt und damit riskiert, die Hébertisten zu brüskieren, die den Krieg bis zum letzten Blutstropfen und die Errichtung einer Weltrepublik propagieren. Der Unbestechliche hat aber durchblicken lassen, solche demagogischen Exzesse könnten vom Ausland in konterrevolutionärer Absicht finanziert sein. Die wirtschaftliche Lage ist zwar nach wie vor katastrophal, aber der Konvent hat Gesetze gegen Lebensmittelwucherer und die Börsenspekulanten beschlossen, ebenso neue Requirierungsmaßnahmen und das Gesetz über das Maximum. Die Montagne, die noch im September in ihren Grundfesten erschüttert zu sein schien, ist durch die Eliminierung der *Enragés* wieder gefestigt. Sie scheint die Situation im Griff zu haben. Eine politische Stabilisierung durch Einigung aller republikanischen Kräfte im Konvent und in den Ausschüssen wäre durchaus denkbar.

Statt dessen zeichnet sich nun eine neue Gefahr ab. Die hébertistische Faktion hat im sozialen Bereich ganz offenbar die Nachfolge der Enragés angetreten. Dabei verfügt sie ebensowenig wie die Enragés über eine Vertretung in der Nationalversammlung – abgesehen vom rührigen Anacharsis Cloots und einer Handvoll seiner Kollegen. Aber die Faktion kann auf das Wohlwollen der Mehrheit im Sicherheitsausschuß und einiger Mitglieder des Wohlfahrtsausschusses rechnen: Das gilt vor allem für Collot d'Herbois, gelegentlich auch für Billaud-Varenne, ganz zu schweigen von Hérault, der aber künftig – warum wird man noch sehen – kaltgestellt ist. Als Stellvertreter des Prokurators der Kommune hat Hébert, unterstützt von Pache und Chaumette großen Einfluß in der Pariser Stadtverwaltung. Seine Parteigänger sind in den Klubs und bei den Jakobinern sehr einflußreich. Im Kriegsministerium vertreten Vincent, Stellvertreter Bouchottes, und Ronsin, General der Revolutionsarmee, wie auch die Mehrheit der Beamten die Thesen der sansculottischen Presse; vor allem der *Père Duchesne*, die Zeitung Héberts, ist eine gefährliche Waffe. Sie wird viel gelesen und ist, inbesondere bei den Armeen, weit verbreitet. Die Auflagenhöhe läßt alle Journalisten vor Neid erblassen, die in Paris dahinvegetieren. Aber die Hébertisten drängen unablässig zu radikalsten Maßnahmen in der Wirtschafts- ebenso wie in der Innen- und Außenpolitik. Robespierre ist deshalb mißtrauisch geworden. Neben anderen Vergehen wirft er ihnen vor, die Hauptverantwortlichen für die Dechristianisierungskampagne und ihre Exzesse zu sein. Damit könnte sie seiner Meinung nach einen neuen Bürgerkrieg heraufbeschwören, der allen Revolutionsfeinden gut zupaß käme. Die Hébertisten waren in ihrer Mehrheit militante Atheisten (allerdings nicht alle). Mitte Brumaire ließen sie über das Zentralkomitee der Volksgesellschaften eine Petition zirkulieren, in der sie das Ende der »kirchlichen Despotie« forderten. Die Religion sollte nicht mehr in der Verfassung verankert sein und die Priestergehälter abgeschafft werden. (Seit dem 18. September wurden Geistliche nicht mehr als Beamte betrachtet, erhielten aber weiterhin ihre Pensionen.) Am 7. Brumaire* waren sie aus dem öffentlichen Bildungswesen ausgeschlossen worden. Sechs Tage später wurde die Einziehung sämtlicher Kircheneinkünfte verordnet, und von nun an muß die Kirche allein durch ihre Anhänger finanziert werden. Eine von Cloots geführte Gruppe exaltierter Schwärmer hatte am 16. Brumaire die Abdankung von Gobel, des Erzbischofs von Paris erzwungen. Dieser erschien am nächsten Tag mit seinen Priestern im Konvent, um öffentlich abzuschwören und die Jakobinermütze aufzusetzen. Damit löste er eine Welle von Rücktritten im Klerus aus. Noch am selben Abend machte Robespierre im Jakobiner-Klub Cloots diese alberne Maskerade zum Vorwurf. Doch am 19. Brumaire, am Vorabend jenes grotesken Festes, das in Notre-Dame zu Ehren der Freiheit unter der Ägide der Göttin der Vernunft abgehalten wurde, hatte der Klub eben diesen Cloots zu seinem Präsidenten gemacht. Die Kirchenschließungen häufen sich. Allerdings müssen sich Hébert und seine Freunde vor möglichen Reaktionen des Unbestechlichen und des Wohlfahrtssausschusses in Acht nehmen. Deshalb versucht sich Hébert vorsichtig gegen den Vorwurf des Atheismus und – wie wir noch sehen werden – auch gegen den der Korruption und der Verschwörung gegen die Republik abzusichern. Zunächst scheint er am 16. Brumaire seinen Propagandafeldzug und den Ruf nach Krieg bis zum Äußersten aufzugeben.

Am 27. September und dann am 12. Oktober, also am Vorabend der Abreise Dantons nach Arcis, hatte Fabre d'Eglantine vor Robespierre, Saint-Just und mehreren Mitgliedern des Sicherheitsausschusses von der Existenz einer großen, von Helfershelfern im Ausland angezettelten Verschwörung gegen die Republik gesprochen. Durch diesen kühnen Schlag

* Am 5. Oktober 1793 wurde der republikanische Kalender beschlossen, der kurz danach allgemein praktiziert wird. Der 7. Brumaire (des Jahres II) entspricht z. B. dem 28. Oktober 1793. (Anm. d. Hrsg.)

wollte der jakobinische Dichter, der zu dieser Zeit großen Einfluß auf den Unbestechlichen hatte, einen Bruch mit der radikalen Linken herbeiführen, die gegen Danton, seine Freunde und Verbündeten hetzten. Er wollte auf diese Weise den Hébertisten den Todestoß versetzen und auch den verdächtigen Friedenswillen einiger Dantonisten vergessen machen sowie sich selbst als überzeugten und wachsamen Republikaner profilieren. Fabres Denunziation machte den Weg frei für die Säuberung des Germinal* und verurteilte schließlich die jakobinische Revolution zum Scheitern. Am 27. September meldet Fabre Robespierre den Plan Héberts, eine Hungersnot herbeizuführen, den Konvent durch massive Hinrichtungen zu säubern, – zunächst die überlebenden Girondisten, dann Danton und Delacroix, schließlich Robespierre selbst –, um mit Hilfe der Revolutionsarmee, des Kriegsministeriums und der Mehrheit der Jakobiner die Macht zu übernehmen... Aber ein solcher Vorstoß gegen Hébert war gefährlich. Auf Anraten Robespierres wird deshalb Fabre in seinem Memorandum, das er im Dezember an Amar übergibt, den Namen Hébert wieder ausstreichen und nur auf dem Wortlaut der zweiten Anzeige vom 12. Oktober beharren.

Bei seiner seit über einem Monat geführten Kampagne wird Fabre offenbar von Dufournoy unterstützt. Dieser hat 1790 die Cordeliers mitbegründet, führt im Departement Paris den Vorsitz und ist bei der Kommune und den Jakobinern sehr einflußreich. Er war zunächst ein »Hébertist«, der sich dem *Père Duchesne* anschloß, um die gemäßigte Linie von Chabot, Basire und anderen bloßzustellen, spielte dabei aber ein entschieden schmutziges Spiel. Am 11. und 12. Oktober führte Fabres Kritik zur zeitweiligen Festsetzung mehrerer Agitatoren, wobei er vor allem einige falsche Patrioten anzeigt, darunter vier schon mehrfach erwähnte geschäftstüchtige Männer: Desfieux, Dubuisson, Perreira und Proli. Sie alle waren nach dem 2. Juni Radikale geworden und unterhielten mit gewissen ausländischen Bankiers enge Beziehungen. (Proli war offenbar über die finanziellen Machenschaften Fabres informiert, der nun ein Mittel fand, ihn aus dem Weg zu räumen.) Fabre beschuldigte die vier, ultrarevolutionäre Maßnahmen zu propagieren und damit die Republik im Interesse des Auslands in den Ruin zu treiben. Ebenso beschuldigte er einige Gönner dieser falschen Patrioten: so z. B. den eleganten und skeptischen Hérault de Séchelles, ein ehemaliger Feuil-

* Gemeint ist die Hinrichtung der »Hébertisten« am 4. Germinal (24. 3. 1794) und dann der »Dantonisten« am 16. Germinal Jahr II (5. 4. 1794). (Anm. d. Hrsg.)

lant, der danach Girondist wurde und beinahe auch »Hébertist« geworden wäre. Er war ihr Kontaktmann im Wohlfahrtsausschuß, aus dem er jedoch bald entfernt wurde; des weiteren Julien de Toulouse und vor allem Chabot, den Fabre in seinen beiden Anzeigen wohl vor allem deshalb belastete, weil Julien nicht mehr die gleiche »Finanz«politik wie Fabre selbst betrieb … Chabot hatte am 9. September durchgesetzt, daß ein Beschluß wieder aufgehoben wurde, der auf Antrag Dufournays, der Jakobiner und Fabres selbst gefaßt worden war. Er betraf die Einziehung der Güter von Auländern und sah die Verhaftung aller Ausländer vor, die Geldhandel betrieben. Dieses Dekret war einen Monat später wieder in Kraft gesetzt worden – auf Anregung Fabres und mit aktiver Unterstützung Saint-Justs, der ebenfalls gegen die beiden »ausländischen« Faktionen agierte: die anglo-preußische (die inzwischen zerschlagene Gironde) und die österreichische (die ihrerseits noch sehr lebendig war). Auch Robespierre hatte schon die Agenten des Auslands und ihre Waffen angeprangert: »das Gift des Moderantismus und die Kunst der Übertreibung«. Fabres zweite Anzeige folgte wenige Stunden später.

Die beiden Ausschüsse hielten sich nicht mit dem erstaunlichen Widerspruch auf, daß Fabre mit Desfieux und seinen Freunden Männer denunzierte, die zwar Dumouriez oder den Girondisten in Beziehung gestanden, aber deshalb nicht weniger den Plänen Dantons gedient hatten. Seitdem Fabre seine Anwürfe gegen Hébert – inzwischen eine Institution in der patriotischen Presse, der Kommune und der kompromißlosen Montagne – sehr gedämpft hatte, waren Robespierre und Saint-Just bereit, ihm Gehör zu schenken, denn diese Enthüllungen entsprachen ihren eigenen Befürchtungen. Der revolutionäre Eifer der Ausländer, die vor allem im Elsaß und in Paris zahlreich vertreten waren, erschien den nüchtern denkenden französischen Revolutionären verdächtig. In der Begeisterung der Anfangszeit hatte die Gesetzgebende Versammlung alle ausländischen Sympathisanten der Revolution eingebürgert, damit sie in den Konvent gewählt werden konnten. Aber das Klima hatte sich verändert. Obwohl sich viele der in Frankreich niedergelassenen Ausländer als Opfer der in ihrem Herkunftsland herrschenden Tyrannei ausgaben, war das Verhalten einiger von ihnen doch etwas verdächtig. Der ehemalige Girondist Cloots* z. B. verfolgte in *Le Batave*, dem Organ der ausländi-

* Jean-Baptiste Cloots (genannt Anacharsis C.), eigtl. Baron von Klotz (1755–1794), stammte aus Kleve am Niederrhein. (Anm. d. Hrsg.)

schen Flüchtlinge, die gleichen Ziele wie der *Père Duchesne*, also vor allem den revolutionären Kreuzzug bis zum Äußersten. Der »Preuße« Cloots genoß allerdings das Ansehen, das ihm seine Eigenschaft als Konventsmitglied verlieh, andere, weniger bekannte, nutzten dagegen auf geschickte Weise das Geld, – so wie z. B. jener spanische Grande, jetzt bürgerlich Guzmán genannt, der mit Danton angeblich für 300 Franc pro Kopf soupierte –, oder sie machten sich die Vermittlung der Volksgesellschaften und der Klubs zunutze, wo sie zahlreiche Freunde hatten. Die »Reinen« in beiden Ausschüssen waren außerdem besorgt über ein heimliches Einverständnis mit der internationalen Hochfinanz und ihren Repräsentanten in Frankreich. Da war z. B. der Spekulant Pereira, der aus Brabant stammende Proli, ein österreichischer Untertan und intimer Freund Desfieux, oder die Brüder Dobruska, alias Frey, mährische Juden und damit ebenfalls österreichische Untertanen. Sie sind mit Chabot befreundet, der am 6. Oktober 1793 ihre jüngere Schwester mit einer enormen Mitgift heiratet[1]. Auch der Bankier des Foreign Office, Walter Boyd, ein weiterer Schützling Chabots[2], und der Bankier Perregaux aus Neuchâtel, preußischer Untertan, den der Wohlfahrtsausschuß gelegentlich für heikle Missionen einsetzt, gelten jetzt als verdächtigt. Viele Ausländer scheinen wie ihre französischen Freunde das Programm der Radikalen übernommen zu haben, um dahinter unlautere Machenschaften zu verbergen. Einige interessierten sich auch nur dafür, von den revolutionären Errungenschaften zu profitieren, indem sie mit Assignaten spekulierten und sich auf direktem oder indirektem Wege bei den Armeelieferungen bereicherten. Darum erschien die Denunziation Fabres so echt, auch wenn das Wesentliche – die zentrale Rolle Héberts – aus Vorsichtsgründen zunächst verschwunden war. Bald bestätigt eine neue Affäre die Anschuldigungen aufs Neue, macht die Sache aber zugleich komplizierter, so daß die Lage für Robespierre absolut unentwirrbar wird.

Anfang Oktober, als Chabots Freund Julien de Toulouse wegen seiner Beziehungen zu d'Espagnac ins Kreuzfeuer der Kritik geriet, wurde Chabot selbst bei den Jakobinern wegen seiner Heirat mit der jungen Frey und wegen seiner Beziehungen zu den verdächtigen Ausländern angegriffen. Er wurde vom Sicherheitsausschuß auf eine Anzeige hin verhört, nach der er d'Espagnac und mehrere Revolutionsfeinde begünstigt habe. Vor allem sein neuerlicher Vermögenszuwachs galt als verdächtig. Als Saint-Just und Robespierre zum Angriff auf die »österreichische Faktion« bliesen, zielten sie vor allem auf Chabot. Der ehemalige Kapuzinermönch wurde mit guten Gründen der Finanzspekulation verdächtigt. Mitte September war er mit weiteren »Verdorbenen« aus dem Sicherheitsausschuß ausgeschlossen worden. Zur gleichen Zeit kompromittierte er sich in der Dechristianisierungsbewegung. Von Angst gepackt, wird Chabot zunächst versuchen, seinen Einfluß im Konvent zu verstärken, indem er die beiden Ausschüsse und ihre Tendenzen zur Diktatur denunziert. Danach versucht er, für Abgeordnete seines Schlages eine juristische Absicherung zu bekommen. Gegen den Abgeordneten Osselin wird am 9. November der Anklagebeschluß gefällt, weil er seine Geliebte, eine Emigrantin, protegiert habe. Am nächsten Tag fordert Philippeaux ein Dekret, das jedes Konventsmitglied dazu verpflichtet, den Stand seines Vermögens seit Beginn der Revolution offenzulegen. Aber Basire und der Dantonist Thuriot widersetzen sich diesem Antrag mit Erfolg. Chabot bezieht seinerseits aus dem Fall Osselin Argumente, um mit Unterstützung Thuriots und derer, die man inzwischen schon die »Nachsichtigen« nennt, ein Dekret durchzusetzen, der den Konvent verpflichtet, jeden angeklagten Abgeordneten erst anzuhören, bevor er ans Revolutionstribunal überwiesen wird. Dies ist ein direkter Angriff auf die Politik des Terrors und eine Anklage gegen die Tyrannei der Ausschüsse. Er führt allerdings zu keinem Ergebnis. Am nächsten Tag greifen die Hébertisten die drei Wortführer vom Vortag, Basire, Thuriot und Chabot, heftig an und erreichen, daß sie der Untersuchungskommission der Jakobiner vorgeführt werden. Zwei Tage nach seiner Annahme wird das Dekret Chabots wieder ausgesetzt und am nächsten Tag wird Thuriot von den Jakobinern ausgeschlossen. Jetzt ist Chabot wirklich in der Klemme, und er spielt seine letzte Karte aus. Wie Fabre einen Monat zuvor – derselbe Fabre, der ihn nun vielleicht in Abstimmung mit Dufournoy aufs Korn nimmt – benutzt er die Denunziation als ein Mittel, sich politisch wieder zu rehabilitieren. Am 14. November (24. Brumaire) und den darauf folgenden Tagen geht er zum Gegenangriff über. Er zeigt zunächst bei Robespierre, dann auf dessen Anraten auch beim Sicherheitsausschuß eine finanzielle Erpressung an, die der sichtbarste Teil eines ungeheuren konterrevolutionären Komplotts sei.

Mehrere Wochen lang hatte Delaunay d'Angers mit Unterstützung Delacroix' eine Kampagne gegen illegale Aktienverkäufe sowie vor allem gegen die Indien-Kompanie geführt. Daraufhin hatte ein Dekret am 24. August 1793 alle Finanz- und Aktiengesellschaften abgeschafft. Zu den Initiatoren dieser radikalen Maßnahme (mit dem Hintergedanken, sich in einer Zeit der Knappheit und der sinkenden Börsenkurse beliebt zu machen) gehörten Fabre d'Eglantine und die Geschäftemacher Delaunay, Basire, Julien und Chabot, die aber gleichzeitig mit den fallenden Aktien der bedrohten Gesellschaften spekulierten. Delaunay, Chabot und Julien waren Mitglieder jener Finanzkommission, die damit beauftragt war, das Liquidierungsgesetz für die Indien-Kompanie* abzufassen. Sie setzten dabei die Kompanie unter Druck und ließen sich von ihren Aktionären für die runde Summe von 500 000 Livres kaufen. Dann retten sie die Kompanie mit einem am 8. Oktober vorgelegten Gesetzestext. Die unklare Formulierung des Dekret läßt der Indien-Kompanie nämlich die Möglichkeit, ihre Auflösung selbst zu vollziehen. Fabre legt nun, von Robespierre unterstützt, energischen Protest ein. Daraufhin modifiziert die Nationalversammlung den Text: Die Auflösung wird doch von der Regierung vollzogen (Zusatz Fabre), aber die Nation kommt für ein eventuelles Defizit nicht auf (Zusatz Cambon). Das Dekret wird schließlich nach einer ungewöhnlich langen Frist von 19 Tagen im Gesetzblatt erscheinen, aber alle Zusätze sind verschwunden. Der neue Text erlaubt es also der Kompanie, den fälligen Geldstrafen zu entgehen und sich unter der symbolischen Überwachung von sechs Nationalkommissaren selbst aufzulösen. Diese Kommissare sind nur beauftragt, die Beträge einzuziehen, die dem Staat zustehen. Dieser Trick bleibt zunächst völlig unbemerkt: Delaunay hat nämlich dem Drucker einen von Fabre unterzeichneten Text übergeben. Ob Fabre zerstreut war, als er das gefälschte Dekret unterschrieb, oder ebenfalls bestochen wurde, wird man sicher nie erfahren.[3]

Aber Chabot, das »perfide Mönchlein«, der »infame Pfaffe«, der »verfluchte geile Bock« (Hébert), enthüllt jetzt in seiner Wut darüber, daß er allein ins Gebet genommen wird, die ganze Affäre und ihre Hintergründe. Vor allem deckt er die vom Baron de Batz angezettelte royalistische Verschwörung zum Sturz der Republik auf. Dieser Baron de Batz war im Grunde eine faszinierende Gestalt. Als Agent Bréteuils**, der auf eigene Rechnung arbeitete, war er ein geschickter Spekulant und reich gewordener Bankier, ein Konkurrent d'Espagnacs vor und nach 1789. Außerdem war er ein Günstling Clavières und Brissots, ein gebore-

* Die *Compagnie des Indes* besaß bis 1791 das Monopol für den Handel östlich des Kaps der Guten Hoffnung. Die Abschaffung aller Aktiengesellschaften im August 1793 führt zu ihrer Auflösung, wobei sich einige Konventsmitglieder bestechen lassen bzw. bereichern. (Anm. d. Hrsg.)

** Minister Ludwigs XVI. (Anm. d. Hrsg.)

ner Verschwörer, der in den Rettungsversuch Ludwigs XVI. im Januar 1793 verwickelt war und auch als Organisator der beiden Fluchtversuche Marie Antoinettes im Juni und im September 1793 gilt (das sogenannte »Nelkenkomplott«). Die Affäre mit der Indien-Kompanie ist nur ein Ableger dieses Komplotts. Der Baron genießt die Protektion Lulliers, des Generalanwalts des Departements, sowie mehrerer wichtiger Mitglieder der Kommune und verfügt damit über zwei Machtmittel, die nacheinander von Bénoist, einem ehemaligen Agenten Dantons, angewendet werden: Korruption (indem er Fabre, Delaunay und die Geschäftemacher im Konzept beeinflußt) und hemmungslose Denunziation und Diffamierung (gegen die Hébertisten). Im Zentrum dieses Systems stehen Hébert und Batz. Chabot schlug vor, sie in seinem Haus verhaften zu lassen, um sie so auf frischer Tat zusammen mit weiteren Verschwörern zu ertappen. Chabots Enthüllungen kurz nach denen Fabres steigern noch Robespierres Besorgnis. Es gibt also wirklich ein »großes Komplott«. Bald nistet sich Mißtrauen in allen höheren Kreisen des Staates ein und die Vorstellung greift um sich, das Gold Pitts und des übrigen Auslands stecke hinter allen Aktivitäten der Opposition. Aber entgegen den Ratschlägen Robespierres nahm Chabot Fabres Vorwürfe gegen die Hébertisten wieder auf, auch gegen Hébert selbst, der mit dem korrupten Delaunay in Verbindung stand. Und was noch schlimmer war: Er griff jetzt auch Fabre an, der das Vertrauen Robespierres genoß, und das trotz der Bitte des Unbestechlichen, ihn zu schonen, um die Einheit der Montagne nicht zu gefährden.

In der Folgezeit wird sich Chabot gegen Fabre etwas mäßigen, aber das Unglück ist schon geschehen. Im Gegensatz zu Fabre hatte Chabot jeden Kredit verspielt, zumal er vorher von Fabre beschuldigt worden war. Seine Rechtfertigungen waren höchst verdächtig und glaubwürdig: Er habe zwar die 100 000 Livres angenommen, um Fabre zu bestechen, aber er habe sich nur zum Schein an dem Komplott beteiligt, um es am Ende um so besser vereiteln zu können! Was lag unter diesen Umständen also näher, als den »Fall Chabot« abzuwürgen, um der Öffentlichkeit nicht auch die noch viel beunruhigendere »Affäre Batz-Hébert« enthüllen zu müssen?

Vielleicht mußte Chabot scheitern, weil die gegen den *Père Duchesne* vorgebrachte Anschuldigung so übertrieben klang. Der Abgeordnete Basire, der seine Aussagen bestätigt, ohne jedoch die Hébertisten zu belasten, und ohne von der betrügerischen Finanzspekulation abzulenken, ist für Chabot keine Hilfe. Der Sicherheitsausschuß kann die Reichweite des

Komplotts vielmehr begrenzen und den Vorschlag Chabots ablehnen, die Verschwörer verhaften zu lassen. Im übrigen ist er darauf bedacht, Hébert, die Kommune, seine eigenen Mitglieder sowie möglicherweise auch einige führende Köpfe im Wohlfahrtsausschuß zu schonen. Da er von Chabots Schuld im Skandal um die Indien-Kompanie überzeugt ist, läßt er ihn am 17. November (27. Brumaire) zusammen mit Delaunay und Basire festnehmen. Julien gelingt dabei die Flucht.[4] Wie durch Zufall entgehen aber Benoist und Batz allen Nachforschungen. Um der Form Genüge zu tun, ordnet man die Verhaftung einiger von Fabre am 12. Oktober denunzierten »falschen Patrioten« an. Dubuisson, Desfieux und Perreira werden in den darauffolgenden Tagen arretiert. (Die beiden letzteren waren vielleicht ebenso wie Proli, aber ohne daß die beiden Ausschüsse davon wußten, Komplizen des Barons.) Am selben Tag, dem 27. Brumaire, erfährt der Sicherheitsausschuß von dem gefälschten Dekret und lädt nun Fabre vor. Am nächsten Tag berichtet Amar von der Aufdeckung einer »schrecklichen Verschwörung« und ringt dem Konvent einen Beschluß ab, der alle Verhaftungen billigt. Fabre überreicht Amar eine Erklärung zu seiner Rechtfertigung. Darin erläutert er, daß er praktisch nie in der Kommission zur Abfassung des Liquidierungsdekrets anwesend war, und Chabot ihm einige Tage vor dem 8. Oktober einen mehrdeutigen Text vorgelegt habe, den er, Fabre, eigenhändig korrigiert und dann unterzeichnet habe. Aber Chabot ließ ihn auch noch einen neuen Text unterzeichnen – *ohne Streichungen*. Dagegen enthält der im Protokollbüro des Konvents niedergelegte Text Streichungen von der Hand Delaunays. Von diesem Text behauptete Chabot, er entspreche den Korrekturen Fabres, während dieser ihn offenbar unterzeichnete, ohne ihn gelesen zu haben. Wie Chabot, belastet auch Fabre Delaunay. Niemand stellt seine Gutgläubigkeit in Zweifel. Amar, als Mitglied des Sicherheitsausschusses, fordert ihn danach sogar auf, ihm bei der Aufklärung des Skandals zu helfen.

War es also ein Sieg für Fabre? Auf keinen Fall.

Hébert bleibt auf freiem Fuß, zur großen Überraschung Basires und vor allem Chabots, der glaubte, gerade Hébert werde auf der Stelle verhaftet. Diesem kommt aber der Schutz der beiden Komitees zugute. Fabre hat das begriffen, und er zieht seine eigenen Anschuldigungen gegen Hébert zurück. Robespierre will sich in dieser brenzligen Lage nicht mit der Kommune, der sakrosankten Institution der Sansculotten, anlegen.

Die verworrenen Fäden dieser finsteren Affäre werden eigentlich erst 1969 entwirrt werden.[5] Auf jeden Fall wird sie Dantons Politik gleichermaßen beherrschen und lähmen. Hat Danton jetzt neue Enthüllungen zu fürchten, die, selbst wenn sie falsch sind, ihn dieses Mal persönlich belasten könnten? Das Risiko ist gering. Aus den Äußerungen Basires und Chabots geht hervor, daß Danton von den Verschwörern bedrängt wurde, weil sie auf seine Unterstützung rechneten, aber er lehnte ab. Die Verhaftung Chabots kann für den Tribun jedoch ganz andere Konsequenzen haben. Einerseits ist die Einkerkerung eines politischen Verbündeten immer peinlich, weil sie Drohungen und Spekulationen entstehen läßt. Andererseits könnten böse Zungen behaupten, daß mit der Verhaftung Chabots und seiner Komplizen andere Korrumpierte auf freiem Fuße gelassen würden, die nicht weniger schuldig waren und diese Schonung der Protektion ihres Freundes Danton verdankten, weil er vielleicht selbst nicht ganz unschuldig sei. Falls aber Danton tatsächlich etwas zu befürchten hatte, dann war es wohl weniger eine Beschuldigung durch Basire oder Chabot, sondern vielmehr, in ähnlicher Weise kaltgestellt zu werden, wie die beiden Geschäftemacher.

Noch am Tag der Verhaftung Chabots zeigte Robespierre seine Verwirrung, als er in seinem *Bericht zur politischen Lage der Republik* in verschwommenen Formulierungen über den »schrecklichen Moderantismus« (sic) und »die systematische Übertreibung der falschen Patrioten« klagte. Sie seien vom Ausland bezahlt, um »den Wagen der Revolution mit Gewalt auf gefährliche Wege zu drängen«. Danton, der mit Fug und Recht des ersteren, der Auslandsbestechung, verdächtigt werden kann, wird nun kein Risiko mehr eingehen dürfen. aber noch hat er zwei Trümpfe in der Hand: Im Augenblick scheint Robespierre mehr besorgt über die hébertistischen Machenschaften als über die der Nachsichtigen, und der Tribun hat außerdem seit seiner Rückkehr eine Abschrift der Anzeige Chabots vom 26. Brumaire in Händen, die dieser an Camille Desmoulins geschickt hatte, wovon Robespierre nichts weiß. Für seinen politischen Wiedereinstieg wählt Danton ein unverfänglicheres Thema: Er beschließt, den Unbestechlichen in seinem Kampf gegen den Atheismus, also gegen die Hébertisten, zu unterstützen. Robespierre hatte sie erstmals am 1. Frimaire (21. November) bei den Jakobinern angegriffen Hébert und einige seiner Freunde waren über die Beschuldigungen Chabots informiert. Sie anzugreifen, bedeutet, das Spiel der Lauen und der Nachsichtigen zu spielen. Robespierre will Hébert schonen, aber ihm etwas Angst machen. An diesem Abend spricht Hébert aus einer Position der Schwäche heraus, denn vermutlich ist er schuldig,[6] und die Komitees wissen das. Er sagt kein Wort über Chabot, aber er beschuldigt die Intriganten, die mit ihren Verleumdungen die Patrioten entzweien wollen. Er verweist auf das Beispiel Dantons, den man in Verdacht hatte, ins Ausland geflohen zu sein, als er gerade wieder in Paris eintraf. Hébert gibt vor, er fühle sich zusammen mit Pache und Chaumette angegriffen, und er will damit die Solidarität der Stadtverwaltung beschwören. Um das Gesicht zu wahren, fordert er weiterhin den Kopf der letzten Girondisten und Madame Elisabeths*. Sein Freund Momoro läßt zu Ehren des Hébertismus eine Tirade gegen die Priester vom Stapel. Robespierre hält seinerseits eine Lobrede auf Pache, in der er Hébert von der Beschuldigung der Diffamierung freizusprechen scheint. Er verteidigt die beiden Männer ebenso wie Chaumette und Momoro gegen Verhaftungsgerüchte, die sie beunruhigen. Er lehnt unnötige Hinrichtungen ab und schlägt dafür beim Thema Dechristianisierung zurück. Er wendet sich gegen die neuen Fanatiker und erinnert an das Prinzip der Freiheit der Religionsausübung. Da man aber Schuldige braucht, gibt Robespierre vor, er halte Leute wie Proli, Dubuisson, und Perreira, die Fabre am 12. Oktober als »Agenten des Auslands« bezeichnete, für die eigentlichen Köpfe der Dechristianisierungsbewegung. Und tatsächlich werden sie bald von den Jakobinern als Sündenböcke ausgeschlossen und ins Gefängnis gebracht. Sie müssen für den unantastbaren *Père Duchesne* die Zeche zahlen. Jetzt ist Hébert wieder beruhigt. Schon tritt er triumphierend in der Kommune auf, wo er Chabot angreift, ohne sich gegen dessen Anschuldigungen, von denen ja keiner etwas weiß, verteidigen zu müssen ... Bis in die ersten Januartage ergeht sich Hébert bei den Jakobinern ebenso wie in seiner Zeitung in unwichtigen Nebensachen. Sein schwülstiger Stil verschleiert die Leere seiner Argumente. Aber er gibt nun das Thema der Dechristianisierung auf. Die einzigen lebenden Gegner, die er jetzt noch angreift, sind Desmoulins, Philippeaux und am 1. Nivôse (21. Dezember) Fabre d'Eglantine. Aber was ist mit Chabot? Hébert erwähnt ihn mit keinem Wort mehr.

Die geheime Anzeige Chabots und die berüchtigte Sitzung der Jakobiner vom 1. Frimaire bedeuten jedoch den Anfang vom Ende des *Père Duchesne* und damit das Ende der Dechristianisierung. Am 18. Frimaire bestätigt der Konvent die Freiheit der Religionsausübung[7]. Gleichzeitig wird eine »dosierte« Unterdrückung eingeleitet: Zwischen dem 28. Bru-

---

* Schwester Ludwigs XVI. (Anm. d. Hrsg.)

maire und dem 2. Frimaire werden Desfieux, Perreira und Dubuisson verhaftet. Proli ist geflohen, er wird erst im Februar gefaßt.

Im Verlauf der Sitzung des 1. Frimaire hatte Hébert vor Robespierre klein beigegeben, ja er dankte ihm fast dafür, daß er ihn gegen seine Verleumder in Schutz nahm. Auch Danton gegenüber hatte er seine Haltung geändert. Er bat ihn, bei den Jakobinern zu einer »brüderlichen Aussprache« zu erscheinen. Wollte er sich mit Danton aussöhnen? Als Stellvertreter des Prokurators der Kommune handelte Hébert vielleicht aus politischem Kalkül. Dantons Stimme könnte den Einfluß der hébertistischen Presse und der Kommune verstärken und im Konvent die beiden Ausschüsse für den Fall in Schach halten, daß diese sich entschlössen, den Beschuldigungen Chabots gegen Hébert Gehör zu schenken. War diese Einladung es wert, in Betracht gezogen zu werden? Das Argument, Danton könnte sich nicht mit »diesem Agitator des Sumpfes« (Robert Christophe) kompromittieren, hält der Analyse nicht stand. Gerade Danton war noch vor kurzem als Meister der Demagogie im Dienste recht unwichtiger Angelegenheiten in Erscheinung getreten. Übertreibungen waren kaum dazu angetan, ihn abzuschrecken. Vor seinem halben Rückzug im September hatte Danton bewiesen, daß bei ihm zwischen politischer Rede und Taten eine Welt liegen konnte. Dennoch schlägt Danton Héberts Vorschlag zur »brüderlichen Aussprache« aus. War es der Haß auf einen anderen Aufsteiger der Revolution, diesen Neureichen, der ihm, nach Marat, das Publikum der Cordeliers geraubt und durch ständige Attacken gegen seine Person dazu beigetragen hatte, sein Ansehen in der öffentlichen Meinung herabzusetzen? Diese Erklärung wäre zu einfach. Danton war nicht nachtragend, und die Kontakte zwischen rivalisierenden politischen Faktionen werden trotz der offenen Uneinigkeiten weiterbestehen. Im übrigen schienen sich Hébert und Danton im September versöhnt zu haben. Danton hat eine ganz andere Wahl getroffen: Er will den Hébertismus mit zwei verschiedenen Strategien bekämpfen. Einerseits will er Robespierre in seinem Kampf gegen den Atheismus unterstützen und andererseits die Denunziationen Chabots im Interesse einer politischen Offensive großen Ausmaßes nutzen. Der bekannte »Pakt« zwischen Danton und Robespierre ist also kein ungleiches Bündnis zwischen dem scheinheiligen Robespierre und dem naiven Danton. Danton mag zwar erwarten, daß ihn der Unbestechliche gegen die Angriffe verteidigen wird, denen er seitens der Hébertisten und ihrer Freunde vom Sicherheitsausschuß ausgesetzt ist. Aber durch seinen Umgang ist er selbst in die dunklen Machenschaften verwickelt, die auch ihn kompromittieren; er zieht noch immer einen ganzen Rattenschwanz von Bestechungsvorwürfen, von Gerüchten über Unterschlagungen, Plünderungen und Verschwörungen (Folgen der Dumouriez-Affäre) hinter sich her. Aber wer unter den Revolutionären kann schon von sich behaupten, er sei unschuldig? Die Dantonisten schauen nach vorn. Sie hoffen, als Gegenleistung für die im Kampf gegen die Ultras geleisteten Dienste den Wohlfahrtsausschuß in ihrem Sinne zu lenken. Falls Danton alle diese Überlegungen wirklich angestellt hat, muß er das sehr schnell getan haben. Seine plötzliche Rückkehr nach Paris erklärt sich aus der Notwendigkeit, seine »Partei« gegen eine reißende Flut von Verdächtigungen zu schützen (Verschwörung mit dem Ausland und der Skandal um die Indienkompanie), wobei er den Fall Chabot politisch zu nutzen versuchte. Sein Spielraum, wie gesagt, war eng. Wenn er sich nicht vorsah, lief der »Stachel der Ausschüsse« Gefahr, zu ihrer Geisel, ja, zu ihrem Opfer zu werden.

Danton kehrt am 22. November (2. Frimaire) in den Konvent zurück, also zu einem Augenblick, der die Versammlung durch Hinrichtungen, Gefangennahmen, Beurlaubungen und Missionen auf die Hälfte reduziert hat. Der Tribun ergreift das Wort, um im Namen von Toleranz, gesundem Menschenverstand und politischem Pragmatismus die Priestergehälter und die Bewilligung von Mitteln für die Priester, die ihr Amt niedergelegt haben, zu verteidigen. Vom ersten Tag an stellt sich Danton als entschiedener Gegner der Dechristianisierung dar, in die noch vor einigen Wochen seine Freunde Fabre und Thuriot verwickelt waren. Noch am selben Tag spricht er davon, »das Blut der Menschen zu schonen«. Der Konvent klatscht Beifall. Er wird am nächsten Tag wieder applaudieren, als Danton den Plan einer revolutionären Regierung unterstützt. Dieser Plan wird nach einer prinzipiellen Billigung am 10. Oktober schließlich am 4. Dezember (14. Frimaire) Gestalt annehmen. Diese Zustimmung ist nicht einfach zu analysieren. Ist es Danton, dem man applaudiert, oder indirekt Robespierre, dessen politische und religiöse Themen Danton, von geringen Abweichungen abgesehen, zu vertreten scheint? Das ist unerheblich. In Wirklichkeit interessiert Danton das Höchste Wesen überhaupt nicht, und er ist sehr daran interessiert, den Ausschüssen keine weiteren Machtbefugnisse zu geben, weil er dort vor allem Feinde hat. Er schwingt sich eben nur wieder in den Sattel. Seine eigenen Pläne werden erst nach und nach Gestalt annehmen. Die Verhaftung Chabots bringt die Dantonisten zwar in Verlegenheit, aber die Schwächung Héberts nützt ihnen dafür um so mehr. Aus Chabots

Enthüllungen kann man profitieren, um die Enragés niederzumachen, die Kommune zu neutralisieren und sogar eine Erneuerung der Ausschüsse herbeizuführen. Diese Politik wird als »nachsichtig« bezeichnet, weil sie mit der Befreiung Basires und Chabots verbunden ist. Bald wird sie es auch tatsächlich sein.

Im allgemeinen Klima des Mißtrauens, das seit dem 26. Brumaire herrscht, ist es besser, bei Verdächtigen nicht von Milde zu sprechen. Danton möchte in dieser Frage etwas erreichen, ohne Robespierre vor den Kopf zu stoßen. Die Doppeldeutigkeit tritt klar zu tage, als er sich am 26. November (6. Frimaire) gegen den anti-religiösen Mummenschanz wendet. Aber er ändert seinen Ton, als er auf die Verschwörung verweist, die alle Gemüter bewegt und von der alle ständig reden, ohne viel darüber zu wissen. Danton ist dagegen über alles informiert: durch Fabre, Desmoulins und Chabot, der ihm von Ende Oktober bis Mitte März mindestens fünf Briefe in dieser Angelegenheit geschrieben hat.[8] Nur scheinbar geht es immer noch darum, die Effektivität der revolutionären Maßnahmen zu erhöhen. In Wirklichkeit führt die Rede Dantons eine neue Definition des Terrors und seiner Ziele ein. Damit nähert er sich den von den Feinden Robespierres propagierten Thesen: »Es ist notwendig«, fordert Danton, »daß die beiden Ausschüsse einen Bericht erstellen über das, was man als die ›Verschwörung des Auslands‹ bezeichnet. Wir müssen der Regierung Tatkraft und Stärke geben; das Volk will zu Recht den Terror auf der Tagesordnung sehen. *Aber es will auch, daß dieser Terror wirklich sein Ziel erreicht*, das heißt, daß er sich gegen die Aristokraten, gegen die Egoisten, gegen die Verschwörer, gegen die Verräter und die Freunde des Auslands richtet. Das Volk will aber nicht, daß jeder zittern muß, der von Natur aus etwas weniger Durchsetzungskraft besitzt, aber dennoch dem Vaterland mit allen Kräften dient, so schwach sie auch sein mögen. Nein, das will das Volk nicht!«

Danton beeilt sich, hinzuzufügen: »Die Zeit der Unnachgiebigkeit und der nationalen Rache ist noch nicht vorüber, das Volk braucht eine starke, furchterregende Macht.« Und er geht sogleich zu seinem Lieblingsthema über, der Stärkung der Regierungsautorität und den Mitteln, die ihr zur Verfügung zu stellen sind. Zum Schluß ruft er aus: »Ich fordere, daß der Wohlfahrtsausschuß bald gemeinsam mit dem Sicherheitsausschuß einen Bericht über die aufgedeckte Verschwörung vorlegt sowie über die Mittel, der provisorischen Regierung mehr Macht zu geben!« Diese Rede hat einen zwiespältigen Eindruck hinterlassen. Danton schien die Verschwörung als das Werk von einigen wenigen Gewalttätern anzusehen. Versucht er nicht ganz einfach, Chabot zu verteidigen? Doch hier protestiert der unbeherrschte Fayau von der Montagne, ein obskurer Abgeordneter aus der Vendée (die massive Stimmenthaltung der Royalisten und Gemäßigten hat aus diesem rebellischen Departement eines der republikanischsten gemacht, was seine Vertretung im Konvent betrifft). Fayau protestiert gegen zweideutige Formulierungen, die er listig der Unbesonnenheit Dantons zuschreibt. Für die kompromißlosen Montagne-Anhänger ist es zu diesem Zeitpunkt untragbar, von Milde zu sprechen, und sei es auch nur andeutungsweise. »Das hat er nicht gesagt!« protestieren sofort einige Freunde Dantons. Als dieser daraufhin seine Gedanken präzisiert, wird er die Befürchtungen der Befürworter des Terrors bestätigen: »Es ist nicht wahr, daß ich gesagt habe, das Volk müsse Nachsicht üben!... Ich will, daß der Terror auf der Tagesordnung bleibt! Ich will höhere Strafen, abschreckendere Bestrafungen gegen die Feinde der Freiheit, aber ich will, daß sie sich *nur auf diese* beschränken!« Fayau und seine Freunde wissen nun, woran sie sind. Ohne den verbalen Zierrat ist dies ein Programm der Nachsicht. Indem Danton zu verstehen gibt, daß der Terror zuweilen – oder oft – Unschuldige trifft, scheint er seine Ausübung in Frage zu stellen und damit zugleich die Autorität und Legitimität der Regierung. Darum hebt Fayau den von Danton gebrauchten Ausdruck der »provisorischen Regierung« hervor: Er scheine den Hintergedanken zu enthalten, die republikanische Regierung sei nur ein Versuch...

Danton empört sich, fegt den Einwand hinweg, aber vergeblich: Jetzt gilt der Tribun bereits als Apostel der Milde, er ist tendenziell verdächtig. Will Danton diesen ärgerlichen Eindruck etwa korrigieren, wenn er am gleichen Tag die Einsetzung von nationalen Festen befürwortet, weil sie der Erziehung der Bürger dienen? Es wird sich sehr bald erweisen, daß sie dem zuvor getadelten »Mummenschanz« mehr als ähnlich sind. »Das Volk«, ruft Danton aus, »soll neue Feste haben, mit denen es dem Höchsten Wesen, dem Herrscher der Natur, Weihrauch darbringen kann. Denn wir wollten die Herrschaft des Aberglaubens nicht abschaffen, um die Herrschaft des Atheismus zu errichten.« Er konnte Robespierre kaum noch mehr nach dem Munde reden. Aber mit seinem schwerfälligen Versuch, das Wohlwollen des Unbestechlichen zu erringen, riskiert Danton, sich von der atheistischen Montagne zu isolieren. Sie sind zahlreich, und Robespierre kann ihnen den Kult des Höchsten Wesens nur unter größten Schwierigkeiten aufdrängen. Dies ist einer der Gründe für seinen Sturz am 9. Thermidor.

Danton hat keineswegs die Absicht, seine »gemäßigte Haltung« öffentlich zur Schau zu stellen, denn zur großen Offensive ist die Zeit noch nicht reif. Aber der Tribun kann sich nur schlecht verstellen. Am 1. Dezember (11. Frimaire) äußert er sich über zu harte Maßnahmen einiger Abgeordneter in Mission, die den Reichen den Tausch von Bargeld gegen Assignaten aufzwingen. Auf den ersten Blick passen seine Worte in einen auch für Robespierre annehmbaren Rahmen: „Jeder, der sich als Ultra-Revolutionär aufführt, ist im Hinblick auf das Resultat ebenso gefährlich wie ein entschiedener Konterrevolutionär.« Danton unterscheidet drei Kategorien von Bürgern: die übertrieben extreme Linke; die guten Revolutionäre; schließlich, auf der Rechten, die royalistischen oder föderalistischen Konterrevolutionäre. Sich selbst ordnet er genau in der Mitte dieser politischen Achse ein. Weiß er es nicht, oder tut er so, als wüßte er nicht, daß für Robespierre, nicht weniger grobmaschig, *vier* Kategorien von Menschen existieren: die Ultra-Revolutionäre, die reinen Revolutionäre (die der »moralischen« Mehrheit der Ausschüsse und des Konvents), die Citra-Revolutionäre (oder anders ausgedrückt: die Gemäßigten oder Nachsichtigen, darunter Danton) und schließlich die Konterrevolutionäre, wobei die Citras und die Ultras in der kalten Logik der Jakobiner bald als deren objektive Komplizen angesehen werden? Mit seinem Satz – falls er aufrichtig ist – zeigt Danton, daß er gar nicht verstanden hat, welchem Risiko er sich aussetzt. Dagegen hat er sehr wohl verstanden, daß sein Redebeitrag schlecht angekommen ist, denn nach der Intervention des verbissenen Fayau zugunsten der Abgeordneten in Mission hält er es für richtig, sich erneut gegen den impliziten Vorwurf der Milde zu verteidigen: »Nicht nur, daß ich keineswegs eine Verzögerung der revolutionären Maßnahmen fordere, ich schlage sogar vor, Maßnahmen zu entwickeln, die genauer und gerechter treffen. Denn in der Republik gibt es eine Reihe von Intriganten und echten Verschwörern, die der strafenden Hand der Nation entgangen sind, während sie weniger Schuldige traf... Wir haben uns stark gezeigt, zeigen wir uns nun auch weise.« Was den Kern der Sache betrifft, hat Danton gewonnen: Man wird auf den erzwungenen Umtausch von Bargeld verzichten, und anderslautende Verfügungen der Konventsmitglieder werden für ungültig erklärt. Viel verblüffender ist es jedoch zu sehen, daß Danton, auch wenn er sich dagegen verwahrt, bereits der Gefangene seines Vokabulars der Nachsicht ist. Wenig später kann er eine Regung der Ungeduld nicht unterdrücken, als ein Bürger im Konvent eine gereimte Lobrede auf den ermordeten »Volksfreund« vorträgt. Zwar erweist auch er den Tugenden Marats alle Ehre, aber er widerspricht zugleich: »Nachdem er als Patriot vergöttert worden ist, halte ich es für unnötig, jeden Tag neue Elogen und geschraubte Reden zum gleichen Thema anzuhören! Was wir jetzt brauchen, ist angestrengtes Arbeiten und keine Reden!«

Dieser Ausbruch gesunden Menschenverstands mußte in der Atmosphäre jener Tage den Eindruck verstärken, Danton sei der revolutionären Exzesse müde. Schon am übernächsten Tag wird er sich erneut dafür entschuldigen müssen, diesmal im Jakobinerklub.

Am 3. Dezember (13. Frimaire) widersetzt sich Danton dort einem Antrag, den Volksgesellschaften, die keine Räume haben, die Nutzung von Kirchen als Tagungsstätten zu erlauben. Diese Intervention ist ausdrücklich gegen die Radikalen und gegen die Dechristianisierung gerichtet und sie wird mit Gemurmel quittiert. Der Abgeordnete Coupé (aus dem Departement Oise), ein Priester, der gerade abgeschworen hat, wirft ihm einen die Revolution lähmenden Moderantismus vor. »Coupé hat mich absichtlich mißverstanden!« ruft Danton wütend in das feindselige Raunen. »Ich hatte natürlich nie die Absicht vorzuschlagen, den revolutionären Elan zu brechen.« Und der Tribun kommt auf die »schwerwiegenden Beschuldigungen« zu sprechen, die gegen ihn erhoben wurden, auf die »Ungnade«, die gerade ihm entgegenschlug, als er auf die Tribüne stieg: »Ich fordere alle auf, die irgendeinen Grund zum Mißtrauen gegen mich haben, ihre Vorwürfe klar zu sagen, denn ich will öffentlich darauf antworten! Habe ich denn nicht mehr den Gesichtsausdruck eines freien Mannes? Bin ich denn nicht mehr derselbe, der in den Zeiten der Krise an eurer Seite stand? Bin ich nicht mehr der, den ihr oft freundschaftlich umarmt habt und der auch mit euch sterben will?« Noch zwei Tage zuvor konnte er es nicht ertragen, zu Marats Ehren dilettantische Verse anzuhören, jetzt beruft er sich auf den Geist Marats – er habe doch zu seinen »unermüdlichsten Verteidigern« gehört. »Ihr werdet euch wundern«, fährt er unter den Buhrufen der Tribünen fort, »wenn ich euch von meinem Privatleben berichte, daß sich das riesige Vermögen, das meine Feinde, die zugleich die euren sind, mir angedichtet haben, auf die wenigen Güter beschränkt, die ich schon immer besaß. Ich fordere alle Verleumder heraus, gegen mich den Beweis für ein einziges Verbrechen vorzulegen! All ihre Bemühungen werden mich nicht erschüttern können! Mit dem Volk will ich aufrecht bleiben! In seiner Gegenwart könnt ihr mich richten! Ich werde genauso wenig die Seiten meiner Lebensgeschichte zerreißen, wie ihr die euren. Sie sollen den Sieg der Freiheit für ewig festhalten!« Eine bewundernswerte Passage, in der Sublimes und Lächerliches ineinander übergehen, in der Heuchelei (was Marat anbetrifft) und Lüge (über seinen Reichtum) mit den bunten Farben der Revolution übermalt wird. Doch davon läßt sich niemand täuschen: weder der Jakobiner-Klub noch die Öffentlichkeit und am allerwenigsten die Hébertisten, die zahlreich erschienen sind, um den Redner auszubuhen. Aber Danton hat noch nicht zu Ende gesprochen. Er ist wütend und legt nun erst richtig los. Fühlte er sich vom Beifall ermutigt, der trotz allem seine Tirade über den Sieg der Freiheit begrüßte? Das Tempo seiner Rede erhöht sich so sehr, daß die Schreiber nicht mehr mitkommen. Schließlich beruhigt er sich wieder und beantragt die Bildung einer Kommission, die damit beauftragt wird, die gegen ihn vorgebrachten Anschuldigungen zu überprüfen. Nun bittet Robespierre ums Wort. Der Unbestechliche, das bleibt festzuhalten, stimmte mit Coupé überein, womit bewiesen wäre, daß Danton nicht in Abstimmung mit Robespierre handelte. Robespierres Beitrag ist sehr subtil und keineswegs naiv; obwohl scheinbar großmütig, zielt er keineswegs darauf ab, Danton zu rehabilitieren, sondern vielmehr darauf, Nachsicht für seine Schwächen zu fordern. Fast sadistisch zählt der Redner jede einzelne Anschuldigung auf, die gegen den Tribun gerichtet worden ist. Die Sache der Patrioten ist unteilbar, ruft er. »Ich täusche mich vielleicht über Danton«, gibt er boshaft zu verstehen, »aber als Familienvater verdient er nur hohes Lob.« Das stand außer Frage, und der Redner weiß das sehr wohl. Was die Politik betrifft, so erinnert Robespierre daran, daß sich Danton lange über das »Ungeheuer« Dumouriez getäuscht und daß er Brissot und seine Parteigänger nicht stark genug gehaßt habe. Aber unterschiedliche Meinungen seien noch kein Verrat. Danton habe dem Vaterland »mit Eifer« gedient. Da er seiner Sache ganz sicher ist, fordert Robespierre die Jakobiner heraus: »Sollen alle, die ihm einen Vorwurf machen können, ums Wort bitten!« Natürlich erhebt sich niemand. Die Hébertisten, die der Unbestechliche erst kürzlich mit seiner schonenden Behandlung beschämt hat, können nicht das Risiko eingehen, sich den Bann Robespierres zuzuziehen. Auch Momoro, der ehemalige Freund Dantons, beugt sich der Beweisführung. In der künstlich wiedergewonnenen Euphorie umfängt der Präsident Danton in brüderlicher Umarmung.

Aber es handelt sich um eine recht plumpe Komödie. Nach außen hin erscheinen Danton und Robespierre noch immer als gute Freunde. Ihre Versöhnung, – wenn sie jemand für zerstritten hielt – ist geeignet, die guten Patrioten zu beruhigen, denen die Einheit der Montagne besonders am Herzen liegt. Hat nicht auch der Hébertist Momoro diese Einheit gutgeheißen? In Wahrheit modifiziert die Sitzung der Jakobiner vom 13. Frimaire die Klauseln des stillschweigenden Pakts, der vielleicht Danton und Robespierre vereinte. Mit seiner heiklen Rettungsaktion für den Rivalen wollte sich Robespierre zweifellos die Unterstützung Dantons gegen eine mögliche hébertistische Offensive sichern. Aber wenn er Danton unterstützt, dann ist das, wie wenn der Strick den Erhängten unterstützt! Die Hébertisten erkennen nicht die Tragweite dieses Ereignisses. Die Cordeliers ahnen bereits die Gefahr und lassen deshalb alle übertriebenen Beschuldigungen gegen Danton aus ihren Protokollen streichen. Doch mit dieser erniedrigenden Position kann sich Danton nicht zufriedengeben. Die Zeit ist gekommen, den »Pakt« mit Robespierre wieder zu lösen, seine geistige und rhetorische Unabhängigkeit zurückzugewinnen und zum Angriff überzugehen. Während Chabot einen Brief nach dem anderen an Danton, an Robespierre und an die Ausschüsse schreibt, um zu seinen Gunsten etwas in Bewegung zu setzen, bereiten die Dantonisten eine großangelegte Kampagne vor.

17. »DER SCHRECKLICHE MODERANTISMUS«

Gebt acht auf Danton: Er hat gedroht, anstatt zuzuschlagen.
Barras an Brune, Dezember 1793

Sie wollen das Schafott abreißen, weil sie Angst haben, es selbst zu besteigen.
Hébert

Am 5. Dezember 1793 (15. Frimaire des Jahres II), dem Tag nach der Verabschiedung des großen Gesetzes über die Revolutionsregierung, veröffentlicht Camille Desmoulins die erste Nummer einer neuen Zeitung, des *Vieux Cordelier*. Er ist von Danton dazu gedrängt worden, der darin ein mögliches Forum für die Nachsicht und die Nachsichtigen sieht, als auch von Robespierre, der daraus eine Konkurrenz zum *Père Duchesne* und eine Waffe gegen die Hébertisten machen will. Man darf auch die persönlichen Gründe nicht unterschätzen. Denn Camille war ein Freund Chabots, und der Journalist mußte sich mit einer Offensive gegen Unterstellungen zur Wehr setzen, die ihm dieser Umgang einbrachte, insbesondere weil er General Dillon lange Zeit protegiert hatte.

Robespierre hat die Druckfahnen des *Vieux Cordelier* gelesen und gutgeheißen. Nicht ohne Grund: Diese erste Ausgabe scheint zum Ruhm des Unbestechlichen geschrieben zu sein. Aber indem Desmoulins die Hébertisten als Agenten Pitts bezeichnet – er benutzt dafür die Enthüllungen und die Briefe Chabots – und die Untadeligkeit aller anderen in der Montagne proklamiert, hat er auch seinen alten Freund nicht vergessen: Im Kielwasser Robespierres kann er die Verdienste seines »Mitkämpfers in Patriotismus« preisen, jenes Mannes, der mit Robespierre als ein Veteran der Revolution Hand in Hand marschiert: Danton, den er gegen die Angriffe der Radikalen verteidigt. Danton und Desmoulins verfassen die Zeitung kollegial, wobei Danton natürlich die Feder seines

Freundes führt. Die zweite Nummer, fünf Tage später veröffentlicht, hat weiterhin Robespierres Unterstützung, weil sie ihn erneut in höchsten Tönen lobt. Im übrigen ist sie eine scharfe, gekonnte Schmähschrift gegen die Ultras, gegen den »Preußen« Cloots und Konsorten. Zu deren demagogischen Forderungen, die allein schon den Ruin der Revolution bedeuten, komme das eigentliche Verbrechen hinzu: der Atheismus. Nach der Veröffentlichung dieser zweiten Nummer wird Cloots von den Jakobinern ausgeschlossen. Vom ersten Tage an ist der *Vieux Cordelier* ein großer Presseerfolg. Wenn er nicht von seiner bisherigen politischen Linie abweicht, hat Robespierre allen Grund, zufrieden zu sein.

Die Unterstützung Robespierres für den *Vieux Cordelier* ist ermutigend und irreführend zugleich. Danton, Camille und ihre Freunde glauben bereits, daß sich ihnen eine neue Perspektive eröffnet: Robespierre, ja sogar Barére aus dem harten Kern des Wohlfahrtsausschusses herauszulösen. Sie geben sich der Illusion hin, der Kampf gegen die Exagérés* könne zu einer wirklichen Politik der Milde führen, die das vorzeitige Ende der Revolutionsregierung (die gerade erst eingesetzt wurde) und einen baldigen Friedensvertrag mit den Alliierten bedeuten könnte. Das wäre dann ein Frieden, von dem man – trotz einiger beunruhigender Forschungsergebnisse bei Mathiez und seinen Schülern – nicht behaupten kann, daß er für Frankreich zwangsläufig unehrenhaft wäre. Obwohl sich Danton nun wieder regelmäßig im Konvent und bei den Jakobinern zeigt, hütete er sich davor, ausführlich zu reden, denn er will seinen Gegnern nicht zu viele Angriffsflächen bieten. Darum wird er so tun, als könne er sich den Interventionen Merlin de Thionvilles, Simonds und Thuriots zugunsten der Eingesperrten Basire und Chabot nicht anschließen. Am 7. Dezember (17. Frimaire) gibt Couthon nach einer Eingabe Thuriots zugunsten der eingekerkerten Verdächtigen zu, daß die Überwachungskomitees innerhalb von 24 Stunden über die Verhaftungen Rechenschaft ablegen müssen, wenn sich diese auf Vergehen von Bürgern beziehen, die im Gesetz nicht ausdrücklich vorgesehen sind. Danton geht noch weiter und schlägt vor, »daß jeder, der Söhne hat, die emigriert sind und der nicht beweisen kann, daß er ein glühender Patriot war und alles Menschenmögliche getan hat, um ihre Emigration zu verhindern, fortan nur noch Pensionär des Staates sein soll, während sein

* Wörtlich: die »Übertriebenen«. Ultrarevolutionäre Tendenz, die vor allem von den Hébertisten vertreten wird. (Anm. d. Hrsg.)

ganzes Vermögen der Republik anheimfallen soll.« Diesem drakonischen Vorschlag stellt er aber eine Erklärung voran. Darin unterscheidet er mehrere Kategorien von Verhafteten: solche, die den Tod verdienen, dann viele andere »gegen die sich die Republik absichern« und sie aus Sicherheitsgründen vorläufig festnehmen muß, und schließlich solche, »die man ohne Gefahr für die Republik freilassen kann«. Trotz der vorsichtigen Formulierung kritisiert er damit erneut die übertriebenen Verhaftungen. Im übrigen geben einige spontane Regungen des Tribuns übler Nachrede neue Nahrung. Als ein gelähmter Soldat den Konvent um Hilfe bittet, fordert Danton, ihn ans Kriegsministerium zu verweisen. Als Couthon verlangt, daß die Leiche des in Belgien gefallenen Generals de Dampierre aus dem Pantheon wieder entfernt werde, da ein ehemaliger Aristokrat und Verräter diese Ehre nicht usurpieren dürfe, läßt Danton die Angelegenheit erst einmal an den Ausschuß verweisen und erreicht damit, daß die sterblichen Überreste dieses Mannes, der zwar adliger Herkunft war, aber doch im Dienst der Republik fiel (für den er übrigens, was er allerdings verschweigt, freundschaftliche Gefühle hegte), im Panthéon verbleiben kann. Außerdem setzt er in der Versammlung einen Aufschub der Hinrichtung (bis weitere Unterlagen zur Verfügung stehen) für einen zu Unrecht wegen Wucherei zum Tode verurteilten Weinhändler durch. Man kann nicht umhin, sich zu fragen, was Danton dazu treibt, für vergleichsweise unwichtige Angelegenheiten derartige Risiken einzugehen. Vergißt er das Mißtrauen Robespierres? Vergißt er, daß die Hébertisten wieder ihr Haupt erheben können? Solche kleineren Interventionen kann Danton sich noch erlauben. Im Vergleich zu der großen Offensive, die seine Freunde seit einigen Tagen im Konvent lancieren, sind es ohnehin nur Nadelstiche.

Das Konventsmitglied Philippeaux, Abgeordneter des Departement Sarthe, war im Oktober angewidert von einer Mission in der Vendée zurückgekehrt und hatte die Generäle Rossignol und Ronsin (damals Brigadegeneral bei der Küstenarmee von La Rochelle) als unfähig, trunksüchtig, feige und verräterisch bezeichnet. Die militärischen Operationen im Westen Frankreichs arteten in Plünderungen und unnötige Massaker aus. Die republikanischen Truppen erlitten eine Niederlage nach der anderen. Für Philippeaux waren dafür die Hébertisten verantwortlich, die den Wohlfahrtsausschuß und das Kriegsministerium besetzt hielten und diesen »Schurken« freie Bahn ließen. Nachdem es ihm nicht gelungen war, sich Gehör zu verschaffen, hatte er einen scharf formulierten offenen Brief drucken lassen: *Philippeaux, Volksvertreter:*

An den Wohlfahrtsausschuß, der sich an alle Abgeordneten wandte (6. Dezember, bzw. 16. Frimaire). Die Broschüre schlug ein wie eine Bombe und erweckte die Begeisterung des *Vieux Cordelier*. Aber sie empörte die Hébertisten, weil sie die beiden Hauptstellvertreter Bouchottes, zwei energische Cordeliers, seine rechte Hand Vincent und Ronsin, den »Ministergeneral« aufs Korn nahm, der seit dem 2. Oktober die zentrale Revolutionsarmee kommandierte, die sich vor kurzem bei den üblen Erschießungen von Lyon hervorgetan hatte. Aber Philippeaux' Kampagne gegen Bouchotte brachte die Hébertisten erneut in Schwierigkeiten. Hébert ist nur noch ein Schatten seiner selbst. Am 11. Dezember (21. Frimaire) erklärt er bei den Jakobinern, er empfehle seinen Lesern, die Bibel zu lesen! Die Dantonisten – aber nicht Danton selbst – gehen gegen den Wohlfahrtsausschuß zur Offensive über, der letztlich für die Verzögerung bei der Belagerung von Toulon und für die militärischen Niederlagen am Rhein und in der Vendée verantwortlich gemacht wird. Am 12. Dezember (22. Frimaire) fordert Bourdon de l'Oise, Wortführer Fabres und der Dantonisten, eine Umbesetzung des Ausschusses, also in Wahrheit den Ausschuß derjenigen Mitglieder, die Sympathien für die Sansculotten zur Schau stellen (Collot, Saint-André, Billaud). Von Merlin de Thionville unterstützt, findet der Antrag die Zustimmung der Nationalversammlung. Die Plaine und die Nachsichtigen haben sich für einen Augenblick verbündet. Am selben Tag – ein weiteres Manöver der Dantonisten – erscheint eine Abordnung von Frauen an den Schranken des Konvents, um die Öffnung der Gefängnisse zu fordern. Aber der Ausschuß bekommt die Situation wieder in den Griff. Anstatt am nächsten Tag wie vorgesehen zur Wahl der neuen Mitglieder zu schreiten, wird mit der Mehrheit der Versammlung der Wohlfahrtsausschuß en bloc erneuert! Dennoch geht die Offensive der Dantonisten weiter. Camille Desmoulins mag die Druckfahnen der Nummer 3 des *Vieux Cordelier* (15. Dezember bzw. 25. Frimaire) Robespierre vielleicht nicht vorgelegt haben, es sei denn, dieser hätte sich geweigert, sie zu lesen oder sie erst im Nachhinein mißbilligt... Jedenfalls hat die Zeitung nun den Ton geändert. Mit einem Beispiel aus der Geschichte prangert Desmoulins die Exzesse des Terrors an, indem er nach der Art des Tacitus den Prunk im kaiserlichen Rom geißelt. Desmoulins hat eine regierungsfeindliche Satire daraus gemacht, für Pedanten unter den Lesern sogar eine antirepublikanische Satire: Hinter den Hébertisten stehe der »Sanculotte Pitt«; hinter Bouchotte stehe Vincent. Von solchen Behauptungen bis zum Vorwurf gegen einige Mitglieder der Regierung, sie gehorchten den Befehlen Pitts, ist es nur ein Schritt. Was die Nummer 4 betrifft (20. Dezember bzw. 30. Frimaire), wird sie neben den üblichen Angriffen gegen Bouchotte und Ronsin ganz ausdrücklich zur Öffnung der Gefängnisse aufrufen, als Vorspiel zu einer allgemeinen Friedenspolitik. Verurteilte Robespierre diesen »Verrat« seines Freundes Desmoulins? Gerade eben hatte sich die Gesellschaft der Jakobiner mit der Säuberung von ihren verdächtigen oder lauen Mitgliedern beschäftigt, und Desmoulins war vom Ausschluß bedroht, weil ihm beim Girondistenprozeß einige Sätze des Mitgefühls entschlüpft waren. Erstaunlicherweise hatte Robespierre durchgesetzt, daß er im Klub bleiben durfte, und sich darauf beschränkt, ihn zu größerer Strenge aufzufordern. Die Nummer 3 des *Vieux Cordelier* kam allerdings erst am nächsten Tag heraus ... Die vierte Ausgabe nutzte einen Vorschlag Robespierres, um ihn zu verfälschen. Dieser hatte die Bildung eines Justizausschusses durchgesetzt, der die Fälle von zu Unrecht eingekerkerten Personen erneut überprüfen sollte (er wird schon nach sechs Tagen wieder aufgelöst). Desmoulins nutzte dies nun, um Robespierre einen Lorbeerkranz zu flechten, seinem »lieben Robespierre«, seinem »alten Kameraden«. »Erinnere Dich daran«, sagt er ihm, »daß Liebe stärker und dauerhafter ist als Furcht ... Mit der Maßnahme, die Du heute in der Sitzung vom 30. Frimaire beschließen ließest, bist Du diesem Gedanken schon sehr nahe gekommen. In der Tat ist es eher ein Gerechtigkeitsausschuß, so wie er vorgeschlagen wurde. Warum sollte die Gnade in der Republik ein Verbrechen geworden sein?« Das Wort ist gefallen. Die Vorschläge Camilles lassen nicht mehr den geringsten Zweifel über dieses Thema aufkommen: *»Öffnet die Gefängnisse für 200 000 Bürger, die ihr verdächtig nennt.«* Diese Frauen, diese alten Männer, »diese Egoisten, diese Nachzügler der Revolution« seien nicht gefährlich. Die wirklichen Feinde, »die kühnen und die starken, sind emigriert; sie sind in Lyon oder in der Vendée umgekommen. Der Rest verdient euren Zorn nicht.« Diese dritte und vierte Ausgabe des *Vieux Cordelier* finden beachtlichen Widerhall.

In der Zeit zwischen beiden Ausgaben haben die Dantonisten trotz ihres Mißerfolgs am 22. Frimaire ihre Offensive fortgesetzt. Ihr Ziel ist es, den Hébertisten den Todesstoß zu versetzen und dabei ihre bedrohten Freunde zu retten, Biron vor dem Schafott und Westermann vor einer Verhaftung, die ihre »Partei« im Falle eines Gewaltstreichs ihrer bewaffneten Stütze berauben würde. Am 17. Dezember (27. Frimaire) hat der Konvent auf Anregung Fabres und Philippeaux' und ohne daß sich Robespierre dem widersetzt hätte, einen Haftbefehl gegen Ronsin, Vincent und Maillard beschlossen (Maillard*, der berühmte »Durchgreifer« liegt bereits im Sterben und wird nach seiner früheren Verhaftung jetzt nur noch unter Hausarrest gestellt). Dann ist Mazuel, ein Offizier bei der Revolutionsarmee, an der Reihe. »Ein Pyrrhussieg«, schreibt Arnaud de Lestapis. Bourdon de l'Oise triumphiert bereits am 19. Dezember (29. Frimaire) und behauptet im Konvent: »Die konterrevolutionäre Faktion im Kriegsministerium wird bald zerschmettert sein ... Der Lohn eurer Arbeit ist der Frieden, den die Engländer uns vielleicht schon bald anbieten werden!«

Alle diese Ereignisse haben Robespierre zu denken gegeben. In einem Zeitraum von nur acht Tagen mußte er den parlamentarischen Angriff vom 22. Frimaire und die Nummern drei und vier des *Vieux Cordelier* über sich ergehen lassen. Was noch schlimmer ist, am 29. Frimaire, als Fabre im Konvent gegen Personen wie Ronsin und Mazuel vorgeht, entdeckt man die Unterschrift desselben Fabre auf dem falschen Liquidierungsbeschluß der Indien-Kompanie. Oft wird behauptet, erst dieser Fund habe Robespierre die Augen geöffnet. Wenn er eine Zeitlang Sympathien für das Programm der Nachsichtigen empfunden haben mochte – hat er nicht z. B. höchstpersönlich den Justizausschuß eingesetzt? – scheint er sich nun eines Besseren zu besinnen. Von jetzt an wird er jeder Kampagne mit pazifistischem Beigeschmack mißtrauisch gegenüberstehen. Indem sie die Öffnung der Gefängnisse fordert, betreibt sie möglicherweise nur das Spiel der Konterrevolution. Und dennoch kann sich Robespierre, von der Persönlichkeit Fabres, von der Kampagne des *Vieux Cordelier* und ihrem Erfolg wie von den verängstigten und beunruhigenden Schreiben Chabots beeindruckt, lange Zeit nicht auf die Seite der Hébertisten schlagen. Er wird also erst nach und nach – nicht so schnell, wie behauptet worden ist – auf den Gedanken kommen, die *beiden* antagonistischen Faktionen zu neutralisieren, und sie, falls erforderlich, zu eliminieren. Noch bricht er nicht mit Danton, aber er ist bereits auf der Hut, denn er geht davon aus, daß man sein Vertrauen mißbraucht hat.

Die Offensive der Dantonisten hat sich schlecht angelassen. Um trotz allem zum Erfolg zu führen, müßte sie nun zur zweiten Etappe übergehen: der Verhaftung Héberts. Aber *offiziell* weiß ja niemand, daß Chabot den »Père Duchesne« beschuldigt hat, ein Mitwisser von Batz zu sein,

---

* Stanislas Marie *Maillard* (1763–1794). Pariser Sansculotte, der an allen großen Aktionen und zumal an den Septembermorden beteiligt war. (Anm. d. Hrsg.)

und dessen Name ist noch nie gefallen. Danton, Desmoulins und vielleicht noch einige andere sind in die Einzelheiten der Verschwörung eingeweiht. Sie wissen, daß Robespierre und Saint-Just sie ebenfalls kennen. Diese haben mittlerweile auch begriffen, daß die Nachsichtigen die Informationen besitzen. Den Skandal ans Tageslicht zu bringen, hieße für Robespierre, die Montagne und die Republik bloßzustellen, ja die ganze neue Regierungsordnung zugrundezurichten. Für Danton gibt es trotz der Hoffnung auf eine politische Umwälzung, aus der er seinen Vorteil ziehen könnte, das weitaus größere Risiko, durch Fabre oder Delaunay die gesamte Danton-Partei diskreditiert zu sehen... Folglich wird es keiner von beiden wagen, das Schweigen zu brechen. Und dennoch, seit Robespierre angefangen hat, die Rolle Fabres in der Affäre mit der Indien-Kompanie zu erraten, ist es dringlicher denn je, Hébert und die Kommune zu vernichten, schon weil die Gefahr besteht, daß Robespierre möglicherweise, von Fabre enttäuscht, sich im Gegenzug auf die Seite der *Exagérés* stellen könnte. Diese haben jetzt wieder das Haupt erhoben.

Seit der Verhaftung von Vincent und Ronsin sind die Hébertisten außer sich vor Wut. Sie haben sofort die Debatte in den Jakobinerklub getragen. Dort erhalten sie Verstärkung durch Collot d'Herbois, der aus Lyon zurückgekehrt ist, um sich selbst zu verteidigen. Er rechtfertigt die Aktionen Ronsins und der Militärkommissionen und spielt das Ausmaß der berüchtigten Erschießungen herunter. Am 21. Dezember (1. Nivôse), am Abend des hébertistischen Umzugs zu Ehren des Patrioten Chalier, der von den Lyoner Föderalisten hingerichtet wurde, rühmt Collot vor dem Klub die Verdienste Ronsins, dieses »wahren und standhaften Jakobiners« bei der Strafaktion gegen die aufständische Stadt.* Die Hébertisten fühlen sich ermutigt, weil ein Mitglied des Wohlfahrtsausschusses anwesend ist. Hébert legt eine Zusammenfassung aller von der Partei der Sansculotten angehäuften Beschwerden vor. Er greift pauschal alle Anführer der anti-hébertistischen Offensive an, Bourdon de l'Oise, Camille Desmoulins und vor allem die »Verräter« Philippeaux und Fabre d'Eglantine.

* Im Mai 1793 erhebt sich die Bevölkerung von Lyon gegen eine ultrarevolutionäre Stadtverwaltung unter Chalier. Nach zweimonatiger Belagerung wird Lyon Anfang Oktober von den Revolutionstruppen zurückerobert. Unter der Verantwortung Collot d'Herbois und Fouchés kommt es zu Massenexekutionen, die der Konvent später mißbilligt. Entgegen einem ursprünglichen Konventsbeschluß wird die Stadt nicht dem Erdboden gleichgemacht. (Anm. d. Hrsg.)

Sie hätten das Pulverfaß gezündet, und er fordert, nun ihren Ausschluß aus dem Jakobiner-Klub. Hébert bewegt sich auf sicherem Terrain: Weder Vincent noch Ronsin sind in die Batz-Verschwörung verwickelt; er kann also ihre Verteidigung übernehmen, ohne ein Risiko einzugehen. Die Nummer 325 des *Père Duchesne* vereint in ein- und derselben Lobrede Ronsin, Vincent und Collot d'Herbois (ein »unermüdlicher Verteidiger der Sansculotten«). Bei den Jakobinern aber werden die Beschimpfungen jeden Tag heftiger; eine Schmährede auf Philippeaux und die Nachsichtigen folgt der anderen. Obwohl Robespierre die in Lyon verübten Gewalttätigkeiten mißbilligt, gibt er Collot die Unterstützung des Wohlfahrtsausschusses. Wie hätten die Nachsichtigen unter diesen Bedingungen ihr Vorhaben durchsetzen und die Jakobiner zurückgewinnen können? Die historische Sitzung vom 23. Dezember (3. Nivôse) verrät das Kräfteverhältnis zwischen den beiden Parteien. An diesem Abend hat sich eine riesige Menge in der Rue Honoré* eingefunden, um Collot gegen die Apostel des Moderantismus deklamieren zu hören. Da Philippeaux alle seine Beschuldigungen gegen die in der Vendée operierenden Generäle aufrechterhalten hat, fühlt sich Danton verpflichtet, ausführlicher als üblich zu sprechen. Ohne auf die politische Freundschaft einzugehen, die ihn mit dem Abgeordneten des Departement Sarthe verbindet, bittet er die Mitglieder des Klubs, den Erklärungen Philippeaux' schweigend zuzuhören. Dabei gibt er einige ernüchternde Sätze von sich: »Vielleicht gibt es keine anderen Schuldigen als die Ereignisse selbst... Es ist nur ein Unglück zu befürchten, nämlich daß unsere Feinde aus unserem Streit ihren Vorteil ziehen... Die Römer vergaßen schnell ihre persönlichen Streitigkeiten, wenn der Feind vor den Toren Roms stand... Töten all unsere Auseinandersetzungen auch nur einen einzigen Preußen?« Der Tribun fordert die Ernennung einer Untersuchungskommission, die beide Parteien anhören soll. Robespierre, der Philippeaux dessen Angriffe auf den Wohlfahrtsausschuß nicht verzeiht, zieht es dennoch vor, ihn aufzufordern, im Interesse der Einheit der wahren Patrioten einen Teil seiner Anschuldigungen zurückzunehmen. Aber Philippeaux will sich nicht beugen und wiederholt seine Attacken gegen den Ausschuß. Nun besteht Danton erneut darauf, eine Untersuchungskommission zu ernennen. Dasselbe fordert auch Couthon, da Philippeaux wiederholt, er glaube an die Existenz eines Verrats.

* Gemeint ist die Rue *Saint*-Honoré. Während der jakobinischen Revolution wurden die Heiligennamen abgeschafft. (Anm. d. Hrsg.)

Momoro nutzt – wie er glaubt – die für seine Freunde günstige Atmosphäre, um dem Wohlfahrtsausschuß die Dienste der Hébertisten anzubieten, unter der Voraussetzung, daß man die Verfolgung von Patrioten unverzüglich einstellt. Robespierre geht über dieses Angebot hinweg und beharrt auf der zentralen Rolle des Wohlfahrtsausschusses und des Konvents, die sowohl gegen den Moderantismus wie gegen die Gefahr eines Aufstands vorgehen werden.

Am nächsten Tag, dem 24. Dezember (4. Nivôse), meldet Barère im Konvent offiziell, daß Toulon zurückerobert wurde (26.–29. Frimaire). Am 5. Nivôse kann Robespierre mühelos die Revolutionsregierung rechtfertigen, indem er die beiden Fraktionen abkanzelt. Einen Tag später läßt er Barère den *Vieux Cordelier* tadeln und Billaud-Varenne das Dekret vom 30. Frimaire über den Justizausschuß vorläufig aussetzen. Es ist nicht die Zeit der Milde, sondern des Terrors, der Einheit der wahren Republikaner. Robespierre hat sich damit der Politik der »Unerbittlichen« angeschlossen. Es war ein Fehler der Nachsichtigen, mit ihrer Offensive zum Frieden zu früh zu beginnen, vor der Rückeroberung Toulons aus der Hand der Engländer, vor den Siegen Marceaus, Klébers und Westermanns über die Aufständischen in der Vendée bei Le Mans (17. Dezember), Ancenis (16. Dezember) und Savenay (22.–23. Dezember, 2.–3. Nivôse)[1], vor der Schlacht am Geisberg, die es Hoche ermöglichte, den Österreichern das Gebiet von Weißenburg und danach Landau und Speyer wieder abzunehmen. Bald werden Spanien, England und Holland eine versöhnlichere Haltung einnehmen, was die unnachgiebige Politik des Wohlfahrtsausschusses rechtfertigt. Das verfrühte Projekt, den Terror zu beenden und einen baldigen Frieden zu schließen, erhielt seither einen beinahe konterrevolutionären Anstrich, der für Robespierre unerträglich war. Und doch gab es einen Moment, in dem der Wohlfahrtsausschuß schwankend wurde und Danton offenbar ermächtigte, nach seiner Rückkehr aus Arcis den englischen Agenten Peter Lewis Robin zu empfangen, um ihm territoriale Konzessionen in Belgien vorzuschlagen. Doch der Ausschuß kehrte bald zu seiner bisherigen Linie zurück.[2] Diese kaum bekannte Verhandlung erklärt, warum die aggressive Kampagne der Nachsichtigen nicht zu einem wirklichen Bruch zwischen Danton und Robespierre führte; der Unbestechliche wußte nämlich, daß Danton ein Kronzeuge für die zögerliche Haltung des Ausschusses in der Kriegsfrage war. Aber sie erklärt auch, auf längere Sicht, das Mißtrauen des Ausschusses: Man wird es Danton nicht verzeihen, die einzige Hoffnung der britischen Unterhändler gewesen zu sein. Für den Augenblick wird Robespierre, der den Dantonisten mißtraut, jedoch zunächst einmal zwei seiner Getreuen nach Paris zurückrufen: Lebas und Saint-Just.

Danton als Apostel der Nachsicht: Diese Positionsbestimmung wird als selbstverständlich angesehen. Sollte man sich aber nicht im Gegenteil darüber wundern? Man könnte natürlich leicht das Ganze mit Ironie abtun, indem man konstatiert, Danton habe in den vier Jahren seines öffentlichen Lebens und geschmeidiger Reden alles und auch das Gegenteil davon gesagt, und in seinem Repertoire habe nur noch die Nachsicht und der Frieden um jeden Preis gefehlt (was den letzten Punkt betrifft, so war die *Versuchung* bei ihm allerdings nicht neu). Die Persönlichkeit des Mannes aus der Champagne ist nicht unkompliziert. Dennoch lassen sich drei wesentliche Gründe für seine Haltung ausmachen: Zunächst einmal ist Danton mittlerweile zum wohlsituierten Bourgeois geworden. Seine Güter in Arcis bilden nur den sichtbaren Teil eines stattlichen Vermögens. Nur zu gerne, und das ist ein Wunsch, den er oft aussprach, würde er friedlich von seinen Gütern leben, die er im Schweiße seines Angesichts als käuflicher Redner und kraft seiner spezifischen Intelligenz erworben hat. Zum zweiten hat er gerade ein junges Mädchen geheiratet, das ihm wie er selber lautstark verkündet – wichtiger ist als sein Stundenplan. »Ich schlafe täglich mit meiner Frau!« wird er im Germinal vor seinen Mitangeklagten sagen. Er weiß zwar, daß jeder mit Louise verbrachte Augenblick von seinen Gegnern genutzt wird, um an seinem Untergang zu arbeiten. Aber er ist davon überzeugt, daß die Franzosen des Terrors, der alltäglichen Furcht, der Guillotine, des Bruderkampfes und selbst der Jakobinerdiktatur überdrüssig sind. All das bildet in seinen Augen ein unseliges Ganzes, und darum gibt es zwischen seinem Programm und dem Robespierres nur eine scheinbare Konvergenz. Wenn Robespierre einige Wochen lang von der Idee der Milde angetan war, so deshalb, weil er gegen die Leiden der irrtümlich eingekerkerten Unschuldigen keineswegs so unempfindlich war, wie oft behauptet wurde. Aber für den Unbestechlichen konnte es keine Milde für Verräter und Verschwörer geben. Was Danton angeht – zum Teufel mit diesen feinen Unterscheidungen! Die Verschwörer konnten ihm keine Angst einjagen, schließlich kennt er eine ganze Reihe davon persönlich und unterhält mit ihnen oftmals herzliche Beziehungen. Der Begriff des *Verrats* ist ihm im Grunde völlig fremd. Wenn er auf die Milde und den Frieden setzt, so deshalb, weil er glaubt, damit der öffentlichen Meinung zu folgen und seine Popularität zu erhöhen, die ihm vielleicht noch wichtiger geworden ist als das scheue junge Mädchen, das er sich in sein Bett gelegt hat. Danton wäre wohl kaum überrascht gewesen vom Freuden- und Erleichterungstaumel des Volkes nach dem Sturz Robespierres, der das Regime dann zwingen wird, den Terror zu beenden. Aber dieses Gespür hatte Danton zu früh gehabt: ein paar Monate zu früh. Er war der öffentlichen Meinung, auf die er – auch wenn er sie »eine Hure« schalt, oder gerade deswegen – seine Politik stets abzustimmen wußte, dieses Mal voraus.

Es war nicht Danton, der für die Kampagne der Nachsicht die Initiative ergriffen hat. Bereits am 18. Oktober 1793 hatte der Abgeordnete Lecointre beschließen lassen, daß die revolutionären Ausschüsse die Verhaftungen von Verdächtigen begründen und den Sicherheitsausschuß davon in Kenntnis zu setzen hätten (ein Beschluß, der am 24. Oktober auf Forderung der Ausschüsse und Robespierres ausgesetzt wurde). Damals waren die Dantonisten – Danton selbst erklärt sich für schwer krank und wird sich bald darauf nach Arcis-sur-Aube zurückziehen – noch zu terroristischen Übertreibungen bereit. Als Amar die Anklageerhebung gegen die Girondisten beschließen läßt, ist es Osselin, ein Freund Dantons, der fordert, auch diejenigen Abgeordneten in die Liste aufzunehmen, die gegen die Beschlüsse vom 2. Juni protestiert hatten, und es ist Robespierre, der sich dem widersetzt und sie im sicheren Gewahrsam des Gefängnisses läßt.

Steht Dantons Entscheidung für eine andere Politik im Widerspruch zu seiner vorangegangenen Haltung? Nein. Es ist kein anderer Danton, der seine Vergangenheit vergißt und auf einmal das Gegenteil tut. Es ist immer noch der gleiche Mann, ein Pragmatiker, aber ein verirrter Pragmatiker. Die jakobinischen Ideologen konnten eine solche Haltung nicht begreifen. Für sie wird der Tribun bald zum Verräter und – warum auch nicht? – auch zum Verschwörer. Danton wird zur Zentralfigur der gesamten Opposition, mit Ausnahme der hébertistischen. Die Royalisten erhoffen sich von ihm die Aufhebung des Gesetzes gegen die Emigranten, ja sogar eine Restauration der Monarchie. Die Überreste der girondistischen Partei erwarten von ihm ein Amnestiegesetz. Die in Ungnade gefallenen Konventsmitglieder hoffen, daß man unter ihre oftmals mehr als zweifelhaften Machenschaften einen Strich zieht. Die gemäßigte Industrie- und Handelsbourgeoisie sieht in Danton den Mann, der einem lähmenden Dirigismus, den Requirierungen und dem Gesetz über das Maximum ein Ende setzen wird. Noch allgemeiner erwarten die Verdächtigen jedweder Couleur mit Ungeduld die Öffnung der Gefängnisse. Der ehemalige Minister Garat, der die Wahrheit vielleicht ein wenig ausschmückt, berichtet in seinen *Memoiren* von vertraulichen Informationen, die ihm Danton nach seiner Rückkehr aus Arcis mitgeteilt habe. Das Programm des Tribuns war dazu angetan, allen Unzufriedenen etwas zu bieten: die beiden Regierungsausschüsse sollten entzweit werden, insbesondere der Wohlfahrtsausschuß, indem man Barère und Robespierre von den als nicht mehr brauchbar eingeschätzten Collot, Saint-Just und Billaud-Varenne isoliert; daraufhin sollten die Ausschüsse (ob auf legale Weise oder auch nicht) erneuert werden, die Preisstopps und die Gesetze gegen die Emigranten aufgehoben, der Frieden beschlossen und die Monarchie wiederhergestellt werden ... Selbst wenn Dantons Programm nicht ganz so präzis war, ist es doch wahrscheinlich, daß es dem, was Garat enthüllt, recht nahekam. Zum Zeitpunkt des Todes von Danton werden viele Konventsmitglieder ebenso wie die Emigrantenkreise davon überzeugt sein, daß er daran gearbeitet habe, den Thronfolger aus dem *temple* zu befreien. War dies nur das Resultat der hébertistischen Kampagne gegen die »neuen Brissotins«? Oder versuchte diese nicht vielmehr, Danton eine Schuld zur Last zu legen, die in Wirklichkeit auf Hébert, Batz und ihre Komplizen zurückfiel? Jedenfalls war dieses hartnäckige Gerücht für Danton mehr als gefährlich. Denn man wußte, er war vorsichtig genug, um nicht mehr das Risiko einzugehen, Ludwig XVII. *entkommen* zu lassen; es ging also darum, ihn zu *befreien*, und das bedeutete den vorherigen Sturz der Revolutionsregierung.

Der nachsichtige Danton predigt keineswegs bei jeder Gelegenheit die Milde. Vielmehr bringt er seine Freunde dazu, manchmal die Konventsabstimmungen umzudrehen, oder er verurteilt ihre ungeschickten, aggressiven und kurzsichtigen Vorstöße. Es ist schwierig, bei den »dantonistischen« Manövern gegen die Ausschüsse den Anteil der persönlichen Politik Dantons von dem zu trennen, was ausschließlich seinen Parteifreunden zuzuschreiben ist. Man kann wohl annehmen, daß der Tribun von den unvorsichtigen Initiativen eines Fabre und vor allem eines Bourdon de l'Oise oft überfahren wurde. Seine eigenen Interventionen in der Versammlung behandeln nur selten wichtige Probleme. Er ergreift oft das Wort zu zweitrangigen Fragen: Günstlingswirtschaft bei den militärischen Beförderungen, Salpeterabbau oder nicht rechtzeitig aus Paris in ihr Departement zurückkehrende Provinzbeamte. Trotz der Höhe des politischen Einsatzes und der Gefahren, die ihn bedrohen, findet Danton manchmal wieder zu seiner bäuerlichen Gutmütigkeit, seinem gesunden Menschenverstand, seinem freimütigen Witz, die die drückende Atmosphäre, die im Konvent herrscht, entspannen. Am 27. Dezember (7. Nivôse) wendet er sich energisch gegen die übertriebene Änderung der Vornamen. In der Tat hat die antikisierende Mode viele undurchsichtige, aber eifrige Revolutionäre erfaßt, die nun ihren Namen ändern, um sich Caton, Lykurg, Scaevola, Brutus usw. zu nennen. »Es liegt schon eine gewisse Extravaganz darin«, erklärt Danton, »die Namen der größten Männer der Antike anzunehmen, wenn man nicht deren Tugenden besitzt. Es ist Sache der Nachwelt, dem Menschen einen großen Namen zu verleihen, der große Dienste geleistet hat. Allerdings«, fügt der Tribun humorvoll hinzu, »ist nichts dagegen einzuwenden, sich Blumenkohl oder Rübe zu nennen« – diese Gemüsevornamen erscheinen in der Tat zusammen mit den nicht weniger landwirtschaftlichen Namen Rosmarin, Thymian, Harke oder Gießkanne in dem neuen, von seinem Freund Fabre d'Eglantine zusammengestellten republikanischen Kalender – »so mögen die Patrioten ihre Familiennamen behalten und sich mit den vom Gesetz autorisierten Vornamen begnügen ...« Sind all das nicht bloß Nichtigkeiten? Danton verliert die Ziele seiner Politik durchaus nicht aus den Augen. Am Vortag ist vor dem Revolutionstribunal der Prozeß gegen seinen ehemaligen Minister-Kollegen Lebrun eröffnet worden, den man vor drei Tagen in seinem Versteck aufgestöbert und verhaftet hat. Danton und Fabre werden versuchen, zu seinen Gunsten auszusagen, ohne sich dabei allzusehr zu kompromittieren. Vergebliche Mühe: Die Geschworenen werden Lebrun seinen »Orléanismus«, den Verlust Belgiens und seine Geheimverhandlungen mit dem Feind nicht nachsehen. Er wird guillotiniert wie alle anderen auch.

Die Rückkehr Saint-Justs nach Paris am 30. Dezember (10. Nivôse), nach einer Mission bei der Elsaß-Armee (wo Hoche gerade wahre Wunder vollbracht hat), ist für Robespierre eine beachtliche Verstärkung. Die mitleidlose Strenge des Erzengels des Terrors kommt gerade rechtzeitig, um die Intrigen der Dantonisten gegen den Ausschuß zu bekämpfen. Für Saint-Just ist die Milde das Programm der Volksfeinde, das von irregeführten Konventsmitgliedern vertreten wird, die sich damit zum verlängerten Arm der Royalisten, Gemäßigten, Wucherer und Schieber und Agenten des Auslands machen. Bevor er zur Armee zurückkehrt, hat der junge Mann seinen kurzen Aufenthalt in der Hauptstadt dazu genutzt, Robespierre den Rücken zu stärken. Saint-Just repräsentiert das Gewissen des Unbestechlichen für den Fall, daß dieser einer vorübergehenden

Schwäche nachgeben könnte. Hat Danton das verstanden, oder begnügt er sich mit der Unterstützung, die Robespierre ihm gewährt? Hat er begriffen, daß diese Unterstützung nur eine vorläufige Neutralität war?

Die Denunziationen Fabres gegen die Ausländer verfehlen ihre Wirkung nicht. Cloots, »ein Verräter, den man überwachen muß« (Robespierre) wird am 22. Frimaire von den Jakobinern und am 5. Nivôse – ebenso wie alle anderen ausländischen Abgeordneten – aus dem Konvent ausgeschlossen. Aber auch Fabre selbst, obwohl er sich noch auf freiem Fuße befindet, steht seit der Untersuchung des falschen Liquidierungsdekrets der Indien-Kompanie durch den Sicherheitsausschuß in höchstem Verdacht. Am 6. Nivôse war er von der Aufklärung der Affäre ausgeschlossen worden. Neun Tage später wird man anläßlich der Untersuchung der Siegel Delaunays das »Original« des Dekrets entdecken – in Wirklichkeit seine erste Fassung –, die von der Hand Fabres überarbeitet ist, was dem Ausschuß die Möglichkeit bietet, den Fall Chabot herunterzuspielen, um daraus eine einfache Angelegenheit von Fälschung und Betrug zu machen. Vielleicht um diesen Taschenspielertrick zu verhindern, setzt Desmoulins am 5. Januar 1794 (16. Nivôse) die Nr. 5 des *Vieux Cordelier* in Umlauf. In Abstimmung mit Danton vollzieht der Journalist erneut eine Kehrtwendung und nimmt einen Teil seiner Positionen zurück, weil er fürchtet, Robespierre zu mißfallen, der über einen Mittelsmann möglicherweise seinen Ausschluß von den Jakobinern betreibt. Diese 5. Aufgabe ist eine giftige anti-hébertistische Anklageschrift. Desmoulins verwendet nochmals die Denunziation Chabots und bricht erstmals das Schweigen, das sich alle die auferlegt haben, die den Hintergrund der Affäre kennen. Desmoulins Methode ist das genaue Gegenteil der Methode des Sicherheitsausschusses: Er tilgt den Bestechungsfall, in dem die Dantonisten kompromittiert sind, und legt den Schwerpunkt auf den Verleumdungsaspekt des Komplotts, ohne jedoch den Namen Batz zu erwähnen. Er nennt Hébert einen »Halunken«, eine »Beleidigung für das französische Volk und den Konvent«. Er beschuldigt ihn, durch seinen Radikalismus absichtlich die Konterrevolution vorbereitet zu haben. Er spricht von den 120 000 Livres Subvention, die ihm Bouchotte für seine Zeitung gewährte. Er läßt durchblicken, Hébert sei über finanzielle Machenschaften in einen der letzten Fluchtversuche Marie Antoinettes verwickelt gewesen.

Und prompt folgt der Gegenschlag. Noch am gleichen Abend protestiert Hébert bei den Jakobinern gegen die Beschuldigungen Camilles. »Gerechtigkeit, Jakobiner, ich fordere Gerechtigkeit!« ruft er aus und fügt hinzu: »Lieber würde ich sterben, als diesen Ort zu verlassen, bevor man mir nicht sichtbare Gerechtigkeit zuteil werden läßt!« Nachdem Desmoulins in seiner Antwort alle Beschuldigungen aufrechterhält, insbesondere – mit dem belastenden Dokument zur Hand – diejenige über die Subventionen Bouchottes, haben Robespierre und Danton alle Mühe, die Gemüter zu beruhigen. Danton, der mit der übergeordneten Notwendigkeit der Einheit gegen die Gegner der Revolution argumentiert, bemüht sich, beiden Opponenten gleichermaßen rechtzugeben. Er erweist Rossignol und Ronsin, von denen er nicht glauben kann, daß sie plötzlich zu falschen Patrioten geworden seien, eine nuancierte Reverenz. Offensichtlich versucht er die Hébertisten und auch Hébert selbst zu beruhigen. Warum? Weil Robespierre ihnen gegenüber den Ton geändert hat und die Mehrheit ihrer Partei von der Faktion der Ultras unterscheidet, und weil Danton einen gezielten Angriff der Hébertisten mit der Mehrheit des Wohlfahrtsausschusses fürchtet und er folglich weder mit Robespierre noch mit Saint-Just brechen will; schließlich auch, weil er über die ungeschickte Aggressivität seiner Freunde im Konvent, die sich negativ auswirken könnte, beunruhigt ist, und weil er seine engsten Freunde schwankend werden sieht und es für eine gute Politik hält, gegenüber beiden Parteien Mäßigung zu predigen.

Die Situation ist für alle Revolutionäre in höchstem Maße unsicher geworden. Die Prahlereien Héberts bei den Jakobinern verschleiern kaum seine Besorgnis. Sein Pamphlet *Jacques René Hébert, auteur du Père Duchesne à Camille Desmoulins* ist nichtssagend. In seiner Zeitung wird er Camille wegen seines Privatlebens persönlich beleidigen, ihm mit der Guillotine drohen, aber auf die Anschuldigungen nicht näher eingehen. Am 8. Januar (19. Nivôse) greift er zum erstenmal seit Wochen – und zugleich zum letztenmal Chabot an, indem er ihm ohne ernsthafte Argumente die Beschuldigung des Aristokratentums und der Käuflichkeit platt zurückgibt. Er wünscht sich, daß alles wieder ins Lot kommt. In dieser Zeit stellt Chabot vom Gefängnis aus seine Angriffe gegen Hébert ein. Was Danton betrifft, dessen Position entscheidend geschwächt ist, so wird er ständig von seinen eigenen Freunden kompromittiert. Der 7. Januar (18. Nivôse) ist in dieser Hinsicht symptomatisch. Im Konvent ist es der hitzige Bourdon de l'Oise, der jede Vorsicht fallen läßt und die Offensive wieder aufnimmt, indem er die Argumente des *Vieux Cordelier* wiederholt. Er denunziert die Verschwendung der Minister, insbesondere Bouchottes, seiner »Zivilliste« und seiner Agenten, deren Rolle nur darin bestehe, die Volksvertreter zu diffamieren. Über

Bouchotto und die Minister zielt er einmal mehr auf die Revolutionsregierung, obwohl er dem Wohlfahrtsausschuß ein heuchlerisches Lob erteilt. Da er damit niemanden täuschen kann, muß Danton auf die Tribüne steigen, um die Kritik Bourdons zu relativieren. Falls der Regierung Verbesserungsvorschläge zu machen sind, so möge diese Kritik dem Ausschuß vorgelegt werden. Dann wird dieser selbst einen Bericht abfassen, er, der »als Kind des Konvents diesen repräsentiert«. Man könnte nicht versöhnlicher sein. Robespierre läßt sich von dieser Höflichkeit Dantons nicht beirren. Denn in dieser Konventssitzung haben die Nachsichtigen eine regelrechte Offensive geführt. Nach Bourdon ist es Philippeaux, der interveniert, um seine Beschuldigungen gegen Rossignol und gegen Ronsin zu wiederholen. Dann empfängt die Versammlung auf Antrag Merlin de Thionvilles, eines Freundes von Julien und Chabot, General Westermann, der am Vortag von Bouchotte seines Postens enthoben worden ist, weil er, wie es heißt, 30 000 Gewehre an die Aufständischen in der Vendée verteilt habe! Der General, den das am 5. Nivôse auf Betreiben Robespierres verabschiedete Dekret beunruhigt, wonach das Revolutionstribunal unverzüglich alle der Komplizenschaft mit Dumouriez schuldigen Generäle aburteilen soll, ist sofort nach Paris geeilt. Der »Säbel« der Dantonisten sollte disponibel bleiben, während der Hébertist Ronsin, sein Pendant, im Gefängnis steckt. Der Nachsichtige Lecointre hält nun eine Lobrede auf den verdächtigen Westermann. Der Konvent gewährt ihm die Ehre, empfangen zu werden und beschließt auf Antrag Lecointres, daß er bis zum Bericht des Wohlfahrtsausschusses auf freiem Fuß bleibt. Dieser Freibrief löst auf der Linken einigen Wirbel aus.

Der Unbestechliche fällt also auf die rhetorischen Freundlichkeiten Dantons nicht herein. Wäre er naiv genug, zu glauben, daß Danton mit seinen nachsichtigen Freunden nicht übereinstimmt, die gerade im Konvent die Mehrheit erlangt haben? Noch am gleichen Abend wird Robespierre bei den Jakobinern seine berühmte Schmährede gegen Desmoulins halten. Nachdem er die Affäre Philippeaux in dessen Abwesenheit diskutiert hat, untersucht der Klub nun die Frage des Ausschlusses von Fabre, Bourdon und Desmoulins. Nur letztgenannter erscheint mit Verspätung bei der Sitzung. Erbarmungslos denunziert Robespierre die »politischen Ketzereien« dieses »Muttersöhnchens«, das durch seinen schlechten Umgang irregeführt sei und zu Unrecht den Reden Philippeaux' gefolgt sei. Mit geheucheltem Großmut erklärt er: »Man muß gegen diese Zeitung, die nicht einmal ein Brissot gutzuheißen gewagt hätte, mit aller Strenge vorgehen und Desmoulins dennoch in unserer Mitte behalten. Ich fordere, daß die Ausgaben Camilles im Klub als Exempel verbrannt werden.« Darauf ruft Desmoulins, der bisher eine erbärmliche Figur abgegeben hat, aus: »Verbrennen ist keine Antwort!« Danton, der verstanden hat, daß die Sache eine schlimme Wendung nimmt, kommt seinem Freund auf eine sehr vorsichtige und abgewogene Art zu Hilfe. Er protestiert gegen diese Verurteilung, die man Camille aufzuzwingen versucht, und das im Namen der Pressefreiheit. Um die Gemüter zu beruhigen, gibt er vor, in der Anklagerede Robespierres nur eine »etwas zu strenge Lektion, die seine Freundschaft ihm aufgibt« zu sehen. Verlorene Mühe. Der Klub wird gegen den Journalisten die tiefste Demütigung verhängen. Noch am gleichen Abend wird man zur Lektüre der Nummer 4 des *Vieux Cordelier* schreiten. Am nächsten Tag wird es die Nummer 3 sein, die von Momoro verlesen wird. Hébert wird fordern, daß man auch die Nummer 5 verliest, die auf ihn persönlich zielte, dies wird jedoch zurückgewiesen. Robespierre möchte nämlich nicht den Hébertisten die Gelegenheit zu einem leichten Triumph geben: »Es ist unnötig, die 5. Nummer des *Vieux Cordelier* zu verlesen. Man hat sich schon eine Meinung über Camille gebildet.« Dafür werden die Jakobiner Desmoulins bald aus dem Klub ausschließen. Nun ist es Robespierre, der (vage Gewissensbisse oder machiavellistisches Kalkül?) diese Maßnahme vertagen läßt: Camille bleibt bis auf weiteres Mitglied des Klubs, aber in einer extrem schwachen Position. Man sollte indes dem kleinen Drama Robespierre-Desmoulins nicht allzuviel Bedeutung beimessen, ebensowenig wie den berühmten Antworten (»Sei Dir bewußt, Camille, daß man weniger nachsichtig mit Dir wäre, wenn Du nicht Camille wärest« usw.). Die Sitzungen der Jakobiner vom 18. und 19. Nivôse haben eine grundlegendere Bedeutung. Über die Affäre des *Vieux Cordelier* hinaus hat der Unbestechliche in diesen Tagen eine kompromißlose Anklagerede gegen die Faktionen geführt. Robespierre behauptet, beide Faktionen verstünden sich wie »Räuber im Wald«, aber die der Nachsichtigen, der »neuen Brissotins« (Robespierre übernimmt also das hébertistische Vokabular) wird mit größerer Härte angegriffen als die Ultras, von denen er die Mehrheit der Hébertisten abzuheben scheint. Die Nachsichtigen sind in seinen Augen vor allem deshalb gefährlicher, weil ihre wiederholten Angriffe die Desorganisation der nationalen Verteidigung zur Folge haben könnten. Robespierre ist jetzt von der Schuld Fabre d'Eglantines in der Affäre um die Indien-Kompanie überzeugt, und diese Eröffnung bringt die gesamte dantonistische »Bewegung« in Mißkredit.

Als Fabre am 19. Nivôse von Robespierre, der ihn zuvor nur indirekt gekränkt hatte, ganz offen angegriffen wurde, versuchte der Dichter des Klubs, ihn zu unterbrechen, um sich zu rechtfertigen. Aber der Unbestechliche nagelte ihn mit einigen verächtlichen Sätzen fest. Durch Fabres Denunziation der ausländischen Verschwörung war es den Nachsichtigen gelungen, das Mißtrauen des Ausschusses auf die Hébertisten zu lenken. In dieser Zeit schien Robespierre bereit zu sein, bei den Radikalen hart durchzugreifen. Die »Entdeckung« der – angeblichen – Rolle Fabres in der Korruptionsaffäre hatte die Situation gewissermaßen umgekehrt. Vielleicht ist Robespierre nach wie vor entschlossen, den Hébertismus zu vernichten, aber er scheint sich nun entschieden zu haben, zunächst die stärkere Partei der Nachsichtigen zu treffen. Die Hébertisten haben das sofort verstanden. Der Klub der Cordeliers, der in seinen Angriffen gegen Danton und seine Freunde vorsichtiger geworden war, als Robespierre noch deren Verbündeter zu sein schien, beschließt eine Erklärung, wonach mehrere Bürger sein Vertrauen verloren haben: Desmoulins, Philippeaux, Bourdon de l'Oise und Fabre d'Eglantine. Danton wird noch ausgespart – seine Politik des Ausgleichs bei den Jakobinern hat einige Früchte getragen –, aber wie lange noch?

Der Sicherheitsausschuß hat sich schließlich zum Handeln entschlossen. Am 12. Januar (23. Nivôse) setzt er Mazuel, den Adjutanten Ronsins und eines der Opfer Fabres, auf freien Fuß. Am Ende der nächsten Nacht läßt er dagegen Fabre verhaften, der sogleich im Luxembourg eingekerkert wird. Das ist keine Überraschung. Robespierre hatte den Freund Dantons bereits verbal vernichtet. Fabre, der loyale Republikaner, der die Intrigen des Auslands denunziert hat, ist für ihn nur noch ein Komplize Delaunays, Juliens und Chabots. Letzterer, der spürt, daß sich der Wind gedreht hat, wird Fabre, den er bisher schonte, plötzlich belasten, wogegen er seine Angriffe gegen Hébert wieder einstellt! Am 13. Januar läßt der Sicherheitsausschuß vom Konvent die Verhaftung Fabres bestätigen. Seine Entscheidung ist gefallen: Es geht vor allem darum, in der Verschwörung die dantonistischen Schurken zu kompromittieren, um die in die Affäre Batz verwickelten Mitglieder der Kommune zu schützen. In einem ziemlich unehrlichen Bericht, in dem er absichtlich die beiden von Fabre unterschriebenen Texte verwechselt, verfolgen Amar und dann Vadier, der sich nicht darum kümmert herauszufinden, ob die strittigen Verbesserungen wirklich von der Hand des Poeten stammen, diesen Gegner der Ausschüsse mit einer durch und durch politischen Böswilligkeit. Louis (aus dem Departement Bas-Rhin) erklärt seinerseits, in seiner Eigenschaft als Sekretär des Konvents den Text des Beschlusses aus der Hand Delaunays (was richtig ist) *und Fabres* (was vielleicht nicht stimmt) erhalten zu haben. Das ganze Verteidigungssystem Fabres bricht zusammen. Seine Feinde werden fordern, daß sofort gegen ihn Anklage erhoben wird. Dies findet aber keine Zustimmung, weil die Untersuchung noch nicht abgeschlossen ist. Danton ist durch die Verhaftung seines Freundes schwer getroffen, aber was kann er tun? Wenn Fabre unschuldig ist, muß er seine Verteidigung übernehmen, wenn er schuldig ist, muß er ihn seinem Schicksal überlassen, wenn Danton aber die Wahrheit gar nicht kennt, so ist seine Situation geradezu ausweglos. Es ist nämlich durchaus möglich, daß er wirklich nichts weiß. Er kennt seinen börsenspekulierenden Freund nur zu gut, um zu wissen, daß er zu allem fähig ist, aber er weiß vielleicht nicht – so wie wir es bis heute nicht wissen –, ob Fabre der Verfasser der Fälschung ist. Die von Amar vorgelegten „Beweise“ sind vom Konvent nicht in Zweifel gezogen worden. Danton begnügt sich also mit einem Rückzugsgefecht, das Vadier scharf kontert und das von dem berühmten Ausspruch Billaud-Varennes ironisch quittiert wird: »Wehe dem, der neben Fabre d'Eglantine gesessen hat und sich noch von ihm anführen läßt!« Es ist in der Tat recht erbärmlich, wie Danton dem Sicherheitsausschuß nachgibt und das Erscheinen Fabres im Konvent fordert: »Könnt ihr es wirklich wollen, daß den Angeklagten das Recht entzogen wird, noch einmal angehört zu werden?« Er versucht anzudeuten, die Fälschung könne in Abrede gestellt und einer »kriminellen Hand zugeschrieben« werden, aber er schließt mit dem Satz: »Der Bericht soll erstellt werden, und das Messer soll den Schuldigen treffen!« Und als Billaud fordert, daß dieser Bericht so bald wie möglich vorgelegt wird, unterstützt ihn Danton, indem er hinzufügt, daß die Ausschüsse »ihren Feierabend und ihre ganze Zeit opfern, um uns das kriminelle Komplott aufzudecken«. Eine Ungeschicklichkeit, die ihm eine schneidende Antwort Amars einbringt: »Dem Ausschuß kann man keine Nachlässigkeit, nicht einmal Gleichgültigkeit vorwerfen!« Sofort versichert Danton: »Es lag nicht in meiner Absicht den Ausschuß zu beschuldigen, ich erweise ihm Gerechtigkeit...« Der Konvent wird über diesen Antrag Dantons verächtlich hinweggehen: Fabre wird nicht angehört. Danton scheint jeden Einfluß auf die Versammlung verloren zu haben. Seine mittelmäßige Intervention ohne jeden Elan, ohne jenen ansteckenden Enthusiasmus, der einst seine Kollegen erschütterte, konnte niemanden mitreißen. Mußte er seinen Versuch deshalb bedauern? Keineswegs. Er hätte es kaum besser machen können. Er durfte nicht feige schweigen, aber hätte er die Verteidigung Fabres übernommen, so hätte die Mehrheit der Ausschüsse daraus Argumente beziehen können, um Robespierre davon zu überzeugen, ihn als Komplizen der »Schurken« verhaften zu lassen. Jedenfalls ist das Ergebnis eindeutig. Noch vor wenigen Wochen sah es so aus, als ob die Offensive der Nachsichtigen ihr Ziel erreichen könnte, aber am 24. Nivôse des Jahres II ist sie eindeutig gescheitert.

Desmoulins wird in der Nummer 6 des *Vieux Cordelier*, die um den 25. Januar (6. Pluviôse) erscheint, diesen Fehlschlag anerkennen: »Hébert hat über mich einen vollständigen Sieg errungen.« Er wird den *Père Duchesne* zu seiner Verwandlung in den »Sansculotten Jesus« beglückwünschen. Das ist fast ein Burgfriede der Besiegten. Beide Parteien sind geschwächt, vor allem ihre federführenden Sprecher: Hébert und Desmoulins, wobei letzterer ersteren für den Sieger hält. Die Affäre Chabot, die von der fünften Nummer des *Vieux Cordelier* aufgedeckt worden war, wird wieder unter den Teppich gekehrt. Welche Chance bleibt den Nachsichtigen noch, ihren Thesen zum Sieg zu verhelfen? Ihr geheimer Anführer Danton hat bei Robespierre zweifellos jegliches Vertrauen verloren. Die einzige Lösung für sie bestünde vielleicht darin, ihre Position zu verhärten, um vor der Katastrophe noch in letzter Sekunde einen Erfolg herauszuholen.

Wieder einmal gibt Danton einem seiner zahlreichen Anfälle von Apathie und Entmutigung nach. Von dem gerade erlebten Drama gelähmt, ergreift er nur sehr selten das Wort und legt keine große Überzeugungskraft hinein. Am 22. Januar (3. Pluviôse) und am 1. Februar (14. Pluviôse) reagiert er nicht auf die beiden Reden Barères, die jede Verhandlung mit dem Feind zurückweisen. Der Friede kann nur ein siegreicher Friede sein, dessen Bedingungen von der Republik diktiert werden. Eine große Kriegsanstrengung und ein effizientes Kommando können dies erreichen. Die Geplänkel der Friedenswilligen, bei den Jakobinern ebenso wie im Konvent, werden die Entschlossenheit des Ausschusses in nichts beeinträchtigen. Danton verzichtet darauf, in dieser wichtigen Frage des Friedens persönlich zu intervenieren.

Am 24. Januar (5. Pluviôse) stellt er indes zweimal seinen politischen Scharfsinn unter Beweis. Merlin de Douai hat eine Beschlußvorlage über die falschen Zeugen vorgelegt. Charlier hat gefordert, die Todesstrafe gleichermaßen auf falsche Zeugen wie auf Verleumder auszudehnen. Danton spürt, daß eine voreilige Formulierung den Verleumdungen, denen er täglich ausgesetzt ist, keineswegs ein Ende setzen wird, sondern den Terror nur verschärfen muß, und daß sich eine solche Maßnahme gegen ihn und seine Freunde wenden könnte. Er weiß, daß die Verfasser dieses Entwurfs das Dekret nicht vorzugsweise auf die Verleumder Dantons anzuwenden gedenken! Seine eigenen Reden, seine süßsauren Anspielungen auf die Ausschüsse und vor allem die Artikel Camilles würden sie dagegen beide ins Verderben stürzen.

Daraus erklärt sich das fast witzige Plädoyer des Tribuns *für* die Verleumdung: »Man muß das Recht haben, sogar Absurditäten gegen Personen in Umlauf zu bringen. Letztendlich überdauert der wohlverdiente Ruf eines Menschen jeden Angriff... Die an sich so hassenswerte Verleumdung hat oftmals einen Menschen gezwungen, einen untadeligen Charakter anzunehmen, all seine Fähigkeiten und alle Kräfte der Seele zu entfalten, sich also, mit einem Wort, im Interesse der öffentlichen Sache ins rechte Licht zu setzen.“ Danton setzt durch, daß der Entwurf an den Sicherheitsausschuß zurückgewiesen wird, damit der Sinn der Worte »eindeutig« festgelegt werde. Aber es wird noch subtiler. Camille Desmoulins hat gerade gegen eine bei seinem Schwiegervater Duplessis (der im Carmes-Gefängnis sitzt, aber nach zwei Wochen wieder freigelassen wird) vom Ausschuß seiner Sektion vorgenommene Durchsuchung und Beschlagnahmung – in Wirklichkeit handelt es sich um Diebstähle – protestiert. Bourdon de l'Oise fordert einen Bericht über diese Angelegenheit. Wieder einmal distanziert sich Danton von Bourdon und ruft im Namen der Gleichheit vor dem Gesetz und den Maßnahmen der öffentlichen Wohlfahrt aus: »Ich widersetze mich dieser Art, Unterschiede zwischen den Bürgern zu machen! Dem Schwiegervater von Desmoulins soll offenbar eine Vorzugsbehandlung zuteil werden!... Man kann eine Revolution nicht mathematisch genau vollziehen. Gute Bürger, die für die Freiheit leiden, müssen sich mit dieser großen und erhabenen Idee trösten. Niemand hat mehr als ich die revolutionären Ausschüsse gefordert...[3] Es galt und gilt sie weiterhin in all ihrer Kraft zu erhalten, aber achten wir auf die beiden Klippen, an denen wir zerschellen könnten. Wenn wir zuviel Recht geben, geraten wir vielleicht in den Moderantismus, und wir würden unseren Feinden Waffen gegen uns in die Hand geben,... Es wäre besser, die Freiheit und die Revolution zum Äußersten zu treiben, als unseren Feinden die geringste Hoffnung auf ein Zurückweichen zu machen.« Ein grober Schachzug, mit dem Danton die Theorie der Milde wieder einführen kann: »Die Forderung meines Kollegen ist an sich berechtigt, aber sie würde ein Dekret hervorbringen, das unser nicht würdig ist. Wenn wir Prioritäten setzen müssen, dann würde sie den Bürgern gelten, die nicht in ihrem Reichtum und ihrem Wissen zusammen mit Mitgliedern des Konvents Hoffnungen und Unterstützung inmitten ihres Unglücks finden können … Ich fordere, daß der Konvent über die Mittel nachdenkt, all den Opfern willkürlicher Maßnahmen und Verhaftungen Gerechtigkeit widerfahren zu lassen, ohne die Aktionen der revolutionären Regierung zu beeinträchtigen … Wenn Sie diese großen Fragen vertiefen, werdet ihr, wie ich hoffe, zu Ergebnissen kommen, die der Gerechtigkeit und der Menschlichkeit zur Ehre gereichen.« Indem er gegen Desmoulins auftritt, bringt Danton mit einem Kraftakt eine Idee wieder auf, die Robespierre lanciert und Billaus-Varenne erstickt hatte, nämlich die Idee eines Justizausschusses, eines Komitees der Gerechtigkeit. Der Konvent fordert nun die Ausschüsse auf, einen Bericht über die Freilassungen abzufassen.

Aus Vorsicht – eine Vorsicht, die sich aus seinem bitteren Mißerfolg vom 24. Nivôse erklärt – hält Danton spitzfindige Reden, mit denen er die unsicher gewordenen Terroristen für sich einzunehmen versucht, um sie allmählich zu einer gewissen Nachsicht zu bringen. Obwohl seine Argumente nicht ungeschickt sind, ist Danton doch nicht energisch genug, um sie wirklich zu entwickeln. Ihm fehlt der ungestüme Schwung, der einst seine Zuhörer mitreißen konnte. Sicher, man hört Danton immer noch an, man erteilt ihm weiterhin das Wort, bisweilen applaudiert man ihm sogar, aber der Einfluß des Tribuns sinkt proportional zu seiner erlöschenden rhetorischen Kraft. Das Ansehen, das er noch hat, nützt Danton, um eine behutsamere Repression zu predigen. Deshalb widersetzt er sich Bourdon de l'Oise in dessen Kampagne gegen den Marineminister und begünstigt dessen Rettung durch die Ausschüsse (29. Januar, 10. Pluviôse), oder er ergreift die Verteidigung des Konventsmitglieds Châles, der vom Konvent von einer Mission bei der Nordarmee zurückgerufen wurde und nicht gleich reagiert hatte. So handelt er sicher auch zugunsten unbekannter Bürger, die sich an ihn wenden und in ihm ihre letzte Hoffnung sehen. Er vergißt natürlich auch nicht seine Verwandten, wie z. B. den Domherrn Pierre Danton, seinen Onkel und eidverweigernden Priester, dessen Befreiung er am 11. Ventôse durchsetzen wird. Aber diese punktuellen Aktionen sind nicht zahlreich. Die Macht Dantons ist begrenzt. Auch die ganz Großen entgehen nicht der strikten Anwendung des Gesetzes gegen die Verdächtigen. Der Kardinal Loménie de Brienne, ehemaliger Minister Ludwigs XVI., der seit Brumaire unter Hausarrest steht, wird trotz der vermutlichen Intervention Dantons bei Robespierre nicht auf freien Fuß gesetzt.

Die Befreiung Mazuels hatte den Hébertisten Auftrieb gegeben, die nun ganz folgerichtig sowohl bei den Jakobinern wie bei den Cordeliers die Freilassung Ronsins und Vincents fordern. Collot d'Herbois unterstützt sie in dieser Kampagne. Es scheint, daß sogar Robespierre, der an ihre Schuld geglaubt hatte, seinen Verdacht aufgegeben hat. Der Sicherheitsausschuß schlägt am 2. Februar (14. Pluviôse) dem Konvent durch die Stimme Voullands vor, aus Mangel an Beweisen die Freilassung der beiden Hébertisten zu beschließen, deren Gefangenschaft im übrigen mehr als milde war. Gegen die zänkischen Nachsichtigen, gegen Bourdon de l'Oise, gegen Legendre, selbst gegen Philippeaux, den direkten Anstifter der Doppelverhaftung, fordert auch Danton die Befreiung Ronsins und Vincents. Obwohl er ihren »heftigen und stürmischen Charakter« mißbilligt, weigert er sich, diese »Veteranen der Revolution« als verdächtig zu betrachten, diese wahren Republikaner, die der Sache der Freiheit so viele Dienste erwiesen haben. Einfache Verdächtigungen seien noch keine Beweise. Danton zieht aus seinen Aufrufen zur Nachsicht die logischen Konsequenz: »So verteidigte ich Ronsin und Vincent gegen die Vorurteile, ebenso wie ich Fabre und meine anderen Kollegen solange verteidigen werde, bis man in meiner Seele das Gegenteil der Überzeugung verankert hat, die ich jetzt darüber habe.« Und er fügt hinzu: »Der Konvent war immer fest und unerbittlich denen gegenüber, die sich der Errichtung der Freiheit entgegenstellten, er muß heute denen gegenüber wohlwollend sein, die ihr gedient haben... Beenden wir die Zwietracht, die unsere Feinde sicher in unseren Reihen säen wollen. Möge der Akt der Gerechtigkeit, den ihr begehen werdet, ein Keim der Hoffnung im Herzen der Bürger sein, die, wie Vincent und Ronsin, einen Moment lang für die gemeinsame Sache gelitten haben, und wir werden für die Freiheit ebenso reine und strahlende Tage heraufziehen sehen, wie ihr ihr schon siegreiche Tage gegeben habt!« Die Sache ist damit abgemacht. Die Versammlung beschließt die Freilassung der beiden Männer. Gibt die Haltung Dantons Anlaß zum Nachdenken? Während Desmoulins seine Aufrufe zur Milde mit schrecklichen Anschuldigungen gegen Hébert verband, begreift Danton geschickter die Nachsicht als ein Ganzes. Denkt er daran – wie es seine befriedenden Erklärungen nahelegen –, wenn schon nicht das Bündnis, so doch zumindest die Neutralität der Hébertisten zu erreichen? Indem er sich einer Entscheidung anschließt, die eigentlich schon von den Ausschüssen getroffen war, denkt er jedenfalls weniger an die große Versöhnung der Montagne, obwohl die Nachsicht das erste Mittel dafür wäre, als daran, seine bedrohten

Kollegen und folglich seine eigene Person zu retten. Das Kalkül ist weniger geschickt, als es zunächst erscheint. Trotz einiger falscher Töne – die die Nachsichtigen belasten, an denen sie sich rächen wollen (Bourdon, Desmoulins, Fabre) – werden die Hébertisten wieder dazu übergehen, Danton zu schonen. Der Tribun hat am 14. Pluviôse den Pakt, der ihn mit Robespierre verband, nicht gebrochen: dieser stillschweigende Pakt existiert nämlich nicht mehr. Dagegen ist die Intervention Dantons zugunsten Ronsins und Vincents und die ambivalente Haltung der Hébertisten, die daraus resultiert, dazu angetan, den Verdacht des Unbestechlichen zu bestätigen: Die beiden Faktionen haben gerade ihr heimliches Einverständnis unter Beweis gestellt.

Zwei Tage später, am 4. Februar (16. Pluviôse), schafft der Konvent die Sklaverei in den Kolonien ab.[4] Es ist einer dieser herausragenden Momente, in denen die Versammlung allen Parteienstreit zu vergessen scheint. Um die Abschaffung zu unterstützen, karikiert Danton sich selbst: »Bis heute haben wir die Freiheit egoistisch nur für uns selbst dekretiert! Heute jedoch verkünden wir sie im Angesicht des gesamten Universums, und die nachfolgenden Generationen werden in diesem Dekret ihren Ruhm begründet finden, wir verkünden die weltweite universelle Freiheit! Senden wir die Freiheit in die Kolonien: Mit dem heutigen Tag ist der Engländer tot! Wenn wir in der Neuen Welt die Freiheit säen, wird sie dort überreiche Früchte tragen und tiefe Wurzeln schlagen. Vergeblich werden Pitt und seine Kumpanen aus politischen Erwägungen den Genuß dieser Wohltat zurückweisen, sie werden ins Nichts gestoßen! Frankreich wird wieder den Rang einnehmen, der ihm kraft seiner Energie, seines Bodens und seiner Bevölkerung zusteht. Wir selbst werden an unserer Großzügigkeit teilhaben, aber wir dehnen sie nicht über die durch die Weisheit gezogenen Grenzen aus. Wir werden die Tyrannen niederwerfen, wie wir die perfiden Männer zerschmettert haben, die die Revolution rückgängig machen wollten!« Wie immer, und vielleicht mehr denn je, vereinigt Danton das Schöne mit dem Nützlichen, die hehre Idee mit dem trivialsten Pragmatismus. Der Konvent ist dabei, das Dekret an den Wohlfahrtsausschuß zurückzuweisen, damit dieser die Anwendungsmodalitäten festlegt. Indem er diese Rückverweisung unterstützt, hilft Danton vor allem sich selbst. Möge die universelle Freiheit leben, aber vor allem möge der Tribun die Gelegenheit nutzen, um sich wieder als reiner Revolutionär hervorzutun, als ein Mann der, auch wenn er den Frieden wünscht, ihn weder schimpflich noch vergeblich will! Diese Mischung der Genres gipfelt in dem Satz: »Wir haben die perfiden Männer niedergeschmettert ...« (was bedeutet, daß es keine mehr gibt, oder jedenfalls, daß Danton nicht dazugehört) und endet mit einer herzzerreißenden Platitüde: »Verlieren wir nicht unsere Energie, senden wir unsere Fregatten aus, seien wir des Segens des Universums und der Nachwelt gewiß, und beschließen wir die genaue Festlegung der Maßnahmen durch den Ausschuß.«

Eine außerordentliche Leichtfertigkeit des Tribuns ... Inzwischen verdichten sich nämlich die Wolken über seinem Kopf und über den Nachsichtigen. Während er sich im Konvent in Wortschwällen ergießt, trägt Danton im Privaten eine überhebliche und unvorsichtige Verachtung für Robespierre und die Ausschüsse zur Schau (insbesondere für Vadier, seinen persönlichen Feind, von dem er sagt, daß er bereit sei »sein Hirn zu fressen« und in »seinen Schädel zu scheißen«). Gefangen in seinem Stolz läßt Danton es zu, daß man den Hébertisten und sogar den kompromittierten Nachsichtigen Vorwürfe macht. Aber er, Danton, fühlt sich sicher!

18. DIE FAKTIONEN

Einheit, Mut, Standhaftigkeit – und alle unsere Feinde sind am Ende, verdammt nochmal!
Hébert

Es wäre ungerecht, Robespierre der Heuchelei zu beschuldigen. Am 5. Februar (17. Pluviôse) entwickelt er sein Programm in Form eines Berichts des Wohlfahrtsausschusses über die Prinzipien der politischen Moral, die die Verwaltung der Republik leiten sollen: Der Terror und die Tugend. Gewiß, es handelt sich um eine abstrakte Rede, die für die Konventsmitglieder, die die Hintergründe der Chabot-Affäre nicht kannten, unverständlich bleiben mußte. Der Unbestechliche nennt auch weder Fabre, der ihn getäuscht hat, noch Hébert, denn er will den Namen Batz nicht aussprechen. Aber die Sätze seines Berichts sind deswegen nicht weniger entscheidend. Sie entwickeln die von Robespierre wiederholt gebrachten Argumente weiter. Diese Sätze hätte Danton niemals vergessen dürfen:

»Alle die Männer, die dem Laster frönen, die in ihrem Herzen erwogen haben, das Volk zu berauben, und alle die, die es schamlos entblößt sehen wollen... und jene, die die Revolution wie einen Broterwerb ergreifen und die Republik wie eine Beute... die Intriganten, die das Gewissen der Volksvertreter kaufen; die Verräter, die es verkaufen; die bestechlichen Verfasser von Schmähschriften, gedungen, um die Sache des Volkes zu entehren, die öffentliche Tugend zu morden, das Feuer des Bürgerzwists zu schüren, um die politische und moralische Konterrevolution vorzubereiten; sind alle diese Leute weniger schuldig oder weniger gefährlich als die Tyrannen, denen sie dienen? All jene, die ihre verbrecherische Nachsicht zwischen diese Schurken und das rächende Schwert der nationalen Gerechtigkeit stellen, gleichen denen, die sich zwischen die Vasallen der Tyrannen und die Bayonette unserer Soldaten werfen; all die Regungen ihrer falschen Empfindsamkeit sind wie Seufzer in

Richtung England und Österreich. Nun gut? Für wen also würden sie ihre Tränen vergießen? ... Um ihre Nachsicht zu erlangen, muß man nahezu beweisen, daß man 10 000 Franzosen abschlachten ließ. ... Die allzu langsame Bestrafung einiger am reinsten Blut des Vaterlandes gemästeter Ungeheuer wird eine schreckliche Schlächterei genannt ... Die Trägheit bei den Verurteilungen kommt der Straflosigkeit gleich; die Ungewißheit der Strafe ermutigt alle Schuldigen; und dennoch beklagt man die Strenge der Justiz, klagt über die Inhaftierung der Feinde der Republik ... Die inneren Feinde des fränzösischen Volkes haben sich in zwei Faktionen aufgeteilt wie in zwei Armeekorps. Sie marschieren unter Bannern von unterschiedlicher Farbe und auf verschiedenen Wegen, aber sie marschieren aufs gleiche Ziel; diese Ziel ist die Desorganisierung der Volksregierung, die Vernichtung des Konvents, also der Triumph der Tyrannei. Eine dieser Faktionen drängt uns zur Schwäche, die andere zur Übertreibung. Die eine will die Freiheit in eine Bacchantin verwandeln, die andere in eine Prostituierte ... Ihre Führer dienen der Sache der Könige oder der Aristokratie, und vereinen sich stets gegen die Patrioten. Auch wenn sie sich gerade gegenseitig bekämpfen, hassen sich die Halunken untereinander entschieden weniger, als sie die ordentlichen Leute verabscheuen ... Der falsche Revolutionär ist vielleicht öfter diesseits als jenseits der Revolution: Er ist gemäßigt, oder er ist verrückt vor Patriotismus, je nach den Umständen. Er verhaftet in den Komitees Preußen, Engländer, Österreicher, selbst Moskoviter, und am nächsten Tag wird er darüber grübeln. Er widersetzt sich den energischen Maßnahmen, oder er übertreibt sie, wenn er sie nicht verhindern konnte; streng gegenüber der Unschuld, aber nachsichtig gegenüber dem Verbrechen, beschuldigt er bisweilen sogar die Schuldigen, die nicht reich genug sind, sein Schweigen zu erkaufen, noch bedeutend genug, seinen Eifer zu verdienen; aber er ist stets auf der Hut, sich nicht soweit zu kompromittieren, daß er die verleumdete Tugend verteidigt; bisweilen schon offenkundige Verschwörungen aufdeckend, schon desmaskierten und sogar schon enthaupteten Verrätern die Maske vom Gesicht reißend, aber die lebenden und akkreditierten Verräter in den höchsten Tönen lobend, sind sie stets darauf bedacht, der aktuellen Meinung zu schmeicheln und nicht weniger aufmerksam, sie nie aufzuklären und vor allem, sie nie zu verletzen ... Voller Feuer für die großen Revolutionen, die nichts bedeuten ... Welchen Unterschied gibt es zwischen diesen Leuten und euren Gemäßigten? .. Gilt es zu handeln? Sie salbadern. Muß man beraten? Sie drängen sofort zur Aktion. Ist der Frieden nützlich? Sie breiten vor euch die Siegespalmen aus. Ist der Krieg notwendig? Sie preisen die Annehmlichkeiten des Friedens!«

In dieser langen und drohenden Rede, in diesem Bericht, der die Rede vom 5. Nivôse über die revolutionäre Regierung ergänzt, in diesem Text, in dem jedes Wort sorgfältig abgewogen und aus dem – obwohl er ausdrücklich auf die Hébertisten und Dantonisten abzielt – jeder Name verbannt ist, *mußte* Danton das Bild Fabres, Chabots und der »Verleumder« sehen, die er protegierte, das seines Freundes Desmoulins und folglich sein eigenes. Zwischen den beiden Reden Robespierres vom 5. Nivôse und vom 17. Pluviôse hat sich die Waagschale ein wenig mehr zum Nachteil der Nachsichtigen gesenkt. Das bedeutet nicht, daß der Unbestechliche fest davon überzeugt ist, die Dantonisten seien gefährlicher als die Hébertisten. Er wird noch mehrmals zögern, bald eine große Rede über Batz schreiben, in der er die Radikalen brandmarkt, aber sie dann doch nicht halten. Robespierre handelt hier ausschließlich aus politischen Erwägungen: Der Skandal Fabre-Chabot ist keine große Gefahr, während der Skandal Hébert-Batz die Republik umbringen würde. Das hält ihn nicht davon ab, zwei Tage nach dem Verlesen seines Berichts einmal mehr die *Exagérés* zu denunzieren, die die gefangenen Girondisten und alle gemäßigten Abgeordneten aufs Schafott schicken möchten. Die von Robespierre gegebene Definition der Nachsicht mit ihrem doppelten Aspekt der Innen- und Außenpolitik, sein Portrait des »falschen Revolutionärs«, all das war, trotz der parteilichen Übertreibung, dermaßen treffend ... Danton und seine Freunde befinden sich auf einem selbstmörderischen Kurs. Sie handeln – oder besser gesagt, sie handeln nicht – als glaubten sie sich stark genug, um den Ausschüssen entgegenzutreten, ja ihnen sogar ihr Programm aufzuzwingen. Danton ist mit Blindheit geschlagen. Er hält sich für unersetzlich. Er glaubt, eine unerschütterliche Institution zu sein, auch jetzt noch, da Robespierre aufgehört hat, ihn zu verteidigen. Der Bericht vom 17. Pluviôse ist für Danton nur ein Mückenstich. Vergißt er, daß er selbst, indem er Ronsin und Vincent verteidigte, das heimliche Einverständnis zwischen den beiden »Faktionen«, das der Unbestechliche denunziert, bestätigt hat!

Ventôse des Jahres II ... Ermutigt durch eine Krankheit Robespierres, die über drei Wochen dauert, sind die Hébertisten rühriger denn je. Die anderen Mitglieder der Ausschüsse, die weder den Sinn für Nuancen noch die Skrupel des Unbestechlichen haben, können diese Gelegenheit nutzen, um »nach rechts« zu schlagen. Die dantonistische Partei scheint entwaffnet. Sie hat keine Presse mehr. Nach der Feststellung seines Scheiterns in Nummer 6 ist der *Vieux Cordelier* nicht mehr erschienen. Der Wohlfahrtsausschuß radikalisiert seine Positionen. Am 3. Ventôse (21. Februar) legt Barère eine Liste des allgemeinen Maximums vor, mit der das Gesetz endlich angewendet werden kann. Die Nachsichtigen, die das Gesetz gegen die Lebensmittelhortung seines Inhalts entleert hatten, hoffen nun mit dem Maximum genauso verfahren zu können. Aber der Ausschuß tritt ihnen nachdrücklich entgegen. Mehr noch, am 8. Ventôse (26. Februar) legt Saint-Just einen brisanten Bericht vor, der aus dem Terror nicht nur ein vorläufiges, durch die Umstände erforderliches System, sondern die Bedingung für die Errichtung einer demokratischen Republik macht. Saint-Just kündigt eine neue Revolution an, die des Eigentums, und läßt noch am gleichen Tag ein Dekret über die Verdächtigen beschließen, das erste der berühmten »Ventôse-Dekrete«, das die Befreiung der eingekerkerten Patrioten und die Beschlagnahmung der Güter aller als Feinde der Republik anerkannten Gefangenen vorsieht. Danton begnügt sich damit zu fordern, daß zuvor die revolutionären Komitees von allen »falschen Patrioten mit Jakobinermütze« gesäubert werden, ein Vorschlag, der von den Ausschüssen sofort begraben wird. Danton tut so, als läge in der flammenden Rede Saint-Justs ein antihébertistischer Angriff; die Sätze, die die Nachsichtigen belasten, will er nicht wahrhaben (»Wenn man sie hört, könnte man glauben, daß Europa ganz ruhig ist und keine Kriegsanstrengung gegen uns führt; man könnte glauben, die Grenzen seien so ruhig wie unsere öffentlichen Plätze.«). Diese neue Revolution, die Saint-Just ankündigt, ist das Gegenteil des dantonistischen Programms; es ist eine Wiedergutmachung gegenüber den Hébertisten; in mancherlei Hinsicht geht Saint-Just sogar weiter als die *Exagérés*, denn im Gegensatz zu einem Jacques Roux hatte Hébert im ökonomischen und sozialen Bereich wenig Ideen außer der, die Händler zu guillotinieren, um die Lebensmittelhortung zu beenden. Saint-Just läßt am 3. März (13. Ventôse) ein neues Dekret beschließen, das die Erstellung zweier Listen anordnet: eine Liste der bedürftigen Patrioten und eine Liste derer, die aus politischen Gründen festgehalten werden. Die Konfiszierung der Güter der Feinde der Republik soll eine massive Neuverteilung des Eigentums nach sich ziehen. Diese Position, die die egalitäre Ideologie bis zu ihrer letzten Konsequenz treibt und ihr der Realität gegenüber den Vorrang einräumt, wird allerdings gerade von denen mißverstanden werden, denen sie Genugtuung geben sollte.

Nun geht alles sehr schnell oder auch sehr langsam, je nachdem, aus welcher Perspektive man es betrachtet. Sehr schnell in dem Sinne, daß Danton nur noch einen Monat zu leben hat; sehr langsam, wenn man bedenkt, daß die Würfel schon gefallen sind. Die Trägheit der dantonistischen Partei erklärt sich zum Teil aus den Hoffnungen, die ihre Führer auf die Hilfe Westermanns setzten. Am 18. Februar (30. Pluviôse) beschwert er sich beim Konvent, daß man ihn über den Wortlaut der gegen ihn vorliegenden Anschuldigungen im Unklaren lasse. Heimlich hat er die militärischen Kreise in Paris bearbeitet und versucht, seine Kontakte für den Fall eines Gewaltstreichs auszuweiten. Am 25. Februar (7. Ventôse) läßt er vor der Schranke des Konvents von einer Gruppe Gendarmen sein eigenes Loblied singen. Am nächsten Tag schreibt er einen Rechtfertigungsbrief an die Jakobiner, in dem er die Intrigen Héberts anprangert. Der Einfluß Westermanns ist nicht zu unterschätzen, aber wie konnten die Dantonisten ihre politischen Aktivitäten einzig und allein auf die Hypothese eines Putsches beschränken? In der Tat hoffen sie immer noch, sich mit Robespierre aussöhnen zu können. Aber der Unbestechliche ist krank, und er glaubt nicht wirklich an eine hébertistische Gefahr. Die Dantonisten sind zum Abwarten verdammt.

Die Ausschüsse dagegen sind bereit zuzuschlagen. Gegen die Nachsichtigen? Ja, aber zunächst werden sie die extreme Linke treffen! Der Widerspruch zur Radikalisierung des Ventôse ist nur ein scheinbarer. Beruhigt, weil die Chabot-Affäre begraben ist, hat Hébert es sich erlaubt, die Kampagne der *Exagérés* gegen die Lebensmittelhorter zu unterstützen. Am 22. Februar (4. Ventôse) hat er im Klub der Cordeliers die neuen »Einschläferer« denunziert. Obwohl er es im Nachhinein abstreitet, scheint er mit den »Einschläferern« die Mitglieder der Ausschüsse gemeint zu haben, die Hébert doch ständig verteidigt hatten... Eine dumme Undankbarkeit, die ihn das Leben kosten wird. Seine Freunde gehen sogar noch weiter. Ehrgeizig, nachtragend und durch die Befreiung Ronsins und Vincents berauscht, betonen sie, daß es eines neuen 31. Mai bedürfe, der sich nicht nur gegen die Gemäßigten, sondern auch gegen die Einschläferer vom Wohlfahrtsausschuß richten müsse, weil sie gegen Leute wie Desmoulins oder Philippeaux nicht streng genug vorzugehen wußten, und ein neuer 2. September, der die Gefängnisse von allen Verdächtigen säubert. Die Verschärfung der Hungersnot verlieh dieser Propaganda ein gewisses Echo innerhalb der armen Bevölkerung. Die *Exagérés* wollten sich nicht mit den demagogischen Dekreten Saint-Justs zufriedengeben. Deshalb beginnt der Aufstandsplan Konturen anzunehmen. Schon am 1. März fordern Plakate und Flugblätter das Volk dazu auf, sich gegen den Konvent zu erheben und einen »großen Richter« zu bestimmen, der der Hungersnot ein Ende bereitet. Dieser »große Richter« – sollte das etwa General Ronsin sein oder Danton, wie man es während des Hébertistenprozesses nahelegte?[1] Weder der eine noch der andere. Träfe die zweite Hypothese zu, so würde sie für das politische Kalkül des Tribuns seltsam gewundene Perspektiven eröffnen, aber sie ist reine Verleumdung, erfunden, um die Idee von einem geheimen Einverständnis zwischen den Faktionen zu nähren und dabei die Person zu schützen, für die diese Diktatur bestimmt war: Pache selbst. Drei Tage später werden die Cordeliers die Erklärung der Menschenrechte mit einem schwarzen Tuch verhängen, während Carrier zum »Heiligen Aufstand« aufruft. Der Bruch mit der Regierung ist vollzogen. Von seinen Freunden gedrängt, sein langes Schweigen zu erklären, spricht Hébert schließlich von der Affäre Chabot, wobei er die offizielle These eines einfachen Korruptionskomplotts übernimmt und Chabot und Fabre d'Eglantine beschuldigt. Er erklärt seine Ausflüchte mit der systematischen Unterdrückung, der er insbesondere seitens Camille Desmoulins' ausgesetzt sei. Dann greift er Westermann an, den er beschuldigt, einen Gewaltstreich gegen die Kommune vorzubereiten, faßt sich schließlich ein Herz und predigt seinerseits den Aufstand gegen die »Unterdrücker«. Diese »Unterdrücker« und die »Einschläferer« des 4. Ventôse, sind es die Nachsichtigen oder die Mitglieder der Ausschüsse? Wäre es nur um die Nachsichtigen gegangen, hätte Hébert dies präzisiert. Später wird ihm vorgeworfen, auf die Regierung gezielt zu haben. Drei Tage danach, als Ronsin eine republikanische und gar nicht subversive Rede hält, wird der von Angst gepackte Hébert offenbar einige Sätze seiner Rede zurücknehmen, aber nun ist es schon zu spät. Robespierre und seine Freunde haben die Gelegenheit ergriffen, ihn zu beseitigen, ohne seine für die Kommune, die Republik und die gesamte Revolution entehrende Rolle in der Verschwörung Batz ansprechen zu müssen.

Die Bewegung kollidiert mit dem – ambivalenten – Loyalismus der Kommune. Die radikalen Hébertisten, Vincent, Ronsin und Momoro, hatten im Rathaus bereits designierte Führer in der Person Héberts und Chaumettes, des Bevollmächtigten der Nation[2], gefunden, ganz abgesehen vom »großen Richter« Pache. Dieser, ein plumper Intrigant, hat nicht das Format eines Prokonsuls und wird ebenso wie die Mehrheit der Kommune den Ausschüssen die Treue halten. Bereits am 2. März werden die hébertistischen Plakate als konterrevolutionär denunziert. Als eine Abordnung der radikalen Marat-Sektion erscheint, um »die Bestrafung der Feinde des Volkes« zu fordern, die allein »die Freiheit, die Ruhe und den Überfluß« wiederherstellen könne, wird sie vor dem Generalrat scheitern. Unterstützt von den Robespierristen wird sein Präsident das Loblied der Ausschüsse, des Konvents und der Ventôse-Dekrete singen, wobei er sogar die Hungersnot als »künstlich« bezeichnet. Chaumette, der im Dezember des Moderantismus und der Korruption beschuldigt worden war, macht sich nun zum Apostel der Versöhnung. Hanriot widerspricht den Petitionären. Die Hébertisten geben nach. Einige geben sogar vor, den Versöhnungsversuch Collot d'Herbois' am 6. und 7. März (16.–17. Ventôse) zu akzeptieren. Aber Vincent verweigert die öffentliche Abbitte Héberts und Ronsins; bei den Cordeliers agitiert er gegen Collot. Seine Freunde fordern in den Sektionen die Beseitigung der Dantonisten, der versteckten Royalisten, der Girondisten, aller Gemäßigten. Das alles hätte nichts bedeutet, wenn nicht die Ausschüsse erfahren hätten, daß das Aufstandsvorhaben nach wie vor auf der Tagesordnung stand.

Am 12. März (22. Ventôse) treffen sich die Ausschüsse, um den Bericht Saint-Justs zu billigen. Um im Sicherheitsausschuß, von dem mehrere Mitglieder von Chabot denunziert worden waren, und bei einigen Mitgliedern des Wohlfahrtsausschusses – Billaud und Collot – die Zustimmung zur Beseitigung des Patrioten Hébert zu erlangen, wird ihnen versprochen, daß sofort danach auch die Nachsichtigen getroffen werden, zumal Robespierre ihnen gegenüber allzu lange Sanftmut an den Tag gelegt habe. Wenn man jetzt nicht die aufrührerischen Hébertisten niederschmettert, könnten die Dantonisten wieder den Kopf erheben und vielleicht ihre letzten Kartuschen abbrennen, indem sie die Verschwörung Hébert-Batz ans Tageslicht bringen. Das Aufstandsprojekt der Radikalen hat den Sturz Dantons hinausgezögert. Aber dieser hat das Manöver der Ausschüsse nicht verstanden, wie seine Haltung an den folgenden Tagen erweist. Und doch war seit dem 6. März (16. Ventôse) Barère vor dem Konvent erschienen, um erneut vor der »Faktion der Nachsichtigen und Friedfertigen« zu warnen, die für die Republik ebenso gefährlich sei wie »die der vorgeblichen Aufständischen«. Eine Woche darauf (23. Ventôse) verliest Saint-Just im Konvent seinen langen und verschwommenen *Bericht über die Faktionen des Auslands:* Die »vom Ausland geleitete Verschwörung bereitete dem Volk die Hungersnot und neue Ketten vor«. Dieser Bericht hatte nur das Ziel, dem von Fabre und Chabot denunzierten Komplott eine gewisse Konsistenz zu verleihen (ohne alle Informationen Chabots zu benutzen), darin die beiden Faktionen einzubeziehen und einen Beschluß durchzusetzen, mit dem der Konvent das Revolutionstribunal ermächtigte, »die Angeklagten sofort zu verhaften und zu richten«. Eine unklare Formulierung, die es erlaubte, beide Faktionen zu bedrohen und unverhofft zuzuschlagen. Noch in derselben Nacht werden Hébert, Momoro, Vincent, Ronsin und einige andere verhaftet.

Am gleichen Tag versuchen der ehemalige Priester d'Espagnac und General Westermann die Affäre Chabot publik zu machen. Westermann hat gerade gegenüber Fouquier-Tinville* den von den Hébertisten zugunsten von Pache geplanten Gewaltstreich denunziert, der von der Revolutionsarmee durchgeführt werden sollte (Robespierre und Billaud-Varenne sollen ausdrücklich bedroht gewesen sein). Nun bringt Westermann die Affäre Batz wieder aufs Tapet, indem er zwei neue Zeugenaussagen von Komplizen d'Espagnacs anführt, die beweisen, daß Hébert ein Agent des Barons war. Eine gefährliche Naivität: der öffentliche Ankläger untersteht nämlich den Ausschüssen. Der Prozeß der »Hébertisten« wird daher eine finstere Farce sein. Zwanzig Angeklagte, darunter Cloots und vor allem sein Vetter Proli, Desfieux, Perreira und Dubuisson (mit Ronsin und Vincent liiert), Hébertisten, Ausländer und Verdorbene sorgfältig vermischt, werden vom 21. bis 24. März (1.–4. Germinal) en bloc abgeurteilt. Das Revolutionstribunal wird nur einen Teil der Beschuldigungen Westermanns berücksichtigen (dessen Zeugenaussage in den beiden gedruckten Prozeßberichten dann gefälscht wird) und die auf Batz bezogenen beiseite lassen, die vom General vorgeschlagenen neuen Zeugen übergehen und die Anschuldigungen Chabots gegen einige Mitglieder des Sicherheitsausschusses einfach nicht zur Kenntnis nehmen. Gegen Batz wird kein Haftbefehl erlassen. Hébert wird als Anführer der Aufständischen verurteilt, was zum Teil falsch ist, aber er wird sich nicht verteidigen, denn er ist schuldig... Die politische Absicht der Regierung ist offensichtlich: Der Hébertistenprozeß findet nach einer gemeinsamen Konferenz von Robespierre, Billaud, Collot, Couthon und Fouquier-Tinville statt.

In Erwartung des Prozesses und um die Gemüter zu beruhigen, mußten Billaud-Varenne und Robespierre die Jakobiner und den Konvent beschwichtigen; Billaud-Varenne besteht am 14. März (24. Ventôse) auf der offiziellen These, die im Prozeß übernommen wird: Aufstand und organisierte Hungersnot, jedoch ohne die Wiederherstellung der Monar-

* Öffentlicher Ankläger vor dem Revolutionstribunal. (Anm. d. Hrsg.)

chie anzuführen. Die Reaktion Dantons mag verwundern. Er, der im Februar manchmal aus seiner Apathie erwacht war, um Mäßigung zu predigen und präzise Berichte vor jedweder Verhaftung zu fordern, er, der am 22. und 26. Februar (4./8. Ventôse) angekündigt hatte, er wolle bald seine »politische Meinung« äußern, hüllt sich am 16. und am 19. März in Schweigen, als Amar, im Namen der Ausschüsse, die Anklageerhebung gegen Chabot, Basire, Delaunay und Fabre d'Eglantine (dessen genaue Rolle in der Korruptionsaffäre immer noch nicht publik gemacht wird) fordert und durchsetzt, ebenso wie am 17. Ventôse, als Saint-Just im Konvent beantragt, die Verhaftung Herault de Séchelles wegen Komplizenschaft »mit den Feinden der Republik« zu bestätigen, oder am 18. Ventôse, als Couthon der Versammlung ankündigt, daß die Ausschüsse alle Unterlagen der Verschwörung besitzen.

Danton schweigt. Aber kann er denn reden? Für Arnaud de Lestapis war der Bericht Amars eine Aufforderung an die Dantonisten, sich ruhig zu verhalten. Die Namen Batz und Benoist tauchen darin zwar endlich auf, aber nur im Rahmen einer *Korruptionsaffäre.* Trotz allen Anscheins ist es also nicht ausgeschlossen, daß Amar Fabre, Chabot und Delaunay schonen wollte, indem er ihnen das Revolutionstribunal und folglich die Guillotine ersparte. D'Espagnac, dem man in Wirklichkeit seine Rolle beim Versuch Westermanns, die Batz-Affäre aufleben zu lassen, nicht verzeiht, wird von Amar kurzerhand in die Affäre der Indien-Kompanie einbezogen: Er soll die notwendigen Gelder für die Spekulation herbeigeschafft haben (was sicher nicht stimmt). Aber Billaud-Varenne blieb wachsam. Mit dem allgemeinen Tenor des Berichts unzufrieden, bestand er auf der Bedeutung der Verschwörung, wobei er soweit ging, die hébertistische Diffamierungskampagne – dieser zweite Ableger des von Chabot denunzierten Komplotts, das bisher ignoriert worden war – Chabot selbst zur Last zu legen! Robespierre schien ihm beizupflichten. Von der Verhaftung der Hébertisten entzückt, müssen Danton und seine Freunde angesichts dieser tendenziösen Darstellung wie vom Blitz getroffen gewesen sein. Chabot versucht verzweifelt, sich in seiner Zelle das Leben zu nehmen. Die Maschinerie läuft reibungslos. Es fragt sich nur, ob Danton und seine Freunde begriffen haben, daß sie nach Chabot und seinen Mitangeklagten die nächsten Opfer sein werden. Wahrscheinlich haben sie das nicht verstanden. Sie müssen geglaubt haben – zumindest Danton –, daß die Hinrichtung der Verdorbenen unvermeidlich geworden war, während sie selbst nichts damit zu tun hatten.

Vor der Verlesung des Berichts von Amar am 15. oder 16. März (25.

oder 26. Ventôse) scheint Danton als Folge der Verhaftung der Hébertisten einen Aufstand der Sansculotten befürchtet zu haben. An diesem Tag wird er versuchen, seinen Freund Beugnot zu retten, der seit mehreren Monaten im Force-Gefängnis vegetierte. Der Tribun hatte sich unablässig für das Schicksal des Gefangenen interessiert. Innenminister Paré hatte Befehl gegeben, Beugnot gut zu behandeln. Weil er ein neues Massaker fürchtet, sucht Danton die Concierge des Gefängnisses auf (die 1792 zusammen mit ihrem Mann 200 Gefangene vor der Wut der Menschenschlächter gerettet hatte). Danton gibt ihr seine Anweisungen: »Falls, was durchaus möglich ist, wieder ein Angriff gegen euer Gefängnis oder irgendeine große Unruhe ausbrechen sollte, laßt Beugnot herunterkommen, und schließt ihn in eure Küche ein, und sobald sich eine Gelegenheit bietet, laßt ihn entkommen!« In der Zeit seines Ministeramts wie in der Zeit des ersten Wohlfahrtsausschusses hatte Danton einige Gefängnisse mit seinen Agenten durchsetzt. Er hatte auch danach nicht aufgehört, bestimmte Gefangene zu beschützen, die er für unschuldig oder auch entsprechend obskuren Kriterien, bei denen sein persönliches Interesse keine untergeordnete Rolle spielte, für nützlich hielt. Er gab diesen Leuten den Rat, sich »klein zu machen« und dafür zu sorgen, daß man sie vergaß. Als sich der Tribun die Thesen der Nachsicht zu eigen gemacht hatte, führte er sein Beschützerwerk fort, aber mit erhöhtem Risiko. Die Milde war für ihn kein leeres Wort. Seine Aktionen zugunsten Beugnots scheinen uneigennützig. Es werden seine letzten sein. Nach dem Tod Dantons wird die Säuberung des Gefängnispersonals die Haftbedingungen für die Opfer des Großen Terrors entschieden härter machen.

Der Aufstand, den Danton befürchtete, findet nicht statt. Obwohl die Reaktionen der Straße den gefangenen Hébertisten gegenüber im allgemeinen positiv sind, bleiben die Aufrufe zum Aufstand ohne Echo. Die Komitees haben einige Anführer geopfert und Bouchotte, Pache und die Kommune geschont. Die Sansculotten haben sich verausgabt. Die Nationalgarde ist loyal geblieben. Die Ventôse-Dekrete haben das aufständische Potential weitgehend entwaffnet. Im übrigen waren seit August und September 1793 die Kommune, die Sektionen und ihr »Wohlfahrtsausschuß« (die Verlängerung des Komitees im Bischofspalais) zum Teil wieder unter Kontrolle. Nun beglückwünschen die Sektionen den Konvent (15.–17. März, 25.–27. Ventôse). Die Kommune dagegen zögert, Stellung zu nehmen. Am 17. März beauftragt der Konvent auf Initiative des unvermeidlichen Bourdon de l'Oise die Komitees, »die in Paris eingerichteten Behörden, die unter diesen Umständen über die aktuellen Ereignisse Stilschweigen bewahrt haben«, zu säubern. In Anwendung dieses Dekrets wird am 18. März (28. Ventôse) Chaumette verhaftet. Danton scheint seine Haltung an der Kommune auszurichten. Darum wartet er den 19. März ab, bevor er offiziell die gegen die Hébertisten getroffenen Maßnahmen billigt, wobei er es nicht wagt, zugunsten seines Freundes Fabre zu sprechen. An diesem 19. März 1794 (29. Ventôse des Jahres II) wird Danton im Konvent seine letzte Rede halten. Man wartet den Hébertistenprozeß und die Reaktion der Kommune ab. Alarmierende Gerüchte gehen um. Bourdon de l'Oise beschuldigt Bouchotte, rund um Paris eine Menge Deserteure und österreichische Kriegsgefangene versammelt zu haben, eine wahre Armee der Konterrevolution. Dieser neue Angriff Bourdons zielt jenseits des Ministers einmal mehr auf den Wohlfahrtsausschuß selbst. Wieder muß sich Danton Bourdon entgegenstellen, die Sache des Ministers von der des Ausschusses trennen: »Unsere Ausschüsse sind die politische Avant-Garde... Meiner Meinung nach war die Republik nie größer als heute. Es galt, jene zu besiegen, die den Patriotismus nachäffen, um die Freiheit zu morden; wir haben sie besiegt. Ich war der erste, der die revolutionäre Regierung gefordert hat. Zunächst wurde meine Idee verworfen, dann hat man sie übernommen, und diese revolutionäre Regierung hat die Republik gerettet!« Dieser Loyalität Dantons haftet etwas Verzweifeltes an, sofern man sie nicht nur als eine erneute Heuchelei betrachtet. Im Verlauf der gleichen Sitzung erscheint der Bürgermeister Pache an der Spitze einer Delegation der Kommune, um die Ergebenheit des Generalrats zu beteuern. Der elsässische Pfarrer Rühl, der den Vorsitz führt, läßt die feierliche Mitteilung der Stadtverwaltung verlesen. Der Generalrat billigt die gegen die Verschwörer ergriffenen Maßnahmen und verpflichtet sich mit folgenden Worten: »Was die Kommune von Paris betrifft, so schwört sie hiermit erneut, euch nie im Stich zu lassen und bis zum letzten Blutstropfen für die Freiheit und Gleichheit zu kämpfen.« Rühl erlaubt sich die Bemerkung, daß die Sektionen nicht so lange gewartet haben, und wirft der Kommune vor, »ein wenig spät« erschienen zu sein, um »diese Beteuerung abzugeben«. Mehrere Abgeordnete verlangen, daß dieser Satz ins Protokoll aufgenommen wird, aber Danton widersetzt sich. Er erklärt, er sei davon überzeugt, daß der Generalrat das Vertrauen der Versammlung verdiene, daß seine Mehrheit »aus hervorragenden Patrioten und glühenden Revolutionären zusammengesetzt« sei, und er erweist ihr die »Ehre seiner Wertschätzung«. Hofft Danton sich durch diese

Intervention, die seiner vorhergehenden zugunsten der Revolutionsregierung widerspricht, auf die wenigen dantonistischen Elemente in der Kommune – wie den ersten Stellvertreter Real, der elf Tage später verhaftet werden wird – und auf die dort noch sitzenden Hébertisten stützen zu können, um einer eventuellen Offensive der Ausschüsse entgegentreten zu können? Das ist gut möglich. Die persönlichen Beziehungen zwischen den Hébertisten und Danton hatten zum Teil ihre Streitigkeiten überlebt. Zahlreiche Offiziere der Pariser Revolutionsarmee zum Beispiel waren ehemalige Schützlinge Dantons. Der Tribun äußert seine Befürchtungen, daß eine böswillige Interpretation der Worte des Präsidenten bei der Kommune Erbitterung zurücklassen könnte, wobei er Rühl dennoch seinen Respekt bekundet. »Die Zeit ist gekommen«, schließt er, »in der man nur noch nach seinen Taten beurteilt wird. Die Masken fallen, sie verführen niemanden mehr. Diejenigen, die den Patrioten den Hals umdrehen wollen, werden nicht mehr mit den wahren Beamten des Volkes verwechselt, die selbst zum Volk gehören. Gäbe es unter allen Beamten auch nur einen einzigen Mann, der seine Pflicht erfüllt hat, so müßte man lieber alles erdulden, als ihn diesen bitteren Kelch trinken zu lassen... Ersparen wir der Kommune den Schmerz zu glauben, sie sei im Ärger gerügt worden.«

»Ich werde von der Tribüne aus antworten«, erklärt Rühl. »Komm her, lieber Kollege, und setz du dich auf meinen Sessel.«

»Präsident«, antwortet Danton, »fordere mich nicht auf, den Vorsitz zu übernehmen, den du so würdig ausfüllst. Meine Gedanken sind rein; falls meine Worte sie schlecht wiedergegeben haben, so verzeihe mir eine ungewollte Inkonsequenz. Ich selbst würde Dir einen solchen Irrtum verzeihen. Sieh in mir einen Freund, der offen seine Meinung zum Ausdruck brachte.« Nun erhebt sich Rühl, um den Tribun zu umarmen. Starker Beifall feiert zum letztenmal die Eloquenz Dantons. Er hat sich zu einer Erhabenheit des Tons emporgeschwungen, die er selten erreichte. Aber dieses Pathos, diese hehren Gefühle gingen auf Kosten der Aktion. Der Stier aus der Champagne hatte für seinen letzten Kampf die Hörner abgelegt. Zumindest hatte er seine Feder verloren. Der Drucker Desenne, der den *Vieux Cordelier* zusammensetzte, war gerade verhaftet worden. Die Nummer 7 der Zeitung wird nie das Licht der Öffentlichkeit erblicken. Sie war vollständig gedruckt und kam auf das Programm zurück, das Camille im Januar und Februar aufgegeben hatte, um erneut den Frieden zu fordern. In einer verzweifelten Gegenattacke griff er nun die Mitglieder des Sicherheitsausschusses an, die die Enthüllungen Chabots unter den Teppich gekehrt hatten. Aber was nützt es noch? Selbst wenn es verteilt worden wäre, hätte das Pamphlet gegen den Terror und für den Frieden den Entschluß der Ausschüsse in keiner Weise verändert.

Mehrere Männer haben versucht, Danton mit Robespierre zu versöhnen, aber alle diese Zusammenkünfte schlugen fehl. Die letzte fand am 21. März (1. Germinal) statt. Der Legende zufolge sollen sich die beiden Gegner umarmt haben, wozu wohl der Champagner das Seine beigetragen hatte. Ein heuchlerischer Bruderkuß. Am Vortag hatte Bourdon de l'Oise dem Konvent die Verhaftung eines seiner schwarzen Schafe, des Polizisten Héron, einem Agenten der Ausschüsse abgerungen (ein Beschluß, der auf Intervention Couthons und Robespierres sogleich ausgesetzt wird). Noch am selben Tag denunziert der Unbestechliche die Nachsichtigen als Komplizen des Auslands: »Wenn sie triumphieren, werdet ihr erleben, wie sich die Halunken in die Armeen einschleichen, wie sich einige öffentliche Funktionäre mit ihnen verbünden... Die Armeen werden geschlagen werden...« Am nächsten Tag, während Danton Paris verläßt, um sich in Sèvres auszuruhen, wird auf den entscheidenden Druck Billaud-Varennes, Saint-Justs und einiger Mitglieder des Sicherheitsausschusses hin (Vadier und Konsorten) der Sturz des Tribuns beschlossen. Robespierre hat sich überzeugen lassen.

Danton wird noch den Besuch Thibaudeaus empfangen. Der Abgeordnete des Departement Vienne, ein intelligenter und luzider Politiker, wundert sich über seine Apathie, versucht, ihm die Augen zu öffnen: »Siehst du denn nicht, daß Robespierre deinen Sturz vorbereitet? Wirst du nichts tun, um das zu verhindern?« Thibaudeau überliefert uns die verrückte Antwort des Tribuns: »›Wenn ich glauben würde‹, gab er mir mit jener charakteristischen Mundbewegung zurück, die bei ihm zugleich Verachtung und Zorn ausdrückte, ›daß er auch nur einen solchen Gedanken hätte, würde ich seine Eingeweide fressen!‹« Danton schenkt der Warnung also keine Beachtung. Währenddessen sind am 4. Germinal die Hébertisten hingerichtet worden. Der Tod Héberts und seiner Freunde schlug den Dantonisten die Argumente aus der Hand; er ließ den Hauptakteur der »Batz-Verschwörung« verschwinden und mit ihm das einzige Druckmittel, das die Dantonisten noch in der Hand hatten, um eine politische Veränderung durchzusetzen. Der Sturz der Dantonisten ist nun unabwendbar. Chabot ist verloren, Danton ebenfalls. Denn der gezinkte Prozeß gegen die Hébertisten kündigte weitere an. Vielleicht überschätzt Danton seine objektiven Verbündeten, all jene Konventsmitglieder, die befürchten, nach ihm die Opfer der Säuberungen der Montagne zu werden. Tallien war zum Präsidenten des Konvents gewählt worden und Légendre am 1. Germinal zum Präsidenten des Jakobiner-Klubs. Danton fühlt sich noch immer nicht wirklich bedroht. Darum sperrt er sich gegen die Warnungen Westermanns (»Sie würden es nicht wagen, mich anzugreifen!«) und Rousselins, Delacroix', Desmoulins', Légendres und anderer, und ganz besonders gegen die Vorschläge eines Putsches gegen die Ausschüsse. Einige raten ihm zur Flucht. Er wird dies immer wieder zurückweisen bis zu seinem berühmten (und vielleicht nicht echten) Ausruf: »Man nimmt das Vaterland nicht an seinen Schuhsohlen mit!«

Hätte Robespierre Danton verschonen können? Mit anderen Worten, hätte er sich damit zufriedengeben können, ihn zum politischen Rücktritt zu bewegen? Diese Frage mit Ja zu beantworten, wäre voreilig. Sicher, Männer wie Vadier, ein erbitterter Feind des »fetten Karpfens«, oder Billaud-Varenne verfolgten Danton mit einem Haß, den Robespierre ihm gegenüber niemals zum Ausdruck brachte. Aber diese unterschiedliche Haltung liegt in den unterschiedlichen Charakteren begründet und keineswegs in der Politik. Der Unbestechliche wußte sehr wohl, daß Danton niemals seinen endgültigen Rückzug aus der Politik erklären würde, daß der Tribun dafür viel zu gerne redete – und auf oft versteckte Weise zu handeln liebte –, um sich vorzeitig vom großen revolutionären Zirkus zurückzuziehen. Deshalb hat er den Tod Dantons zweifellos gewollt. Auch wenn, wie Carnot im Wohlfahrtsausschuß bemerken wird, »ein Kopf wie der Dantons viele andere nach sich zieht.«

Danton kehrte am 29. März (9. Germinal) nach Paris zurück. Aus welchem Grund? Der Mann fühlte sich am Stadtrand wohler als in Paris. Dort konnte er friedlich zu Hause bleiben, statt zu den Jakobinern oder zum Konvent zu hasten, um sich zu rechtfertigen. Währenddessen wetzen die Regierungskomitees schon die Messer für seine politische Ermordung. In ihrem Namen erstellt Saint-Just die erste Fassung des Berichts, der die Dantonisten aufs Schafott bringen wird.

Am Abend des 30. März (10. Germinal) empfängt Danton den Besuch von Panis. Dieser Schwager Santerres ist ihm von Rühl aus dem Sicherheitsausschuß und von Robert Lindet aus dem Wohlfahrtsausschuß geschickt worden. Panis kann ihm das Ergebnis der noch laufenden Versammlung nicht mitteilen. Der Tribun weiß also nicht, daß Billaud-Varenne die Sitzung mit den Worten eröffnet hat: »Danton konspiriert, also muß er sterben!« Aber er weiß nun, daß die Komitees über seinen Fall beraten. Dennoch rührt er sich nicht. Er bleibt »in seinem Arbeitszimmer in der Nähe des Ofens sitzen, den Körper über die Feuerstelle gebeugt, in Gedanken versunken, um von Zeit zu Zeit aus seiner Bewegungslosigkeit herauszukommen und heftig im Feuer herumzustochern. Dann hörte man ihn tiefe Seufzer ausstoßen und abgehackte Worte sprechen... Dann wieder erhob er sich plötzlich, und lief mit großen Schritten im Zimmer auf und ab...« Sicher denkt er einmal mehr: »Sie werden es nicht wagen.« Dieses Mal haben die Komitees es gewagt. Saint-Just verliest vor seinen Kollegen – die weniger erstaunt sind, als sie nach dem Thermidor behaupten werden – seinen Bericht gegen die Nachsichtigen. Daraufhin setzten sich – *gegen* Saint-Just, der eine Ehrensache daraus zu machen scheint, Danton im Konvent persönlich gegenüberzutreten, und *gegen* Robespierre, der schwankte – Billaus und Vadier mit ihrer Entscheidung durch, die Dantonisten sofort zu verhaften – noch vor einem ausdrücklichen Anklagebeschluß des Konvents. Der Haftbefehl betrifft Danton, Desmoulin, Delacroix und Philippeaux. Nur Rühl und Robert Lindet werden sich weigern, ihn zu unterzeichnen. Lindet, ein fleißiger Arbeiter und aufrechter Republikaner ohne Genialität, ist eine Art gemäßigter Terrorist, der bei der Unterdrückung des Förderalismus in der Normandie seine Menschlichkeit bewiesen hat. Diesem ehrenhaften Mann ist jeder Klüngel fremd. Zusammen mit Danton war er Mitglied des ersten Wohlfahrtsausschusses und hat im Robespierreschen Ausschuß das schwere Amt der Versorgung inne. Trotz der Übertreibungen Dantons und der Gerüchte über seine unlauteren Geschäfte und seine Käuflichkeit hat sich Lindet für diesen Mann der Kühnheit stets seine Bewunderung bewahrt. Vielleicht schätzt er weniger die Person als das Symbol. Er begründet seine Weigerung, den Haftbefehl zu unterschreiben, mit diesem mutigen Satz: »Ich bin hier, um die Bürger zu ernähren und nicht, um die Patrioten zu töten.« Vielleicht ist er sogar das enorme Risiko eingegangen, nach der Sitzung zu Danton nach Hause zu gehen, um ihm die Augen zu öffnen. Aber diese Intervention wird ebenso unnütz sein wie die vorangegangenen. Danton wird das Vaterland nicht an seinen Schuhsohlen mitnehmen. Er geht nicht zu Bett, sondern wartet, daß die revolutionäre Justiz ihren Lauf nimmt. Vor Tagesanbruch klopft es an seiner Tür. Der Tribun läßt sich ohne Widerstand verhaften und zum Luxembourg-Gefängnis bringen.

Als einer der Gründer des Revolutionstribunals, in dem einige Männer sitzen, die ihm ihre Karriere verdanken, hofft Danton vielleicht, aus seinem Prozeß – wie einst Marat gegen seine Ankläger von der Gironde – eine Art Triumph zu machen, der in eine Niederlage seiner Gegner umschlägt. Die Wette ist gewagt. Danton vergißt dabei drei Elemente von großer Tragweite: die Regierung fordert fast einstimmig seinen Kopf; das Revolutionstribunal ist nicht mehr, was er war; und die Hauptstadt, die am Morgen von seiner Verhaftung erfährt, wird nicht reagieren.

19. DAS ENDE EINES BESTECHLICHEN

Man braucht so gute Gründe um zu leben, die zum Sterben nicht nötig sind.

Rivarol

Es ist der 11. Germinal des Jahres II. Die Meldung von den Verhaftungen läßt im Konvent die Mienen erstarren. Viele wollten nicht glauben – und darin teilten sie die Verblendung Dantons –, daß man es wagen würde, den Tribun anzugreifen. Legendre hat soeben eine aufgeregte Nachricht seines Freundes Delacroix erhalten, der auch zu den Verhafteten gehört. Delmas setzt durch, daß die Mitglieder der beiden Ausschüsse vor dem Konvent erscheinen müssen. Unter dem wohlwollenden Auge des Präsidenten Tallien und gedrängt von den Dantonisten, steigt Legendre auf die Tribüne, um zu fordern, daß Danton und seine Freunde von der Versammlung angehört werden. »Ich halte Danton für genau so untadelig wie mich selbst«, betont er und erinnert an die herausragenden Dienste, die der Tribun nach dem 10. August für die Sache der Freiheit geleistet hat: »Damals stand der Feind vor den Toren von Paris: Dann kam Danton, und seine Ideen retteten das Vaterland ...«

Je nach Präferenzen betonen die Historiker mal das feindselige Gemurmel, das Legendre unterbrach, und den Redebeitrag Fayaus gegen seinen Vorschlag, mal die Ergriffenheit der Konventsmehrheit, die plötzlich den Wunsch verspürte, die Bevormundung durch Robespierre abzuschütteln, dem Unbestechlichen mit einem feindseligen Raunen begegnete, so daß schließlich einige Abgeordnete ihn als Diktator beschimpften. Eines ist jedoch gewiß: Die Rede Robespierres, der auf der Tribüne den Beschluß der Komitees unterstützte, war entscheidend: »Es geht um die Frage, ob heute einige Männer wichtiger sind als das Vaterland... Legendre scheint die Namen der Verhafteten nicht zu kennen, aber der gesamte Konvent kennt sie. Auch sein Freund Lacroix[1] gehört zu den Inhaftierten. Warum tut er so, als wisse er das nicht? Weil er genau weiß, daß man Lacroix nicht verteidigen kann, ohne schamlos zu sein!« Was bedeutet schon die Vergangenheit Dantons, dieses »vorgeblichen Idols, das seit langem verdorben ist«. Man darf ihm ebensowenig das Privileg zubilligen, angehört zu werden, wie man es den Girondisten, Chabot oder auch Hébert zubilligte. »Je mehr er die Patrioten getäuscht hat, die ihm vertrauten, um so mehr muß er die Strenge der Freiheitsfreunde zu spüren bekommen.« Fürchte man etwa die Parteilichkeit der Richter, mißtraue man der nationalen Justiz und dem Konvent? *»Ich behaupte, daß, wer immer in diesem Augenblick zittert, schuldig ist, denn die Unschuld hat von der öffentlichen Überwachung nichts zu befürchten!«* Robespierre, der einst für Pétion Freundschaft empfand und mit Roland in Beziehung stand, hat nicht gezögert, sie zu denunzieren, als sie ihre Maske abgelegt hatten. »Danton will ihren Platz einnehmen, und deshalb ist er in meinen Augen nur noch ein Feind des Vaterlandes.« Kann man, wie Mathiez, von einer »leidenschaftlichen und bewegenden« Rede sprechen? Der Konvent jedenfalls ist sich jetzt wieder einig und applaudiert. Legendre tritt den Rückzug an und betont seinen Patriotismus: »Robespierre kennt mich schlecht...« Die Versammlung, ein wenig über sich selbst beschämt, beschließt nun, daß Danton und seine Freunde, vor allem Danton, dessen Eloquenz die Situation umkehren könnte, nicht gehört werden. Bleibt nur noch, den Bericht Saint-Justs anzuhören, der im letzten Moment auf der Grundlage der Notizen des Unbestechlichen völlig umgearbeitet wurde.

Die schneidenden und keinen Widerspruch duldenden Sätze Saint-Justs kontrastieren wie immer mit seiner zarten und doch festen Stimme, mit seiner femininen Gestalt, seiner androgynen Eleganz. Die rechte Hand skandiert mit einer von Barras geschilderten Bewegung die Formulierungen mit der schneidenden Gleichmäßigkeit des nationalen Rasiermessers. Saint-Just beginnt mit einer Warnung: Niemand darf der Strenge der Gesetze entkommen, vor allem nicht diese »gekünstelten Männer, die sich durch ihre Kühnheit und ihre Unverschämtheit gewissermaßen zu Patriziern aufblähen!« Das republikanische Rom und den Geist Marats beschwörend, räumt der Redner ein, daß »es mit der heiligen Liebe zum Vaterland etwas Schreckliches auf sich hat... Sie opfert alles ohne Mitleid.«

Die These der Ausschüsse ist einfach: Die beiden Faktionen, die der »falschen Patrioten« und die der »Gemäßigten«, sind der Revolution gefolgt »wie die Reptilien dem Lauf der Strömung«. Sie verfolgten dasselbe Ziel. (Es geht also nicht darum, einen Schlag nach rechts auszuteilen, nachdem zunächst nach links geschlagen wurde, sondern darum, zu bestreiten, daß es für die revolutionäre Regierung auf der Linken einen Feind gäbe. Es gibt nur zwei Tendenzen: die der wahren Patrioten und die der Komplizen des Auslands, der Reaktion, der Tyrannei und der Monarchie. Die Dantonisten sind folglich, wie Hébert, die hinterhältigen Betreiber einer Restauration. Diese Interpretation erlaubt es auch, Hérault de Séchelles in das dantonistische Lager einzubeziehen, obwohl er genauso gut in dem vorhergehenden Karren hätte sein können, da er in die Intrigen der Nachsichtigen nicht verwickelt war.[2]) Die Konventsmitglieder sollen dem royalistischen Argument keinen Glauben schenken, demzufolge die Revolutionäre dabei seien, sich gegenseitig zu verschlingen: Die Republik muß sich nur von den Konterrevolutionären reinigen, die die republikanische Maske angelegt haben, sowie von denen, die durch das Geld des Auslands korrumpiert wurden und der Idee einer monarchistischen Restauration anhängen. Die rhetorische Technik des Amalgams wird durch rückwirkende Unterstellungen noch verstärkt. Um ihr einen Anschein von Glaubwürdigkeit zu verleihen, wird Saint-Just eine Serie von unwiderlegbaren Syllogismen zur Hand haben. Vom Syllogismus zur Haarspalterei ist es aber nur ein Schritt, sofern die Formulierungen gut gewählt sind. Und in der Tat, dieser Bericht, von dem die völlig verängstigten Konventsmitglieder nur die scheinbare Logik im Gedächtnis behalten werden, ist ein hervorragendes Denkmal jakobinischer Sophistik.

Die offizielle These von der ausländischen Verschwörung zwingt den Redner dazu, die Geschichte aller Faktionen nachzuzeichnen, in der dann kunterbunt Mirabeau, die Lameths, La Fayette, Brissot, Dumouriez, Fabre und Hébert auftauchen, und in die von den Feuillants zu den Girondisten und von der Gironde über die Nachsichtigen bis zu den *Exagérés* alles zusammengepfercht wird. Die angeblichen Parteigänger des abgesetzten Königtums stehen neben denen der Monarchie an sich oder der Orléans-Dynastie. Saint-Just gibt zu, daß es sich um eine »stumme und komplizierte Verschwörung« handelt, aber er korrigiert dieses Geständnis sofort durch ein grundsätzliches Postulat, das das ganze Kunstwerk der Anschuldigungen zusammenhält: Die Autoren des Komplotts seien »heute als Vaterlandsverräter und als Royalisten bekannt«. An diesem Punkt der Vorlage wollte Saint-Just eigentlich Danton persönlich ansprechen. Aber er hat seinen Text nicht verändert, und darum spricht er den Tribun an, als säße er auf seinem Platz im Konvent.

Die ganze Anklagerede Saint-Justs konzentriert sich von nun an auf Danton:[3]
»Danton, du hast der Tyrannei gedient, du warst, das ist wahr, gegen La Fayette, aber Mirabeau, d'Orléans, Dumouriez waren ebenfalls gegen ihn. Würdest du es wagen zu leugnen, daß du dich an diese drei Männer verkauft hast, an die größten Verschwörer gegen die Freiheit?« Das ist eine teilweise richtige Beschuldigung, für die jedoch keine materiellen Beweise vorgelegt werden. Das gleiche gilt für viele der noch folgenden Vorwürfe. Saint-Just erinnert daran, daß Danton über Mirabeaus Protektion ins Departement einzog. »Solange dieser abscheuliche Mensch noch lebte, bist du fast stumm geblieben.« Nach dessen Tod habe Danton mit Barnave und den Lameths konspiriert, wobei er einem »strengen Patrioten« (gemeint ist Robespierre) vorwirft, daß er nicht dasselbe tat. Im Juli 1791 habe er den Antrag Laclos' unterstützt, »ein unheilvoller und von den Feinden des Volkes bezahlter Vorwand, um das Kriegsrecht auszurufen und die Tyrannei zu erproben«. Danton, der zusammen mit Brissot Verfasser der Marsfeld-Petition war, sei ebenso wie Brissot La Fayette entkommen, »der 2000 Patrioten abschlachten ließ« ...

»Was soll ich über deine feige und kontinuierliche Preisgabe der öffentlichen Sache in den Krisenzeiten sagen, wo du immer die Partei des Rückzugs ergriffen hast?« Die Schwankungen Dantons in schwierigen Zeiten – insbesondere in der Kriegsfrage –, seine depressiven Phasen werden also ausgeschlachtet, als habe der Tribun immer systematisch gehandelt. Seine Neutralität unter der Legislative beweise seine Komplizenschaft mit den Brissotins. Saint-Just versäumt es nicht, auf Dantons zweiter Flucht nach Arcis am Vortag des 10. August zu insistieren, auf seinem Schlaf in der Nacht vom 9. zum 10. August in dem Augenblick, als Fabre d'Eglantine »mit dem Hof verhandelte, um ihn zu täuschen«. Wenn der Hof Fabre vertraute, so deshalb, weil Fabre ihm Garantien geben konnte. Indes »wer der Freund eines Mannes ist, der mit dem Hof verhandelte, ist der Niedertracht überführt«. Mehr noch: »Was hast du seither getan, um uns zu beweisen, daß Fabre, dein Komplize, und du den Hof tatsächlich täuschen wolltet?«

Unter all den »Verbrechen« Dantons, deren Liste zuweilen in chronologischer Reihenfolge präsentiert wird, um ihre Verflechtung deutlich werden zu lassen: den Revolutionsfeind Noël mit einem »kriminellen Auftrag« nach London zu schicken; mit Chabot die Wahl Fabres und Philippe Égalités im Konvent begünstigt zu haben; zugelassen zu haben, daß sich Fabre im Ministerium bereicherte; Dumouriez, seinen erklärten

Freund, unterstützt zu haben, mit dem er im Oktober 1792 die preußische Armee gerettet habe, bevor er mit ihm zugunsten von Orléans konspirierte; Duport gerettet zu haben, Malouet und Talleyrand begünstigt, Marat aber bekämpft zu haben usw. Ganz zu schweigen von den Girondisten, vor allem den Girondisten! »Du reichtest ihnen beständig die Friedenspalme, Unterpfand deiner Allianz mit ihnen gegen das Volk und die strengen Republikaner. Die Gironde führte immerhin einen Scheinkrieg gegen dich.« Sie forderte von Danton nur deshalb Rechenschaft über sein Ministeramt, um ihn zum Handeln zu zwingen. Saint-Just wird immer wieder auf diese Komplizenschaft mit den Girondisten zurückkommen, denen Danton »ohne Zorn, sondern mit väterlicher Güte« drohte, bis zum 31. Mai, den er »mit Entsetzen« sah, wobei er seine Doppelzüngigkeit unter Beweis stellte, indem er Hanriot erst tadelte und ihm dann schmeichelte, bis er ihn »auf die übelste Weise« verleumdete. Nach dem 2. Juni habe Danton einen Botschafter zu den Föderalisten im Departement Calvados geschickt und sich der »Bestrafung« der girondistischen Abgeordneten widersetzt. Die Politik der republikanischen Versöhnung, die von Danton geführt wurde, wird von Saint-Just auf ganz andere Dimensionen zurückgeschraubt: »Deine vorausblickende Heuchelei versöhnte alles und jeden miteinander und wußte dich inmitten der Parteien zu erhalten, stets bereit, mit dem Stärkeren zu heucheln, ohne den Schwächeren zu beleidigen. In den hitzigsten Debatten entrüstete man sich über deine Abwesenheit und dein Schweigen!« Dieses Schweigen habe Danton nur aufgegeben, um Dumouriez und seine Komplizen – wie z. B. Westermann – zu verteidigen und, als deren Falschheit erwiesen war, die Aufmerksamkeit des Konvents abzulenken, »um ihn mit neuen Aushebungen von Soldaten zu beschäftigen«. »Du hast versucht, die öffentliche Moral zu verderben, indem du dich bei mehreren Gelegenheiten zum Verteidiger korrumpierter Männer, deiner Parteigänger, gemacht hast.« Das sei das Wesen der Nachsicht. Ein wichtiges Argument, das es Saint-Just erlaubt, Danton ebenso wie Fabre verurteilen zu lassen. Zum Verrat komme der Wille zur Korruption hinzu, der dafür das bevorzugte Mittel sei. »Danton«, fährt der Redner fort, »hat in einem Kreis von Patrioten die Verbannung Ludwig Capets vorgeschlagen« (das einzige Indiz, das die Ausschüsse für diese geheimen Verhandlungen besitzen, ist allerdings mager, was Saint-Just daran hindert, diesen Punkt weiter auszuführen). Während Dumouriez Verrat übte, »hast du dich für gemäßigte Prinzipien ausgesprochen und deine robusten Formen schienen die Schwäche deiner Ratschläge zu verbergen ... Banaler Kompromißler – alle deine Reden begannen wie ein Donnerschlag, aber du hast immer damit geendet, die Wahrheit mit der Lüge zu versöhnen.« Bei seiner Rückkehr aus Belgien habe Danton die Massenaushebung der Pariser vorgeschlagen, um zu den Grenzen zu marschieren: Das war genau der Plan Brissots, der allein den Erfolg eines aristokratischen Aufstands ermöglicht hätte. Die von Danton am 10. März 1793 mit Fabre, Desfieux (»als Royalist und Anhänger der Partei des Auslands bekannt«[4]) und den Cordeliers angestiftete Bewegung sei dazu bestimmt gewesen, »Dumouriez zu nutzen und ihm einen ehrenhaften Vorwand zu liefern, auf Paris zu marschieren«. Mehr noch, gestützt auf spanische Depeschen unterstellt Saint-Just, der Angeklagte habe im *temple* Unterredungen mit der Königin geführt. Alle diese Beschuldigungen werden oft in Frageform gekleidet: »Kann man an eurem kriminellen Einvernehmen für den Umsturz der Republik noch zweifeln? ... Könntest du gegenüber dem öffentlichen Interesse so blind sein, darf man es wagen, dir vorzuwerfen, es fehle dir an Urteilsvermögen? ... Bist du nicht kriminell und schuldig, weil du die Feinde des Vaterlandes nicht gehaßt hast?« Als der Redner die Antworten nachliefert, kommt der Syllogismus der Wahrheit zuweilen sehr nahe: »Du bist der Freund Fabres, du hast ihn verteidigt; du bist kein Mann, der sich bloßstellt, also hast du in deinem Freund nur dich selbst verteidigt.« Selbst das, was im Verhalten Dantons als Zeichen einer gewissen politischen Weisheit erscheinen könnte, wendet sich nun gegen ihn. Zum Beispiel seine Verachtung für die Rolands: »Du hast Roland beschuldigt, aber mehr als einen galligen Dummkopf denn als Verräter; bei seiner Frau dagegen sahst du nur Ambitionen zur Schöngeistigkeit.« Oder sein Skeptizismus: »Als schlechter Mensch hast du die öffentliche Meinung mit einer Hure verglichen; du hast gesagt, die Ehre sei lächerlich, der Ruhm und die Nachwelt eine Dummheit: diese Maximen mußten dich mit der Aristokratie versöhnen, sie waren diejenigen Catilinas.[5] Wenn Fabre unschuldig wäre, wenn d'Orléans, wenn Dumouriez unschuldig waren, dann wärst du es sicher auch. Ich habe bereits zuviel gesagt: Du wirst dich nun der Justiz zu verantworten haben.« *Ich habe zuviel gesagt:* Wie so oft, bemüht sich Saint-Just *nach* einer langen Rede um Kürze. Sorgfältig hat er bekannte Fakten, plausible Hypothesen und einige gewagte Unterstellungen vermischt, wobei er betont, daß schon eine einzige seiner Beschuldigungen ausreiche, um Danton verurteilen zu lassen. Der Rhythmus und die Geschlossenheit der Rede werden durch die unablässige Wiederaufnahme der These der Ausschüsse abgesichert: (»Ihr wart in der Montagne der Mittelpunkt und das Echo der Verschwörung von Dumouriez, Brissot und d'Orléans.«)

Damit ist der Nagel festgeklopft. Erst gegen Schluß der Rede folgen die Eingeständnisse Saint-Justs, die beweisen – aber wer in der völlig erschöpften Versammlung wird darauf achten? –, daß die Anklage vor allem auf Hypothesen beruht: »*Ich bin davon überzeugt*, daß diese Faktion der Nachsichtigen mit allen anderen verbunden ist, daß sie immer scheinheilig war, zunächst an die neue Dynastie verkauft, dann an alle Faktionen... *Es ist klar*, daß sie [diese Faktionen] das Ziel verfolgten, das Ende des gegenwärtigen Regimes herbeizuführen, und *es ist offensichtlich*, daß es die Monarchie war, die man an seine Stelle setzen wollte!« Nun muß der Konvent beruhigt und dazu überredet werden, unbarmherzig zuzuschlagen. Ein fast komischer Bruch im Ton der Rede: Saint-Just zeichnet das idyllische Bild einer von allen Faktionen gesäuberten Republik. Freiheit und »anmutige Sitten, innig liebende Gattinnen, Kinder, die es aufzuziehen gilt«, das Ganze unter der wohlwollenden Ägide des Höchsten Wesens. Nur die Heftigkeit der Schlußpassage gibt dem Inhalt wieder Nachdruck: »Alles, was kriminell ist, möge zugrunde gehen! Nicht mit Nachsicht errichtet man die Republik, sondern nur mit schrecklicher Strenge, mit unbeirrbarer Strenge gegenüber allen, die sie verraten haben!« Der Konvent hat verstanden. Das Urteil wird ohne Gegenstimmen fallen: »Der Nationalkonvent... beschließt, Camille Desmoulins, Hérault, Danton, Philippeaux und Lacroix in den Anklagezustand zu versetzen, vor Gericht zitiert wegen Komplizenschaft mit d'Orléans und Dumouriez, mit Fabre d'Eglantine und den Feinden der Republik; wegen Beteiligung an der Verschwörung zur Wiederherstellung der Monarchie, der Zerstörung der nationalen Vertretung und der republikanischen Regierung: Folglich verfügt er, daß sie zusammen mit Fabre d'Eglantine dem Gericht überstellt werden.« Die Versammlung applaudiert.

Danton fällt also als royalistischer Verschwörer. Sein Sturz war logisch, aber es hätte solider Beweise bedurft. Als Saint-Just die Wahrheit berührte, hatte er oft nur die Waffe des Verdachts. Ihm, Billaud-Varenne und den harten Elementen in beiden Ausschüssen, schließlich auch Robespierre, dessen Verantwortung nicht verharmlost werden sollte, hat es Danton zu verdanken, daß er *gut* fällt. Indem sie ihn mit Schuld überhäufen, ohne ihm die Möglichkeit der Rechtfertigung zu geben, werden die Robespierristen für eine *bestimmte* Nachwelt aus diesem Verdorbenen einen Märtyrer machen.

Die Gerichtsmaschinerie ist in Gang gesetzt. Nichts könnte sie mehr aufhalten, und das hat Legendre verstanden. Der Metzger wird noch am gleichen Abend bei den Jakobinern wegen seiner Rede zugunsten Dantons gerügt. Jämmerlich erklärt er: »Falls ich einen Irrtum begangen habe, so versichere ich, es geschah unfreiwillig. Darüber hinaus verlasse ich mich auf das Revolutionstribunal.« Zehn Tage später wird Legendre seinen Freund Danton verleugnen, indem er sich »von seinen Verbrechen überzeugt« erklärt. Und einige Wochen danach wird er den ehemaligen Sekretär Camille Desmoulins', Roch Marcandier, bei den Ausschüssen denunzieren, weil dieser versuchte, ihn vor Robespierre zu warnen! Die Angst wird Legendre bis zum 9. Thermidor* nicht mehr verlassen, woraufhin er dann zum eifrigen Reaktionär wird, der seine ehemaligen terroristischen Kollegen mit um so mehr Gehässigkeit verfolgt, als er selbst nur um Haaresbreite dem Schafott entgangen ist (1797 stirbt er an vorzeitiger Senilität).

Im überfüllten Luxembourg-Gefängnis macht Danton seine Scherze, versucht, die Moral seiner Mitgefangenen zu heben. Er und seine »Komplizen« werden bald in Einzelhaft gebracht. Am 12. Germinal, während Louise Danton und Lucile Desmoulins vergebliche Schritte zugunsten ihrer Männer unternehmen, wird Danton kurz verhört. Auf die Frage, ob er konspiriert habe, um die Monarchie wiederherzustellen, antwortet er, er sei selbst unter der Tyrannei Republikaner gewesen, und als solcher werde er auch sterben. Und als man ihn fragt, ob er sich einen Verteidiger gewählt habe: »Ich genüge mir selbst.« Dennoch wird dem Rechtsanwalt La Fleutrie diese Aufgabe übertragen. Aber La Fleutrie, dessen lakonische Plädoyers oft mit den Anklagereden Fouquier-Tinvilles übereinstimmen, wird für ihn keinerlei Hilfe darstellen. Kurz vor Mitternacht erhalten die Gefangenen die amtliche Mitteilung der Anklageschrift. Sie werden nun zur Conciergerie überführt, dem Vorzimmer des Revolutionstribunals. Alle Fristen sind verkürzt worden, und das wird auch weiterhin so sein. In der Conciergerie wird der in den Käfig gesperrte Löwe abwechselnd von Hoffnungs- und Resignationsanfällen heimgesucht. Desmoulins ist der einzige, der seine Verteidigung vorbereitet; er plant, die ganze Batz-Affäre zu enthüllen und die Mitwisserschaft der Regierung an deren politischer Eindämmung öffentlich zu machen. Aber der Journalist wird keine Gelegenheit erhalten, seine Argumente vorzutragen. Fabre ist völlig apathisch. Danton soll in einem Wutanfall einige

---

* Sturz Robespierres und seiner Freunde. (Anm. d. Hrsg.)

historische Worte an die Gefangenen gerichtet haben, dessen wahrscheinlichstes nicht das eleganteste ist: »Wenn ich Robespierre meine Eier und Couthon meine Beine hinterlasse[6], könnte der Wohlfahrtsausschuß noch eine ganze Weile funktionieren.« Weiß der Tribun, daß er verloren ist? Manchmal gesteht er es sich ein. Hofft er darauf, das Tribunal *und das Publikum* aufzurütteln, indem er auf die Anschuldigungen mit anderen Anschuldigungen antwortet? Aber diese Institution ist ihrem Schöpfer entglitten wie eine defekte Maschine und kehrt sich nun gegen ihn.[7]

Der Prozeß wird am 13. Germinal im Saal der Freiheit, der ehemaligen großen Kammer des Krongerichts eröffnet: Hier gilt es nun den Mythos zu überprüfen, demzufolge die auf dem Quai d'Horloge zusammengekommene Menge aus den offenen Fenstern einzelne Lautfetzen der Stimme Dantons gehört haben soll, die, wie man sagte, bis ans andere Ufer der Seine zu hören gewesen sei. Der Gerichtsvorsitzende Herman, mit seiner kalten Eleganz, ist ein treuer Robespierrist. Ihm zur Seite sitzen die vier Richter. Der öffentliche Ankläger Fouquier-Tinville wird von seinem Stellvertreter Fleuriot-Lescot assistiert und überwacht. Riskiert es Fouquier, vor seinem ehemaligen Beschützer Danton schwach zu werden, der ihn einst auf Bitten seines Cousins Camille Desmoulin im Tribunal des 17. August unterbrachte? Vorsorglich haben die Ausschüsse auf seinen Namen und auf den Hermans einen Haftbefehl vorbereitet; beide Männer wissen vielleicht davon (dieser Haftbefehl wird aufgehoben, sobald sie am ersten Gerichtstag zur vollen Zufriedenheit handeln). Noch am Morgen hatte der öffentliche Ankläger die Jury gesäubert und alle der Nachsicht gegenüber den Angeklagten verdächtigen Personen entfernt. Von den etwa 60 eingeschriebenen Geschworenen waren 90 Prozent unzuverlässig. Die Jury wird deshalb nur sieben Mitglieder zählen, allesamt gute Patrioten: der Geigenbauer Renaudier, der Perückenmacher Ganney, der Tischler Trinchard, der Musiker Lumière, der Chirurg Souberbielle, der Spielzeugbauer Desboisseaux sowie Leroy-Dix-Août. Einer von ihnen wird dennoch in dem Augenblick, als er einen der »Väter der Revolution« verurteilen soll, schwach werden. »Sag mir«, wird ihn dann sein Kollege Souberbielle fragen, »wer ist für das Wohl der Republik nützlicher, Danton oder Robespierre? – Robespierre natürlich – Dann hör auf zu heulen und komm mit, Danton zu verurteilen!«

Gegen 11 Uhr wird die Sitzung eröffnet. 14 Angeklagte werden hereingeführt: Fabre, Chabot, Basire, Delaunay, Danton, Desmoulins, Philippeaux, Hérault, die Schwäger Chabots Junius und Emmanuel Frey,

Guzman, Diederichsen (oder Deisderichen), der dänische Sekretär der Freys, und schließlich Delacroix. Auch d'Espagnac ist da. Er ist angeklagt, den »Schurken« die Fonds geliefert zu haben, um mit den Aktien der Indien-Kompanie zu spekulieren. Das Datum seiner letzten Verhaftung in seinem Landhaus – am 29. Ventose – verweist auf den wirklichen Grund seiner Anwesenheit auf der Anklagebank. Er fällt nicht so sehr wegen seiner Beziehungen zu Dumouriez, sondern vielmehr wegen seiner Beteiligung an der Kampagne für die Nachsicht und weil er, zusammen mit Westermann, anläßlich des Hébert-Prozesses die Batz-Affäre wieder aufbringen wollte. Indem der Konvent beschlossen hatte, daß Danton und seine Freunde zusammen mit Fabre abgeurteilt werden, ließ er Fouquier die Möglichkeit – die Ausschüsse gaben ihm sogar den ausdrücklichen Befehl dazu –, die Angeklagten der Indien-Kompanie-Affäre, die in der »Verschwörung des Auslands« kompromittierten Geschäftemacher und die Dantonisten, bzw. jene, die man dafür hielt, auf denselben Henkerskarren zu bringen. Fabre d'Eglantine, einer der anerkannten Führer der Faktion der Nachsichtigen, ein alter Freund Dantons, der mit mehreren der Angeklagten in Beziehungen steht, ist da, um die Rolle des Verbindungsmannes zu spielen und die Illusion einer Kohärenz in der Schurkerei herzustellen. Man gewährt ihm das Privileg, sich – wie Hébert einige Tage zuvor – in den für den Hauptangeklagten reservierten Sessel zu setzen; die anderen verteilen sich auf die Holzbänke. Danton wird während der Sitzung vergeblich protestieren (»Wenn wir als Verschwörer hierher gebracht wurden, dann soll die Nachwelt wenigstens erfahren, daß wir keine Diebe waren!«). Die »politischen« Angeklagten *müssen* also unbedingt durch den Dreck kompromittiert werden, den die Delaunays und Konsorten aufwirbeln. Börsenschwindler und Spekulanten, Geschäftemacher und Fälscher. Das war das sicherste Mittel, um die Geschworenen und vor allem die öffentliche Meinung zu überzeugen, die heute durch ein Publikum repräsentiert wird, das sich im Saal drängt, dieses Publikum, auf das sich Danton – zu sehr – verläßt, um zu seinen Gunsten eine Neuauflage des triumphalen Freispruchs Marats durchzusetzen.

Es wäre müßig, sich zu empören, selbst mit bald zweihundert Jahren Abstand. Die revolutionäre Justiz ist in erster Linie revolutionär und dann erst Justiz. Falls sie Justiz ist, dann nicht in dem Sinne, wie ihn ihre Gegner verstanden. Es ist nicht das Resultat, das zählt, sondern wie für jeden Justizapparat ist die Form das Entscheidende. Die zahlreichen Verfahrensfehler, die im Verlauf des Dantonistenprozesses aufeinanderfolgen werden, ändern daran nichts. Um in den Augen der öffentlichen Meinung, aber auch in ihren eigenen die Fortführung der politischen Säuberungen zu rechtfertigen, braucht die Jakobinerdiktatur einen Prozeß. Ein gefälschter Prozeß? Eine völlige Mißachtung der Rechte der Verteidigung? Derlei Vorwürfe sind anachronistisch. Der Prozeß Dantons mißt sich ebensowenig wie der von Marie Antoinette, den Girondisten, Barnaves oder der Hébertisten am lächerlichen Maßstab der subjektiven Rechte des Individuums. Ein revolutionärer Prozeß entzieht sich seinem Wesen nach jeder humanitären Kritik.

Es ist schwierig, eine ausgewogene Darstellung des Dantonistenprozesses zu geben. Das offizielle, von Herman und dem Gerichtsschreiber Ducray unterzeichnete Protokoll ist gefälscht. Man weiß aber nicht, ob es mehr oder weniger gefälscht ist als das *Bulletin du Tribunal révolutionnaire*, das die halbamtliche Version präsentierte, die dann in den Zeitungen wiedergegeben wurde. Das Ziel dieser Fälschungen ist offensichtlich: Es ging darum, die Angeklagten in einem möglichst schlechten Licht erscheinen zu lassen, und, was Danton betrifft, den zweiten Prozeßtag, den des 14. Germinal, als besonders lang darzustellen, um die gekürzte Wiedergabe der Verteidigungsrede Dantons, die das *Bulletin* abdruckt, plausibler zu machen. Keine dieser Prozeßmitschriften ist zufriedenstellend, keine ohne Widersprüche. Dies ist nicht die Schuld der Historiker, sondern entspricht den politischen Absichten der Ausschüsse, die das Ereignis auf ihre Weise darstellen wollen. Der folgende Bericht ist also nicht falscher als die anderen.

Am 13. Germinal gegen 11 Uhr, nachdem die Geschworenen ihren Eid der Unparteilichkeit und der Standhaftigkeit geleistet haben, erklärt Desmoulins vergeblich den Geschworenen Renaudin, einen persönlichen Feind, für befangen. Bei seinem Namensaufruf macht sich Camille eines rhetorischen Effekts wegen ein Jahr jünger:

– 33 Jahre, das Alter von Jesus, ein kritisches Alter für Patrioten!

Danton ist der neunte, der auf den Aufruf antwortet:

– Georges-Jacques Danton, 34 Jahre alt, aus Arcis-sur-Aube, Département Aube, Rechtsanwalt beim ehemaligen Rat, Revolutionär und Volksvertreter. Mein Wohnsitz? Bald im Nichts, danach im Pantheon der Geschichte! Was macht es mir schon aus! Ehemaliger Wohnsitz, Straße und Sektion Marat. (Vielleicht fügte er hinzu: »Das Volk wird meinen Kopf ehren, jawohl, meinen abgeschlagenen Kopf!«)

Danach wird der Bericht Amars über die Korruptionsaffäre verlesen.

Danton ist keineswegs daran beteiligt, aber es wird gesorgt – wieder einmal diese Amalgamierung –, daß er »nicht weniger schuldig« als die anderen sei. Die Chabot-Affäre füllt die meiste Zeit dieser ersten Sitzung, wobei Cambon, ein Belastungszeuge, eine lange Aussage macht, die durch die Verhöre Fabres, Chabots und d'Espagnacs unterbrochen wird. Sie alle belasten den abwesenden Julien (gerade weil er erwiesenermaßen ein Schurke war, war Julien an der berühmten Fälschung vielleicht am wenigsten schuldig).

Ungeduldig geworden, fordert Danton nun die Vorladung mehrerer Zeugen: Laiguelot, Außenminister Deforgues, Panis und weiterer. Über das Tribunal hinaus, richtet sich diese Forderung an die Mitglieder des Sicherheitsausschusses, die erschienen sind, um den Verlauf des Verfahrens zu kontrollieren und die, was zumindest für einige gilt, bei allen Sitzungen anwesend sein werden. Der Tribun geht noch weiter. Er fordert, daß innerhalb des Konvents eine Kommission gebildet werde, »um die Anzeige entgegenzunehmen, die er, Camille und Philippeaux gegen das diktatorische System, das der Wohlfahrtsausschuß ausübe«, vorzubringen hätten. Herman wird die Annahme dieser Forderung verweigern. Wenig später wird die Sitzung aufgehoben und die Verhandlung auf den nächsten Tag verschoben.

Am späten Vormittag des 14. Germinal wird die Sitzung wieder eröffnet. Zur allgemeinen Überraschung erscheint ein neuer Angeklagter. Es ist Westermann, der am Vortag verhaftet und gegen den unter Mißachtung des Dekrets vom 18. Nivôse Anklage erhoben wurde. Wird er als Schurke oder als royalistischer Verschwörer angeklagt? Der wirkliche Grund wird nie enthüllt: Ebenso wie d'Espagnac ist dieser Handlanger der Dantonisten schuldig, die Hintergründe der Affäre Hébert-Batz enthüllen zu wollen. Der Sieger von Savenay fordert gehört zu werden. »Eine unnötige Formalie«, meint dazu der Vorsitzende Herman. »Wir sind aber doch der Form halber hier!« schmettert Danton, sich zu den Angeklagten wendend, die über den Scherz lachen. Herman ruft Danton zur Ordnung. Dieser ermahnt ihn zur Bescheidenheit: »Ich selbst habe dieses Tribunal errichten lassen, also muß ich mich hier auch auskennen!« Den Zwischenfall nutzend, wendet er sich direkt an Cambon: »Hältst du uns für Verschwörer? (Cambon lächelt). Seht ihr, er lächelt! Er glaubt es nicht! Schreiben Sie, daß er lacht!« fügt der Tribun, sich zum Gerichtsschreiber wendend, hinzu, der im Verlauf der Sitzungen aber nicht allzuviele Notizen gemacht zu haben scheint.

Schließlich wird Westermann doch außerhalb des Saals von einem der Richter verhört. Der General wird für immer berühmt bleiben durch seine denkwürdige Bemerkung zu Fouquier-Tinville: »Ich habe sieben Verwundungen erhalten, alle von vorne; nur eine wurde mir von hinten zugefügt: meine Anklageschrift!« Aber Westermann hat keinen Grund, sich zu beschweren. Von allen Angeklagten ist er der einzige, der über den Vorzug einer wirklichen Anklageschrift verfügt. Sicher, sie ist unredlich, aber sie ist um seine Komplizenschaft mit Dumouriez und seine Freundschaft mit Danton und Delacroix herum aufgebaut. Die Sitzung hat relativ ruhig wieder begonnen. Obwohl der Bericht Saint-Justs verlesen wird, hält sich der Vorsitzende bei der Korruptionsaffäre auf. Danton, von der absichtlichen Langsamkeit der Debatten in Wut gebracht, fordert unablässig das Wort. Man antwortet ihm beständig, daß er noch an die Reihe komme. Aber der Tribun insistiert so sehr und so gut, daß sich Herman entschließt, ihn zu verhören. Dieses Verhör wird den größten Teil der Sitzung des 14. Germinal in Anspruch nehmen. Die sechs Seiten im *Bulletin* sind nur eine Zusammenfassung, und zwar eine tendenziöse, die man zwar mit Hilfe von Berichten einiger Augenzeugen korrigieren kann, mit der man sich jedoch, was das Wesentliche betrifft, zufriedengeben muß.

»Danton«, spricht Herman ihn an, »der Nationalkonvent klagt Sie an, Dumouriez begünstigt zu haben, ihn nicht als denjenigen entlarvt zu haben, der er war, seine freiheitsfeindlichen Pläne geteilt zu haben, wie z. B. den, eine bewaffnete Truppe auf Paris marschieren zu lassen, um die republikanische Regierung zu stürzen und die Monarchie wiederherzustellen.« Der Angeklagte verlegt daraufhin die Debatte auf sein bevorzugtes Terrain: »Meine Stimme, die so oft für die Sache des Volkes ertönte, um seine Interessen zu unterstützen und zu verteidigen, wird keine Mühe haben, die Verleumdung zurückzuweisen. Würden die Feiglinge, die mich verleumden, es wagen, mich direkt anzugreifen? ... Sie mögen sich zeigen, und bald werde ich sie selbst mit der Schande und dem Schmutz bedecken, die sie kennzeichnen!« Danton fügt dann einige Worte über seinen Platz im Pantheon und seinen Lebensüberdruß an. Herman weist ihn zurecht: »Die Kühnheit eignet dem Verbrechen und die Ruhe der Unschuld.« Er mahnt ihn zum Respekt vor den Behörden und ihren Gesetzen. Aufgefordert, sich an die Gegenstände der Anklage zu halten, fährt der Tribun fort: »Die persönliche Kühnheit ist zweifellos zu bekämpfen, und man hat sie mir nie vorwerfen können. Die nationale Kühnheit jedoch, die ich so oft unter Beweis gestellt habe, mit der ich der öffentlichen Sache so oft gedient habe, diese Art Kühnheit ist erlaubt!« Ein Mann wie er kann angesichts der Beschuldigungen seiner Feinde ein Gefühl der Empörung nicht unterdrücken: »Ich hätte mich an Mirabeau verkauft! Sollen sie doch erscheinen, die mir diesen Handel beweisen können! Für wieviel hat er mich gekauft? ... Männer meines Kalibers sind unbezahlbar! Auf ihrer Stirn ist in unauslöschlichen Buchstaben das Siegel der Freiheit, das republikanische Genie eingeritzt! Und ich bin es, den man beschuldigt, vor den gemeinen Despoten im Staub gekrochen zu sein, der Sache der Freiheit immer entgegengestanden zu haben, mit Mirabeau und Dumouriez konspiriert zu haben! ... Aber du, Saint-Just, du wirst dich vor der Nachwelt für die Verleumdungen gegen den besten Freund des Volkes, gegen seinen glühendsten Verteidiger verantworten müssen! ...«

Danton ereifert sich weiter, bis ihn Herman zur Ordnung ruft. Er rät ihm, dem Beispiel Marats zu folgen, der einst seine Verteidigung in respektvollen Worten dargelegt hatte. Danton beugt sich dem und kündigt an, er werde den Bericht Saint-Justs Punkt für Punkt widerlegen. Kann er denn von Mirabeau gekauft worden sein, er, der sich stets seinen Vorhaben widersetzte, »jedesmal, (wenn er sie) der Freiheit nicht zuträglich glaubte«, er, der Marat gegen den Abgeordneten aus Aix verteidigte, er, der die Flucht Ludwigs XVI. nach Saint-Cloud vereitelte und »bei den Cordeliers die Notwendigkeit des Aufstands verkünden« ließ? Danton ereifert sich erneut, fordert, seinen Anklägern gegenübergestellt zu werden: »Man möge sie mir vorstellen, und ich werfe sie zurück in das Nichts, aus dem sie nie hätten herauskommen dürfen! Gemeine Betrüger, erscheint und ich werde euch die Maske herunterreißen, die euch der öffentlichen Verfolgung entzieht!« Der Präsident unterbricht ihn: »Danton, durch ungebührliche Ausfälle gegen Ihre Ankläger werden Sie die Geschworenen nicht von Ihrer Unschuld überzeugen!« Er erinnert ihn daran, daß seine Ankläger »die öffentliche Wertschätzung genießen«. Danton protestiert: »Ein Angeklagter wie ich, der sich in der Prozeßordnung auskennt, antwortet vor den Geschworenen, aber er spricht nicht mit ihnen! Ich verteidige mich nur, ich verleumde niemanden!« Dann fährt der Tribun mit seiner Rechtfertigung fort, verteidigt sich gegen jeden Vorwurf des Ehrgeizes, der Habgier, führt die »großmütigen Opfer« an, die er Zeit seines Lebens dem Vaterland brachte. In diesem Sinne bekämpfte er Bailly und La Fayette, all die Verschwörer, die die Freiheit morden wollten. Dann – eine gefährliche Ideenassoziation – überläßt er sich seiner augenblicklichen Obsession: »Ich muß über die drei geistlosen Schurken sprechen, die Robespierre irregeführt haben.[8] Ich habe entscheidende Dinge zu enthüllen! Ich fordere, daß man mich in Ruhe anhört, die öffentliche Wohlfahrt erfordert es!« Herman hat aber nicht die Absicht, aus diesem Prozeß den Prozeß des Ausschusses zu machen. Er fordert den Angeklagten kurz und bündig auf, sich klarer und ruhiger zu äußern und ohne irgendjemanden zu denunzieren, sondern sich auf seine eigene Verteidigung zu beschränken. Danton gibt wieder nach: »Ich komme auf meine Verteidigung zurück ... Als Mirabeau nach Marseille gehen wollte, ahnte ich seine perfiden Absichten, enthüllte sie und zwang ihn damit hierzubleiben. Und so soll er es geschafft haben, mich zu lenken, mir den Mund auf- und zuzumachen! ... Es ist seltsam, daß der Nationalkonvent bis zum heutigen Tag über mich so im unklaren war! Es ist wirklich eine Geschichte, die einem Wunder nahekommt, diese Geschichte seiner plötzlichen Erleuchtung!« Die Minuten verstreichen und die Geistesblitze des Tribuns haben das Publikum erobert. Könnten gar die Geschworenen der Verführung der dantonschen Beredsamkeit erliegen? »Die Ironie, welcher Sie sich bedienen«, erklärt der Vorsitzende beunruhigt, »widerlegt nicht den Vorwurf, den man Ihnen macht, nämlich sich in der Öffentlichkeit mit der Maske des Patriotismus zu bedecken, um ihre Kollegen zu täuschen und insgeheim die Monarchie zu begünstigen ...« Danton aber bleibt weiterhin bei der Ironie: »Ich erinnere mich in der Tat daran, die Wiederherstellung der Monarchie begünstigt zu haben, die Wiedererstehung der ganzen monarchischen Macht, die Flucht des Tyrannen geschützt zu haben, indem ich mich mit allen Kräften seiner Reise nach Saint-Cloud widersetzte, indem ich seinen Weg mit Piken und Bajonetten spickte, indem ich gewissermaßen seine feurigen Streitrösser aneinanderfesselte! Wenn das bedeutet, ein Parteigänger des Königtums zu sein, sich als Königsfreund zu erweisen, wenn man an diesen Zügen einen Mann erkennt, der für die Tyrannei ist, dann bekenne ich mich, aber nur unter dieser Voraussetzung, dieses Verbrechens für schuldig!«

Der Angeklagte fegt auch kraftvoll die Beschuldigungen beiseite, die die Marsfeld-Affäre betreffen. Die Petition habe »nur reine Absichten« enthalten. Wenn es ihm gelungen sei, zu entfliehen, so nur um vor den Mördern zu flüchten, die ihm von den Konterrevolutionären auf den Hals gehetzt wurden. Auf die Frage des Vorsitzenden, ob er nicht nach England emigriert sei, antwortet Danton, daß er sich mit seinen Schwägern aufgrund von Geschäften dorthin begeben hätte. Er führt jedoch vor allem ein patriotisches Motiv an: »Ich bin außer Landes gegangen und schwor, erst zurückzukehren, wenn dort die Freiheit zugelassen würde.« Zum Vorsitzenden, der einwendet, daß Marat vor der Gefahr nicht geflüchtet sei, erwidert Danton, Marat habe zwei Aufenthalte in England gemacht »und daß Ducos und Fonfrède ihm ihr Wohlergehen zu verdanken haben«. Er, Danton, dagegen, habe Louret denunziert und die Volksgesellschaften unter Lebensgefahr verteidigt; er habe die Komplizenschaft Lebruns mit Brissot aufgezeigt; er, Danton, sei es gewesen, der am Vortag des 10. August erklärt habe, daß entweder das Volk siegen werde oder daß er, Danton, sterben wolle. Der Tribun schlägt sich wie ein Löwe, führt alle Zeugnisse an, die seine Unschuld beweisen können, insbesondere wegen seines Verhaltens in der Nacht vom 9. zum 10. August, und fordert hypothetische Belastungszeugen heraus: »Wo sind denn die Männer, die Danton unter Druck setzen mußten, damit er sich an diesem Tag zeigte? Wo sind denn diese bevorzugten Wesen, von denen er sich die Energie ausgeliehen hat? Seit zwei Tagen kennt das Tribunal Danton. Morgen hofft er, im Schoße des Ruhms einzuschlafen! Niemals hat er um Gnade gebeten, man wird ihn zum Schafott eilen sehen mit der inneren Heiterkeit, die einem ruhigen Gewissen entspricht!«

Dann geht Danton darauf ein, wie er am Vortag des 10. August seine Zeit verbrachte, wobei er die Ereignisse auf seine Weise anordnet (es sei denn, der Redakteur des *Bulletin* habe es für ihn getan). Er sei zwölf Stunden lang in seiner Sektion geblieben, um am nächsten Morgen um 9 Uhr dahin zurückzukehren. Bei der Stadtverwaltung sei er es gewesen, der den Tod Mandats forderte. Dantons Verteidigung ist völlig ungeordnet, eine Unordnung freilich, die zum Teil der Anklage selbst entspricht. Alles kommt vor: Fabre? Ja, es stimmt, daß er ihn dem Konvent als »einen aufrechten Mann..., der Talente vorweisen kann«, vorstellte. Aber Fabre hatte dieses Lob verdient, als er »die Gewehrsalven, die über die Franzosen hereinbrachen« am 10. August mutig erduldete. Die von Roland betriebene Entsendung Noëls nach London? Danton sei damals weder Außenminister noch »der Despot des Rates« gewesen. Philippe Égalité? Seine Haltung dem Genannten gegenüber sei völlig verfälscht worden.

Nun geht man zur Frage der Geheimfonds über. Die Manipulationen des *Bulletin* sind hier besonders heimtückisch. Der Text besagt tatsächlich: »Man hat mir 50 Millionen ausgehändigt, das gebe ich zu. Darüber kann ich genaue Rechenschaft ablegen: Sie waren dazu bestimmt, der Revolution Auftrieb zu geben.« Danton hat jedoch nie eine solche

Summe für seine außerordentlichen oder geheimen Ausgaben erhalten. Der Satz des Tribuns bezieht sich vielmehr auf seine eigenen Ausgaben, aber anstelle der Zahl von 400 000 Livres hat man die 50 Millionen eingesetzt, eine Summe, die er für den Wohlfahrtsausschuß vorgeschlagen hatte, zu einer Zeit, als er selbst aus diesem Komitee ausgeschlossen worden war (1. August 1793)! Die Fälschung des Protokolls erlaubt es, Danton als jemanden darzustellen, der 50 Millionen erhalten hat und nur den Verbleib von 200 000 Livres begründen kann... In der Tat, nachdem Cambon erklärt hat, daß Danton seines Wissens 400 000 Livres erhalten hat und daß er davon 130 000 bar zurückgab, antwortet der Tribun: »Ich habe nur 200 000 Livres bei offener Kasse ausgegeben.[9] Diese Fonds waren die Hebel, mit denen ich die Departements in Bewegung gesetzt habe. Ich habe Billaud-Varenne 6000 Livres übergeben und mich dabei auf ihn verlassen. Ich habe Fabre die Verfügungsgewalt über alle Summen gegeben, die ein Sekretär für seine Arbeit braucht, und damit tat ich nichts, was nicht statthaft war.«

Dem *Bulletin du Tribunal révolutionnaire* zufolge wechselt Danton dann das Thema, um die Affäre Duport abzuhandeln. Die Frage ist sicher von Herman gestellt worden. Danton behauptet dreist, er habe alles getan, um diesen Mann zu verhaften. Im Gegenzug behauptet er, es sei Marat gewesen, der Duport retten wollte, und letzterer habe ihn in Abstimmung mit den Lameths umbringen wollen! Danton war natürlich darauf aus, seine Beziehungen zu den Lameths zu verheimlichen, aber er konnte angesichts einer erwiesenen Tatsache – seiner Intervention *für* Duport und *gegen* Marat – kaum eine so unglaubwürdige Geschichte erfinden. Die Lüge stammt also vermutlich vom Redakteur des *Bulletin*. Das Verhör wird wieder glaubwürdiger, als der Tribun die Beschuldigung der Komplizenschaft mit den Girondisten zurückweist. Haben diese nicht unablässig das Streben nach Diktatur bei Robespierre, Marat und Danton denunziert? Was seine Beziehungen zu Dumouriez betrifft, so entschuldigt er sich offenbar in vagen Worten und vermeidet es, auf Details einzugehen. Zu Westermann – wieder eine Manipulation des Textes – soll er erklärt haben, »nie etwas mit ihm gemein gehabt« zu haben. Als er daraufhin von einem Geschworenen gefragt wird, warum Dumouriez die im Rückzug befindlichen Preußen nicht verfolgt habe, antwortet er: »Ich habe mich politisch in den Krieg eingemischt. Die militärischen Operationen waren mir völlig fremd. Darüber hinaus hatte ich Billaud-Varenne damit beauftragt, Dumouriez zu überwachen; er ist es, den man dazu verhören muß.« Eine diesmal völlig plausible Antwort. Selbst wenn Danton nicht verstanden hat, daß sein Prozeß ohne Zeugenanhörungen ablaufen würde (mit Ausnahme von Cambon, der zwar Fabre belastet, aber in bezug auf den Tribun sehr zurückhaltend ist), ist der Satz ganz im Stile Dantons. Er zieht sich einfach hinter seine »politische« Leitung des Krieges zurück und vergißt dabei zu sagen, daß der Verzicht auf die Verfolgung der Preußen ja gerade eine *politische* Maßnahme war! Als der Geschworene insistiert und sich darüber wundert, daß Billaud die Pläne Dumouriez' nicht erraten habe, antwortet Danton, es sei immer leichter, nach dem Ereignis zu urteilen, als vorher. Er erwähnt auch die Befürchtungen Billauds, die seinen eigenen sehr nahe kamen, als er sich entschloß, den »geschickten Halunken [Dumouriez], der die Zustimmung aller Volksvertreter hatte«, zu denunzieren.

Danton spricht seit Stunden. Seine Wutanfälle verebben. Seine Stimme wir allmählich heiser. Vor allem aber hat er das Publikum gewonnen. Mit heuchlerischer Fürsorge schlägt ihm der Vorsitzende vor, den Rest seiner Verteidigung auf später zu vertagen. Danton tappt in die Falle. Er nimmt den Vorschlag an. Die Sitzung wird kurz danach aufgehoben, gegen vier Uhr. Durch den Beifall des Publikums ermutigt und auf das Wort Hermans vertrauend, und vielleicht sogar in der Hoffnung, daß die von ihm geforderten Zeugen doch noch angehört werden, kehrt Danton mit den anderen Angeklagten in die Conciergerie zurück. Er hat gar nicht begriffen, daß man ihm soeben das Wort entzogen hat. Er weiß nichts vom Inhalt der zwischen Herman und Fouquier-Tinville ausgetauschten Zettel, auf denen insbesondere folgende Worte von der Hand des Vorsitzenden stehen: »In einer halben Stunde werde ich die Verteidigung Dantons unterbrechen; wir werden einige Detailmaßnahmen ergreifen müssen.«

Am Abend begibt sich Fouquier zum Wohlfahrtsausschuß, um zu fragen, ob die von der Verteidigung geforderten Zeugen vorgeladen werden sollen. Der Ausschuß bleibt unnachgiebig: keine Zeugen. Der öffentliche Ankläger, als guter Beamter um die Form besorgt, muß sich damit abfinden, nach dem Prozeß der Hébertisten nun auch den Dantonistenprozeß übers Knie zu brechen.

Die Sitzung wird am 15. Germinal absichtlich mit Verspätung eröffnet. Fouquier-Tinville hat die Hinzuziehung eines sechzehnten Angeklagten durchgesetzt, der im Vertrauen auf »verschiedene Erkundigungen, die sich ebenso aus den Debatten des Vortags wie aus neu bekanntgewordenen Fakten ergaben« angeklagt wird. Es handelt sich um Louis-

Marie Lullier, den Generalanwalt des Departements Paris, der einst sehr eng mit Hébert, Chaumette und ausgerechnet Batz liiert war. Er wird sogleich hereingeführt, um seine Angaben zur Person zu machen und der Verlesung seiner Anklageschrift beizuwohnen. Danton fordert, wie ausgemacht, seine Rede fortführen zu dürfen. Herman lehnt dies ab mit der Begründung, daß die anderen Angeklagten auch noch verhört werden müssen. Danton protestiert lautstark. Von Desmoulins und Philippeaux unterstützt, fordert er erneut die Vorladung der Zeugen, deren Liste er und seine Freunde abgegeben haben, sowie die Ernennung einer Konventskommission. Fouquier und Herman konnten dem, wie wir gerade gesehen haben, unter keinen Umständen zustimmen. Die Angeklagten protestieren. Fouquier versucht, sie zu beruhigen. Er erklärt, man müsse die Entscheidung der Ausschüsse abwarten. Danton springt auf: Der öffentliche Ankläger gehe die »fast aus allen seinen Feinden zusammengesetzten« Ausschüsse um Erlaubnis fragen, obwohl das Gesetz ihn berechtige, Entlastungszeugen vorzuladen! Der Tribun erneuert seine Beschuldigungen gegen Saint-Just, Barère, Billaud, Couthon und Robespierre vom Wohlfahrtsausschuß, und gegen Vadier, Amar und Voulland vom Sicherheitsausschuß. Er ruft das Volk auf, gegen diese ungesetzliche Verweigerung zu protestieren. Das Publikum murrt und fordert seinerseits die Zeugen. Erschreckt verfaßt Fouquier einen von Herman korrigierten Brief[10], den die beiden Männer an den Wohlfahrtsausschuß schicken: »Ein schreckliches Ungewitter zieht seit Beginn der Sitzung heran: Die Angeklagten fordern wie toll die Anhörung der Entlastungszeugen [es folgen die Namen]; sie appellieren ans Volk wegen der Benachteiligung, die sie angeblich erlitten haben. [Herman hat den verängstigten Satz Fouquiers: *Es ist unmöglich, euch die Erregung der Gemüter zu beschreiben* gestrichen.] Trotz der Festigkeit des Vorsitzenden und des gesamten Tribunals stört die Häufung ihrer Beschwerden die Sitzung; sie kündigen lautstark an, daß sie nicht schweigen werden, wenn man ihre Zeugen nicht vernimmt, und noch dazu ohne Dekret; wir bitten euch, uns endgültig unser Verfahren gegenüber dieser Beschwerde vorzuschreiben, denn die Prozeßordnung gibt uns kein Mittel an die Hand, eine solche Weigerung zu begründen.«

Die Debatten werden in einer außerordentlich erregten Atmosphäre mit der Vernehmung der noch nicht verhörten Angeklagten fortgeführt. Danton nutzt jede Gelegenheit, um Scherze, Geistesblitze und Bonmots zu plazieren. Beim Verhör Delacroix' muß er sich wegen der berühmten Beschlagnahmung von Béthune gegen den Vorwurf der Plünderung in

Belgien verteidigen. Fouquier und Herman beschuldigen Danton, Hanriot am 31. Mai gerügt zu haben, weil er ihn beschuldigt habe, er wolle ihn ermorden lassen und in Abstimmung mit Hérault und Delacroix seinen Kopf gefordert habe. Danton protestiert gegen diese »ungeheuerliche Verleumdung« und wiederholt sein anti-girondistisches Glaubensbekenntnis.

Zwischen vier und fünf Uhr beruhigt sich Herman, als er von Collot d'Herbois endlich die Nachricht erhält, daß über das geforderte Dekret in Kürze vom Konvent abgestimmt werde. Dessen Text soll ihm dann, zusammen mit den Schriftstücken, »dessen Lektüre der Konvent angeordnet hat, und die die öffentliche Meinung über das ganze Ausmaß der Verschwörung aufklären werden« alsbald zugehen. Kurz darauf erscheint Vadier. Amar und Voulland triumphieren: »Nun haben wir sie, diese Schurken! Sie haben im Luxembourg* konspiriert!« Fouquier trifft sie im Zeugensaal. Als er die Dokumente in Händen hält, seufzt er erleichtert: »Die haben wir gebraucht!«

Dieses Dekret war ohne jede Debatte durch Saint-Just im Konvent durchgepeitscht worden: Darin wird dem Gerichtsvorsitzenden das Recht eingeräumt, alle ihm vom Gesetz zur Verfügung stehenden Mittel zu nutzen, um die Achtung seiner Autorität und der des Revolutionstribunals zu erzwingen. Jeder Versuch der Angeklagten, die öffentliche Ordnung zu stören oder den Gang der Justiz zu hemmen, kann unterbunden werden. Jeder »Verschwörer, der sich der Gerichtsbarkeit der Nation widersetzt oder sie beschimpft, wird auf der Stelle von den Sitzungen ausgeschlossen«. Als den Angeklagten noch am selben Abend oder am folgenden Morgen dieses Dekret vorgelesen wird, erhebt sich Danton und ruft: »Ich nehme das Auditorium zum Zeugen, daß wir weder das Tribunal, noch das Volk, noch die Gerichtsbarkeit der Nation beleidigt haben!« »Nein, nein!« stimmt das Publikum zu. »Wir sind keine Verschwörer!« soll Danton außerdem gerufen haben. »Eines Tages wird das Volk erfahren, daß ich die Wahrheit sage! ... Nun haben wir die Diktatur! Der Diktator hat den Schleier zerrissen und zeigt sich unverhüllt!«

Auf die Verlesung des Dekrets folgt die Denunziation durch den Spitzel Laflotte, der eine von den Häftlingen im Luxembourg angezettelte »Gefängnisverschwörung zur Befreiung der Dantonisten« meldet, deren

* Gemeint ist das Luxembourg-Gefängnis, wo u. a. die Dantonisten untergebracht waren, bevor sie in die Conciergerie kamen. (Anm. d. Hrsg.)

Führer der inhaftierte General Dillon und Lucile Desmoulins* seien![11] Der unglückliche Camille bricht völlig zusammen und ruft: »Nicht damit zufrieden, mich umzubringen, wollen sie jetzt auch noch meine Frau ermorden!« Den Mitgliedern des Sicherheitsausschusses, die hinter den Geschworenen Platz genommen haben, um die Szene im Blick zu haben, wird Danton entgegenschleudern: »Seht euch diese feigen Mörder an! Sie werden uns bis zum Tode folgen!«

Die Sitzung vom 16. Germinal (5. April 1794) sollte entscheidend sein. Ein während des Girondistenprozesses verabschiedetes Dekret erlaubte es den Geschworenen, sich nach Ablauf von drei Tagen für ausreichend informiert zu erklären und damit den Debatten ein Ende zu setzen. Nun waren die drei schicksalhaften Tage um. Die Sitzung wurde früher als gewohnt eröffnet: Die Ausschüsse und das Tribunal hatten nichts mehr zu befürchten.

Danton und Delacroix wiederholen vergebens ihre Forderung, daß die Zeugen, die sie auf der dem Tribunal übergebenen Liste aufgeführt hatten, angehört werden. Fouquier antwortet ihnen, daß auch er darauf verzichtet habe, die Zeugen der Anklage vorzuladen, um den Weisungen des Konvents zu entsprechen.[12] Er fügt hinzu, daß das Tribunal sein Urteil auf der Grundlage schriftlicher Beweise fällen werde. Das ist irreführend. Im Gegensatz zu Camille, gegen den der *Vieux Cordelier* Beweis genug ist, gab es gegen Danton keinerlei schriftliche Beweise, sondern nur gegen Delaunay und seine Freunde. Als erneut Lärm ausbricht, läßt Herman noch einmal das Dekret vom Vortag verlesen. Die Drohung erfüllt ihren Zweck: Die Angeklagten werden ein wenig ruhiger. Als Danton und Delacroix merken, daß der Vorsitzende die letzten Angeklagten verhört, fordern sie, ihre Verteidigung, die zwei bzw. einen Tag zuvor unterbrochen wurde, zu Ende führen zu dürfen. Hoffen sie darauf, die entscheidenden Worte zu finden, die die Geschworenen rühren werden? Es wird ihnen nicht vergönnt sein. Denn Fouquier fragt nun die Geschworenen, ob sie sich für ausreichend informiert halten. Völlig verzweifelt ergehen sich die Angeklagten in Flüchen gegen die »Räuber«, die »Mörder«, die »Tyrannen«. Einige von ihnen, so heißt es, werfen Papierkügelchen auf die Richter. Fouquier ist erleichtert. Auf seinen Antrag hin erklärt Herman, »daß die Angeklagten in Anbetracht der Tatsache, daß sie sich dem Gericht gegenüber schlecht betragen haben, von den Debatten ausgeschlossen werden«.

---

* Die Frau Camille Desmoulins. (Anm. d. Hrsg.)

»Von den Debatten ausgeschlossen?« brüllt Danton, der einer der wenigen ist, die noch eine gewisse Würde bewahren. »Aber ihr Richter, ihr Geschworenen, ihr seid gestern alle in Anwesenheit des Volkes und das Volk mit Euch übereingekommen, daß die Sache, die unseren Feinden zum Vorwand diente, um den Konvent mit dem in Frage stehenden Dekret zu überraschen...« Aber was hat es noch für einen Sinn, auf diese Weise zu protestieren?

»Das Dekret gilt«, antwortet Herman, »es muß ausgeführt werden.«

»Dann soll man uns zum Schafott führen!« soll Danton geantwortet haben. »Ich werde nicht mit Ehrlosen, die mich ermorden, um mein Leben streiten! Volk..., ich werde deiner würdig in den Tod gehen!«

Die Angeklagten werden von ihren Bänken gezerrt und zur Conciergerie zurückgeführt. Nach weiteren zwei Stunden erklären sich die Geschworenen für ausreichend informiert. Sie haben tatsächlich gezögert. Um sie vollends zu überzeugen, haben Herman und Fouquier auf Anordnung des Sicherheitsausschusses (Amar, Voulland, David und Vadier werden während dieser Unterredungen den Ausschank des Justizpalastes nicht verlassen) mehrere Dokumente vorgelegt, darunter ein in Dantons Wohnung entdeckter Brief, der angeblich seine Schuld beweist. Es handelt sich vermutlich um den auf Freitag, den 13. September 1793, datierten Brief eines englischen Agenten, der an den Bankier Perregaux adressiert war, in dem die Namen verschlüsselt sind. Er läßt darauf schließen, daß C. D. (der Citoyen Danton ? Oder Camille Demoulins? Beides ist unwahrscheinlich) und W. F. (Westermann? Das ist ebenso gewagt) vor kurzem daran gearbeitet hätten, »das Feuer zu schüren« und die Jakobiner »auf den Gipfel des Zorns« zu treiben, damit, im Gegenschlag, in Frankreich die Monarchie wieder errichtet werden könne. Der Agent des Foreign Office fordert Perregaux auf, jene Männer finanziell dafür zu entlohnen. Dieser Brief ist sicher keine Fälschung, aber er ist vielleicht gar nicht bei Danton gefunden worden. Und selbst wenn dies der Fall wäre, so beweist er noch nichts. Es ist auch verwunderlich, daß er nicht im Verlauf der Debatten benutzt wurde. Mathiez zufolge hat man keinen Gebrauch davon gemacht, um Perregaux zu schützen, den der Ausschuß gerade für eine Mission in der Schweiz brauchte. Auf jeden Fall mußte dieser Brief, der zu den Denunziationen Laflottes über die Gefängnisverschwörung noch hinzukam, die Geschworenen in ihrer Überzeugung festigen. Nach einer erneuten, aber kurzen Beratung verschonen sie das Leben Lulliers – dieser Komplize von Batz wird bald darauf tot im Gefängnis gefunden – und verurteilen die 15 anderen Angeklagten zum Tode. Für die Urteilsverkündung werden sie aber nicht mehr in den Sitzungssaal zurückgerufen, sondern das Urteil wird ihnen vom Gerichtsschreiber zwischen den beiden Schalterfenstern der Conciergerie verlesen. Danton soll diesen dabei mit einem weiteren historischen Ausspruch unterbrochen haben: »Dein Urteil ist mir scheißegal!« Nach dieser Verlesung werden den Verurteilten die Hemdkragen abgeschnitten und die Nackenhaare entfernt, um die Arbeit des Fallbeils zu erleichtern. Desmoulins schluchzt, jammert über das Schicksal seiner Frau Lucile und ihres kleinen Sohnes. Danton dagegen hört nicht auf zu fluchen und zu wettern. Bis zum Schluß bewahrt er eine außergewöhnliche Vitalität.

Um vier Uhr, als der Karren sie langsam über den Pont-au-Change, den Quai de la Mégisserie, die Rue de la Monnaie, die Rue Honoré und dann die Rue de la Révolution zur Place de la Révolution bringt, werden Danton und die Seinen endgültig von der Legende eingeholt. An den völlig apathischen Fabre, der sich darüber beklagt, daß er ein Gedicht nicht beenden konnte, soll Danton folgende makabre Worte gerichtet haben, bevor er in den Karren stieg: »Verse? Bevor acht Tage um sind, wirst du Tausende von Versen geschrieben haben!« Wie immer drängt sich die Menge entlang der Route des Karrens. Aber sie ist solche Ereignisse bereits derart gewöhnt, daß sie kaum noch Beifall klatscht oder gar protestiert. Ihre Gleichgültigkeit, die mit den Beschimpfungen kontrastiert, deren Zielscheibe die Hébertisten waren, hat die Zeitgenossen in Erstaunen versetzt. Hat Danton die Aussprüche, die bei dieser Gelegenheit ihm zugeschrieben werden, wirklich getan? Auf der Fahrt soll er mehrmals gerufen haben: »Ich reiße Robespierre mit mir fort! Robespierre folgt mir!« Die Haltung des Tribuns ist jedenfalls – und in diesem Punkt scheint sich die dantonistische Legende nicht zu irren – die eines starken und mutigen Mannes. Die Feigheiten oder auch die abgefeimte Vorsicht, die er in der Vergangenheit oft bewies, sind vergessen. Der Mann aus der Champagne tritt erhobenen Hauptes der Meute entgegen, die sich um das Schafott drängt. In der Menge befindet sich auch der treue Abbé de Kéravent, um den letzten Minuten dieses Mannes beizuwohnen, den er im vergangenen Juni getraut hat. Die Hagiographen des Tribuns trösten sich mit dem Gedanken, daß der Priester ihm insgeheim die Absolution erteilte. Die Abgeklärtheit Dantons ist jedoch nicht die eines reuigen Sünders, der sich anschickt, vor seinen Schöpfer zu treten.

Danton wird der letzte sein, der auf die Bretter steigt. Dieses Privileg im Anblick der Geschichte macht ihn zuletzt doch noch zum Hauptangeklagten. Vierzehnmal wird Danton zusehen müssen, wie die »Rächerin des Volkes«, die für die Sansculotten so »liebenswerte Guillotine«, Paris und Frankreich von den Dantonisten befreit. Vierzehn Köpfe, vierzehn Blutströme und vielleicht auch vierzehn Mal der Ruf »Vive la République!«, von der Menge gezählt, die drei Monate später auch den Tod Robespierres, Couthons und Saint-Justs bejubeln wird. Gegen halb sechs oder sechs Uhr ist dann Danton an der Reihe. Gewähren wir ihm – im Zweifelsfalle für den Angeklagten – sein letztes »Wort« an den Henker Sanson: »Vergiß vor allem nicht, dem Volk meinen Kopf zu zeigen; er ist gut anzusehen!«[13] Und Danton »niest in den Sack«. Die Leichen der Hingerichteten werden auf einem an den ehemaligen Friedhof der Madeleine angrenzenden Terrain aufbewahrt, um dann nachts in die Leichengrube von Errancis[14] geworfen zu werden: einer nach dem anderen, vereint in der einzigen wirklichen Gleichheit, die mehrere Monate Terror herzustellen vermochten: der Gleichheit vor dem Tod.

Die Freunde Paré und Deforgues, der Innenminister und der Außenminister, sind einige Tage zuvor verhaftet worden. Carnot ließ sie durch 12 Exekutivkommissare ersetzen. Ironie des Schicksals: Diese Maßnahme war seit langem ein Bestandteil des Programms der Freunde Dantons. Letztere haben indes keinen Grund, sich über diese kleine Genugtuung zu freuen. In der Umgebung von Paris und in den Departements der Champagne (Aube, Marne), wo Danton ein Netz freundschaftlicher Beziehungen geknüpft hatte, beginnt nun die Jagd auf die Dantonisten.

Die Batz-Verschwörung, die bei den beiden Germinal-Prozessen im Namen der Staatsräson unterdrückt worden war, wird wieder aus der Schublade der Ausschüsse hervorgezogen und zwar in Form der »Verschwörung der Rothemden«. Darin wird man Admiral hineinziehen, der versucht hat, Collot d'Herbois zu ermorden, sowie die Familie von Cécile Renault, die eines Mordversuchs an Robespierre angeklagt ist und außerdem die letzten Ankläger, die Hébert als Komplizen des Barons de Batz denunziert hatten. Sie alle werden am 17. Juni 1794 (29. Prairial des Jahres II) nach einem Prozeß, der nur wenige Minuten dauert, guillotiniert.[15] Damit sind alle lästigen Zeugen verschwunden. Die posthume Ehre Héberts und die – ganz vorläufige – Ehre der Montagne sind gerettet. So haben drei manipulierte Prozesse die »Verschwörung des Auslands« erschaffen, in der auch Danton fortgerissen wurde, ohne genau zu verstehen, wie ihm geschah.

EPILOG

Die bedeutendsten Männer der Revolution haben ihre eigentümliche Macht und Berühmtheit nur erlangt, indem sie dem Gang der Ereignisse folgten: sobald sie ihm entgegentraten oder sich auch nur fernhalten wollten, indem sie sich isolierten oder zu sehr für sich selbst arbeiteten, sind sie von der Bühne verschwunden.

Joseph de Maistre

Zum Glück für Danton wird er keine Grabrede bekommen. Der Haß seiner Gegner wird ihm jene grotesken Loblieder ersparen, die einst zum Andenken eines Le Pelletier oder Marat gedichtet wurden. Ganz im Gegenteil, seine Hinrichtung hat die Zungen gelöst. Von allen Seiten hagelt es nun Denunziationen. Die unparteiischen Beobachter, obwohl in ihren Worten gemäßigter, sind nicht weniger streng. Der Botschafter der Vereinigten Staaten zum Beispiel, Gouverneur Morris, schreibt am 10. April (21. Germinal): »Danton hat immer geglaubt, und, was noch fataler ist, er hat es auch immer vertreten, daß eine Volksregierung für Frankreich absurd sei; daß die Masse zu unwissend, zu wenig bewußt, zu korrumpiert sei, um eine auf der Legalität gründende Regierung zu bilden; ans Gehorchen gewöhnt, braucht das Volk einen Herrn ... Er war zu genußsüchtig für seinen Ehrgeiz und zu träge, um die höchste Macht zu erlangen. Im übrigen scheint sein Ziel eher darin bestanden zu haben, große Reichtümer anzuhäufen, als berühmt zu werden.« Dieses Zeugnis, eine direkte Reaktion auf das Ereignis, ist von großer Tiefe. Mit dem zeitlichen Abstand werden es die Zeugnisse der Zeitgenossen erlauben, ein genaueres Porträt Dantons zu zeichnen. Erteilen wir ihnen also für einen Augenblick das Wort.

Théodore de Lameth: »In der Bewegung verlor er stets den Kopf, und seine hemmungslose Vorliebe für Effekte und für Berühmtheit konnte ihn dazu bringen, Verbrechen zu begehen. Aber er bevorzugte es, redlich zu sein. Die Wahrheit liebend, die ihn oft verurteilte, die Gerechtigkeit liebend, der er nicht immer entsprach, respektierte er doch ihre Sprache... Großer Ideen fähig und vor allem fähig, sie sofort in die Tat umzusetzen, hatte er doch keinerlei Ordnung im Kopf; immer mitgerissen, berechnete er nichts, und sein Ende ist der Beweis dafür.« Chateaubriand: »Danton war von den Prinzipien, die er vertrat, nicht überzeugt. Er hatte sich den revolutionären Mantel nur angezogen, um zu Geld zu kommen.« Roederer: »Ein Bulldoggengesicht, ein Sanguiniker, aufbrausend, aber korrupt; einer Grausamkeit fähig und doch nicht wirklich grausam, guten wie bösen Gefühlen zugänglich; ein Rechtsanwalt ohne Prinzipien, faul, zerstreut, vergnügungssüchtig; eher für eine Verschwörung als für eine Faktion geeignet; zunächst nur mit dem Ziel, sich vom Hof kaufen zu lassen; dann, die Republik zu regieren; in seine Popularität verliebt, ohne sie besonders zu pflegen; ohne Bildung, ohne politische oder moralische Prinzipien; ohne Logik, ohne Dialektik, aber nicht ohne Beredsamkeit; nie eine Diskussion, nie eine Beweisführung, aber alles, was sich durch eine Bewegung mitreißen ließ, das riß er mit.« D'Allonville: »Danton hatte einen gewissen Hang zur Größe bis hin zum Verbrechen... Er war begierig darauf, alles zu zerstören, und unfähig, irgendetwas zu erhalten, aber er war dennoch einzelnen guten Regungen zugänglich... Die zügelloseste Revolution war das einzige Theater, das einem Mann angemessen war, dessen Leidenschaften, Lebensgewohnheiten und Phantasie keinerlei Schranken ertragen konnten.« Arnault: »Die Unordnung, die Verwirrung, die Umkehrung der sozialen Organisation allein waren es, die ihn nach oben bringen konnten, so hoch über allem, was er von seiner Geburt her mitbrachte... Als er dieses Ziel erreicht hatte, von Vergnügungen und Geld überfüttert, hätte Danton gerne freiwillig aufgehört, und stattdessen in Ruhe seinen Reichtum genossen, denn er war von Natur aus träge... Da er seine Komplizen an seinen Vergnügungen teilhaben ließ, ist anzunehmen, daß er sich durch seinen Hang zu Ausschweifungen jeder Art manche Freunde gemacht hat.« Napoleon: »Ein ganz außergewöhnlicher Mann.«

Hundert Jahre später hat Mathiez, der, um Danton zu richten, gerne die Zeugnisse der Zeitgenossen benutzte, den Tribun mit unbarmherziger Härte verurteilt. Unter den zahlreichen von Mathiez entworfenen Porträts wollen wir das folgende zitieren: »Ein vergnügungssüchtiger Demagoge, der sich an alle verkauft hatte, die ihn kaufen wollten, an den Hof, wie an die Lameths, an die Armeelieferanten wie an die Konterrevolutionäre, ein schlechter Franzose, der am Sieg zweifelte und insgeheim einen schmählichen Frieden mit dem Feind vorbereitete, ein scheinheiliger Revolutionär, der zur größten Hoffnung der royalistischen Partei geworden war.«[1] Für diese Gehässigkeit gibt es eine Erklärung. Auf die Woge der Verleumdung war nämlich die lindernde Woge der Hagiographie gefolgt. Gezwungen, zwischen Geschichte und Legende zu wählen, hat sich Mathiez für die Geschichte entschieden. Aber in seinen Bemühungen gegen das Absurde hatte er dann selbst jedes Maß verloren.

»Wir sind nur der Form halber hier! ... Falls man uns das Wort erteilt, und zwar ausreichend, bin ich davon überzeugt, meine Ankläger zu entlarven; und wenn das französische Volk das ist, was es sein sollte, werde dann ich für sie um Gnade bitten müssen ... Das Leben ist mir zur Last geworden, ich möchte nur zu gern davon befreit werden ... Das Volk wird meine Feinde in Stücke reißen, noch bevor drei Monate verstrichen sind! ... Barère ist es also, der zur Zeit als Patriot gilt, nicht wahr? ... Wir haben lange genug gelebt, um im Schoße des Ruhms einzuschlafen ... Ich wußte, daß mein Tod beschlossene Sache war ... Mein Andenken wird gerächt werden ...« Das Echo dieses Prozesses ist in die Legende eingegangen und der Tribun in die Unsterblichkeit. Die Wahrheit über die Germinalprozesse liegt unter einer dicken Schicht gefälschter Dokumente begraben und kann nur dadurch herausdestilliert werden – wenn auch nur sehr unzureichend –, daß man sich an die Augenzeugenberichte von Fabricius, Villain d'Aubigny, Topino-Lebrun und anderen hält. Die berühmtesten »Aussprüche« sind nicht zufällig diejenigen, die von diesen Beobachtern überliefert wurden, und nicht die im *Bulletin du Tribunal révolutionnaire* wiedergegebenen Formulierungen. Darin liegt durchaus etwas Symbolisches. Weil sie besonders gut arbeiten wollten, machten die Urheber dieses Justizmords Danton zum Sühneopfer. Den Märtyrerzweig, den eine großzügige Nachwelt ihm gerne zugestanden hat, verdankt Danton vor allem der Schmählichkeit des gegen ihn angewandten Gerichtsverfahrens. Aber muß man ihn deshalb von all seinen Handlungen, die die Geschichte heute besser kennt und die Saint-Just und seine Freunde im Jahre II nur erraten haben, im nachhinein freisprechen?

Ohne über neue Beweise zu verfügen, legten die Thermidorianer* durchaus ein gewisses Unterscheidungsvermögen an den Tag. Als der

---

* Gemeint ist die Koalition aus Gemäßigten und Terroristen, die am 9. Thermidor des Jahres II Robespierre, Saint-Just usw. stürzte (Anm. d. Hrsg.)

Konvent am 11. Vendémiaire des Jahres IV (3. Oktober 1795), dem Jahrestag der Anklageerhebung gegen die Girondisten, eine Trauerfeier zu Ehren der Opfer der robespierristischen »Tyrannei« beging, und der Girondist Hardy den Vorschlag machte, das Andenken der zum größten Teil im Gefängnis oder auf dem Schafott gestorbenen Abgeordneten reinzuwaschen, rehabilitierte man 48 Konventsmitglieder, darunter die Girondisten, Philippeaux, Desmoulins, sogar Perrin, der nach seiner Verurteilung wegen Veruntreuung öffentlicher Gelder im Zuchthaus starb. Aber die Versammlung weigert sich, Chabot, Delaunay, Basire, Fabre d'Eglantine und Danton für unschuldig zu erklären. Nicht einer der Freunde Dantons, sei es Legendre oder Courtois, wird sich erheben, um vorzuschlagen, dieser Liste der zu Unrecht »unter der Axt der Decemvirn« gefallenen Opfer seinen Namen hinzuzufügen. Es bedarf schon der ganzen Böswilligkeit eines Barthou, um diese Entscheidung des Konvents wie folgt zu interpretieren: »Es gibt Gewissensbisse, die man nicht einzugestehen wagt.« Kann man Pierre Caron unterstellen, daß es sich bloß um einen Racheakt der thermidorianischen Rechten handelte, die noch über den Tod hinaus den Mann des Septembers und des 31. Mai verfolgte? Diese Erklärung mag zutreffen, aber sie ist unzureichend. Wie Mathiez bemerkt, »ist diese erneute Verurteilung durch Auslassung eine noch größere Schmach als die erste«. Auch wenn die überlebenden Girondisten Danton immer noch hassen mochten, so haben die Männer der Plaine und der Montagne ihn dennoch nicht verteidigt. Das zeigt, wie wenig Danton in ihren Augen zu verteidigen war.

Das Rehabilitationsverfahren begann erst im zweiten Kaiserreich auf Anregung der Positivisten und des Oberschulrats Arsène Danton (1814–1869), eines sehr entfernten Neffen des großen Verblichenen, welcher unter dem Bildungsminister Victor Duruy für das Gymnasialwesen zuständig war. Dieser Mann wird seine ganze Laufbahn im Bildungswesen der Rehabilitierung seines Vorfahren widmen. Alle früheren Bemühungen in dieser Richtung waren behutsam und unauffällig vor sich gegangen. Arsène Danton dagegen geht leidenschaftlich und wirkungsvoll vor. Mit Hilfe entgegenkommender Historiker wie dem Positivisten Robinet und später Alphonse Aulard, der an der Sorbonne den ersten Lehrstuhl für die Geschichte der Französischen Revolution innehat, wird die III. Republik dem Mann der Kühnheit einen posthumen Triumph bereiten. Die Errichtung von Danton-Denkmälern in Arcis-sur-Aube (1888) und in Paris, am Boulevard Saint-Germain (1891), hat diese wissenschaftliche Rehabilitierung im Bewußtsein der Bevölkerung verankert. Trotz der von Mathiez beigebrachten erdrückenden Dokumente und Beweise – ein Historiker, der, als er seinen anti-dantonistischen Kreuzzug begann, noch völlig isoliert war –, trotz der glänzenden, strengen und doch differenzierten Synthese Georges Lefèbvres[2], haben die Thesen Aulards und seiner Schüler sich weitgehend durchgesetzt. Im historischen Bewußtsein der Franzosen haben sie heute noch weitgehend die Oberhand. Das gewaltige Talent des polnischen Filmemachers Andrzej Wajda, der 1983 einen prächtigen, aber voreingenommenen *Danton* drehte, wird leider kaum dazu beigetragen haben, diese Debatte zu klären.

Die Urteile des Revolutionstribunals wurden ohne die Möglichkeit einer Berufung oder Aufhebung des Urteils gefällt. Im Falle Dantons wird das Unrecht auf verschlungenen Pfaden von einer gewissen Gerechtigkeit eingeholt.

NACHWORT

Die kraftvoll-häßliche Gestalt Dantons, des Volkstribunen aus Arcis-sur-Aube, ist dem Publikum so vertraut[1] und seine Biographen sind so zahlreich, daß die erneute Untersuchung einer Akte, die kein wirklich neues Schriftstück zutage fördert, als ein müßiges Unterfangen gelten könnte.

Andererseits inspirierte die Figur Dantons bis heute zu Studien, die ganz unterschiedlichen Gattungen zuzurechnen sind und von der Romanbiographie über verschiedene Demontageversuche bis zur offenen oder verschleierten Hagiographie reichen.

Unabhängig vom schriftstellerischen Talent ihrer Autoren gebührt den Romanbiographien denn auch nicht mehr als der literarische Erfolg, den sie verdienen.[2] Läßt man die konterrevolutionären Pamphlete einmal beiseite, so ist die zweite Gattung untrennbar verbunden mit dem Werk von Albert Mathiez. Indem er Texte, Dokumente und Zeugnisse aller Art einer erbarmungslosen Kritik unterwarf und dabei eine beeindruckende Zahl neuer Fakten zur bewegten Karriere Dantons zu Tage förderte, wagte es Mathiez erstmals, die Person des großen Revolutionärs in Frage zu stellen und den Sockel des Idols umzustürzen.[3] Damit bezog er die Gegenposition zum offiziellen Historiker der Dritten Republik, Alphonse Aulard sowie auch zu den ein wenig differenzierteren akademischen Historikern wie Louis Medelin.

Aber Albert Mathiez, der von einer seltsamen Leidenschaft für Robespierre ergriffen war, die heutzutage bald träumerische Bewunderung, bald Zorn oder Amüsement auslöst, hat seinen Einsatz verspielt. Entschlossen, der Danton-Hagiographie ein für allemal den Garaus zu machen, verfolgte er den Tribun in haßerfüllter und anachronistischer Weise. Ganz entgegen seiner Absicht trug er so dazu bei, daß die Dantonlegende wieder an Boden gewinnen konnte.

Von seiner Aggressivität abgeschreckt, wollten Männer wie der deutsche Sozialdemokrat Hermann Wendel[4] oder der renommierte Republikaner Louis Barthou[5] einige von Mathiez mit oftmals untadeliger Geduld und Gewissenhaftigkeit zusammengetragene Beweise gar nicht erst zur Kenntnis nehmen oder widerlegen. Das war ein Fehler. Wenn sich Mathiez auch hat hinreißen lassen – die Begründungen, mit denen seine unbequemen Argumente beiseitegeschoben wurden, waren nicht ausreichend. Seither haben sich die Wissenschaftler an den Universitäten und die Gegner Dantons für das Problem nicht mehr interessiert.[6] Sie betrachten es als durch die Arbeiten Mathiez' und seiner Schüler als erledigt und haben damit parteiischen Veröffentlichungen[7], die dem breiten Publikum ein idealisiertes Bild des Tribuns vermitteln, das Feld überlassen. In diesem Sinne veröffentlichte Robert Christophe 1964 einen »Danton«, dem man gewisse Qualitäten nicht absprechen kann. Seine journalistische Darstellungsweise und allzu viele Material- und Interpretationsfehler machten jedoch einen erneuten Versuch erforderlich. Im vorliegenden Werk hat der Leser daher weder eine – rosa oder schwarz gefärbte – Darstellung der Dantonlegende noch die revolutionären Schwärmereien eines Hermann Wendel, weder die apologetische Obsession eines Barthou noch den bissigen Ton eines Mathiez und erst recht keine Analyse der Dantonschen Doktrin (die es gar nicht gibt) gefunden. Vielmehr ging es hier ganz einfach um die Karriere eines Mannes, der sich niemals auf eine Partei oder eine Doktrin festlegen ließ – mit all den Stärken und Schwächen, die eine solche Haltung mit sich bringt. Eine Karriere, die ganz anders verlief als bei bestimmten Revolutionären, deren Entwicklung relativ folgerichtig zur Rechten oder zur extremen Linken führte – ganz anders auch als die eines Robespierre, dessen politisches Leben völlig monolithisch erscheint. Es wäre unaufrichtig, wollte man die oftmals verworrenen und undurchsichtigen, manchmal sogar widersprüchlichen Ereignisse der Französischen Revolution in einer künstlichen Klarheit präsentieren. Diese Verworrenheit ist vielmehr dem Phänomen »Revolution« selbst inhärent. Sie ist es, die der Karriere eines Danton und den rein »physischen« Reaktionen dieses Sanguinikers auf die alltäglichen Ereignisse ihr ganzes Profil gibt.

ANMERKUNGEN

Kapitel 1

1 Balzac, Der Deputierte von Arcis. (Deutsch von Paul Mayer.) Zürich 1977.

2 Es handelt sich um Dantons Großvater mütterlicherseits.

3 Archives départementales de l'Aube, régistres paroissiaux d'Arcis.

4 Gustave Laurent, Danton dans la Marne, in: Annales historiques de la Révolution Française (im folgenden: A. H. R. F.), 1946, S. 383–389.

5 E. Campagnac, La Bibliothèque de Danton, in: A. H. R. F., 1951, S. 65–69. Die Historiker Dantons erschließen seine angebliche Lektüre aus den unüberprüfbaren Angaben Rousselins und dem Inventar der Dantonschen Bibliothek im Jahr 1793. Das genaue Datum ihrer Einrichtung ist nicht bekannt; der größte Teil der Bibliothek existierte jedoch sicher schon vor 1787. Sie enthält nicht mehr als den üblichen Buchbestand eines kultivierten Bourgeois: über 650 Bände. Aber zum Vergleich muß man sich vor Augen führen, daß die Bibliothek Hérault de Séchelles' 4000 Bände zählte. Neben juristischen Handbüchern, deren sich Danton nach 1790 bis auf ein Buch über Prozeßvorschriften, das *Corpus Juris Justinianum* und den Kommentar Pasquiers zu den *Institutes* entledigte, finden sich antike Autoren (Herodot, Demosthenes, Plutarch, Cäsar, Vergil), Werke in englischer (Shakespeare, Pope, Richardson) und italienischer Sprache (Boccaccio, Ariost, Beccaria). Der Hauptteil der Bibliothek besteht aus zum Teil schon klassischer französischer Literatur (Brantôme, Rabelais, Montaigne, Corneille, Molière, Racine, La Bruyère, Regnard, La Fontaine, Madame de Sévigné, Crébillon, Bayle, Montesquieu, Voltaire, Rousseau, Condillac, Helvétius, Mably, Raynal, Buffon, nicht zu vergessen die fast vollständige Ausgabe der »*Enzyklopädie*« von d'Alembert und Diderot, sowie auch mehrere Wörterbücher).

6 Im Jahr 1787, als er sich anschickt, ein Amt als »*avocat aux Conseils*« zu kaufen, findet sich sein Name nicht auf der vom »Almanach Royal« veröffentlichten Liste der »*avocats au Parlement*«.

7 Heute von der Bildfläche verschwunden (sie lag ungefähr an der heutigen Rue de Rivoli, zwischen der Rue des Bourdonnais und der Rue des Déchargeurs).

8 Existiert heute nicht mehr (befand sich in der heutigen Rue Rivoli, hinter dem Hôtel de Ville).

9 Siehe unten.

10 »Nun, ich kann eben nicht ohne Frauen leben!« (Danton im Jakobinerklub, 26. August 1793).

11 Une loge maçonnique d'avant 1789, la R∴ L∴: Pes Neuf Soeurs, Paris 1897.

12 In der Nähe des Pont Neuf (auf dem Gelände des heutigen Kaufhauses *La Samaritaine*).

13 Am Vorabend der Revolution, als er in den Ruhestand ging, beliefen sich seine Einkünfte auf nahezu 7000 Livres im Jahr bei einem Kapital von 100 000 Livres.

14 Archives de Paris, 5 AZ 1534 (carton 84).

15 Für Gabriel Picaro, Sur la fortune de Danton, in: A. H. R. F., 1955, S. 324–343, besteht kein Zweifel daran, daß beide Kinder von Huet sind, aber es gibt kein Dokument, das dies bestätigen könnte.

16 Vier im Jahr 1787, drei 1788, sechs 1789, fünf 1790, zwei im Jahr 1791 und zwei weitere, deren Datum nicht mit Genauigkeit zu bestimmen ist.

17 Das heutige Théâtre de l'Odéon.

18 Der Platz, auf dem heute das Danton-Denkmal steht, am Boulevard Saint-Germain.

19 Dies beruht, wie für Danton, nur auf Vermutung. Siehe oben.

Kapitel 2

1 Seit Februar hatte das Vierpfundbrot den Rekordpreis von ½ Sous erreicht.

2 René Farge, Camille Desmoulins au jardin du Palais Royal, in: *Annales révolutionnaires* (im folgenden A. R.), 1914, S. 646–674.

3 Später Place de la Révolution, dann Place de la Concorde.

4 Von einer Ausnahme abgesehen – in Kapitel 7 in bezug auf eine zweifelhafte Anekdote – werden wir im folgenden nie wieder auf einen wie auch immer gearteten Rauschzustand Dantons bei seinen öffentlichen Interventionen anspielen. In der seriösen Geschichtsschreibung sind derartige Überlegungen verpönt. Es sei aber erlaubt, das zu bedauern, denn in der Geschichte der Revolution – wie auch in der sonstigen Geschichte – gibt es Ereignisse – sogar Parlamentsdebatten –, wo der übermäßige Genuß von Alkohol eine nicht zu unterschätzende Rolle spielt.

Kapitel 3

1 »Er wird ab sofort Vertreter der Kommissare beim *Hôtel de Ville.* Diese werden die Kommune dazu bewegen, dem Herrn Generalkommandanten zu befehlen, sich morgen, am Montag dem 5., nach Versailles zu begeben, um dort im Namen aller Bürger von Paris den sofortigen Rückzug der Truppen zu fordern. Darüber hinaus soll er den genannten Bürgern anbieten, ihre Brüder von Versailles zu unterstützen, und, falls dies erforderlich sein sollte, den Dienst beim Schloß mit ihnen gemeinsam übernehmen.« (Bezirk der Cordeliers, 4. Oktober 1789).

2 Zur Affäre Marat–Danton siehe weiter unten.

3 Im weitesten Sinne: die Schriften Mablys und des Abbé Raynal waren unvergleichlich populärer als die mehr theoretischen Werke von Jean-Jacques Rousseau.

4 Die Einzelheiten der Affäre Marat–Danton sind dargelegt im Werk von Georges Garrigues: Les districts parisiens pendant la Révolution Française, Paris 1931, S. 198–223.

5 Im Oktober 1790 werden Mirabeau und Orléans endgültig rehabilitiert.

6 412 Wähler des Distrikts hatten an den Wahlen zu den Generalständen teilgenommen. Die einstimmigen Wiederwahlen Dantons zum Präsidenten erfolgten mit weniger als 200 Stimmen (127 Stimmen gegenüber 133, die im März 1790 wählten). Die genaue

Zahl aller Wähler ist nicht bekannt, es waren wohl an die 1500. Man kommt also auf einen Anteil von 10%, einer Schlüsselzahl des revolutionären Aktivismus.

7 Brief an einen Engländer über den Distrikt der Cordeliers, 1790, vgl. A. R., 1919, S. 117–119.

8 Louis Barthou, Danton, S. 424 ff.

9 Albert Mathiez, La fortune de Danton, in: A. R., 1912, S. 453–477. Diese berühmte Beweisführung bezieht sich auf die vier Jahre, in denen Danton sein Advokatenamt innehatte. Mathiez geht von 10 000 Livres jährlich an Lebenshaltungskosten aus, also von 40 000 Livres für vier Jahre, zu denen (in abgerundeten Zahlen) weitere 60 000 Livres an Schuldrückzahlungen hinzukommen, insgesamt also 100 000 Livres. Es ist aber völlig ausgeschlossen, daß ein Amt in vier Jahren 128% seines Werts einbrachte. In seinem bereits zitierten Artikel unterstützt Gabriel Piro diese Argumentation, indem er beweist, daß das Amt schon zum Zeitpunkt seines Verkaufs zu hoch bewertet wurde. Dazu muß man den 1791 getätigten Kauf von Grundstücken hinzufügen, der das Budget Dantons zusätzlich belastete (siehe unten).

10 Jede Sektion bestimmt drei Notabeln für den Generalrat. Mit 2617 »Aktivbürgern« (3,37% der Gesamtzahl von Paris), von denen 1636 wählbar sind (3,87%), ist die Sektion des Theâtre-Français bei der Kommune unterrepräsentiert (1/48=2,08%), weniger weil sie reich ist (62,51% von Wählbaren gegenüber 54,40% in Paris), sondern weil sie politisch sehr aktiv ist.

Kapitel 4

1 Journal du Diable, Nummer 39.

2 Vgl. A. R., 1910, S. 591.

3 Diesen Spitznamen erhielt er im Kreis seiner engsten Freunde (Fréron, Desmoulins usw.). Er war recht gut wählbar. Als homo novus war Marius einer der angesehensten Führer der Volkspartei gegen Ende der römischen Republik gewesen.

4 Vgl. René Farge, Le local du club des Cordeliers et le coeur de Marat, in: A. H. R. F., 1927, S. 320–347. Nach seiner Vertreibung wird der Klub für drei Wochen an wechselnden Orten tagen, bis er sich im Saal des Musée de Paris, Rue Dauphine, niederläßt, der zuvor auch die Loge »Neuf Soeurs« (1787–1790) beherbergt hatte.

5 In Wirklichkeit ist Montmorin ein Monarchist, d. h. ein sehr gemäßigter Konterrevolutionär, der davon überzeugt ist, daß man ein gewisses Maß an Reformen akzeptieren muß, um die Monarchie zu retten.

6 A. R., 1920, S. 409–413.

7 Gemeint sind die Zeitungen.

8 Also fünfzehn Tage vor dem Kauf des Hofes von Nuisement durch Danton. Siehe weiter unten.

9 Die Käuflichkeit der Ämter war seit August 1789 abgeschafft. Die Abfindung wurde durch mehrere Dekrete geregelt (September bis Oktober 1790).

10 Zahlungsweise, die durch Dekret vom 9.–27. Juli 1790 für den Kauf von Nationalgütern vorgesehen war (12% in bar und der Rest in 12 Jahresraten).

11 In aufgerundeten Zahlen verteilen sich die Grundstückskäufe Dantons wie folgt: 85 000 Livres von März bis November 1791, 25 000 von März bis Dezember 1792,

15 000 von Januar bis Dezember 1793. Er besitzt darüber hinaus die Hälfte des väterlichen Hauses (das auf 12 000 Livres geschätzt wird) und für mehr als 30 000 Livres (offizielle Schätzung bei der Inventur) verschiedenste Möbel. Der wirkliche Wert des Gesamtbesitzes wird weit unterschätzt, denn auch wenn der Wertverlust der Assignaten gegen Danton als Besitzer, Käufer oder Gläubiger wirkt, so wirkt er doch 1790–1791 zugunsten Dantons als Schuldner (vgl. Georges Lefebvre, Sur Danton, in: A. H. R. F., 1932, S. 401). Der Verkauf der Nationalgüter ermöglichte es der französischen Bourgeoisie, sehr vorteilhafte Geschäfte zu machen.

12 Nach dem Tod Dantons wird es unzählige solcher Anschuldigungen geben. Siehe beispielsweise Albert Mathiez, Fauvelle et Danton, in: A. H. R. F., 1932, S. 289–308.

13 Colonel Herlaut, La vie politique de Villain d'Aubigny, adjoint de Bouchotte, in: A. H. R. F., 1934, S. 50–75.

14 Die sterblichen Überreste Mirabeaus, die zusammen mit denen von Descartes als erste ins Pantheon überführt wurden, wurden 1793 daraus entfernt und in ein Massengrab geworfen.

Kapitel 5

1 A. R., 1914, S. 725.

2 Vgl. das Buch von Jacqueline Chaumié, Le réseau d'Antraigues et la contrerévolution, 1791–1793, Paris 1965, das diesen Bruch zwischen den Verteidigern der Privilegien und den Verteidigern des Königtums, durch den die Konterrevolution in Frankreich von vornherein zum Scheitern verurteilt ist, aufs beste erhellt.

3 Robert wird die Krise von Varennes zum Anlaß nehmen, um das Werk unter dem Titel: *Avantages de la fuite du roi et nécessité d'un nouveau gouvernement* neu aufzulegen.

4 Vgl. Claude Nicolet, L'idée républicaine en France, Paris 1982, S. 83–114.

5 Vgl. die Petition der »Amis de la constitution et de l'Egalité de Montpellier« zugunsten der Republik (28. Juni 1791), A. H. R. F., 1927, S. 547 ff.

6 Albert Mathiez, Danton et le club des Bons Enfants, in: A. R., 1909, S. 248–250.

7 Darunter befinden sich Chaumette, Sergent, Momoro, Hébert, Hanriot, Santerre, Maillard, David usw.

8 Es handelt sich um Brissot.

9 Feuille du Jour, 9. August 1791; *Correspondance secrète,* 10. September 1791.

Kapitel 6

1 Der Kapuziner François Chabot, der 1793 in Dantons Politik verwickelt ist, hatte die erste jakobinische Gesellschaft in Rodez gegründet und war später Vikar des konstitutionellen Bischofs Grégoire in Blois.

2 Gemeint ist ein heimliches Einverständnis zwischen dem Hof, La Fayette und den Brissotins.

3 Gemeint sind die Emigranten von Koblenz.

Kapitel 7

1 A. H. R. F., 1925, S. 489.

2 Mathiez stellt diese Information deshalb in Frage, weil der Polizeibericht am 8. August aufgesetzt wurde, als Danton nicht mehr in Paris, sondern bereits in Arcis war. Der Text kann sich jedoch auf einen Informationsstand bezogen haben, der vor der Abreise des Tribuns in die Champagne lag.

Kapitel 8

1 Umbenannt zu Ehren der Föderierten aus Marseille.

2 Botot wird entlassen, angeklagt und freigesprochen. Luce de Montmorin wird Opfer der Septembermassaker.

3 Später Place des Piques. (Heute erneut Place Vendôme, Anm. d. Hrsg.).

4 Vgl. Albert Mathiez, Les comptes de Danton, und: Encore les comptes de Danton, in: A. R., 1913, S. 345–360 und 473–475.

5 La Fayette verdankt seine Befreiung der Intervention Bonapartes anläßlich des Friedens von Leoben (1797).

6 Die Zahl von 30 000 wird mit Absicht genannt, sie entspricht der Aushebung von 30 000 Männern in der Pariser Region, so wie es die Nationalversammlung zwei Tage vorher beschlossen hatte.

7 Pétion war wie Danton dagegen, die Hauptstadt zu verlassen. Die bald folgenden Geheimverhandlungen des Bürgermeisters mit den Royalisten werfen ein seltsames Licht auf diese Entscheidung. Philippe d'Orléans war dagegen für die Flucht; ihm lag nicht daran, in Paris zu sein, wenn der Herzog von Braunschweig einzöge, um Ludwig XVI. zu befreien. Zur Wahl Dantons gibt es unterschiedliche Interpretationen. Da keine überzeugend ist, übernehmen wir die am häufigsten vertretene These. Vgl. Jacqueline Chaumié: Le réseau d'Antraigues, a. a. O., S. 223 ff.

8 Vgl. Gérard Walter: Les massacres de Septembre. Etude critique, Paris 1932, und vor allem die sorgfältige, aber in bezug auf die Verantwortung Dantons eher enttäuschende Studie von Pierre Caron, *Les massacres de septembre*, Paris 1935.

9 Diese beiden Dekrete wurden der Kommission zur Überarbeitung übergeben und danach weitgehend verwässert, im übrigen aber nie angewandt, nachdem sie sich durch den Rückzug der Preußen erübrigt hatten.

10 Eine große Anzahl Föderierter, einige Arbeiter, Polizisten und Nationalgardisten.

11 Danton et le massacre des prisonniers d'Orléans, in: Autour de Danton, S. 158–159.

12 Journal français, ou Tableau politique de Paris, 20. November 1792.

13 Marcel Dorigny, Les Girondins et les massacres de Septembre, in: Girondins et Montagnards, Paris 1980, S. 103–120.

14 Fabre nutzt seinen Posten im Ministerium, um trübe Geschäfte zu tätigen. Er versucht sich z. B. an der Lieferung für die Armeen: Mitte September erhält er von Servan 48 400 Livres, von denen 30 000 für den Kauf von Schuhen und Stiefeln bestimmt sind. Drei Monate später hat er noch nichts geliefert.

15 Dumouriez war nach Valmy kaum von einem Sieg überzeugt, wie einer seiner Briefe bezeugt (veröffentlicht in den A. H. R. F., 1924, S. 73–74).

Kapitel 9

1 Über den artifiziellen Charakter dieser Klassifizierungen vgl. Michel Pertue, Remarques sur les listes des conventionnels, in: A. H. R. F., 1981, S. 366–378.

2 Es handelt sich um die Armeen von Kellermann und Dumouriez vor der Schlacht von Valmy. Diese Nachricht hatte Paris aber noch nicht erreicht.

3 Jacqueline Chaumié, Le réseau d'Antraigues, S. 268 ff.

4 Offenbar waren einige Girondisten wie Vergniaud bereit, sich mit Danton über eine Politik der Versöhnung zu verständigen.

5 Zusammen mit Sébastien Mercier war er einer der Gründer der *Annales Patriotiques.* Er war eine Persönlichkeit mit progressiven, aber wechselnden politischen Überzeugungen (erst kürzlich hatte er den Vorschlag gemacht, dem Herzog von Braunschweig oder dem Herzog von York die Krone anzutragen). Aber er war sehr populär (er wurde von acht Departements in den Konvent gewählt) und wurde bald ein Anhänger der Gironde.

6 Vormals Graf von Genlis. Er war mit einer ehemaligen Geliebten von Philippe d'Orléans verheiratet, die dessen Kinder erzog: der berühmten Madame de Genlis.

7 Vgl. Albert Mathiez, Danton et la paix, Paris 1919, insbes. S. 49–52.

8 Am 10. oder 11. September 1792 wurde seinem Vater, dem Herzog von Orléans, der einige Schwierigkeiten hatte, unter seinem »aristokratischen« Namen seiner Wählerpflicht in der Sektion Saint-Roch nachzukommen, von der Kommune der Familienname »Égalité« verliehen. Er akzeptierte ihn, um dem Namen »Publicola« auszuweichen, dem Beinamen des Valerius, eines Gründers der römischen Republik.

9 Diese Unterredung ist mit der zu vergleichen, die einen Monat später zwischen Danton und Théodore de Lameth stattfinden wird. Siehe weiter unten.

10 Dieser Guillaume, der ebenfalls – vielleicht auf Intervention Dantons – den Septembermassakern entging, hat nichts zu tun mit dem Notar, einem Namensvetter, von dem in Kap. 8 die Rede war. Vgl. Mathiez, Danton et Guillaume, in: A. H. R. F., 1929, S. 577–588.

Kapitel 10

1 Nach Auslosung wird die Abstimmung mit dem Departement Haute-Garonne begonnen.

2 361 Stimmen für den sofortigen Tod und 26 für den Tod unter der Bedingung, daß die Möglichkeit einer Aussetzung geprüft wird (Abänderungsantrag Mailhé).

3 Über den Königsprozeß vgl. die unkonventionelle Studie von Paul und Pierrette Girault de Coursac, Enquête sur le procès du roi Louis XVI, Paris 1982.

4 François Robert, auch ein Freund Dantons, erregt am 23. Dezember bei den Jakobinern Aufsehen mit seinem Vorschlag, den Königsprozeß auszusetzen.

5 Spanischer Generalkonsul und Geschäftsträger nach der Abreise des eigentlichen Botschafters im August 1792.

6 Mathiez nimmt an, daß dieser Vermittler Durand ist.

7 Zur Echtheit des Vorstoßes von Bertrand de Moleville vgl. den durchaus überzeugenden Nachweis von Georges Lefebvre (Sur Danton, in: A. H. R. F., 1932, S. 404–408).

8 Gustave Rouanet, Danton et la mort de Louis XVI d'après Théodore Lameth, in: A. R., 1916, S. 1–33.

Kapitel 11

1 Der Girondist Chambon trat am 2. Februar aus Protest gegen die Verurteilung Ludwigs XVI. zurück. Pache wird sofort anschließend zum Bürgermeister von Paris gewählt und ausgerufen (11.–14. Februar).
2 Diese Büste ist heute im Museum von Troyes ausgestellt.
3 F. Vermale, Barnave, Théodore de Lameth et Danton, in: A. H. R. F., 1938, S. 551–552.
4 Albert Mathiez, Danton et la paix, S. 124–125. Wenn Danton in seiner Rede vom 1. April die Wahrheit gesagt hätte, wäre er am 25. März zurückgekommen. Er hätte für die Rückreise von Belgien also vier Tage gebraucht. Wenn er aber gelogen hat, ist er spätestens am 23. März zurückgekommen und hat mindestens drei Tage lang Stillschweigen bewahrt.
5 Die Generäle Stengel und La Noue werden schließlich vom Revolutionstribunal freigesprochen.
6 Der Agitator Pierre-Ulric Dubuisson, Dramatiker, Schauspieler (mit Fabre d'Eglantine im Jahr 1773 in Belgien) und Theaterregisseur, hat sich nach einem langen Aufenthalt in Belgien 1789 in Paris niedergelassen. Er war mit dem Schauspieler Collot d'Herbois befreundet und nahm am Aufstand vom 10. August teil. Er ist sehr aktiv bei den Jakobinern und wird ihr Sekretär, ohne indes im Streit zwischen Gironde und Montagne Partei zu ergreifen. In Belgien hat er sich mit dem Abenteurer Proli angefreundet. Einige Monate später ist er ein sehr aktiver Hébertist. Vgl. A.-Ph. Herlaut, Autour d'Hébert, Bd. 1, Deux témoins de la Terreur, Paris 1958.
7 Berthold Proli, belgischer Adliger, gilt als natürlicher Sohn von Graf Kaunitz und war seit Beginn der Revolution in Paris ansässig. Er ist ein reicher Financier, Spekulant und Revolutionär der ersten Stunde. 1792 war er mit Desmoulins zusammen, als dieser gegen den Krieg agitierte; bald wird er ein glühender Montagne-Anhänger und befreundet sich mit Jean Bon Saint-André, Collot d'Herbois, Hérault de Séchelles und Danton. Er ist vor allem ein intimer Freund von Desfieux, dessen Reden er verfaßt. Auch seine Kontakte zu Pereira sind allgemein bekannt.
8 Jacob Pereira aus Bordeaux, jüdisch-portugiesischer Abstammung, zunächst Juwelier, dann Tabakhändler und Spekulant. Ab Juli 1790 in Paris. Als leidenschaftlicher Jakobiner nahm er an der Demonstration auf dem Marsfeld (1791) teil sowie am Aufstand des 10. August. Als politischer Extremist beteiligte er sich auch aktiv am Aufstand vom 9. und 10. März 1793.
9 Gemeint ist wieder Roland.

Kapitel 12

1 Ein vorübergehender Aufenthalt im Abbaye-Gefängnis war als Disziplinarmaßnahme für ungebührliches Verhalten im Verlauf von Konventsdebatten gedacht.

Kapitel 13

1 Wie Lasource am 1. April sehr richtig bemerkt, gehört Delacroix erst seit kurzem zur Montagne.

2 Albert Mathiez, Danton, Delacroix et le pillage en Belgique, in: Autour de Danton, S. 165–173.

3 Die Zahl 80 000 ist zweifellos übertrieben. Die theoretische Truppenstärke der Nationalgarde belief sich auf 116 000 Mann. Die Beteiligung der Sektionsmitglieder an der Bewegung des 31. Mai bis 2. Juni lag nicht über 9%, insgesamt also höchstens 15 000 Personen. (Berechnung nach H. Calvet, Remarques sur la participation des sections au mouvement du 31. mai au 1er juin 1793, in: A. H. R. F., 1928, S. 366–369).

4 Im Dekret vom 18. September 1793 wurde die Besoldung gestrichen und damit de facto die Kirche vom Staat getrennt, noch vor der offiziellen Trennung in der Verfassung von 1795.

5 Am 25. Juni, dem Tag nach der Verabschiedung der Verfassung, erschien Jacques Roux, der Anführer der *Enragés,* vor dem Konvent, um sein berühmtes Manifest zu verlesen. Der Text ist ungekürzt in den A. R., 1914, S. 547 ff., abgedruckt. (Deutsch in: J. R., Freiheit wird die Welt erobern. Reden und Schriften, hg. v. Walter Markov, Leipzig 1985, S. 147–156. Anm. d. Hrsg.)

6 Barère zufolge (Mémoires, Bd. II, S. 103 ff.) haben auch die Dantonisten selbst eine Umbesetzung für den 10. Juli gefordert, um die Mehrheitsverhältnisse im Ausschuß zu verändern. Seine Mitglieder Cambon und Saint-Just haben gerade Dillon und Castellane verhaften lassen (s. Kap. 14). Aber vielleicht war Danton in dieser Frage nicht naiv genug. Es sieht deshalb eher so aus, als ob er im Gefolge eines Schachzugs von Robespierre gestürzt wurde.

Kapitel 14

1 General Arthur Dillon hatte eine bewegte Karriere im Dienst der Republik. Am 17. August 1792 suspendiert, weil er seinen Truppen einen royalistischen Tagesbefehl ausgab und sie aufforderte, auf Paris zu marschieren, wird er am 21. August aufgrund seines Widerrufs wieder eingesetzt. Im Herbst 1792 schlägt er sich sehr gut, was ihm die Rivalität Dumouriez' einbringt, der ihn aus Servans Einheit herausnimmt. Weil er mit den Preußen und mit dem Landgrafen von Hessen verhandelte, wird er am 13. Oktober nach Paris beordert und unter Anklage gestellt. Aufgrund von Absprachen mit einflußreichen Abgeordneten wird er am 6. Februar 1793 vom Konvent freigesprochen, dann aber am 15. Mai, nachdem er die Übernahme eines untergeordneten Kommandos verweigerte, erneut suspendiert, am 1. Juli wegen seiner Beteiligung an der Verschwörung zur Flucht der Königin verhaftet, am 7. August freigelassen, schließlich im Oktober erneut verhaftet, als er nicht mehr von Chabot geschützt wird.

2 Custine, der »General mit dem Schnurrbart«, wurde für schuldig befunden, geheime Verbindungen mit dem Feind zu unterhalten und hintereinander Frankfurt, Mainz, Condé und Valenciennes aufgegeben zu haben. Nach dem Sturz Dantons wird er nach Paris zurückgerufen, vom Revolutionstribunal nach einem langen Prozeß (15.–28. August) zum Tode verurteilt und hingerichtet.

3 Vgl. Hérlaut: Les négociations du général Custine avec l'ennemi (décembre 1792–mai 1793), in: A. H. R. F., 1932, S. 517–533.
4 Servan wird im Abbaye-Gefängnis eingekerkert. Während des »Großen Schreckens« gerät er in Vergessenheit und wird anderthalb Jahre später befreit.
5 Der Unteroffizier Ronsin wird am 1. Juli zum Hauptmann ernannt. Drei Tage später ist er schon Brigadegeneral.

Kapitel 15

1 Dieser Satz wurde in den Sockel des Danton-Denkmals auf dem Boulevard Saint-Germain eingemeißelt.
2 Jean-Antoine Rossignol war unter der Monarchie Soldat, dann von Beruf Goldschmied, am Sturm auf die Bastille beteiligt, ebenso am 20. Juni und 10. August (möglicherweise hat er Mandat* erschlagen), 1793 Oberstleutnant der Gendarmerie, Brigadegeneral in der Vendée durch Protektion von Ronsin, Oberkommandierender der Westarmee (27. Juli 1793), nimmt zahlreiche Plünderungen vor und erringt einige Erfolge. Am 23. August wird er von Bourdon de l'Oise und Goupilleau abgesetzt, aber dennoch von Danton verteidigt und am 28. August vom Konvent wieder eingesetzt. Im September unterstützen ihn Robespierre und Hébert bei den Jakobinern, am 12. November 1793 (22. Brumaire) wird er zugleich Oberkommandierender der Armee von Brest, der Westarmee und der Armee von Cherbourg; trotz zahlreicher Niederlagen und offensichtlicher Unfähigkeit wird er mehrere Male wieder eingesetzt.
3 Im Laufe der Sitzung gab Robespierre sein Amt als Konventspräsident an Thuriot weiter.
4 Ehemalige Sektion Théâtre-Français, dann »des Marseillais«.
5 Der Girondist Carra hatte bereits einmal vorgeschlagen, dem Herzog von York die Herrschaft über Belgien anzutragen, das gegen Österreich revoltierte, und danach die französische Krone (1792). S. oben.
6 Albert Mathiez, Danton et Louis Comte, in: A. R., 1912, S. 640–660.
7 Georges Lefebvre, Sur Danton, in: A. H. R. F., 1935, S. 267–271.
8 Der republikanische Kalender wurde vom Konvent in zwei Etappen beschlossen: 1. Am 5. Oktober 1793 mit einer einfachen Bezifferung der Monate, 2. am 24. Oktober dann mit den schönen Monatsnamen von Fabre d'Eglantine, die an den Wechsel der Jahreszeiten erinnern.

Kapitel 16

1 Der ältere Bruder, Moses Frey, genannt Junius, ist eine geheimnisvolle Gestalt. Er wird vom Kaiser geadelt, und sein großes Vermögen bleibt unerklärlich; er kann ebensogut ein gefährlicher österreichischer Spion gewesen sein wie ein einfacher illuministischer

* Marquis de Mandat, zeitweilig Chef der Nationalgarde, die 1792 die Tuilerien verteidigte. Am 10. August wird er um fünf Uhr früh ins Rathaus beordert, für abgesetzt erklärt und später von der Menge umgebracht. (Anm. d. Hrsg.).

Philosoph, der das Opfer eines blinden Terrors wurde. Vgl. Gershom Scholem, Du frankisme au jacobinisme. La vie de Moses Dobruska, alias Franz Thomas von Schönfeld, alias Junius Frey, Paris 1981.

2 Chabot hat die Aufhebung der in der Nacht vom 7. zum 8. September auf seiner Bank angebrachten Siegel durchgesetzt. Einen Monat später erhält er, obwohl er nicht mehr Mitglied des Sicherheitsausschusses ist, für Boyd, als dem die Verhaftung droht, einen Paß für England.

3 Gegen Mathiez vgl. dazu Henri Houben, Finance et politique sous la Terreur. La liquidation de la Compagnie des Indes, Paris 1932, sowie Michel Ende, Une interprétation non-mathiézienne de l'affaire de la Compagnie des Indes, in: A. H. R. F., 1981, S. 239–250.

4 Julien versteckt sich vermutlich eine Weile bei Delacroix.

5 Dieser Abschnitt beruht, ebenso wie die beiden folgenden, zum großen Teil auf der bemerkenswerten Studie von Arnaud de Lestapis: La »conspiration de Batz«, Paris 1969.

6 Siehe Marina Grey, Hébert. Le »Père Duchesne« agent royaliste, Paris 1983.

7 Dieser prinzipielle Beschluß wird nicht verhindern, daß Frankreich bis zum Germinal des Jahres II (April 1794) von der Dechristianisierungswelle erschüttert wird.

8 Zwischen dem 24. November (4. Frimaire) und dem 16. März (26. Ventôse) wird Chabot mindestens fünf Briefe an Danton schicken, in denen er darauf besteht, Hébert sei ein Agent von Batz; gleichzeitig schreibt er vierzehn Briefe an Robespierre, davon allein acht im Dezember (in denen er zu spät die Vorsicht walten läßt, den »Père Duchesne« zu schonen), sowie weitere acht an die beiden Ausschüsse.

Kapitel 17

1 Nachdem er nach einer erneuten Vorladung vor den Konvent am 30. September sein Kommando wieder übernommen hatte, versuchte sich Westermann – trotz einiger Rückzüge – durch seinen angeborenen Mut – der von manchen als Anzeichen eines verdächtigen Draufgängertums angesehen wurde – in den Augen der Montagne zu rehabilitieren. Bekannt ist sein Kommuniqué nach der Schlächterei von Savenay: »Ich habe mir nicht einen Gefangenen vorzuwerfen. Ich habe alles ausgerottet.«

2 Marcel Reinhard, La guerre et la paix a la fin de 1793. Une interview inédite de Danton, in: A. H. R. F., 1953, S. 97–103.

3 Es handelt sich um die Überwachungskomitees, deren Befugnisse durch das Gesetz über die Verdächtigen vom 17. September 1793 erweitert wurden.

4 Von Napoleon 1802 wieder eingeführt, wird die Sklaverei 1848 endgültig abgeschafft.

Kapitel 18

1 Vgl. Albert Mathiez, Les deux versions du procès des Hébertistes, in: A. R., 1919, S. 1–27, und v. a. Arnaud de Lestapis, La »conspiration de Batz«, S. 161 ff.

2 Neuer Titel des Prokurator-Syndikus nach dem Gesetz vom 14. Frimaire des Jahres II.

Kapitel 19

1 Wie mancher andere auch, hatte Delacroix aus seinem Namen den Partikel mit dem aristokratischen Beiklang weggelassen.

2 Albert Mathiez, Hérault de Séchelles était-il dantoniste?, in: A. R., 1914, S. 485–510. Arnold de Contades zufolge (Hérault de Séchelles ou la Révolution fraternelle, Paris 1978), war Hérault einer der wenigen Montagnards – vielleicht der einzige –, der mit den beiden wichtigsten royalistischen Kreisen Beziehungen unterhalten hatte: mit dem um den Herzog von Antraigues und dem um den Baron de Batz.

3 Delacroix, »ein seit langem verrufener Verschwörer«, wird als Adjutant Dantons und als sein Komplize in Korruptionsangelegenheiten präsentiert: »Woher kommt der Prunk, der ihn umgibt?« Was Desmoulins betrifft, das »Instrument, das du ins Verderben gestürzt hast«, so wird er, wie es einst schon Robespierre bei den Jakobinern tat, als ein Opfer seines »falschen Freundes« Danton dargestellt.

4 Desfieux war mit den Hébertisten hingerichtet worden.

5 Wie die meisten der in antike Reminiszenzen verliebten Revolutionäre beruft sich Saint-Just oftmals auf schlecht gewählte Beispiele. Die Verknüpfung Aristokratie/Catilina ergibt keinerlei Sinn.

6 Couthon, dessen Beine gelähmt waren, mußte sich tragen lassen oder fuhr in seinem berühmten Rollstuhl.

7 Im Ventôse haben die Todesurteile (116) erstmals die Hundert überschritten, während zugleich zum zweitenmal seit Brumaire die Todesrate mehr als die Hälfte der Verurteilungen ausmacht (56,3%). Im Germinal wird das Tribunal 155 Todesurteile fällen (71,1%), im Floréal 354 (67,4%), im Prairial 509 (74,8%), im Messidor 796 (79,2%) und in den ersten neun Tagen des Thermidor 342 (80,2%). (Die Zahlen in den Klammern beziffern den Anteil an der Gesamtzahl der Verurteilungen in Prozenten.)

8 Gemeint sind Saint-Just und Billaud-Varenne, der dritte ist wahrscheinlich Barère.

9 Es handelt sich um die Geheimfonds, die Danton nach eigenen Angaben vollständig ausgegeben hat, was schon bekannt war. Anders ausgedrückt: 200 000 + 130 000 + 70 000 (in Wirklichkeit sind es, wie man sich erinnert, 68 684) = 400 000. Die Rechnung ist glaubwürdig. Man ist weit entfernt von 50 Millionen.

10 Der Brief war möglicherweise nach dem Mißerfolg Fouquiers beim Ausschuß vorbereitet worden.

11 Barras zufolge hatte General Brune seine Unterstützung versprochen. Dies läßt eine vorherige Versöhnung vermuten, denn der Extremist Brune hatte sich mit Danton zerstritten.

12 Fouquier hatte die Anhörung mehrerer Belastungszeugen vorgesehen. Aber nur Cambon wurde verhört. Es ist möglich, daß seine Zeugenaussage, die zwar für Fabre und Chabot belastend, für Danton jedoch eher günstig war, den öffentlichen Ankläger, noch bevor er die Weisung des Ausschusses erhielt, dazu bewogen hat, keine Personen mehr vor die Schranken des Gerichts zu zitieren, die der von ihnen erwarteten Rolle nicht gerecht wurden.

13 Variante: »Du wirst dem Volk meinen Kopf zeigen; er ist es wert!«

14 Heute an der Kreuzung der Rue du Rocher und der Rue de Monceau.

15 Das Gesetz vom 22. Prairial des Jahres II ermächtigte das Revolutionstribunal, nach der bloßen Feststellung der Identität das Urteil zu fällen.

Epilog

1 Veröffentlicht in der *Grande Revue*, dann erneut in Albert Mathiez, Robespierre térroriste (1920 bzw. 1921).
2 Georges Lefebvre, Sur Danton, in: A. H. R. F., 1932, S. 385–424 und 484–500. Man wird vor allem die hervorragenden Passagen über den Charakter Dantons (S. 484–489) und über seine Politik (S. 489–497) mit Gewinn lesen.

Nachwort

1 Zum 14. Juli 1982 zeigte das französische Fernsehen den Film »La terreur et la vertu« von S. Lorenzi und A. Decaux. Auch der polnische Filmemacher Andrzej Wajda präsentierte kürzlich (1983) einen zwar »schönen«, aber verzerrten Danton.
2 Vor allem wegen der unfreiwilligen Komik sei die unsägliche »Vie tragique de Danton« von Octave Beliard (1946) zur Lektüre empfohlen.
3 So z. B. A. Mathiez, »Danton et la paix«, Paris 1919.
4 H. Wendel, Danton, Berlin 1930.
5 L. Barthou, Danton, Paris 1932.
6 M. Bouloiseau, La République jacobine, Paris 1972, verweist auf den ausführlichen und grundlegenden Artikel von Georges Lefebvre. Dieser Artikel ist jedoch schon vierzig Jahre alt.
7 J. Hérissay, Cet excellent Monsieur Danton, Paris 1960.

BIBLIOGRAPHIE

Was die vor 1940 veröffentlichten Studien betrifft, ist die von Gérard Walter in seinem »Répertoire de l'histoire de la Révolution française« (1941–1945) aufgeführte Literaturliste zu konsultieren. Neuere Publikationen werden jedes Vierteljahr in den *Annales historiques de la Révolution française* analysiert.

Die folgende Bibliographie hat nur zusammenfassenden Charakter, da es hier nicht möglich ist, alle fünf- oder sechshundert Titel, die eine vollständige Bibliographie ausmachen würden, aufzuführen.

Actes du colloque Girondins et Montagnards, Paris 1980.

Annales révolutionnaires (A.R.), seit 1924 fortgesetzt von den *Annales historiques de la Révolution française* (A.H.R.F.) ergiebigste der Zeitschriften zur Revolutionsgeschichte, in der bis zum Tod von Albert Mathiez (1932) unzählige Studien über Danton erschienen sind.

Archives parlementaires.

Aulard, Alphonse: *Danton*, Paris 1884.

Aulard, Alphonse: »Danton à la Convention nationale«, in: *La Révolution française*, 1893, S. 126–153.

Aulard, Alphonse: »Du texte des discours de Danton«, in: *La Révolution française*, 1882, S. 929–946.

Aulard, Alphonse: *La société des Jacobins*, Paris 1889–1897.

Barré, Paul: *Essai psycho-pathologique sur Danton*, Paris 1931.

Barthou, Louis: *Danton*, Paris 1932.

Bertaud, Jean-Paul: *Valmy, la démocratie en armes*, Paris, 1970.

Bougeart, Alfred: *Danton*, Paris-Brüssel 1861.

Bouloiseau, Marc: *Le Comité de salut public*, Paris 1980.

Bourdin, Isabelle: *Les sociétés populaires à Paris pendant la Révolution*, Paris 1937.

Boursier, A. M.: »L'émeute parisienne du 10 mars 1793«, in: *A.H.R.F.*, 1972, S. 204–230.

Broglie, Gabriel de: *L'orléanisme*, Paris 1981.

Campagnac, Edmond: »Comment s'est formée la légende dantonienne«, in: *A.H.R.F.*, 1949, S. 1–53.

Campagnac, Edmond: »Deux agents de Danton: Recordain et Mergez«, in: *A.H.R.F.*, 1953, S. 58–63.

Caron, Pierre: *Les massacres de Septembre*, Paris 1935.

Caron, Pierre: *Paris pendant la Terreur*, Paris 1910–1964.

Chaumié, Jacqueline: *Les réseau d'Antraigues et la contre-révolution, 1791–1793*, Paris 1965.

Chaussinand-Nogaret, Guy: *Mirabeau*, Paris 1982. (Deutsch: *Mirabeau*, Stuttgart 1988.)

Christophe, Robert: *Danton,* Paris 1964.
Chuquet, Arthur: *Dumouriez,* Paris 1914.
Contades, Arnold de: *Hérault de Séchelles,* Paris 1978.
Danton: *Discours,* kritische Ausgabe von André Fribourg, Paris 1910.
Danton: *Discours,* Vorwort von Pierre-Jean Jouve, Fribourg 1945 (gekürzte Fassung des davor aufgeführten Werkes).
Danton: *Discours,* herausgegeben und kommentiert von Jacques Hérissay, Paris 1949/ 1950.
Danton: *Discours civiques,* herausgegeben von Hector Fleischmann, Paris 1920.
Destainville, Henri: »La jeunesse de Danton«, in: *A.H.R.F.*, 1928, S. 424–429.
Egret, Jean: *La pré-révolution française,* Paris 1962.
Eude, Michel: »La Commune robespierriste«, in: *A.H.R.F.*, 1933, S. 412–425; 1934, S. 323–347 und 528–536.
Eude, Michel: »Une interprétation non-mathiézienne de l'affaire de la Compagnie des Indes«, in: *A.H.R.F.*, 1981, S. 239–250.
Frère, Jean-Claude: *La victoire ou la mort, Robespierre et la Révolution,* Paris 1983.
Furet, François und Denis Richet: *Die französische Revolution,* Frankfurt/M. 1968.
Garrigues, Georges: *Les districts parisiens pendant la Révolution française,* Paris 1931.
Gauthier, Florence: »A propos du *Danton* de Wajda«, in: *A.H.R.F.*, 1983, S. 182–185.
Gaxotte, Pierre und Jean Tulard: *La Révolution française,* Paris 1975.
Gérard, Alice: *La Révolution française, mythes et interprétations, 1789–1970,* Paris 1970.
Girault de Coursac, Paul und Pierrette: *Enquête sur le procès du roi Louis XVI,* Paris 1982.
Grey, Marina: *Hébert. Le »Père Duchesne« agent royaliste,* Paris 1983.
Hérissay, Jacques: *Cet excellent M. Danton,* Paris 1960.
Jacob, Louis: *Fabre d'Eglantine, chef des fripons,* Paris 1946.
Lameth, Théodore de: *Mémoires,* Paris 1913.
Lameth, Théodore de: *Notes et souvenirs,* Paris 1914.
Lefebvre, Georges: *La Révolution française,* Paris 1963.
Lefebvre, Georges: »Sur Danton«, in: *A.H.R.F.*, 1932, S. 385–424 et 484–500.
Lestapis, Arnaud de: *La »conspiration de Batz« (1793–1794),* Paris 1969.
Louis-Philippe: *Mémoires,* Paris 1973.
Madelin, Louis: *Danton,* Paris 1914.
Massin, Jean: *Robespierre,* Berlin/DDR 1963.
Mathiez, Albert: *Autour de Danton,* Paris 1926.
– : »La chute de Danton«, in: *A.R.*, 1913, S. 209–231.
– : »La chute des factions«, in: *A.H.R.F.*, 1927, S. 135–148.
– : »Les citra et les ultra«, in: *A.H.R.F.*, 1926, S. 513–535.
– : *Le club des Cordeliers pendant la crise de Varennes et le massacre du Champ-de-Mars,* Paris 1910.
– : »Les comptes de Danton«, in: *A.R.*, 1913, S. 345–360.
– : »Danton au district des Cordeliers«, in: *A.R.*, 1919, S. 117–119.
– : *Danton et la paix,* Paris 1919.
– : »Danton et le premier ministère girondin«, in: *A.R.*, 1918, S. 673–676.
– : »Danton, l'histoire et la légende«, in: *A.H.R.F.*, 1927, S. 417–461.
– : »Danton, Talon, Pitt et la mort de Louis XVI«, in: *A.R.*, 1916, S. 367–376.
– : »Les deux versions du procès des Hébertistes«, in: *A.R.*, 1919, S. 1–27.
– : »Encore les comptes de Danton«, in: *A.R.*, 1913, S. 473–475.

– : *Etudes robespierristes,* Paris 1917–1918.
– : *Etudes sur Robespierre,* Paris 1973.
– : »La fortune de Danton«, in: *A.R.,* 1912, S. 453–477.
– : »Hérault de Séchelles étail-il dantoniste?«, in: *A.R.,* 1914, S. 485–510.
– : »Les indulgents«, *A.H.R.F.,* 1926, S. 417–438.
– : *Un procès de corruption sous la Terreur, l'affaire de la Compagnie des Indes,* Paris 1921.
– : »Rapport d'un observateur sur le procès des Dantonistes«, in: *A.R.,* 1910, S. 239–242.
– : »Talon et la police de Bonaparte. Documents inédits«, in: *A.H.R.F.,* 1928, S. 1–21.
Nicolet, Claude: *L'idée républicaine en France,* Paris 1982.
Pioro, Gabriel: »Sur la fortune de Danton«, in: *A.H.R.F.,* 1955, S. 324–343.
Reinhard, Marcel: »La guerre et la paix à la fin de 1793; une interview inédite de Danton«, in: *A.H.R.F.,* 1953, S. 97–103.
Robinet, Dr.: *Danton homme d'Etat,* Paris 1889.
Robinet, Dr.: *Danton, mémoire sur sa vie privée,* Paris 1865.
Rouanet, Gustave: »Danton en juillet 1791«, in: *A.R.,* 1910, S. 514–521.
Rouanet, Gustave: »Danton et la mort de Louis XVI d'après Théodore de Lameth«, in: *A.R.,* 1916, S. 1–33.
Rudé, George: *Die Massen in der Französischen Revolution.* München 1961.
Soboul, Albert: *Die Große Französische Revolution,* 2 Bde., Frankfurt/M. 1973.
Soboul, Albert: *Französische Revolution und Volksbewegung: die Sansculotten. Die Sektionen von Paris im Jahre II,* Frankfurt/M. 1978.
Soboul, Albert: *Le procès de Louis XVI,* Paris 1966.
Tassier, Suzanne: *Histoire de la Belgique sous l'occupation française en 1792 et 1793,* Brüssel 1934.
Le Vieux Cordelier, kritische Ausgabe von Henri Calvet, nach Notizen von Albert Mathiez, Paris 1936.
Vovelle, Michel: *La chute de la monarchie,* Paris 1972.
Wallon, Henri: *Histoire du Tribunal révolutionnaire de Paris, avec le journal de ses actes,* Paris 1880–1882.
Walter, Gérard: *Actes du Tribunal révolutionnaire,* Paris 1968.
Walter, Gérard: *Robespierre,* Paris 1961.
Wendel, Hermann: *Danton,* Berlin 1930.

Einführende Literatur zur Geschichte der Französischen Revolution Zusammengestellt von Peter Schöttler

Die wissenschaftliche Literatur zur Geschichte der Französischen Revolution füllt Bibliotheken. Wer sich über den neuesten Wissensstand informieren will oder einen Einstieg in die Probleme und Kontroversen der Forschung sucht, sei auf die folgenden deutschsprachigen Einführungswerke und Handbücher verwiesen, die auch weitergehende Literaturangaben enthalten:

Braudel, Fernand, u. Labrousse, Ernest (Hrsg.): *Wirtschaft und Gesellschaft in Frankreich im Zeitalter der Industrialisierung. 1789–1880,* dt. hrsg. von Jochen Hoock, Bd. 1, Frankfurt/M. 1986.

Erbe, Michael: *Geschichte Frankreichs von der Großen Revolution bis zur Dritten Republik 1789–1884,* Stuttgart-Berlin-Köln-Mainz 1982.

Furet, François, u. Richet, Denis: *Die Französische Revolution,* Frankfurt/M. 1968: Taschenbuchausgabe: Frankfurt/M. 1987.

Grab, Walter (Hrsg.): *Die Französische Revolution. Eine Dokumentation,* München 1973.

Mager, Wolfgang: *Frankreich vom Ancien Régime zur Moderne. Wirtschafts-, Gesellschafts- und politische Institutionengeschichte 1630 bis 1830,* Stuttgart-Berlin-Köln-Mainz 1980.

Markov, Walter: *Revolution im Zeugenstand. Frankreich 1789–1799,* 2 Bde., Frankfurt/M. 1986.

Schmitt, Eberhard: *Einführung in die Geschichte der Französischen Revolution,* München 1977.

Soboul, Albert: *Die Große Französische Revolution. Ein Abriß ihrer Geschichte (1789–1799),* 2 Bde., Frankfurt/M. 1973.

Voss, Jürgen: *Von der frühneuzeitlichen Monarchie zur Ersten Republik 1500–1800* (Geschichte Frankreichs Bd. 2), München 1980.

Vovelle, Michel: *Die Französische Revolution – Soziale Bewegung und Umbruch der Mentalitäten,* München 1982; Taschenbuchausgabe: Frankfurt/M. 1985.

Ziebura, Gilbert: *Frankreich 1789–1870. Entstehung einer bürgerlichen Gesellschaftsformation,* Frankfurt/M.-New York 1979.